도승하
감정평가 및 보상법규

도승하 편저

2차 | 판례사례노트 72선 제1판

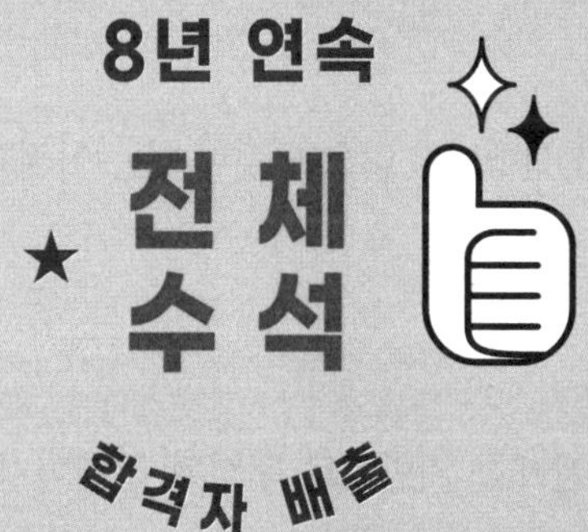

박문각 감정평가사

머리말

판례사례노트는 판례를 사례로 만든 연습문제입니다.

개별법에 조문을 기반으로 한 문제들이며, 실제 해당 판례사례 중 출제되는 문제들이 있기에, 반드시 대비해야 하는 필수 문제라고 볼 것입니다.

현실에서 분쟁이 되는 판례사례들을 정확하게 숙지하여 각 조문의 내용을 명확하게 이해하고 준비한다면 시험 대비에 충분할 것입니다.

법규 공부는 개념과 조문을 익히고, 해당 조문에 관련된 판례의 사실관계를 면밀하게 분석함으로써 법의 해석과 적용이 이해되는 과목입니다.

그중에서도 꾸준한 개념 암기가 선행되지 않으면 깊이 있는 이해가 어렵기에, 순서를 정하고 꾸준히 누적 공부를 하기 바랍니다.

판례사례는 실제 판례의 사실관계를 기반으로 구성된 문제이기에 해당 문제를 보는 것만으로도 간접적으로 판례사례를 경험하고 쟁점을 정리하는 것이기에 쟁점 주제별로 체계적으로 반복하길 권합니다.

또한, 카카오톡 오픈채팅방에서 다양한 정보와 간단한 질문을 해결하기 바랍니다.

https://open.kakao.com/o/gkPP4Gqh(비번 0703)

감정평가사란?

감정평가란 토지 등의 경제적 가치를 판정하여 그 결과를 가액으로 표시하는 것을 말한다. 감정평가사(Certified Appraiser)는 부동산·동산을 포함하여 토지, 건물 등의 유무형의 재산에 대한 경제적 가치를 판정하여 그 결과를 가액으로 표시하는 전문직업인으로 국토교통부에서 주관, 산업인력관리공단에서 시행하는 감정평가사시험에 합격한 사람으로 일정기간의 수습과정을 거친 후 공인되는 직업이다.

시험과목 및 시험시간

가. 시험과목(감정평가 및 감정평가사에 관한 법률 시행령 제9조)

시험구분	시험과목
제1차 시험	❶ 「민법」 중 총칙, 물권에 관한 규정 ❷ 경제학원론 ❸ 부동산학원론 ❹ 감정평가관계법규(「국토의 계획 및 이용에 관한 법률」, 「건축법」, 「공간정보의 구축 및 관리 등에 관한 법률」 중 지적에 관한 규정, 「국유재산법」, 「도시 및 주거환경정비법」, 「부동산등기법」, 「감정평가 및 감정평가사에 관한 법률」, 「부동산 가격공시에 관한 법률」 및 「동산·채권 등의 담보에 관한 법률」) ❺ 회계학 ❻ 영어(영어시험성적 제출로 대체)
제2차 시험	❶ 감정평가실무 ❷ 감정평가이론 ❸ 감정평가 및 보상법규(「감정평가 및 감정평가사에 관한 법률」, 「공익사업을 위한 토지 등의 취득 및 보상에 관한 법률」, 「부동산 가격공시에 관한 법률」)

나. 과목별 시험시간

시험구분	교시	시험과목	입실완료	시험시간	시험방법
제1차 시험	1교시	❶ 민법(총칙, 물권) ❷ 경제학원론 ❸ 부동산학원론	09:00	09:30~11:30(120분)	객관식 5지 택일형
	2교시	❹ 감정평가관계법규 ❺ 회계학	11:50	12:00~13:20(80분)	

제2차 시험	1교시	❶ 감정평가실무	09:00	09:30~11:10(100분)	과목별 4문항 (주관식)
	중식시간 11:10 ~ 12:10(60분)				
	2교시	❷ 감정평가이론	12:10	12:30~14:10(100분)	
	휴식시간 14:10 ~ 14:30(20분)				
	3교시	❸ 감정평가 및 보상법규	14:30	14:40~16:20(100분)	

※ 시험과 관련하여 법률·회계처리기준 등을 적용하여 정답을 구하여야 하는 문제는 시험시행일 현재 시행 중인 법률·회계처리기준 등을 적용하여 그 정답을 구하여야 함

※ 회계학 과목의 경우 한국채택국제회계기준(K-IFRS)만 적용하여 출제

다. 출제영역 : 큐넷 감정평가사 홈페이지(www.Q-net.or.kr/site/value) 자료실 게재

응시자격 및 결격사유

가. 응시자격 : 없음

※ 단, 최종 합격자 발표일 기준, 감정평가 및 감정평가사에 관한 법률 제12조의 결격사유에 해당하는 사람 또는 같은 법 제16조 제1항에 따른 처분을 받은 날부터 5년이 지나지 아니한 사람은 시험에 응시할 수 없음

나. 결격사유(감정평가 및 감정평가사에 관한 법률 제12조, 2023.8.10. 시행)

다음 각 호의 어느 하나에 해당하는 사람

1. 파산선고를 받은 사람으로서 복권되지 아니한 사람
2. 금고 이상의 실형을 선고받고 그 집행이 종료(집행이 종료된 것으로 보는 경우를 포함한다)되거나 그 집행이 면제된 날부터 3년이 지나지 아니한 사람
3. 금고 이상의 형의 집행유예를 받고 그 유예기간이 만료된 날부터 1년이 지나지 아니한 사람
4. 금고 이상의 형의 선고유예를 받고 그 선고유예기간 중에 있는 사람
5. 제13조에 따라 감정평가사 자격이 취소된 후 3년이 지나지 아니한 사람. 다만, 제6호에 해당하는 사람은 제외한다.
6. 제39조 제1항 제11호 및 제12호에 따라 자격이 취소된 후 5년이 지나지 아니한 사람

합격자 결정

가. 합격자 결정(감정평가 및 감정평가사에 관한 법률 시행령 제10조)
- 제1차 시험

  영어 과목을 제외한 나머지 시험과목에서 과목당 100점을 만점으로 하여 모든 과목 40점 이상이고, 전 과목 평균 60점 이상인 사람
- 제2차 시험
  - 과목당 100점을 만점으로 하여 모든 과목 40점 이상, 전 과목 평균 60점 이상을 득점한 사람
  - 최소합격인원에 미달하는 경우 최소합격인원의 범위에서 모든 과목 40점 이상을 득점한 사람 중에서 전 과목 평균점수가 높은 순으로 합격자를 결정
  - ※ 동점자로 인하여 최소합격인원을 초과하는 경우에는 동점자 모두를 합격자로 결정. 이 경우 동점자의 점수는 소수점 이하 둘째 자리까지만 계산하며, 반올림은 하지 아니함

나. 제2차 시험 최소합격인원 결정(감정평가 및 감정평가사에 관한 법률 시행령 제10조)

공인어학성적

가. 제1차 시험 영어 과목은 영어시험성적으로 대체
- 기준점수(감정평가 및 감정평가사에 관한 법률 시행령 별표 2)

시험명	토플		토익	텝스	지텔프	플렉스	토셀	아이엘츠
	PBT	IBT						
일반응시자	530	71	700	340	65 (level-2)	625	640 (Advanced)	4.5 (Overall Band Score)
청각장애인	352	–	350	204	43 (level-2)	375	145 (Advanced)	–

- 제1차 시험의 과목 중 영어 과목은 제1차 시험 응시원서 접수마감일부터 역산(逆算)하여 5년이 되는 해의 1월 1일 이후에 실시된 다른 시험기관의 시험(이하 "영어시험"이라 한다)에서 취득한 성적(제1차 시험의 시험일 전까지 발표되는 성적으로서 제11조에 따른 공고에서 정하는 방법에 따라 확인된 성적으로 한정한다)으로 시험을 대체한다.

※ 이하 생략(공고문 참조)

PART 03   손실보상 각론

차례

CONTENTS | PREFACE | GUIDE

공용수용

PART 01 공용수용

판례사례 1   원처분주의/공물수용논의

19개 필지 임야는 동부지방산림청장이 관리하는 국유림으로서, 그중 1필지(강원 평창군 진부면 거문리 산25 임야 123m²)는 국유림법상 준보전국유림이고, 나머지 18개 필지는 국유림법상 보전국유림이다.

한국철도시설공단은 '원주 – 강릉 철도건설사업(철도건설사업실시계획 고시일 2013.06.25)'(이하 '철도사업'이라고 한다)의 시행자로서, 위 준보전국유림 1필지를 철도사업에 사용하기 위하여 동부지방산림청장과 대부계약을 체결한 후, 2012.12.10.부터 2017.11.30.경까지 대부료를 납부하고 사용하여 왔다.

한편 한국철도시설공단은 위 보전국유림 18필지를 철도사업에 사용하기 위하여, '협의가 성립되지 아니하면 토지보상법상 재결신청을 할 것임'을 전제로 동부지방산림청장에게 협의를 요청하였으나 협의가 성립되지 아니하자, 강원도토지수용위원회에게 위와 같이 대부받아 사용하고 있던 준보전국유림 1필지를 포함하여 국유림 19필지 전부에 관하여 사용재결을 신청하였다.

강원도토지수용위원회는 한국철도시설공단의 재결신청을 받아들여, 2016.10.13. '한국철도시설공단은 철도사업을 위하여 국유림을 사용하고, 손실보상금은 474,790원으로 한다. 사용의 개시일은 2016.12.6.로 하고, 사용 기간은 사용 개시일부터 시설물 존속 시까지로 한다.'는 내용의 사용재결을 하였다.

동부지방산림청장은 사용재결에 대해서 국유림은 보존가치가 크므로 철도사업에 사용되어서는 안 된다는 이유로 중앙토지수용위원회에 이의신청을 하였으나 중앙토지수용위원회는 강원도지방토지수용위원회의 내용을 그대로 유지하여 2017.04.27. 이의신청을 기각하였다.

(1) 동부지방산림청장이 이에 대하여 불복하고자 하는 경우 소송형식에 대해서 서술하시오. 15점

(2) 국유림이 공익사업의 수용 또는 사용 대상에 해당되는지 논하시오. 15점

(설문 1)의 해결

Ⅰ 쟁점의 정리

Ⅱ 원처분주의와 재결주의

1. 원처분주의와 재결주의

(1) 의의

(2) 현행법의 태도

2. 재결고유의 하자유형(재결이 취소소송의 대상이 되는 경우)

3. 원처분주의의 위반효과(재결의 고유한 위법 없이 소를 제기한 경우)

4. 기각재결과 원처분주의

Ⅲ 사안의 해결

(설문 2)의 해결

Ⅰ 쟁점의 정리

Ⅱ 공물이 수용(사용)대상인지 여부

1. 학설

(1) 긍정설

(2) 부정설

2. 판례

3. 검토

Ⅲ 특별한 필요의 판단기준

1. 비례원칙 의의 및 근거

2. 비례원칙의 요건

Ⅳ 사안의 해결

국유림의 경영 및 관리에 관한 법률

제16조(국유림의 구분)

① 산림청장은 소관 국유림을 다음 각 호의 기준에 따라 보전국유림과 준보전국유림으로 구분하고 이를 관리하여야 한다.

1. 보전국유림

가. 산림경영임지의 확보, 임업기술개발 및 학술연구를 위하여 보존할 필요가 있는 국유림

나. 사적(史蹟)·성지(城趾)·기념물·유형문화유산 보호, 생태계보전 및 상수원보호 등 공익상 보존할 필요가 있는 국유림

다. 그 밖에 국유림으로 보존할 필요가 있는 것으로서 대통령령으로 정하는 국유림

2. 준보전국유림 : 보전국유림 외의 국유림

② 준보전국유림이 다음 각 호의 산림으로 지정되는 경우에는 이를 보전국유림으로 본다.

1. 「산림자원의 조성 및 관리에 관한 법률」에 따른 채종림(採種林) 및 시험림, 「산림보호법」 제7조에 따른 산림보호구역

2. 산림문화·휴양에 관한 법률」에 의한 자연휴양림 및 「사방사업법」에 의한 사방지

③ 제1항 제1호 및 제2항에 따른 보전국유림은 「국유재산법」 제6조 제2항에 따른 행정재산으로 보고, 제1항 제2호에 따른 준보전국유림은 「국유재산법」 제6조 제3항에 따른 일반재산으로 본다.

④ 산림청장은 소관 국유림중 보전국유림이 다음 각 호의 어느 하나에 해당하는 경우에는 농림축산식품부령으로 정하는 재구분기준에 따라 해당 국유림을 준보전국유림으로 재구분할 수 있다.

2. 「공익사업을 위한 토지 등의 취득 및 보상에 관한 법률」에 의한 공익사업에 필요한 경우로서 대통령령으로 정하는 사업에 해당하는 경우

> **＊대통령령으로 정하는 사업**
> 관계법률에 의하여 허가・인가・승인・지정 등을 받아 공익을 목적으로 시행되는 철도・도로・공항・항만・공영주차장・공영차고지・화물터미널・궤도・하천・제방・댐・운하・수도・하수도・하수종말처리・폐수처리・사방・방풍・방화・방조(防潮)・방수・저수지・용배수로・석유비축 및 송유・폐기물처리・전기・전기통신・방송・가스 및 기상관측에 관한 사업
>
> **제17조(보전국유림의 처분금지)**
> 보전국유림은 대부・매각・교환 또는 양여하거나 사권(私權)을 설정하지 못한다.
>
> **제20조(준보전국유림의 매각 및 교환)**
> ① 산림청장은 준보전국유림이 다음 각 호의 어느 하나에 해당하는 경우에는 이를 매각 또는 교환할 수 있다.
>   1. 「공익사업을 위한 토지 등의 취득 및 보상에 관한 법률」에 의한 공익사업 그 밖에 다른 법률의 규정에 의한 사업에 사용하게 되어 매각 또는 교환이 필요한 경우

(설문 1)의 해결

Ⅰ 쟁점의 정리

동부지방산림청장이 중앙토지수용위원회의 이의재결에 대해서 불복하고자 하는 경우, 이의재결을 대상으로 소를 제기해야 하는지 강원도토지수용위원회의 사용재결에 대해서 소를 제기해야 하는지가 문제된다. 이하 원처분주의에 대해서 검토하여 사안을 해결한다.

Ⅱ 원처분주의와 재결주의

1. 원처분주의와 재결주의

(1) 의의

"원처분주의"란 원처분의 위법은 원처분에 대한 항고소송에서만 주장할 수 있고, 재결에 대한 항고소송에서는 재결 자체의 고유한 하자에 대해서만 주장할 수 있는 제도를 말한다. "재결주의"는 재결만이 행정소송의 대상이 되며, 원처분의 위법사유도 아울러 주장할 수 있는 원칙을 의미한다.

(2) 현행법의 태도

현행 행정소송법 제19조는 "취소소송의 대상은 처분 등을 대상으로 한다. 다만, 재결취소소송의 경우에는 재결 자체에 고유한 위법이 있음을 이유로 하는 경우에 한한다."라고 하여 원처분주의를 채택하고 있다.

2. 재결고유의 하자유형(재결이 취소소송의 대상이 되는 경우)

재결이 취소소송의 대상이 되는 경우는 재결 자체에 고유한 위법이 있는 경우에 한하는 바, ① 주체상 하자로는 권한없는 기관의 재결, ② 절차상 하자로는 심판절차를 준수하지 않은 경우 등 ③ 형식상 하자로는 서면으로 하지 않거나, 중요기재사항을 누락한 경우, ④ 내용상 하자의 경우 견해대립이 있으나 判例는 '내용의 위법은 위법 부당하게 인용재결을 한 경우에 해당한다'고 판시하여 내용상 하자를 재결고유의 하자로 인정하고 있다.

3. 원처분주의의 위반효과(재결의 고유한 위법없이 소를 제기한 경우)

고유한 위법없이 소송을 제기한 경우에는 각하판결을 해야 한다는 견해(제19조 단서를 소극적 소송요건으로 보는 견해)가 있으나, 다수·판례는 재결 자체의 위법 여부는 본안사항이므로 기각판결을 해야 한다고 본다.

4. 기각재결과 원처분주의

① 원처분을 유지한 것은 원처분의 하자와 동일한 하자를 주장하는 것이므로 원칙상 부정된다. 판례도 원처분과 동일한 이유로 원처분을 유지한 경우에는 고유한 하자가 존재하지 않는다고 판시한 바 있다. 따라서 이 경우에는 원처분이 소의 대상이 된다. ② 단, 원처분과 다른 사유인 경우는 고유한 하자로 볼 수 있으며 이 경우에는 재결소송의 대상이 된다. 기각재결이 재결에 고유한 하자로 인하여 취소된 경우에 행정심판 기관은 다시 재결을 하여야 한다.

Ⅲ 사안의 해결

중앙토지수용위원회는 강원도토지수용위원회의 사용재결을 그대로 인용하였기에 이는 재결고유의 하자로 볼 수 없다. 따라서 강원도토지수용위원회의 사용재결을 대상으로 취소소송 또는 무효등확인소송을 제기해야 할 것이다.

(설문 2)의 해결

I 쟁점의 정리

보전국유림 및 준보전국유림은 국유재산으로서 이미 공익목적에 제공되고 있는 공물로서, 철도사업의 시행을 위하여 수용 또는 사용의 대상이 될 수 있는지가 문제된다. 토지보상법 제19조 제2항에서는 특별한 필요가 있는 경우에는 수용할 수 있다고 규정하고 있는바, 이하 검토한다.

Ⅱ 공물이 수용(사용)대상인지 여부

1. 학설

(1) 긍정설

공물을 사용하고 있는 기존의 사업의 공익성보다 해당 공물을 수용하고자 하는 사업의 공익성이 큰 경우에 해당 공물에 대한 수용이 가능해지며, '공익사업에 수용되거나 사용되고 있는 토지 등'에는 공물도 포함된다고 한다. 따라서 용도폐지 선행 없이도 가능하다고 본다.

(2) 부정설

공물은 이미 공적 목적에 제공되고 있기 때문에, 먼저 공용폐지가 되지 않는 한 수용의 대상이 될 수 없다고 한다. 또한 토지보상법 제19조 제2항에서 말하는 특별한 경우란 명문의 규정이 있는 경우라고 한다.

2. 판례

① (구)토지보상법 제5조의 제한 이외의 토지에 관하여는 아무런 제한을 하지 않으므로 지방문화재로 지정된 토지와 관련하여 수용의 대상이 된다고 판시한 바 있다(95누13241).

② 공익사업의 시행자가 국유림을 철도사업 등 토지보상법에 의한 공익사업에 사용할 필요가 있는 경우에도, 국유림법에서 정하는 절차와 방법에 따라 소유권이나 사용권을 취득하려는 조치를 우선적으로 취하지 아니한 채, 토지보상법에 따른 재결을 통해 국유림의 소유권이나 사용권을 취득할 수 없다.

3. 검토

공물의 수용가능성을 일률적으로 부정하는 것은 실정법 제19조 제2항의 해석상 타당하지 않으므로 공물이라 하더라도 '특별한 필요시'가 인정되는 경우에는 수용이 가능하다고 하여야 할 것이다. 실무상 용도폐지 선행 후 협의계약에 의한 소유권 이전이 행해지고 있다.

Ⅲ 특별한 필요의 판단기준

1. 비례원칙의 의의 및 근거

비례의 원칙이란 행정작용에 있어서 행정목적과 행정수단 사이에는 합리적인 비례관계가 있어야 한다는 원칙을 말한다. 헌법 제37조 제2항 및 법치국가원칙으로부터 도출되는 법원칙이므로 헌법적 효력을 가지며, 이에 반하는 행정권 행사는 위법하다.

2. 비례원칙의 요건

① 적합성의 원칙이란 행정은 추구하는 행정목적의 달성에 적합한 수단을 선택하여야 한다는 원칙을 말한다. ② 필요성의 원칙이란 적합한 수단이 여러 가지인 경우에 국민의 권리를 최소한으로

침해하는 수단을 선택하여야 한다는 원칙을 말한다. ③ 협의의 비례원칙이란 행정조치를 취함에 따른 불이익이 그것에 의해 달성되는 이익보다 심히 큰 경우에는 그 행정조치를 취해서는 안 된다는 원칙을 말하며, 각 원칙은 단계구조를 이룬다.

Ⅳ 사안의 해결

철도사업의 공익이 국유림의 보전목적보다 큰 경우에는 국유재산도 수용 또는 사용의 대상이 될 수 있다고 볼 것이다. 이 경우 관계 법령에서 규정하고 있는 절차가 있다면 그러한 절차를 거쳐 수용 또는 사용함이 합당하다 할 것이므로 보전국유림은 준보전국유림으로 전환하여 매각하는 절차를 취하여야 할 것이다.

대법원 2018.11.29, 2018두51904[토지사용이의재결처분취소]

[판시사항]

공익사업의 시행자가 구 국유림의 경영 및 관리에 관한 법률이 정한 요존국유림(要存國有林)을 철도사업 등 공익사업을 위한 토지 등의 취득 및 보상에 관한 법률에 의한 공익사업에 사용할 필요가 있는 경우, 구 국유림의 경영 및 관리에 관한 법률에서 정하는 절차와 방법에 따르지 아니한 채, 공익사업을 위한 토지 등의 취득 및 보상에 관한 법률에 따른 재결을 통해 요존국유림의 소유권이나 사용권을 취득할 수 있는지 여부(소극) / 불요존국유림(不要存國有林)의 경우, 구 국유림의 경영 및 관리에 관한 법률에서 정하는 절차와 방법에 따라 소유권이나 사용권을 취득하려는 조치를 우선적으로 취하지 아니한 채, 공익사업을 위한 토지 등의 취득 및 보상에 관한 법률에 따른 재결을 통해 불요존국유림의 소유권이나 사용권을 취득할 수 있는지 여부(소극)

[판결요지]

구 국유림의 경영 및 관리에 관한 법률(2016.12. 2.법률 제14357호로 개정되기 전의 것, 이하 '국유림법'이라 한다) 제16조 제1항, 제3항, 제4항 제2호, 제17조, 제20조 제1항 제1호, 제2항, 제21조 제1항 제1호, 제2호, 국유림의 경영 및 관리에 관한 법률 시행령 제11조 제2항 제2호, 제18조 제1항 제1호의 내용과 체계 및 취지 등을 종합하면, 공익사업의 시행자가 요존국유림(要存國有林)을 철도사업 등 공익사업을 위한 토지 등의 취득 및 보상에 관한 법률(이하 '토지보상법'이라 한다)에 의한 공익사업에 사용할 필요가 있는 경우에 국유림법에서 정하는 절차와 방법에 따르지 아니한 채, 토지보상법에 따른 재결을 통해 요존국유림의 소유권이나 사용권을 취득할 수 없다.

나아가 공익사업의 시행자가 불요존국유림(不要存國有林)을 철도사업 등 토지보상법에 의한 공익사업에 사용할 필요가 있는 경우에도, 국유림법에서 정하는 절차와 방법에 따라 소유권이나 사용권을 취득하려는 조치를 우선적으로 취하지 아니한 채, 토지보상법에 따른 재결을 통해 불요존국유림의 소유권이나 사용권을 취득할 수 없다.

📝 판례사례 2 사업인정요건(수용권 남용 + 철회)

사업시행자 갑은 도시공원 내 체육시설인 골프연습장의 조성상업을 위하여 국토교통부장관에게 사업인정을 받았다. 갑은 국내에서 골프연습장을 전문적으로 조성하는 건설업체로써 골프연습장 건설에 필요한 장비와 기술력을 보유하고 있었다. 그런데 최근 건축경기의 침체로 인하여 갑 건설회사는 경영에 중대한 어려움을 겪게 되었고, 결국 파산의 위기에 도달하게 되었다. 또한 갑 건설회사의 건설장비 등 유·무형자산은 이미 경매절차에 의해 제3자에게 낙찰된 상태이다. 이러한 사실관계를 바탕으로 각 설문에 답하시오.

(1) 국토교통부장관은 '갑 건설회사는 현재, 골프연습장등을 조성하는데 필요한 장비들도 없고 중대한 경영상 어려움에 처해있는 등, 더 이상 골프연습장을 조성할 시행능력이 없다'고 판단하여 사업인정을 철회하였다. 국토교통부장관의 철회는 정당한가? 15점

(2) 갑 건설회사는 중대한 경영상 위기를 해결하기 위해서는 골프연습장의 성공적인 조성이 필수적이라고 판단하고 골프연습장 예정부지의 소유자와 토지취득과 관련된 협의를 취하였으나, 재정상의 어려움으로 인하여 협의가 불성립되었다. 이에 따라 갑 건설회사는 관할토지수용위원회에 재결을 신청하고 토지수용재결을 받았다. 토지소유자 병은 현재 갑 건설회사는 사업시행능력이 없으므로 해당 재결신청에 대해서 재결을 거부해야 함에도 불구하고 수용재결을 한 것은 위법하다고 주장하고 있다. 병의 주장은 타당한가? 15점

(설문 1)의 해결

Ⅰ 쟁점의 정리

Ⅱ 관련행위의 검토

  1. 사업인정

    (1) 사업인정의 의의 및 취지(토지보상법 제2조 제7호 및 제20조)

    (2) 사업인정의 법적 성질

  2. 사업인정의 철회

    (1) 철회의 의의(행정기본법 제19조)

    (2) 사업인정 철회의 법적 성질

Ⅲ 철회권 행사의 제한 유무

  1. 철회권자

  2. 철회사유(행정기본법 제19조)

  3. 철회권 행사의 제한법리

  4. 사안의 경우

    (1) 철회권자 및 철회사유

    (2) 철회권 행사가 제한되는지 여부

Ⅳ 사안의 해결

(설문 2)의 해결

Ⅰ 쟁점의 정리

Ⅱ 수용재결의 위법성 판단

  1. 사업인정의 요건

    (1) 공익사업에 해당할 것

    (2) 사업을 시행할 공익성이 있을 것

    (3) 사업시행 의사와 능력을 갖출 것

  2. 재결의 취지 및 효과

  3. 사안의 경우

    (1) 권리남용금지의 원칙(행정기본법 제11조 제2항)

    (2) 사안의 경우

Ⅲ 사안의 해결

(설문 1)의 해결

I 쟁점의 정리

(설문 1)은 사업시행자 갑의 사업시행능력상실을 원인으로 한 사업인정철회의 정당성을 묻고 있다. 이와 관련하여 ① 철회사유가 있는지, ② 국토교통부장관이 토지보상법 등에 명문의 근거규정이 없음에도 철회할 수 있는지 및 ③ 철회권 행사에 제한이 없는지를 검토한다.

II 관련행위의 검토

1. 사업인정

(1) 사업인정의 의의 및 취지(토지보상법 제2조 제7호 및 제20조)

사업인정이란 공익사업을 토지등을 수용 또는 사용할 사업으로 결정하는 것을 말하며, ① 사업 전의 공익성 판단, ② 사전적 권리구제(의견청취, 절차참여), ③ 수용행정의 적정화, ④ 피수용 자의 권리구보호에 취지가 있다.

(2) 사업인정의 법적 성질

사업인정은 사업시행자에게 일정한 절차를 거칠 것을 조건으로 일정한 내용의 수용권을 설정하여 주는 형성행위이자 사업의 공익성 여부를 모든 사항을 참작하여 구체적으로 판단해야 하는 재량행위이다(판례).

2. 사업인정의 철회

(1) 철회의 의의(행정기본법 제19조)

철회라 함은 적법하게 성립한 행정행위의 효력을 성립 후에 새로운 사정으로 인하여 장래에 향하여 그 효력을 상실시키는 행정행위이다. 〈설문에서는〉 사업시행능력의 상실이라는 사정으로 인하여 장래에 향하여 사업인정의 효력을 상실시키는 것을 말한다.

(2) 사업인정 철회의 법적 성질

본 처분인 사업인정이 재량행위이므로 재량권 행사 발령 당시의 고려사항이 변경되었다면 그에 따른 재량권 행사를 하여야 함이 정당하므로 사업인정의 철회도 재량행위로 볼 수 있다.

Ⅲ 철회권 행사의 제한유무

1. 철회권자

철회는 그의 성질상 원래의 행정행위처럼 새로운 처분을 하는 것과 같기 때문에 처분청만이 이를 행할 수 있다고 보아야 한다. 상급청이라도 감독권에 의해 하급청의 권한을 대신 행사하는 것은 인정될 수 없다.

2. 철회사유(행정기본법 제19조)

철회는 철회의 대상이 되는 적법한 행정행위가 행해진 후 공익상 행정행위의 효력을 더 이상 존속시킬 수 없는 경우, 즉 사실적·법적 상황의 변경, 철회권의 유보, 및 공익상 요청이 있는 경우에 행해질 수 있다.

3. 철회권 행사의 제한법리

(1) 수익적 행정행위의 철회의 제한

수익적 행정행위는 철회되기 전까지는 유효한 행위로 존속하고, 그를 기초로 하여 법률관계가 형성된다. 이 경우 행정청이 당해 행정행위를 철회한다면, 그에 따라 법률생활의 안정과 국민의 신뢰를 해치는 결과를 가져오는 경우가 적지 아니할 것이다. 따라서 행정행위의 철회는 법률적합성의 원칙과 신뢰보호의 원칙에 따른 요청을 구체적으로 이익형량하여 결정되어야 할 것이다.

(2) 철회권 행사제한의 기준

행정청은 처분을 철회하려는 경우에는 철회로 인하여 당사자가 입게 될 불이익을 철회로 달성되는 공익과 비교·형량하여야 한다(행정기본법 제19조 제2항).

4. 사안의 경우

(1) 철회권자 및 철회사유

설문에서 국토교통부장관은 사업인정의 처분청이고, 사업인정 발령 이후의 사업시행능력 상실이라는 사정변경이 있었던 바, 상기 요건은 문제되지 않는다.

(2) 철회권 행사가 제한되는지 여부

① 사업시행자인 갑은 재정상태가 악화되어 당초의 사업진행을 통한 공익을 달성할 수 없으므로, 보호받을 신뢰이익은 없다고 보이며. ② 사업시행능력이 상실된 사업자로 하여금 사업을 시행하지 못하게 하는 것도, 특별히 공익을 해하는 것으로 보이지도 않는다. ③ 또한 당사자는 신뢰보호를 주장할 수 없으므로 손실보상도 주어지지 않을 것이다.

Ⅳ 사안의 해결

국토교통부장관은 사업인정의 처분청이므로, 사업시행자의 사업시행능력이 상실된 사유를 이유로 사업인정을 철회할 수 있다. 또한 수익적 행위의 효력을 장래에 한하여 소멸시키는 경우에 신뢰보호이익 및 비례의원칙 등을 고려해야 하는데, 설문에서는 갑의 신뢰이익이나 공익보호의 필요성이 보이지 않는 바, 국토교통부장관의 철회권 행사는 정당하다.

(설문 2)의 해결

Ⅰ 쟁점의 정리

공공필요는 수용의 첫 단계인 사업인정에서 판단되며 사업인정 이후에도 계속적으로 인정되어야 한다. 이러한 공공필요를 현실화하기 위한 요건으로서 사업시행자의 의사와 능력이 당연히 요구된다고 할 수 있을 것인데, 따라서 공공성을 실현시킬 현실적인 필요는 당시의 요건을 계속적으로 갖추지 못한 경우에 수용권을 행사할 수 있는지가 문제된다. 즉, 관할토지수용위원회가 사업시행자의 사업시행능력이 없음에도 토지수용재결을 한 것이 수용권 행사의 남용으로서 위법한 것인지를 검토한다.

Ⅱ 수용재결의 위법성 판단

1. 사업인정의 요건

(1) 공익사업에 해당할 것

사업인정의 목적이 구체적인 사업실행을 통한 공익실현에 있으므로 토지보상법 제4조 사업에 해당하여야 한다. 이에 각 개별법에서 사업인정을 의제하는 경우를 포함한다.

(2) 사업을 시행할 공익성이 있을 것

사업인정기관으로서는 그 사업이 공용수용을 할 만한 공익성이 있는지의 여부를 그 사업의 내용과 방법에 관하여 사업인정에 관련된 자들의 이익을 공익과 사익 사이에서는 물론, 공익 상호간 및 사익 상호간에도 정당하게 비교·교량하여야 하고 그 비교·교량은 비례의 원칙에 적합하도록 하여야 한다(2004두14670, 2009두1051).

(3) 사업시행 의사와 능력을 갖출 것

또한 해당 공익사업을 수행하여 공익을 실현할 의사나 능력이 없는 자에게 타인의 재산권을 공권력적·강제적으로 박탈할 수 있는 수용권을 설정하여 줄 수는 없으므로, 사업시행자에게 해당 공익사업을 수행할 의사와 능력이 있어야 한다는 것도 사업인정의 한 요건이라고 보아야 한다(2009두1051).

2. 재결의 취지 및 효과

① 수용재결이란 사업시행자에게 부여된 수용권의 구체적인 내용을 결정하고 그 실행을 완성시키는 형성적 행위로서 수용의 최종단계에서 공사익조화를 도모하여 수용목적을 달성함에 제도적 의미가 인정된다. ② 재결은 사업시행자로 하여금 토지 또는 토지의 사용권을 취득하도록 하고 사업시행자가 지급하여야 하는 손실보상액을 정하는 결정을 말한다.

3. 사안의 경우(수용재결의 위법성 판단)

(1) 권리남용금지의 원칙(행정기본법 제11조 제2항)

권리남용금지의 원칙은 민법의 일반원칙이지만 행정법을 포함한 모든 법의 일반원칙이다. 행정법상 권리의 남용이란 행정기관의 권리가 법상 정해진 공익 목적에 반하여 행사되는 것을 말한다. 이에 권한의 남용을 포함한다.

(2) 사안의 경우

설문상 사업시행자의 시공 능력이 상실됨으로 인하여 공익사업 시행을 통한 공익실현이 현실적으로 불가능한 것으로 볼 수 있으며, 이 경우 피수용자에 대한 과도한 재산권침해의 결과만이 남는다고 볼 수 있다. 따라서 이러한 재결은 수용권의 공익 목적에 반하는 수용권의 남용에 해당하여 허용되지 않는다고 볼 수 있다.

Ⅲ 사안의 해결

설문상 공익실현 능력이 결여됐음에도 재결처분을 한 것은 권리남용 원칙에 반하는 것으로 보이며, 이 경우 국토교통부장관은 사정변경을 이유로 사업인정을 철회하여 피수용자의 사유재산을 보호할 수 있을 것이다.

[판시사항]

[1] 사업인정기관이 공익사업을 위한 토지 등의 취득 및 보상에 관한 법률상의 사업인정을 하기 위한 요건

[2] 사업시행자가 사업인정을 받은 후 그 사업이 공용수용을 할 만한 공익성을 상실하거나 사업인 정에 관련된 자들의 이익이 현저히 비례의 원칙에 어긋나게 된 경우 또는 사업시행자가 해당 공익사업을 수행할 의사나 능력을 상실한 경우, 그 사업인정에 터잡아 수용권을 행사할 수 있는지 여부(소극)

[판결요지]

[1] 사업인정이란 공익사업을 토지 등을 수용 또는 사용할 사업으로 결정하는 것으로서 공익사업의 시행자에게 그 후 일정한 절차를 거칠 것을 조건으로 일정한 내용의 수용권을 설정하여 주는 형성행위이므로, 해당 사업이 외형상 토지 등을 수용 또는 사용할 수 있는 사업에 해당한다고 하더라도 사업인정기관으로서는 그 사업이 공용수용을 할 만한 공익성이 있는지의 여부와 공익 성이 있는 경우에도 그 사업의 내용과 방법에 관하여 사업인정에 관련된 자들의 이익을 공익과 사익 사이에서는 물론, 공익 상호간 및 사익 상호간에도 정당하게 비교·교량하여야 하고, 그 비교·교량은 비례의 원칙에 적합하도록 하여야 한다. 그뿐만 아니라 해당 공익사업을 수행하 여 공익을 실현할 의사나 능력이 없는 자에게 타인의 재산권을 공권력적·강제적으로 박탈할 수 있는 수용권을 설정하여 줄 수는 없으므로, 사업시행자에게 해당 공익사업을 수행할 의사와 능력이 있어야 한다는 것도 사업인정의 한 요건이라고 보아야 한다.

[2] 공용수용은 헌법상의 재산권 보장의 요청상 불가피한 최소한에 그쳐야 한다는 헌법 제23조의 근본취지에 비추어 볼 때, 사업시행자가 사업인정을 받은 후 그 사업이 공용수용을 할 만한 공 익성을 상실하거나 사업인정에 관련된 자들의 이익이 현저히 비례의 원칙에 어긋나게 된 경우 또는 사업시행자가 해당 공익사업을 수행할 의사나 능력을 상실하였음에도 여전히 그 사업인정 에 기하여 수용권을 행사하는 것은 수용권의 공익 목적에 반하는 수용권의 남용에 해당하여 허용되지 않는다.

📝 판례사례 3 사업인정요건(철회권 행사와 부작위)

사업시행자 갑은 도시공원 내 체육시설인 골프연습장의 조성상업을 위하여 국토교통부장관에게 사업인정을 받았다. 갑은 국내에서 골프연습장을 전문적으로 조성하는 건설업체로써 골프연습장 건설에 필요한 장비와 기술력을 보유하고 있었다. 그런데 최근 건축경기의 침체로 인하여 갑 건설회사는 경영에 중대한 어려움을 겪게 되었고, 결국 파산의 위기에 도달하게 되었다. 또한 갑 건설회사의 건설 장비등 유·무형자산은 이미 경매절차에 의해 제3자에게 낙찰된 상태이다. 토지소유자는 '갑 건설회사는 현재, 골프연습장 등을 조성하는데 필요한 장비들도 없고 중대한 경영상 어려움에 처해있는 등, 더 이상 골프연습장을 조성할 시행능력이 없다'고 판단하여 국토교통부장관에게 사업인정의 철회를 요청하였으나 국토교통부장관은 이에 대하여 아무런 응답을 하고 있지 않다. 국토교통부장관의 행위가 부작위에 해당하는지 여부와 부작위에 대한 행정쟁송수단에 대해서 설명하시오. 20점

<table>
<tr><td valign="top">

Ⅰ 쟁점의 정리

Ⅱ 부작위의 성립요건
  1. 부작위의 개념
  2. 아무런 처분을 하지 않은 것이 부작위에
    해당하기 위한 요건
    (1) 당사자의 신청이 있을 것
    (2) 신청권의 존부
      1) 학설
        가. 신청권필요설
        나. 신청권불필요설
      2) 판례
      3) 검토
    (3) 상당한 기간이 경과할 것
    (4) 행정청이 아무런 처분을 하고 있지 않
      을 것

</td><td valign="top">

Ⅲ 행정쟁송의 검토
  1. 의무이행심판
  2. 부작위위법확인소송
  3. 의무이행소송의 제기가능성

Ⅳ 사안의 해결
  1. 국토교통부장관의 행위가 부작위에 해당
    하는지 여부
    (1) 관련판례의 검토
    (2) 관련규정의 검토(행정기본법 제19조)
    (3) 사안의 경우
  2. 불복쟁송

</td></tr>
</table>

Ⅰ 쟁점의 정리

토지소유자는 사업시행자의 사업시행의 능력이 상실되었음을 이유로 국토교통부장관에게 철회를 요청하고 있는데, 국토교통부장관은 토지소유자의 신청에 대하여 아무런 응답을 하고 있지 않다. 이러한 행위가 위법한 부작위에 해당하는지 검토한다.

Ⅱ 부작위의 성립요건

1. 부작위의 개념

부작위위법확인소송의 대상은 부작위이다. 부작위위법확인소송에서의 '부작위'라 함은 행정청이 당사자의 신청에 대하여 상당한 기간 내에 일정한 처분을 하여야 할 법률상 의무가 있음에도 불구하고 이를 하지 아니하는 것을 말한다(행정소송법 제2조 제1항 제2호). 즉, 행정청의 모든 부작위가 모두 부작위위법확인소송의 대상이 되는 것이 아니며 일정한 요건을 갖추어야 한다.

2. 아무런 처분을 하지 않은 것이 부작위에 해당하기 위한 요건

(1) 당사자의 신청이 있을 것

신청의 내용은 처분일 것을 요하나, 부적법한 사항은 그에 상응하는 응답을 하면 되므로 신청의 적법은 불문한다.

(2) 신청권의 존부

1) 학설

가. 신청권필요설

행정소송법 제2조 제1항 제2호가 부작위의 성립요건으로 '일정한 처분을 하여야 할 법률상 의무가 있을 것'을 요구하고 있고, 이 처분의무에 대응하는 것이 신청권이다. 부작위의 요소인 처분의무는 응답의무이며 신청에 따라 특정한 내용의 처분을 할 의무가 아니다. 신청권은 실정법규에 의해 인정되거나 조리상 인정될 수 있다고 본다

나. 신청권불필요설

신청권을 요구하는 명문의 규정이 없음에도 신청권의 존부를 부작위개념요소로 보는 것은 부작위의 개념을 해석상 제한하는 것으로서 사인의 권리보호 확대의 이념에 반하는 것이라고 본다.

2) 판례

판례는 부작위가 성립하기 위하여는 법규상 또는 조리상의 신청권이 있어야 한다고 하며 신청권이 없는 경우 부작위가 있다고 할 수 없고 원고적격도 없다고 한다(99두11455).

3) 검토

행정소송법 제2조 제1항 제2호가 부작위의 성립요건으로 '일정한 처분을 하여야 할 법률상 의무가 있을 것'을 요구하고 있으므로 해석론으로는 신청권을 부작위의 성립요건으로 보는 것이 타당하다.

(3) 상당한 기간이 경과할 것

상당한 기간이라 함은 사회통념상 행정청이 당해 신청에 대한 처분을 하는 데 필요한 합리적인 기간을 말한다.

(4) 행정청이 아무런 처분을 하고 있지 않을 것

신청에 대하여 가부간에 처분이 행해지지 않았어야 한다. 신청에 대해 거부처분을 한 것도 응답의무를 이행한 것이 되며 행정청의 부작위는 성립하지 않는다.

Ⅲ 행정쟁송의 검토

1. 의무이행심판

의무이행심판이란 위법 또는 부당한 거부처분이나 부작위로 인하여 권익의 침해를 당한 자의 청구에 의하여 일정한 처분을 하도록 하는 심판을 말한다. 사업시행자 甲은 의무이행심판을 제기할 수 있다.

2. 부작위위법확인소송

부작위위법확인소송은 행정청이 당사자의 신청에 대하여 상당한 기간 내에 일정한 처분을 하여야 할 법률상 의무가 있음에도 불구하고 이를 하지 아니하는 경우 부작위의 위법성을 확인하는 소송이다. 제소기간의 제한은 있을 수 없고 행정심판은 취소소송과 마찬가지로 임의적 전치주의가 적용된다.

3. 의무이행소송의 제기가능성

의무이행소송이란 당사자의 행정행위 신청에 대하여 행정청이 거부·부작위로 대응하는 경우, 법원의 판결에 의하여 행정청으로 하여금 일정한 행위를 하도록 청구하는 소송을 말한다. 이는 행정청의 부작위에 대한 가장 강력한 수단이지만 현행법상 명문의 규정이 없어서 인정가능성이 문제된다. 부정설은 권력분립의 원칙에 반하고 행정소송법 제4조의 항고소송의 유형을 제한적 해석하여 인정될 수 없다고 보며, 긍정설은 당사자 권리보호 측면에서 권력분립의 원칙에 반하지 않으며 제4조의 유형을 예시적으로 이해하여 인정하고자 한다. 판례는 행정소송법 제4조를 제한적으로 해석하여 의무이행소송을 일관되게 인정하고 있지 않다. 생각건대 국민의 효율적 권리구제를 고려할 때 권력분립의 원칙에 모순된다고 볼 수는 없으나, 행정소송법 제4조는 제한적으로 이해되어야 할 것인바, 결국 의무이행소송은 그 필요성은 인정되지만, 법률의 개정을 통해서만 인정될 수 있을 것으로 판단된다.

Ⅳ 사안의 해결

1. 국토교통부장관의 행위가 부작위에 해당하는지 여부

(1) 관련판례의 검토

행정청이 행한 공사중지명령의 상대방은 그 명령 이후에 그 원인사유가 소멸하였음을 들어 행정청에게 공사중지명령의 철회를 요구할 수 있는 조리상의 신청권과 그에 대응하는 응답의무가 인정되고, 행정청이 상대방의 신청에 대하여 아무런 적극적 또는 소극적 처분을 하지 않고 있는 이상 행정청의 부작위는 그 자체로 위법하다고 할 것이고, 구체적으로 그 신청이 인용될 수 있는지 여부는 소극적 처분에 대한 항고소송의 본안에서 판단하여야 할 사항이라고 할 것이다(2003두7590).

(2) 관련규정의 검토(행정기본법 제19조)

행정기본법 제19조에서는 법률에서 정한 철회 사유에 해당하게 된 경우, 법령등의 변경이나 사정변경으로 처분을 더 이상 존속시킬 필요가 없게 된 경우, 중대한 공익을 위하여 필요한 경우에는 철회할 수 있다고 규정하고 있다.

따라서 해당 처분을 더 이상 존속시킬 필요가 없게 된 경우로 볼 수 있으므로 행정청에게는 철회의무가 발생한다고도 볼 수 있을 것이다.

(3) 사안의 경우

행정기본법 제19조에서는 법률에서 정한 철회 사유에 해당하게 된 경우, 법령등의 변경이나 사정변경으로 처분을 더 이상 존속시킬 필요가 없게 된 경우, 중대한 공익을 위하여 필요한 경우에는 철회할 수 있다고 규정하고 있다.

따라서 해당 처분을 더 이상 존속시킬 필요가 없게 된 경우로 볼 수 있으므로 행정청에게는 철회의무가 발생한다고도 볼 수 있을 것이다.

2. 불복쟁송

토지소유자는 국토교통부장관의 부작위에 대해서 의무이행심판, 부작위위법확인소송을 제기할 수 있을 것이며, 무명항고소송으로 의무이행소송의 가능성이 문제되나 현행 행정소송법하에서는 법률의 개정을 통해서만이 인정될 수 있을 것이다.

📝 판례사례 4 물상대위/국가배상청구소송

물상대위에 대해서 설명하고 각 설문에 대하여 답하시오. [25점]

(1) 중앙토지수용위원회가 수용대상 토지의 관계인인 갑의 주소로 송달한 재결서 정본이 반송되자 담당공무원은 갑의 실제 주소를 파악하기 위한 기본적인 조치도 없이 곧바로 공시송달의 방법으로 재결서 정본을 송달하였다. 갑은 수용대상 토지의 수용보상금 중 일부에 대하여 물상대위권을 행사할 수 있는 기회를 잃게 됨으로써 피담보채권을 우선변제받지 못하는 손해를 입었다. 중앙토지수용위원회에게 동 손해를 배상할 책임이 있는지 및 담당공원에게 손해배상을 청구할 수 있는지 여부를 논하시오.

(2) 사업시행자와 토지소유자 사이에 협의가 이루어지지 않아 토지가 수용되고 나아가 보상금을 공탁하게 되었다. 보상금이 공탁되자 중소기업은행을 제외한 기타 관계인은 체납세금의 회수를 위하여 당해 보상금에 압류를 가하여 체납세금을 회수하였다. 이로부터 1주일 후 중소기업은행은 법원으로부터 당해 보상금 지급청구권에 관하여 채권압류 및 추심명령을 받았으나 (2020.8.1.) 수용개시일까지(2020.9.0.) 보상금지급청구권에 대한 압류를 하지 않았고, 이에 토지소유자는 보상금을 수령하여 유흥비로 탕진하였다. 중소기업은행은 사업시행자가 보상협의에 관한 통지나 보상협의가 없었다는 이유로 당해 사업은 위법하며, 위법한 사업시행으로 인한 채권손실에 대해서 사업시행자에게 국가배상을 청구하려 한다. 인용가능한가?

Ⅰ 쟁점의 정리

Ⅱ 물상대위 청구권

  1. 물상대위의 의의 및 취지(제47조)

  2. 물상대위의 내용

    (1) 적용요건 및 취지

    (2) 물상대위 효력이 미치는 보상의 범위

  3. 물상대위와 불법행위 책임

Ⅲ 공무원의 위법행위로 인한 국가배상책임 및 선택적 청구

  1. 개념

  2. 국가배상책임의 성질

    (1) 학설

    (2) 판례

    (3) 검토

  3. 요건(국가배상법 제2조)

    (1) 공무원

    (2) 직무행위

    (3) 직무를 집행하면서(직무관련성)

    (4) 법령위반(위법)

    (5) 고의 또는 과실

    (6) 손해

    (7) 인과관계

    (8) 위법과 과실의 관계

    (9) 직무의 사익보호성

  4. 공무원의 배상책임

    (1) 학설

    (2) 판례

    (3) 검토(절충설)

Ⅳ 사안의 경우

  1. 갑의 경우

  2. 중소기업은행의 경우

Ⅰ 쟁점의 정리

설문은 토지보상법상 관계인의 권리보호규정인 물상대위권에 대한 사안이다. 논의의 전제로서 물상대위권에 대해서 설명하고, 소물음 '1'과 '2'의 해결을 위하여 공무원의 과실책임에 대한 국가배상 청구요건 및 선택적 청구에 대해서 검토한다.

Ⅱ 물상대위 청구권

1. 물상대위의 의의 및 취지(보상법 제47조)

물상대위란 담보물권의 목적물의 가치가 다른 형태로 바뀌는 경우에 담보권자가 이에 대하여 우선변제권을 행사하는 것을 말한다. 이는 담보물권에 대한 채권을 보전함에 취지가 인정된다.

2. 물상대위의 내용

(1) 적용요건 및 취지

보상금을 지급하기 전에 압류하여야 하며, 판례는 제3자가 압류해도 무방하다고 한다(92마380). 이는 소유권자의 다른 재산과 보상액이 혼입되면 특정성을 잃기 때문이다.

(2) 물상대위의 효력이 미치는 보상의 범위

목적물에 대한 보상금(잔여지보상금 포함)에만 미치며, 일반재산에는 미치지 않는다.

3. 물상대위와 불법행위 책임

사업시행자나 중앙토지수용위원회의 귀책사유로 인하여 저당권자가 적법한 물상대위권을 행사할 기회를 상실하게 된 경우라면, 사업시행자 및 중앙토지수용위원회의 불법행위 책임이 인정될 수 있다.

Ⅲ 공무원의 위법행위로 인한 국가배상책임 및 선택적 청구

1. 개념

국가의 과실책임이란 공무원의 과실 있는 위법행위로 인하여 발생한 손해에 대한 배상책임을 말한다. 국가배상법 제2조에 근거규정을 둔다.

2. 국가배상책임의 성질

(1) 학설

① 대위책임설은 공무원의 위법한 행위는 국가의 행위로 볼 수 없으나 피해자보호를 위해 국가가 대신 부담한다고 하며, ② 자기책임설은 국가는 공무원을 통해 행위하므로[1] 그에 귀속되어 스스로 책임져야 한다고 한다. ③ 중간설은 공무원의 불법행위가 경과실인 경우는 자기책임으

로 보며, 고의 중과실인 경우에는 기관행위로서의 품격을 상실하고 공무원 개인의 불법행위로 보아야 하므로 국가의 배상책임은 대위책임이라고 한다. ④ 절충설은 경과실의 경우에는 국가에 대해서만, 고의·중과실인 경우에는 국가기관의 행위로 볼 수 없어 공무원만 책임을 지지만 직무상 외형을 갖춘 경우에는 피해자와의 관계에서 국가도 일종의 배상책임을 지므로 자기책임이라고 본다.

(2) 판례

명시적인 입장은 보이지 않으나 "고의·중과실의 경우에도 외관상 공무집행으로 보여질 때에는 국가등이 공무원 개인과 중첩적으로 배상책임을 부담한다(95다38677)"고 판시한 바 있다. 이를 절충설을 취한 것으로 보는 견해도 있고 자기책임설을 취한 것으로 보는 견해도 있다.

(3) 검토

국가면책특권이 헌법상 포기되면서 국가배상책임이 인정되게 되었으며, 고의·중과실에 의한 경우라도 직무상 외형을 갖춘 경우라면 피해자와의 관계에서 국가기관의 행위로 인정할 수 있으므로 자기책임설이 타당하다고 본다.

3. 요건(국가배상법 제2조)

국가배상법 제2조에 의한 국가배상책임이 성립하기 위하여는 ① 공무원이 직무를 집행하면서 타인에게 손해를 가하였을 것, ② 공무원의 가해행위는 고의 또는 과실로 법령에 위반하여 행하여졌을 것, ③ 손해가 발생하였고, 공무원의 불법한 가해행위와 손해 사이에 인과관계(상당인과관계)가 있을 것이 요구된다.

(1) 공무원

국가배상법 제2조상의 '공무원'은 국가공무원법 또는 지방공무원법상의 공무원뿐만 아니라 널리 공무를 위탁(광의의 위탁)받아 실질적으로 공무에 종사하는 자를(공무수탁사인) 말한다.

(2) 직무행위

국가배상법 제2조가 적용되는 직무행위에 관하여 판례 및 다수설은 공권력 행사 외에 비권력적 공행정작용을 포함하는 모든 공행정작용을 의미한다고 본다.

(3) 직무를 집행하면서(직무관련성)

공무원의 불법행위에 의한 국가의 배상책임은 공무원의 가해행위가 직무집행행위인 경우뿐만 아니라 그 자체는 직무집행행위가 아니더라도 직무와 일정한 관련이 있는 경우, 즉 '직무를 집행하면서' 행하여진 경우에 인정된다.

---

1) 공무원의 직무상 불법행위는 기관의 불법행위가 되므로 국가는 기관인 공무원의 불법행위에 대하여 직접 자기책임을 진다.

(4) 법령위반(위법)

학설은 일반적으로 국가배상법상의 '법령 위반'이 위법 일반을 의미하는 것으로 보고 있고 판례
도 그러하다(대판 1973.1.30, 72다2062).

(5) 고의 또는 과실

주관설은 과실을 '당해 직무를 담당하는 평균적 공무원이 통상 갖추어야 할 주의의무를 해태한
것'으로 본다. 과실이 인정되기 위하여는 위험 및 손해 발생에 대한 예측가능성과 회피가능성
(손해방지가능성)이 있어야 한다. 이 견해가 다수설과 판례의 입장이다.

(6) 손해

공무원의 불법행위가 있더라도 손해가 발생하지 않으면 국가배상책임이 인정되지 않는다. 국
가배상책임으로서의 '손해'는 민법상 불법행위책임에 있어서의 그것과 다르지 않다.

(7) 인과관계

공무원의 불법행위와 손해 사이에 인과관계가 있어야 한다. 국가배상에서의 인과관계는 민법
상 불법행위책임에서의 그것과 동일하게 상당인과관계가 요구된다.

(8) 위법과 과실의 관계

위법과 과실은 개념상 상호 구별되어야 한다. 행위위법설에 의할 때 위법은 '행위'가 판단대상
이 되며 가해행위의 법에의 위반을 의미하는 것이며, 과실은 '행위의 태양'이 직접적 판단대상
이 되며 판례의 입장인 주관설에 의하면 주의의무 위반(객관설에 의하면 국가작용의 흠)을 의
미한다.

(9) 직무의 사익보호성

판례는 직무의 사익보호성을 인관관계의 문제로 본다. 위법성의 문제로 보아야 한다는 견해와
직무의 내용으로 보는 견해가 있다.

4. 공무원의 배상책임

국가등의 배상책임 이외에 공무원 자신의 배상책임이 인정될 수 있는지의 여부가 문제된다.

(1) 학설

1) 자기책임설의 입장

논리적으로 보면 자기책임설은 가해행위는 국가의 행위인 동시에 가해공무원 자신의 행위
이기에 선택적 청구가 인정된다.

2) 대위책임설의 입장

논리적으로 보면 대위책임설은 국가배상책임이 원래 공무원의 책임이지만 국가가 이를 대
신하여 부담한다고 보기에 공무원의 대외적 배상책임은 부정된다.

3) 중간설의 입장

중간설은 ① 경과실이든 고의·중과실이든 국가가 배상하였기에 선택청구를 부정한다는 견해와(홍정선), ② 경과실은 자기책임이기에 긍정하고 고의·중과실은 대위책임이기에 부정하는 견해가 있다(김병기).

4) 제한적 긍정설(절충설)의 입장

경과실의 경우에는 국가나 지방자치단체에 대해서만, 고의·중과실의 경우에는 공무원만 배상책임을 지지만, 후자의 경우 그 행위가 직무로서 외형을 갖춘 경우에는 피해자와의 관계에서 국가도 배상책임을 지기 때문에 이 경우 피해자는 공무원과 국가에 대해 선택적으로 청구할 수 있다.

(2) 판례

판례는 제한적 긍정설(절충설)을 취하고 있다 국가 등이 국가배상책임을 부담하는 외에 공무원 개인도 고의 또는 중과실이 있는 경우에는 피해자에 대하여 그로 인한 손해배상책임을 부담하고, 가해공무원 개인에게 경과실만이 인정되는 경우에는 공무원 개인은 손해배상책임을 부담하지 아니한다고 보고 있다(대판 전원합의체 1996.2.15, 95다38677).

(3) 검토(제한적 긍정설)

공무원의 고의 또는 중과실로 인한 불법행위가 직무와 관련이 있는 경우에는 국가 등이 공무원 개인과 경합하여 배상책임을 부담하도록 하고, 국가 등이 배상한 경우에는 최종적 책임자인 공무원 개인에게 구상할 수 있도록 하는 것이 타당하다.

Ⅳ 사안의 경우

1. 갑의 경우

토지수용위원회가 주민등록표를 확인하는 등 통상의 조사방법에 의한 송달장소를 탐색함도 없이 단지 재결서가 반송되었다는 사유만으로 공시송달의 방법으로 재결서 정본을 송달한 것은 송달절차상의 하자로서 국가배상 책임이 인정된다고 할 것이다.

또한, 담당공무원으로서는 이러한 송달업무를 수행하기에 상당한 주의의무가 요구된다고 할 것이므로 직무상 아무런 조취 없이 공시송달을 한 것은 중대한 과실이라 할 것이다. 따라서 갑은 담당공무원을 상대로 국가배상청구를 할 수 있을 것이다.

2. 중소기업은행의 경우

중소기업은행은 보상과 관련된 통지를 받지 못하였고, 이는 토지보상법 제16조 및 26조에 의한 협의 및 통지절차의 위반이라 할 것이다. 그러나 법원으로부터 채권압류 및 추심명령을 받았고 토지소유자가 보상금을 회수하기까지 약 1달의 시간동안 물상대위권을 행사할 수 있는 기회가 있었음에도 불구하고 보상금에 대한 압류를 행하지 않음으로써 우선변제를 받지 못한 것인 바, 이러한 손해는 사업시행자가 협의나 통지를 하지 아니한 데에 그 원인이 있는 것이라 할 수 없기에 인과관계가 부정되어 국가배상청구는 부정될 것이다.

대법원 2014.12.11, 2014다200237

[판시사항]

중앙토지수용위원회가 수용대상 토지의 관계인인 갑의 주소로 송달한 재결서 정본이 반송되자 갑의 실제 주소를 파악하기 위한 기본적인 조치도 없이 곧바로 공시송달의 방법으로 재결서 정본을 송달한 시안에서, 갑이 수용대상 토지의 수용보상금 중 일부에 대하여 물상대위권을 행사할 수 있는 기회를 잃게 됨으로써 피담보채권을 우선변제받지 못하는 손해를 입었다고 보아 국가배상책임을 인정한 원심판단을 수긍한 사례

대법원 2017.12.28, 2017다270565

[판시사항]

사업시행자가 수용할 토지의 저당권자에게 공익사업을 위한 토지 등의 취득 및 보상에 관한 법률 제26조 제1항, 제16조 및 같은 법 시행령 제8조 제1항에 의한 협의나 통지를 하지 않은 것이 위법한지 여부(적극) / 사업시행자와 토지소유자 사이에 협의가 이루어지지 않아 토지가 수용되고 나아가 보상금을 지급하거나 공탁하기에 이른 경우, 토지의 저당권자가 우선변제를 받을 수 있는 방법 / 토지의 저당권자가 물상대위권을 행사할 수 있는 충분한 시간적 간격을 두고 토지가 수용된 사실을 알게 되었음에도 물상대위권을 행사하지 않음으로써 우선변제를 받을 수 없게 된 경우, 저당권자가 우선변제를 받지 못한 것이 사업시행자가 협의나 통지를 하지 아니한 데에 원인이 있다고 할 수 있는지 여부(소극)

[판결요지]

공익사업을 위한 토지 등의 취득 및 보상에 관한 법률(이하 '토지보상법'이라고 한다) 제26조 제1항, 제16조 및 같은 법 시행령 제8조 제1항에 의하면, 사업인정을 받은 사업시행자는 토지 등에 대한 보상에 관하여 토지소유자 및 관계인과 성실하게 협의하여야 하고, 그 협의를 하려는 경우에는 보상협의요청서에 협의기간ㆍ협의장소 및 협의방법, 보상의 시기ㆍ방법ㆍ절차 및 금액, 계약체결에 필요한 구비서류를 적어 토지소유자 및 관계인에게 통지하여야 한다고 규정하고 있으므로, 사업시행자가 수용할 토지의 저당권자에게 위 규정에 의한 협의나 통지를 하지 않았다면 위법하다. 그러나 사업시행자와 토지소유자 사이에 협의가 이루어지지 않아 토지가 수용되고 나아가 보상금을 지급하거나 공탁하기에 이른 경우에는 토지의 저당권자는 보상금이 지급되거나 공탁금이 출급되어 토지소유자의 일반재산에 혼입되기 전까지 토지보상법 제47조의 규정에 따른 물상대위권을 행사하여 위 보상금이나 공탁금출급청구권 등을 압류함으로써 우선변제를 받을 수 있다. 그러므로 토지의 저당권자가 어떠한 경위로든 보상금이 토지소유자에게 지급되거나 공탁금이 토지소유자에 의하여 출급되어 일반재산에 혼입되기 전에 물상대위권을 행사할 수 있는 충분한 시간적 간격을 두고 토지가 수용된 사실을 알게 되었음에도 불구하고 물상대위권을 행사하여 토지소유자의 보상금이나 공탁금출급청구권을 압류하지 않음으로써 우선변제를 받을 수 없게 된 경우에는 저당권자가 보상금으로부터 우선변제를 받지 못한 것이 사업시행자가 위와 같은 협의나 통지를 하지 아니한 데에 원인이 있는 것이라고 할 수 없다.

📝 판례사례 5　재결신청청구권 불복(부작위위법확인소송 및 의무이행소송)

대전지방국토관리청은 아산-천안간 도로건설 사업의 시행자이고, 갑 소유의 아산시 ○○면 ○○리의 토지가 위 사업의 사업구역에 편입되었다. 대전지방국토관리청은 사업인정이 고시된 이후 손실보상협의업무를 한국감정원에 위탁하여 그로 하여금 원고들과의 손실보상협의를 진행하도록 하였는데, 한국감정원 측이 토지에 대해서만 손실보상을 진행하고 토지상의 지장물에 대해서는 불법건축물임을 이유로 보상대상에서 제외하였다. 이에 갑은 당해 지장물도 보상대상에 해당하므로 이에 대한 재결을 신청해줄 것을 청구하였으나, 한국감정원은 상당기간이 지나도록 아무런 행위를 하고 있지 않다(불법건축물에 대한 협의 절차는 없었으며, 도로구역 결정고시일 이전에 건축되었음). 갑은 한국감정원의 무응답에 대하여 권리구제 수단을 강구하고자 한다. 어떠한 소송을 제기할 수 있는가? 30점

Ⅰ 쟁점의 정리

Ⅱ 부작위위법확인소송의 제기 가능성
　1. 의의 및 소송의 성질
　2. 부작위의 성립요건
　　(1) 부작위의 의의
　　(2) 부작위의 성립요건
　3. 재결신청의 의무발생 여부
　　(1) 문제점(재결신청청구의 요건)
　　(2) 협의가 성립되지 아니한 때의 의미
　　　1) 토지보상법상 보상금액 결정 절차
　　　2) 판례의 태도
　　　3) 검토
　4. 사안의 경우

Ⅲ 의무이행소송의 제기 가능성
　1. 문제점
　2. 의의
　3. 인정여부
　　(1) 학설
　　　1) 부정설
　　　2) 긍정설
　　　3) 제한적 긍정설
　　(2) 판례
　　(3) 검토
　4. 사안의 경우

Ⅳ 사안의 해결

Ⅰ 쟁점의 정리

판례는 사업인정 고시일 이전에 건축된 건축물이라면, 불법건축물이라도 보상대상에 해당된다고 판시한 바 있다. 따라서 갑의 불법건축물도 보상의 대상에 해당하나 사업시행자가 임의로 보상대상이 아니라고 하여 갑의 재결신청청구에 대하여 아무런 조치를 취하고 있지 않는 경우, 부작위위법확인소송 및 의무이행소송을 제기할 수 있는지가 문제된다.

Ⅱ 부작위위법확인소송의 제기 가능성(한국감정원의 무응답이 부작위인지 여부)

1. 의의 및 소송의 성질

부작위위법확인소송이라 함은 행정청의 부작위가 위법하다는 것을 확인하는 소송을 말한다. 행정소송법은 부작위위법확인소송을 항고소송의 하나로 규정하고 있지만 그 실질은 확인소송이라고 보아야 할 것이다.

2. 부작위의 성립요건

(1) 부작위의 의의(소송법 제2조 제1항 제2호)

부작위라 함은 행정청이 당사자의 신청에 대하여 상당한 기간 내에 일정한 처분을 하여야 할 법률상 의무가 있음에도 불구하고 이를 하지 아니하는 것을 말한다.

(2) 부작위의 성립요건

당사자의 처분의 신청이 있어야 하며, 판례는 부작위가 성립하기 위해서는 처분의무에 대응하는 절차적 권리인 법규상 또는 조리상 신청권이 있어야 한다고 한다. 또한 상당기간 내에 신청에 대한 처분이 행해지지 않았어야 한다. 신청에 대해 거부처분을 한 것도 응답의무를 이행한 것이 되며 행정청의 부작위는 성립하지 않는다. 설문에서는 사업시행자에게 재결신청의무가 발생하는지가 문제된다.

3. 재결신청의 의무발생 여부

(1) 문제점(재결신청청구의 요건)

토지보상법 제30조에서는 협의가 성립되지 않은 경우, 사업시행자는 피수용자의 재결신청청구를 받은 날로부터 60일 이내에 재결을 신청하도록 의무를 부여하고 있다. 따라서 재결신청의무가 발생하기 위해서는 협의가 성립되지 않아야 하는데, 사안에서는 보상대상에 해당하지 않는다고 하여 협의절차자체를 진행하지 않았다. 이러한 경우도 협의가 불성립한 경우로 판단할 수 있는지가 문제된다.

(2) '협의가 성립되지 아니한 때'의 의미

1) 토지보상법상 보상금액 결정 절차

토지보상법 제28조(재결의 신청), 제30조(재결), 제83조(이의신청) 내지 제85조(행정소송)의 규정의 취지에 의하면 토지소유자등은 재결을 거치지 않고서는 직접 당사자 소송의 방법으로 사업시행자에게 보상금의 지급을 청구할 수 없다.

2) 판례의 태도

판례는 협의절차를 거쳤으나 협의가 성립하지 아니한 경우는 물론, 사업시행자가 보상대상이 아니라고 판단하여 협의를 거치지 않아 결국 협의가 성립하지 않은 경우도 포함된다고 한다(2011두2309).

3) 검토

현행 토지보상법 규정상 토지소유자등에게 재결신청권이 인정되지 않음으로써 결국 토지소유자등은 당사자소송의 방법으로 사업시행자에게 보상금의 지급을 청구할 수 없는 결과에 이르게 되는바, 사업시행자는 토지소유자등과 사이에 손실보상대상에 해당하는지 여부에 관하여 다툼이 있어 손실보상대상에서 제외한 경우에도 토지소유자등이 재결신청청구를 할 경우에는 관할 토지수용위원회에 재결신청을 하여 그 재결 결과에 따라 보상여부에 관한 업무를 처리하여야 할 것이다. 따라서 토지보상법 제 규정 및 판례의 태도에 비추어 볼 때, 사업시행자가 보상대상이 아니라고 하여 협의 절차를 진행하지 아니한 경우도 협의가 성립하지 않은 것으로 볼 수 있으므로 사업시행자에게는 재결신청의무가 발생한다고 볼 수 있다.

4. 사안의 경우(부작위위법확인소송의 가능성)

설문상 상당기간이 경과하도록 사업시행자는 갑의 재결신청에 대하여 아무런 응답을 하지 않고 있으며, 부작위는 특정시점에 성립하여 종결되는 것이 아니라 계속되는 것이므로 원칙상 제소기간에 대한 제한을 받지 않는다고 보는 것이 타당하므로 상당기간이 경과한 현 시점에서 부작위위법확인소송을 제기할 수 있을 것이다.

Ⅲ 의무이행소송의 제기 가능성

1. 문제점

소송 당사자의 입장에서는 부작위위법확인소송에서 인용판결을 받는다 하더라도 행정청이 당사자의 신청에 따른 응답을 이행하지 않거나 거부하는 경우에는 간접강제 및 거부처분 취소소송을 다시금 제기해야 하는 불편이 발생할 수 있다. 따라서 실효적인 구제수단으로써 의무이행소송을 인정할 수 있는지가 문제된다.

2. 의의

의무이행소송이란 행정청의 거부처분 또는 부작위에 대하여 법상의 작위의무의 이행을 청구하는 소송을 말한다.

3. 인정여부

(1) 학설

1) 부정설

부정설은 법원이 행정청에 대하여 어떠한 처분을 명하는 것은 행정청의 제1차적 판단권을 침해하는 것이 되며(특히 의무이행소송에서 판결은 판결시의 법적·사질적 상태를 기준으로 한다는 점에서 더욱 그러함), 또한 행정소송법 제4조의 유형에 관한 규정은 제한적으로 이해하여야 한다고 한다.

2) 긍정설

긍정설은 상기 규정을 예시적 규정으로 보고, 구체적인 법적 분쟁에서 다투어지고 있는 행정청의 위법한 거부처분 또는 부작위에 대해 적극적인 이행판결을 인정하는 것은 사법에 속하며 권력분립의 원칙에 반하지 않는다고 한다.

3) 제한적 긍정설

제한적 긍정설은 처분이 일의적이어서 행정청의 판단권을 침해할 우려가 없고, 미리 구제하지 않으면 회복할 수 없는 손해가 발생할 우려가 있고, 다른 구제수단이 없는 경우에 예외적으로 인정되는 된다고 본다. 즉, 항고소송이 실효적인 권리구제가 될 수 없는 때에만 긍정한다.

(2) 판례

'검사에게 압수물 환부를 이행하라는 청구는 행정청의 부작위에 대하여 일정한 처분을 하도록 하는 의무이행소송으로 현행 행정소송법상 허용되지 아니한다'고 한다.

(3) 검토

현행법상 거부처분취소소송 및 부작위확인소송은 의무이행소송을 인정하지 않는 입법의 취지로 해석할 수 있으나 입법론으로 이를 도입하여 효율적인 권리구제를 도모함이 바람직하다고 판단한다. 개정안에서는 의무이행소송과 임시적 지위를 구하는 가처분을 인정하고 있다.

4. 사안의 경우

의무이행소송의 도입필요성은 인정되나, 판례의 태도 및 입법취지상 명문의 규정없이는 의무이행소송을 제기할 수 없을 것으로 판단된다.

Ⅳ 사안의 해결

재결이란 사업인정으로 부여된 수용권의 내용을 확정(수용의 시기 및 보상금액의 결정 등)하고 절차를 종결시키는 형성행위이며, 토지보상법상 사업시행자의 신청을 전제로 한다. 따라서 사업시행자가 보상 대상이 아니라고 하여 토지소유자의 재결신청에 대하여 아무런 응답을 하고 있지 않은 경우라면 토지소유자의 입장에서는 현행 행정소송법에 근거하여 부작위위법확인소송을 제기할 수 있을 것이다.

 **재결신청거부 및 부작위의 위법 확인에 대한 판례**
   (재결신청청구거부의 처분성 유무 및 재결신청청구에 대한 부작위위법 확인)

1. 1심 : 대전지방법원 2010.9.1, 2010구합568 [보상제외처분취소등]

[주 문]

1. 피고가 2010.1.6. 원고들에 대하여 한 원고들 소유의 별지 목록 물건평가조서상 일련번호 7 내지 10 기재 지장물에 관한 재결신청거부처분을 취소한다.

2. 피고가 원고 1 소유의 별지 목록 물건평가조서상 일련번호 17 내지 19 기재 지장물에 대하여 중앙토지수용위원회에 재결신청을 하지 않은 것은 위법임을 확인한다.

2. 2심 : 대전고등법원 2010.12.23, 2010누2096 [보상제외처분취소등]

[주 문]

1. 피고의 항소를 기각한다.

3. 3심 : 대법원 2011.7.14, 2011두2309 [보상제외처분취소등]

[판시사항]

[1] 공익사업을 위한 토지 등의 취득 및 보상에 관한 법률 제30조 제1항에서 정한 '협의가 성립되지 아니한 때'에, 토지소유자 등이 손실보상대상에 해당한다고 주장하며 보상을 요구하는데도 사업시행자가 손실보상대상에 해당하지 않는다며 보상대상에서 이를 제외한 채 협의를 하지 않아 결국 협의가 성립하지 않은 경우도 포함되는지 여부(적극)

[2] 도로건설 사업구역에 포함된 토지의 소유자가 토지상의 지장물에 대하여 재결신청을 청구하였으나, 그 중 일부에 대해서는 사업시행자가 손실보상대상에 해당하지 않아 재결신청대상이 아니라는 이유로 수용재결 신청을 거부하면서 보상협의를 하지 않은 사안에서, 위 처분이 위법하다고 본 원심판단을 수긍한 사례

[판결요지]

[1] 공익사업을 위한 토지 등의 취득 및 보상에 관한 법률(이하 '공익사업법'이라 한다) 제30조 제1항은 재결신청을 청구할 수 있는 경우를 사업시행자와 토지소유자 및 관계인 사이에 '협의가 성립하지 아니한 때'로 정하고 있을 뿐 손실보상대상에 관한 이견으로 협의가 성립하지 아니한 경우를 제외하는 등 그 사유를 제한하고 있지 않은 점, 위 조항이 토지소유자 등에게 재결신청청구권을 부여한 취지는 공익사업에 필요한 토지 등을 수용에 의하여 취득하거나 사용할 때 손실보상에 관한 법률관계를 조속히 확정함으로써 공익사업을 효율적으로 수행하고 토지소유자 등의 재산권을 적정하게 보호하기 위한 것인데, 손실보상대상에 관한 이견으로 손실보상협의가 성립하지 아니한 경우에도 재결을 통해 손실보상에 관한 법률관계를 조속히 확정할 필요가 있는 점 등에 비추어 볼 때, '협의가 성립되지 아니한 때'에는 사업시행자가 토지소유자 등과 공익사업법 제26조에서 정한 협의절차를 거쳤으나 보상액 등에 관하여 협의가 성립하지 아니한 경우는 물론 토지소유자 등이 손실보상대상에 해당한다고 주장하며 보상을 요구하는데도 사업시행자가 손실보상대상에 해당하지 아니한다며 보상대상에서 이를 제외한 채 협의를 하지 않아 결국 협의가 성립하지 않은 경우도 포함된다고 보아야 한다.

[2] 아산~천안 간 도로건설 사업구역에 포함된 토지의 소유자가 토지상의 지장물에 대하여 재결
신청을 청구하였으나, 그 중 일부에 대해서는 사업시행자가 손실보상대상에 해당하지 않아 재
결신청대상이 아니라는 이유로 수용재결 신청을 거부하면서 보상협의를 하지 않은 사안에서,
사업시행자가 수용재결 신청을 거부하거나 보상협의를 하지 않으면서도 아무런 조치를 취하
지 않은 것은 공익사업을 위한 토지 등의 취득 및 보상에 관한 법률에서 정한 재결신청청구
제도의 취지에 반하여 위법하다고 본 원심판단을 수긍한 사례

📝 판례사례 6 재결신청청구권 불복(협의 불성립 의미 등)

대전지방국토관리청은 아산 – 천안 간 도로건설 사업의 시행자이고, 갑 소유의 아산시 ○○면 ○○리의 토지가 위 사업의 사업구역에 편입되었다. 대전지방국토관리청은 사업인정이 고시된 이후 손실보상협의업무를 한국부동산원에 위탁하여 그로 하여금 원고들과의 손실보상협의를 진행하도록 하였는데, 한국부동산원 측이 토지에 대해서만 손실보상을 진행하고 토지상의 지장물에 대해서는 불법건축물임을 이유로 보상대상에서 제외하였다. 이에 갑은 해당 지장물도 보상대상에 해당하므로 이에 대한 재결을 신청해 줄 것을 청구하였으나, 한국부동산원은 불법건축물이므로 보상대상이 아니라고 하면서 재결신청을 거부하였다(불법건축물에 대한 협의 절차는 없었으며, 도로구역 결정고시일 이전에 건축되었음).

(1) 사업시행자는 사업인정 전에 설치된 건축물은 무허가건축물로서 건축법상 철거대상이기에 보상대상에 해당되지 않는다고 주장할 수 있는가? 10점

(2) 토지보상법상 사업인정 이후에 손실보상액이 결정되는 절차를 설명하고, 갑이 중앙토지수용위원회에 직접 한국부동산원에게 한 것과 동일한 내용의 재결을 신청할 수 있는지에 대해 논하시오. 25점

(3) 갑이 한국부동산원의 재결신청거부에 대하여 취소소송을 제기한다면 법원은 어떠한 판결을 하여야 하는가? 20점 – 소송요건까지 검토해야 하는 경우

(3-1) 갑은 한국부동산원의 재결신청거부에 대하여 취소소송을 제기하려고 한다. 한국부동산원의 재결신청거부행위는 적법한가? 10점 – 소송요건은 검토하지 않아도 되는 경우

(설문 1)의 해결

Ⅰ 쟁점의 정리

Ⅱ 무허가건축물이 보상대상인지 여부
  1. 무허가건축물
  2. 보상대상성 판단
    (1) 견해의 대립
      1) 부정하는 견해
      2) 긍정하는 견해(허가의 성질과 재산권)

  3. 판례의 태도
  4. 관련규정의 검토
    (1) 토지보상법 제25조
    (2) 이주대책 및 주거이전비

Ⅲ 사안의 해결

(설문 1)의 해결

I 쟁점의 정리

무허가건축물 중 특히 사업인정 이전 무허가건축물의 보상 대상 여부에 관한 명문의 법률규정이 없어 해석상 그 보상이 가능한지가 문제된다.

II 무허가건축물이 보상대상인지 여부

1. 무허가건축물

무허가건축물이라 함은 건축법 등 관계법령에 의하여 허가를 받거나 신고를 하고 건축 또는 용도변경을 하여야 하는 건축물을 허가나 신고 없이 건축한 건축물을 말한다(시행규칙 제24조).

2. 보상대상성 판단

(1) 견해의 대립

1) 부정하는 견해

무허가건축물은 대집행(철거)의 대상이 되므로 대집행을 실행하는 경우, 재산적 가치가 소멸하게 되어 보상대상에서 제외되어야 한다고 본다.

2) 긍정하는 견해(허가의 성질과 재산권)

허가란 상대적 금지를 해제하여 적법하게 일정행위를 할 수 있게 하는 행위이므로, 허가를 득하지 않은 경우 행정상 강제집행이나 처벌의 대상이 될 수 있는 것은 별론으로 하고 행위 자체의 효력이 부인되는 것은 아니기에 보상대상에 해당된다고 본다.

또한, 토지보상법 제25조에서는 사업인정 고시일 이후 허가받지 않은 건축물의 건축·대수선, 공작물의 설치 또는 물건의 부가·증치에 대한 원상회복의무를 부가하고 있기에 이에 대한 반대해석으로 사업인정 이전의 행위에 대해서는 허가받지 않은 경우라도 보상대상이 된다고 보아야 한다.

3. 판례의 태도

대법원은 사업인정고시 전에 건축한 건축물은 그 건축물이 적법하게 허가를 받아 건축한 것인지, 허가를 받지 아니하고 건축한 무허가건축물인지 여부와 관계없이 손실보상의 대상이 된다고 판시하고 있다(99두10896). 다만, 보상목적만을 위해 설치된 지장물에 대해서는 보상대상을 인정하고 있지 않다(2012두22096).

4. 관련규정의 검토

(1) 토지보상법 제25조

사업인정고시 이후에는 토지보전의무가 부여되고 이를 위반하는 경우 원상회복의무가 발생된다.

(2) 이주대책 및 주거이전비

무허가건축물의 경우 이주대책 및 주거이전비가 제외될 수 있다는 규정은 무허가건축물도 보상대상에 포함됨을 전제로 한 규정으로 볼 수 있다.

Ⅲ 사안의 해결

허가는 그 성질에 비추어 행위의 적법성 여부에만 관여하고 유효성 여부와는 무관하므로 사업인정 이전 건축물에 대하여는 무허가건축물도 재산권 요건을 충족하는 것으로 보아 보상만을 목적으로 설치되지 않은 이상 보상의 대상이 된다고 보는 것이 타당하다.

(설문 2)의 해결

Ⅰ 쟁점의 정리

설문에서는 토지소유자 갑이 중앙토지수용위원회에 재결을 신청할 수 있는지가 문제된다. 이와 관련하여 토지보상법상 손실보상액이 결정되는 절차를 설명하고, 이러한 제 절차의 취지를 바탕으로 갑이 중앙토지수용위원회에 재결신청을 할 수 있는지를 재결신청제도의 취지를 검토하여 살펴본다.

Ⅱ 사업인정 이후에 손실보상액이 결정되는 절차

1. 개설

공용수용이라 함은 타인의 재산권을 법률의 힘에 의해서 강제로 취득하는 것을 말한다. 이 경우 헌법 제23조 제3항에서는 정당한 보상을 하도록 규정하고 있는데, 이러한 보상액의 결정절차를 토지보상법에서 규정하고 있는바 이하 설명한다.

2. 사업인정 후 보상협의(토지보상법 제26조)

토지보상법상 협의라 함은 수용재결신청 전에 사업시행자로 하여금 수용대상 토지에 관하여 권리를 취득하거나 소멸시키기 위하여 토지소유자 및 관계인과 교섭하도록 하는 절차이다. 단, 사업인정 이전에 협의절차를 거쳤으나 협의가 성립되지 아니하여 사업인정을 받은 사업으로서 토지조서 및 물건조서의 내용에 변동이 없는 때에는 협의절차를 거치지 아니할 수 있다.

3. 재결(토지보상법 제34조)

토지수용위원회의 재결은 사업시행자로 하여금 토지 또는 토지의 사용권을 취득하도록 하고 사업시행자가 지급하여야 하는 손실보상액을 정하는 결정을 말한다.

재결은 수용법률관계의 양 당사자 사이에 협의가 성립하지 않은 경우, 토지수용위원회가 당사자 간의 분쟁을 조정하여 원활한 사업의 진행이 가능케 하여 공사익의 조화를 도모함에 제도적 의미를 갖고 있다.

4. 행정쟁송

(1) 이의신청(토지보상법 제83조)

이의신청이란, 토지수용위원회의 위법 또는 부당한 재결처분으로 인하여 권리 또는 이익을 침해당한 자가 중앙토지수용위원회에 그 처분의 취소·변경을 구하는 쟁송을 말한다. 토지수용위원회의 보상재결에 대하여 이의가 있는 자는 재결서 정본을 받은 날로부터 30일 이내에 이의를 신청할 수 있다.

(2) 보상금증감청구소송

토지수용위원회의 보상재결에 대하여 토지소유자 및 관계인은 보상금의 증액을 청구하는 소송을 제기할 수 있고 사업시행자는 보상금의 감액을 청구하는 소송을 제기할 수 있다. 이를 보상금증감청구소송이라 한다. 종래 재결에 관한 다툼이 보상금액에 관한 것일 때에도 법원은 재결의 취소만을 행할 수 있고 직접 보상액을 증감하는 판결을 할 수 없었기 때문에, 재결의 취소를 구하고 그에 따라 보상액을 다시 재결하는 등 악순환이 반복되어 분쟁의 일회적 해결이 어려웠다. 이에 보상금만에 대한 소송을 인정함으로써 분쟁의 일회적 해결·소송경제·권리구제의 신속성·실효성 확보를 도모하게 되었다.

5. 소결

토지보상법상 손실보상액의 결정은 원칙적으로 양 당사자의 협의에 의하되, 협의가 성립되지 않는 경우에는 재결에 의하여 중앙토지수용위원회가 결정한다. 재결에 의해 결정된 손실보상액에 만족하지 않는 경우, 사업시행자와 토지소유자 등은 이의신청 및 보상금증감청구소송을 통해 다툴 수 있으며 쟁송에 의하여 보상금이 최종적으로 결정될 것이다.

Ⅲ 갑이 중앙토지수용위원회에 직접 재결을 신청할 수 있는지 여부

1. 문제점

토지보상법에서는 갑이 중앙토지수용위원회에 직접 재결을 신청할 수 있다는 규정이 없으므로 재결신청에 대한 제 규정을 검토하여 갑이 직접 재결을 신청할 수 있는지를 살펴본다.

2. 토지보상법상 재결신청의 절차

(1) 사업시행자의 재결신청(토지보상법 제28조)

사업인정 이후, 협의가 성립되지 아니하거나 협의를 할 수 없는 때에는 사업시행자는 사업인정고시가 있은 날부터 1년 이내에 대통령령이 정하는 바에 따라 관할 토지수용위원회에 재결을 신청할 수 있다.

(2) 토지소유자의 재결신청청구(토지보상법 제30조)

재결신청청구권이란, 사업인정 후 협의가 성립되지 아니한 때 토지소유자 및 관계인이 사업시행자에게 서면으로 재결신청을 조속히 할 것을 청구할 수 있는 권리를 말한다.

(3) 사업시행자에게만 재결신청권을 부여한 것에 대한 타당성

사업시행자에게만 재결신청권을 부여한 것이 평등권 침해의 논란이 있을 수 있으나, ① 수용여부 및 수용의 개시일을 선택할 수 있는 재량을 인정하여 원활한 사업시행을 보장할 수 있다는 점과, ② 재결신청청구제도가 규정된 점, ③ 사업인정고시 후 1년 이내에 재결신청을 하지 않은 경우 실효제도를 두어 재결신청시기에 무제한재량을 부여한 것은 아니기 때문에 타당성이 인정된다고 볼 수 있다. 또한 사업인정 이후에도 사정변경 등으로 토지 등이 필요 없게 되는 경우도 발생할 수 있기 때문이다.

3. 갑이 재결신청을 할 수 있는지 여부

토지보상법상 재결신청권은 사업시행자만이 갖고 있으며, 이러한 제 규정의 타당성이 인정된다. 이에 비추어 볼 때, 중앙토지수용위원회는 사업시행자의 재결신청이 없이는 재결절차를 진행할 수 없을 것이다. 따라서 갑은 중앙토지수용위원회에 직접 재결을 신청할 수 없을 것이다.

(설문 3)의 해결

I 쟁점의 정리

사안은 법원의 판결을 묻고 있다. 이의 해결을 위하여 재결신청거부취소소송의 소송요건 충족 여부를 검토하고, 소송요건이 충족된다면 재결신청을 거부한 것에 대한 위법성을 살펴본다.

II 소송요건의 충족 여부

1. 소송요건 개설

행정소송법에서는 처분(행정소송법 제19조)을 대상으로 법률상 이익(법 제12조) 있는 자가, 제소기간(법 제20조) 내에 관할법원(법 제9조)에 청구하도록 규정하고 있다. 이 경우 행정심판 임의주의가 적용된다(법 제18조).

2. 대상적격 인정 여부

(1) 거부가 처분이 되기 위한 요건

판례는 거부가 처분이 되기 위해서는 ① 법규상, 조리상 신청권이 있을 것, ② 공권력 행사의 거부일 것, ③ 국민의 권리와 의무에 영향을 미칠 것을 요구하고 있다. 신청권의 존부에 대해서는 견해의 대립이 있다.

(2) 신청권의 존부

토지보상법 제30조에서는 사업시행자에게 재결을 신청하도록 청구할 수 있는 신청권을 규정하고 있다.

(3) 공권력 행사의 거부

재결은 중앙토지수용위원회가 행하는 공권력의 행사이고, 사업시행자의 신청을 전제로 한다. 따라서 사업시행자의 재결신청이 없다면 결과적으로 재결이 이루어질 수 없으므로, 재결신청의 거부는 재결거부의 효과를 향유한다고 볼 수 있다.

재결신청거부는 국가의 특별지방행정기관인 대전지방국토관리청이 우월한 위치에서 토지보상법 제28조에 의해 부여된 재결신청권을 행사할 것을 거부하는 행위이다.

(4) 국민의 권리 · 의무에 영향을 미칠 것

토지보상법상 보상협의가 결렬된 경우에는 재결을 통해서 보상금이 결정되므로 재결이 진행되지 않는다면, 피수용자의 입장에서는 손실보상을 받을 길이 없게 된다. 따라서 재결신청을 거부하는 것은 피수용자의 손실보상청구의 기회를 박탈하는 영향을 미친다고 볼 수 있다.

3. 원고적격 및 협의소익 인정 여부

손실보상청구권은 헌법상 보장되는 권리로서, 행정소송법 제12조에서 규정하는 법률상 이익에 해당한다. 또한 재결신청거부를 다투어 손실보상을 받을 현실적인 필요성도 인정된다(협의소익).

4. 사안의 경우(기타 소송요건 검토)

사업시행자의 재결신청거부는 처분이며, 갑에게는 법률상 이익이 인정된다. 또한 설문상 제소기간이나 관할의 문제는 없는 것으로 보이므로 소의 제기는 적법하다.

Ⅲ 재결신청거부의 위법성 판단

1. 재결신청거부의 위법성 유무

(1) 재결신청의 의무발생 여부

1) 문제점(재결신청청구의 요건)

토지보상법 제30조에서는 협의가 성립되지 않은 경우, 사업시행자는 피수용자의 재결신청청구를 받은 날로부터 60일 이내에 재결을 신청하도록 의무를 부여하고 있다. 따라서 재결신청의무가 발생하기 위해서는 협의가 성립되지 않아야 하는데, 사안에서는 보상대상에 해당하지 않는다고 하여 협의절차 자체를 진행하지 않았다. 이러한 경우도 협의가 불성립한 경우로 판단할 수 있는지가 문제된다.

2) '협의가 성립되지 아니한 때'의 의미

판례는 협의절차를 거쳤으나 협의가 성립하지 아니한 경우는 물론, 사업시행자가 보상대상이 아니라고 판단하여 협의를 거치지 않아 결국 협의가 성립하지 않은 경우도 포함된다고 한다(대판 2011.7.14, 2011두2309).

3) 사안의 경우

판례의 태도에 비추어 볼 때, 사업시행자가 보상대상이 아니라고 하여 협의절차를 진행하지 아니한 경우도 협의가 성립하지 않은 것으로 볼 수 있으므로 사업시행자에게는 재결신청의무가 발생한다.

(2) 사업시행자가 임의로 재결신청을 거부할 수 있는지 여부(위법성 판단)

재결은 당사자 간의 다툼을 판단하여 종결시키는 것이므로, 보상대상인지 여부 또는 보상대상인지 여부를 다툴 실익이 있는지 여부는 사업시행의 자체적인 판단에 의할 것이 아니라 사업시행자의 재결신청에 따라서 먼저 중앙토지수용위원회가 결정하고, 이에 불복하는 경우 행정소송의 과정에서 다시 법원에 의하여 그 당부가 판단되어야 할 것이다. 따라서 사업시행자가 재결신청의무가 있음에도 불구하고, 임의로 재결신청을 거부한 것은 재결신청청구 제도의 취지에 반하는 것으로서 위법하다고 할 것이다.

2. 위법성 정도

국민의 권리구제와 법적 안정성의 조화를 도모하는 중대·명백설의 입장(통설·판례)에서 볼 때, 재결신청을 거부한 것은 재결신청청구제도의 취지에 반하는 것으로 중대한 법률요건의 위반으로 볼 수 있고, 외관상 일견 명백하다고 볼 수 있다. 따라서 무효로 판단된다.

Ⅳ 사안의 해결(법원의 판결)

사업시행자의 재결신청거부에 대한 취소소송 제기는 적법하며, 재결신청거부는 재결신청청구제도의 취지에 반하는 것으로 무효이다. 위법한 처분에 대하여 취소소송이 제기된 경우에 법원은 해당 위법이 무효사유인 위법인지 취소사유인 위법인지 구분할 필요 없이 취소판결을 내리면 된다. 취소소송에 있어서는 해당 처분이 위법한지 아닌지가 문제이고 그 위법이 중대하고 명백한 것인지 여부는 심리대상이 되지 않기 때문이다. 실무도 이렇게 하고 있다. 따라서 법원은 무효선언적 의미의 취소판결을 하여야 할 것이다.

(설문 3-1)의 해결

I 쟁점의 정리

토지보상법 제30조에서는 협의가 성립되지 않은 경우, 사업시행자는 피수용자의 재결신청청구를 받은 날로부터 60일 이내에 재결을 신청하도록 의무를 부여하고 있다. 따라서 재결신청의무가 발생하기 위해서는 협의가 성립되지 않아야 하는데, 사안에서는 보상대상에 해당하지 않는다고 하여 협의절차 자체를 진행하지 않았다. 이러한 경우도 협의가 불성립한 경우로 판단할 수 있는지가 문제된다.

II '협의가 성립되지 아니한 때'의 의미

1. 관련 판례의 태도

판례는 협의절차를 거쳤으나 협의가 성립하지 아니한 경우는 물론, 사업시행자가 보상대상이 아니라고 판단하여 협의를 거치지 않아 결국 협의가 성립하지 않은 경우도 포함된다고 한다(대판 2011.7.14, 2011두2309).

2. 사안의 경우

판례의 태도에 비추어 볼 때, 사업시행자가 보상대상이 아니라고 하여 협의절차를 진행하지 아니한 경우도 협의가 성립하지 않은 것으로 볼 수 있으므로 사업시행자에게는 재결신청의무가 발생한다.

III 사업시행자가 임의로 재결신청을 거부할 수 있는지 여부(위법성 판단)

1. 위법성 판단

재결은 당사자 간의 다툼을 판단하여 종결시키는 것이므로, 보상대상인지 여부 또는 보상대상인지 여부를 다툴 실익이 있는지 여부는 사업시행의 자체적인 판단에 의할 것이 아니라 사업시행자의 재결신청에 따라서 먼저 중앙토지수용위원회가 결정하고, 이에 불복하는 경우 행정소송의 과정에서 다시 법원에 의하여 그 당부가 판단되어야 할 것이다. 따라서 사업시행자가 재결신청의무가 있음에도 불구하고, 임의로 재결신청을 거부한 것은 재결신청청구제도의 취지에 반하는 것으로서 위법하다고 할 것이다.

2. 위법성 정도

국민의 권리구제와 법적 안정성의 조화를 도모하는 중대·명백설의 입장(통설·판례)에서 볼 때, 재결신청을 거부한 것은 재결신청청구제도의 취지에 반하는 것으로 중대한 법률요건의 위반으로 볼 수 있고, 외관상 일견 명백하다고 볼 수 있다. 따라서 무효로 판단된다.

Ⅳ 사안의 해결

갑의 불법건축물이 보상대상에 해당되는지는 중앙토지수용위원회 및 법원에 의해서 결정될 사안이므로, 한국부동산원이 자의적으로 보상대상이 아니라고 판단하여 재결신청의무가 있음에도 재결신청을 거부한 것은 위법하다고 볼 수 있다.

📝 판례사례 7　재결신청청구권 요건판단(본안판단사항) + 소송요건(대상적격 및 원고적격)

2009년 11월 25일 국토교통부장관은 '장래 물부족과 가뭄에 대한 대처역량 강화 및 홍수에 안정한 강' 구현을 위해 국토교통부장관으로부터 낙동강살리기 16공구(밀양5·창원1지구)사업 실시계획을 고시하였다(사업시행기간 2009.12.12.~2012.12.31. / 사업시행자 : 한국수자원공사 / 국토교통부고시 제2009-1101호). 갑은 수용대상 토지(지목 '하천', 현황 '전')의 소유자로서 한국수자원공사와 협의하여 토지보상금을 수령하였다. 그 후 2017.10.11. 갑은 농업손실보상금의 지급을 요청하였으나 사업자는 이를 거부하였고, 갑은 사업시행자에게 재결신청을 청구하였다. 2018.1.5. 사업시행자는 '재결신청 권한이 이미 시효가 만료되어 이를 수용할 수 없다'고 회신하였다.

(1) 부대적 손실보상에 대해서 설명하시오. 5점

(2-1) 갑이 농업손실보상을 실현할 수 있는 절차에 대해서 설명하시오(재결절차 없이 농업손실보상청구가 가능한지). 10점

(2-2) 민사소송의 절차로서 농업손실보상 지급의 이행을 구할 수 있는지 논하시오. 10점

(3) 한국수자원공사는 해당 사업은 사업기간이 종료되어 실효되었기에, 재결신청을 할 법규상·조리상 신청권이 없기에 갑에 대한 회신은 항고소송의 대상이 되는 거부처분이 아니라고 한다. 또한 회신을 거부처분으로 보아 이를 취소한다고 하더라도 더 이상 재결을 신청할 수 없게 되었다는 점은 동일하므로 갑이 회신의 취소를 구할 소의 이익도 인정되지 않으므로 이에 대한 취소소송은 부적합하다고 한다. 한국수자원공사의 주장은 타당한가? 20점

(4) 갑은 재결신청청구에 대한 거부는 농업손실보상의 기회를 박탈하는 것으로서 위법하다고 주장할 수 있는가? 10점

🔖 관련 규정

토지보상법

제23조(사업인정의 실효)

① 사업시행자가 제22조 제1항에 따른 사업인정의 고시(이하 "사업인정고시"라 한다)가 된 날부터 1년 이내에 제28조 제1항에 따른 재결신청을 하지 아니한 경우에는 사업인정고시가 된 날부터 1년이 되는 날의 다음 날에 사업인정은 그 효력을 상실한다.

제30조(재결 신청의 청구)

① 사업인정고시가 된 후 협의가 성립되지 아니하였을 때에는 토지소유자와 관계인은 대통령령으로 정하는 바에 따라 서면으로 사업시행자에게 재결을 신청할 것을 청구할 수 있다.

② 사업시행자는 제1항에 따른 청구를 받았을 때에는 그 청구를 받은 날부터 60일 이내에 대통령령으로 정하는 바에 따라 관할 토지수용위원회에 재결을 신청하여야 한다. 이 경우 수수료에 관하여는 제28조 제2항을 준용한다.

③ 사업시행자가 제2항에 따른 기간을 넘겨서 재결을 신청하였을 때에는 그 지연된 기간에 대하여 「소송촉진 등에 관한 특례법」 제3조에 따른 법정이율을 적용하여 산정한 금액을 관할 토지수용위원회에서 재결한 보상금에 가산(加算)하여 지급하여야 한다.

한국수자원공사법

제24조(토지등의 수용·사용)

① 공사(제17조에 따라 공사로부터 사업을 위탁받은 자를 포함한다)는 사업을 수행하기 위하여 필요한 경우에는 「공익사업을 위한 토지 등의 취득 및 보상에 관한 법률」 제3조에 따른 토지·물건 또는 권리 등(이하 "토지등"이라 한다)을 수용 또는 사용할 수 있다.

② 제10조에 따른 실시계획의 승인 및 고시가 있으면 「공익사업을 위한 토지 등의 취득 및 보상에 관한 법률」 제20조 제1항 및 같은 법 제22조에 따른 사업인정 및 사업인정의 고시가 있은 것으로 본다. 이 경우 재결신청(裁決申請)은 같은 법 제23조 제1항 및 같은 법 제28조 제1항에도 불구하고 실시계획을 승인할 때 정한 사업의 시행기간 내에 하여야 한다.

(설문 1)의 해결

Ⅰ 개설

Ⅱ 부대적 손실보상

  1. 실비변상적 보상

  2. 일실손실보상

(설문 2-1)의 해결

Ⅰ 쟁점의 정리

Ⅱ 재결절차 없이 곧바로 농업손실보상을 청구할 수 있는지 여부

  1. 보상절차 규정(재결전치주의)

  2. 보상절차의 종료

  3. 관련 판례의 태도

  4. 사안의 경우

(설문 2-2)의 해결

Ⅰ 쟁점의 정리

Ⅱ 농업손실보상청구권의 법적 성질

  1. 견해의 대립

  2. 판례

  3. 검토

Ⅲ 사안의 해결

(설문 3)의 해결

Ⅰ 쟁점의 정리

Ⅱ 대상적격의 인정 여부

  1. 거부가 처분이 되기 위한 요건

  2. 신청권의 존부

  3. 공권력 행사의 거부

  4. 사안의 경우

Ⅲ 원고적격 및 협의소익 인정 여부

  1. 원고적격과 협의소익(제12조)

  2. 법률상 이익의 범위

  3. 협의소익이 부정되는 경우

  4. 사안의 경우

Ⅳ 사안의 해결(기타 소송요건 충족 등)

(설문 4)의 해결

Ⅰ 쟁점의 정리

Ⅱ 재결신청청구권의 요건 검토

  1. 의의 및 취지(토지보상법 제30조)

  2. 재결신청청구 요건 및 효과

    (1) 재결신청청구의 요건

    (2) 재결신청청구의 효과

  3. 재결신청청구에 대한 요건충족 판단이 본안판단 사항인지

Ⅲ 사안의 해결

  1. 사안의 해결

  2. 관련문제(손해배상청구)

(설문 1)의 해결

I 개설

부대적 손실이란 수용, 사용의 직접적인 목적물은 아니나 목적물을 취득함으로써 필연적으로 발생하는 손실을 말하며, 실비변상적 보상과 일실손실보상이 있다.

II 부대적 손실보상

1. 실비변상적 보상

재산권의 상실, 이전 등에 따라 비용의 지출을 요하는 경우에 그 비용을 보상하는 것을 말한다. ① 건축물 등의 이전비(토지보상법 제75조 제1항), ② 분묘이전비(토지보상법 제75조 제4항), ③ 잔여지 및 잔여건축물공사비(토지보상법 제73조 및 제75조의2) 등이 있다.

2. 일실손실보상

재산권에 대한 수용에 부수하여 사업을 폐지하거나 휴업하게 되는 경우에 발생하는 기대이익의 상실에 대한 보상을 말한다. ① 영업폐업·휴업보상(토지보상법 제77조 제1항), ② 농업손실보상(토지보상법 제77조 제2항), ③ 휴직 또는 실직보상(토지보상법 제77조 제3항), ④ 권리의 보상(광업권, 어업권, 물 등의 사용에 관한 권리, 양식업권) 등이 있다.

(설문 2-1)의 해결

I 쟁점의 정리

설문은 재결절차 없이 곧바로 농업손실보상을 청구할 수 있는지를 묻고 있다. 토지보상법상 보상절차 규정을 검토하여 사안을 해결한다.

II 재결절차 없이 곧바로 농업손실보상을 청구할 수 있는지 여부

1. 보상절차 규정(재결전치주의)

토지보상법 제26조에서는 당사자 간 협의를 통한 보상금 산정을 규정하고 있고 당사자 간 협의가 성립되지 않는 경우에는 동법 제28조 및 제30조에 따라 토지수용위원회에 재결을 신청할 수 있다. 또한 재결에 불복하는 경우에는 동법 제83조와 제85조에 따라서 이의신청을 하거나 보상금증감청구소송을 청구할 수 있다.

2. 보상절차의 종료(보상금의 지급, 공탁)

협의 또는 재결에서 정한 보상금의 지급일까지 보상금을 지급, 공탁함으로 손실보상의 절차가 종료된다.

3. 관련 판례의 태도

토지보상법상 재결신청과 재결 및 이에 대한 불복규정 등의 내용 및 입법취지 등을 종합하면, 공익사업으로 농업의 손실을 입게 된 자가 사업시행자로부디 토지보상법 제77조 제2항에 띠리 농업손실에 대한 보상을 받기 위해서는 토지보상법 제34조, 제50조 등에 규정된 재결절차를 거친 다음 그 재결에 대하여 불복이 있는 때에 비로소 토지보상법 제83조 내지 제85조에 따라 권리구제를 받을 수 있을 뿐, 이러한 재결절차를 거치지 않은 채 곧바로 사업시행자를 상대로 손실보상을 청구하는 것은 허용되지 않는다.

4. 사안의 경우

토지보상법은 협의절차와 재결절차를 보상금결정 절차로 규정하고 있으므로 이러한 재결절차를 거치지 않고 곧바로 사업시행자를 상대로 손실보상을 청구하는 것은 허용되지 않을 것이다.

(설문 2-2)의 해결

Ⅰ 쟁점의 정리

갑이 농업손실보상금을 민사소송으로 지급청구할 수 있는지가 문제되는데, 농업손실보상청구권의 법적 성질을 검토하여 설문을 해결한다.

Ⅱ 농업손실보상청구권의 법적 성질

1. 견해의 대립

① 공권설은 공권력 행사인 공용침해를 원인으로 하므로 공권으로 보아야 한다고 하며, ② 사권설은 손실보상청구권은 기본적으로 금전청구권(채권·채무관계)이므로 사법상의 권리라고 한다.

2. 판례

농업손실보상청구권은 '공익사업의 시행으로 발생되는 재산상의 특별한 희생이므로 이는 공평부담의 견지에서 공익사업의 주체가 그 손해를 보상하여 주는 손실보상의 일종으로, 공법상의 권리임이 분명하므로 그에 관한 쟁송은 민사소송이 아닌 행정소송절차에 의하여야 한다'고 판시한다(대판 2011.10.13, 2009다43461).

3. 검토

손실보상은 공법상 원인을 이유로 이루어지고 있는 점에 비추어 공권으로 봄이 타당하다.

Ⅲ 사안의 해결

농업손실보상청구권은 일실손실에 대한 보상으로서 공법상 권리라 볼 수 있다. 이에 대한 구제절차는 토지보상법상 협의, 재결 및 행정쟁송절차에 의하여야 할 것이다. 따라서 갑은 민사소송으로서 그 지급의 이행을 청구할 수 없을 것이다.

(설문 3)의 해결

Ⅰ 쟁점의 정리

한국수자원공사의 회신이 항고소송의 대상이 되는 처분인지와, 처분이라 하더라도 재결신청을 할 수 없으므로 소의 이익이 인정될 수 있는지가 문제된다. 이의 해결을 위하여 재결신청거부취소소송의 소송요건을 대상적격 및 협의소익을 중심으로 검토한다.

Ⅱ 대상적격의 인정 여부

1. 거부가 처분이 되기 위한 요건

판례는 거부가 처분이 되기 위해서는 ① 법규상, 조리상 신청권이 있을 것, ② 공권력 행사의 거부일 것, ③ 국민의 권리와 의무에 영향을 미칠 것을 요구하고 있다. 신청권의 존부에 대해서는 견해의 대립이 있다.

2. 신청권의 존부

토지보상법 제30조에서는 사업시행자에게 재결을 신청하도록 청구할 수 있는 신청권을 규정하고 있다.

3. 공권력 행사의 거부

재결은 중앙토지수용위원회가 행하는 공권력의 행사이고, 사업시행자의 신청을 전제로 한다. 따라서 사업시행자의 재결신청이 없다면 결과적으로 재결이 이루어질 수 없으므로, 재결신청의 거부는 재결거부의 효과를 향유한다고 볼 수 있다.

재결신청거부는 한국수자원공사가 우월한 위치에서 토지보상법 제28조에 의해 부여된 재결신청권을 행사할 것을 거부하는 행위이다.

4. 사안의 경우

토지보상법상 보상협의가 결렬된 경우에는 재결을 통해서 보상금이 결정되므로 재결이 진행되지 않는다면, 피수용자의 입장에서는 손실보상을 받을 길이 없게 된다. 따라서 재결신청을 거부하는 것은 피수용자의 손실보상청구의 기회를 박탈하는 영향을 미친다고 볼 수 있다.

Ⅲ 원고적격 및 협의소익 인정 여부

1. 원고적격과 협의소익(제12조)

원고적격이란 본안판결을 받을 수 있는 자격을 말하며, 협의의 소익이란 본안판결을 구할 현실적 필요성을 의미한다.

2. 법률상 이익의 범위

다수견해 및 판례는 법률에 의하여 보호되는 개별·직접·구체적인 이익이 있는 경우를 의미한다고 보며, 근거법률은 물론이고 관련규정까지 넓게 해석하는 것으로 보인다.

3. 협의소익이 부정되는 경우

① 처분의 효력이 소멸한 경우, ② 원상회복이 불가능한 경우, ③ 처분 후의 사정에 의해 이익침해가 해소된 경우, ④ 보다 간이한 구제방법이 있는 경우에는 소의 이익이 없는 것으로 보아야 한다.

4. 사안의 경우

손실보상청구권은 헌법상 보장되는 권리로서, 행정소송법 제12조에서 규정하는 법률상 이익에 해당한다. 또한 재결신청거부를 다투어 손실보상을 받을 현실적인 필요성도 인정되므로 협의의 소익도 인정된다.

Ⅳ 사안의 해결(기타 소송요건 충족 등)

행정소송법에서는 처분(행정소송법 제19조)을 대상으로 법률상 이익(법 제12조) 있는 자가, 제소기간(법 제20조) 내에 관할법원(법 제9조)에 청구하도록 규정하고 있다.

사업시행자의 재결신청거부는 처분이며, 갑에게는 법률상 이익 및 협의의 소익이 인정된다. 또한 설문상 제소기간이나 관할의 문제는 없는 것으로 보이므로 갑은 재결신청거부취소소송을 제기할 수 있을 것이다.

(설문 4)의 해결

I 쟁점의 정리

설문은 사업시행자의 재결신청거부에 대한 위법성이 문제된다. 재결신청의무가 발생되는지가 쟁점인데, 이의 해결을 위하여 토지보상법 제30조의 재결신청청구 요건을 검토한다.

II 재결신청청구권의 요건 검토

1. 의의 및 취지(토지보상법 제30조)

재결신청청구권은 사업인정 후 협의가 성립되지 않은 경우 피수용자가 사업시행자에게 서면으로 재결신청을 조속히 할 것을 청구하는 권리이다. 수용법률관계의 조속한 안정을 도모한다.

2. 재결신청청구 요건 및 효과

(1) 재결신청청구의 요건

① 사업시행자 및 토지소유자 사이에 협의가 불성립한 경우에는 토지소유자는 사업시행자에게 조속히 재결을 신청하여 줄 것을 청구할 수 있다.

② 토지소유자 등은 사업시행자에게 협의기간 만료일부터 재결신청을 할 수 있는 기간 만료일까지 재결을 신청할 것을 청구할 수 있다.

(2) 재결신청청구의 효과

재결신청의 청구를 받은 사업시행자는 재결신청청구가 있는 날로부터 60일 이내에 관할 토지수용위원회에 재결을 신청하여야 하며, 의무기간인 60일을 넘겨서 이루어진 경우에는 그 지연기간에 대하여 가산금을 지급하여야 한다.

3. 재결신청청구에 대한 요건충족 판단이 본안판단 사항인지

본안심리라 함은 요건심리의 결과 해당 소송이 소송요건을 갖춘 것으로 인정되는 경우 사건의 본안, 즉 청구의 이유 유무(취소소송에서의 처분의 위법 여부)에 대하여 실체적 심사를 행하는 것을 말한다. 따라서 위법성 판단은 사업시행자의 거부처분이 적합한가를 판단하는 단계에서 고려할 요소이지 소송요건 심사단계에서 고려할 요소가 아니다.

III 사안의 해결

1. 사안의 해결

재결신청청구는 사업시행기간인 2012.12.1.까지는 하여야 한다. 그러나 갑은 2017.10.11.에 이르러서야 한국수자원공사에 농업손실을 보상받기 위하여 재결신청청구를 하였으므로, 갑의 재결신청청구는 부적법하며, 한국수자원공사가 2018.1.5. 갑에 대하여 '이미 사업시행기간이 만료되었다.'라는 이유로 거부처분을 한 것은 적법하다고 보아야 한다.

2. 관련문제(손해배상청구)

손실보상 대상에 해당함에도 불구하고 이를 지급하지 않는 것은 헌법 제23조 재산권 보장규정을 위반하는 것으로 볼 수 있다. 따라서 손실보상을 이행하지 아니하고 진행한 사업은 위법한 사업으로 볼 수 있고 그에 따른 손해배상을 청구할 수 있을 것이다.

✍ (설문 3) 보충논의 – 처분 개념 논의에 의한 문제풀이

1. 판례요지인 '처분'이란

"행정청이 행하는 구체적 사실에 관한 법집행으로서의 공권력의 행사 또는 그 거부와 그 밖에 이에 준하는 행정작용"을 말한다(행정소송법 제2조 제1항 제1호). 행정청의 어떤 행위가 항고소송의 대상이 될 수 있는지는 추상적·일반적으로 결정할 수 없고, 관련 법령의 내용과 취지, 그 행위의 주체·내용·형식·절차, 그 행위와 상대방 등 이해관계인이 입는 불이익과의 실질적 견련성, 그리고 법치행정의 원리와 당해 행위에 관련한 행정청 및 이해관계인의 태도 등을 참작하여 개별적으로 결정하여야 한다(대판 2010.11.18, 2008두167 전원합의체 등 참조). 또한 구체적인 사안에서 행정청에 신청에 따른 처분을 할 권한이 있는지는 본안에서 당해 처분이 적법한가를 판단하는 단계에서 고려할 요소이지, 소송요건 심사단계에서 고려할 요소가 아니다."를 분설하고 판례가 말하는 처분의 개념요소를 분설하고, 사업시행자가 보상대상이 아니라고 하여 재결신청을 하지 않으면 보상받을 현실적인 방법이 없으므로 사업시행자의 재결신청청구에 대한 거부는 피수용자의 재산권에 영향을 미치는 처분이라고 포섭하면 될 것이다.

2. 판례요지에 따른 처분성 포섭

토지소유자 등의 재결신청에 대한 사업시행자의 거부는 ① 토지소유자 등은 재결절차를 거치지 아니하면 손실보상을 받을 수 없으므로, 재결신청청구에 대한 거부는 토지소유자 등의 손실보상에 관한 권리에 직접적으로 영향을 주는 점, ② 재결신청은 사업시행자에게만 독점적으로 인정되므로 그 신청에 대한 거부는 토지수용위원회에 대해서는 별론으로 하고 적어도 토지소유자 등에 대해서는 우월적 지위에서 하는 권력작용으로 봄이 타당한 점, ③ 토지보상법에서 토지소유자 등에게는 사업시행자에 대한 재결신청청구권이, 사업시행자에게는 그 재결신청청구에 따라 관할 토지수용위원회에 재결신청을 할 의무가 있다고 규정하고 있는 점 등을 고려할 때, 행정주체가 우월적 지위에서 행하는 항고소송의 대상인 처분으로 봄이 타당하다.

대법원 2019.8.29, 2018두57865[수용재결신청청구거부처분취소]

[판시사항]

[1] 공익사업으로 농업의 손실을 입게 된 자가 공익사업을 위한 토지 등의 취득 및 보상에 관한 법률 제34조, 제50조 등에 규정된 재결절차를 거치지 않은 채 곧바로 사업시행자를 상대로 손실보상을 청구할 수 있는지 여부(소극)

[2] 편입토지 보상, 지장물 보상, 영업·농업 보상에 관하여 토지소유자나 관계인이 사업시행자에게 재결신청을 청구했음에도 사업시행자가 재결신청을 하지 않을 경우, 토지소유자나 관계인의 불복 방법 및 이때 사업시행자에게 재결신청을 할 의무가 있는지가 소송요건 심사단계에서 고려할 요소인지 여부(소극)

[3] 한국수자원공사법에 따른 사업을 수행하기 위한 토지 등의 수용 또는 사용으로 손실을 입게 된 토지소유자나 관계인이 공익사업을 위한 토지 등의 취득 및 보상에 관한 법률 제30조에 따라 한국수자원공사에 재결신청을 청구하는 경우, 위 사업의 실시계획을 승인할 때 정한 사업시행기간 내에 해야 하는지 여부(적극)

[판결요지]

[1] 공익사업을 위한 토지 등의 취득 및 보상에 관한 법률(이하 '토지보상법'이라 한다) 제26조, 제28조, 제30조, 제34조, 제50조, 제61조, 제83조 내지 제85조의 규정 내용 및 입법 취지 등을 종합하면, 공익사업으로 농업의 손실을 입게 된 자가 사업시행자로부터 토지보상법 제77조 제2항에 따라 농업손실에 대한 보상을 받기 위해서는 토지보상법 제34조, 제50조 등에 규정된 재결절차를 거친 다음 그 재결에 대하여 불복이 있는 때에 비로소 토지보상법 제83조 내지 제85조에 따라 권리구제를 받을 수 있을 뿐, 이러한 재결절차를 거치지 않은 채 곧바로 사업시행자를 상대로 손실보상을 청구하는 것은 허용되지 않는다.

[2] 공익사업을 위한 토지 등의 취득 및 보상에 관한 법률 제28조, 제30조에 따르면, 편입토지 보상, 지장물 보상, 영업·농업 보상에 관해서는 사업시행자만이 재결을 신청할 수 있고 토지소유자와 관계인은 사업시행자에게 재결신청을 청구하도록 규정하고 있으므로, 토지소유자나 관계인의 재결신청청구에도 사업시행자가 재결신청을 하지 않을 때 토지소유자나 관계인은 사업시행자를 상대로 거부처분 취소소송 또는 부작위 위법확인소송의 방법으로 다투어야 한다. 구체적인 사안에서 토지소유자나 관계인의 재결신청청구가 적법하여 사업시행자가 재결신청을 할 의무가 있는지는 본안에서 사업시행자의 거부처분이나 부작위가 적법한가를 판단하는 단계에서 고려할 요소이지, 소송요건 심사단계에서 고려할 요소가 아니다.

[3] 한국수자원공사법에 따르면, 한국수자원공사는 수자원을 종합적으로 개발·관리하여 생활용수 등의 공급을 원활하게 하고 수질을 개선함으로써 국민생활의 향상과 공공복리의 증진에 이바지함을 목적으로 설립된 공법인으로서(제1조, 제2조), 사업을 수행하기 위하여 필요한 경우에는 공익사업을 위한 토지 등의 취득 및 보상에 관한 법률(이하 '토지보상법'이라 한다) 제3조에 따른 토지 등을 수용 또는 사용할 수 있고, 토지 등의 수용 또는 사용에 관하여 한국수자원공사법에 특별한 규정이 있는 경우 외에는 토지보상법을 적용한다(제24조 제1항, 제7항). 한국수자원공사법 제10조에 따른 실시계획의 승인·고시가 있으면 토지보상법 제20조 제1항 및 제22조

에 따른 사업인정 및 사업인정의 고시가 있은 것으로 보고, 이 경우 재결신청은 토지보상법 제
23조 제1항 및 제28조 제1항에도 불구하고 실시계획을 승인할 때 정한 사업의 시행기간 내에
하여야 한다(제24조 제2항).

위와 같은 관련 규정들의 내용과 체계, 입법 취지 등을 종합하면, 한국수자원공사가 한국수자원공
사법에 따른 사업을 수행하기 위하여 토지 등을 수용 또는 사용하고자 하는 경우에 재결신청은 실
시계획을 승인할 때 정한 사업의 시행기간 내에 하여야 하므로, 토지소유자나 관계인이 토지보상법
제30조에 의하여 한국수자원공사에 하는 재결신청의 청구도 위 사업시행기간 내에 하여야 한다.

📋 판례사례 8 재결신청청구 지연가산금 및 지연이자

2012.6.28. 갑과 을은 왕십리뉴타운 제1구역 주택재개발정비사업조합(이하 '조합')의 조합원이었으나, 종전자산가치에 대한 이견이 발생하여 분양계약을 체결하지 않고 조합에게 수용재결신청을 청구하였다. 조합은 2014.6.24. 서울특별시지방토지수용위원회(이하 '위원회')에 수용재결을 신청하였고 위원회는 ① 2014.10.24. 갑과 을 소유 부동산을 수용하고 그에 다른 수용보상금을 지급한다는 내용의 수용재결을 한 후 ② 2014.12.19. 조합이 재결신청의 지연으로 인하여 피수용자들에게 지급하여야 할 손실보상금을 합계 2,035,209,120원으로 한다는 내용의 수용재결을 하였고 그 즈음 각 재결서는 통지되었다.

이에 조합은 2015.2.4. 지연가산금은 헌법 제23조 제3항에 규정된 정당보상의 범주에 속하지 않는다고 보아 지연가산금에 대한 지급을 거부하면서 지연가산금 상당액을 공탁하고 감액청구소송을 제기하였으나 2016.10.27. 기각판결을 받았고 이는 확정되었다.

갑과 을은 공탁된 수용보상금에 대한 가산금 청구의 소를 제기하려 하는데, 조합은 지연가산금은 재결신청을 촉구할 심리적 압박을 가할 수단으로서 이에 대한 가산금 청구의 소는 제기할 수 없다고 항변한다. 또한 토지보상법 제87조에 규정된 재결은 수용재결만을 의미하고 지연가산금은 해당하지 않는다고 주장한다. 갑과 을은 지연가산금에 대한 가산금 지급을 구할 수 있겠는가? 10점

🎯 참조 조문

토지보상법

제40조(보상금의 지급 또는 공탁)

① 사업시행자는 제38조 또는 제39조에 따른 사용의 경우를 제외하고는 수용 또는 사용의 개시일(토지수용위원회가 재결로써 결정한 수용 또는 사용을 시작하는 날을 말한다. 이하 같다)까지 관할 토지수용위원회가 재결한 보상금을 지급하여야 한다.

② 사업시행자는 다음 각 호의 어느 하나에 해당할 때에는 수용 또는 사용의 개시일까지 수용하거나 사용하려는 토지등의 소재지의 공탁소에 보상금을 공탁(供託)할 수 있다.
  1. 보상금을 받을 자가 그 수령을 거부하거나 보상금을 수령할 수 없을 때
  2. 사업시행자의 과실 없이 보상금을 받을 자를 알 수 없을 때
  3. 관할 토지수용위원회가 재결한 보상금에 대하여 사업시행자가 불복할 때
  4. 압류나 가압류에 의하여 보상금의 지급이 금지되었을 때

③ 사업인정고시가 된 후 권리의 변동이 있을 때에는 그 권리를 승계한 자가 제1항에 따른 보상금 또는 제2항에 따른 공탁금을 받는다.

④ 사업시행자는 제2항 제3호의 경우 보상금을 받을 자에게 자기가 산정한 보상금을 지급하고 그 금액과 토지수용위원회가 재결한 보상금과의 차액(差額)을 공탁하여야 한다. 이 경우 보상금을 받을 자는 그 불복의 절차가 종결될 때까지 공탁된 보상금을 수령할 수 없다.

제85조(행정소송의 제기)

① 사업시행자, 토지소유자 또는 관계인은 제34조에 따른 재결에 불복할 때에는 재결서를 받은 날부터 90일 이내에, 이의신청을 거쳤을 때에는 이의신청에 대한 재결서를 받은 날부터 60일 이내에 각각 행정소송을 제기할 수 있다. 이 경우 사업시행자는 행정소송을 제기하기 전에 제84조에 따라 늘어난 보상금을 공탁하여야 하며, 보상금을 받을 자는 공탁된 보상금을 소송이 종결될 때까지 수령할 수 없다. 〈개정 2018.12.31.〉

> ② 제1항에 따라 제기하려는 행정소송이 보상금의 증감(增減)에 관한 소송인 경우 그 소송을 제기하는 자
> 가 토지소유자 또는 관계인일 때에는 사업시행자를, 사업시행자일 때에는 토지소유자 또는 관계인을
> 각각 피고로 한다.
>
> **제87조(법정이율에 따른 가산지급)**
> 사업시행자는 제85조 제1항에 따라 사업시행자가 제기한 행정소송이 각하·기각 또는 취하된 경우 다음
> 각 호의 어느 하나에 해당하는 날부터 판결일 또는 취하일까지의 기간에 대하여 「소송촉진 등에 관한 특례
> 법」 제3조에 따른 법정이율을 적용하여 산정한 금액을 보상금에 가산하여 지급하여야 한다.
> 1. 재결이 있은 후 소송을 제기하였을 때에는 재결서 정본을 받은 날
> 2. 이의신청에 대한 재결이 있은 후 소송을 제기하였을 때에는 그 재결서 정본을 받은 날

Ⅰ 쟁점의 정리

설문은 재결신청지연에 대한 지연가산금이 발생하였으나 이에 대한 감액청구소송을 제기한 경우, 소송기간 동안의 가산금이 발생되는지가 문제된다. 지연가산금의 성질과 보상법 제87조에 규정된 재결에 지연가산금 결정재결도 포함되는지를 검토하여 사안을 해결한다.

Ⅱ 재결신청청구권과 지연가산금

1. 재결신청청구권의 의의 및 취지(보상법 제30조)

재결신청청구권은 사업인정 후 협의가 성립되지 않은 경우 피수용자가 사업시행자에게 서면으로 재결신청을 조속히 할 것을 청구하는 권리이며, 수용법률관계의 조속한 안정을 도모한다.

2. 재결신청청구권과 지연가산금 발생

재결신청의 청구를 받은 사업시행자는 재결신청청구가 있는 날로부터 60일 이내에 관할토지수용위원회에 재결을 신청하여야 하며, 60일을 넘겨서 이루어진 경우에는 그 지연기간에 대하여 '소송촉진 등에 관한 특례법' 규정에 의한 법정이율을 적용하여 산정한 금액을 관할토지수용위원회에서 재결한 보상금에 가산하여 지급하여야 한다.

Ⅲ 지연가산금 결정절차

1. 지연가산금의 법적 성질

지연가산금은 사업시행자가 정해진 기간 내에 재결신청을 하지 않고 지연한 데 대한 제재와 토지소유자 등의 손해에 대한 보전이라는 성격을 아울러 가지고 있다. 그 성질이 보상금에 해당한다고 봄이 타당하다.

2. 지연가산금도 토지보상법 제34조 재결에 포함되는지 여부

토지보상법 시행령 제14조 제2항에서는 지연가산금은 토지수용위원회가 재결서에 적어야 하며, 사업시행자는 수용 또는 사용의 개시일까지 보상금과 함께 이를 지급하여야 한다고 규정하고 있다. 지연가산금도 재결보상금과 마찬가지로 수용재결로 정해진다.

3. 토지보상법 제87조의 취지

제87조는 사업시행자의 일방적인 행정소송으로 토지소유자가 보상금을 수령하지 못하는 기간 동안의 손해를 보전함에 취지가 인정된다. 행정소송으로 인해 수령하지 못하는 기간 동안의 손해를 보전해주지 않는 것은 위 입법취지에 반하는 해석이라 할 것이다. 따라서 보상법 제30조 제3항 소정의 지연가산금도 동법 제87조의 보상금에 포함된다고 봄이 상당하다.

Ⅳ 사안의 해결

지연가산금은 사업시행자의 재결신청의무 미이행에 손해보전의 성격을 가지며, 토지수용위원회의 재결로 결정되는 바, 소송을 제기하여 이에 대한 지급의무를 이행하지 않는 경우에는 보상법 제87조에 따라서 재결서 정본 송달일로부터 소송종료일까지 가산금을 별도로 지급하여야 할 것이다.

📖 대법원 2019.1.17, 2018두54675[공탁된수용보상금에대한가산금청구의소]

[판시사항]

갑 등 토지소유자들이 주택재개발정비사업 시행자에게 수용재결신청을 청구한 날로부터 60일이 지난 후에 사업시행자가 지방토지수용위원회에 수용재결을 신청하였고, 지방토지수용위원회가 공익사업을 위한 토지 등의 취득 및 보상에 관한 법률 제30조 제3항에 따른 지연가산금을 재결보상금에 가산하여 지급하기로 하는 내용의 수용재결을 하자, 사업시행자가 지연가산금 전액의 감액을 구하는 손실보상금감액 청구를 하였으나 청구기각 판결이 확정된 사안에서, 공익사업을 위한 토지 등의 취득 및 보상에 관한 법률 제87조의 '보상금'에는 같은 법 제30조 제3항에 따른 지연가산금도 포함된다고 보아, 수용재결에서 인정된 가산금에 관하여 재결서 정본을 받은 날부터 판결일까지의 기간에 대하여 소송촉진 등에 관한 특례법 제3조에 따른 법정이율을 적용하여 산정한 가산금을 지급할 의무가 있다고 본 원심판단을 수긍한 사례

📝 **판례사례 9** 권리의무의 승계(사업자 변경) 및 재결신청 청구요건(신청기간과 재협의)

토지소유자 갑은 2010.1.29. 최초 사업시행자였던 더블에이치씨에 대하여 갑 소유의 토지에 관하여 수용재결 신청을 청구하였다. 이에 더블에이치씨가 재결을 신청하여 2010.8.23. 수용재결(이하 '제1차 수용재결'이라고 한다)이 이루어졌으나, 제1차 수용재결에서 정한 수용개시일(2010.9.23.)까지 재결 보상금을 지급 또는 공탁하지 못함에 따라 제1차 수용재결은 그 효력을 상실하였다. 2011.7.28.자 평택 포승2 일반산업단지 개발계획 및 실시계획 변경고시(경기도 고시 제2011 - 200호)에 따라 사업의 시행자가 더블에이치씨에서 포승산난수식회사로 변경되었다. 포승산단주식회사는 갑을 포함한 토지소유자 등에게 보상일정 안내와 감정평가법인등 추천을 요청하는 내용의 공문을 발송하였고, 2011.9.19. 당해 사업구역 내 토지소유자 등으로 구성된 '포승2산업단지 신비상대책위원회'(이하 '비대위'라고 한다)와 사이에 보상업무협약을 서면으로 체결하였다. 위 보상업무협약의 내용에 따르면 주민 대표, 평택도시공사와 포승산단주식회사가 감정평가사 1인씩을 선정하여 감정평가절차를 거치는 것으로 예정되어 있었다. 포승산단주식회사는 위 보상업무협약에 따라 세 곳의 감정평가법인에 의뢰하여 감정평가서를 제출받은 다음 협의기간을 2011.11.16.부터 2011.12.16.까지로 정하여 갑을 비롯한 토지소유자 등과 손실보상협의를 진행하였으나, 그 협의가 성립하지 않자 2012.1.30. 다시 수용재결을 신청하였다. 이에 경기도지방토지수용위원회의 2012.7.24.자 수용재결(보상금 증액)이 있었다(수용개시일 : 2012.9.21).

갑은 1차 수용재결이 실효된 날로부터 60일이 경과한 시점인 2010.11.25.부터 2012.1.29.까지 1년 2개월 5일(431일)에 해당되는 기간동안의 재결신청 지연가산금 상당의 손실을 보상해 달라는 취지의 재결신청을 청구하였다. 포승산단주식회사는 자신은 2011.7.28.일자로 사업시행자로 지정되었고 2011.9.19.부터 2011.12.16.까지 성실히 협의절차를 이하였으나 협의가 성립되지 않아서 협의기간 종료일인 2011.12.16.일로부터 60일 이내인 2012.1.30. 재결을 신청한 바 지연가산금은 발생하지 않는다고 한다. 재결신청청구에 대한 지연가산금이 발생되는지 논하시오. 20점

<table>
<tr><td>

Ⅰ 쟁점의 정리

Ⅱ 재결신청청구권의 요건 및 효과
  1. 의의 및 취지(보상법 제30조)
  2. 재결신청청구의 요건 및 효과

Ⅲ 기존 사업시행자의 권리와 의무가 승계되는지 여부
  1. 대인적 행정행위와 대물적 행정행위의 승계
  2. 사업인정처분이 대인적 행정행위인지

</td><td>

  3. 관련규정의 검토(권리의무의 승계)
  4. 사안의 경우

Ⅳ 재결신청기간에 협의기간도 포함되는지 여부
  1. 특별한 사정이 있는 경우에 재결신청을 지연하여도 되는지 여부
  2. 사안의 경우

Ⅴ 사안의 해결

</td></tr>
</table>

Ⅰ 쟁점의 정리

설문은 재결신청청구에 대한 지연가산금이 발생되는지가 문제된다. ① 변경된 사업시행자가 기존 사업시행자의 권리와 의무를 승계받았는지와, ② 재결신청에 대한 의무기간 중 토지소유자와의 협의를 진행한 기간도 의무기간에 산입되는지를 검토하여 사안을 해결한다.

Ⅱ 재결신청청구권의 요건 및 효과

1. 의의 및 취지(보상법 제30조)

재결신청청구권은 사업인정 후 협의가 성립되지 않은 경우 피수용자가 사업시행자에게 서면으로 재결신청을 조속히 할 것을 청구하는 권리이다. 이는 수용법률관계의 조속한 안정을 도모한다.

2. 재결신청청구의 요건 및 효과

토지소유자등은 사업시행자에게 협의기간 만료일부터 재결신청을 할 수 있는 기간 만료일까지 재결을 신청할 것을 청구할 수 있다. 청구일로부터 60일 이내에 관할토지수용위원회에 재결을 신청하여야 하며, 60일을 넘겨서 이루어진 경우에는 그 지연기간에 대하여 지연가산금을 지급하여야 한다.

Ⅲ 기존 사업시행자의 권리와 의무가 승계되는지 여부

1. 대인적 행정행위와 대물적 행정행위의 승계

대인적 행정행위는 행위의 상대방의 주관적 사정에 착안하여 행해지는 행정행위이며, 그 효과는 일신전속적인 것이므로 제3자에게 승계되지 않는다. 대물적 행정행위는 행정행위의 상대방의 주관적 사정을 고려하지 않고 행위의 대상인 물건이나 시설의 객관적 사정에 착안하여 행해지는 행정행위이다.

2. 사업인정처분이 대인적 행정행위인지

사업시행자 변경 시 권리와 의무는 승계된다. 이는 절차중복을 피하고, 사업의 원활한 시행을 도모, 피수용장의 권리보호에 취지가 인정된다. 사업인정은 특정한 사업시행자에 대한 수용권 부여이기 때문에 대인적 처분의 성격을 지니는 것으로 볼 수 있다.

3. 관련규정의 검토(권리의무의 승계)

사업인정은 대인적 처분이므로 사업의 승계가 있다고 하여 당연히 사업시행자의 권리의무가 승계되는 것으로 볼 수 없으므로, 이를 보완하기 위해 토지보상법 제5조에서는 "권리 · 의무의 승계"를 규정하고 있다. 따라서 현재 및 장래의 권리자에게 대항할 수 있다.

4. 사안의 경우

사업인정은 대인적 행정행위의 성질을 가지므로 별도의 규정이 없는 한, 그 행위의 효력은 승계되지 않는다고 할 것이나, 토지보상법 제5조에서는 권리와 의무에 대한 승계규정을 두고 있으므로 종전 사업자의 재결신청 의무는 변경된 사업시행자에게 승계된 것으로 보아야 한다.

Ⅳ 재결신청기간에 협의기간도 포함되는지 여부

1. 특별한 사정이 있는 경우에 재결신청을 지연하여도 되는지 여부

토지보상법은 재결이 실효됨으로 인하여 토지소유자 등이 입은 손실을 보상하는 규정(토지보상법 제42조 제2항, 제3항)을 지연가산금 규정과 별도로 두고 있는데, 지연가산금은 사업시행자가 정해진 기간 내에 재결신청을 하지 않고 지연한 데 대한 제재와 토지소유자 등의 손해에 대한 보전이라는 성격을 아울러 가지고 있고 보아야 한다.

위와 같이 재결이 실효된 이후 사업시행자가 다시 재결을 신청할 경우에는 원칙적으로 다시 보상협의절차를 거칠 필요가 없으므로(위 대법원 2012두11287 판결 참조), 재결실효일부터 60일이 지난 다음에는 지연가산금이 발생한다는 것이 원칙이다. 그러나 사업시행자가 재결실효 후 60일 내에 재결신청을 하지 않았더라도, 재결신청을 지연하였다고 볼 수 없는 특별한 사정이 있는 경우에는 그 해당 기간 동안은 지연가산금이 발생하지 않는다고 보아야 한다. 재결실효 후 토지소유자 등과 사업시행자 사이에 보상협의절차를 다시 하기로 합의한 데 따라 그 협의가 진행된 기간은 그와 같은 경우에 속한다고 봄이 타당하다.

> **✍ 답안 작성 시 축약**
>
> 재결실효 후 양 당사자가 보상협의를 진행하기로 합의한 경우에는 당해 협의는 수용법률관계를 조속히 종결시키고자 하는 의사가 내재된 것으로 볼 수 있다. 따라서 재결신청의무기간 중 당사자 간의 협의기간은 지연기간에서 배제하여야 할 것이다.

2. 사안의 경우

재결은 양 당사자 간의 협의가 성립되지 않은 경우에 토지등을 취득하기 위한 절차이므로 양 당사자의 자유의사에 의한 협의기간은 재결신청기간에서 제외하여야 할 것이다.

Ⅴ 사안의 해결

변경된 사업시행자는 기존 사업시행자의 권리와 의무를 그대로 승계받을 것이다. 따라서 최초 수용재결이 실효된 다음날부터 60일 내에 재결신청을 하여야 하나, 이를 넘긴 경우 양 당사자 간에 협의 취득을 위한 협의기간은 제외하고 지연가산금을 산정하여야 할 것이다.

 **[대법원 2017.4.7, 2016두63361[수용보상금증액등][공2017상,1001]**

[판시사항]

사업시행자가 수용 개시일까지 재결보상금을 지급 또는 공탁하지 아니함으로써 재결 및 재결신청이 효력을 상실하여 다시 재결을 신청하는 경우, 재결신청 기간 및 그 기간을 넘겨서 재결신청을 하는 경우 지연가산금을 지급하여야 하는지 여부(적극) / 재결실효 후 60일 내에 재결신청을 하지 않았으나 재결신청을 지연하였다고 볼 수 없는 특별한 사정이 있는 경우, 해당 기간 지연가산금이 발생하는지 여부(소극) 및 재결실효 후 토지소유자 등과 사업시행자가 보상협의절차를 다시 하기로 합의한 데 따라 협의가 진행된 기간이 그 경우에 속하는지 여부(적극)

[판결요지]

사업시행자가 수용의 개시일까지 재결보상금을 지급 또는 공탁하지 아니한 때에는 재결은 효력을 상실하고[공익사업을 위한 토지 등의 취득 및 보상에 관한 법률(이하 '토지보상법'이라 한다) 제42조 제1항], 사업시행자의 재결신청도 효력을 상실하므로, 사업시행자는 다시 토지수용위원회에 재결을 신청하여야 한다. 그 신청은 재결실효 전에 토지소유자 및 관계인(이하 '토지소유자 등'이라 한다)이 이미 재결신청청구를 한 바가 있을 때에는 재결실효일로부터 60일 내에 하여야 하고, 그 기간을 넘겨서 재결신청을 하면 지연된 기간에 대하여도 소송촉진 등에 관한 특례법 제3조에 따른 법정이율을 적용하여 산정한 금액(이하 '지연가산금'이라 한다)을 지급하여야 한다.

토지보상법은 재결이 실효됨으로 인하여 토지소유자 등이 입은 손실을 보상하는 규정(토지보상법 제42조 제2항, 제3항)을 지연가산금 규정과 별도로 두고 있는데, 지연가산금은 사업시행자가 정해진 기간 내에 재결신청을 하지 않고 지연한 데 대한 제재와 토지소유자 등의 손해에 대한 보전이라는 성격을 아울러 가지고 있다.

위와 같이 재결이 실효된 이후 사업시행자가 다시 재결을 신청할 경우에는 원칙적으로 다시 보상협의절차를 거칠 필요가 없으므로, 재결실효일부터 60일이 지난 다음에는 지연가산금이 발생한다는 것이 원칙이다. 그러나 사업시행자가 재결실효 후 60일 내에 재결신청을 하지 않았더라도, 재결신청을 지연하였다고 볼 수 없는 특별한 사정이 있는 경우에는 그 해당 기간 동안은 지연가산금이 발생하지 않는다. 재결실효 후 토지소유자 등과 사업시행자 사이에 보상협의절차를 다시 하기로 합의한 데 따라 협의가 진행된 기간은 그와 같은 경우에 속한다.

판례사례 10 재결신청청구기간(협의기간 임의연장)[+ 권리구제수단(이의신청 및 보증소)

사업시행자 갑은 사업인정 이후, 토지소유자 을의 토지를 협의취득하고자 협의통지를 하였다 (2015.1.1 ~ 2015.1.31.). 그러나 갑과 을의 보상금액 차이가 현저하여 도저히 협의점을 찾을 수 없는 상황이 되었고, 이에 을은 2015.1.15. 사업시행자에게 협의불성립이 명백하므로 토지수용위원회에게 재결신청 할 것을 청구하였다. 갑은 을과의 협의 없이, 임의로 협의기간을 2015.5.31로 연장한다는 통지를 을에게 하였으며, 협의기간이 종료된 다음날인 2015.6.1. 재결신청을 하여 2015.6.30. 수용재결이 있었다. 재결서 정본은 2015.7.10. 갑과 을에게 송달되었다. 을은 2015.1.15. 일에 재결신청을 청구하였음에도 60일이 경과하여 재결신청을 한 바, 그에 따른 손실을 보상받아야 한다고 주장한다.

(1) 지연가산금 지급의무가 발생하는지 논하시오. 20점

(2) 2015.8.20. 현재 을의 권리구제 방법에 대하여 논하시오. 20점

(설문 1)의 해결

Ⅰ 쟁점의 정리

Ⅱ 지연가산금 지급의무 발생여부(재결신청청구권의 개관)

  1. 재결신청청구권의 의의 및 취지(토지보상법 제30조)

  2. 성립요건

    (1) 당사자 및 청구형식

    (2) 청구기간

      1) 원칙

      2) 예외

  3. 재결신청청구의 효과

    (1) 재결신청의무

    (2) 지연가산금 지급의무

Ⅲ 사안의 해결(지연가산급 지급의무 발생여부)

  1. 재결신청 기산점 판단(협의기간 임의 연장 가능여부)

    (1) 판례의 태도

    (2) 사안의 경우

  2. 지연가산금 지급의무 발생여부

(설문 2)의 해결

Ⅰ 쟁점의 정리

Ⅱ 을의 권리구제 방안

  1. 토지보상법상 권리구제 수단

  2. 토지보상법 제83조 이의신청

    (1) 의의 및 성격(= 특별법상 행정심판, 임의주의)

    (2) 요건 및 효과(= 처분청 경유주의, 기간특례, 집행부정지 : 쟁송남용방지의 입법적 취지)

    (3) 재결(제84조) 및 재결의 효력(제86조)

  3. 보상금증감청구소송

    (1) 의의 및 취지

    (2) 소송의 형태 및 소송의 성질

    (3) 제기요건 및 효과(기간특례, 당사자, 원처분주의, 관할)

    (4) 심리범위

    (5) 심리방법 및 입증책임

    (6) 판결(형성력, 별도의 처분 불필요)

  4. 사안의 경우

Ⅲ 사안의 해결

(설문 1)의 해결

▌I ▐ 쟁점의 정리

설문은 을의 지연가산금에 대한 권리구제 방안에 대하여 묻고 있다. 설문의 해결을 위하여 사업시행자 갑에게 언제부터 지연가산금 지급의무가 발생하는지를 살펴본다.

▌II ▐ 지연가산금 지급의무 발생여부(재결신청청구권의 개관)

1. 재결신청청구권의 의의 및 취지(토지보상법 제30조)

재결신청청구권은 사업인정 후 협의가 성립되지 않은 경우 피수용자가 사업시행자에게 서면으로 재결신청을 조속히 할 것을 청구하는 권리이다. 이는 피수용자에게는 재결신청권을 부여하지 않았으므로 ① 수용법률관계의 조속한 안정과 ② 재결신청지연으로 인한 피수용자의 불이익을 배제하기 위한 것으로 사업시행자와의 형평의 원리에 입각한 제도이다.

2. 성립요건

(1) 당사자 및 청구형식

① 청구권자는 토지소유자 및 관계인이며, 피청구자는 사업시행자와 대행자이다. ② 청구형식은 엄격한 형식을 요하지 아니하는 서면행위이다. 판례는 신청서의 일부 누락도 청구의사가 명백하다면 효력이 있다고 본다.

(2) 청구기간

1) 원칙

토지소유자등은 사업시행자에게 협의기간 만료일부터 재결신청을 할 수 있는 기간 만료일까지 재결을 신청할 것을 청구할 수 있다.

2) 예외

① 협의불성립 또는 불능 시, ② 사업인정 후 상당기간이 지나도록 사업시행자의 협의통지 없는 경우, ③ 협의불성립이 명백한 경우에는 협의기간이 종료되지 않았더라도 재결신청청구가 가능하다고 본다. 단, 협의기간이 종료되는 시점부터 60일을 기산한다.

3. 재결신청청구의 효과

(1) 재결신청의무

재결신청의 청구를 받은 사업시행자는 재결신청청구가 있는 날로부터 60일 이내에 관할토지수용위원회에 재결을 신청하여야 한다(제30조 제2항).

(2) 지연가산금 지급의무

사업시행자의 재결신청이 의무기간인 60일을 넘겨서 이루어진 경우에는 그 지연기간에 대하여 '소송촉진 등에 관한 특례법' 규정에 의한 법정이율을 적용하여 산정한 금액을 관할토지수용위원회에서 재결한 보상금에 가산하여 지급하여야 한다(제30조 제3항).

Ⅲ 사안의 해결(지연가산금 지급의무 발생여부)

1. 재결신청 기산점 판단(협의기간 임의 연장 가능여부)

(1) 판례의 태도

사업인정고시가 있게 되면 토지소유자 및 관계인에 대하여 토지 등의 보전의무가 발생하고, 사업시행자에게는 토지 및 물건에 관한 조사권이 주어지게 되는 이상, 협의기간 연장을 허용하게 되면 토지소유자 및 관계인에게 위와 같은 실질적인 불이익도 연장될 우려가 있는 점, 협의기간 내에 협의가 성립되지 아니하여 토지소유자 및 관계인이 재결신청의 청구까지 한 마당에 사업시행자의 협의기간 연장을 허용하는 것은 사업시행자가 일방적으로 재결신청을 지연할 수 있도록 하는 부당한 결과를 가져올 수 있는 점 등을 종합해 보면, 사업시행자가 보상협의요청서에 기재한 협의기간을 토지소유자 및 관계인에게 통지하고, 토지소유자 및 관계인이 그 협의기간이 종료하기 전에 재결신청의 청구를 한 경우에는 사업시행자가 협의기간이 종료하기 전에 협의기간을 연장하였다고 하더라도 토지보상법 제30조에서 정한 60일의 기간은 당초의 협의기간 만료일로부터 기산하여야 한다고 보는 것이 타당하다고 판시한다(2010두9457).

(2) 사안의 경우

재결신청청구권의 제도적 취지 및 피수용자의 권리보호 측면에서 판례의 태도가 타당하다. 따라서, 갑은 당초 협의기간이 종료된 2015.1.31.을 기준하여 60일 이내에 재결신청을 하여야 할 의무가 발생하게 된다.

2. 지연가산금 지급의무 발생여부

협의기간이 끝난 후에 그 청구를 받은 경우에는 그 청구받은 날로부터 즉시 가산하나, 판례는 협의기간 중에 그 청구를 받은 경우에는 협의기간의 만료일로부터 그 청구를 받은 날이 기산된다고 판시한다(93누2902). 이에 대해서 토지보상법 제30조 제2항에서는 청구가 있은 날부터 60일 이내에 재결을 신청해야 한다고 규정하고 있으므로 기간종료 후부터 기산하는 것은 타당하지 않다는 비판이 있다. 판례의 태도에 따를 때, 당초 협의기간 종료일부터 60일이 경과한 2015.4.2.부터 가산금 지급의무가 발생한다고 할 것이다.

🏃 (설문 2)의 해결

Ⅰ 쟁점의 정리

토지보상법상 지연가산금을 다툴 수 있는 이의신청 및 보상금증감청구소송을 검토하여 설문을 해결한다.

Ⅱ 을의 권리구제 방안

1. 토지보상법상 권리구제수단

토지보상법상 재결은 수용 및 보상재결로 이원화되어 있으며, 지연가산금은 토지수용위원회의 재결로 정하도록 규정되어 있으므로 지연가산금의 다툼은 재결 중 보상재결의 다툼으로 이어질 것이다. 토지보상법 제83조 및 제85조 제2항에서는 이의신청과 보상금증감청구소송을 규정하고 있다.

2. 토지보상법 제83조 이의신청

(1) 의의 및 성격(= 특별법상 행정심판 임의주의)

관할토지수용위원회의 위법, 부당한 재결에 불복이 있는 토지소유자 및 사업시행자가 중앙토지수용위원회에 이의를 신청하는 것으로서 특별법상 행정심판에 해당하며 제83조에서 '할 수 있다'고 규정하여 임의주의 성격을 갖는다.

(2) 요건 및 효과(= 처분청 경유주의, 기간특례, 집행부정지 : 쟁송남용방지의 입법적 취지)

① 수용, 보상 재결에 이의가 있는 경우에, 사업시행자 및 토지소유자는 재결서 정본을 받은 날로부터 30일 이내에 처분청을 경유하여 중토위에 이의를 신청할 수 있다. 이 경우 판례는 30일의 기간은 전문성, 특수성을 고려하여 수용의 신속을 기하기 위한 것으로 합당하다고 한다. 또한 ② 이의신청은 사업의 진행 및 토지의 사용, 수용을 정지시키지 아니한다(제88조).

(3) 재결(제84조) 및 재결의 효력(제86조)

① 재결이 위법 또는 부당하다고 인정하는 때에는 그 재결의 전부 또는 일부를 취소하거나 보상액을 변경할 수 있다. ② 보상금증액 시 재결서 정본을 받은 날로부터 30일 이내에 사업시행자는 증액된 보상금을 지급해야 한다. ③ 쟁송기간도과 등으로 이의재결이 확정된 경우에는 민사소송법상의 확정판결이 있는 것으로 보고 재결서 정본은 집행력 있는 판결의 정본과 동일한 효력을 갖는 것으로 본다.

3. 보상금증감청구소송

(1) 의의 및 취지

(보상재결에 대한) 보상금의 증감에 대한 소송으로서 사업시행자, 토지소유자는 각각 피고로

제기하며(제85조 제2항), ① 보상재결의 취소 없이 보상금과 관련된 분쟁을 일회적으로 해결하여 ② 신속한 권리구제를 도모함에 취지가 있다.

(2) 소송의 형태 및 소송의 성질

종전에는 형식적당사자소송이었는지와 관련하여 견해의 대립이 있었으나 현행 보상법 제85조에서는 재결청을 공동피고에서 제외하여 형식적당사자소송임을 규정하고 있다. 판례는 당해소송을 이의재결에서 정한 보상금이 증액, 변경될 것을 전제로 하여 기업자를 상대로 보상금의 지급을 구하는 확인급부소송으로 보고 있다.

(3) 제기요건 및 효과(기간특례, 당사자, 원처분주의, 관할)

① 제85조에서는 제34조 재결을 규정하므로 원처분을 대상으로 ② 재결서 정본 송달일로부터 60일 또는 30일(이의재결 시) 이내에 ③ 토지소유자, 관계인 및 사업시행자는 각각을 피고로 하여 ④ 관할법원에 당사자소송을 제기할 수 있다.

(4) 심리범위

① 손실보상의 지급방법(채권보상여부 포함)과 ② 적정손실보상액의 범위 및 보상액과 관련한 보상면적(잔여지수용등) 등은 심리범위에 해당한다. 판례는 ③ 지연손해금 역시 손실보상의 일부이고, ④ 잔여지수용여부 및 ⑤ 개인별 보상으로서 과대, 과소항목의 보상항목 간 유용도 심리범위에 해당한다고 본다.

(5) 심리방법 및 입증책임

법원 감정인의 감정결과를 중심으로 적정한 보상금이 산정된다. 입증책임과 관련하여 민법상 법률요건분배설이 적용된다. 판례는 재결에서 정한 보상액보다 정당한 보상이 많다는 점에 대한 입증책임은 그것을 주장하는 원고에게 있다고 한다.

(6) 판결(형성력, 별도의 처분 불필요)

산정된 보상금액이 재결 금액보다 많으면 차액의 지급을 명하고, 법원이 직접보상금을 결정하므로 소송당사자는 판결결과에 따라 이행하여야 하며, 중앙토지수용위원회는 별도의 처분을 할 필요가 없다.

4. 사안의 경우

을은 지연가산금의 다툼을 보상금에 대한 이의신청 및 보상금증감청구소송을 통해서 구제받을 수 있다. 이의신청의 경우 재결서 정본을 송달받은 날로부터 30일 내로 제기해야 하므로, 2015.8.20. 현재 송달일로부터 30일이 경과되어 이의신청의 제기는 불가할 것이다. 다만, 송달일로부터 아직 60일은 경과되지 않았으므로 을은 보상금증감청구소송을 통해서 권리구제를 받을 수 있을 것이다.

 **사안의 해결**

재결신청청구권은 불확실한 법률관계를 조속히 확정하여 피수용자의 권익을 도모함에 취지가 인정되며, 이러한 재결신청청구권의 실효성을 확보하기 위하여 지연가산금 제도를 두고 있다. 이러한 제도적 취지에 비추어 볼 때, 사업시행자는 재결신청을 늦출 의도로 임의로 협의기간을 연장하지 못할 것이며, 을은 재결의 불복수단인 이의신청과 보상금증감청구소송을 통해서 권리구제를 받을 수 있을 것이다. 설문에서는 재결서 정본 송달일로부터 30일이 경과되었으므로 보상금증감청구소송만이 가능할 것이다. 또한 판례는 보상금에 대한 보상금증감청구소송을 제기한 경우라면 보상법 제85조에서 정한 제소기간에 구애받지 않고 그 소송절차에서 청구취지 변경 등을 통해 청구할 수 있다고 판시한 바 있다(2010두9457).

대법원 2012.12.27, 2010두9457[보상금증액][공2013상,246]

[판시사항]

[1] 토지소유자 등이 구 공익사업을 위한 토지 등의 취득 및 보상에 관한 법률 제85조에서 정한 제소기간 내에 관할 토지수용위원회에서 재결한 보상금의 증감에 대한 소송을 제기한 경우, 같은 법 제30조 제3항에서 정한 지연가산금은 위 제85조에서 정한 제소기간에 구애받지 않고 그 소송절차에서 청구취지 변경 등을 통해 청구할 수 있는지 여부(적극)

[2] 사업시행자가 보상협의요청서에 기재한 협의기간이 종료하기 전에 토지소유자 및 관계인이 재결신청의 청구를 하였으나 사업시행자가 협의기간이 종료하기 전에 협의기간을 연장한 경우, 구 공익사업을 위한 토지 등의 취득 및 보상에 관한 법률 제30조 제2항에서 정한 60일 기간의 기산 시기(=당초의 협의기간 만료일)

[판결요지]

[1] 구 공익사업을 위한 토지 등의 취득 및 보상에 관한 법률(2011.8.4. 법률 제11017호로 개정되기 전의 것, 이하 '구 공익사업법'이라고 한다) 제84조 제1항, 제85조, 제30조 등 관계 법령의 내용, 형식 및 취지를 종합하면, 구 공익사업법 제30조 제3항에서 정한 지연가산금은, 사업시행자가 재결신청의 청구를 받은 때로부터 60일을 경과하여 재결신청을 한 경우 관할 토지수용위원회에서 재결한 보상금(이하 '재결 보상금'이라고 한다)에 가산하여 토지소유자 및 관계인에게 지급하도록 함으로써, 사업시행자로 하여금 구 공익사업법이 규정하고 있는 기간 이내에 재결신청을 하도록 간접강제함과 동시에 재결신청이 지연된 데에 따른 토지소유자 및 관계인의 손해를 보전하는 성격을 갖는 금원으로, 재결 보상금에 부수하여 구 공익사업법상 인정되는 공법상 청구권이다. 그러므로 제소기간 내에 재결 보상금의 증감에 대한 소송을 제기한 이상, 지연가산금은 구 공익사업법 제85조에서 정한 제소기간에 구애받지 않고 그 소송절차에서 청구취지 변경 등을 통해 청구할 수 있다고 보는 것이 타당하다.

[2] 공익사업을 위한 토지 등의 취득 및 보상에 관한 법률 시행령 제8조 제1항, 제14조 제1항의 내용, 형식 및 취지를 비롯하여, 토지소유자 및 관계인이 협의기간 종료 전에 사업시행자에게 재결신청의 청구를 한 경우 구 공익사업을 위한 토지 등의 취득 및 보상에 관한 법률(2011.8.4. 법률 제11017호로 개정되기 전의 것, 이하 '구 공익사업법'이라고 한다) 제30조 제

2항에서 정한 60일의 기간은 협의기간 만료일로부터 기산하여야 하는 점, 사업인정고시가 있게 되면 토지소유자 및 관계인에 대하여 구 공익사업법 제25조에서 정한 토지 등의 보전의무가 발생하고, 사업시행자에게는 구 공익사업법 제27조에서 정한 토지 및 물건에 관한 조사권이 주어지게 되는 이상, 협의기간 연장을 허용하게 되면 토지소유자 및 관계인에게 위와 같은 실질적인 불이익도 연장될 우려가 있는 점, 협의기간 내에 협의가 성립되지 아니하여 토지소유자 및 관계인이 재결신청의 청구까지 한 마당에 사업시행자의 협의기간 연장을 허용하는 것은 사업시행자가 일방적으로 재결신청을 지연할 수 있도록 하는 부당한 결과를 가져올 수 있는 점 등을 종합해 보면, 사업시행자가 보상협의요청서에 기재한 협의기간을 토지소유자 및 관계인에게 통지하고, 토지소유자 및 관계인이 그 협의기간이 종료하기 전에 재결신청의 청구를 한 경우에는 사업시행자가 협의기간이 종료하기 전에 협의기간을 연장하였다고 하더라도 구 공익사업법 제30조 제2항에서 정한 60일의 기간은 당초의 협의기간 만료일로부터 기산하여야 한다고 보는 것이 타당하다.

📝 **판례사례 11** 재결신청청구권 신청기간 기산일(우편물 반송과 신청기산일)

다음 물음에 답하시오. [20점]

(1) 피고는 2012.5.29. 안양시장으로부터 조합설립인가를 받고 안양시 동안구 (주소 생략) 일원 185,269.3m²에서 주택재개발정비사업(이하 '이 사건 사업'이라고 한다)을 시행하는 자이다. 원고는 이 사건 사업구역 내에 부동산을 소유하여 피고의 조합원이 되었다가, 분양신청기간 (2015.7.27.~2015.9.4.) 내에 분양신청을 하지 않아 현금청산대상자가 된 사람이다(조합은 분양신청기간 내에 분양신청을 하지 않은 탈퇴조합원들에 대하여 분양신청기간 종료일의 다음 날부터 150일인 2016.2.1.까지 현금청산금을 지급할 의무가 있었으나, 실제로는 위 기한까지 현금청산금을 지급하지 못했고, 탈퇴조합원들과 종전자산을 취득하기 위한 보상협의가 성립하지 못했다).

(2) 원고는, 피고가 원고 소유의 부동산을 취득하기 위하여 수용재결을 신청하는 절차를 진행하지 않자, '법무법인 정의'를 대리인으로 선임하였다. '법무법인 정의'는 피고에게 2016.2.25, 2016. 3.4, 2016.3.14. 3차례에 걸쳐 내용증명 및 배달증명 방식의 우편물(이하 '이 사건 각 우편물' 이라고 한다)을 발송하였다.

(3) 이 사건 각 우편물의 봉투 겉면의 '보내는 사람'란에는 '법무법인 정의 대표변호사 소외 1'이라고 기재되어 있었고, '받는 사람'란에는 '호원초등학교주변지구 주택재개발정비사업조합 조합장 소외 2'라고 기재되어 있었다. 이 사건 각 우편물에는 ① 법무법인 정의가 원고를 대리하여 재결신청청구서를 송부한다는 취지가 기재된 내용문서 원본, ② 원고 명의의 재결신청청구서, ③ 원고가 법무법인 정의(담당변호사 소외 1 등)에 재결신청청구에 관한 모든 권한을 위임한다는 내용의 위임장이 들어있었다. 이 사건 각 우편물은 모두 피고의 수취 거부로 반송되었다.

(4) 피고는 2017.1.25. 경기도지방토지수용위원회에 원고 소유의 부동산에 관하여 수용재결을 신청하였다.

(5) 원고는 현금청산대상자로서 재결신청 취지의 우편물을 발송한 2016.3.14.일부터 60일 이내에 재결신청의무가 발생하였음에도 불구하고 60일이 경과된 2017.1.25.이 되어서야 재결을 신청한 바, 이에 대한 지연가산금을 지급해야 한다고 주장한다. 피고는 재결신청취지의 우편물을 받은 바 없으므로 재결신청청구를 받은바가 없기에 지연가산금 지급의무도 없다고 주장한다. 피고에게 지연가산금의 지급의무가 발생하는지 논하시오.

[우편물의 도달에 관한 법리]

(1) 민법 제111조 제1항은 상대방이 있는 의사표시는 상대방에게 도달한 때에 그 효력이 생긴다고 규정하고 있다. 여기서 도달이란 사회통념상 상대방이 통지의 내용을 알 수 있는 객관적 상태에 놓여 있는 경우를 가리키는 것으로서, 상대방이 통지를 현실적으로 수령하거나 통지의 내용을 알 것까지는 필요로 하지 않는다.

(2) 우편법에 따르면, 수취인에게 배달할 수 없거나 수취인이 수취를 거부한 우편물은 발송인에게 되돌려 보낸다(제32조 제1항). 우편법령의 규정 내용과 취지에 비추어 보면, 우편물이 등기취급(내용증명우편 및 배달증명우편, 우편법 시행규칙 제25조 제1항 제1호 및 제4호 참조)의 방법으로 발송된 경우에는 반송되는 등의 특별한 사정이 없는 한 그 무렵 수취인에게 배달되었다고 보아야 한다(대판 2007.12.27, 2007다51758 등 참조).

(3) 한편 상대방이 부당하게 등기취급 우편물의 수취를 거부함으로써 그 우편물의 내용을 알 수 있는 객관적 상태의 형성을 방해한 경우 그러한 상태가 형성되지 아니하였다는 사정만으로 발송인의 의사표시의 효력을 부정하는 것은 신의성실의 원칙에 반하므로 허용되지 아니한다. 이러한 경우에는 부당한 수취 거부가 없었더라면 상대방이 우편물의 내용을 알 수 있는 객관적 상태에 놓일 수 있었던 때, 즉 수취 거부 시에 의사표시의 효력이 생긴 것으로 보아야 한다. 여기서 우편물의 수취 거부가 신의성실의 원칙에 반하는지 여부는 발송인과 상대방과의 관계, 우편물의 발송 전에 발송인과 상대방 사이에 그 우편물의 내용과 관련된 법률관계나 의사교환이 있었는지, 상대방이 발송인에 의한 우편물의 발송을 예상할 수 있었는지 등 여러 사정을 종합하여 판단하여야 한다. 이때 우편물의 수취를 거부한 것에 정당한 사유가 있는지에 관해서는 수취 거부를 한 상대방이 이를 증명할 책임이 있다.

I 쟁점의 정리

이 사건의 쟁점은, 피고가 원고에게 원고 소유의 부동산에 관한 수용보상금 외에 토지보상법 제30조 제3항에 따른 재결신청 지연가산금을 추가로 지급할 의무가 있는지와 관련하여, 원고의 재결신청청구서가 이 사건 각 우편물을 통해 피고에게 도달한 것으로 볼 수 있는지 여부이다. 따라서 3차례나 우편물 수취를 거부한 것이 재결신청을 지연하였다고 볼 수 없는 특별한 사정에 해당되는지를 검토한다.

II 재결신청청구권(토지보상법 제30조)

1. 의의 및 취지(토지보상법 제30조)

재결신청청구권은 사업인정 후 협의가 성립되지 않은 경우 피수용자가 사업시행자에게 서면으로 재결신청을 조속히 할 것을 청구하는 권리이다. 이는 피수용자에게는 재결신청권을 부여하지 않았으므로 ① 수용법률관계의 조속한 안정과, ② 재결신청지연으로 인한 피수용자의 불이익을 배제하기 위한 것으로 사업시행자와의 형평의 원리에 입각한 제도이다(대판 1997.10.24, 97다31175).

2. 사업시행자의 재결신청의 타당성

사업의 공익성이 사업인정에서 판단되었으므로 사업의 원활한 시행을 보장한다는 점 및 실효규정이(사업인정 실효) 있으므로 사업의 장기화를 방지하므로 재결신청권을 사업시행자에게만 부여한 것의 타당성이 인정된다(대판 1993.8.27, 93누9064).

3. 성립요건

(1) 당사자 및 청구형식

① 청구권자는 토지소유자 및 관계인이며, 피청구자는 사업시행자와 대행자이다. ② 청구형식은 엄격한 형식을 요하지 아니하는 서면행위이다. 판례는 신청서의 일부 누락도 청구의사가 명백하다면 효력이 있다고 본다. 특별한 사정이 없는 한 그 업무대행자에게도 제출할 수 있다(대판 1995.10.13, 94누7232).

(2) 청구기간

원칙적으로 토지소유자 등은 사업시행자에게 협의기간 만료일부터 재결신청을 할 수 있는 기간 만료일까지 재결을 신청할 것을 청구할 수 있다(대판 1996.4.23, 95누15551).

4. 재결신청청구의 효과

(1) 재결신청의무

재결신청의 청구를 받은 사업시행자는 재결신청청구가 있는 날부터 60일 이내에 관할 토지수용위원회에 재결을 신청하여야 한다(제30조 제2항). 만약 토지소유자 등이 적법하게 재결신청청구를 하였다고 볼 수 없거나 사업시행자가 재결신청을 지연하였다고 볼 수 없는 특별한 사정이 있는 경우에는 그 해당 기간 동안은 지연가산금이 발생하지 않는다고 보아야 한다(대판 2017.4.7, 2016두63361).

(2) 지연가산금 지급의무

1) 지연가산금의 성격

토지보상법 제30조 제3항에 따른 재결신청 지연가산금은 사업시행자가 정해진 기간 내에 재결신청을 하지 않고 지연한 데 대한 제재와 토지소유자 등의 손해에 대한 보전이라는 성격을 아울러 가진다.

2) 지연가산금의 지급의무

사업시행자의 재결신청이 의무기간인 60일을 넘겨서 이루어진 경우에는 그 지연기간에 대하여 '소송촉진 등에 관한 특례법' 규정에 의한 법정이율을 적용하여 산정한 금액을 관할 토지수용위원회에서 재결한 보상금에 가산하여 지급하여야 한다(제30조 제3항).

협의기간이 끝난 후에 그 청구를 받은 경우에는 그 청구받은 날부터 즉시 기산하나, 협의기간 중에 그 청구를 받은 경우에는 협의기간의 만료일부터 그 청구를 받은 날이 기산된다(대판 1993.7.13, 93누2902).

5. 지연가산금에 대한 불복수단

지연가산금은 사업시행자가 정해진 기간 내에 재결신청을 하지 않고 지연한 데 대한 제재와 토지소유자 등의 손해에 대한 보전이라는 성격을 아울러 가지고 있다. 그 성질이 보상금에 해당한다고 봄이 타당하다(대판 2017.4.7, 2016두63361). 따라서 재결신청지연에 따른 지연가산금도 재결에 의해 결정되므로 이에 대한 불복은 보상금증감청구소송을 제기할 수 있다.

Ⅲ 우편물의 수취거부가 부당한지 여부

1. 우편물이 이 사건 각 우편물의 봉투 겉면에는 발송인이 "법무법인 정의 대표변호사 소외 1"이라고 기재되어 있어서, 봉투 겉면만으로는 재결신청청구서가 포함되어 있다는 점을 파악하기는 어려운 측면이 있다. 그러나 탈퇴조합원들과 종전자산을 취득하기 위한 보상협의가 성립하지 못했으므로, 그 무렵부터는 원고를 비롯한 탈퇴조합원들이 수용 여부 및 정당한 보상금액을 조속히 확정하기 위하여 피고에게 재결신청을 청구할 가능성이 높은 상황이었다. 또한, 이 사건 각 우편물은 발송인이 '법무법인'이고 일반우편물이 아니라 내용증명 및 배달증명 방식의 우편물이었으므로, 사회통념상 중요한 권리행사를 위한 것이었음을 넉넉히 추단할 수 있다.

2. 원고의 대리인이었던 '법무법인 정의'가 약 10일 간격으로 3차례에 걸쳐 반복적으로 동일한 내용의 우편물을 발송하였음에도 피고가 매번 수취를 거부한 점에 비추어, 피고가 이 사건 각 우편물에 재결신청청구서가 포함되어 있는지 여부를 정확히 알지는 못했다고 하더라도, 적어도 이 사건 사

업의 시행에 관한 이해관계인의 정당한 권리행사를 방해하려는 목적의식을 가지고 수취를 거부한 것이라고 추단할 수 있으므로 원고의 재결신청청구서는 이 사건 각 우편물을 통해 피고에게 도달한 것으로 볼 수 있다.

Ⅳ 사안의 경우

최소한 마지막 우편물에 대한 수취 거부시점에서 알 수 있는 상태에 놓여 있다고 볼 것이므로 그때부터 재결신청의무가 발생한다고 볼 수 있다. 따라서 원고의 주장은 타당하다.

대판 2020.8.20, 2019두34630[손실보상금]

[판시사항]

[1] 공익사업을 위한 토지 등의 취득 및 보상에 관한 법률 제30조 제3항에 따른 재결신청 지연가산금의 성격 및 토지소유자 등이 적법하게 재결신청청구를 하였다고 볼 수 없거나 사업시행자가 재결신청을 지연하였다고 볼 수 없는 특별한 사정이 있는 경우, 그 해당 기간 지연가산금이 발생하는지 여부(소극)

[2] 상대방이 부당하게 등기취급 우편물의 수취를 거부함으로써 우편물의 내용을 알 수 있는 객관적 상태의 형성을 방해한 경우, 그러한 상태가 형성되지 아니하였다는 사정만으로 발송인의 의사표시 효력을 부정할 수 있는지 여부(소극) 및 이 경우 의사표시의 효력 발생 시기(= 수취 거부 시) / 우편물의 수취 거부가 신의성실의 원칙에 반하는지 판단하는 방법 및 우편물의 수취를 거부한 것에 정당한 사유가 있는지에 관한 증명책임의 소재(= 수취 거부를 한 상대방)

[판결요지]

[1] 공익사업을 위한 토지 등의 취득 및 보상에 관한 법률 제30조 제3항에 따른 재결신청 지연가산금은 사업시행자가 정해진 기간 내에 재결신청을 하지 않고 지연한 데 대한 제재와 토지소유자 등의 손해에 대한 보전이라는 성격을 아울러 가진다. 따라서 토지소유자 등이 적법하게 재결신청청구를 하였다고 볼 수 없거나 사업시행자가 재결신청을 지연하였다고 볼 수 없는 특별한 사정이 있는 경우에는 그 해당 기간 동안은 지연가산금이 발생하지 않는다.

[2] 상대방이 부당하게 등기취급 우편물의 수취를 거부함으로써 우편물의 내용을 알 수 있는 객관적 상태의 형성을 방해한 경우 그러한 상태가 형성되지 아니하였다는 사정만으로 발송인의 의사표시의 효력을 부정하는 것은 신의성실의 원칙에 반하므로 허용되지 아니한다. 이러한 경우에는 부당한 수취 거부가 없었더라면 상대방이 우편물의 내용을 알 수 있는 객관적 상태에 놓일 수 있었던 때, 즉 수취 거부 시에 의사표시의 효력이 생긴 것으로 보아야 한다. 여기서 우편물의 수취 거부가 신의성실의 원칙에 반하는지는 발송인과 상대방과의 관계, 우편물의 발송 전에 발송인과 상대방 사이에 우편물의 내용과 관련된 법률관계나 의사교환이 있었는지, 상대방이 발송인에 의한 우편물의 발송을 예상할 수 있었는지 등 여러 사정을 종합하여 판단하여야 한다. 이때 우편물의 수취를 거부한 것에 정당한 사유가 있는지에 관해서는 수취 거부를 한 상대방이 이를 증명할 책임이 있다.

📝 판례사례 12 협의의 법적 성질과 공법상 계약의 하자유형(공법규정의 흠결)

한국토지주택공사는 갑에게, 토지(송전선로)가 철탑 및 고압송전선으로 사용에 제한을 받고 있는 상태대로 평가된 감정평가금액을 협의매수금액으로 제시하였고 갑은 이를 받아들여 협의취득계약을 체결하였다. 이후, 송전선로의 경우 사용에 제한을 받지 않은 상태대로 평가하는 것으로 평가기준이 수정되었다. 이에 따라 갑은 목적물의 가격에 관한 착오가 있음을 이유로 성립된 협의에 대해서 다투고자 한다.

(1) 당사자 간 합의가 성립된 경우 그 합의 내용이 손실보상 기준에 맞지 않는다는 이유로 그 기준에 따른 손실보상금을 추가로 청구할 수 있는가? 동 합의의 법적 성질과 함께 논하시오. [15점]

(2) 갑은 목적물의 가격에 관한 착오를 이유로 당해 협의를 다툴 수 있는가? 다툴 수 있다면 어떠한 소송형태로 다툴 수 있는가? [15점]

(설문 1)의 해결

Ⅰ 쟁점의 정리

Ⅱ 협의의 법적 성질 및 효력

  1. 협의의 의의

  2. 법적 성질

    (1) 공법상 계약설

    (2) 사법상 계약설

    (3) 판례

    (4) 검토

  3. 협의의 효력

Ⅲ 사안의 해결

(설문 2)의 해결

Ⅰ 쟁점의 정리

Ⅱ 공법상 계약의 하자의 유형

  1. 사법규정의 적용가능성

  2. 하자의 유형

    (1) 무효사유 한정설(내용상하자)

    (2) 최소사유 포함설(의사표시상하자)

    (3) 검토

Ⅲ 사안의 해결(소송의 형태)

  1. 착오의 하자 인정여부

  2. 소송의 형태

(설문 1)의 해결

I 쟁점의 정리

당사자 간 합의가 성립된 경우, 합의된 내용대로 계약이 효력이 확정되는지가 문제된다. 이의 해결의 위하여 협의의 법적 성질과 효력을 검토한다.

II 협의의 법적 성질 및 효력

1. 협의의 의의

협의란 토지 등의 권리취득 등에 대한 양당사자의 의사의 합치로서 ① 최소침해요청과 ② 사업의 원활한 진행, ③ 피수용자의 의견존중에 취지가 있다.

2. 법적 성질

(1) 공법상 계약설

협의 불성립 시 차후에 수용절차가 예정되고 수용에 의한 취득과 동일한 효과가 발생하므로 공법상 계약이라고 본다.

(2) 사법상 계약설

당사자의 협의에 의하므로 사법상 매매와 다를 바 없으므로 사법상 계약이라고 본다.

(3) 판례

판례는 협의취득은 협의에 의하여 사업시행자가 토지 등을 취득하는 것으로서, 그 법적 성질의 지급행위는 토지 등의 권리이전에 대한 반대급여의 교부행위에 지나지 아니하므로 그 역시 사법상의 행위라고 볼 수밖에 없다고 판시한 바 있다.

(4) 검토

협의는 목적물을 취득하여 공익사업의 진행을 도모하기 위한 것이므로, 이는 공용수용의 공법상 목적을 달성시키기 위한 절차로 볼 수 있다. 따라서 공법상 법률관계로 보는 것이 타당하다.

3. 협의의 효력

손실보상금에 관한 당사자 간의 합의가 성립하면 그 합의 내용대로 구속력이 있고, 당사자 간의 합의로 토지보상법 소정의 손실보상의 기준에 의하지 아니한 손실보상금을 정할 수 있다.

Ⅲ 사안의 해결

당사자 간의 합의는 공용수용의 공법상 목적을 달성시키기 위한 절차로서 공법상 계약으로 봄이 타당하며, 이는 계약의 실질을 가지므로 토지보상법이 정하는 기준에 따르지 아니하고 손실보상액에 관한 합의를 하였다고 하더라도 그 합의가 착오 등을 이유로 적법하게 취소되지 않는 한 유효하다 할 것이다.

(설문 2)의 해결

Ⅰ 쟁점의 정리

협의 내용에 착오나 의사표시에 관한 하자가 있는 경우 이를 공법상 계약의 하자로 적용할 수 있는지가 문제된다. 즉, 공법상 계약관계에는 착오에 관한 하자의 내용이 없는바 민법규정을 유추적용할 수 있는지가 문제된다.

Ⅱ 공법상 계약의 하자의 유형

1. 사법규정의 적용가능성

통설은 공법관계의 성질과 유추적용되는 사법규정의 성질을 고려하여 적용할 수 있다고 보나, 공공적 특성 때문에 일정한 제한을 받는다고 한다.

2. 하자의 유형

(1) 무효사유 한정설(내용상하자)

공법상 계약은 처분이 아니므로 공정력이 인정되지 않는다. 따라서 무효의 하자유형만 인정된다고 본다.

(2) 최소사유 포함설(의사표시상하자)

공법상 계약도 대등당사자의 의사의 합치에 의하여 성립하므로 의사표시의 착오와 같은 취소사유도 인정된다고 본다.

(3) 검토

공법상 계약도 대등당사자의 의사의 합치에 의한 것이므로 착오에 의한 의사표시의 하자를 부정할 이유는 없는 것으로 보인다. 따라서 중요부분 착오가 있는 경우에는 취소할 수 있을 것이다. 단, 중과실이 있는 경우에는 취소할 수 없다. 판례는 실무상 민사소송으로 다툰다.

Ⅲ 사안의 해결(소송의 형태)

1. 착오의 하자 인정여부

설문상 협의취득계약을 체결하면서, '매매대금이 착오평가 등으로 과다 또는 과소하게 책정되어 지급되었을 때에는 과부족금액을 추가로 청구하거나 반환하여야 한다'는 취지의 약정 등이 명확하지 않은 바, 이러한 사항이 협의 성립당시에 표시되었다면 착오를 이유로 당해 계약의 취소를 구할 수 있을 것이다.

2. 소송의 형태

협의의 법적 성질을 사법상 법률관계로 보게되면 민사소송을 통해서 권리구제를 도모할 수 있을 것이며, 공법상 법률관계로 보면 공법상 당사자소송을 통해서 권리구제를 도모할 수 있을 것이다.

📐 대법원 2014.4.24, 2013다218620[협의수용대금등][미간행]

[판시사항]

[1] 계약당사자 쌍방이 계약의 전제나 기초가 되는 사항에 관하여 같은 내용으로 착오를 하여 그에 관한 구체적 약정을 하지 아니한 경우, 그러한 착오가 없을 때에 약정하였을 것으로 보이는 내용으로 당사자의 의사를 보충하여 계약을 해석할 수 있는지 여부(적극) 및 여기서 '보충되는 당사자의 의사'의 의미

[2] 한국토지주택공사가 갑 등 소유의 토지에 관하여 협의매수를 추진하면서 갑 등에게 토지가 철탑 및 고압송전선으로 사용에 제한을 받고 있는 상태대로 평가된 감정평가금액을 협의매수금액으로 제시하였고 갑 등이 이를 받아들여 협의취득계약을 체결한 사안에서, 갑 등과 공사 쌍방이 감정평가가 적법하다는 착오에 빠졌다거나, 감정평가가 위법하다는 사실을 알았다면 감액되지 않은 금액을 협의매매대금으로 정하였을 것임이 명백하다고 단정할 수 없다고 한 사례

📝 판례사례 13 재결 후 협의/협의와 정당보상/협의의 소익(무효등확인소송)

강원도지방토지수용위원회는 원주지방국토관리청장이 공익사업을 위하여 2013.1.18. 원고 소유인 경기도 광주시 (주소 생략) 임야 3,505m² 등 5필지를 수용하고, 그 손실보상금은 합계 976,261,750원으로 하며, 수용개시일은 2013.3.13.로 한다는 내용의 수용재결을 하였다. 사업시행자는 수용재결의 보상금액에 관하여 감액청구소송을 제기할지를 검토하고 있었다. 한편 갑은 '50억 원이 넘는 대출금채무로 인해 매일 300만 원에 달하는 지연손해금 채무가 발생하고 있다'라고 언급하면서, 사업시행자에게 하루라도 빨리 토지의 손실보상금을 지급해 주고, 나아가 토지에 인접한 잔여지 6필지도 매수해 줄 것을 요청하였다. 이러한 상황에서 갑과 사업시행지는 2013.2.18. 토지에 관하여 보상금액을 943,846,800원으로, 잔여지에 관하여 보상금액을 693,573,430원으로 정한 각 '공공용지의 취득협의서'를 작성하였고, 갑이 사업시행자에게 위 각 금액을 청구하는 내용의 각 보상금청구서 및 같은 금액을 영수한다는 내용의 각 영수증을 작성·교부하였으며, 2013.2.21. 토지 및 잔여지에 관하여 '2013.2.18. 공공용지의 협의취득'을 원인으로 참가인 명의의 소유권이전등기가 마쳐졌다. (각 물음은 독립적 사안임을 전제할 것)

(1) 수용재결 이후에도 당사자 간 협의로서 소유권 이전이 가능한지 여부와 가능하다면 협의에서 수용재결에서 결정된 정당보상금과 상이한 금액으로 보상금을 결정할 수 있는지 여부를 논하시오. 20점

(2) 갑은 협의는 하였으나 이는 재결에서 정한 보상금에 미치지 못하는 금액인바, 재결에서 정해진 보상금과의 차액을 지급해줄 것을 추가로 요구하였으나 사업시행자는 이를 거부하였고 수용의 개시일이 도과되었다. 재결에 따른 보상금을 지급 또는 공탁하지 않았음을 이유로 재결무효확인소송을 제기할 수 있는가? 10점

(설문 1)의 해결

Ⅰ 쟁점의 정리

Ⅱ 수용재결 이후에 재협의로 인한 토지취득이 가능한지 여부

　1. 손실보상의 의의 및 보상액 결정 절차

　　(1) 손실보상의 의의 및 취지

　　(2) 보상액 결정 절차

　2. 수용재결의 의의 및 효력

　　(1) 수용재결의 의의 및 취지

　　(2) 재결의 효력 및 실효

　　(3) 재결의 실효와 재결신청 및 사업인정의 효력과의 관계

　3. 수용재결 이후에 재협의로 인한 토지취득이 가능한지 여부

Ⅲ 수용재결과 상이한 보상금액을 정할 수 있는지 여부

　1. 협의의 의의 및 취지

　2. 협의의 법적 성질

　3. 협의취득과 정당보상

　4. 수용재결과 상이한 보상금을 정할 수 있는지 여부

Ⅳ 사안의 해결

(설문 2)의 해결

Ⅰ 쟁점의 정리

Ⅱ 무효확인소송의 제기요건

  1. 무효확인소송의 의의 및 성질

  2. 소송요건

Ⅲ 협의의 소익

  1. 협의의 소익의 의의 및 취지

  2. 확인을 구할 법률상 이익의 의미

    (1) 법률상 이익의 의미

    (2) 확인의 이익이 요구되는지 여부

3. 무효등확인소송에서의 협의의 소익

  (1) 처분의 효력이 소멸한 경우

  (2) 처분 후의 사정에 의해 이익침해가 해소된 경우

  (3) 원상회복이 불가능한 경우

  (4) 보다 간이한 구제방법이 있는 경우(보다 실효적인 권리구제 방법이 있는 경우)

Ⅳ 사안의 해결

(설문 1)의 해결

Ⅰ 쟁점의 정리

설문은 재결 이후에도 당사자 간 협의가 가능한지와, 가능하다면 수용재결에서 결정된 보상금액과 상이한 금액으로 협의를 할 수 있는지가 문제된다. 토지 등의 취득절차를 규정하고 있는 보상절차의 취지를 검토하여 수용재결 이후에도 협의가 가능한지를 검토하고, 협의의 성질상 양 당사자 간에 보상금액을 새로이 결정할 수 있는지를 함께 살펴본다.

Ⅱ 수용재결 이후에 재협의로 인한 토지취득이 가능한지 여부

1. 손실보상의 의의 및 보상액 결정 절차

(1) 손실보상의 의의 및 취지

손실보상이란 공공필요에 의한 적법한 공권력의 행사로 가하여진 개인의 특별한 재산권침해에 대하여, 행정주체가 사유재산권보장과 평등부담원칙 및 생존권보장차원에서 행하는 조절적인 재산적 전보를 말한다.

(2) 보상액 결정 절차

손실보상액은 당사자 간의 협의에 의한 협의취득과, 협의가 성립되지 않은 경우 관할 토지수용위원회의 재결에 의하는 수용취득의 절차가 있다. 수용취득의 경우에는 이의신청 및 보상금증감청구소송을 통해서 보상금액이 확정된다.

2. 수용재결의 의의 및 효력

(1) 수용재결의 의의 및 취지

수용재결이란 사업시행자에게 부여된 수용권의 구체적인 내용을 결정하고 그 실행을 완성시키는 형성적행위로서 수용의 최종단계에서 공사익조화를 도모하여 수용목적을 달성함에 제도적 의미가 인정된다.

(2) 재결의 효력 및 실효

사업시행자는 수용재결에 의한 보상금을 지급 또는 공탁하게 되면 수용의 개시일에 소유권을 취득하게 된다. 그러나 수용의 개시일까지 보상금을 지급 또는 공탁하지 못하면 당해 수용재결은 그 효력이 상실된다.

(3) 재결의 실효와 재결신청 및 사업인정의 효력과의 관계

판례는 재결이 실효되면 재결신청도 상실된다고 하였다. 다만, 사업인정에 대해서는 여전히 효력이 존재하므로 재결신청기간 내이면 재차 재결신청이 가능하다고 한다.

3. 수용재결 이후에 재협의로 인한 토지취득이 가능한지 여부

토지수용위원회가 수용재결을 하였더라도 사업시행자로서는 수용 또는 사용의 개시일까지 토지수용위원회가 재결한 보상금을 지급 또는 공탁하지 아니함으로써 재결의 효력을 상실시킬 수 있는 점, 토지소유자 등은 수용재결에 대하여 이의를 신청하거나 행정소송을 제기하여 보상금의 적정 여부를 다툴 수 있는데, 그 절차에서 사업시행자와 보상금액에 관하여 임의로 합의할 수 있는 점, 공익사업의 효율적인 수행을 통하여 공공복리를 증진시키고, 재산권을 적정하게 보호하려는 토지보상법의 입법 목적(제1조)에 비추어 보더라도 수용재결이 있은 후에 사법상 계약의 실질을 가지는 협의취득 절차를 금지해야 할 별다른 필요성을 찾기 어려운 점 등을 종합해 보면, 토지수용위원회의 수용재결이 있은 후라고 하더라도 토지소유자 등과 사업시행자가 다시 협의하여 토지 등의 취득이나 사용 및 그에 대한 보상에 관하여 임의로 계약을 체결할 수 있다고 보아야 한다.

> ✍ 답안 축약시
>
> 재결이 실효되어도 재결신청기간 내라면 언제든 사업시행자는 재결을 다시 신청할 수 있고, 재결 절차 중 당사자 간의 화해의사에 따라 토지취득이 가능한 점 및 보상금증감청구소송 중에라도 임의로 합의할 수 있는 점 등에 비추어 볼 때, 수용재결 이후라 하더라도 당사자 간 협의를 금지할 이유는 없으므로 양 당사자는 다시금 임의로 계약을 체결할 수 있다고 보아야 한다.

Ⅲ 수용재결과 상이한 보상금액을 정할 수 있는지 여부

1. 협의의 의의 및 취지

사업인정 후 협의란 사업인정 후 토지 등의 권리취득 등에 대한 양당사자의 의사의 합치로서 ① 최소침해요청과 ② 사업의 원활한 진행, ③ 피수용자의 의견존중에 취지가 있다.

2. 협의의 법적 성질

(1) 견해의 대립

① 사업인정 후 협의는 공공기관이 사경제주체로 행하는 사법상 계약의 실질을 가지므로 사법상 법률관계라고 하는 사권설과, ② 사업인정 후 협의는 사업시행자가 수용권주체로서 행하는 공법상 계약이므로 공법상 법률관계라고 하는 공권설이 있다.

(2) 판례

판례도 사경제주체로서 행하는 사법상의 법률행위로 보며, 이는 행정처분이 아니므로 행정소송의 대상이 되지 않는다고 한다(91누3871).

(3) 검토

사업인정 후 협의는 목적물을 취득하여 사업의 진행을 도모하기 위한 것이므로, 이는 공용수용의 공법상 목적을 달성시키기 위한 절차로 볼 수 있다. 따라서 공법상 법률관계로 보는 것이 타당하다.

3. 협의취득과 정당보상

대법원은 사법상 매매인바 손실보상기준에 의하지 않은 매매대금을 정할 수 있다고 한다. 그러나 보상법 제1조는 재산권의 적정한 보호를 도모함을 목적으로 하는바 협의취득에도 정당보상이 이루어져야 한다고 본다(98다60422).

4. 수용재결과 상이한 보상금을 정할 수 있는지 여부

협의는 수용당사자 간의 자유의사에 의한 소유권 이전행위로 볼 수 있다. 따라서 최소침해원칙 및 사업의 원활한 진행을 위해서 수용재결에 의한 보상금액과 상이한 보상금액으로 협의할 수 있을 것이다. 다만, 사업시행자가 소유자의 궁박·경솔 등의 사정을 이용하여 정당보상금액과 현저히 차이나는 금액으로 보상액을 산정하는 것은 정당보상원칙에 비추어 허용되지 않는다 할 것이다.

Ⅳ 사안의 해결

사업시행자와 갑은 수용재결 이후에도 당사자 간의 자유의사에 따라 수용재결에서 정해진 보상금과 상이한 금액으로 자유롭게 소유권 이전을 할 수 있다.

(설문 2)의 해결

I 쟁점의 정리

설문은 수용재결에서 정한 보상금이 지급 또는 공탁되지 않음을 이유로, 실효된 재결에 대해서 재결무효확인소송을 제기할 수 있는지가 문제된다. 수용재결 이후 협의취득에 의한 소유권 이전이 있었던바, 재결무효확인으로 인한 소의 이익이 인정되는를 검토하여 사안을 해결한다.

II 무효확인소송의 제기요건

1. 무효확인소송의 의의 및 성질

무효등확인소송이란 행정청의 처분이나 재결의 효력 유무 또는 존재 여부의 확인을 구하는 소송을 말한다. 실질에 있어서는 항고소송의 성질과 확인소송의 성질도 갖는 것으로 본다.

2. 소송요건

소송요건이라 함은 본안심리를 하기 위하여 갖추어야 하는 요건을 말한다. 소송요건이 충족된 소송을 적법한 소송이라 하고, 이 경우 법원은 본안심리로 넘어 간다. 소송요건으로는 대상적격, 당사자적격, 협의의 소익, 제소기간 등이 있다. 사안은 무효확인을 구할 소의 이익이 있는지가 문제된다.

III 협의의 소익

1. 협의의 소익의 의의 및 취지

협의의 소익은 본안판결을 받을 현실적 필요성을 의미한다. 협의소익은 원고적격과 함께 소송요건이 되며, 이는 남소방지와 충실한 본안심사를 통해 소송경제를 도모함에 취지가 인정된다.

2. 무효등 확인을 구할 법률상 이익의 의미

(1) 법률상 이익의 의미

무효등 확인을 구할 법률상 이익은 무효등 확인을 통하여 구제되는 기본적인 법률상 이익뿐만이 아니라 부수적인 이익도 포함된다고 보는 것이 다수 및 판례의 견해이다.

(2) 확인의 이익이 요구되는지 여부

확인의 이익이란 확인소송은 확인판결을 받는 것이 원고의 권리구제에 유효적절한 수단인 경우에만 인정된다는 것이다. 종전 판례는 확인소송의 보충성을 요구하였으나, 최근판례는 ① 행정소송은 민사소송과 목적, 취지, 기능을 달리하고 ② 확정판결의 기속력 및 보충성에 관한 명문의 규정부재 등으로 보충성이 요구되지 않는다고 판시했다.

3. 무효등확인소송에서의 협의의 소익

(1) 처분의 효력이 소멸한 경우

처분의 효력기간의 경과 등으로 그 행정처분의 효력이 상실된 경우에도 당해 처분의 무효를 확인할 현실적 이익이 있는 경우에는 그 처분의 무효확인을 구할 소의 이익이 있다.

(2) 처분 후의 사정에 의해 이익침해가 해소된 경우

처분 후의 사정에 의하여 권리와 이익의 침해 등이 해소된 경우에는 그 처분의 무효확인을 구할 소의 이익이 없으나, 처분 후에 사정변경이 있더라도 권익침해가 해소되지 않은 경우에는 소의 이익이 있다.

(3) 원상회복이 불가능한 경우

위법한 처분의 무효확인을 하더라도 원상회복이 불가능한 경우에는 무효확인을 구할 이익이 없으나 회복되는 부수적 이익이 있는 경우에는 소의 이익이 인정된다.

(4) 보다 간이한 구제방법이 있는 경우(보다 실효적인 권리구제 방법이 있는 경우)

무효등확인소송보다 실효적인(직접적인) 권리구제절차가 있는 경우에는 소의 이익이 부정되지만, 다른 권리구제절차가 있는 경우에도 무효를 구할 현실적 이익이 있는 경우에는 소의 이익이 인정된다.

> ✍ 배점을 고려하여 축약하는 경우
>
> **3. 무효등확인소송에서의 협의의 소익**
>
> ① 처분의 효력이 소멸한 경우에도, ② 처분 후의 사정에 의해 이익침해가 해소된 경우, ③ 처분 후의 사정에 의하여 권리와 이익의 침해 등이 해소된 경우, ④ 원상회복이 불가능한 경우, ⑤ 보다 간이한 구제방법이 있는 경우(보다 실효적인 권리구제방법이 있는 경우)에는 원칙적으로 협의의 소익이 부정될 것이나, 처분의 무효를 확인할 현실적 이익이 있는 경우에는 협의의 소익이 인정된다.

Ⅳ 사안의 해결

사업시행자와 갑은 협의계약에 의해 소유권 이전등기가 마쳐진 상태이고, 이는 수용재결의 효력이 아닌 협의계약의 이행에 따른 결과이다. 따라서 재결무효확인을 받는다고 하여 협의계약에 의한 효력이 무효가 되는 것은 아니므로 토지의 소유권을 회복시키는 것이 불가능하고, 만약 재결무효확인을 통한 손실보상을 주장한다면 재결실효로 인한 손실보상은 보상법 제9조 준용에 따라 당사자 간의 협의나 재결의 별도의 불복절차가 마련되어 있으므로 재결 무효확인으로써 회복할 수 있는 다른 권리나 이익이 남아 있다고 볼 수 없다. 따라서 당해 무효확인소송은 소의 이익이 부정되어 각하될 것이다.

 **대법원 2017.4.13, 2016두64241**

[판시사항]

[1] 공익사업을 위한 토지 등의 취득 및 보상에 관한 법률상 토지수용위원회의 수용재결이 있은 후 토지소유자 등과 사업시행자가 다시 협의하여 토지 등의 취득이나 사용 및 그에 대한 보상에 관하여 임의로 계약을 체결할 수 있는지 여부(적극)

[2] 중앙토지수용위원회가 지방국토관리청장이 시행하는 공익사업을 위하여 갑 소유의 토지에 대하여 수용재결을 한 후, 갑과 사업시행자가 '공공용지의 취득협의서'를 작성하고 협의취득을 원인으로 소유권이전등기를 마쳤는데, 갑이 '사업시행자가 수용개시일까지 수용재결보상금 전액을 지급·공탁하지 않아 수용재결이 실효되었다'고 주장하며 수용재결의 무효확인을 구하는 소송을 제기한 사안에서, 갑이 수용재결의 무효확인 판결을 받더라도 토지의 소유권을 회복시키는 것이 불가능하고, 무효확인으로써 회복할 수 있는 다른 권리나 이익이 남아 있다고도 볼 수 없다고 한 사례

[판결요지]

[1] 공익사업을 위한 토지 등의 취득 및 보상에 관한 법률(이하 '토지보상법'이라 한다)은 사업시행자로 하여금 우선 협의취득 절차를 거치도록 하고, 협의가 성립되지 않거나 협의를 할 수 없을 때에 수용재결취득 절차를 밟도록 예정하고 있기는 하다. 그렇지만 일단 토지수용위원회가 수용재결을 하였더라도 사업시행자로서는 수용 또는 사용의 개시일까지 토지수용위원회가 재결한 보상금을 지급 또는 공탁하지 아니함으로써 재결의 효력을 상실시킬 수 있는 점, 토지소유자 등은 수용재결에 대하여 이의를 신청하거나 행정소송을 제기하여 보상금의 적정 여부를 다툴 수 있는데, 그 절차에서 사업시행자와 보상금액에 관하여 임의로 합의할 수 있는 점, 공익사업의 효율적인 수행을 통하여 공공복리를 증진시키고, 재산권을 적정하게 보호하려는 토지보상법의 입법 목적(제1조)에 비추어 보더라도 수용재결이 있은 후에 사법상 계약의 실질을 가지는 협의취득 절차를 금지해야 할 별다른 필요성을 찾기 어려운 점 등을 종합해 보면, 토지수용위원회의 수용재결이 있은 후라고 하더라도 토지소유자 등과 사업시행자가 다시 협의하여 토지 등의 취득이나 사용 및 그에 대한 보상에 관하여 임의로 계약을 체결할 수 있다고 보아야 한다.

[2] 중앙토지수용위원회가 지방국토관리청장이 시행하는 공익사업을 위하여 갑 소유의 토지에 대하여 수용재결을 한 후, 갑과 사업시행자가 '공공용지의 취득협의서'를 작성하고 협의취득을 원인으로 소유권이전등기를 마쳤는데, 갑이 '사업시행자가 수용개시일까지 수용재결보상금 전액을 지급·공탁하지 않아 수용재결이 실효되었다'고 주장하며 수용재결의 무효확인을 구하는 소송을 제기한 사안에서, 갑과 사업시행자가 수용재결이 있은 후 토지에 관하여 보상금액을 새로 정하여 취득협의서를 작성하였고, 이를 기초로 소유권이전등기까지 마친 점 등을 종합해 보면, 갑과 사업시행자가 수용재결과는 별도로 '토지의 소유권을 이전한다는 점과 그 대가인 보상금의 액수'를 합의하는 계약을 새로 체결하였다고 볼 여지가 충분하고, 만약 이러한 별도의 협의취득 절차에 따라 토지에 관하여 소유권이전등기가 마쳐진 것이라면 설령 갑이 수용재결의 무효확인 판결을 받더라도 토지의 소유권을 회복시키는 것이 불가능하고, 나아가 무효확인으로써 회복할 수 있는 다른 권리나 이익이 남아 있다고도 볼 수 없다고 한 사례.

📝 판례사례 14 협의성립 확인(위법성 + 원고적격 + 사정판결)

특수전사령부 및 제3공수특전여단 이전사업의 사업부지에 속하는 이천시 707번지 전 1,319m²에 관하여는 2009 8.6. 사업시행자인 한국토지주택공사와 그 소유권보존등기 명의인인 대한민국 사이에 토지보상법에 따른 토지 취득에 관한 협의가 성립되었다.

한국토지주택공사는 토지보상법 제29조 제3항에 따라 이 사건 토지의 등기부상 소유명의인의 동의를 받고 한국토지주택공사와 대한민국 사이의 매매계약서, 협의성립확인신청 동의서, 토지조서 및 보상금지급서류 등에 공증을 받아 토지수용위원회에 당해 토지에 관한 협의성립의 확인을 신청하였고 토지수용위원회는 2015.3.26. 이를 수리하였다

그런데 당해 토지는 1956년 농지개혁법에 따라 소유자가 대한민국이 된 것이었고 1994년 농지개혁법의 폐지로 인해 1998년 다시 원 소유자에게 소유권이 환원되었으나 등기부상 소유자는 여전히 대한민국으로 남아있었다.

당해 수리행위 당시 토지의 진정한 소유자가 갑이었던 사실, 갑이 2014.10.10. 서울중앙지방법원 2014가단209928호로 자신이 당해 토지의 진정한 소유자라고 주장하며 등기부상 소유자인 대한민국과 사업의 시행자인 한국토지주택공사를 상대로 당해 토지의 보존등기 및 이전등기의 말소를 구하는 소를 제기한 사실이 있었다.

(1) 갑은 수리행위를 대상으로 취소소송을 제기할 수 있는가? 이 경우 사업시행자는 갑은 현재 등기부상 소유자나 관계인이 아닌 제3자이므로 취소소송을 제기할 수 없다고 주장한다. 취소소송을 제기할 수 있는지 논하시오. 20점

(2) 갑은 당해 수리행위는 위법하기 때문에 취소되어야 한다고 주장하나, 사업시행자는 수리행위는 위법하다고 하더라도 사업의 기성고가 2015.6.5.을 기준으로 95.68%에 이르고, 2015.10.1. 이천시장으로부터 당해 토지를 포함한 해당시설에 대한 임시사용승인을 받아 해당 군부대가 해당시설을 사용하려고 하는 상태에 있는데, 수리행위가 취소된다면 1395필지 중 해당 토지 1필지를 위하여 한국토지주택공사는 다시 수용절차를 밟아야 하고 해당 군부대가 해당 군사시설을 사용하지 못하게 되는 반면, 수리행위의 효력을 유지하더라도 당해 토지에 대한 보상금을 받는 것이 종국적인 목적인 원고에게는 큰 불이익이 되지 않는다고 주장한다. 법원은 어떠한 판결을 하여야 하는가? 20점

(물음 1)의 해결

Ⅰ 쟁점의 정리

Ⅱ 토지수용위원회의 수리행위가 처분인지
  1. 행정소송법 제2조 처분의 개념
  2. 관련규정(보상법 제29조)의 검토(의의 및 취지)
    (1) 의의 및 취지
    (2) 요건 및 효력
  3. 토지수용위원회 수리행위의 법적 성질

Ⅲ 갑에게 법률상 이익이 인정되는지 여부
  1. 원고적격 의의(소송법 제12조) 및 취지
  2. 법률상 이익의 의미와 범위
  3. 사안의 경우

Ⅳ 사안의 해결

(물음 2)의 해결

Ⅰ 쟁점의 정리

Ⅱ 토지수용위원회 수리행위 위법성 판단
  1. 협의성립확인의 요건 및 절차
  2. 진정한 소유자 동의가 필요한지 여부
  3. 위법성 판단

Ⅲ 사정판결의 가능성
  1. 의의(소송법 제28조)
  2. 요건
  3. 인정범위(무효인 경우의 가능여부)
  4. 위법판단 기준 시와 사정판결 필요성의 판단시점
  5. 사정판결의 효과
  6. 법원의 조치(및 권리구제)
  7. 사안의 경우

Ⅳ 사안의 해결

(설문 1)의 해결

Ⅰ 쟁점의 정리

토지수용위원회의 수리행위에 대한 취소소송을 제기할 수 있는지가 문제된다. 설문의 해결을 위하여 수리행위가 항고소송의 대상이 되는 처분에 해당하는지와, 갑에게 원고적격으로서 법률상 이익이 인정되는지를 검토한다.

Ⅱ 토지수용위원회의 수리행위가 처분인지

1. 행정소송법 제2조 처분의 개념

행정쟁송법상의 처분은 '행정청의 구체적 사실에 대한 법집행으로서의 공권력의 행사 및 그 거부'와 '이에 준하는 행정작용'을 포함한다.

2. 관련규정(보상법 제29조)의 검토(의의 및 취지)

(1) 의의 및 취지

협의성립의 확인이란 수용 당사자 간 협의가 성립된 경우에 이를 토지수용위원회에 확인받는 것을 말한다. 협의성립확인제도는 수용과 손실보상을 신속하게 실현시키기 위하여 도입되었다.

(2) 요건 및 효력

보상법 제29조 제3항에서는 공증을 받아 토지수용위원회에 협의성립의 확인을 신청하고 토지수용위원회가 이를 수리함으로써 협의성립이 확인된 것으로 보며, 이는 재결의 효력이 있는 것으로 규정하고 있다.

3. 토지수용위원회의 수리행위의 법적 성질

협의가 성립하였음을 확인 받음으로써 재결의 효력이 발생하게 되어 수용당사자는 더 이상 협의내용에 대해서 다툴 수 없고, 사업시행자는 토지를 원시취득하게 된다. 이처럼 확인을 받음으로써 재결의 효력이 발생되므로 토지수용위원회의 수리행위는 수용 당사자 간 재산권의 법률관계를 변동시키는 처분이라고 볼 것이다.

Ⅲ 갑에게 법률상 이익이 인정되는지 여부

1. 원고적격의 의의(소송법 제12조) 및 취지

원고적격이란 본안판결을 받을 수 있는 자격으로, 소송법 제12조에서는 "취소소송은 처분등의 취소를 구할 법률상 이익이 있는 자가 제기할 수 있다"고 규정하고 있다. 이는 소를 제기할 수 있는 자를 규정하여 남소방지를 도모함에 취지가 인정된다.

2. 법률상 이익의 의미와 범위

견해의 대립이 있으나, 다수견해 및 판례는 처분의 근거법규 및 관계법규(취지포함)에 의해 개별적으로 보호되는 직접적이고 구체적인 개인적 이익을 법률상 이익으로 보고 있다. 국민의 권리보호를 위해 법률상 이익의 범위를 점차 넓혀가는 경향이 있다.

3. 사안의 경우

갑은 당해 토지의 진정한 소유자였고, 협의성립확인 신청에 대한 수리행위에 의해 재결이 있었던 것으로 간주됨에 따라 한국토지주택공사가 당해 토지를 원시취득하게 되는 결과, 갑은 당해 토지의 취득에 관한 협의 절차나 토지보상법 제29조 제1항이 정하는 토지소유자의 동의 여부에 관하여 관여할 기회조차 상실한 채 당해 토지의 소유권을 상실하게 되는바, 갑이 당해 수리행위의 직접 상대방이 아닌 제3자라 하더라도 수리행위로 인하여 법률상 보호되는 이익을 침해당한 자로서 수리행위의 당부에 관한 판단을 받을 자격이 있다고 할 것이다.

Ⅳ 사안의 해결

토지수용위원회의 수리행위는 재결의 효력을 발생시키는 처분으로서 항고소송의 대상이 되며, 갑은 당해 수리행위를 취소시킴으로써 진정한 토지소유권을 회복시킬 법률상 이익이 인정된다. 설문상 협의소익 및 제소기간 등은 문제되지 않는 것으로 보이는 바, 갑은 수리행위의 취소를 구하는 소를 제기할 수 있을 것이다.

(설문 2)의 해결

Ⅰ 쟁점의 정리

설문은 토지수용위원회의 수리행위가 위법한지와, 위법하다면 사정판결의 가능성이 문제된다. 사안의 해결을 위하여 수리행위의 위법성과 관련하여 보상법 제29조 협의성립확인의 요건을 검토하고, 법원이 사정판결을 할 수 있는지를 검토한다.

Ⅱ 토지수용위원회의 수리행위의 위법성 판단

1. 협의성립확인의 요건 및 절차

보상법 제29조에서는 수용 당사자 간 협의가 성립된 경우에는 ① 소유자 등의 동의를 받아 신청하거나 ② 공증을 통한 신청과 이에 대한 수리절차를 규정하고 있다.

2. 진정한 소유자의 동의가 필요한지 여부

간이한 절차만을 거치는 협의성립의 확인에, 원시취득의 강력한 효력을 부여함과 동시에 사법상 매매계약과 달리 협의 당사자들이 사후적으로 그 성립과 내용을 다툴 수 없게 한 법적 정당성의 원천은 사업시행자와 토지소유자 등이 진정한 합의를 하였다는 데에 있다. 따라서 협의성립의 확인 신청에 필요한 동의의 주체인 토지소유자는 협의 대상이 되는 '토지의 진정한 소유자'를 의미한다고 보아야 할 것이다.

3. 위법성 판단

사업시행자가 진정한 토지소유자의 동의를 받지 못한 채 단순히 등기부상 소유명의자의 동의만을 얻은 후 관련 사항에 대한 공증을 받아 토지보상법 제29조 제3항에 따라 협의성립의 확인을 신청하였음에도 토지수용위원회가 신청을 수리하였다면, 수리행위는 다른 특별한 사정이 없는 한 토지보상법이 정한 소유자의 동의 요건을 갖추지 못한 것으로서 위법하다.

Ⅲ 사정판결의 가능성

1. 의의(소송법 제28조)

사정판결이란 취소소송에 있어서 본안심리 결과, 원고의 청구가 이유 있다고 인정하는 경우에도 공공복리를 위하여 원고의 청구를 기각하는 판결을 말한다. 이는 법치주의에 대한 중대한 예외로서 그 요건은 엄격히 해석되어야 한다.

2. 요건

① 원고의 청구가 이유 있을 것, ② 처분등의 취소가 현저히 공공복리(위법한 처분을 취소함으로 발생하는 공익의 침해와 위법한 처분을 방치함으로써 발생되는 상대방의 불이익 간 형량)에 적합하지 않을 것, ③ 당사자의 신청이 있을 것을 요건으로 하나, 판례는 당사자의 신청이 없더라도 직권으로 사정판결을 할 수 있다고 보고 있다.

3. 인정범위(무효인 경우의 가능여부)

견해의 대립이 있으나 판례는 "당연무효의 행정처분을 소송목적물로 하는 행정소송에서는 존치시킬 효력이 있는 행정행위가 없기 때문에 행정소송법 제28조 소정의 사정판결을 할 수 없다"고 판시한 바 있다.

4. 위법판단의 기준시와 사정판결 필요성의 판단시점

사정판결에 있어서도 위법성판단의 기준시는 일반론에 따라 처분시로 결정되어야 할 것이나, 사정판결의 필요성은 처분 후의 사정이 고려되어야 할 것이므로 변론종결시를 기준으로 판단하여야 할 것이다(행정소송규칙 제14조).

5. 사정판결의 효과

사정판결은 원고의 청구를 기각하는 판결이므로 취소소송의 대상인 처분 등은 당해 처분이 위법함에도 그 효력이 유지된다.

6. 법원의 조치(및 권리구제)

판결의 주문에 ① 처분등의 위법을 명시하고 ② 손해의 정도와 배상방법을 조사하여야 한다. ③ 사정판결은 원고의 주장이 이유있음에도 공익을 위해서 하는 것인바 소송비용은 피고가 부담해야 한다. 원고는 손해배상 및 재해시설설치, 그 밖의 구제방법 등의 청구를 병합 제기할 수 있다.

7. 사안의 경우

당해 처분을 취소한다고 하여 곧바로 해당 군부대가 설치된 시설을 사용하지 못하게 된다고 보기 어려우며, 즉시 진정한 소유자와의 수용절차를 통한 취득도 가능하므로 사정판결을 해야 할 특별한 사정은 인정되기 어려울 것이다.

Ⅳ 사안의 해결

토지의 진정한 소유자의 동의를 받지 아니한 채 이루어진 협의성립확인은 요건을 갖추지 못한 하자가 있어 위법하다. 또한 토지수용위원회의 수리행위를 취소하더라도 진정한 소유자와의 협의 및 수용절차를 통한 소유권 이전이 가능하므로 사정판결의 필요성도 없는 것으로 보인다. 따라서 법원은 인용판결을 할 것이다.

 **해당 판례 사실관계 요약**

1912.3.6. 토지사정
1956.6.30. 대한민국 토지개혁법으로 등기
2009.8.6. 토지공사와 대한민국 협의 소유권이전
2014.10.10. 진정한 소유자 주장 등기말소청구
2015.3.26. 공증신청수리 협의성립확인
1955.6.25. 재산상속
1998.12.31. 농지법 분배대상 아닌바 소유권 환원
진정한 소유자 아닌 대한민국과 협의한 바 수리행위는 위법

 **대법원 2018.12.13, 2016두51719[협의성립확인신청수리처분취소]**

[판시사항]

공익사업을 위한 토지 등의 취득 및 보상에 관한 법률 제29조 제3항에 따른 협의성립의 확인 신청에 필요한 동의의 주체인 토지소유자는 협의 대상이 되는 '토지의 진정한 소유자'를 의미하는지 여부(적극) / 사업시행자가 진정한 토지소유자의 동의를 받지 못한 채 등기부상 소유명의자의 동의만을 얻은 후 관련 사항에 대한 공증을 받아 위 제29조 제3항에 따라 협의성립의 확인을 신청하였으나 토지수용위원회가 신청을 수리한 경우, 수리행위가 위법한지 여부(원칙적 적극) / 이와 같은 동의에 흠결이 있는 경우 진정한 토지소유자 확정에서 사업시행자의 과실 유무를 불문하고 수리 행위가 위법한지 여부(적극) 및 이때 진정한 토지소유자가 수리행위의 위법함을 이유로 항고소송으로 취소를 구할 수 있는지 여부(적극)

[판결요지]

공익사업을 위한 토지 등의 취득 및 보상에 관한 법률(이하 '토지보상법'이라 한다) 제29조에서 정한 협의성립확인제도는 수용과 손실보상을 신속하게 실현시키기 위하여 도입되었다. 토지보상법 제29조는 이를 위한 전제조건으로 협의성립의 확인을 신청하기 위해서는 협의취득 내지 보상협의가 성립한 데에서 더 나아가 확인신청에 대하여도 토지소유자 등이 동의할 것을 추가적 요건으로 정하고 있다. 특히 토지보상법 제29조 제3항은, 공증을 받아 협의성립의 확인을 신청하는 경우에 공증에 의하여 협의 당사자의 자발적 합의를 전제로 한 협의의 진정 성립이 객관적으로 인정되었다고 보아, 토지보상법상 재결절차에 따르는 공고 및 열람, 토지소유자 등의 의견진술 등의 절차 없이 관할 토지수용위원회의 수리만으로 협의성립이 확인된 것으로 간주함으로써, 사업시행자의 원활한

공익사업 수행, 토지수용위원회의 업무 간소화, 토지소유자 등의 간편하고 신속한 이익실현을 도모하고 있다.

한편 토지보상법상 수용은 일정한 요건하에 그 소유권을 사업시행자에게 귀속시키는 행정처분으로서 이로 인한 효과는 소유자가 누구인지와 무관하게 사업시행자가 그 소유권을 취득하게 하는 원시취득이다. 반면, 토지보상법상 '협의취득'의 성격은 사법상 매매계약이므로 그 이행으로 인한 사업시행자의 소유권 취득도 승계취득이다. 그런데 토지보상법 제29조 제3항에 따른 신청이 수리됨으로써 협의성립의 확인이 있었던 것으로 간주되면, 토지보상법 제29조 제4항에 따라 그에 관한 재결이 있었던 것으로 재차 의제되고, 그에 따라 사업시행자는 사법상 매매의 효력만을 갖는 협의취득과는 달리 확인대상 토지를 수용재결의 경우와 동일하게 원시취득하는 효과를 누리게 된다.

이처럼 간이한 절차만을 거치는 협의성립의 확인에, 원시취득의 강력한 효력을 부여함과 동시에 사법상 매매계약과 달리 협의 당사자들이 사후적으로 그 성립과 내용을 다툴 수 없게 한 법적 정당성의 원천은 사업시행자와 토지소유자 등이 진정한 합의를 하였다는 데에 있다. 여기에 공증에 의한 협의성립확인제도의 체계와 입법 취지, 그 요건 및 효과까지 보태어 보면, 토지보상법 제29조 제3항에 따른 협의성립의 확인 신청에 필요한 동의의 주체인 토지소유자는 협의 대상이 되는 '토지의 진정한 소유자'를 의미한다. 따라서 사업시행자가 진정한 토지소유자의 동의를 받지 못한 채 단순히 등기부상 소유명의자의 동의만을 얻은 후 관련 사항에 대한 공증을 받아 토지보상법 제29조 제3항에 따라 협의성립의 확인을 신청하였음에도 토지수용위원회가 신청을 수리하였다면, 수리 행위는 다른 특별한 사정이 없는 한 토지보상법이 정한 소유자의 동의 요건을 갖추지 못한 것으로서 위법하다. 진정한 토지소유자의 동의가 없었던 이상, 진정한 토지소유자를 확정하는 데 사업시행자의 과실이 있었는지 여부와 무관하게 그 동의의 흠결은 위 수리행위의 위법사유가 된다. 이에 따라 진정한 토지소유자는 수리행위가 위법함을 주장하여 항고소송으로 취소를 구할 수 있다.

판례사례 15 재결서 기재의 정도(+ 기속력)/재결의 성질/하자승계(사업인정과 재결)/사업인정의 공공성 판단

경기도토지수용위원회가 갑 소유의 토지 중 일부는 수용하고 일부는 사용하는 재결을 하면서 재결서에는 수용대상(수용 1 부분) 토지 외에 사용대상(수용 2 부분) 토지에 관해서도 '수용'한다고만 기재하였다.

수용재결(17수용0391호)

하남시 도시계획시설사업
(사업시행자 : 하남마블링시티)

가. 사업인정 및 고시
- ○ 사업명 : 하남시 도시계획시설사업[전기공급설비 700 : 지역현안사업1지구 철탑 지중화공사]
- ○ 사업인정고시 : 하남시 고시 제2016−82호(2016.6.21.)
- ○ 사업시행자 : 주식회사 하남마블링시티

나. 경기도토지수용위원회의 재결
- ○ 재결신청인: 사업시행자
- ○ 재결일: 2017. 2. 27.
- ○ 수용 및 사용개시일: 2017. 4. 13.
- ○ 목적물
  - − 수용 1 : 갑 소유의 하남시 300번지 임야 45,198m^2 중 1,558m^2 부분을 하남시 300−1번지로 분할하여 철탑설치 목적으로 수용하고, 그 지상 수목과 경계철조망도 아울러 수용
  - − 수용 2 : 갑 소유의 하남시 300번지 임야 45,198m^2 중 3,603m^{2}의 지상 공간 송전선 설치를 목적

(1) 공익사업을 위한 토지 등의 취득 및 보상에 관한 법률에서 수용과 사용의 개념을 엄격하게 구분하고 있는데 해당 재결에는 수용한다고만 되어 있을 뿐 사용에 대한 내용은 없으므로 해당 재결은 수용 부분에 대해서만 그 효력이 있고, 사용 부분에 대해서는 그 효력이 없다고 주장한다. 갑이 재결취소소송을 제기한 경우 인용가능한가? 인용판결이 확정되면 경기도토지수용위원회는 어떠한 조치를 취해야 하는가? 30점

(2) 사업시행자는 협의 때 산정된 보상금 2억을 기준으로 수용재결을 신청하였는데 재결을 위한 감정평가에서는 1억9천만원이 산정되었다. 경기도토지수용위원회는 보상금 1억9천만원으로 감액 재결을 할 수 있는가? 10점

(3) 해당 사업은 갑 토지 지상에 인체에 악영향을 줄 수 있는 전자기파를 방출하는 고압 송전선을 설치하고, 수목 상당수를 벌채하는 것을 예정하고 있으므로, 환경영향평가를 거친 후에 진행되어야 함에도, 재결은 관계 법령에 따른 환경영향평가를 거치지 아니한 채 이루어진 것이어서 위법하다. 토지수용위원회는 갑 소유의 임야 45,198m^2 중 일부에 송전탑을 설치하는 것을 전제로 수용하였으나 갑 소유의 이 사건 수용 부분을 경유하지 않고 사업시행자 소유의 토지에 송전탑을 설치하는 방법으로도 얼마든지 사업을 시행할 수 있다. 따라서 재결은 사업목적의

정당성, 침해의 최소성, 공익과 침해되는 사익과의 비교형량을 잘못한 절차상의 하자가 있으므로 취소되어야 한다고 주장한다. 2017.7.21. 시점에서 갑은 사업인정의 하자를 재결처분의 위법성 사유로 주장할 수 있는가? [20점]

(4) 해당 사업으로 인해 갑 토지 지상에 송전선이 설치됨으로써 갑의 소유권이 침해되었고 이는 과도한 사익 침해로서 공공필요가 결여된 것이므로 이러한 침해행위를 용인한 재결은 수용권 행사의 남용으로서 위법하다고 주장한다. 주장의 타당성을 검토하시오. [10점]

(설문 1)의 해결

Ⅰ 쟁점의 정리

Ⅱ 재결취소소송의 인용가능 여부
  1. 수용 또는 사용재결의 절차 등
    (1) 재결의 의의 및 취지
    (2) 재결의 절차
    (3) 재결에 대한 권리구제
  2. 재결서 기재 내용의 정도
    (1) 행정절차법상 이유제시
    (2) 토지보상법 제50조
    (3) 재결서 기재의 정도
  3. 사안의 경우(위법성 정도 등)

Ⅲ 토지수용위원회의 조치
  1. 기속력 의의, 취지 및 성질
  2. 내용
  3. 기속력의 인정범위 및 위반시 효과
  4. 사안의 경우

Ⅳ 사안의 해결

(설문 2)의 해결

Ⅰ 쟁점의 정리

Ⅱ 토지수용위원회 재결의 성질과 내용
  1. 토지수용위원회의 재결의 성질
  2. 재결의 내용 및 범위
  3. 사업시행자의 재결신청에 대한 보상금 기재

Ⅲ 사안의 해결

(설문 3)의 해결

Ⅰ 쟁점의 정리

Ⅱ 하자승계의 인정논의
  1. 의의 및 논의 배경
  2. 전제요건
  3. 하자승계의 해결논의
    (1) 학설
      1) 전통적 견해(하자승계론)
      2) 새로운 견해(구속력론)
      3) 중첩적용론
    (2) 판례
    (3) 검토

Ⅲ 사안의 해결

(설문 4)의 해결

Ⅰ 쟁점의 정리

Ⅱ 수용재결의 위법성 판단
  1. 사업인정의 의의 및 요건
  2. 공공사업의 공익성 판단(비례의 원칙)
  3. 사안의 경우(수용재결의 위법성 판단)
    (1) 권리남용금지의 원칙
    (2) 사안의 경우

I 쟁점의 정리

설문은 재결서 기재의 하자를 이유로 한 수용재결취소의 인용가능성과, 인용되는 경우 토지수용위원회가 어떠한 조치를 취해야 하는지를 묻고 있다.

사안의 해결을 위하여 ① 재결의 취지 및 재결서 기재의 필수내용을 검토하고, ② 인용재결 시 토지수용위원회가 사용재결을 해야 하는지를 기속력과 관련하여 검토한다.

II 재결취소소송의 인용가능 여부

1. 수용 또는 사용재결의 절차 등

(1) 재결의 의의 및 취지(토지보상법 제34조)

재결은 사업시행자로 하여금 토지 또는 토지의 사용권을 취득하도록 하고, 사업시행자가 지급하여야 하는 손실보상액을 정하는 결정을 말한다. 공익사업의 효율적인 수행을 통하여 공공복리의 증진과 재산권의 적정한 보호를 도모하는 것을 목적으로 한다.

(2) 재결의 절차

① 사업시행자는 재결신청서에 사업에 관련된 기본사항과(공익사업의 종류, 사업인정고시일 등) 수용하거나 사용할 토지의 기본사항(소재지·지번 및 수용 또는 사용의 개시예정일 등)을 적어 관할 토지수용위원회에 제출하여야 한다. ② 토지수용위원회는 열람 및 심리 절차를 거쳐 서면으로 재결을 하여야 한다.

(3) 재결에 대한 권리구제(토지보상법 제83조 및 제85조)

재결에 이의가 있는 자는 중앙토지수용위원회에 이의를 신청할 수 있고, 이의신청을 거치지 않고서도 재결에 대해서 직접 불복할 수 있으며, 이 경우에는 재결을 대상으로 행정소송을 제기할 수 있다. 이의신청은 특별법상 행정심판에 해당된다.

2. 재결서 기재 내용의 정도

(1) 행정절차법상 이유제시(행정절차법 제23조)

행정청은 처분과 동시에 처분의 근거와 이유를 상대방이 이해할 수 있을 정도로 구체적으로 서면으로 하되, 이를 전혀 안하거나 구체적이지 않은 경우 위법하게 된다(판례동지).

(2) 토지보상법 제50조

토지보상법 제50조에서는 행정절차법 내용에 따라 ① 수용 또는 사용할 토지의 구역 및 사용방법, ② 손실의 보상, ③ 수용 또는 사용의 개시일과 기간 등 재결처분에 대한 내용을 구체적으로 기재하도록 규정하고 있다.

(3) 재결서 기재의 정도

토지보상법령이 재결을 서면으로 하도록 하고, '사용할 토지의 구역, 사용의 방법과 기간'을 재결사항의 하나로 규정한 취지는, 재결에 의하여 설정되는 사용권의 내용을 구체적으로 특정함으로써 재결 내용의 명확성을 확보하고 재결로 인하여 제한받는 권리의 구체적인 내용이나 범위 등에 관한 다툼을 방지하기 위한 것이다.

3. 사안의 경우(위법성 정도 등)

재결서에 사용할 토지의 위치와 면적, 권리자, 손실보상액, 사용 개시일 등이 구체적으로 특정되지 않았다면, 당해 재결서만으로는 재결로 인하여 토지소유자인 갑이 제한받는 권리의 구체적인 내용이나 범위 등을 알 수 없어 이에 관한 다툼을 방지하기도 어렵다. 이는 재결취지에 반하는 무효로 볼 수 있는바 법원은 취소판결을 하여야 할 것이다.

Ⅲ 토지수용위원회의 조치(재처분의무)

1. 기속력의 의의, 취지 및 성질

기속력이란 행정청에 대하여 판결의 취지에 따라 행동하도록 당사자인 행정청과 그 밖의 관계행정청을 구속하는 효력을 말한다(행정소송법 제30조). 이는 인용판결의 실효성을 확보하기 위하여 인정된 제도이며, 인용판결에 한하여 인정된다(기각판결에는 인용되지 않음). 기속력은 기판력과 구분되는 특수한 효력이라는 것이 다수의 견해이다.

2. 내용

① 판결의 취지에 저촉되는 처분을 해서는 안 되는 반복금지효, ② 거부처분의 취소인 경우에는 이전신청에 대한 재처분을 해야 하는 의무, ③ 처분에 의해 초래된 위법상태를 제거할 원상회복의무를 내용으로 한다.

3. 기속력의 인정범위 및 위반 시 효과

기속력은 판결의 주문과 이유에 적시된 개개의 위법사유에 미치며 당사자인 행정청과 그 밖의 관계행정청을 기속한다. 기속력은 처분 당시까지 존재하던 사유에 대하여만 미치고 그 이후에 생긴 사유에는 미치지 아니한다. 소송법상 기속력은 강행규정이므로 이에 대한 위반은 그 하자가 중대, 명백하여 당연무효라고 본다(90누3560).

4. 사안의 경우

당사자의 신청에 대한 처분이 취소된 경우에도 이전 신청에 대한 재처분의무가 발생한다고 보아야 한다. 따라서 토지수용위원회는 사용부분에 대한 사용재결 처분을 하여야 할 것이다.

Ⅳ 사안의 해결

갑은 수용재결에 대하여 사용대상의 구체성이 결여됐음을 이유로 취소판결을 받을 수 있으며, 토지수용위원회는 종전 재결신청에 대해서 사용재결의 재처분을 하여야 할 것이다.

(설문 2)의 해결

Ⅰ 쟁점의 정리

사업시행자가 신청한 보상금보다 적은 금액으로 수용재결을 할 수 있는지가 문제된다. 재결의 법적 성질 및 관련 규정(토지보상법 제50조)을 검토하여 사안을 해결한다.

Ⅱ 토지수용위원회 재결의 성질과 내용

1. 토지수용위원회의 재결의 성질

① 수용재결은 1차적인 처분이므로 준사법작용이 아니라는 견해가 있으나, ② 양당사자의 이해관계를 독립된 행정기관인 토지수용위원회가 판단·조정하는 행위인 점에서 준사법작용의 성질을 갖는다는 견해가 통설적 견해이다.

2. 재결의 내용 및 범위(토지보상법 제50조 제3항)

토지수용위원회는 수용·사용할 토지의 구역 및 사용방법, 및 수용·사용의 개시일과 기간, 손실의 보상 등에 대하여 사업시행자나 토지소유자 및 관계인이 신청한 범위 안에서 재결하도록 규정하고 있다. 이는 토지수용위원회가 중립적인 위치에서 당사자 간의 분쟁을 판단하려는 취지이다.

3. 사업시행자의 재결신청에 대한 보상금 기재

사업시행자는 토지보상법 시행령 제12조에 따라 재결을 신청하는 경우에는 재결신청서에 지급하려는 보상액 및 토지·물건조서 등을 첨부하여야 한다. 사업시행자의 지급의사가 인정되는 보상액이 최저보상액이 되기에 재결감정평가가 사업시행자가 제시한 보상액보다 낮은 경우에는 사업시행자의 의사에 따라 사업시행자가 제시한 보상금으로 결정할 것이다. 그러나 정당보상의 실현을 위하여 재결보상액이 사업시행자가 제시한 보상액보다 높은 경우에는 원활한 사업의 시행과 정당보상 실현을 위하여 보상액을 증액할 수 있는 것으로 보아야 하며 이러한 취지를 실현하고자 토지보상법 제50조 제2항에 이를 규정한 것으로 볼 수 있다.

Ⅲ 사안의 해결

토지수용위원회가 내리는 재결은 준사법적 성질을 갖는다고 볼 것이며, 불고불리의 원칙 및 불이익 변경금지의 원칙이 적용될 것이다. 또한 보상법 제50조 제2항에서 증액재결을 할 수 있다고 규정하고 있으므로, 사업시행자가 신청한 보상금액보다 낮은 보상금액으로 수용재결을 할 수 없을 것이다.

(설문 3)의 해결

Ⅰ 쟁점의 정리

설문은 사업인정 당시의 하자를 이유로 재결취소를 주장하고 있다. 당사자가 주장하는 사유가 재결취소사유로 승계되는지를 검토한다.

Ⅱ 하자승계의 인정논의

1. 의의 및 논의 배경

하자승계란 둘 이상의 행정행위가 일련하여 동일한 법률효과를 목적으로 하는 경우에 선행행위의 하자를 이유로 후행행위를 다툴 수 있는지의 문제를 말한다. 이는 법적 안정성의 요청과(불가쟁력) 국민의 권리구제의 조화문제이다.

2. 전제요건

① 선, 후행행위는 처분일 것, ② 선행행위에의 취소사유의 위법성, ③ 후행행위의 적법성, ④ 선행행위에 불가쟁력이 발생할 것(제소기간도과, 항소포기, 판결에 의한 확정 등)을 요건으로 한다.

3. 하자승계의 해결논의

(1) 학설

  1) 전통적 견해(하자승계론)

    선, 후행행위가 일련의 절차를 구성하면서 동일한 법률효과, 즉 하나의 효과를 목적으로 하는 경우에 하자승계를 인정한다.

  2) 새로운 견해(구속력론)

    선행행위의 불가쟁력이 대물적(목적), 대인적(수범자), 시간적(사실, 법률관계의 동일성) 한계와 예측, 수인가능성 한도 내에서는 후행행위를 구속하므로 하자승계가 부정된다.

3) 중첩적용론

하자의 승계론과 구속력론은 별개의 이론이므로 중첩적으로 적용될 수 있는 것으로 보는
것이 타당하다.

(2) 판례

판례는 형식적 기준을 적용하여 판단하는 듯 하나 별개의 법률효과를 목적으로 하는 경우에도
예측, 수인가능성이 없는 경우에 한하여 하자승계를 긍정하여 개별사안의 구체적 타당성을 고
려하고 있다.

(3) 검토

전통적 견해는 형식을 강조하여 구체적 타당성을 확보하지 못하는 경우가 있을 수 있고, 새로
운 견해는 ① 구속력을 판결의 기판력에서 차용하고, ② 대물적 한계를 너무 넓게 인정하며,
③ 추가적 한계는 특유의 논리가 아니라는 비판이 제기된다. 따라서 전통적 견해의 형식적 기준
을 원칙으로 하되 개별사안에서 예측, 수인가능성을 판단하여 구체적 타당성을 기함이 타당하다.

Ⅲ 사안의 해결

사업인정은 수용권을 설정하는 행위이고, 재결은 수용과 관련된 법률관계를 확정하여 수용절차를
종결시키는 종국적 행위이므로 사업인정과 재결은 별개의 목적을 추구한다. 사업인정으로 인해 당
해사업의 공익성이 인정되고 보상금 협의 등 재산권 보장절차가 진행되는 점에 비추어 볼 때 사업
인정의 위법사유를 재결단계에서 주장하지 못하게 된다고 하여도 이는 수인한도를 벗어나지 않을
것으로 보인다. 따라서 하자승계는 부정될 것이다.

(설문 4)의 해결

I 쟁점의 정리

갑은 송전선이 설치됨으로 인하여 소유권이 침해되는데도 불구하고 이러한 침해행위를 용인한 재결은 위법하다고 주장한다. 재결은 공공복리의 증진과 사유재산권 보호를 도모해야 하는데, 만약 공공복리의 증진보다 사유재산권 침해가 더 큰 경우에 수용권을 행사한다면, 이는 수용권 남용으로서 위법하다고 할 것이다.

II 수용재결의 위법성 판단

1. 사업인정의 의의 및 요건

사업인정이란 수용권을 설정하는 처분으로서, 사업인정의 목적이 구체적인 사업실행을 통한 공익실현에 있으므로 토지보상법 제4조 사업에 해당하여야 하며, 사업을 시행할 공익성이 인정되어야 한다. 또한 사업시행자의 의사와 능력도 요구된다.

2. 공공사업의 공익성 판단(비례의 원칙)

사업인정기관으로서는 그 사업이 공용수용을 할 만한 공익성이 있는지의 여부를 그 사업의 내용과 방법에 관하여 사업인정에 관련된 자들의 이익을 공익과 사익 사이에서는 물론, 공익 상호간 및 사익 상호간에도 정당하게 비교·교량하여야 하고, 그 비교·교량은 비례의 원칙에 적합하도록 하여야 한다.

3. 사안의 경우(수용재결의 위법성 판단)

공용수용은 헌법상의 재산권 보장의 요청상 불가피한 최소한에 그쳐야 한다는 헌법 제23조의 근본취지에 비추어 볼 때, 갑의 주장대로 사익침해가 큰 경우에는 당해 사업인정은 무효로 볼 수 있고, 무효인 사업인정에 기초하여 이루어진 수용재결은 권리남용의 금지원칙에 반하는 위법한 재결이 될 것이다.

> **대법원 2019.6.13, 2018두42641[수용재결취소등]**
>
> **[판시사항]**
> [1] 관할 토지수용위원회가 토지에 관하여 사용재결을 하는 경우, 재결서에 사용할 토지의 위치와 면적, 권리자, 손실보상액, 사용 개시일 외에 사용방법, 사용기간을 구체적으로 특정하여야 하는지 여부(적극)
> [2] 지방토지수용위원회가 갑 소유의 토지 중 일부는 수용하고 일부는 사용하는 재결을 하면서 재결서에는 수용대상 토지 외에 사용대상 토지에 관해서도 '수용'한다고만 기재한 사안에서, 위

재결 중 사용대상 토지에 관한 부분은 공익사업을 위한 토지 등의 취득 및 보상에 관한 법률
제50조 제1항에서 정한 사용재결의 기재사항에 관한 요건을 갖추지 못한 흠이 있음에도 사용
재결로서 적법하다고 본 원심판단에 법리를 오해한 잘못이 있다고 한 사례

[판결요지]

[1] 공익사업을 위한 토지 등의 취득 및 보상에 관한 법령이 재결을 서면으로 하도록 하고, '사용할
토지의 구역, 사용의 방법과 기간'을 재결사항의 하나로 규정한 취지는, 재결에 의하여 설정되
는 사용권의 내용을 구체적으로 특정함으로써 재결 내용의 명확성을 확보하고 재결로 인하여
제한받는 권리의 구체적인 내용이나 범위 등에 관한 다툼을 방지하기 위한 것이다. 따라서 관
할 토지수용위원회가 토지에 관하여 사용재결을 하는 경우에는 재결서에 사용할 토지의 위치와
면적, 권리자, 손실보상액, 사용 개시일 외에도 사용방법, 사용기간을 구체적으로 특정하여야
한다.

[2] 지방토지수용위원회가 갑 소유의 토지 중 일부는 수용하고 일부는 사용하는 재결을 하면서 재
결서에는 수용대상 토지 외에 사용대상 토지에 관해서도 '수용'한다고만 기재한 사안에서, 사용
대상 토지에 관하여는 공익사업을 위한 토지 등의 취득 및 보상에 관한 법률(이하 '토지보상법'
이라 한다)에 따라 사업시행자에게 사용권을 부여함으로써 송전선의 선하부지로 사용할 수 있
도록 하기 위한 절차가 진행되어 온 점, 재결서의 주문과 이유에는 재결에 의하여 지방토지수
용위원회에 설정하여 주고자 하는 사용권이 '구분지상권'이라거나 사용권이 설정될 토지의 구역
및 사용방법, 사용기간 등을 특정할 수 있는 내용이 전혀 기재되어 있지 않아 재결서만으로는
토지소유자인 갑이 자신의 토지 중 어느 부분에 어떠한 내용의 사용제한을 언제까지 받아야
하는지를 특정할 수 없고, 재결로 인하여 토지소유자인 갑이 제한받는 권리의 구체적인 내용이
나 범위 등을 알 수 없어 이에 관한 다툼을 방지하기도 어려운 점 등을 종합하면, 위 재결 중
사용대상 토지에 관한 부분은 토지보상법 제50조 제1항에서 정한 사용재결의 기재사항에 관한
요건을 갖추지 못한 흠이 있음에도 사용재결로서 적법하다고 본 원심판단에 법리를 오해한 잘
못이 있다고 한 사례

판례사례 16 사업인정 – 재결 하자승계(사업인정 무효)

사업시행자 갑은 제주도에 주거·레저·의료기능이 결합된 세계적 수준의 휴양주거단지를 조성하여 고소득 노인층 및 휴양관광객을 유치하여 인구유입효과와 더불어 고부가가치 창조 등을 추구함으로써 제주국제자유도시의 개발기반을 구축하려 한다. 이에 따라 제주도 서귀포시장은 당해 유원지 개발을 승인하는 도시계획시설사업 실시계획을 고시하였고 제주도 지방토지수용위원회의 재결로 수용절차는 마무리 되었다(실시계획 고시에 대한 제소기간은 도과되었다). 토지소유자 을은 유원지라 함은 도시계획시설규칙 제56조에서 정한 '주로 주민의 복지향상에 기여하기 위하여 설치하는 오락과 휴양을 위한 시설'로서 공공적 성격이 요구되는데, 상기의 유원지는 주로 고소득 노인층 등 특정 계층의 이용을 염두에 두고 분양 등을 통한 영리 추구가 그 시설설치의 주요한 목적이므로 이는 도시계획시설인 유원지와는 거리가 먼 시설이라고 한다. 이러한 주장을 이유로 재결에 대한 취소 또는 무효를 구할 수 있는가? 재결취소소송을 제기하는 경우와 재결무효확인소송을 제기하는 경우로 나누어서 서술하시오. 40점

Ⅰ 쟁점의 정리

Ⅱ 선행처분의 하자가 후행처분에 승계되는지 여부
1. 하자승계의 의의 및 논의 배경
2. 전제요건
3. 하자승계 해결논의
  (1) 학설
    1) 전통적견해(하자승계론)
    2) 새로운 견해(구속력론)
    3) 중첩적용론
  (2) 판례
  (3) 검토

Ⅲ 하자승계 전제요건 충족여부
1. 도시계획시설사업 실시계획 및 재결의 처분성 여부
2. 도시계획시설사업 실시계획의 하자유무

3. 도시계획시설사업 실시계획의 하자정도
  (1) 무효와 취소의 구별기준
  (2) 사안의 경우
4. 사안의 경우

Ⅳ 재결취소소송을 제기한 경우

Ⅴ 재결무효확인소송을 제기한 경우
1. 무효사유인 경우
2. 취소사유인 경우
  (1) 학설
    1) 소변경필요설
    2) 취소소송포함설
  (2) 판례
  (3) 검토
  (4) 사안의 경우

Ⅵ 사안의 해결

Ⅰ 쟁점의 정리

설문은 유원지설치사업과 관련하여 도시계획시설사업 실시계획 승인의 하자를 이유로 재결의 취소 또는 무효를 구할 수 있는지를 묻고 있다. 이의 해결을 위하여 실시계획승인의 하자가 재결처분에 승계될 수 있는지를 검토한다.

Ⅱ 선행처분의 하자가 후행처분에 승계되는지 여부

1. 하자승계의 의의 및 논의 배경

하자승계란 둘 이상의 행정행위가 일련하여 동일한 법률효과를 목적으로 하는 경우에 선행행위의 하자를 이유로 후행행위를 다툴 수 있는지의 문제를 말한다. 이는 법적 안정성의 요청과(불가쟁력) 국민의 권리구제의 조화문제이다.

2. 전제요건

① 선, 후행행위는 처분일 것, ② 선행행위에의 취소사유의 위법성, ③ 후행행위의 적법성, ④ 선행행위에 불가쟁력이 발생할 것(제소기간도과, 항소포기, 판결에 의한 확정 등)을 요건으로 한다.

3. 하자승계 해결논의

(1) 학설

1) 전통적 견해(하자승계론)

선, 후행행위가 일련의 절차를 구성하면서 동일한 법률효과, 즉 하나의 효과를 목적으로 하는 경우에는 하자승계를 인정한다.

2) 새로운 견해(구속력론)

선행행위의 불가쟁력이 대물적(목적), 대인적(수범자), 시간적(사실, 법률관계의 동일성) 한계와 예측, 수인가능성 한도 내에서는 후행행위를 구속하므로 하자승계가 부정된다.

3) 중첩적용론

하자의 승계론과 구속력론은 별개의 이론이므로 중첩적으로 적용될 수 있는 것으로 보는 것이 타당하다.

(2) 판례

판례는 형식적 기준을 적용하여 판단하는 듯 하나 별개의 법률효과를 목적으로 하는 경우에도 예측, 수인가능성이 없는 경우에 한하여 하자승계를 긍정하여 개별사안의 구체적 타당성을 고려하고 있다.

(3) 검토

전통적 견해는 형식을 강조하여 구체적 타당성을 확보하지 못하는 경우가 있을 수 있고, 새로운 견해는 ① 구속력을 판결의 기판력에서 차용하고, ② 추가적 한계는 특유의 논리가 아니라는 비판이 제기된다. 따라서 전통적견해의 형식적기준을 원칙으로 하되 개별사안에서 예측, 수인가능성을 판단하여 구체적 타당성을 기함이 타당하다.

Ⅲ 하자승계 전제요건 충족여부

1. 도시계획시설사업 실시계획 및 재결의 처분성 여부

도시계획시설사업 실시계획은 구체적인 사업을 진행할 수 있는 법적 효력을 부여하는 처분이며, 재결 역시 타인의 재산권을 취득하는 법적 효력을 발생시키는 처분이다.

2. 도시계획시설사업 실시계획의 하자유무

도시계획시설규칙 제56조에서는 유원지를 '주로 주민의 복지향상에 기여하기 위하는 시설'로 정의하고 있으나, 갑이 설치하려는 시설은 고소득 노인층 등 특정 계층만을 위한 시설인 바, 유원지에 해당되지 않는다. 따라서 도시계획시설사업 실시계획 승인의 위법성이 인정된다.

3. 도시계획시설사업 실시계획의 하자정도

(1) 무효와 취소의 구별기준

통설·판례는 행정행위의 하자가 내용상 중대하고, 외관상 명백한 경우에 무효인 하자가 되고, 이 두 요건 중 하나라도 충족하지 않는 경우에는 취소사유로 보는 중대명백설을 취하고 있다.

(2) 사안의 경우

설문은 도시계획시설규칙상 유원지에 해당하지 않으므로, 이는 중대한 법률상 하자이나, 일반인의 식견에서 유원지의 기능 및 이용대상자를 구분하는 것이 명백하지 않으므로 취소사유의 하자가 존재한다 할 것이다.

⬛ 무효로 보는 경우의 중대성 및 명백성 판단(대판 2015.3.20, 2011두3746)

1. 하자의 중대성

도시계획시설사업은 도시 형성이나 주민 생활에 필수적인 기반시설 중 도시관리계획으로 체계적인 배치가 결정된 시설을 설치하는 사업으로서 공공복리와 밀접한 관련이 있는 점, 도시계획시설사업에 관한 실시계획의 인가처분은 특정 도시계획시설사업을 현실적으로 실현하기 위한 것으로서 사업에 필요한 토지 등의 수용 및 사용권 부여의 요건이 되는 점 등을 종합하면, 실시계획의 인가요건(분양시설은 공익사업시설이 아닌 점)을 갖추지 못한 인가처분은 공공성을 가지는 도시계획시설사업의 시행을 위하여 필요한 수용 등의 특별한 권한을 부여하는 데 정당성을 갖추지 못한 것으로서 법규의 중요한 부분을 위반한 중대한 하자가 있다.

> **2. 하자의 명백성**
>
> 휴양형 주거단지는 고소득 노인층 등 특정 계층의 이용을 염두에 두고 분양 등을 통한 영리 추구가 그 시설 설치의 주요한 목적이라고 할 수 있고, 그 주된 시설도 주거 내지 장기 체재를 위한 시설로서 일반 주민의 이용가능성이 제한될 수밖에 없을 뿐만 아니라 전체적인 시설의 구성에 비추어 보더라도 일반 주민의 이용은 부수적으로만 가능하다고 보이므로, 도시계획시설 규칙 제56조에 정한 '주로 주민의 복지향상에 기여하기 위하여 설치하는 오락과 휴양을 위한 시설'로서 공공적 성격이 요구되는 도시계획시설인 유원지와는 거리가 먼 시설임이 분명하다고 할 것이다. 따라서 서귀포시장은 국토계획법령 규정의 문언상 유원지의 의미가 분명함에도 합리적 근거 없이 처분요건이 충족되지 아니한 상태에서 이 사건 인가처분을 하였다고 볼 수 있고, 이러한 하자는 객관적으로 명백하다고 할 것이다.

4. 사안의 경우

각 행위는 처분이며, 선행처분에 불가쟁력이 발생한 취소사유의 하자가 존재한다. 설문상 후행처분은 적법한 것으로 보이므로 하자승계 요건이 충족되었다. 또한, 도시계획시설사업 실시계획과 재결은 공익사업의 시행이라는 동일한 목적을 가지므로 하자승계가 인정되어 재결에 대한 취소 또는 무효를 주장할 수 있을 것이다.

Ⅳ 재결취소소송을 제기한 경우

실시계획 고시의 하자가 재결에 승계되므로 을은 재결에 대한 취소를 구할 수 있을 것이다. 만약, 실시계획 고시의 하자를 무효로 본다면, 당해 재결은 원인행위 없는 처분이 될 것이므로 이 역시 취소될 수 있을 것이다.

Ⅴ 재결무효확인소송을 제기한 경우

1. 무효사유인 경우

실시계획 고시의 하자가 무효사유라면 재결처분 역시 무효라 볼 수 있으므로 무효확인판결을 받을 수 있을 것이다.

2. 취소사유인 경우

선행처분의 하자가 취소사유인 경우에, 무효확인소송에서 취소판결을 내릴 수 있는지가 문제된다.

(1) 학설

1) 소변경필요설

무효확인청구는 취소청구를 포함한다고 보지만 법원은 석명권을 행사하여 무효확인소송을 취소소송으로 변경하도록 한 후 취소판결을 하여야 한다고 보는 견해이다.

2) 취소소송포함설

무효확인청구에는 취소청구를 포함한다고 보고, 법원은 취소소송요건을 충족한 경우 취소판결을 하여야 한다는 견해이다.

(2) 판례

"일반적으로 행정처분의 무효확인을 구하는 소에는 원고가 그 처분의 취소를 구하지 아니한다고 밝히지 아니한 이상 그 처분이 만약 당연무효가 아니라면 그 취소를 구하는 취지도 포함되어 있는 것으로 본다(94누477)"고 판시한 바 있다.

(3) 검토

소송상 청구는 원고가 하며, 법원은 원고의 청구에 대해서만 심판해야 하므로 법원은 석명권을 행사한 후 취소판결을 하여야 할 것이다.

(4) 사안의 경우

재결단계에서 실시계획 고시의 하자가 있음이 명백하지 않는 바, 이는 재결처분의 취소사유가 될 것이다. 따라서 을은 재결취소소송으로 변경을 통하여 취소판결을 받을 수 있을 것이다.

Ⅵ 사안의 해결

을은 실시계획 고시의 하자를 이유로 재결취소소송 또는 재결무효확인소송을 제기하여 인용판결을 받을 수 있을 것이다.

• 위법성을 무효로 본다면 취소소송을 제기하는 경우 무효선언적 의미의 취소판결을 할 수 있을 것이고, 무효등확인소송에서는 무효확인판결을 할 것이다. 이렇게 되면 답안의 분량이 줄어들게 되므로 배점과 쟁점을 고려하여 무효인 경우와 취소인 경우로 나누어 서술하는 것을 고려해야 한다.

대법원 2015.3.20, 2011두3746[토지수용재결처분취소등][공2015상,629]

[판시사항]

[1] 행정청이 도시계획시설인 유원지를 설치하는 도시계획시설사업에 관한 실시계획을 인가하기 위한 요건

[2] 도시계획시설사업에 관한 실시계획의 인가 요건을 갖추지 못한 인가처분의 경우, 그 하자가 중대한지 여부(적극)

[판결요지]

[1] 구 국토의 계획 및 이용에 관한 법률(2005.12.7. 법률 제7707호로 개정되기 전의 것, 이하 '국토계획법'이라 한다) 제2조 제6호 (나)목, 제43조 제2항, 구 국토의 계획 및 이용에 관한 법률 시행령(2005. 12. 28. 대통령령 제19206호로 개정되기 전의 것) 제2조 제1항 제2호, 제3항, 구 도시계획시설의 결정·구조 및 설치기준에 관한 규칙(2005.12.14. 건설교통부령 제480호로 개정되기 전의 것) 제56조 등의 각 규정 형식과 내용, 그리고 도시계획시설사업에 관

한 실시계획의 인가처분은 특정 도시계획시설사업을 구체화하여 현실적으로 실현하기 위한 것인 점 등을 종합하여 보면, 행정청이 도시계획시설인 유원지를 설치하는 도시계획시설사업에 관한 실시계획을 인가하려면, 실시계획에서 설치하고자 하는 시설이 국토계획법령상 유원지의 개념인 '주로 주민의 복지향상에 기여하기 위하여 설치하는 오락과 휴양을 위한 시설'에 해당하고, 실시계획이 국토계획법령이 정한 도시계획시설(유원지)의 결정·구조 및 설치의 기준에 적합하여야 한다.

[2] 구 국토의 계획 및 이용에 관한 법률(2005.12.7. 법률 제7707호로 개정되기 전의 것) 제88조 제2항, 제95조, 제96조의 규정 내용에다가 도시계획시설사업은 도시 형성이나 주민 생활에 필수적인 기반시설 중 도시관리계획으로 체계적인 배치가 결정된 시설을 설치하는 사업으로서 공공복리와 밀접한 관련이 있는 점, 도시계획시설사업에 관한 실시계획의 인가처분은 특정 도시계획시설사업을 현실적으로 실현하기 위한 것으로서 사업에 필요한 토지 등의 수용 및 사용권 부여의 요건이 되는 점 등을 종합하면, 실시계획의 인가 요건을 갖추지 못한 인가처분은 공공성을 가지는 도시계획시설사업의 시행을 위하여 필요한 수용 등의 특별한 권한을 부여하는 데 정당성을 갖추지 못한 것으로서 법규의 중요한 부분을 위반한 중대한 하자가 있다.

[이 유]

원심이 같은 취지에서 이 사건 인가처분은 그 하자가 중대·명백하여 당연무효이고, 당연무효인 이 사건 인가처분에 기초한 이 사건 수용재결도 무효라고 판단한 것은 정당하고, 거기에 하자 있는 행정처분이 당연무효가 되기 위한 요건 및 선행처분의 하자의 승계에 관한 법리를 오해하는 등의 위법이 없다.

판례사례 17 보상금증감청구소송

토지소유자 갑의 토지는 공익사업에 편입되어 관할 토지수용위원회의 재결에 의해 보상금액이 결정되었고 갑의 일반채권자인 을은 갑의 손실보상채권을 지급 전에 압류하였다. 갑은 보상금의 증액을 청구하는 소송을 제기하였다. 보상금증감청구소송의 특수성(법적 성질 및 상대방)에 대해서 설명하시오. [20점]

Ⅰ 쟁점의 정리
Ⅱ 토지보상법 제85조 제2항 보상금증감청구소송
  1. 의의 및 취지
  2. 소송의 형태
  3. 소송의 성질
    (1) 학설
    (2) 판례
    (3) 검토

4. 제기요건 및 효과(기간특례, 당사자, 원처분주의, 관할)
5. 심리범위
6. 심리방법 및 입증책임
Ⅲ 사안의 해결(판결의 효력 및 취소소송과의 병합)

Ⅰ 쟁점의 정리

토지보상법 제85조에서는 토지수용위원회의 재결에 대한 불복방법을 규정하고 있으며, 불복의 대상이 보상금에 관한 사항일 때에는 보상금증감청구소송을 제기하도록 규정하고 있다. 행정소송법 제8조에서는 다른 법률에 특별한 규정이 있는 경우에는 다른 법률의 내용이 우선한다고 규정하고 있는 바, 토지보상법 제85조 제2항을 기준하여 이 소송의 의의와 그 특수성을 설명한다.

Ⅱ 토지보상법 제85조 제2항 보상금증감청구소송

1. 의의 및 취지

(보상재결에 대한) 보상금의 증감에 대한 소송으로서 사업시행자, 토지소유자는 각각을 피고로 제기하며(제85조 제2항), ① 보상재결의 취소 없이 보상금과 관련된 분쟁을 일회적으로 해결하여, ② 신속한 권리구제를 도모함에 취지가 있다.

2. 소송의 형태

종전에는 형식적 당사자소송이었는지와 관련하여 견해의 대립이 있었으나, 현행 토지보상법 제85조에서는 재결청을 공동피고에서 제외하여 형식적 당사자소송임을 규정하고 있다.

3. 소송의 성질

(1) 학설

① 법원이 재결을 취소하고 보상금을 결정하는 형성소송이라는 견해, ② 법원이 정당보상액을 확인하고 금전지급을 명하거나 과부과된 부분을 되돌려 줄 것을 명하는 확인·급부소송이라는 견해가 있다.

(2) 판례

판례는 해당 수송을 이의재결에서 정한 보상금이 증액, 변경될 것을 전제로 하여 기업자를 상대로 보상금의 지급을 구하는 확인·급부소송으로 보고 있다.

(3) 검토

형성소송설은 권력분립에 반할 수 있으며, 일회적인 권리구제를 도모하기 위하여 확인·급부소송으로 보는 것이 타당하다.

4. 제기요건 및 효과(기간특례, 당사자, 원처분주의, 관할)

① 토지보상법 제85조에서는 제34조 재결을 규정하므로 원처분을 대상으로, ② 재결서를 받은 날부터 90일 또는 60일(이의재결 시) 이내에, ③ 토지소유자, 관계인 및 사업시행자는 각각을 피고로 하여, ④ 관할법원에 당사자소송을 제기할 수 있다.

5. 심리범위

① 손실보상의 지급방법(채권보상 여부 포함)과 ② 적정손실보상액의 범위 및 보상액과 관련한 보상면적(잔여지수용 등) 등은 심리범위에 해당한다. 판례는 ③ 지연손해금 역시 손실보상의 일부이고, ④ 잔여지수용 여부 및 ⑤ 개인별 보상으로서 과대, 과소항목의 보상항목 간 유용도 심리범위에 해당한다고 본다.

6. 심리방법 및 입증책임

법원 감정인의 감정결과를 중심으로 적정한 보상금이 산정된다. 입증책임과 관련하여 민법상 법률요건분배설이 적용된다. 판례는 재결에서 정한 보상액보다 정당한 보상이 많다는 점에 대한 입증책임은 그것을 주장하는 원고에게 있다고 한다.

Ⅲ 사안의 해결(판결의 효력 및 취소소송과의 병합)

산정된 보상금액이 재결금액보다 많으면 차액의 지급을 명하고, 법원이 직접 보상금을 결정하므로 소송당사자는 판결결과에 따라 이행하여야 하며 중앙토지수용위원회는 별도의 처분을 할 필요가 없다. 또한 수용재결에 대한 취소소송에 보상금액에 대한 보상금증감청구소송을 예비적으로 병합하여 제기하는 것도 가능하다.

대법원 2022.11.24, 2018두67, 전원합의체

[판시사항]

공익사업을 위한 토지 등의 취득 및 보상에 관한 법률에 따른 토지소유자 또는 관계인의 사업시행자에 대한 손실보상금 채권에 관하여 압류 및 추심명령이 있는 경우, 채무자인 토지소유자 등이 보상금의 증액을 구하는 소를 제기하고 그 소송을 수행할 당사자적격을 상실하는지 여부(소극)

[판결요지]

공익사업을 위한 토지 등의 취득 및 보상에 관한 법률(이하 '토지보상법'이라 한다) 제85조 제2항에 따른 보상금의 증액을 구하는 소(이하 '보상금 증액 청구의 소'라 한다)의 성질, 토지보상법상 손실보상금 채권의 존부 및 범위를 확정하는 절차 등을 종합하면, 토지보상법에 따른 토지소유자 또는 관계인(이하 '토지소유자 등'이라 한다)의 사업시행자에 대한 손실보상금 채권에 관하여 압류 및 추심명령이 있더라도, 추심채권자가 보상금 증액 청구의 소를 제기할 수 없고, 채무자인 토지소유자 등이 보상금 증액 청구의 소를 제기하고 그 소송을 수행할 당사자적격을 상실하지 않는다고 보아야 한다. 그 상세한 이유는 다음과 같다.

① 토지보상법 제85조 제2항은 토지소유자 등이 보상금 증액 청구의 소를 제기할 때에는 사업시행자를 피고로 한다고 규정하고 있다. 위 규정에 따른 보상금 증액 청구의 소는 토지소유자 등이 사업시행자를 상대로 제기하는 당사자소송의 형식을 취하고 있지만, 토지수용위원회의 재결 중 보상금 산정에 관한 부분에 불복하여 그 증액을 구하는 소이므로 실질적으로는 재결을 다투는 항고소송의 성질을 가진다.

행정소송법 제12조 전문은 "취소소송은 처분 등의 취소를 구할 법률상 이익이 있는 자가 제기할 수 있다."라고 규정하고 있다. 앞서 본 바와 같이 보상금 증액 청구의 소는 항고소송의 성질을 가지므로, 토지소유자 등에 대하여 금전채권을 가지고 있는 제3자는 재결에 대하여 간접적이거나 사실적·경제적 이해관계를 가질 뿐 재결을 다툴 법률상의 이익이 있다고 할 수 없어 직접 또는 토지소유자 등을 대위하여 보상금 증액 청구의 소를 제기할 수 없고, 토지소유자 등의 손실보상금 채권에 관하여 압류 및 추심명령이 있더라도 추심채권자가 재결을 다툴 지위까지 취득하였다고 볼 수는 없다.

② 토지보상법 등 관계 법령에 따라 토지수용위원회의 재결을 거쳐 이루어지는 손실보상금 채권은 관계 법령상 손실보상의 요건에 해당한다는 것만으로 바로 존부 및 범위가 확정된다고 볼 수 없다. 토지소유자 등이 사업시행자로부터 손실보상을 받기 위해서는 사업시행자와 협의가 이루어지지 않으면 토지보상법 제34조, 제50조 등에 규정된 재결절차를 거친 뒤에 그 재결에 대하여 불복이 있는 때에 비로소 토지보상법 제83조 내지 제85조에 따라 이의신청 또는 행정소송을 제기할 수 있을 뿐이고, 이러한 절차를 거치지 않은 채 곧바로 사업시행자를 상대로 손실보상을 청구하는 것은 허용되지 않는다.

이와 같이 손실보상금 채권은 토지보상법에서 정한 절차로서 관할 토지수용위원회의 재결 또는 행정소송 절차를 거쳐야 비로소 구체적인 권리의 존부 및 범위가 확정된다. 아울러 토지보상법령은 토지소유자 등으로 하여금 위와 같은 손실보상금 채권의 확정을 위한 절차를 진행하도록 정하고 있다. 따라서 사업인정고시 이후 위와 같은 절차를 거쳐 장래 확정될 손실보상금 채권에 관하여 채권자가 압류 및 추심명령을 받을 수는 있지만, 그 압류 및 추심명령이 있다고 하여 추심채권자가 위와 같은 손실보상금 채권의 확정을 위한 절차에 참여할 자격까지 취득한다고 볼 수는 없다.

③ 요컨대, 토지소유자 등이 토지보상법 제85조 제2항에 따라 보상금 증액 청구의 소를 제기한 경우, 그 손실보상금 채권에 관하여 압류 및 추심명령이 있다고 하더라도 추심채권자가 그 절차에 참여할 자격을 취득하는 것은 아니므로, 보상금 증액 청구의 소를 제기한 토지소유자 등의 지위에 영향을 미친다고 볼 수 없다. 따라서 보상금 증액 청구의 소의 청구채권에 관하여 압류 및 추심명령이 있더라도 토지소유자 등이 그 소송을 수행할 당사자적격을 상실한다고 볼 것은 아니다.

[이 유]

상고이유를 판단한다.

1. 사건의 개요와 쟁점

　가. 원심판결 이유와 기록에 의하면 다음 사실을 알 수 있다.

　　　1) 중앙토지수용위원회는 2012.4.6. 피고가 시행하는 이 사건 보금자리주택사업에 관하여 원고가 운영하는 공장 영업시설을 이전하게 하고 원고의 영업손실에 대한 보상금을 6,825,750,000원으로 정하는 내용의 수용재결을 하였다.

　　　2) 원고는 위 보상금을 이의를 유보하고 수령한 뒤 2012.5.22. 보상금의 증액을 구하는 이 사건 소를 제기하였다.

　　　3) 원고의 채권자들은 이 사건 소 제기일 이후부터 원심판결 선고일 이전까지 사이에 원고의 피고에 대한 손실보상금 채권에 관하여 압류·추심명령(이하 '이 사건 추심명령'이라 한다)을 받았다.

　나. 이 사건의 주요 쟁점은 이 사건 추심명령으로 인하여 원고가 이 사건 보상금 증액 청구 소송을 수행할 당사자적격을 상실하는지 여부이다.

2. 원고의 당사자적격 상실 여부(피고의 제1상고이유)

　가. 법리

　　「공익사업을 위한 토지 등의 취득 및 보상에 관한 법률」(이하 '토지보상법'이라 한다) 제85조 제2항에 따른 보상금의 증액을 구하는 소(이하 '보상금 증액 청구의 소'라 한다)의 성질, 토지보상법상 손실보상금 채권의 존부 및 범위를 확정하는 절차 등을 종합하여 보면, 토지보상법에 따른 토지소유자 또는 관계인(이하 '토지소유자 등'이라 한다)의 사업시행자에 대한 손실보상금 채권에 관하여 압류 및 추심명령이 있더라도, 추심채권자가 보상금 증액 청구의 소를 제기할 수 없고, 채무자인 토지소유자 등이 보상금 증액 청구의 소를 제기하고 그 소송을 수행할 당사자적격을 상실하지 않는다고 보아야 한다. 그 상세한 이유는 다음과 같다.

　　　1) 토지보상법 제85조 제2항은 토지소유자 등이 보상금 증액 청구의 소를 제기할 때에는 사업시행자를 피고로 한다고 규정하고 있다. 위 규정에 따른 보상금 증액 청구의 소는 토지소유자 등이 사업시행자를 상대로 제기하는 당사자소송의 형식을 취하고 있지만, 토지수용위원회의 재결 중 보상금 산정에 관한 부분에 불복하여 그 증액을 구하는 소이므

로 실질적으로는 재결을 다투는 항고소송의 성질을 가진다.

행정소송법 제12조 전문은 "취소소송은 처분 등의 취소를 구할 법률상 이익이 있는 자가 제기할 수 있다."라고 규정하고 있다. 앞서 본 바와 같이 보상금 증액 청구의 소는 항고소송의 성질을 가지므로, 토지소유자 등에 대하여 금전채권을 가지고 있는 제3자는 재결에 대하여 간접적이거나 사실적·경제적 이해관계를 가질 뿐 재결을 다툴 법률상의 이익이 있다고 할 수 없어 직접 또는 토지소유자 등을 대위하여 보상금 증액 청구의 소를 제기할 수 없고, 토지소유자 등의 손실보상금 채권에 관하여 압류 및 추심명령이 있더라도 추심채권자가 재결을 다툴 지위까지 취득하였다고 볼 수는 없다.

2) 토지보상법 등 관계 법령에 따라 토지수용위원회의 재결을 거쳐 이루어지는 손실보상금 채권은 관계 법령상 손실보상의 요건에 해당한다는 것만으로 바로 존부 및 범위가 확정된다고 볼 수 없다. 토지소유자 등이 사업시행자로부터 손실보상을 받기 위해서는 사업시행자와 협의가 이루어지지 않으면 토지보상법 제34조, 제50조 등에 규정된 재결절차를 거친 뒤에 그 재결에 대하여 불복이 있는 때에 비로소 토지보상법 제83조 내지 제85조에 따라 이의신청 또는 행정소송을 제기할 수 있을 뿐이고, 이러한 절차를 거치지 않은 채 곧바로 사업시행자를 상대로 손실보상을 청구하는 것은 허용되지 않는다(대법원 2015.11.12. 2015두2963 등 참조).

이와 같이 손실보상금 채권은 토지보상법에서 정한 절차로서 관할 토지수용위원회의 재결 또는 행정소송 절차를 거쳐야 비로소 구체적인 권리의 존부 및 범위가 확정된다. 아울러 토지보상법령은 토지소유자 등으로 하여금 위와 같은 손실보상금 채권의 확정을 위한 절차를 진행하도록 정하고 있다. 따라서 사업인정고시 이후 위와 같은 절차를 거쳐 장래 확정될 손실보상금 채권에 관하여 채권자가 압류 및 추심명령을 받을 수는 있지만(대법원 2004. 8. 20. 선고 2004다24168 판결 참조), 그 압류 및 추심명령이 있다고 하여 추심채권자가 위와 같은 손실보상금 채권의 확정을 위한 절차에 참여할 자격까지 취득한다고 볼 수는 없다.

3) 요컨대, 토지소유자 등이 토지보상법 제85조 제2항에 따라 보상금 증액 청구의 소를 제기한 경우, 그 손실보상금 채권에 관하여 압류 및 추심명령이 있다고 하더라도 추심채권자가 그 절차에 참여할 자격을 취득하는 것은 아니므로, 보상금 증액 청구의 소를 제기한 토지소유자 등의 지위에 영향을 미친다고 볼 수 없다. 따라서 보상금 증액 청구의 소의 청구채권에 관하여 압류 및 추심명령이 있다고 하더라도 토지소유자 등이 그 소송을 수행할 당사자적격을 상실한다고 볼 것은 아니다.

나. 현실적인 문제 해결

1) 토지보상법 제85조 제1항은, 같은 조 제2항에 따른 보상금 증액 청구의 소는 수용재결서를 받은 날부터 90일 이내에, 이의신청을 거쳤을 때에는 이의재결서를 받은 날부터 60일 이내에 제기하여야 한다고 규정하고 있다(토지보상법이 2018. 12. 31. 법률 제16138호로 개정되기 전에는 이러한 제소기간을 수용재결서를 받은 날부터 60일 이내 또는 이의재결서를 받은 날부터 30일 이내로 정하고 있었다).

토지소유자 등이 보상금 증액 청구의 소를 제기하였는데 그 손실보상금 채권에 관하여 압류 및 추심명령이 있다는 이유로 원고가 소송을 수행할 당사자적격을 상실하였다고 보아 그 소를 각하하는 판결이 확정되면 제소기간의 경과로 누구도 다시 보상금 증액 청구의 소를 제기할 수 없게 되는 불합리한 결과가 발생할 수 있다.

2) 채무자인 토지소유자 등이 제3채무자인 사업시행자를 상대로 보상금 증액 청구의 소를 제기한 결과 제3채무자에게 증액되어야 할 손실보상금의 지급을 명하는 판결이 확정된다고 하더라도, 사업시행자는 토지소유자 등에게 확정된 손실보상금을 지급하여서는 아니 되지만, 민사집행법 제248조에 따라 이를 공탁함으로써 지급 의무를 면할 수 있다. 따라서 제3채무자인 사업시행자가 이중지급의 위험에서 벗어나지 못하는 등으로 부당한 상황에 놓인다고 볼 수 없다.

3) 추심채권자는 채무자인 토지소유자 등이 제기한 보상금 증액 청구 소송에 행정소송법 제44조 제1항, 제16조에 따라 소송참가를 하거나 행정소송법 제8조 제2항의 준용에 따라 민사소송법상 보조참가를 할 수 있다. 이와 같이 추심채권자가 보상금 증액 청구 소송에 관여할 수 있는 절차도 마련되어 있다.

다. 판례 변경

토지보상법상 손실보상금 채권에 관하여 압류 및 추심명령이 있는 경우 채무자가 보상금 증액 청구의 소를 제기할 당사자적격을 상실하고 그 보상금 증액 소송 계속 중 추심채권자가 압류 및 추심명령 신청의 취하 등에 따라 추심권능을 상실하게 되면 채무자는 당사자적격을 회복한다는 취지의 대법원 2013.11.14. 2013두9526은 이 판결의 견해에 배치되는 범위에서 이를 변경하기로 한다.

라. 이 사건에 관한 판단

원고의 채권자들이 이 사건 소 제기 이후에 장래 증액될 원고의 손실보상금 채권에 관하여 이 사건 추심명령을 받았다고 하더라도 원고가 이 사건 보상금 증액 청구 소송을 수행할 당사자적격을 상실한다고 볼 수 없다. 이와 달리 이 사건 추심명령으로 인하여 원고가 이 사건 보상금 증액 청구 소송을 수행할 당사자적격을 상실하였다는 취지의 피고의 이 부분 상고이유는 받아들일 수 없다.

3. 손실보상액 산정에 관하여(원고의 상고이유와 피고의 나머지 상고이유)

원심은 개별 평가요소별로 수용재결에서의 감정결과와 제1심 및 원심의 감정결과 중 각각 일부를 채택하여 원고의 영업시설 이전에 따른 정당한 손실보상금액을 산정하였다. 원심판결 이유를 관련 법리와 기록에 비추어 살펴보면, 원심의 이유 중 감손상당액이 '휴업기간 동안의 감손액'이라는 취지의 설시 부분은 적절하지 않지만, 원심의 판단은 수긍할 수 있고, 거기에 상고이유 주장과 같이 영업손실 보상에 관한 법리를 오해하여 필요한 심리를 다하지 아니하거나 논리와 경험칙에 반하여 자유심증주의의 한계를 벗어나는 등으로 판결에 영향을 미친 잘못이 없다.

4. 결론

그러므로 상고를 모두 기각하고, 상고비용은 패소자가 부담하기로 하여, 관여 법관의 일치된 의견으로 주문과 같이 판결한다. 이 판결에는 대법관 안철상의 보충의견이 있다.

5. 대법관 안철상의 보충의견

가. 대법원은, 민사소송의 경우 채무자의 제3채무자에 대한 채권에 관하여 압류 및 추심명령이 있으면 제3채무자에 대한 이행의 소는 추심채권자만 제기할 수 있고, 채무자에 의하여 이행의 소가 이미 제기된 경우에도 채무자는 그 소송을 수행할 당사자적격을 상실한다고 보고 있다(대법원 2000.4.11, 99다23888, 대법원 2009.11.12, 2009다48879 등 참조). 그러나 이와 같은 민사소송에 관한 판례의 법리는 그 자체도 의문이 제기되고 있지만, 앞에서 살펴본 바와 같이 행정소송인 토지보상법 제85조 제2항에 따른 보상금 증액 청구의 소에는 그대로 적용된다고 볼 수 없다.

공법관계는 사법관계와 다른 여러 가지 특수성이 있으므로, 행정소송에서는 민사소송의 법리를 그대로 적용할 것인지에 대하여 다시 한번 살펴보는 태도가 필요하다. 앞서 본 압류 및 추심명령이 있는 경우 채무자가 보상금 증액 청구의 소를 제기할 당사자적격을 상실한다는 선례는 민사법의 법리와의 통일성에 집중한 나머지 토지보상 법률관계라는 공법관계의 특수성을 잘 살피지 못한 결과라고 할 수 있다.

나. 헌법은 제23조에서 국가에게 국민의 재산권을 보장할 의무를 부여하는 한편, 국민의 재산권을 수용·사용 또는 제한하기 위해서는 공공필요에 의하여야 하고 법률로써 그에 대한 정당한 보상을 지급하여야 한다고 규정하고 있다. 이 사건과 같은 토지수용은 특정한 공적 과제의 이행을 위하여 구체적 재산권을 박탈하는 고권적 행위로서 토지보상법에서 정한 엄격한 요건과 절차에 따라 이루어진다.

토지보상법은 제85조 제2항에서 토지소유자 등이 재결에 불복하는 행정소송으로 토지수용 부분의 위법을 다투지 아니하고 보상금의 액수만 다투려는 경우에는 재결청을 상대로 재결 취소소송을 제기할 필요 없이 사업시행자를 피고로 하여 정당한 보상액과 이의재결 보상액의 차액을 당사자소송의 형식으로 구할 수 있게 하였다. 이러한 보상금 증액 청구의 소는 실질적으로는 재결청의 재결을 다투는 것이지만 형식적으로는 재결로 형성된 법률관계를 다투기 위하여 위 법률관계의 한쪽 당사자인 사업시행자를 피고로 하는 소송이고, 이를 형식적 당사자소송이라 하고 있다.

이 사건과 같은 보상금 증액 청구의 소에서는 토지소유자 등의 손실보상금 채권에 관하여 압류 및 추심명령이 있다 하더라도 토지소유자 등에게 당사자적격을 유지시켜 조속히 공법상 법률관계를 확정시킬 필요성이 크다. 압류 및 추심명령이 있었다는 사정으로 인하여 재판절차를 새로 진행하여야 하는 것은 소송경제에 반할 뿐만 아니라, 제소기간의 경과로 인하여 다시 소를 제기할 수 없는 상황이 발생하는 것은 토지보상법령을 비롯한 공법관계가 예정하고 있는 문제해결 방식이 아니다.

다. 정의의 여신상은 천으로 눈을 가리고 있다. 이는 '법 앞에 평등'을 의미하는 것으로, 소송 당사자 중 어느 한쪽에 치우치지 말고 사사로움이나 편견 없이 공평하게 심판할 것을 상징한다. 이 여신상은 대등한 당사자 관계를 전제로 한다. 그러나 오늘날 우리 사회는 대등한 관계를 갖지 못하는 법률관계가 곳곳에 존재하고 있다. 당사자가 대등하다는 전제를 갖추지 못한다면, 정의의 여신은 눈을 가려서는 안 되고 눈을 크게 떠서 구체적 개인에게 그의 지위에 상응하는 권리를 찾아주는 것이 필요하다.

공법관계도 일반적으로 대등관계가 아니다. 국가 또는 지방자치단체는 거대한 힘을 가지고 있고, 이를 상대하는 개인은 공익을 앞세워 개인의 권익을 침해하는 행정주체의 막강한 권력으로부터 보호되어야 마땅하다. 이러한 의미에서 공법관계에 관한 정의의 여신상은 눈을 부릅뜨고 있는 것이어야 한다.

현행 행정소송법은 1984.12.15. 전부 개정이 이루어진 이래 현재 46개 조문으로 된 낡은 틀을 유지하고 있다. 이는 국가 등 행정주체의 권력에 대응하여 개인의 권익을 구제하는 데 크게 부족하다. 우리 사회의 변화와 발전에 걸맞은 선진화된 행정소송법을 갖추는 것은 책임 행정에 대한 국민의 갈증을 해소하기 위한 우리의 시대적 요청이다. 행정소송법의 전면 개정이 절실하다.

판례사례 18 사업인정의 공공성(풍납토성)/행정청의 소송참가/거부처분 대상적격(국가유산보호구역 등)/기속력

백제의 첫 수도인 위례성이 풍납토성 및 몽촌토성 일대일 것으로 추정되어 2000.1.1. 국가유산청장은 골재, 콘크리트, 아스콘 등 제조 및 판매 등의 사업을 영위하고 있는 갑 소유 토지를 포함한 주변 일대를 국가유산보호구역으로 지정하였다. 갑은 단순 추정만으로 국가유산보호구역을 지정하는 것은 재산권침해에 해당하는 것으로서 이러한 지정행위는 위법하다고 주장한다. 국가유산청장은 2005.01.01. 갑 소유의 토지에 성벽 등이 존재하는 것으로 확인하고 갑 토지를 풍납토성 사적(국가유산)으로 지정·통지하고 적법한 절차를 거쳐 2010.1.1. 풍납토성 복원사업을 위한 사업인정 고시를 하였다(사업시행자인 송파구는 국가유산청 및 서울시로부터 사업비용을 지원받을 계획을 수립하고 있다).

(1) 사적지정행위는 사전유구조사를 수행하지 않은 위법한 처분(절차상 취소사유가 인정된다고 전제할 것)이므로 위법한 사적지정행위에 기한 사업인정은 취소되어야 한다고 주장한다. 갑 주장의 타당성을 논하시오. [20점]

(2) 풍납토성 복원사업을 위한 풍납토성 정비사업(사업인정)이 공공성이 인정되는지와 입증책임에 대해서 검토하시오. 또한 갑은 당해 사업의 예상보상비는 1조에 달함에도 불구하고 송파구청은 당해 사업을 추진할 예산을 확보하고 있지 못하기에, 이는 사업의 실현이 불가하므로 개인 소유권을 빼앗기 위한 표적수용이라고 주장한다. 갑 주장의 타당성을 논하시오. [20점]

(3) 갑이 사업인정 취소소송을 제기한 경우라면, 서울시가 소송에 참가하여 사업비 지원에 대한 의견을 개진할 수 있는가? [10점]

(4) 갑은 국가유산보호구역의 지정해제와 더불어 사적지정 행위의 취소를 구하였으나 국가유산청장은 이를 거부하였다. 이에 대한 취소소송의 대상적격 여부를 각각 검토하시오. [15점]

(5) 국가유산청장의 국가유산보호구역 지정해제 거부회신에 대하여 甲이 제기한 항고소송에서 甲이 승소하여 판결이 확정되었음에도 乙이 재차 국가유산보호구역해제 신청을 거부할 수 있을지 검토하시오. [15점]

 **참조 조문**

문화유산법(구 문재화보호법)

제25조(사적의 지정)

① 국가유산청장은 문화유산위원회의 심의를 거쳐 기념물 중 중요한 것을 사적으로 지정할 수 있다. 〈개정 2024.2.13.〉

제27조(보호물 또는 보호구역의 지정)

① 국가유산청장은 제23조·제25조 또는 제26주에 따른 지정을 할 때 문화유산 보호를 위하여 특히 필요하면 이를 위한 보호물 또는 보호구역을 지정할 수 있다. 〈개정 2023.8.8, 2024.2.13.〉

③ 국가유산청장은 제1항 및 제2항에 따라 보호물 또는 보호구역을 지정하거나 조정한 때에는 지정 또는 조정 후 매 10년이 되는 날 이전에 다음 각 호의 사항을 고려하여 그 지정 및 조정의 적정성을 검토하여야 한다. 다만, 특별한 사정으로 인하여 적정성을 검토하여야 할 시기에 이를 할 수 없는 경우에는 대통령령으로 정하는 기간까지 그 검토시기를 연기할 수 있다. 〈개정 2023.8.8, 2024.2.13.〉

1. 해당 문화유산의 보존가치
2. 보호물 또는 보호구역의 지정이 재산권 행사에 미치는 영향
3. 보호물 또는 보호구역의 주변 환경

제31조(지정의 해제)

① 국가유산청장은 제23조·제25조 또는 제26조에 따라 지정된 문화유산이 국가지정문화유산으로서의 가치를 상실하거나 가치평가를 통하여 지정을 해제할 필요가 있을 때에는 문화유산위원회의 심의를 거쳐 그 지정을 해제할 수 있다. 〈개정 2023.8.8, 2024.2.13.〉

④ 국가유산청장은 제27조제3항에 따른 검토 결과 보호물 또는 보호구역 지정이 적정하지 아니하거나 그 밖에 특별한 사유가 있으면 보호물 또는 보호구역 지정을 해제하거나 그 범위를 조정하여야 한다. 국가지정문화유산 지정이 해제된 경우에는 지체 없이 해당 문화유산의 보호물 또는 보호구역 지정을 해제하여야 한다. 〈개정 2023.8.8, 2024.2.13.〉

제35조(허가사항)

① 국가지정문화유산에 대하여 다음 각 호의 어느 하나에 해당하는 행위를 하려는 자는 대통령령으로 정하는 바에 따라 국가유산청장의 허가를 받아야 하며, 허가사항을 변경하려는 경우에도 국가유산청장의 허가를 받아야 한다. 다만, 국가지정문화유산 보호구역에 안내판 및 경고판을 설치하는 행위 등 대통령령으로 정하는 경미한 행위에 대해서는 특별자치시장, 특별자치도지사, 시장·군수 또는 구청장의 허가(변경허가를 포함한다)를 받아야 한다. 〈개정 2014.1.28, 2015.3.27, 2017.11.28, 2019.11.26, 2020.12.22, 2021.5.18, 2023.3.21, 2023.8.8, 2024.2.13.〉

1. 국가지정문화유산(보호물 및 보호구역을 포함한다)의 현상을 변경하는 행위로서 대통령령으로 정하는 행위

(설문 1)의 해결

Ⅰ 쟁점의 정리

Ⅱ 사적지정행위 하자의 승계논의

 1. 의의 및 논의 배경
 2. 전제요건
 3. 하자승계의 해결논의
  (1) 학설
   1) 전통적 견해(하자승계론)
   2) 새로운 견해(구속력론)
   3) 중첩적용론
  (2) 판례
  (3) 검토

Ⅲ 사안의 경우

 1. 하자승계의 요건충족 여부
  (1) 하자승계의 요건충족 여부
  (2) 동일 목적인지 여부
 2. 예측가능성 및 수인한도성

(설문 2)의 해결

Ⅰ 쟁점의 정리

Ⅱ 풍납토성 정비사업(사업인정)의 공공성 판단 및
입증책임

 1. 사업인정의 의의 및 법적 성질
 2. 공공성 판단과 비례원칙
 3. 입증책임
 4. 사안의 경우

Ⅲ 갑주장의 타당성

 1. 사업인정의 요건
 **2. 송파구청의 예산 미확보가 사업능력 결여
  인지**

Ⅳ 사안의 해결

(설문 3)의 해결

Ⅰ 쟁점의 정리

Ⅱ 행정청의 소송참가

 1. 의의
 2. 참가의 요건
 3. 참가의 절차
 4. 참가행정청의 지위

Ⅲ 사안의 해결

(설문 4)의 해결

Ⅰ 쟁점의 정리

Ⅱ 거부처분

 1. 거부처분의 의의 및 구별개념
 2. 거부가 처분이 되기 위한 요건
  (1) 판례의 태도
  (2) 신청권 존부에 대한 견해의 대립
  (3) 검토

Ⅲ 사안의 해결

 1. 문화재 보호구역 지정해제
 2. 사적지정행위

(설문 5)의 해결

Ⅰ 쟁점의 정리

Ⅱ 취소판결의 효력(기속력)

 1. 의의 및 취지(행정소송법 제30조)
 2. 구별개념 및 성질
 3. 내용
 4. 기속력의 인정범위
 5. 기속력 위반의 효과
 6. 실효성 확보수단(간접강제)

Ⅲ 사안의 해결

(설문 1)의 해결

I 쟁점의 정리

설문은 사적지정행위의 취소사유를 이유로 풍납토성 복원사업의 사업인정을 취소할 수 있는지가 문제된다. 이의 해결을 위하여 사적지정행위의 하자를 사업인정의 하자사유로 승계주장 할 수 있는지를 검토한다.

II 사적지정행위 하자의 승계논의

1. 의의 및 논의 배경

하자승계란 둘 이상의 행정행위가 일련하여 동일한 법률효과를 목적으로 하는 경우에 선행행위의 하자를 이유로 후행행위를 다툴 수 있는지의 문제를 말한다. 이는 법적 안정성의 요청과(불가쟁력) 국민의 권리구제의 조화문제이다.

2. 전제요건

① 선, 후행행위는 처분일 것, ② 선행행위에의 취소사유의 위법성, ③ 후행행위의 적법성, ④ 선행행위에 불가쟁력이 발생할 것(제소기간도과, 항소포기, 판결에 의한 확정 등)을 요건으로 한다.

3. 하자승계의 해결논의

(1) 학설

1) 전통적 견해(하자승계론)

선, 후행행위가 일련의 절차를 구성하면서 동일한 법률효과, 즉 하나의 효과를 목적으로 하는 경우에는 하자승계를 인정한다.

2) 새로운 견해(구속력론)

선행행위의 불가쟁력이 대물적(목적), 대인적(수범자), 시간적(사실, 법률관계의 동일성) 한계와 예측, 수인가능성 한도 내에서는 후행행위를 구속하므로 하자승계가 부정된다.

3) 중첩적용론

하자의 승계론과 구속력론은 별개의 이론이므로 중첩적으로 적용될 수 있는 것으로 보는 것이 타당하다.

(2) 판례

판례는 형식적 기준을 적용하여 판단하는 듯 하나 별개의 법률효과를 목적으로 하는 경우에도 예측, 수인가능성이 없는 경우에 한하여 하자승계를 긍정하여 개별사안의 구체적 타당성을 고려하고 있다.

(3) 검토

전통적 견해의 형식적 기준을 원칙으로 하되 개별사안에서 예측, 수인가능성을 판단하여 구체적 타당성을 기함이 타당하다.

Ⅲ 사안의 경우

1. 하자승계의 요건충족 여부(동일목적인지 여부)

(1) 하자승계의 요건충족 여부

사적지정처분으로 인하여 재산권 행사에 제한이 가해지므로 사적지정행위는 처분이며, 취소사유의 절차상 하자가 인정되고 제소기간도 경과하였다, 설문상 사업인정은 적법한 바 하자승계 요건은 충족된 것으로 보인다.

(2) 동일 목적인지 여부

사적지정처분은 문화재의 역사적·예술적·학술적 또는 경관적 가치가 큰 것을 보존하여 전통문화의 계승·발전시킴에 목적이 있으며, 사업인정은 해당 토지 등을 수용할 사업으로 결정하는 것으로서 별개의 목적을 취한다고 볼 것이다.

2. 예측가능성 및 수인한도성

사적지정처분의 하자가 중대하고 명백하여 당연무효인 경우에 해당하지 않으며, 사적지정처분의 불가쟁력이나 구속력이 갑에게 수인한도를 넘는 가혹함을 가져오고 그 결과가 예측 불가능한 것이라고 볼 만한 사정은 없는 것으로 보인다.

따라서 갑은 사적지정행위의 하자를 이유로 사업인정의 취소를 구할 수 없을 것이다.

(설문 2)의 해결

Ⅰ 쟁점의 정리

설문은 풍납토성 정비사업의 공공성의 인정여부와 입증책임 및 사업예산을 확보하지 못한 사업인정이 표적수용인지가 문제된다. 사안의 해결을 위하여 공공성 판단과 관련된 비례의 원칙과 입증책임의 일반이론을 우선 검토하고 예산관련 등 사업시행자의 시행의사와 능력을 검토하여 갑 주장의 타당성을 살펴본다.

Ⅱ 풍납토성 정비사업(사업인정)의 공공성 판단 및 입증책임

1. 사업인정의 의의 및 법적 성질

사업인정이란 공익사업을 토지등을 수용 또는 사용할 사업으로 결정하는 것을 말하며, 이는 수용권이 설정되는 형성처분으로서 사업시행자와 토지소유자에게 수익적, 침익적 효과를 동시에 발생시키는 제3자효 행정행위이다.

2. 공공성 판단과 비례원칙

공공필요의 판단은 비례의 원칙에 의한다. 수용으로 인하여 달성되는 공익과 수용으로 인하여 침해되는 이익을 비교형량하여 침해되는 이익보다 달성되는 공익이 큰 경우에 한해서 인정될 수 있다. 비례의 원칙은 적합성, 필요성 및 상당성의 원칙을 단계적으로 판단한다.

3. 입증책임

입증책임이라 함은 소송상 증명을 요하는 어느 사실의 존부가 확정되지 않은 경우 당해 사실이 존재하지 않는 것으로 취급되어 불리한 법률판단을 받게 되는 당사자 일방의 위험 또는 불이익을 말한다. 판례는 수용의 필요성에 대해서 수용에 따른 상대방의 재산권 침해를 정당화할 만한 공익의 존재가 쌍방의 이익의 비교형량의 결과로 입증되어야 하며, 그 입증책임은 사업시행자에게 있다고 본다.

4. 사안의 경우

사적지정처분은 전통문화의 계승·발전을 통한 문화유산보존의 공익 등이 인정되며, 풍납토성 복원사업은 성벽 또는 해자시설을 복원시키는 사업인 바, 공용사용 등의 방법으로는 사업목적을 실현시킬 수 없으므로 수용을 위한 사업인정의 방법 또한 필요성의 원칙을 충족한다. 또한 갑은 사업시행으로 영업보상 및 토지에 대한 정당한 보상금을 지급받아 재산권 보존을 도모할 수 있으므로 상당성의 원칙도 충족한다고 볼 것이다. 사업시행자는 이러한 사항을 입증하여야 할 것이다.

Ⅲ 갑주장의 타당성(풍납토성 복원사업이 표적수용인지 여부)

1. 사업인정의 요건

사업인정은 토지보상법 제4조 사업에 해당되어야 하며, 이 경우 사업시행을 위한 공공필요성이 인정되어야 한다. 이에 사업시행자에게 해당 공익사업을 수행할 의사와 능력이 있어야 한다는 것도 사업인정의 한 요건이라고 보아야 한다(2017두71031, 2009두1051).

2. 송파구청의 예산 미확보가 사업능력 결여인지

풍납토성 복원사업을 위해서는 1조의 예산이 필요하나, 현재 송파구청은 수용의 재원을 마련하지 못하고 있다. 그러나, 문화재 복원사업은 장기간의 사업기간이 필요한 점 및 문화재청 및 서울시로부터 사업비용을 지원받을 계획을 수립하는 등 적극적인 사업시행 의사와 능력이 있는 것으로 볼 수 있다.

Ⅳ 사안의 해결

사업시행자는 풍납토성 복원사업을 통한 문화유산의 보존 등 공공성을 입증하여야 하며, 현 시점에서 부족한 예산은 문화재청 및 서울시에 지원요청하여 충당하여야 할 것이다. 따라서 풍납토성 복원사업은 실현 가능한 사업으로서 갑의 토지만을 수용하기 위한 것은 아니라고 판단된다.

(설문 3)의 해결

Ⅰ 쟁점의 정리

당해 처분의 직접 당사자가 아닌 서울시가 갑이 제기한 취소소송에 참가할 수 있는지가 문제된다.

Ⅱ 행정청의 소송참가

1. 의의

행정청의 소송참가라 함은 관계행정청이 행정소송에 참가하는 것을 말한다.

2. 참가의 요건

① 타인 간의 취소소송 등이 계속되고 있을 것, ② 다른 행정청일 것(피고 행정청 이외의 행정청으로서 계쟁처분이나 재결에 관계있는 행정청), ③ 참가시킬 필요성이 있을 것을 요건으로 한다.

3. 참가의 절차

법원은 당사자 또는 당해 행정청의 신청 또는 직권에 의하여 결정으로써 그 행정청을 소송에 참가시킬 수 있다(제17조 제1항). 이 경우 당사자 및 당해 행정청의 의견을 들어야 한다(제17조 제2항).

4. 참가행정청의 지위

참가행정청은 보조참가인에 준하는 지위에서 소송수행을 한다. 따라서, 참가행정청은 소송에 관하여 공격, 방어, 이의, 상소 기타 일체의 소송행위를 할 수 있지만 피참가인의 소송행위와 저촉되는 소송행위를 할 수 없다. 참가인의 소송행위가 피참가인의 소송행위와 어긋나는 때에는 그 효력이 없다(민사소송법 제76조).

Ⅲ 사안의 해결

서울시는 사업비 보조와 관련된 관계 행정청으로서, 갑의 취소소송에 있어서 피고의 보조참가인자격으로 소송에 관하여 공격, 방어 등 일체의 행위를 할 수 있을 것이다.

(설문 4)의 해결

I 쟁점의 정리

설문은 갑이 문화재보호구역 지정 및 사적지정 행위를 취소할 수 있는지가 문제된다. 사안의 해결을 위하여 거부가 처분이 되기 위한 요건으로서 갑에게 법규상·조리상 신청권이 인정되는지를 관련 규정을 통해 검토한다.

II 거부처분

1. 거부처분의 의의 및 구별개념

거부처분이란 공권력 행사의 신청에 대해 처분의 발령을 거부하는 행정청의 의사작용으로서, 거절 의사가 명확한 점에서 부작위와 구별된다.

2. 거부가 처분이 되기 위한 요건

(1) 판례의 태도

거부처분이 처분성을 갖기 위해서는 ① 공권력 행사의 거부일 것, ② 국민의 권리와 의무에 영향을 미칠 것, ③ 법규상·조리상 신청권을 가질 것을 요구한다. 이때의 신청권은 행정청의 응답을 구하는 권리(형식적 권리)이며, 신청된 대로의 처분을 구하는 권리(실체적 권리)가 아니라고 한다.

(2) 신청권 존부에 대한 견해의 대립

① 신청권의 존재는 본안문제라는 견해, ② 처분성은 소송법상 개념요소만 갖추면 된다고 하여 원고적격으로 보는 견해, ③ 신청권은 신청에 대한 응답의무에 대응하는 절차적 권리이므로 이를 대상적격의 문제로 보는 견해가 있다.

(3) 검토

판례와 같이 신청권을 일반·추상적인 응답요구권으로 보게 되면 개별·구체적 권리일 것을 요하는 원고적격과 구별되고, 이러한 신청권이 없다면 바로 각하하여 법원의 심리부담의 가중도 덜어줄 수 있으므로 대상적격의 문제로 보는 것이 타당하다.

III 사안의 해결

문화유산법은 민족문화를 계승 및 국민의 문화적 향상을 도모함과 아울러 인류문화의 발전에 기여함을 목적으로 한다.

1. 문화재보호구역 지정해제

문화유산법 제27조 제3항은 보호구역 지정과 관련하여 재산권 행사에 미치는 영향을 검토하도록 규정하고 있는 바, 이는 토지소유자 등으로 하여금 보호구역의 해제를 요구할 수 있는 법규상·조리상 신청권이 인정된다고 할 것이므로 문화재보호구역 지정해제 신청에 대한 거부는 항고소송의 대상이 되는 거부처분이다.

2. 사적지정행위

사적지정행위는 문화재위원회의 심의를 거쳐 정하도록 되어 있고, 그 해제 역시 문화재위원회의 심의를 거쳐서 하도록 되어 있으며, 문화유산법의 목적이 민족문화를 계승시켜 인류문화의 발전을 기함에 목적이 있는바, 갑에게는 사적지적행위의 취소를 구할 법규상·조리상 신청권이 인정되지 않을 것이다.

(설문 5)의 해결

❚ 쟁점의 정리

설문은 문화재보호구역 지정 해제 신청에 대한 거부회신이 항고소송에서 취소된 경우, 재차 거부할 수 있는지가 문제된다. 설문의 해결을 위하여 인용판결의 효력인 기속력을 검토하여 문화재청장에게 어떠한 재처분의무가 발생하는지를 검토한다.

❚ 취소판결의 효력(기속력)

1. 의의 및 취지(행정소송법 제30조)

기속력이란 행정청에 대하여 판결의 취지에 따라 행동하도록 당사자인 행정청과 그 밖의 관계행정청을 구속하는 효력을 말한다(행정소송법 제30조). 이는 인용판결의 실효성을 확보하기 위하여 인정된 제도이며, 인용판결에 한하여 인정된다(기각판결에는 인용되지 않음).

2. 구별개념 및 성질

기속력의 성질을 무엇으로 볼 것인가에 대하여 기판력설과 특수효력설이 대립하고 있는데 기판력은 법적 안정성을 위하여 인정된 소송법상의 효력인데 반하여, 기속력은 판결의 실효성을 확보하기 위한 실체법상의 효력이므로 기속력은 기판력과 구분되는 특수한 효력이라는 것이 다수의 견해이다.

3. 내용

① 판결의 취지에 저촉되는 처분을 해서는 안 되는 반복금지효, ② 거부처분의 취소인 경우에는 이전신청에 대한 재처분을 해야 하는 의무, ③ 처분에 의해 초래된 위법상태를 제거할 원상회복 의무를 내용으로 한다.

4. 기속력의 인정범위

(1) 객관적 범위

판결의 취지는 판결의 주문과 판결이유를 말한다. 취소판결의 취지는 취소된 처분이 위법하다는 것과 취소판결의 이유가 된 위법사유를 말하므로 기속력은 판결의 주문과 이유에 적시된 개개의 위법사유에 미친다.

(2) 주관적 범위

기속력은 당사자인 행정청과 그 밖의 관계행정청을 기속한다. 취소된 처분 등을 기초로 하여 그와 관련되는 처분이나 부수되는 행위를 할 수 있는 행정청을 총칭하는 것이라고 할 것이다.

(3) 시간적 한계

처분의 위법 여부의 판단시점은 처분시이기 때문에(통설 및 판례) 기속력은 처분 당시까지 존재하던 사유에 대하여만 미치고 그 이후에 생긴 사유에는 미치지 아니한다.

5. 기속력 위반의 효과

소송법상 기속력은 강행규정이므로 이에 대한 위반은 그 하자가 중대, 명백하여 당연무효라고 본다(90누3560).

6. 실효성 확보수단(간접강제)

거부처분취소에 따른 재처분의무를 이행하지 않는 경우에, 손해배상의무를 부과하여 재처분의무를 간접적으로 강제하는 제도이다. 거부처분취소판결의 실효성을 확보함에 제도적 취지가 인정된다.

Ⅲ 사안의 해결

문화재청장은 문화재보호구역 지정해제 거부회신에 대한 승소판결이 있게되면 해제 신청에 대한 재처분을 하여야 한다. 문화재청장은 승소판결의 이유와 동일한 이유로 거부하는 것은 기속력에 반하나, 승소판결의 이유가 절차상 하자를 이유로 한 것이라면 절차하자를 보완하여 다시 동일한 처분을 하여도 기속력에 반하는 처분은 아니다. 또한, 거부회신 이후의 사유로 다시 거부하는 것도 기속력에 반하지 않는다(시적 한계).

대법원 2019.2.28, 2017두71031

[사업인정고시취소] 〈풍납토성 보존을 위한 사업인정 사건〉 [공2019상,824]

[판시사항]

[1] 사업인정의 법적 성격 및 사업인정기관이 공익사업을 위한 토지 등의 취득 및 보상에 관한 법률상의 사업인정을 하기 위한 요건

[2] 문화재의 보존을 위한 사업인정 등 처분에 대하여 재량권 일탈·남용 여부를 심사하는 방법 및 이때 구체적으로 고려할 사항

[3] 국가지정문화재에 대하여 관리단체로 지정된 지방자치단체의 장이 문화재보호법 제83조 제1항 및 공익사업을 위한 토지 등의 취득 및 보상에 관한 법률에 따라 국가지정문화재나 그 보호구역에 있는 토지 등을 수용할 수 있는지 여부(적극)

[4] 사업시행자에게 해당 공익사업을 수행할 의사와 능력이 있어야 한다는 것이 사업인정의 한 요건인지 여부(적극)

[판결요지]

[1] 사업인정이란 공익사업을 토지 등을 수용 또는 사용할 사업으로 결정하는 것으로서 공익사업의 시행자에게 그 후 일정한 절차를 거칠 것을 조건으로 일정한 내용의 수용권을 설정하여 주는 형성행위이다. 그러므로 해당 사업이 외형상 토지 등을 수용 또는 사용할 수 있는 사업에 해당하더라도 사업인정기관으로서는 그 사업이 공용수용을 할 만한 공익성이 있는지 여부와 공익성이 있는 경우에도 그 사업의 내용과 방법에 관하여 사업인정에 관련된 자들의 이익을 공익과 사익 사이에서는 물론, 공익 상호 간 및 사익 상호 간에도 정당하게 비교·교량하여야 하고, 비교·교량은 비례의 원칙에 적합하도록 하여야 한다.

[2] 문화재보호법은 관할 행정청에 문화재 보호를 위하여 일정한 행위의 금지나 제한, 시설의 설치나 장애물의 제거, 문화재 보존에 필요한 긴급한 조치 등 수용권보다 덜 침익적인 방법을 선택할 권한도 부여하고 있기는 하다. 그러나 문화재란 인위적이거나 자연적으로 형성된 국가적·민족적 또는 세계적 유산으로서 역사적·예술적·학술적 또는 경관적 가치가 큰 것을 말하는데(문화재보호법 제2조 제1항), 문화재의 보존·관리 및 활용은 원형 유지를 기본원칙으로 한다(문화재보호법 제3조). 그리고 문화재는 한번 훼손되면 회복이 곤란한 경우가 많을 뿐 아니라, 회복이 가능하더라도 막대한 비용과 시간이 소요되는 특성이 있다.

이러한 문화재의 보존을 위한 사업인정 등 처분에 대하여 재량권 일탈·남용 여부를 심사할 때에는, 위와 같은 문화재보호법의 내용 및 취지, 문화재의 특성, 사업인정 등 처분으로 인한 국민의 재산권 침해 정도 등을 종합하여 신중하게 판단하여야 한다.

구체적으로는 ① 우리 헌법이 "국가는 전통문화의 계승·발전과 민족문화의 창달에 노력하여야 한다."라고 규정하여(제9조), 국가에 전통문화 계승 등을 위하여 노력할 의무를 부여하고 있는 점, ② 문화재보호법은 이러한 헌법 이념에 근거하여 문화재의 보존·관리를 위한 국가와 지방자치단체의 책무를 구체적으로 정하는 한편, 국민에게도 문화재의 보존·관리를 위하여 국가와 지방자치단체의 시책에 적극 협조하도록 규정하고 있는 점(제4조), ③ 행정청이 문화재의 역사적·예술적·학술적 또는 경관적 가치와 원형의 보존이라는 목표를 추구하기 위하여 문화

재보호법 등 관계 법령이 정하는 바에 따라 내린 전문적·기술적 판단은 특별히 다른 사정이 없는 한 이를 최대한 존중할 필요가 있는 점 등을 고려하여야 한다.

[3] 문화재보호법 제83조 제1항은 "문화재청장이나 지방자치단체의 장은 문화재의 보존·관리를 위하여 필요하면 지정문화재나 그 보호구역에 있는 토지, 건물, 입목(立木), 죽(竹), 그 밖의 공작물을 공익사업을 위한 토지 등의 취득 및 보상에 관한 법률(이하 '토지보상법'이라 한다)에 따라 수용(收用)하거나 사용할 수 있다."라고 규정하고 있다.

한편 국가는 문화재의 보존·관리 및 활용을 위한 종합적인 시책을 수립·추진하여야 하고, 지방자치단체는 국가의 시책과 지역적 특색을 고려하여 문화재의 보존·관리 및 활용을 위한 시책을 수립·추진하여야 하며(문화재보호법 제4조), 문화재청장은 국가지정문화재 관리를 위하여 지방자치단체 등을 관리단체로 지정할 수 있고(문화재보호법 제34조), 지방자치단체의 장은 국가지정문화재와 역사문화환경 보존지역의 관리·보호를 위하여 필요하다고 인정하면 일정한 행위의 금지나 제한, 시설의 설치나 장애물의 제거, 문화재 보존에 필요한 긴급한 조치 등을 명할 수 있다(문화재보호법 제42조 제1항).

이와 같이 문화재보호법은 지방자치단체 또는 지방자치단체의 장에게 시·도지정문화재뿐 아니라 국가지정문화재에 대하여도 일정한 권한 또는 책무를 부여하고 있고, 문화재보호법에 해당 문화재의 지정권자만이 토지 등을 수용할 수 있다는 등의 제한을 두고 있지 않으므로, 국가지정문화재에 대하여 관리단체로 지정된 지방자치단체의 장은 문화재보호법 제83조 제1항 및 토지보상법에 따라 국가지정문화재나 그 보호구역에 있는 토지 등을 수용할 수 있다.

[4] 공익사업을 수행하여 공익을 실현할 의사나 능력이 없는 자에게 타인의 재산권을 공권력적·강제적으로 박탈할 수 있는 수용권을 설정하여 줄 수는 없으므로, 사업시행자에게 해당 공익사업을 수행할 의사와 능력이 있어야 한다는 것도 사업인정의 한 요건이라고 보아야 한다.

📝 판례사례 19 공탁 – 묵시적 이의유보 + 대집행

사업시행자 갑은 대규모 공원사업의 시행을 위하여 을의 토지를 수용하기로 하고 사업인정을 신청하였다. 국토해양부장관은 공원사업의 공익성을 인정하여 사업인정을 적법하게 고시하였고 일련의 절차가 신속하게 진행되었다. 보상금은 중앙토지수용위원회의 재결에 의하여 2014년 1월 2일 '1천만원'으로 결정되었다. 을은 상기의 보상금을 인정할 수 없다고 주장하면서 보상금 수령을 거부하였고, 갑은 2014년 1월 5일 관할 공탁소에 1천만원을 공탁하였다. 을은 보상금증액에 대한 이의신청을 제기하였고, 공탁소에 이의를 유보한채 1천만원을 수령하였다. 중앙토지수용위원회는 2014년 1월 10일에 보상금 3백만원을 증액하는 이의재결을 하였다. 한편 을은 증액된 보상금 액수에 만족하지 못하여 보상금 5천만원의 증액을 요구하는 보상금증액청구소송을 제기하였다. 을은 보상금증액청구소송을 제기하면서 시가감정을 의뢰하였고, 이에 따른 감정비용 5백만원을 예납하였다. 2014년 1월 14일 을은 이의재결에서 증액된 3백만원을 수령하면서 별도의 이의를 유보하지 않았다. 2014년 1월 18일 보상금증액청구소송의 1차 변론이 있었는데 사업시행자는 을이 이의유보없이 증액된 3백만원을 가져간 부분에 대해서는 알면서도 별다른 이의를 제기하지 아니하였다. 2014년 1월 25일 2차 변론일에 와서야 갑은 을이 이의유보없이 증액된 보상금 3백만원을 수령하였으므로 보상금지급의무를 다하였고, 이에따라 수용절차가 종결되었으므로 보상금증액청구소송은 소의이익이 없어서 각하되어야 한다고 주장하고 있다.

(1) 공탁의 요건 및 효력을 설명하시오. ☐10점☐

(2) 갑의 주장의 타당성을 검토하시오. ☐10점☐

(3) 만약, 갑이 을의 요구대로 5천만원의 보상금을 지급하였음에도 을이 고의로 토지의 인도, 이전의무를 다하지 않는다면, 갑이 취할 수 있는 토지보상법상의 수단을 설명하시오. ☐30점☐

Ⅰ 쟁점의 정리

Ⅱ (설문 1) 공탁의 요건 및 효력

  1. 공탁의 요건(토지보상법 제40조 제2항)

  2. 공탁의 효과

    (1) 정당한 공탁

    (2) 미공탁의 효과

    (3) 하자있는 공탁의 효과

  3. 공탁금 수령의 효과

    (1) 공탁금 수령의 효과

    (2) 공탁금 수령과 이의유보

      1) 이의유보와 공탁금 수령의 효과

      2) 이의유보를 안 한 경우

      3) 쟁송제기를 이의유보로 볼 수 있는지

Ⅲ (설문 2) 갑주장의 타당성 검토

  1. 문제점

  2. 관련 판례의 태도

  3. 판례의 검토

  4. 사안에서 '갑'주장의 타당성

Ⅳ (설문 3) 토지보상법상 대행(토지보상법 제44조) 및 대집행(제89조)
  1. 대행(토지보상법 제44조)
     (1) 의의 및 취지
     (2) 법적 성질
     (3) 요건
     (4) 대행청구대상의 범위
  2. 대집행(토지보상법 제89조)
     (1) 의의 및 취지
     (2) 요건
        1) 신청요건
        2) 실행요건(대집행법 제2조)
        3) 의무이행자의 보호(제89조 제3항)
     (3) 인도·이전의무가 대집행 대상인지
        1) 문제점
        2) 견해의 대립
        3) 판례
        4) 검토
  3. 사안의 경우
Ⅴ 사안의 해결(및 개선안)

Ⅰ 쟁점의 정리

1. (물음1) 공탁이란 재결에서 정한 보상금을, 토지보상법상 요건에 해당하는 경우 관할 공탁소에 공탁함으로써 보상금의 지급에 갈음하는 것을 말한다. 이와 관련하여 공탁의 효력을 설명한다.

2. (물음2) '갑주장의 타당성과 관련하여, 을의 보상금 수령이 이의재결의 취지를(보상금 다툼의 종결) 받아들이는 것으로 볼 수 있는지가 문제된다. 따라서 증액된 보상금을 수령할 당시, 보상금증액청구소송을 제기하였다는 사실만으로 묵시적인 의사표시의 유보가 있는 것으로 인정될 수 있는지 검토한다.

3. (물음3) 수용재결이 있게 되면 토지소유자는 토지 등의 인도·이전의무(제43조)를 부담하게 된다. 이러한 의무이행을 확보하기 위해서 토지보상법에서는 대행(제44조) 및 대집행(제89조)을 규정하고 있다.

Ⅱ [설문 1] 공탁의 요건 및 효력

1. 공탁의 요건(토지보상법 제40조 제2항)

① 보상금을 받을 자가 그 수령을 거부하거나 보상금을 수령할 수 없는 때, ② 사업시행자의 과실 없이 보상금을 받을 자를 알 수 없는 때, ③ 관할 토지수용위원회가 재결한 보상금에 대하여 사업시행자의 불복이 있는 때, ④ 압류 또는 가압류에 의하여 보상금의 지급이 금지된 경우에 공탁할 수 있다.

2. 공탁의 효과

(1) 정당한 공탁

보상금지급의무를 이행한 것으로 보아 수용·사용의 개시일에 목적물을 원시취득한다.

(2) 미공탁의 효과

보상금지급의무를 이행하지 못한바 재결은 실효된다. 단, 이의재결에 의한 증액된 보상금은 공탁하지 않아도 이의재결은 실효되지 않는다고 한다(판례).

(3) 하자있는 공탁의 효과

판례는 ① 요건미충족 ② 일부공탁 ③ 조건부공탁의 경우는 공탁의 효과가 발생하지 않는다고 한다. 따라서 수용·사용의 개시일까지 공탁의 하자가 치유되지 않으면 재결은 실효되고 실효에 따른 손실보상의무를 부담하게 된다(토지보상법 제42조).

3. 공탁금 수령의 효과

(1) 공탁금 수령의 효과

사업시행자가 토지보상법 제40조 제2항에 따라 공탁한 보상금에 대하여 아무런 이의유보 없이 수령한다면 이는 수용법률관계의 종결효과를 가져온다고 볼 수 있다.

(2) 공탁금 수령과 이의유보

1) 이의유보와 공탁금 수령의 효과

공탁된 보상금을 수령하면서 이에 불응한다는 이의유보를 남긴 경우라면 수용·사용의 개시일이 경과하더라도 수용법률관계는 종결되지 않는다고 보아야 할 것이다. 이의유보는 묵시적 표현(구두)으로도 가능하며, 공탁공무원에 국한할 필요가 없고 사업시행자에 대하여 이의유보의 의사표시를 하는 것도 가능하다(대판 1992.9.22, 92누3229).

2) 이의유보를 안 한 경우

만약, 보상금 수령거부의사로 인해 사업시행자가 공탁한 경우라면 공탁금을 수령하면서 이의유보를 안 한 경우라면 보상금 수령거부의사를 철회한 것으로 본다(대판 1982.11.9, 82누197 全合, 대판 1990.1.25, 89누4109).

3) 쟁송제기를 이의유보로 볼 수 있는지

판례는 공탁금 수령 당시 단순히 소송이나 이의신청을 하고 있다는 사실만으로 묵시적으로 그 공탁의 수령에 관한 이의를 유보한 것과 같이 볼 수 없다고 하나, 최근 대법원은 단순한 사실이 아닌 경우에는 묵시적 이의유보로 본 바 있다.

Ⅲ [설문 2] 갑주장의 타당성 검토

1. 문제점

이의유보 없이 공탁금을 수령하면 보상금액에 대한 다툼이 종결된다. 따라서 소송을 하고 있는 경위를 종합하여 보상금액에 대한 다툼을 종결하려는 의사가 있는지를 판단하여야 한다.

2. 관련 판례의 태도

① 대법원은 단순히 소송이나 이의신청을 하고 있다는 사실만으로는 묵시적으로 그 공탁의 수령에 관한 이의를 유보한 것과 같이 볼 수 없다고 판시한 바 있으나, ② 시가감정비용의 예납 및 이의재결에서 증액된 보상금액과 당사자가 요구하는 증액보상금의 차이 등을 고려하여 묵시적인 이의유보가 있었는지 여부, 즉 보상금액의 다툼을 종결하려는 의사유무를 판단한 바 있다.

3. 판례의 검토

쟁송제기는 공탁취지의 승인과 양립할 수 없는 것이므로, 최근 판례의 태도는 구체적인 사안의 개별성을 검토하여 공탁취지의 실효성을 고려한 것으로 판단된다.

4. 사안에서 '갑'주장의 타당성

① 설문에서 을은 보상금증액청구소송을 제기하면서 5백만원이라는 감정비용을 예납하였다. ② 또한 피수용자가 수령한 증액보상금은 청구금액 5천만원의 1/10에도 미치지 못하는 금액이고, ③ 사업시행자는 1차 변론에서 이의유보를 하지 않은 것에 대해, 알면서도 별다른 이의를 제기하지 않았다. ④ 이런한 점들을 고려한다면, 을은 이의재결의 증액 보상금에 대하여는 보상금증감청구소송을 통하여 확정될 정당한 수용보상금의 일부로 수령한다는 묵시적인 의사표시의 유보가 있었다고 볼 수 있을 것이다. 따라서 갑의 주장은 타당성이 결여된다.

Ⅳ [설문 3] 토지보상법상 대행(토지보상법 제44조) 및 대집행(제89조)

1. 대행(토지보상법 제44조)

(1) 의의 및 취지

① 토지나 물건을 인도·이전하여야 할 자가 고의·과실 없이 그 의무를 수행할 수 없을 때, 또는 사업시행자가 과실 없이 토지나 건물의 인도·이전 의무가 있는 자를 알 수 없을 때에 사업시행자의 신청에 의하여 시·군·구청장이 대행하는 것으로서 ② 사업의 원활한 시행을 도모한다.

(2) 법적 성질

① 행정대집행의 일종으로 보는 견해가 있으나 ② 이는 대집행의 요건 및 절차가 적용되지 않으므로 보상법 제89조 요건에 해당하지 않는 부분의 특례로 보는 것이 타당하다.

(3) 요건

① 인도, 이전 의무자가 고의, 과실 없이 의무를 이행할 수 없거나, ② 사업시행자가 과실없이 의무자를 알 수 없을 때, ③ 사업시행자의 신청에 의하여 대행한다.

(4) 대행청구대상의 범위

수용목적물이 아니더라도 사업추진에 방해가 되는 것이면 대행청구의 대상이 된다고 본다.

2. 대집행(토지보상법 제89조)

(1) 의의 및 취지

공법상 대체적 작위의무의 불이행 시에 행정청이 그 의무를 스스로 행하거나 제3자로 하여금 행하게 하고 의무자로부터 비용을 징수하는 것으로서, 공익사업의 원활한 수행을 위한 제도적 취지가 인정된다.

(2) 요건

1) 신청요건(사업시행자가 국가나 지방자치단체가 아닌 경우)

① 이 법(토지보상법) 또는 이 법에 의한 처분으로 생긴 의무를 이행하지 않거나, ② 기간 내에 의무를 완료하기 어려운 경우, ③ 의무자로 하여금 의무를 이행하게 함이 현저히 공익을 해한다고 인정되는 경우에 사업시행자는 시·도지사 및 시·군·구청장에게 대집행을 신청할 수 있다. 사업시행자가 국가나 지방자치단체인 경우에는 직접 대집행을 할 수 있다.

2) 실행요건(대집행법 제2조)

① 공법상 대체적 작위의무의 불이행이 있고, ② 다른 수단으로의 이행확보가 곤란하며, ③ 의무불이행의 방치가 심히 공익을 해한다고 인정될 것을 요건으로 한다. ④ 요건을 충족하는 경우에도 대집행권의 발동 여부는 재량에 속할 것인데 보상법 제89조에서는 시·도지사 등은 정당한 사유가 없는 한 이에 응해야 한다고 규정하고 있다.

3) 의무이행자의 보호(제89조 제3항)

국가, 지방자치단체는 의무를 이행해야 할 자의 보호를 위하여 노력하여야 한다. 이는 공익사업현장에서 인권침해 방지를 위한 노력을 강구하고자 하는 입법취지가 있다.

(3) 인도·이전의무가 대집행 대상인지

1) 문제점

인도·이전의무는 비대체적 작위의무인데 토지보상법 제89조에서는 이 법에 의한 의무로 규정하고 있는 바, 토지보상법 제89조 규정을 대집행법의 특례규정으로 보아 대집행을 실행할 수 있는지가 문제된다.

2) 견해의 대립

① 토지보상법 제89조는 수용자 본인이 인도한 것과 같은 법적효과의 발생을 목적으로 하므로 (합리적, 합목적 해석) 대집행을 할 수 있다고 보는 긍정설과 ② 토지보상법 제89조의 의무도 대체적 작위의무에 한정된다고 보아 부정하는 견해가 대립된다.

3) 판례

토지보상법 제89조의 '인도'에는 명도도 포함되는 것으로 보아야 하고, 이러한 명도의무는 그것을 강제적으로 실현하면서 직접적인 실력행사가 필요한 것이지 대체적작위의무라고 볼

수 없으므로 특별한 사정이 없는한 행정대집행법에 의한 대집행의 대상이 될 수 있는 것은 아니라고 판시한 바 있다.

4) 검토

대집행은 국민의 권익침해의 개연성이 높으므로 토지보상법 제89조의 의무를 (법치행정의 원리상) 명확한 근거없이 비대체적작위의무로까지 확대해석할 수는 없다고 할 것이다.

3. 사안의 경우

① 을이 고의로 인도·이전의무를 다하고 있지 않으므로 대행으로써 인도·이전의무의 실효성을 확보하기는 어려울 것으로 보인다. ② 또한 인도에 포함된 명도의무는 대체적작위의무라고 볼 수 없으므로 특별한 사정이 없는 한 대집행의 실행도 어려울 것으로 보인다.

Ⅴ 사안의 해결(및 개선안)

1. 공탁제도는 사전 보상제도를 구현하고 재결의 실효를 방지하여 원활한 사업시행을 가능케 하지만, 보상법상 공탁에 대한 세부규정이 미흡하므로 쉽게 공탁을 이해할 수 있는 해설서 등을 발간하여 피수용자나 사업시행자의 불이익을 최소화시킬 필요가 있다.

2. 을이 감정비용을 예납하고, 시가감정을 의뢰한 점과 이의재결에서 증액된 보상금을 훨씬 초과하는 보상금증액을 요구하는 소송을 제기한 점 등을 고려할 때, 을의 증액된 보상금 수령은 묵시적인 이의를 유보한 것으로 볼 수 있으므로 갑의 주장은 인정되기 어려울 것이다.

3. 설문에서 대집행은 인도, 이전의 실효적인 확보수단이 되지 못한다. 따라서 궁극적으로 ① 공익사업의 홍보 및 피수용자와의 관계개선을 통하여 자발적 참여를 도모하는 것이 중요하고, ② 입법적으로 직접강제 및 새로운 실효성 확보수단의 법적 근거를 마련할 필요성이 인정된다.

대법원 2009.11.12, 2006두15462[손실보상금][미간행]

[판시사항]

[1] 토지수용절차에서 보상금 수령시 사업시행자에 대한 이의유보의 의사표시를 반드시 명시적으로 하여야 하는지 여부(소극)

[2] 도시계획시설사업지구에 편입된 토지 등의 소유자가 수용재결에서 정한 토지 보상금은 이의를 유보하여 수령하였으나 보상금증감에 관한 행정소송을 제기한 후 이의재결에서 증액된 보상금에 대하여는 이의유보의 뜻을 표시하지 않은 채 수령한 사안에서, 묵시적인 이의유보의 의사표시가 있었다고 볼 수 있다고 한 사례

[이 유]

상고이유를 판단한다.

원심판결 이유에 의하면, 원심은 원고가 수용재결에서 정한 토지에 대한 보상금을 이의를 유보하여 수령하였으나 이 사건 소제기 이후 그 판시와 같은 경위로 이의재결에서 증액된 보상금을 이의유보의 뜻을 표시하지 아니한 채 수령한 사실을 인정한 후, 이로써 원고는 이의재결의 결과에 승복한 것으로 보아야 하고 위 보상금을 수령할 당시 이 사건 소송이 계속 중이었다는 사실만으로는 이의유보의 의사표시가 있었다고 볼 수는 없다는 이유로 이 사건 소 중 토지보상금 청구에 관한 부분은 소의 이익이 없는 부적법한 소라고 판단하였다.

우선, 이의재결에서 증액된 보상금의 수령과정에서의 이의유보 의사표시의 존부나 기망 또는 착오에 관한 상고이유의 주장은 원심의 전권사항인 증거의 취사선택이나 사실의 인정을 다투는 취지의 것에 불과하여 적법한 상고이유가 될 수 없다.

그러나 원심이 원고가 이의재결에서 증액된 보상금을 수령할 당시 이의유보의 의사표시가 있었다고 해석할 수 없다는 판단은 수긍하기 어렵다.

원심판결 이유와 기록에 의하면, 원고는 2005.8.2. 수용재결에서 정한 토지에 대한 보상금을 이의유보하에 수령한 후 같은 달 10일 바로 이 사건 소를 제기하고(추후 청구확장을 전제로 잠정적으로 청구금액을 10,000,000원으로 기재하였다) 이어 같은 달 17일 시가감정을 신청하여 2005.9.21. 감정비용 2,285,000원을 예납한 사실, 그 후 약 한달 후인 2005.10.26. 중앙토지수용위원회가 수용재결에서 정한 보상금 외에 2,238,900원을 증액하는 이의재결을 하고 2005.11.23. 원고가 피고로부터 위 증액된 보상금을 수령한 사실, 한편 원고가 이 사건 소송에서 신청한 토지의 시가감정촉탁결과는 위 증액된 보상금을 수령한 다음날인 2005.11.24. 제1심 법원에 도착하였고 그 감정평가액은 이의재결을 거쳐 최종 확정된 보상금보다 57,982,100원을 초과하는 사실, 그 후 원고는 이듬해인 2006.3.14. 실시된 제1심 제2차 변론기일에서 위 시가감정촉탁결과에 따라 청구취지를 확장하였고, 한편 피고 소송대리인은 위 증액된 보상금 수령시로부터 제1심 변론종결(2006.3.15.)에 이르기까지 그 수령사실에 관한 자료를 제출하거나 이의유보 여부와 관련한 주장을 전혀 제출하지 않은 사실(이후 피고 소송대리인은 원심에 제출된 2006.5.26.자 준비서면에서 처음으로 위 증액된 보상금의 수령사실과 수용보상금에 관한 협의성립을 주장하였다)을 알 수 있다.

토지수용절차에서 보상금 수령시 사업시행자에 대한 이의유보의 의사표시는 반드시 명시적으로 하여야 하는 것은 아니므로(대법원 1989.7.25, 88다카11053 참조), 위와 같이 원고가 이의재결에 따라 증액된 보상금을 수령할 당시 수용보상금의 액수를 다투어 행정소송을 제기하고 상당한 감정비용(그 이후 결정된 이의재결의 증액된 보상금을 초과하는 금액이다)을 예납하여 시가감정을 신청한 점, 원고가 수령한 이의재결의 증액 보상금은 원고가 이 사건 소장에 시가감정을 전제로 잠정적으로 기재한 최초 청구금액의 1/4에도 미치지 못하는 금액인 점, 수용보상금의 증감만을 다투는 행정소송에서 통상 시가감정 외에는 특별히 추가적인 절차비용의 지출이 요구되지는 않으므로 원고로서는 이의재결의 증액 보상금 수령 당시 이 사건 소송결과를 확인하기 위하여 더 이상의 부담되는 지출을 추가로 감수할 필요는 없는 상황이었던 점, 피고 소송대리인도 위와 같은 증액 보상금의 수령에 따른 법률적 쟁점을 제1심에서 즉시 제기하지 아니하고 그로부터 약 6개월이 경과하여 원심에서 비로소 주장하기 시작한 점 등에 비추어 보면, 이미 상당한 금액의 소송비용을 지출한 원고가 이 사건 소장에 기재한 최초 청구금액에도 훨씬 못 미치는 이의재결의 증액분을 수령한 것이 이로써 이 사건 수용보상금에 관한 다툼을 일체 종결하려는 의사는 아니라는 점은 피고도 충분히 인식하였거나 인식할 수 있었다고 봄이 상당하고, 따라서 원고는 위와 같은 소송 진행 과정과 시가감정의 비용지출 등을 통하여 이의재결의 증액 보상금에 대하여는 이 사건 소송을 통하여 확정될 정당한 수용보상금의 일부로 수령한다는 묵시적인 의사표시의 유보가 있었다고 볼 수 있다.

그럼에도 불구하고, 원심이 그 판시와 같은 사정만으로는 원고에게 이의유보의 의사표시가 있었다고 볼 수는 없다고 판단하여 이 사건 소 중 토지보상금 청구에 관한 부분을 소의 이익이 없는 부적법한 소라고 하여 각하하였는바, 이러한 원심의 판단은 토지수용보상금의 수령과정에서 이의유보의 의사표시에 관한 법리를 오해한 위법이 있고, 이러한 위법은 판결에 영향을 미쳤음이 분명하다.

따라서 원심판결을 파기하고, 사건을 다시 심리·판단하게 하기 위하여 원심법원에 환송하기로 하여 주문과 같이 판결한다.

📝 판례사례 20 소송지연가산금

가. 피고는 서울 서대문구 (주소 생략) 일대에서 재개발정비사업의 시행을 목적으로 조합설립인가를 받은 주택재개발정비사업조합이고, 원고들은 위 정비구역 내에 있는 각 토지 및 건물을 소유하였던 사람들이다.

나. 서대문구청장은 2011.6.15. 피고가 시행하는 '○○제3구역 주택재개발정비사업'의 시행인가를 고시하였다(서울특별시 서대문구고시 제2011-37호). 원고들은 2012.2.21. 피고에게 「공익사업을 위한 토지 등의 취득 및 보상에 관한 법률」(이하 '토지보상법'이라고 한다) 제30조 제1항에 따라 재결 신청을 청구하였다. 이후 피고는 2015.7.8. 사업시행변경인가를 받고 기존 현금청산 대상자들을 포함한 토지 등 소유자 등을 대상으로 하여 분양신청을 받았는데, 원고들은 위 분양신청기간 동안에도 분양신청을 하지 않았다.

다. 원고들은 2016.9.28. 재차 피고에게 재결 신청을 청구하였고, 이에 피고는 2017.5.25. 서울특별시 지방토지수용위원회에 재결을 신청하였다. 위 토지수용위원회는 2017.8.25. 원고들 소유의 토지 등에 대하여 손실보상금을 정하면서, 토지 및 지장물에 대한 보상금 외에 원고 1에게 780,158,450원, 원고 2에게 1,180,433,980원, 원고 3에게 965,718,340원의 토지보상법 제30조 제3항에 따른 2012.4.24.부터 2017.5.25.까지 1,858일 동안의 지연가산금을 더하여 지급하도록 하는 내용의 수용재결(이하 '이 사건 수용재결'이라고 한다)을 하였다.

라. 피고는 2017.9.5. 이 사건 수용재결서 정본을 송달받은 다음, 2017.10.10. 이 사건 수용재결 중 지연가산금 부분에 불복하여 이의신청을 하면서, 위 각 지연가산금 상당액을 공탁하였다. 한편 원고들도 보상가액이 현저히 낮게 산정되었다는 이유로 이 사건 수용재결에 불복하여 이의신청을 하였다. 중앙토지수용위원회는 2018.6.21. 피고의 이의신청을 받아들이지 않고, 원고들의 이의신청에 따라 토지 및 지장물의 손실보상금을 증액하는 한편, 그 금액을 기초로 지연가산금을 새로 계산함으로써 지연가산금 또한 증액하는 내용의 이의재결(이하 '이 사건 이의재결'이라고 한다)을 하였다.

마. 피고는 2018.6.26. 지연가산금 중 일부의 감액을 구하는 소를 제기하면서(이하 '관련 보상금감액소송'이라고 한다), 2018.7.25. 이의재결로 증액된 보상금 전액을 각 공탁하였다. 관련 보상금감액소송의 항소심법원(서울고등법원 2019누54049)은 2020.2.4. 이의재결로 증액된 피고의 원고들에 대한 지연가산금 채무 부존재 확인 청구 부분을 각하하고, 피고의 나머지 청구를 모두 기각하는 판결을 선고하였다. 위 항소심 판결은 2020.2.21. 상고기간의 도과로 확정되었다.

바. 원고들은 이 사건 소로써 피고를 상대로 '이 사건 수용재결상의 지연가산금'에 대하여 피고가 이 사건 수용재결서 정본을 받은 날인 2017.9.5.부터 관련 보상금감액소송의 판결이 확정된 날인 2020.2.21.까지의 각 토지보상법 제87조에 따른 지연가산금의 지급을 청구할 수 있는가? 10점

Ⅰ 쟁점의 정리　　　　　　　　　　　　　2. 지연가산금의 성격

Ⅱ 소송지연 가산금의 법적 성질 및 종류　　Ⅲ 사안의 해결
　1. 관련규정의 검토

Ⅰ 쟁점의 정리

설문에서는 수용재결과 이의재결을 모두 거친 경우로서 토지보상법 제87조 제1항이 적용되는지 제2항이 적용되는지가 문제된다. 토지보상법 제87조의 취지에 비추어 사안을 해결한다.

Ⅱ 소송지연 가산금의 법적 성질 및 종류

1. 관련규정의 검토

토지보상법 제87조는 "사업시행자는 제85조 제1항에 따라 사업시행자가 제기한 행정소송이 각하·기각 또는 취하된 경우 다음 각호의 어느 하나에 해당하는 날부터 판결일 또는 취하일까지의 기간에 대하여 「소송촉진 등에 관한 특례법」 제3조에 따른 법정이율을 적용하여 산정한 금액을 보상금에 가산하여 지급하여야 한다."라고 규정하면서, 그 지연가산금의 기산일에 관하여 제1호에서 "재결이 있은 후 소송을 제기하였을 때에는 재결서 정본을 받은 날"로, 제2호에서 "이의신청에 대한 재결이 있은 후 소송을 제기하였을 때에는 그 재결서 정본을 받은 날"로 규정하고 있다.

2. 지연가산금의 성격

토지보상법 제87조의 취지는 사업시행자가 보상금의 지급을 지연시킬 목적으로 행정소송을 남용하는 것을 방지하고 보상금을 수령하지 못하는 기간 동안 토지소유자의 손해를 보전하여 사업시행자와 토지소유자의 형평을 도모하려는 데에 있다(2018두54675).

Ⅲ 사안의 해결

사업시행자가 수용재결에 불복하여 취소소송을 제기하는 때에는 이의신청을 거친 경우에도 수용재결을 한 중앙토지수용위원회 또는 지방토지수용위원회를 피고로 하여 수용재결의 취소를 구하여야 하는 것으로, 그 불복의 대상은 원칙적으로 수용재결이고(대법원 2010.1.28, 2008두1504 판결 등 참조), 토지보상법 제87조가 지연가산금의 기산일을 '재결이 있은 후 소송을 제기하였을 때'와 '이의신청에 대한 재결이 있은 후 소송을 제기하였을 때'로 구분하여 규정하고 있는 점에 비추어 보면, 사업시행자가 수용재결에 불복하여 곧바로 행정소송을 제기하였을 때에는 제87조 제1호가, 사업시행자가 수용재결에 불복하여 이의신청을 거쳐 행정소송을 제기하였을 때에는 제87조 제2호가 각 적용되는 것으로 봄이 타당하다.

대법원 2022.4.14, 2021두57667

[판시사항]

사업시행자가 수용재결에 불복하여 이의신청을 한 후 다시 이의재결에 불복하여 행정소송을 제기하였으나 행정소송이 각하·기각 또는 취하된 경우, 지연가산금에 관한 공익사업을 위한 토지 등의 취득 및 보상에 관한 법률 제87조 제1호가 적용되는지 문제 된 사안에서, 위 경우 공익사업을 위한 토지 등의 취득 및 보상에 관한 법률 제87조 제2호가 적용되어 사업시행자는 이의재결서 정본을 받은 날부터 판결일 또는 취하일까지의 기간에 대하여 지연가산금을 지급할 의무가 있고, 위 경우에까지 공익사업을 위한 토지 등의 취득 및 보상에 관한 법률 제87조 제1호가 동시에 적용되지 않는다고 한 사례

[이 유]

상고이유를 판단한다.

1. 이 사건의 개요

   원심판결 이유에 의하면 다음과 같은 사정을 알 수 있다.

   가. 피고는 서울 서대문구 (주소 생략) 일대에서 재개발정비사업의 시행을 목적으로 조합설립인가를 받은 주택재개발정비사업조합이고, 원고들은 위 정비구역 내에 있는 각 토지 및 건물을 소유하였던 사람들이다.

   나. 서대문구청장은 2011.6.15. 피고가 시행하는 'ㅇㅇ제3구역 주택재개발정비사업'의 시행인가를 고시하였다(서울특별시 서대문구고시 제2011-37호). 원고들은 2012.2.21. 피고에게 「공익사업을 위한 토지 등의 취득 및 보상에 관한 법률」(이하 '토지보상법'이라고 한다) 제30조 제1항에 따라 재결 신청을 청구하였다. 이후 피고는 2015.7.8. 사업시행변경인가를 받고 기존 현금청산 대상자들을 포함한 토지 등 소유자 등을 대상으로 하여 분양신청을 받았는데, 원고들은 위 분양신청기간 동안에도 분양신청을 하지 않았다.

   다. 원고들은 2016.9.28. 재차 피고에게 재결 신청을 청구하였고, 이에 피고는 2017.5.25. 서울특별시 지방토지수용위원회에 재결을 신청하였다. 위 토지수용위원회는 2017.8.25. 원고들 소유의 토지 등에 대하여 손실보상금을 정하면서, 토지 및 지장물에 대한 보상금 외에 원고 1에게 780,158,450원, 원고 2에게 1,180,433,980원, 원고 3에게 965,718,340원의 토지보상법 제30조 제3항에 따른 2012.4.24.부터 2017.5.25.까지 1,858일 동안의 지연가산금을 더하여 지급하도록 하는 내용의 수용재결(이하 '이 사건 수용재결'이라고 한다)을 하였다.

   라. 피고는 2017.9.5. 이 사건 수용재결서 정본을 송달받은 다음, 2017.10.10. 이 사건 수용재결 중 지연가산금 부분에 불복하여 이의신청을 하면서, 위 각 지연가산금 상당액을 공탁하였다. 한편 원고들도 보상가액이 현저히 낮게 산정되었다는 이유로 이 사건 수용재결에 불복하여 이의신청을 하였다. 중앙토지수용위원회는 2018.6.21. 피고의 이의신청을 받아들이지 않고, 원고들의 이의신청에 따라 토지 및 지장물의 손실보상금을 증액하는 한편, 그 금액을 기초로 지연가산금을 새로 계산함으로써 지연가산금 또한 증액하는 내용의 이의재결(이하 '이 사건 이의재결'이라고 한다)을 하였다.

마. 피고는 2018.6.26. 지연가산금 중 일부의 감액을 구하는 소를 제기하면서(이하 '관련 보상금감액소송'이라고 한다), 2018.7.25. 이의재결로 증액된 보상금 전액을 각 공탁하였다. 관련 보상금감액소송의 항소심법원(서울고등법원 2019누54049)은 2020.2.4. 이의재결로 증액된 피고의 원고들에 대한 지연가산금 채무 부존재 확인 청구 부분을 각하하고, 피고의 나머지 청구를 모두 기각하는 판결을 선고하였다. 위 항소심 판결은 2020.2.21. 상고기간의 도과로 확정되었다.

바. 원고들은 이 사건 소로써 피고를 상대로 '이 사건 수용재결상의 지연가산금'에 대하여 피고가 이 사건 수용재결서 정본을 받은 날인 2017.9.5.부터 관련 보상금감액소송의 판결이 확정된 날인 2020.2.21.까지의 각 토지보상법 제87조에 따른 지연가산금의 지급을 청구하고 있다.

2. 상고이유 제1점에 대하여

가. 토지보상법 제87조는 "사업시행자는 제85조 제1항에 따라 사업시행자가 제기한 행정소송이 각하·기각 또는 취하된 경우 다음 각호의 어느 하나에 해당하는 날부터 판결일 또는 취하일까지의 기간에 대하여 「소송촉진 등에 관한 특례법」 제3조에 따른 법정이율을 적용하여 산정한 금액을 보상금에 가산하여 지급하여야 한다."라고 규정하면서, 그 지연가산금의 기산일에 관하여 제1호에서 "재결이 있은 후 소송을 제기하였을 때에는 재결서 정본을 받은 날"로, 제2호에서 "이의신청에 대한 재결이 있은 후 소송을 제기하였을 때에는 그 재결서 정본을 받은 날"로 규정하고 있다.

나. 원심은, 다음과 같은 이유를 들어 '사업시행자가 수용재결에 불복하여 이의신청을 한 후 다시 이의재결에 불복하여 행정소송을 제기하였으나 행정소송이 각하·기각 또는 취하된 경우'에는 토지보상법 제87조 제2호가 적용되어 사업시행자는 이의재결서 정본을 받은 날부터 판결일 또는 취하일까지의 기간에 대하여 지연가산금을 지급할 의무가 있고, 위 경우에까지 토지보상법 제87조 제1호가 동시에 적용된다고 볼 수는 없다고 판단하였다.

1) 사업시행자가 수용재결에 불복하여 취소소송을 제기하는 때에는 이의신청을 거친 경우에도 수용재결을 한 중앙토지수용위원회 또는 지방토지수용위원회를 피고로 하여 수용재결의 취소를 구하여야 하는 것으로, 그 불복의 대상은 원칙적으로 수용재결이고(대법원 2010.1.28. 2008두1504 등 참조), 토지보상법 제87조가 지연가산금의 기산일을 '재결이 있은 후 소송을 제기하였을 때'와 '이의신청에 대한 재결이 있은 후 소송을 제기하였을 때'로 구분하여 규정하고 있는 점에 비추어 보면, 사업시행자가 수용재결에 불복하여 곧바로 행정소송을 제기하였을 때에는 제87조 제1호가, 사업시행자가 수용재결에 불복하여 이의신청을 거쳐 행정소송을 제기하였을 때에는 제87조 제2호가 각 적용되는 것으로 봄이 타당하다.

2) 토지보상법 제87조의 취지는 사업시행자가 보상금의 지급을 지연시킬 목적으로 행정소송을 남용하는 것을 방지하고 보상금을 수령하지 못하는 기간 동안 토지소유자의 손해를 보전하여 사업시행자와 토지소유자의 형평을 도모하려는 데에 있다(대법원 2019.1.17. 2018두54675, 대법원 2019.1.31. 2018두56510 등 참조). 그러나 사업시행자가 수용

재결에 불복하여 이의신청을 한 후 다시 이의재결에 불복하여 행정소송을 제기하였으나 행정소송이 각하·기각 또는 취하된 경우 토지소유자 등이 지급받지 못한 보상금 전액 중 수용재결에 정한 금액 부분에 관하여 토지보상법 제87조 제1호를, 이의재결에서 증액된 금액 부분에 관하여 같은 조 제2호를 적용하여야 한다고 해석하는 것은 토지보상법 제87조의 취지를 고려하더라도 그 규정 문언의 한계를 벗어난 해석이다.

3) 구 토지수용법(2002.2.4. 법률 제6656호로 폐지되기 전의 것, 이하 같다)은 '재결전치주의'를 정하면서 원처분인 수용재결에 대한 취소소송을 인정하지 아니하고 재결인 이의재결에 대한 취소소송을 인정하고 있었으므로, 이의재결을 거치지 아니하고 원처분인 수용재결 취소의 소를 제기할 수 없었는데, 구 토지수용법 제75조의3은 기업자가 제기한 행정소송이 각하, 기각 또는 취하된 경우 기업자는 이의신청서에 대한 재결서의 정본을 송달받은 날부터 판결일까지의 기간에 대하여 지연가산금을 지급하도록 규정하여, 수용재결서 정본을 송달받은 날부터 이의재결서의 정본을 송달받은 날 전일까지의 기간에 대하여는 지연가산금을 인정하지 않고 있었다.

2002.2.4. 법률 제6656호로 폐지제정된 토지보상법 제85조가 이의신청의 재결을 거치지 아니하고도 행정소송을 제기할 수 있도록 함에 따라, 토지보상법 제87조는 구 토지수용법 제75조의3의 취지를 그대로 따르면서 그 지연가산금 기산일을 "재결이 있은 후 소송을 제기하였을 때에는 재결서 정본을 받은 날"(제1호)로, "이의신청에 대한 재결이 있은 후 소송을 제기하였을 때에는 그 재결서 정본을 받은 날"(제2호)로 구분하여 정하고 있을 뿐, 위 조항에 '수용재결서 정본을 받은 날부터 이의재결서 정본을 받은 전날까지'의 기간에 대하여까지 지연가산금을 보상하려는 입법 목적이 있었다고는 보이지 않는다.

4) 토지보상법은 사업시행자에 대하여 이의신청 또는 행정소송의 불복절차를 마련하면서, 어느 절차에 의하더라도 보상금을 받을 자는 그 절차가 종결될 때까지 사업시행자가 공탁한 보상금을 수령할 수 없도록 규정하고 있다(토지보상법 제40조 제4항, 제2항 제3호, 제85조 제1항). 그런데 토지보상법 제87조는 사업시행자가 제기한 행정소송이 각하·기각 또는 취하된 경우 지연가산금을 지급하도록 규정하고 있을 뿐, 사업시행자의 이의신청이 각하·기각 또는 취하된 경우의 지연가산금에 대한 규정은 두고 있지 않다. 이러한 토지보상법의 규정 체계와 내용 등에 비추어 보면, 토지보상법은 사업시행자가 수용재결에 불복하여 이의신청을 한 경우 그로 인하여 보상금을 수령하지 못하는 기간에 대하여는 지연가산금을 부과하지 않기로 정한 것이라고 봄이 타당하다.

5) 중앙토지수용위원회는 2018.6.21. 이 사건 이의재결을 하였고, 피고는 2018.7.3. 이의재결서 정본을 수령하였는데, 위 이의재결서 정본을 송달 받기 전인 2018.6.26. 원고들을 상대로 토지수용보상금 감액청구의 소를 제기하였다. 사업시행자가 수용재결에 불복하여 취소소송을 제기하는 때에는 이의신청을 거친 경우에도 그 불복의 대상은 원칙적으로 수용재결이므로, 피고가 중앙토지수용위원회의 이 사건 이의재결 이후 토지보상금 감액 청구의 소를 제기한 이상 그 이의재결서 정본을 직접 송달받기 전에 소제기를 하였다고 하더라도 '이의신청에 대한 재결이 있은 후 소송을 제기하였을 때'에 해당하지 않는다고 볼 수는 없다.

다. 관련 법리와 기록에 비추어 살펴보면, 위와 같은 원심의 판단에 상고이유 주장과 같이 토지
　보상법 제87조의 해석 및 적용에 관한 법리를 오해한 잘못이 없다.

3. 상고이유 제2 내지 4점에 대하여

　가. 기록에 의하면, 원고들은 소장에서 피고들이 토지보상법 제87조에 의한 지연가산금을 지급
　　할 의무가 있다고 주장하며 수용재결서 정본을 받은 날부터 계산한 지연가산금을 청구한 사
　　실, 소장에 첨부된 '법정이율가산금 산정 근거 표'에는 '수용재결서 정본 송달일부터 이의재
　　결서 정본 송달일 전일(원고들은 피고가 이의재결서 정본을 송달받은 날을 2018.7.12.로
　　가정하여 계산을 하였다)'까지의 기간과 '이의재결서 정본 송달일부터 관련 보상금감액소송
　　판결 확정일'까지의 기간에 발생하는 각 지연가산금 금액이 나뉘어 계산되어 있는 사실, 또
　　한 원고들은 설령 이 사건에 토지보상법 제87조 제2호가 적용되더라도 피고는 수용재결서
　　정본 송달일부터 이의재결서 정본을 송달받은 날까지는 최소한 민사 법정이율에 의한 지체
　　책임을 부담하여야 한다고 주장한 사실, 한편 피고는 원고들의 청구가 이유 없다고 주장하
　　면서도 지연가산금 지급책임이 인정된다면 그 가산금은 토지보상법 제87조 제2호에 따라
　　이의재결서 정본 송달일부터 발생한다는 취지로 주장한 사실을 알 수 있다.

　나. 이와 같은 사정에 비추어 보면, 원고들은 피고에 대하여 토지보상법 제87조에 따른 지연가
　　산금의 지급을 구하면서 다만 그 기산일을 원고들에게 유리하도록 같은 법 제87조 제1호에
　　따른 '수용재결서 정본 송달일'로 정하여야 한다고 주장하며 이를 전제로 계산한 금액을 청
　　구하는 한편, 그 기산일에 관하여 이 사건에 토지보상법 제87조 제2호가 적용될 경우를 대
　　비하여 이의재결서 정본 송달일부터 계산한 지연가산금 금액 또한 제시하는 등, 수용재결서
　　정본 송달일부터의 지연가산금이 인정되지 않는다면 적어도 토지보상법 제87조 제2호에 따른
　　이의재결서 정본 송달일부터의 지연가산금이라도 인용해줄 것을 구하였던 것으로 보인다.
　　따라서 원심으로서는 이 사건에 토지보상법 제87조 제2호가 적용되어야 하고 같은 조 제1
　　호는 적용되지 않는다고 판단한 이상 토지보상법 제87조 제2호에 따라 이의재결서 정본 송
　　달일부터의 지연가산금의 지급을 명하여야 하고, 만일 원고들이 토지보상법 제87조 제1호
　　가 적용되지 않는 경우 제2호에 따라 이의재결서 정본 송달일로부터의 지연가산금의 지급이
　　라도 구하는 것인지 분명하지 않다고 보았다면 석명권을 행사하여 원고로 하여금 그 취지를
　　분명히 하도록 하거나 당사자에게 이에 대한 의견진술 기회를 주었어야 할 것이다.
　　그럼에도 원심은 이 사건에 토지보상법 제87조 제1호가 적용되지 않는다는 이유로 원고들
　　의 청구를 전부 배척하였다. 이와 같은 원심의 조치에는 이의재결서 정본 송달일부터의 지
　　연가산금 지급에 대한 판단을 누락하였거나 석명권을 적정하게 행사하지 아니하고 필요한
　　심리를 다하지 아니하여 판결 결과에 영향을 미친 잘못이 있다. 이를 지적하는 이 부분 상고
　　이유 주장은 이유 있다.

판례사례 21 환매권 행사 제한

서울시는 양천구 목5동에 소재한 화산초등학교의 수용시설이 열악하다고 판단하고, 목4동에 양산 초등학교의 건립을 위한 사업인정과 재결을 거쳐 해당 부지(갑소유의 토지)를 취득하였다. 2년 후, 서울시는 인근의 다른 택지(아파트 단지 예정)에 새 초등학교부지가 있다는 사실을 알고, 아파트건설 사업을 하던 제3자인 을회사(私법인)와 그 아파트 단지 내에 들어설 새 초등학교 부지와 이 학교용지를 교환하였다. 이 사실을 알게 된 갑은 당초 사업이 폐지, 변경되었으므로 갑소유의 토지에 대한 환매권을 행사하였다. 그러자 서울시는 을회사와 교환한 당초 초등학교부지를 중학교부지로 변경하는 도시관리계획을 결정, 고시하면서 당초 토지는 초등학교에서 중학교부지로 공익사업이 변경되었으므로 환매권 행사가 제한된다고 주장하고 있다. 서울시의 주장과 관련하여 ① 환매권 행사요건이 충족되는지 및 ② 공익사업 변환요건이 충족되는지를 각각 검토하시오. [30절]

🎯 관련 규정

국토의 계획 및 이용에 관한 법률

제86조(도시·군계획시설사업의 시행자)

① 특별시장·광역시장·특별자치시장·특별자치도지사·시장 또는 군수는 이 법 또는 다른 법률에 특별한 규정이 있는 경우 외에는 관할 구역의 도시·군계획시설사업을 시행한다. 〈개정 2011.4.14〉

②~④항 생략

⑤ 제1항부터 제4항까지의 규정에 따라 시행자가 될 수 있는 자 외의 자는 대통령령으로 정하는 바에 따라 국토교통부장관, 시·도지사, 시장 또는 군수로부터 시행자로 지정을 받아 도시·군계획시설사업을 시행할 수 있다. 〈개정 2011.4.14, 2013.3.23.〉

제91조(실시계획의 고시)

국토교통부장관, 시·도지사 또는 대도시 시장은 제88조에 따라 실시계획을 작성하거나 인가한 경우에는 대통령령으로 정하는 바에 따라 그 내용을 고시하여야 한다.

제96조(「공익사업을 위한 토지 등의 취득 및 보상에 관한 법률」의 준용)

① 제95조에 따른 수용 및 사용에 관하여는 이 법에 특별한 규정이 있는 경우 외에는 「공익사업을 위한 토지 등의 취득 및 보상에 관한 법률」을 준용한다.

② 제1항에 따라 「공익사업을 위한 토지 등의 취득 및 보상에 관한 법률」을 준용할 때에 제91조에 따른 실시계획을 고시한 경우에는 같은 법 제20조 제1항과 제22조에 따른 사업인정 및 그 고시가 있었던 것으로 본다. 다만, 재결 신청은 같은 법 제23조 제1항과 제28조 제1항에도 불구하고 실시계획에서 정한 도시·군계획시설사업의 시행기간에 하여야 한다. 〈개정 2011.4.14〉

Ⅰ 쟁점의 정리

서울시가 당초 초등학교 건립을 목적으로 취득한 토지를 제3자인 을회사에게 양도한 경우 갑이 환매권을 행사할 수 있는지가 문제된다.

설문의 해결을 위해 환매권 행사의 요건(토지보상법 제91조 제1항 및 제2항) 및 공익사업 변환의 요건이(동법 동조 제6항) 충족되었는지를 살펴본다.

Ⅱ [설문 1] 환매권 행사요건충족 여부

1. 환매권의 의의 및 근거(토지보상법 제91조)

환매권이라 함은 공익사업을 위해 취득(협의취득 또는 수용)된 토지가 해당 사업에 필요없게 되거나 일정기간 동안 해당 사업에 이용되지 않는 경우에 원소유자 등이 일정한 요건하에 해당 토지를 회복할 수 있는 권리를 말한다. 토지보상법(제91조, 제92조)은 환매권을 인정하고 있다.

2. 환매권의 법적 성질

환매권의 법적 성질에 대해서는 ① 환매권은 공법적 원인에 의해 상실된 권리를 회복하는 제도이므로 공법상의 권리라는 공권설과 ② 환매권자가 자기의 이익을 위한 일방적 의사에 의해 수용목적물을 다시 취득하는 것이고 행정청의 수용해제처분을 요하지 않으므로 사권이라는 사권설이 대립한다. 〈생각건대〉 환매권은 공법적 원인에 의해 상실되었던 권리회복이라는 점에서 공권설이 타당한 것으로 보인다.

3. 환매권자

토지보상법상 환매권자는 '협의취득일 또는 수용의 개시일 당시의 토지소유자 또는 그 포괄승계인'이다(제91조 제1항). 〈사례에서〉 갑 등은 협의취득일 당시의 토지소유자이므로 환매권자이다.

4. 환매권의 행사요건(토지보상법 제91조 제1항 및 제2항)

① 공익사업의 폐지·변경 등의 사유로 취득한 토지의 전부 또는 일부가 필요 없게 된 경우 10년 이내에 그 토지에 대하여 받은 보상금에 상당하는 금액을 사업시행자에게 지급하고 그 토지를 환매할 수 있다(제91조 제1항), ② 토지의 협의취득일 또는 수용의 개시일부터 5년 이내에 취득한 토지의 전부를 해당 사업에 이용하지 아니한 때(제91조 제2항)를 규정하고 있다.

5. 환매권의 행사기간

상기의 환매요건은 ①의 경우 해당 토지의 전부 또는 일부가 필요 없게 된 때부터(법령에 의해 필요없게 된 날, 고시일, 사업완료일) 10년 이내에, ②의 경우에는 취득일로부터 6년 이내에 이를 행사하여야 한다. 이 기간은 제척기간이다.

6. 사안의 경우

갑 등은 협의취득일 당시의 토지소유자이므로 환매권자이며 필요 없게 된 때로부터 10년이 경과되지 않았으므로 토지보상법 제91조 제1항의 환매권 행사요건에 해당한다.

Ⅲ [설문 2] 공익사업의 변환의 요건충족 여부

1. 공익사업 변환의 의의 및 취지(법 제91조 제6항)

공익사업의 변환이라 함은 당초 공익사업이 다른 공익사업으로 변경된 경우, 별도의 협의취득 또는 수용 없이 해당 토지를 변경된 다른 공익사업에 이용하도록 하는 제도를 말한다. 이는 무용한 수용절차의 반복을 방지하여 원활한 사업의 진행을 도모함에 취지가 인정된다.

2. 변환제도의 위헌성 논의

(1) 문제점

헌법 제23조는 재산권보장을 천명하는바, 실질적으로 환매권을 제한하는 것이 기본권의 본질적 내용을 침해하는 것인지가 문제된다.

(2) 합헌설(헌법재판소의 다수견해)

공익사업의 변환제도는 ① 공익사업의 신속한 수행이라는 목적의 정당성과 ② 대상사업의 범위를 제한하여 수단의 적정성을 확보하므로 최소침해원칙 및 법익균형의 원칙에 부합하고 비례의 원칙에 위배되지 않는다고 한다.

(3) 위헌설

① 사업을 변경하는 경우, 재심사나 원소유자의 불복절차가 없어서 목적과 수단의 정당성을 인정할 수 없고, ② 실질적으로 환매권을 공허화시키므로 위헌이라고 한다.

(4) 검토

사업의 변경과정에서 적법성 확보절차가 부재하고 환매권자의 참여가 배제된 상태에서 이루어 지는 것은 최소침해 및 법익균형 측면에서 문제가 있는 것으로 보인다. 또한 개정된 보상법에 서는 택지개발사업까지 변환규정을 확대하여 많은 논란을 일으키고 있다.

3. 공익사업의 변환의 요건

(1) 주체상 요건규정

토지보상법 제91조 제6항에서는 수용주체가 국가, 지방자치단체, 공공기관일 것을 규정하고 있다.

판례는 사업시행자가 동일한 경우에만 허용되는 것으로 볼 수 없다고 판시하여 사업주체의 변 경을 인정하고 있다(93다11760).

(2) 대상사업 요건규정

사업인정을 받은 공익사업이 공익성의 정도가 높은 제4조 제1호 내지 제5호에 규정된 다른 공 익사업으로 변경된 경우이어야 하며, 대법원은 해당 사업역시 사업인정을 받아야 한다고 한다 (2010다30782).

(3) 대상토지를 계속 소유하고 있을 것

대법원은 공익사업을 위해 협의취득하거나 수용한 토지가 변경된 사업의 사업시행자가 아닌 제3자에게 처분된 경우에는 공익사업의 변환을 인정할 수 없다고 판시한 바 있다(2010다30782).

4. 공익사업의 변환의 효과

공익사업의 변환이 인정되는 경우에는 원래의 공익사업의 폐지·변경으로 협의취득 또는 수용한 토지가 원래의 공익사업에 필요 없게 된 때에도 환매권을 행사할 수 없다.

5. 사안의 경우

(1) 주체상 요건규정의 충족 여부

국토계획법 제86조에 따르면 당해 중학교 시설사업의 주체는 서울시 및 서울시가 지정한 자(서 울시가 을회사를 사업시행자로 지정할 수 있으므로)가 될 수 있으므로 상기 요건은 문제되지 않는다.

(2) 대상사업 요건규정의 충족 여부

국토계획법 제96조 제2항에서는 도시계획시설사업의 고시가 있으면 토지보상법상 사업인정 및 사업인정의 고시가 있었던 것으로 보게 된다고 규정하고 있다. 따라서 도시관리계획의 결정, 고시만으로는 해당 중학교시설설치에 관한 사업인정이 있는 것으로 볼 수 없다.

(3) 대상토지를 계속 소유하고 있는지 여부

또한 제3자인 을회사가 설문상 중학교시설사업의 주체로 지정되지 않은 바, 해당 중학교 건립사업의 주체인 서울시는 제3자인 을회사로부터 당초 토지를 다시 매입하여야 할 것이다.

Ⅳ 문제의 해결

갑 등의 환매의 의사표시는 토지보상법 제91조 제1항의 환매권 행사요건을 충족하였으나, 동법 제91조 제6항의 공익사업의 변환의 요건에 해당하므로 갑 등의 환매권 행사는 불가능하다. 따라서 갑 등의 환매권 행사의 의사표시는 부적법하다. 단, 환매권변환규정을 동일사업자에 한하여 인정된다고 보는 견해에 따르면 갑의 환매권 행사는 적법할 것이다.

> **대법원 2010.9.30, 2010다30782[소유권이전등기][공2010하,1987]**

[판시사항]

[1] 환매권에 관하여 규정한 '공익사업을 위한 토지 등의 취득 및 보상에 관한 법률' 제91조 제1항에 정한 '당해 사업'의 의미 및 협의취득 또는 수용된 토지가 필요 없게 되었는지 여부의 판단 기준

[2] '공익사업을 위한 토지 등의 취득 및 보상에 관한 법률' 제91조 제1항에 정한 환매권 행사기간의 의미

[3] '공익사업을 위한 토지 등의 취득 및 보상에 관한 법률' 제91조 제6항에 정한 공익사업의 변환이 인정되는 경우, 환매권 행사가 제한되는지 여부(적극)

[4] '공익사업을 위한 토지 등의 취득 및 보상에 관한 법률' 제91조 제6항에 정한 공익사업의 변환은 새로운 공익사업에 관해서도 같은 법 제20조 제1항의 규정에 의해 사업인정을 받거나 위 규정에 따른 사업인정을 받은 것으로 의제되는 경우에만 인정할 수 있는지 여부(적극)

[5] 공익사업을 위해 협의취득하거나 수용한 토지가 변경된 사업의 사업시행자 아닌 제3자에게 처분된 경우에도 '공익사업의 변환'을 인정할 수 있는지 여부(소극)

[6] 지방자치단체가 도시관리계획상 초등학교 건립사업을 위하여 학교용지를 협의취득하였으나 위 학교용지 인근에서 아파트 건설사업을 하던 주택건설사업 시행자와 그 아파트 단지 내에 들어설 새 초등학교 부지와 위 학교용지를 교환하고 위 학교용지에 중학교를 건립하는 것으로 도시관리계획을 변경한 사안에서, 위 학교용지에 관한 환매권 행사를 인정한 사례

[판결요지]

[1] 환매권에 관하여 규정한 '공익사업을 위한 토지 등의 취득 및 보상에 관한 법률'(이하 '공익사업법'이라고 한다) 제91조 제1항에서 말하는 '당해 사업'이란 토지의 협의취득 또는 수용의 목적이

된 구체적인 특정의 공익사업으로서 공익사업법 제20조 제1항에 의한 사업인정을 받을 때 구체적으로 특정된 공익사업을 말하고, '국토의 계획 및 이용에 관한 법률' 제88조, 제96조 제2항에 의해 도시계획시설사업에 관한 실시계획의 인가를 공익사업법 제20조 제1항의 사업인정으로 보게 되는 경우에는 그 실시계획의 인가를 받을 때 구체적으로 특정된 공익사업이 바로 공익사업법 제91조 제1항에 정한 협의취득 또는 수용의 목적이 된 당해 사업에 해당한다. 또 위 규정에 정한 당해 사업의 '폐지·변경'이란 당해 사업을 아예 그만두거나 다른 사업으로 바꾸는 것을 말하고, 취득한 토지의 전부 또는 일부가 '필요 없게 된 때'란 사업시행자가 취득한 토지의 전부 또는 일부가 그 취득 목적 사업을 위하여 사용할 필요 자체가 없어진 경우를 말하며, 협의취득 또는 수용된 토지가 필요 없게 되었는지 여부는 사업시행자의 주관적인 의사를 표준으로 할 것이 아니라 당해 사업의 목적과 내용, 협의취득의 경위와 범위, 당해 토지와 사업의 관계, 용도 등 제반 사정에 비추어 객관적·합리적으로 판단하여야 한다.

[2] '공익사업을 위한 토지 등의 취득 및 보상에 관한 법률' 제91조 제1항에서 환매권의 행사요건으로 정한 "당해 토지의 전부 또는 일부가 필요 없게 된 때로부터 1년 또는 그 취득일로부터 10년 이내에 그 토지를 환매할 수 있다"라는 규정의 의미는 취득일로부터 10년 이내에 그 토지가 필요 없게 된 경우에는 그때로부터 1년 이내에 환매권을 행사할 수 있으며, 또 필요 없게 된 때로부터 1년이 지났더라도 취득일로부터 10년이 지나지 않았다면 환매권자는 적법하게 환매권을 행사할 수 있다는 의미로 해석함이 옳다.

[3] 공익사업의 변환을 인정한 입법 취지 등에 비추어 볼 때, '공익사업을 위한 토지 등의 취득 및 보상에 관한 법률' 제91조 제6항은 사업인정을 받은 당해 공익사업의 폐지·변경으로 인하여 협의취득하거나 수용한 토지가 필요 없게 된 때라도 위 규정에 의하여 공익사업의 변환이 허용되는 다른 공익사업으로 변경되는 경우에는 당해 토지의 원소유자 또는 그 포괄승계인에게 환매권이 발생하지 않는다는 취지를 규정한 것이라고 보아야 하고, 위 조항에서 정한 "제1항 및 제2항의 규정에 의한 환매권 행사기간은 관보에 당해 공익사업의 변경을 고시한 날로부터 기산한다."는 의미는 새로 변경된 공익사업을 기준으로 다시 환매권 행사의 요건을 갖추지 못하는 한 환매권을 행사할 수 없고 환매권 행사 요건을 갖추어 제1항 및 제2항에 정한 환매권을 행사할 수 있는 경우에 그 환매권 행사기간은 당해 공익사업의 변경을 관보에 고시한 날로부터 기산한다는 의미로 해석해야 한다.

[4] '공익사업을 위한 토지 등의 취득 및 보상에 관한 법률' 제91조 제6항에 정한 공익사업의 변환은 같은 법 제20조 제1항의 규정에 의한 사업인정을 받은 공익사업이 일정한 범위 내의 공익성이 높은 다른 공익사업으로 변경된 경우에 한하여 환매권의 행사를 제한하는 것이므로, 적어도 새로운 공익사업에 관해서도 같은 법 제20조 제1항의 규정에 의해 사업인정을 받거나 또는 위 규정에 따른 사업인정을 받은 것으로 의제하는 다른 법률의 규정에 의해 사업인정을 받은 것으로 볼 수 있는 경우에만 공익사업의 변환에 의한 환매권 행사의 제한을 인정할 수 있다.

[5] 공익사업의 원활한 시행을 위한 무익한 절차의 반복 방지라는 '공익사업의 변환'을 인정한 입법 취지에 비추어 볼 때, 만약 사업시행자가 협의취득하거나 수용한 당해 토지를 제3자에게 처분해 버린 경우에는 어차피 변경된 사업시행자는 그 사업의 시행을 위하여 제3자로부터 토지를 재취득해야 하는 절차를 새로 거쳐야 하는 관계로 위와 같은 공익사업의 변환을 인정할 필요성

도 없게 되므로, 공익사업의 변환을 인정하기 위해서는 적어도 변경된 사업의 사업시행자가 당해 토지를 소유하고 있어야 한다. 나아가 공익사업을 위해 협의취득하거나 수용한 토지가 제3자에게 처분된 경우에는 특별한 사정이 없는 한 그 토지는 당해 공익사업에는 필요 없게 된 것이라고 보아야 하고, 변경된 공익사업에 관해서도 마찬가지이므로, 그 토지가 변경된 사업의 사업시행자 아닌 제3자에게 처분된 경우에는 공익사업의 변환을 인정할 여지도 없다.

[6] 지방자치단체가 도시관리계획상 초등학교 건립사업을 위하여 학교용지를 협의취득하였으나 위 학교용지 인근에서 아파트 건설사업을 하던 주택건설사업 시행자와 그 아파트 단지 내에 들어설 새 초등학교 부지와 위 학교용지를 교환하고 위 학교용지에 중학교를 건립하는 것으로 도시관리계획을 변경한 사안에서, 위 학교용지에 대한 협의취득의 목적이 된 당해 사업인 '초등학교 건립사업'의 폐지·변경으로 위 토지는 당해 사업에 필요 없게 되었고, 나아가 '중학교 건립사업'에 관하여 사업인정을 받지 않았을 뿐만 아니라 위 학교용지가 중학교 건립사업의 시행자 아닌 제3자에게 처분되었으므로 공익사업의 변환도 인정할 수 없다는 이유로 위 학교용지에 관한 환매권 행사를 인정한 사례

📝 판례사례 **22** 환매권 행사요건/환매대금 불복/통지의무/공익사업 변환

사업시행자는 수도권광역상수도사업을 위하여 1998.8.4.을 수용개시일로 하여 갑토지를 수용한 후, 토지에 설치된 기존의 수로관로를 판교택지지구 내 광역상수도로 계속 이용하여 오다가 2018.7.30. 이르러 그 이용을 중단하였다. 갑은 2018.8.13. 환매대금으로 677,458,300원을 공탁하고 그 무렵 환매권을 행사하였다.

(1) 환매권의 행사요건 및 그 판단기준에 대해 설명하시오. 15점

(2) 갑은 환매권을 행사할 수 있는가? 환매금액에 다툼이 있는 경우라면 그 해결방법은 어떠한가? 15점

(3) 만약 사업시행자가 당해 토지가 더 이상 필요없음에도, 환매권을 행사할 수 있음을 통지하지 않아서 환매권을 행사하지 못했다면 사업시행자는 손해배상책임을 지는가? 10점

(4) 공익사업변환에 대해서 설명하시오. 10점

(설문 1)의 해결

Ⅰ 개설(의의 및 취지)

Ⅱ 환매권의 행사요건과 그 판단기준

  1. 사업의 폐지·변경 기타의 사유로 필요없게 된 때(토지보상법 제91조 제1항)

    (1) 행사요건

    (2) 판단기준

  2. 취득한 토지의 전부를 사업에 이용하지 아니한 때(토지보상법 제91조 제2항)

    (1) 행사요건

    (2) 판단기준

  3. 제91조 제1항과 제2항 행사요건의 관계

(설문 2)의 해결

Ⅰ 쟁점의 정리

Ⅱ 환매권행사 요건의 충족여부

  1. 환매권행사 요건

  2. 환매권행사 절차 및 환매금액

  3. 사안의 경우

Ⅲ 환매금액에 대한 분쟁해결 방안

  1. 환매권의 법적 성질

    (1) 공법상 권리인지

      1) 학설 및 판례

      2) 검토

    (2) 형성권

  2. 환매금액에 대한 불복수단

    (1) 당사자 간 협의

    (2) 법원의 청구

    (3) 검토

Ⅳ 사안의 해결

(설문 3)의 해결

Ⅰ 쟁점의 정리

Ⅱ 환매권의 통지를 결여한 것이 불법행위를 구성하는지 여부

  1. 사업시행자의 통지 등

    (1) 토지보상법 제92조상 통지의무

    (2) 통지의무가 강행규정인지 여부

  2. 환매권의 통지를 결여한 것이 불법행위를 구성하는지 여부

    (1) 학설

    (2) 판례

  3. 통지하지 않고 제3자에게 처분한 것이 불법행위를 구성하는지 여부

Ⅲ 사안의 해결

(설문 4)의 해결

Ⅰ 의의 및 취지
  1. 의의
  2. 취지

Ⅱ 공익사업 변환규정의 적용 요건
  1. 주체상 요건
    (1) 토지보상법상 주체요건
    (2) 사업시행자가 변경된 경우에도 적용하는
       지 여부

  2. 대상사업 요건규정
  3. 대상토지를 계속 소유하고 있을 것

Ⅲ 공익사업변환의 위헌성
  1. 견해의 대립
  2. 검토

Ⅳ 관련문제

(설문 1)의 해결

Ⅰ 개설(의의 및 취지)

환매권이라 함은 수용의 목적물인 토지가 공익사업의 폐지·변경 기타의 사유로 인해 필요없게 되거나, 수용 후 오랫동안 그 공익사업에 현실적으로 이용되지 아니할 경우에, 수용 당시의 토지소유자 또는 그 포괄승계인이 원칙적으로 보상금에 상당하는 금액을 지급하고 수용의 목적물을 다시 취득할 수 있는 권리를 말한다. 이는 재산권의 존속보장 및 토지소유자의 소유권에 대한 감정존중을 도모한다.

Ⅱ 환매권의 행사요건과 그 판단기준

1. 사업의 폐지·변경 기타의 사유로 필요 없게 된 때(토지보상법 제91조 제1항)

(1) 행사요건

'공익사업의 폐지·변경으로 취득한 토지의 전부 또는 일부가 필요 없게 된 경우는 사업이 폐지·변경된 날 또는 사업의 폐지·변경 고시가 있는 날', '그 밖의 사유로 취득한 토지의 전부 또는 일부가 필요 없게 된 경우는 사업완료일'부터 10년 이내에 환매권을 행사할 수 있다.

(2) 판단기준

'당해사업'이란 사업인정을 받을 때 구체적으로 특정된 공익사업을 말하고, '폐지·변경'이란 당해 공익사업을 아예 그만두거나 다른 사업으로 바꾸는 것을 말하며, '필요 없게 되었을 때'란 사업시행자의 주관적 의도가 아닌 객관적 사정에 따라 판단한다.

2. 취득한 토지의 전부를 사업에 이용하지 아니한 때(토지보상법 제91조 제2항)

(1) 행사요건

취득일부터 5년 이내에 취득한 토지의 전부를 해당 사업에 이용하지 아니하였을 때에는, 취득일부터 6년 이내에 환매권을 행사할 수 있다.

(2) 판단기준

전부란 득징 환매권자의 해당 필지를 기준으로 판단해서는 안되고 사업시행자가 취득한 토지 전부를 기준으로 하고, 이용하지 아니하였을 때란 사실상 사업에 제공하지 아니한 상태의 계속이면 족하며, 사업의 필요성이 없을 것까지 요구하는 것은 아니다.

3. 제91조 제1항과 제2항 행사요건의 관계

그 요건을 서로 달리하고 있으므로, 어느 한쪽의 요건에 해당되면 다른 쪽의 요건을 주장할 수 없게 된다고 할 수 없고, 양쪽의 요건에 모두 해당된다고 하여 더 짧은 제척기간을 정한 제2항에 의하여 제1항의 환매권의 행사가 제한된다고 할 수도 없을 것이므로, 제2항의 규정에 의한 제척기간이 도과되었다 하여 제1항의 규정에 의한 환매권 행사를 할 수 없는 것도 아니라고 할 것이다.

(설문 2)의 해결

I 쟁점의 정리

설문은 갑이 환매권을 행사할 수 있는지 여부와, 환매금액에 대한 다툼 발생 시 그 해결방안을 묻고 있다. 갑이 환매의사를 표명한 것은 환매권행사기간 내에 이루어진 것인지 여부와, 토지보상법 제91조 제4항을 검토하여 환매금액에 대한 분쟁해결 방안을 설명한다.

II 환매권행사 요건의 충족여부

1. 환매권행사 요건

(설문 1)에서 서술한 바와 같음.

2. 환매권행사 절차 및 환매금액

환매권자는 환매의사 표시와 함께 사업시행자와 협의 결정한 보상금을 선지급함으로써 행사한다. 환매권은 형성권이므로 사업시행자의 승낙·동의 없이도 그 환매의 효과가 발생한다. 환매금액은 원칙상 환매대상토지 및 그 토지에 대한 소유권 이외의 권리에 대해 사업시행자가 지급한 보상금에 상당한 금액이다.

3. 사안의 경우

설문상 환매대금은 보상금에 상당한 금액으로 보이며, 대상토지는 취득일로부터 10년 이내에 필요 없게 되었고, 갑은 그 때로부터 1년 이내에 환매권을 행사하였다. 따라서 갑의 환매권행사는 정당하다고 볼 것이다.

Ⅲ 환매금액에 대한 분쟁해결 방안

1. 환매권의 법적 성질

(1) 공법상 권리인지

1) 학설 및 판례

① 학설은 공법상 권리라는 견해와 사법상 권리라는 견해가 대립하며, ② 대법원은 원소유자가 환매권의 행사에 의하여 일방적으로 사법상 매매를 성립시키고 행정청의 공용수용해제처분을 요하지 않으므로 사법상 권리로 보아 환매권에 기한 소유권이전등기청구소송을 민사소송으로 다루고 있다.

2) 검토

공법상 수단에 의하여 상실한 권리를 회복하는 제도로서, 공법상의 주체인 사업시행자에 대하여 사인이 가지는 권리이므로 공법상 권리로 볼 수 있다.

(2) 형성권

대법원은 환매권은 재판상이든 그 제척기간 내에 이를 일단 행사하면 그 형성적 효력으로 매매의 효력이 생기는 것으로 보고 있다. 그리고 환매권의 행사는 그 자체가 물권적 효과를 방생하는 것이 아니라 소유권이전등기청구권이라는 채권적 청구권을 발생할 뿐이라고 한다(92다4666).

2. 환매금액에 대한 불복수단

(1) 당사자 간 협의

토지보상법 제91조 제4항에서는 토지의 가격이 취득일 당시에 비하여 현저히 변동된 경우 사업시행자와 환매권자는 환매금액에 대하여 서로 협의하도록 규정하고 있다.

(2) 법원의 청구

만약, 당사자 간 협의가 성립되지 않는 경우라면, 법원에 그 증감을 청구할 수 있다. 이 경우 환매권의 법적 성질을 공권으로 본다면, 공법상 당사자소송으로 그 증감을 청구할 수 있을 것이나, 판례는 "환매권의 존부에 관한 확인을 구하는 소송 및 한매금액의 증감을 구하는 소송 역시 민사소송에 해당한다"고 판시한 바 있다(2010두22368).

(3) 검토

환매권은 공법상 수단에 의하여 상실한 권리를 회복하는 제도인 바, 이에 분쟁은 공법상 당사자소송으로 해결하는 것이 합당하다고 판단된다.

Ⅳ 사안의 해결

환매권은 형성권이므로 사업시행자의 승낙·동의 없이도 그 환매의 효과가 발생하므로, 사업시행자는 토지가격이 상승되었다는 이유로 환매금액과 보상금상당액 차액을 선이행 또는 동시이행을 청구할 수 없을 것이다. 양당사자는 토지보상법 제91조 제4항에 따라 당사자 간 협의를 통하거나, 환매권의 법적 성질을 공권으로 본다면 당사자소송의 형식으로 법원에 그 금액의 증감을 청구하여야 할 것이다.

(설문 3)의 해결

Ⅰ 쟁점의 정리

사업시행자의 손해배상책임이 인정되기 위해서는, 사업시행자가 통지하지 않은 것이 불법행위를 구성해야 한다. 따라서, 환매권행사에 대한 통지규정이 강행규정인지와 동 의무를 이행하지 않은 것이 불법행위를 구성하는지를 검토하여 설문을 해결한다.

Ⅱ 환매권의 통지를 결여한 것이 불법행위를 구성하는지 여부

1. 사업시행자의 통지 등

(1) 토지보상법 제92조상 통지의무

사업시행자는 환매할 토지가 생겼을 때 지체 없이 환매권자에게 통지하거나 사업시행자의 과실 없이 환매권자를 알 수 없는 경우 이를 공고해야 한다. 이는 법률상 당연히 인정되는 환매권의 행사의 실효성을 보장하기 위한 것으로 단지 '최고'에 불과하다.

(2) 통지의무가 강행규정인지 여부

공익목적에 필요 없게 된 토지가 있을 때에는 먼저 원소유자에게 그 사실을 알려 주어 환매할 것인지 여부를 최고하도록 함으로써 법률상 당연히 인정되는 환매권 행사의 실효성을 보장하기 위한 것이라고 할 것이므로 위 규정은 단순한 선언적인 것이 아니라 기업자(사업시행자)의 법적인 의무를 정한 것이라고 보아야 할 것이다(92다34667).

2. 환매권의 통지를 결여한 것이 불법행위를 구성하는지 여부

(1) 학설

1) 긍정설

환매권 사업시행자가 환매권행사 최고의 통지나 공고의무를 이행하지 않았으므로, 환매권자는 환매권이 발생한 사실을 모르고 자기의 권리인 환매권을 행사하지 못하고 있다가 제척기간인 환매기간이 도과되었기 때문에 불법행위를 구성한다고 본다.

2) 부정설

채권의 불법행위에 대하여 학설이 긍정한다고 하더라도, 그 가해자가 직접 채권을 처분하거나 행사하여 채권 자체를 상실케한 경우 목적물을 멸실, 파괴하여 채권자의 권리행사를 방해하는 적극적인 침해행위가 있어야 성립한다고 본다.

(2) 판례

사업시행자가 통지나 공고를 하여야 할 의무가 있는데도 불구하고 이러한 의무에 위배한 채 원소유자 등에게 통지나 공고를 하지 아니하여, 원소유자 등으로 하여금 환매권 행사기간이 도과되도록 하여 이로 인하여 법률에 의하여 인정되는 환매권 행사가 불가능하게 되어 환매권 그 자체를 상실하게 하는 손해를 가한 때에는 원소유자 등에 대하여 불법행위를 구성한다고 할 것이다(99다45864).

3. 통지하지 않고 제3자에게 처분한 것이 불법행위를 구성하는지 여부

원소유자의 환매가능성이 존속하고 있는데도 이러한 의무에 위배한 채 환매의 목적이 될 토지를 제3자에게 처분한 경우에는 그와 같은 처분행위 자체는 유효하다고 하더라도 적어도 원소유자에 대한 관계에서는 법률에 의하여 인정되는 환매권 자체를 행사함이 불가능하도록 함으로써 그 환매권 자체를 상실시킨 것으로 되어 불법행위를 구성한다고 함이 상당하다 할 것이다(92다34667).

Ⅲ 사안의 해결

사업시행자는 환매권을 행사할 수 있음을 알려야 할 법적 의무가 있음에도, 이러한 의무를 다하지 아니하여 갑이 환매권을 행사할 수 없었으므로 사업시행자는 이러한 불법행위에 대한 손해를 배상하여야 할 것이다.

 **(설문 4)의 해결**

Ⅰ 의의 및 취지

1. 의의

국가·지방자치단체 또는 공공기관이 사업인정을 받아 공익사업에 필요한 토지를 협의취득 또는 수용한 후 당해 공익사업이 제4조 제1호 내지 제5호에 규정된 다른 사업으로 변경된 경우 환매기간은 관보에 변경을 고시한 날로부터 기산하도록 하는 것을 말한다. 이 경우 국가·지자체 또는 정부투자기관은 변경사실을 환매권자에게 통지하도록 하고 있다.

2. 취지

기존 공익사업부지가 새로운 공익사업을 위해서 필요한 경우 일단 환매권을 인정하고 재취득하여야 하는 것이나 당초의 공익사업보다 공익성이 더 큰 공익사업으로 변경 시 번거로운 절차를 되풀이 하지 않기 위해 공익사업변환을 인정함으로써 환매권행사가 제한된다.

Ⅱ 공익사업 변환규정의 적용 요건

1. 주체상 요건

(1) 토지보상법상 주체요건

토지보상법 제91조 제6항에서는 수용주체가 국가, 지방자치단체, 공공기관일 것을 규정하고 있다.

(2) 사업시행자가 변경된 경우에도 적용하는 지 여부

사업시행자가 변경된 경우 토지보상법 제91조 제6항은 사업시행자가 같은 경우에만 인정되는지에 대한 명확한 규정이 없어서 이에 대한 견해가 대립되나 판례는 '구 토지수용법 제71조 제7항 등 관계법령의 규정내용이나 그 입법이유 등으로 미루어 볼 때 공익사업변환이 기업자가 동일한 것으로 해석되지 않는다(93다11760)'고 판시하여 사업주체변환을 인정하고 있다.

2. 대상사업 요건규정

사업인정을 받은 공익사업이 공익성의 정도가 높은 제4조 제1호 내지 제5호에 규정된 다른 공익사업으로 변경된 경우이어야 하며, 대법원은 해당 사업역시 사업인정을 받아야 한다고 한다(2010다30782).

3. 대상토지를 계속 소유하고 있을 것

대법원은 공익사업을 위해 협의취득하거나 수용한 토지가 변경된 사업의 사업시행자가 아닌 제3자에게 처분된 경우에는 공익사업의 변환을 인정할 수 없다고 판시한 바 있다(2010다30782).

Ⅲ 공익사업변환의 위헌성

1. 견해의 대립

① 공익사업변환이 수차에 걸쳐 계속된다면 환매권 취득기회를 영원히 상실하여 헌법 제37조 제2항 기본권제한의 절대적 한계를 일탈할 수도 있으므로 위헌이라는 견해와, ② 공익사업의 원활한 시행을 확보하기 위한 목적으로 그 목적의 정당성이 인정되고 변경이 허용되는 사업시행자의 범위와 대상사업을 한정하고 있어 그 입법목적 달성을 위한 수단으로서 직접성이 인정되는바 기본권 제한에 관한 과잉금지의 원칙에 위배되지 않는다는 견해가 있다.

2. 검토

공익사업변환은 기본권의 본질적 내용에 대한 침해소지가 있으나, 공익사업의 원활한 시행을 확보하기 위하여 도입된 제도이므로 재산권의 존속을 위해 공익사업 변경 시 다시 심사할 수 있는 제도적 보완 등을 통하여 정당성을 보완하여야 할 것이다.

Ⅳ 관련문제(사업인정 전 협의에 적용 가능성)

토지보상법 제91조 제6항에서 "사업인정을 받아"라고 규정하고 있는 바, 사업인정 전의 협의에 의한 취득의 경우에는 적용되지 않는다고 보는 것이 타당하다.

 대법원 2012.3.15, 2011다77849[손해배상(기)등][공2012상,587]

[판시사항]

[1] 매수인이 매도인을 대리하여 매매대금을 수령할 권한을 가진 자에게 잔대금의 수령을 최고하고 그 자를 공탁물수령자로 지정하여 변제공탁을 한 경우, 매도인에 대한 잔대금 지급의 효력이 있는지 여부(적극)

[2] 한국수자원공사가 갑 소유의 부동산을 수용하였는데, 이후 갑이 한국수자원공사에게서 환매업무를 위임받은 합병 전 한국토지공사에 환매를 요청하면서 한국토지공사를 피공탁자로 하여 환매대금을 공탁한 사안에서, 갑의 공탁은 한국수자원공사에 환매대금을 지급한 것과 같은 효력이 발생한다고 보아야 함에도, 이와 달리 본 원심판결에 법리오해의 위법이 있다고 한 사례

[판결요지]

[1] 매수인이 매도인을 대리하여 매매대금을 수령할 권한을 가진 자에게 잔대금의 수령을 최고하고 그 자를 공탁물수령자로 지정하여 한 변제공탁은 매도인에 대한 잔대금 지급의 효력이 있다.

[2] 한국수자원공사가 갑 소유의 부동산을 수용하였는데, 이후 갑이 한국수자원공사에게서 환매업무를 위임받은 합병 전 한국토지공사에 환매를 요청하면서 한국토지공사를 피공탁자로 하여 환매대금을 공탁한 사안에서, 제반 사정에 비추어 한국토지공사는 한국수자원공사를 대리하여 환매대금을 수령할 권한을 가지고 있었고, 갑이 한국토지공사에 환매대금 수령을 최고하고 한국토지공사를 공탁물수령자로 지정하여 환매대금을 공탁한 것은 환매당사자인 한국수자원공사에 환매대금을 지급한 것과 같은 효력이 발생한다고 보아야 함에도, 이와 달리 본 원심판결에 공탁과 환매요건에 관한 법리오해의 위법이 있다고 한 사례

 **판례사례 23** 환매권 행사요건 및 손해배상(더이상 필요 없게 된 경우 의미)

2003.5.12. 서대문구는 도시계획시설(주차장) 사업을 시행하면서 사업부지에 포함된 갑 등의 각 소유 토지를 협의취득한 후 공영주차장(아현동 제1공영주차장)을 설치하였다. 그 후 2006.10.19. 위 토지를 포함한 일대 지역이 재정비촉진지구(북아현 1-3)로 지정되어 공영주차장을 폐지하는 내용이 포함된 재정비촉진지구 변경지정 및 재정비 촉진계획이 고시(서울특별시 고시 제2006-357호)되었으며, 이에 따라 2019.3.31. 재정비촉진구역 주택재개발정비사업의 사업시행인가가 고시되었고 아현동 제1공영주차장은 주차장 용도로 사용되다가 재정비사업을 위하여 비로소 철거되었다. 2019.10.01. 갑은 2006.10.19. 당시 더 이상 주차장 용도로 사용되지 않을 것이 고시된 바, 이는 더 이상 해당 사업에 필요 없게 된 것으로서 환매권 행사에 관한 통지를 했어야 함에도 이를 하지 않아서 환매권 행사의 기회가 상실됐다고 주장한다. 갑이 목적사업인 주차장 사업에 필요 없게 되어 위 토지에 관한 환매권이 발생하였다고 주장하며 서대문구를 상대로 환매권 상실로 인한 손해배상을 청구할 수 있는가? ① 환매권의 행사요건 및 절차를 설명하고, ② 공익사업변환이 인정될 수 있는지를 검토하시오. 30점

관련 규정

토지보상법

제91조(환매권)

① 공익사업의 폐지·변경 또는 그 밖의 사유로 취득한 토지의 전부 또는 일부가 필요 없게 된 경우 토지의 협의취득일 또는 수용의 개시일(이하 이 조에서 "취득일"이라 한다) 당시의 토지소유자 또는 그 포괄승계인(이하 "환매권자"라 한다)은 다음 각 호의 구분에 따른 날부터 10년 이내에 그 토지에 대하여 받은 보상금에 상당하는 금액을 사업시행자에게 지급하고 그 토지를 환매할 수 있다.

　1. 사업의 폐지·변경으로 취득한 토지의 전부 또는 일부가 필요 없게 된 경우: 관계 법률에 따라 사업이 폐지·변경된 날 또는 제24조에 따른 사업의 폐지·변경 고시가 있는 날

　2. 그 밖의 사유로 취득한 토지의 전부 또는 일부가 필요 없게 된 경우: 사업완료일

② 취득일부터 5년 이내에 취득한 토지의 전부를 해당 사업에 이용하지 아니하였을 때에는 제1항을 준용한다. 이 경우 환매권은 취득일부터 6년 이내에 행사하여야 한다.

③ 제74조 제1항에 따라 매수하거나 수용한 잔여지는 그 잔여지에 접한 일단의 토지가 필요 없게 된 경우가 아니면 환매할 수 없다.

④ 토지의 가격이 취득일 당시에 비하여 현저히 변동된 경우 사업시행자와 환매권자는 환매금액에 대하여 서로 협의하되, 협의가 성립되지 아니하면 그 금액의 증감을 법원에 청구할 수 있다.

⑤ 제1항부터 제3항까지의 규정에 따른 환매권은 「부동산등기법」에서 정하는 바에 따라 공익사업에 필요한 토지의 협의취득 또는 수용의 등기가 되었을 때에는 제3자에게 대항할 수 있다.

⑥ 국가, 지방자치단체 또는 「공공기관의 운영에 관한 법률」 제4조에 따른 공공기관 중 대통령령으로 정하는 공공기관이 사업인정을 받아 공익사업에 필요한 토지를 협의취득하거나 수용한 후 해당 공익사업이 제4조 제1호부터 제5호까지에 규정된 다른 공익사업(별표에 따른 사업이 제4조 제1호부터 제5호까지에 규정된 공익사업에 해당하는 경우를 포함한다)으로 변경된 경우 제1항 및 제2항에 따른 환매권 행사기간은 관보에 해당 공익사업의 변경을 고시한 날부터 기산(起算)한다. 이 경우 국가, 지방자치단체

> 또는 「공공기관의 운영에 관한 법률」 제4조에 따른 공공기관 중 대통령령으로 정하는 공공기관은 공익
> 사업이 변경된 사실을 대통령령으로 정하는 바에 따라 환매권자에게 통지하여야 한다.
>
> **제92조(환매권의 통지 등)**
> ① 사업시행자는 제91조 제1항 및 제2항에 따라 환매할 토지가 생겼을 때에는 지체 없이 그 사실을 환매
> 권자에게 통지하여야 한다. 다만, 사업시행자가 과실 없이 환매권자를 알 수 없을 때에는 대통령령으로
> 정하는 바에 따라 공고하여야 한다.
> ② 환매권자는 제1항에 따른 통지를 받은 날 또는 공고를 한 날부터 6개월이 지난 후에는 제91조 제1항
> 및 제2항에도 불구하고 환매권을 행사하지 못한다.

<table>
<tr><td valign="top">

Ⅰ 쟁점의 정리

Ⅱ 환매권의 행사요건 및 절차 등
  1. 환매권의 의의 및 근거(토지보상법 제91조)
  2. 환매권의 법적 성질
  3. 환매권자
  4. 환매권의 행사요건 및 행사기간
    (1) 사업의 폐지·변경 기타의 사유로 필요
      없게 된 때(제91조 제1항)
    (2) 토지의 전부를 사업에 이용하지 아니한 때
  5. 환매권의 소멸(토지보상법 제92조)
    (1) 환매권행사의 소멸기간
    (2) 환매권의 통지를 결여한 것이 불법행위를
      구성하는지 여부

</td><td valign="top">

Ⅲ 공익사업의 변환
  1. 공익사업의 변환의 의의 및 취지(토지보상법
    제91조 제6항)
  2. 변환제도의 위헌성 논의
  3. 공익사업의 변환의 요건
    (1) 주체 및 대상사업 요건규정
    (2) 사업시행자의 동일성 여부
  4. 공익사업의 변환의 효과

Ⅳ 사안의 해결
  1. 해당 사업에 필요 없게 되었는지의 판단 기준
  2. 사안의 해결

</td></tr>
</table>

Ⅰ 쟁점의 정리

설문은 사업시행자가 환매할 토지가 생겼음에도 이를 통지하지 않은 경우, 사업시행자의 손해배상
책임이 발생되는지가 문제된다. 사안의 해결을 위해서 환매요건이 충족되는지 여부 및 통지의무에
대해서 살펴보고, 주택재개발사업지구에 편입된 것이 환매권행사를 제한하는지 등을 검토한다.

Ⅱ 환매권의 행사요건 및 절차 등

1. 환매권의 의의 및 근거(토지보상법 제91조)

환매권이라 함은 공익사업을 위해 취득(협의취득 또는 수용)된 토지가 해당 사업에 필요 없게 되거
나 일정 기간 동안 해당 사업에 이용되지 않는 경우에 원소유자 등이 일정한 요건하에 해당 토지를
회복할 수 있는 권리를 말한다.

2. 환매권의 법적 성질

① 환매권은 공법적 원인에 의해 상실된 권리를 회복하는 제도이므로 공법상의 권리라는 공권설과 ② 환매권자가 자기의 이익을 위한 일방적 의사에 의해 수용목적물을 다시 취득하는 것이고 행정청의 수용해제처분을 요하지 않으므로 사권이라는 사권설이 대립한다. 〈생각건대〉 환매권은 공법적 원인에 의해 상실되었던 권리회복이라는 점에서 공권설이 타당한 것으로 보인다.

3. 환매권자

토지보상법상 한매권자는 '협의취득일 또는 수용의 개시일 당시의 토지소유자 또는 그 포괄승계인'이다.

4. 환매권의 행사요건 및 행사기간

(1) 사업의 폐지·변경 기타의 사유로 필요 없게 된 때(토지보상법 제91조 제1항)

'공익사업의 폐지·변경으로 취득한 토지의 전부 또는 일부가 필요 없게 된 경우는 사업이 폐지·변경된 날 또는 사업의 폐지·변경 고시가 있는 날', '그 밖의 사유로 취득한 토지의 전부 또는 일부가 필요 없게 된 경우는 사업완료일'부터 10년 이내에 환매권을 행사할 수 있다.

(2) 토지의 전부를 사업에 이용하지 아니한 때

토지의 협의취득일 또는 수용의 개시일부터 5년 이내에 취득한 토지의 전부를 해당 사업에 이용하지 아니한 때에는 취득일로부터 6년 이내에 이를 행사하여야 한다. 이 기간은 제척기간이다.

5. 환매권의 소멸[토지보상법 제92조]

(1) 환매권 행사의 소멸기간

① 사업시행자의 환매 통지·공고가 있은 경우에는 통지를 받은 날, 공고한 날부터 6월이 경과하면 소멸된다. ② 사업시행자의 환매 통지·공고가 없는 경우에는 제91조 제1항의 경우 사업의 폐지·변경 고시가 있는 날 또는 사업완료일부터 10년이 경과하여야 하며, 두 조건을 모두 충족해야 환매권이 소멸한다. 제91조 제2항의 경우 취득일로부터 6년 경과로 소멸한다.

(2) 환매권의 통지를 결여한 것이 불법행위를 구성하는지 여부

통지규정은 법률상 당연히 인정되는 환매권 행사의 실효성을 보장하기 위한 것이라고 할 것이므로 통지의무를 하지 아니하여, 환매권 행사가 불가능하게 되었다면 이는 불법행위를 구성한다.

Ⅲ 공익사업의 변환

1. 공익사업의 변환의 의의 및 취지[토지보상법 제91조 제6항]

공익사업의 변환이라 함은 공익사업을 위하여 토지를 협의취득 또는 수용한 후 토지를 협의취득 또는 수용한 공익사업이 다른 공익사업으로 변경된 경우 별도의 협의취득 또는 수용 없이 해당 협의취득 또는 수용된 토지를 변경된 다른 공익사업에 이용하도록 하는 제도를 말한다. 이는 무용한 수용절차의 반복을 방지하여 원활한 사업의 진행을 도모함에 취지가 인정된다.

2. 변환제도의 위헌성 논의

헌법 제23조는 재산권 보장을 천명하는바 실질적으로 환매권을 제한하는 것이 기본권의 본질적 내용을 침해하는 것은 아닌지 문제된다. 견해의 대립이 있으나 다수 및 판례는 공익사업변환제도는 ① 공익사업의 신속한 수행이라는 목적의 정당성, ② 대상사업범위를 제한하여 수단의 적정성이 인정되어 최소침해의 원칙, 법익균형의 원칙에 부합하여 비례의 원칙에 위배되지 않는다고 한다.

3. 공익사업의 변환의 요건

(1) 주체 및 대상사업 요건규정

① 수용주체가 국가·지방자치단체 또는 공공기관이어야 한다. ② 사업인정을 받은 공익사업이 공익성의 정도가 높은 제4조 제1호 내지 제5호에 규정된 다른 공익사업으로 변경된 경우이어야 하며, ③ 해당 토지를 사업시행자가 계속 소유할 것을 요건으로 한다.

(2) 사업시행자의 동일성 여부

판례는 사업시행자가 동일시에만 허용되는 것으로만 볼 수 없다고 판시하여 사업주체변환을 인정하고 있다(대판 1994.1.25, 93다11760·11777·11784).

4. 공익사업의 변환의 효과

공익사업의 변환이 인정되는 경우에는 원래의 공익사업의 폐지·변경으로 협의취득 또는 수용한 토지가 원래의 공익사업에 필요 없게 된 때에도 환매권을 행사할 수 없다.

Ⅳ 사안의 해결

공영주차장의 폐지고시일인 2006.10.19. 서대문구의 통지도 없었고 10년도 경과하여 환매권을 행사할 수 없으므로 서대문구를 상대로 손해배상을 청구할 수 있을 것이다. 그러나 공영주차장은 철거되는 시점까지 계속하여 주차장으로 이용되었으므로 이 날을 기준으로 더 이상 해당 사업에 필요 없게 된 것으로도 볼 수 있으며, 2019.3.31. 주택재개발정비사업에 포함되어 있으므로 공익사업변환규정이 적용되어 환매권 행사기간이 다시 기산될 것이다. 이러한 경우라면 환매권을 행사할 수 없으므로 손해배상의 청구는 불가할 것이다.

🖉 대법원 2019.10.31, 2018다233242 판결[손해배상(기)]

해당 판례는 보상법 제91조 제1항이 개정되기 전의 판례이므로 '더 이상 필요없게 된 경우'의 의미 해석에 대해서만 참고하기 바랍니다.

[판시사항]

[1] 환매권에 관하여 규정한 '구 공익사업을 위한 토지 등의 취득 및 보상에 관한 법률' 제91조 제1항에서 정한 '당해 사업' 및 취득한 토지의 전부 또는 일부가 '필요 없게 된 때'의 의미와 협의취득 또는 수용된 토지가 필요 없게 되었는지 판단하는 기준

[2] 갑 지방자치단체가 도시계획시설(주차장) 사업을 시행하면서 사업부지에 포함된 을 등의 각 소유 토지를 협의취득한 후 공영주차장을 설치하였고, 그 후 위 토지를 포함한 일대 지역이 재정비촉진지구로 지정되어 공영주차장을 폐지하는 내용이 포함된 재정비촉진지구 변경지정 및 재정비 촉진계획이 고시되었으며, 이에 따라 재정비촉진구역 주택재개발정비사업의 사업시행인가가 고시되었는데, 을 등이 목적사업인 주차장 사업에 필요 없게 되어 위 토지에 관한 환매권이 발생하였다고 주장하며 갑 지방자치단체를 상대로 환매권 상실로 인한 손해배상을 구한 사안에서, 공영주차장을 폐지하기로 하는 내용이 포함된 위 재정비 촉진계획의 고시만으로 위 토지기 주차장 사업에 필요 없게 되었고, 그 무렵 을 등이 위 토지에 관한 환매권을 행사할 수 있었다고 본 원심판결에 심리미진 등의 잘못이 있다고 한 사례

[판결요지]

[1] 구 공익사업을 위한 토지 등의 취득 및 보상에 관한 법률(2011.8.4. 법률 제11017호로 개정되기 전의 것)은 제91조 제1항에서 "토지의 협의취득일 또는 수용의 개시일부터 10년 이내에 당해 사업의 폐지·변경 그 밖의 사유로 인하여 취득한 토지의 전부 또는 일부가 필요 없게 된 경우 취득일 당시의 토지소유자 또는 그 포괄승계인은 당해 토지의 전부 또는 일부가 필요 없게 된 때부터 1년 또는 그 취득일부터 10년 이내에 당해 토지에 대하여 지급받은 보상금에 상당한 금액을 사업시행자에게 지급하고 토지를 환매할 수 있다."라고 규정하고 있다. 위 조항에서 정하는 '당해 사업'이란 토지의 협의취득 또는 수용의 목적이 된 구체적인 특정 공익사업을 가리키는 것이고, 취득한 토지의 전부 또는 일부가 '필요 없게 된 때'란 사업시행자가 취득한 토지의 전부 또는 일부가 취득 목적사업을 위하여 사용할 필요 자체가 없어진 경우를 말하며, 협의취득 또는 수용된 토지가 필요 없게 되었는지는 사업시행자의 주관적인 의사를 표준으로 할 것이 아니라 당해 사업의 목적과 내용, 협의취득의 경위와 범위, 당해 토지와 사업의 관계, 용도 등 제반 사정에 비추어 객관적·합리적으로 판단하여야 한다.

[2] 갑 지방자치단체가 도시계획시설(주차장) 사업(이하 '주차장 사업'이라고 한다)을 시행하면서 사업부지에 포함된 을 등의 각 소유 토지를 협의취득한 후 공영주차장을 설치하였고, 그 후 위 토지를 포함한 일대 지역이 재정비촉진지구로 지정되어 공영주차장을 폐지하는 내용이 포함된 재정비촉진지구 변경지정 및 재정비 촉진계획(이하 '재정비 촉진계획'이라고 한다)이 고시되었으며, 이에 따라 재정비촉진구역 주택재개발정비사업(이하 '재개발 사업'이라고 한다)의 사업시행인가가 고시되었는데, 을 등이 목적사업인 주차장 사업에 필요 없게 되어 위 토지에 관한 환매권이 발생하였다고 주장하며 갑 지방자치단체를 상대로 환매권 상실로 인한 손해배상을 구한 사안에서, 공영주차장을 폐지하기로 하는 내용이 포함된 재정비 촉진계획이 고시되거나 위 토지 등에 관한 재개발 사업의 사업시행인가가 고시되었다고 하더라도, 공영주차장이 여전히 종래의 주차장 용도로 사용되는 동안은 주차장으로서의 효용이나 공익상 필요가 현실적으로 소멸되었다고 볼 수 없으므로, 재정비 촉진계획의 고시나 재개발 사업의 사업시행인가 고시만으로 위 토지가 객관적으로 주차장 사업에 필요가 없게 되었다고 단정하기 어렵고, 나아가 위 재개발 사업은 구 공익사업을 위한 토지 등의 취득 및 보상에 관한 법률(2011.8.4. 법률 제11017호로 개정되기 전의 것) 제4조 제5호의 공익사업으로서 '지방자치단체가 지정한 자가 임대나

양도의 목적으로 시행하는 주택의 건설 또는 택지의 조성에 관한 사업'에 해당한다고 볼 수 있으므로, 2010.4.5. 개정·시행된 같은 법 제91조 제6항이 적용되어 공익사업의 변환에 따라 을 등의 환매권 행사가 제한되는지 여부를 살폈어야 하는데도, 공영주차장을 폐지하기로 하는 내용이 포함된 재정비 촉진계획의 고시만으로 위 토지가 주차장 사업에 필요 없게 되었고, 그 무렵 을 등이 위 토지에 관한 환매권을 행사할 수 있었다고 본 원심판결에 심리미진 등의 잘못이 있다고 한 사례

> **판례사례 24** 환매권 행사대상(사업인정이 무효인 경우)
>
> 서귀포시장은 사업시행자를 지정하여 도시계획시설인 유원지를 신설하는 내용의 도시계획시설 실시계획을 인가·고시하였다. 사업시행자는 갑의 토지를 협의취득하였고 매매대금 1억원과 영농손실 보상금을 지급하였다. 그런데 해당 유원지 사업은 도시계획시설이 아닌 것으로 판단되어 실시계획 인가·고시는 무효로 판단되었다. 갑은 다시 토지 소유권을 찾기 위해서 보상금 상당액을 지급하고 환매의사를 표시한다면 소유권을 회복할 수 있는가? 환매권행사가 가능한가? 20점

Ⅰ 쟁점의 정리

사안의 쟁점은 인가처분이 무효이어서 해당 사업의 시행이 원시적으로 불가능하였던 경우에도 환매권을 행사할 수 있는지 여부이다. 환매권 행사요건을 검토하여 설문을 해결한다.

Ⅱ 환매권 행사요건

1. 환매권의 의의 및 근거(토지보상법 제91조)

환매권이라 함은 공익사업을 위해 취득(협의취득 또는 수용)된 토지가 해당 사업에 필요 없게 되거나 일정기간 동안 해당 사업에 이용되지 않는 경우에 원소유자 등이 일정한 요건하에 해당 토지를 회복할 수 있는 권리를 말한다. 토지보상법(제91조, 제92조)은 환매권을 인정하고 있다.

2. 환매권의 인정 취지

토지의 원소유자가 정당한 손실보상을 받았다고 하더라도 원래 자신의 자발적인 의사에 기하여 그 토지 등의 소유권을 상실하는 것이 아니어서 공익상의 필요가 소멸한 때에는 원소유자의 의사에 따라 그 토지 등의 소유권을 회복시켜 주는 것이 공평의 원칙에 부합한다는 데에 있다.

3. 환매권자

토지보상법상 환매권자는 '협의취득일 또는 수용의 개시일 당시의 토지소유자 또는 그 포괄승계인'이다(제91조 제1항).

4. 환매권의 행사요건(토지보상법 제91조 제1항 및 제2항)

① 공익사업의 폐지·변경 등의 사유로 취득한 토지의 전부 또는 일부가 필요 없게 된 경우 10년 이내에 그 토지에 대하여 받은 보상금에 상당하는 금액을 사업시행자에게 지급하고 그 토지를 환매할 수 있다(제91조 제1항), ② 토지의 협의취득일 또는 수용의 개시일부터 5년 이내에 취득한 토지의 전부를 해당 사업에 이용하지 아니한 때(제91조 제2항)를 규정하고 있다.

5. 환매권의 행사기간

상기의 환매요건은 ①의 경우 해당 토지의 전부 또는 일부가 필요 없게 된 때부터(법령에 의해 필요없게 된 날, 고시일, 사업완료일) 10년 이내에, ②의 경우에는 취득일로부터 6년 이내에 이를 행사하여야 한다. 이 기간은 제척기간이다.

Ⅲ 사안의 해결

1. 협의취득의 효력 유무

도시계획시설사업의 시행자로 지정되어 그 도시계획시설사업의 수행을 위하여 필요한 토지를 협의취득하였다고 하더라도, 시행자 지정이 처음부터 효력이 없거나 토지의 취득 당시 해당 도시계획시설사업의 법적 근거가 없었던 것으로 볼 수 있으므로 협의취득은 당연무효라고 볼 것이다.

2. 환매권행사 가능여부

해당 사업은 공익사업이 아니므로 공익사업의 폐지·변경 등이 있는 것으로 볼 수 없다.
협의취득이 당연무효인 경우, 협의취득일 당시의 토지소유자가 소유권에 근거하여 등기 명의를 회복하는 방식 등으로 권리를 구제받는 것은 별론으로 하더라도 토지보상법 제91조 제1항에서 정하고 있는 환매권을 행사할 수는 없다고 봄이 타당하다.

 **대법원 2021.4.29, 2020다280890[소유권이전등기][공2021상, 1061]**

[판시사항]

공익사업을 위한 토지 등의 취득 및 보상에 관한 법률 제91조 제1항에서 환매권을 인정하는 취지 / 도시계획시설사업의 시행자로 지정되어 도시계획시설사업의 수행을 위하여 필요한 토지를 협의취득하였으나 시행자 지정이 처음부터 효력이 없거나 토지의 취득 당시 해당 도시계획시설사업의 법적 근거가 없었던 것으로 볼 수 있는 등 협의취득이 당연무효인 경우, 협의취득일 당시의 토지소유사가 위 조항에서 징힌 환매권을 행시할 수 있는지 어부(소극)

[판결요지]

공익사업을 위한 토지 등의 취득 및 보상에 관한 법률(이하 '토지보상법'이라 한다) 제91조 제1항은 해당 사업의 폐지·변경 또는 그 밖의 사유로 취득한 토지의 전부 또는 일부가 필요 없게 된 경우 취득일 당시의 토지소유자 또는 그 포괄승계인(이하 '토지소유자'라 한다)은 그 토지에 대하여 받은 보상금에 상당하는 금액을 사업시행자에게 지급하고 그 토지를 환매할 수 있다고 규정하고 있다.

토지보상법이 환매권을 인정하는 취지는, 토지의 원소유자가 사업시행자로부터 토지 등의 대가로 정당한 손실보상을 받았다고 하더라도 원래 자신의 자발적인 의사에 기하여 그 토지 등의 소유권을 상실하는 것이 아니어서 그 토지 등을 더 이상 당해 공익사업에 이용할 필요가 없게 된 때, 즉 공익상의 필요가 소멸한 때에는 원소유자의 의사에 따라 그 토지 등의 소유권을 회복시켜 주는 것이 공평의 원칙에 부합한다는 데에 있다.

한편 구 공익사업을 위한 토지 등의 취득 및 보상에 관한 법률(2007.10.17. 법률 제8665호로 개정되기 전의 것, 이하 '구 토지보상법'이라 한다) 제4조 제7호, 구 국토의 계획 및 이용에 관한 법률(2007.1.19. 법률 제8250호로 개정되기 전의 것, 이하 '구 국토계획법'이라 한다) 제95조 제1항에 의하면, 구 국토계획법에 따른 도시계획시설사업은 구 토지보상법 제4조의 공익사업에 해당하는데, 구 국토계획법 제86조 제5항은 같은 조 제1항 내지 제4항에 따른 행정청이 아닌 자가 도시계획시설사업을 시행하기 위해서는 대통령령이 정하는 바에 따라 건설교통부장관 등으로부터 시행자로 지정을 받도록 규정하고 있다.

이러한 토지보상법 및 구 국토계획법의 규정 내용과 환매권의 입법 취지 등을 고려하면, 도시계획시설사업의 시행자로 지정되어 그 도시계획시설사업의 수행을 위하여 필요한 토지를 협의취득하였다고 하더라도, 시행자 지정이 처음부터 효력이 없거나 토지의 취득 당시 해당 도시계획시설사업의 법적 근거가 없었던 것으로 볼 수 있는 등 협의취득이 당연무효인 경우, 협의취득일 당시의 토지소유자가 소유권에 근거하여 등기 명의를 회복하는 방식 등으로 권리를 구제받는 것은 별론으로 하더라도 토지보상법 제91조 제1항에서 정하고 있는 환매권을 행사할 수는 없다고 봄이 타당하다.

- 판례사례노트 -

손실보상

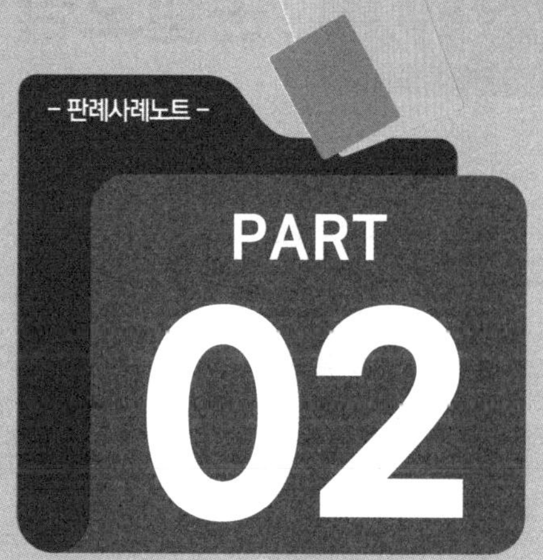

PART 02 손실보상

판례사례 25 이주대책대상자 요건(사용승인 + 수분양권 발생시기 및 권리구제수단)

관할 행정청으로부터 건축허가를 받아 택지개발사업구역 안에 있는 토지 위에 주택을 신축하였으나, 사용승인을 받지 않은 주택의 소유자 갑이 한국토지주택공사에 이주자택지 공급대상자 선정신청을 하였는데 위 주택이 사용승인을 받지 않았다는 이유로 한국토지주택공사가 이주자택지 공급대상자 제외 통보를 하였다. 갑은 구제받을 수 있는가? 40점

(1) 갑이 이주대책대상자인지 토지보상법상 요건을 검토하시오. 15점

(2) 갑이 강구할 수 있는 소송의 종류에 대해서 설명하시오. 25점

(설문 1)의 해결	(설문 2)의 해결
Ⅰ 쟁점의 정리	Ⅰ 쟁점의 정리
Ⅱ 갑이 이주대책대상자인지(이주대책대상자의 요건규정)	Ⅱ 수분양권의 법적 성질 및 발생시기
1. 의의 및 취지	1. 수분양권의 의의
2. 근거 및 성격	2. 수분양권의 법적 성질 및 발생시기
3. 요건 및 절차	(1) 공법관계인지
(1) 수립요건	(2) 발생시기
(2) 절차	1) 학설
(3) 대상자 요건(토지보상법 시행령 제40조 제5항)	① 이주대책계획수립이전설(법상취득설)
1) 무허가건축물이 아닐 것	② 이주대책계획수립시설
2) 거주기간 요건	③ 확인·결정시설
3) 사용승인이 필요한지 여부	2) 판례
4) 검토	3) 검토(이주대책수립시설)
Ⅲ 사안의 경우	Ⅲ 권리구제수단
	1. 이주대책대상자 선정행위의 법적 성질
	2. 권리구제 및 소송형식
	(1) 판례와 같이 확인·결정시설을 취하는 경우
	(2) 이주대책계획수립이전설(법상취득설)을 취하는 경우
	(3) 이주대책계획수립시설을 취하는 경우
	Ⅴ 사안의 해결

Ⅰ 쟁점의 정리

갑은 관할 행정청으로부터 적법한 건축허가를 득하였음에도 불구하고, 사업시행자는 사용승인을
받지 않았음을 이유로 이주자택지 공급대상자에서 제외하였다. 사용승인이 이주대책대상자 요건에
해당되는지와 관련하여 이주대책대상자 요건을 검토하여 사안을 해결한다.

Ⅱ 갑이 이주대책대상자인지(이주대책대상자의 요건규정)

1. 의의 및 취지

이주대책이란 주거용 건축물을 제공하여, 생활의 근거를 상실하는 자에게 종전생활을 유지시켜주
는 일환으로 택지 및 주택을 공급하거나 이주정착금을 지급하는 것을 말한다.

2. 근거 및 성격

이주대책은 공공사업의 시행에 의하여 생활의 근거를 상실하는 자에게 종전의 생활상태를 원상으
로 회복시키기 위한, 생활보호 차원의 시혜적인 조치로서 정책배려로 마련된 제도이다. 따라서 생
활보상의 성격을 갖는다. 판례도 이주대책을 생활보상의 일환으로 보고 있다. 또한 생활보상의 성
격을 손실보상의 일환으로 보게 되면 이주대책도 공법상 관계로 볼 수 있다.

3. 요건 및 절차

(1) 수립요건

토지보상법 시행령 제40조 제2항에서는 ① 조성토지가 없는 경우, ② 비용이 과다한 경우를
제외하고는 ③ 이주대책 대상이 10호 이상이 된다면 이주대책을 수립하도록 하고 있다.

(2) 절차

사업시행자는 해당 지역자치단체와 협의하여 이주대책계획을 수립하고 이주대책대상자에게 통
지한 후 이주대책의 신청 및 대상자 확인결정을 통하여 분양절차를 마무리하게 된다.

(3) 대상자 요건(토지보상법 시행령 제40조 제5항)

1) 무허가건축물이 아닐 것

허가를 받거나 신고를 하고 건축 또는 용도변경을 하여야 하는 건축물을 허가를 받지 아니
하거나 신고를 하지 아니하고 건축 또는 용도변경을 한 건축물의 소유자는 제외된다.

2) 거주기간 요건

해당 건축물에 공익사업을 위한 관계법령에 의한 고시 등이 있은 날부터 계약체결일 또는
수용재결일까지 계속하여 거주하고 있지 아니한 건축물의 소유자와 타인이 소유하고 있는

건축물에 거주하는 세입자는 이주대책대상자에서 제외된다. 또한, 이주대책대상자가 공익사업을 위한 관계 법령에 따른 고시 등이 있은 날의 1년 전부터 계약체결일 또는 수용재결일까지 계속하여 해당 건축물에 거주하지 않은 경우에는 이주정착금 지급 대상자에 해당된다.

3) 사용승인이 필요한지 여부

건축법에서는 건축물의 사용과 관련하여 사용승인을 받을 것을 규정하고 있으나, 판례는 토지보상법 시행령 제40조 제3항 제1호는 무허가건축물 또는 무신고건축물의 경우를 이주대책대상에서 제외하고 있을 뿐 사용승인을 받지 않은 건축물에 대하여는 아무런 규정을 두고 있지 않고, 건축법은 무허가건축물 또는 무신고건축물과 사용승인을 받지 않은 건축물을 요건과 효과 등에서 구별하고 있으며, 허가와 사용승인은 법적 성질이 다른 점 등의 사정을 고려하여 볼 때, 사용승인을 받지 않은 경우라도 무허가건축물의 소유자에 해당하지 않는다고 판시한 바 있다(대판 2013.8.23, 2012두24900).

4) 검토

이주대책의 취지가 가급적 이주대책의 혜택을 받을 수 있도록 규정하는 것이므로, 건축허가를 받아 건축되었으나 사용승인을 받지 못한 건축물이 건축허가와 전혀 다르게 건축되어 실질적으로는 건축허가를 받은 것으로 볼 수 없는 경우가 아니라면, 무허가건축물로 보지 않는 것이 타당하다.

Ⅲ 사안의 경우

갑은 사용승인을 득하지 못했지만 관할 행정청으로부터 건축허가를 득하였으므로 무허가건축물에 해당되지 않는다고 볼 것이다. 또한, 설문상 거주기간의 요건은 특별히 문제되지 않는 것으로 보이며, 건축허가의 내용과 전혀 다르게 건축되었다는 사정도 보이지 않는다. 따라서 갑은 이주대책대상자에 해당된다.

 **(설문 2)의 해결**

I 쟁점의 정리

이주대책으로 인해 주택이나 택지를 공급받을 수 있는 수분양권이 언제 발생되는지를 검토하여 갑의 권리구제수단과 구제가능성을 해결한다.

II 수분양권의 법적 성질 및 발생시기

1. 수분양권의 의의

수분양권이란 이주자가 이주대책을 수립, 실시하는 사업시행자로부터 이주대책대상자로 확인·결정을 받음으로서 취득하게 되는 택지나 아파트를 분양 받을 수 있는 권리를 말한다. 문제는 이주대책대상자에게 언제 수분양권 등 특정한 실체법상의 권리가 취득되는가 하는 것이다.

2. 수분양권의 법적 성질 및 발생시기

(1) 공법관계인지

이주대책의 수립 및 집행은 공행정사무로 보아야 하므로, 판례도 수분양권은 대상자 확인·결정에 의해 취득하는 공법상 권리라고 한다.

(2) 발생시기

1) 학설

① 이주대책계획수립이전설(법상취득설)

토지보상법 제78조 및 동법 시행령 제40조의 요건을 충족하는 경우에 실체적 권리인 수분양권이 취득된다고 보는 견해이다(92다35783 반대의견이 이 견해를 취한 것으로 보인다).

② 이주대책계획수립시설

사업시행자가 이주대책에 관한 구체적인 계획을 수립하여 이를 해당 자에게 통지 내지 공고한 경우에 이것으로 이주자에게 수분양권이 취득된다고 보는 견해이다(92다35783 반대의견에 대한 보충의견이 이 견해를 취한 것으로 보인다).

③ 확인·결정시설

이주대책계획 수립 후 이주자가 이주대책대상자 선정을 신청하고 사업시행자가 이를 받아들여 이주대책대상자로 확인·결정하여야 비로소 수분양권이 발생한다고 보는 견해이다(92다35783 다수의견이 이 견해를 취한 것으로 보인다).

2) 판례

판례는 "이주대책에 정한 절차에 따라 사업시행자에게 이주대책대상자 선정신청을 하고 사업시행자가 이를 받아들여 이주대책대상자로 확인·결정하여야만 비로소 구체적인 수분양권이 발생한다"고 하여 확인·결정시설을 취하고 있다(대판 1994.5.24, 92다35783).

3) 검토(이주대책수립시설)

이주대책대상자의 경우 법상의 추상적인 이주대책권이 이주대책계획이 수립됨으로써 구체적 권리로 되는 것이므로 이주대책계획수립시설이 타당하다. 다만, 법상의 이주대책대상자가 아닌 이주자는 이주대책대상자 선정신청을 하고 사업시행자가 이를 받아들여 이주대책대상자로 확인·결정하여야 비로소 실체적인 권리를 취득한다고 보아야 한다.

Ⅲ 권리구제수단

1. 이주대책대상자 선정행위의 법적 성질

대법원 다수의견은 이주대책대상자로서 확인·결정을 받아야 수분양권이 발생한다고 하며, 대법원 반대의견은 이주대책수립에 의해 구체적으로 형성된 수분양권을 이주대책대상자 확인·결정을 통해 이행하는 것으로 본다. 따라서 어느 견해에 따르더라도 이주대책대상자 선정에 대한 거부는 이주대책대상자의 권익에 영향을 미치는 처분으로 볼 수 있다.

2. 권리구제 및 소송형식

(1) 판례와 같이 확인·결정시설을 취하는 경우

이주대책대상자 선정신청에 대한 거부는 거부처분이 되므로 이에 대하여 취소소송을 제기하고 부작위인 경우에는 부작위위법확인소송을 제기하여야 한다. 이주대책대상자 선정신청 및 이에 따른 확인·결정 등 절차를 밟지 아니하여 구체적인 수분양권을 아직 취득하지도 못한 상태에서 곧바로 분양의무의 주체를 상대방으로 하여 민사소송이나 공법상 당사자소송으로 이주대책상의 수분양권의 확인 등을 구하는 것은 허용될 수 없다.

(2) 이주대책계획수립이전설(법상취득설)을 취하는 경우

이주대책대상자 선정신청의 거부나 부작위에 대하여 행정쟁송을 제기할 수 있을 뿐만 아니라 구체적 이주대책계획에서 제외된 이주대책대상자는 자기 몫이 참칭 이주대책대상자에게 이미 분양되어 분양신청을 하더라도 거부할 것이 명백한 특수한 경우에는 이주대책대상자로서 분양을 받을 권리 또는 그 법률상 지위의 확인을 공법상 당사자소송으로 구할 수 있다고 보아야 한다.

(3) 이주대책계획수립시설을 취하는 경우

이주대책계획을 수립한 이후에는 이주대책대상자에서 제외된 이주대책대상자는 수분양권에 터 잡은 분양신청을 하여 거부당한 경우에는 그 거부의 취소를 구하는 행정쟁송을 제기할 수 있을 것이다. 사업시행자가 실제로 이주대책계획을 수립하기 이전에는 이주자의 수분양권은 아직 추상적인 권리나 법률상의 지위 내지 이익에 불과한 것이어서 그 권리나 지위의 확인을 구할 수 없을 것이나, 이주대책계획을 수립한 이후에는 이주대책대상자의 추상적인 수분양권이 구체적 권리로 바뀌게 되므로 확인판결을 얻음으로써 분쟁이 해결되고 권리구제가 가능하여 그 확인소송이 권리구제에 유효적절한 수단이 될 수 있는 경우에는 당사자소송으로 수분양권 또는 그 법률상의 지위의 확인을 구할 수 있다고 보아야 한다.

Ⅳ 사안의 해결

갑은 토지보상법상 이주대책대상자에 해당된다. 따라서 갑이 이주자책지를 공급받을 권리가 있음을 확인받는 것이 가장 유효적절한 경우에는 수분양권자의 지위를 구하는 확인소송을 제기할 수 있을 것이며, 확인소송의 보충성이 인정되지 않는 경우에는 사업시행자를 대상으로 이주자택지 공급대상자 선정과 관련된 항고소송을 제기하여 구제받을 수 있을 것이다.

대법원 2013.8.23, 2012두24900[이주자택지공급대상제외처분취소][공2013하,1729]

[판시사항]
관할 행정청으로부터 건축허가를 받아 택지개발사업구역 안에 있는 토지 위에 주택을 신축하였으나 사용승인을 받지 않은 주택의 소유자 갑이 한국토지주택공사에 이주자택지 공급대상자 선정신청을 하였는데 위 주택이 사용승인을 받지 않았다는 이유로 한국토지주택공사가 이주자택지 공급대상자 제외 통보를 한 사안에서, 위 처분이 위법하다고 본 원심판단을 정당하다고 한 사례

[판결요지]
관할 행정청으로부터 건축허가를 받아 택지개발사업구역 안에 있는 토지 위에 주택을 신축하였으나 사용승인을 받지 않은 주택의 소유자 갑이 사업 시행자인 한국토지주택공사에 이주자택지 공급대상자 선정신청을 하였는데 위 주택이 사용승인을 받지 않았다는 이유로 한국토지주택공사가 이주자택지 공급대상자 제외 통보를 한 사안에서, 공공사업의 시행에 따라 생활의 근거를 상실하게 되는 이주자들에 대하여는 가급적 이주대책의 혜택을 받을 수 있도록 하는 것이 공익사업을 위한 토지 등의 취득 및 보상에 관한 법률이 규정하고 있는 이주대책 제도의 취지에 부합하는 점, 구 공익사업을 위한 토지 등의 취득 및 보상에 관한 법률 시행령(2011.12.28. 대통령령 제23425호로 개정되기 전의 것, 이하 '구 공익사업법 시행령'이라 한다) 제40조 제3항 제1호는 무허가건축물 또는 무신고건축물의 경우를 이주대책대상에서 제외하고 있을 뿐 사용승인을 받지 않은 건축물에 대하여는 아무런 규정을 두고 있지 않은 점, 건축법은 무허가건축물 또는 무신고건축물과 사용승인을 받지 않은 건축물을 요건과 효과 등에서 구별하고 있고, 허가와 사용승인은 법적 성질이 다른 점 등의 사정을 고려하여 볼 때, 건축허가를 받아 건축되었으나 사용승인을 받지 못한 건축물의 소유자는 그 건축물이 건축허가와 전혀 다르게 건축되어 실질적으로는 건축허가를 받은 것으로 볼 수 없는 경우가 아니라면 구 공익사업법 시행령 제40조 제3항 제1호에서 정한 무허가건축물의 소유자에 해당하지 않는다는 이유로 갑을 이주대책대상자에서 제외한 위 처분이 위법하다고 본 원심판단을 정당하다고 한 사례

📝 판례사례 26 이주대책대상자 거부처분(원처분주의) 및 불복수단

1. 피고 한국토지주택공사(이하 '피고 공사')는 2006.10.27. 택지개발예정지구 지정 공람공고가 이루어진 인천검단지구 택지개발사업(이하 '이 사건 사업')의 사업시행자이고, 원고는 피고 공사에 이 사건 사업에 관한 이주대책 대상자 선정 신청을 한 사람이다.

2. 이 사건 사업지구 내의 이 사건 주택에 관하여, 2009.11.6. 원고의 동생인 소외인 명의의 소유권보존등기 및 증여를 원인으로 하는 원고 명의의 소유권이전등기가 순차로 이루어졌다.

3. 피고 공사는 2016.12.경 이 사건 사업의 이주대책을 수립하여 공고하였는데(이하 '이 사건 공고'), 여기에서는 이주자택지(단독주택용지)의 공급대상자 요건에 관하여 '택지개발예정지구 지정 공람공고일(2006.10.27.) 1년 이전부터 보상계약체결일 또는 수용재결일까지 계속하여 사업지구 내 가옥을 소유하고 계속 거주한 자로 피고 공사로부터 그 가옥에 대한 보상을 받고 이 사건 사업 시행으로 인하여 이주하는 자(1989.1.25. 이후 무허가 건물소유자 및 법인, 단체는 제외)'라고 정하였다.

4. 원고는 이 사건 공고에 따라 2017.3.29. 피고 공사에 이주자택지 공급대상자 선정 신청을 하였다. 이때 원고는 신청서에 '자신이 1970년대에 이 사건 주택을 건축하여 소유권을 취득하였으므로 이주자택지 수급 자격에 해당한다.'는 내용을 기재하고 건축물대장, 이웃 주민들의 확인서, 전력 개통사용자 확인, 수도개설 사용, 등기사항증명서, 소외인이 작성한 양도양수확인서 등의 증빙자료를 첨부하여 제출하였다.

5. 피고 공사는 2017.7.28. 원고에게 '기준일 이후 주택 취득'이라는 이유로 원고를 이주대책 대상에서 제외하는 결정을 통보하였는데(이하 '1차 결정'), 그 통보서에는 "부적격 결정에 이의가 있으신 경우 본 통지문을 받으신 날로부터 30일 이내에 안내드린 바 있는 이 사건 공고에 의한 대상자 선정 요건을 충족할 수 있는 증빙자료와 함께 우리 공사에 서면으로 이의신청을 하실 수 있으며, 또한 90일 이내에 행정심판 또는 행정소송을 제기하실 수 있음을 알려드립니다."라는 안내문구가 기재되어 있다.

6. 이에 원고는 2017.8.25. 피고 공사에 이의신청을 하였다. 이때 원고는 이의신청서에 '자신이 1970년대에 이 사건 주택을 신축하여 소유권을 취득하였고, 다만 동네 이장의 착오로 건축물대장에 건축주가 소외인으로 등재되었다.'는 내용을 기재하고 수용사실확인서, 1972년도 사진, 2010년 당시 지장물 조사사진, 소외인 명의의 사실확인서, 마을주민확인서 등의 증빙자료를 추가로 첨부하여 제출하였다.

7. 피고 공사는 2017.12.6. 원고에게 "부동산 공부에 등재되었던 소유자를 배제하고 사실판단에 기하여 과거 소유자를 인정할 수 없음"이라는 이유로 원고의 이의신청을 받아들이지 않고 여전히 원고를 이주대책 대상에서 제외한다는 결정을 통보하였다(이하 '2차 결정'). 한편 2차 결정의 통보서에는 "우리 공사의 이의신청 불수용처분에 대하여 다시 이의가 있으신 경우 행정소송법에 따라 본 처분통보를 받은 날로부터 90일 이내에 행정심판 또는 행정소송을 제기할 수 있음을 알려드리니 참고하시기 바랍니다."라는 안내문구가 기재되어 있다.

8. 원고는 2018.3.5. 피고 중앙행정심판위원회(이하 '피고 위원회')에 2차 결정의 취소를 구하는 행정심판을 청구하였는데, 피고 위원회는 2018.10.17. 2차 결정이 처분에 해당하지 않는다는 이유로 원고의 행정심판 청구를 각하하는 재결을 하였고(이하 '이 사건 재결'), 그 재결서가 2018.10.31. 원고에게 송달되었다.

(1) ① 동일 신청 대상에 1차 거부 및 2차 거부처분이 있는 경우 무엇이 소의 대상이 되는가?
② 거부처분과 행정심판위원회의 재결 중 무엇을 소의 대상으로 해야 하는지 여부와 제소기간에 대해서 설명하시오. 25점

(2) 이주대책 대상자 선정에 대한 거부처분에 대하여 불복할 수 있는 방법에 대해서 논하시오. 15점

(설문 1)의 해결

Ⅰ 쟁점의 정리

Ⅱ 2차 거부처분이 항고쟁송의 대상인 처분이 되는지 여부
  1. 처분의 개념
    (1) 행정소송법 제2조 제1항 제1호
    (2) 대상적격으로서의 처분성 판단기준
  2. 2차 거부처분이 항고쟁송의 대상인 처분이 되는지 여부

Ⅲ 원처분주의와 재결주의
  1. 원처분주의와 재결주의
    (1) 의의
    (2) 현행법의 태도
  2. 재결고유의 하자유형(재결이 취소소송의 대상이 되는 경우)
  3. 원처분주의의 위반효과(재결의 고유한 위법 없이 소를 제기한 경우)
  4. 각하재결과 원처분주의

Ⅳ 제소기간
  1. 제소기간 의의 및 취지(소송법 제20조)
  2. 행정심판을 거친 경우의 제소기간

Ⅴ 사안의 해결

(설문 2)의 해결

Ⅰ 쟁적의 정리

Ⅱ 수분양권의 발생시기와 권리구제 수단
  1. 수분양권의 의의 및 법적 성질
  2. 수분양권의 발생시기
    (1) 학설
    (2) 판례(92다35783)
    (3) 검토(이주대책계획수립시설)

Ⅲ 권리구제 수단
  1. 이주대책 대상자 선정행위의 법적 성질
  2. 권리구제 및 소송형식
    (1) 확인·결정시설을 취하는 경우
    (2) 이주대책계획수립이전설을 취하는 경우
    (3) 이주대책계획수립시설을 취하는 경우

Ⅳ 사안의 해결

(설문 1)의 해결

I 쟁점의 정리

이주대책 대상자 선정 신청과 관련하여 2차 거부처분이 항고쟁송의 대상으로서 처분에 해당되는지와 처분에 해당된다면 행정심판의 재결을 대상으로 소를 제기해야 하는지를 중심으로 검토한다.

II 2차 거부처분이 항고쟁송의 대상인 처분이 되는지 여부

1. 처분의 개념

(1) 행정소송법 제2조 제1항 제1호

항고소송의 대상인 '처분'이란 "행정청이 행하는 구체적 사실에 관한 법집행으로서의 공권력의 행사 또는 그 거부와 그 밖에 이에 준하는 행정작용"을 말한다.

(2) 대상적격으로서의 처분성 판단기준

행정청의 행위가 항고소송의 대상이 될 수 있는지는 추상적·일반적으로 결정할 수 없고, 구체적인 경우에 관련 법령의 내용과 취지, 그 행위의 주체·내용·형식·절차, 그 행위와 상대방 등 이해관계인이 입는 불이익 사이의 실질적 견련성, 법치행정의 원리와 그 행위에 관련된 행정청이나 이해관계인의 태도 등을 고려하여 개별적으로 결정하여야 한다.

2. 2차 거부처분이 항고쟁송의 대상인 처분이 되는지 여부

수익적 행정처분을 구하는 신청에 대한 거부처분은 당사자의 신청에 대하여 관할 행정청이 이를 거절하는 의사를 대외적으로 명백히 표시함으로써 성립된다. 거부처분이 있은 후 당사자가 다시 신청을 한 경우에는 신청의 제목 여하에 불구하고 그 내용이 새로운 신청을 하는 취지라면 관할 행정청이 이를 다시 거절하는 것은 새로운 거부처분이라고 보아야 한다(2017두52764).

III 원처분주의와 재결주의

1. 원처분주의와 재결주의

(1) 의의

"원처분주의"란 원처분의 위법은 원처분에 대한 항고소송에서만 주장할 수 있고, 재결에 대한 항고소송에서는 재결 자체의 고유한 하자에 대해서만 주장할 수 있는 제도를 말한다. "재결주의"는 재결만이 행정소송의 대상이 되며, 원처분의 위법사유도 아울러 주장할 수 있는 원칙을 의미한다.

(2) 현행법의 태도

현행 행정소송법 제19조는 "취소소송의 대상은 처분 등을 대상으로 한다. 다만, 재결취소소송의 경우에는 재결 자체에 고유한 위법이 있음을 이유로 하는 경우에 한한다."라고 하여 원처분주의를 채택하고 있다.

2. 재결고유의 하자유형(재결이 취소소송의 대상이 되는 경우)

재결이 취소소송의 대상이 되는 경우는 재결 자체에 고유한 위법이 있는 경우에 한하는 바, ① 주체상 하자로는 권한없는 기관의 재결, ② 절차상 하자로는 심판절차를 준수하지 않은 경우 등, ③ 형식상 하자로는 서면으로 하지 않거나, 중요기재사항을 누락한 경우, ④ 내용상 하자의 경우 견해대립이 있으나 판례는 '내용의 위법은 위법 부당하게 인용재결을 한 경우에 해당한다'고 판시하여 내용상 하자를 재결고유의 하자로 인정하고 있다.

3. 원처분주의의 위반효과(재결의 고유한 위법없이 소를 제기한 경우)

고유한 위법없이 소송을 제기한 경우에는 각하판결을 해야 한다는 견해(제19조 단서를 소극적 소송요건으로 보는 견해)가 있으나, 다수·판례는 재결 자체의 위법 여부는 본안사항이므로 기각판결을 해야 한다고 본다.

4. 각하재결과 원처분주의

소송요건을 갖추었음에도 이를 잘못 판단하여 각하한 경우에는 본안심사청구의 기회를 박탈한 것으로서 재결고유의 하자로 볼 수 있다.

Ⅳ 제소기간

1. 제소기간 의의 및 취지(소송법 제20조)

제소기간이란 소송을 제기할 수 있는 시간적 간격을 의미하며, 제소기간 경과 시 "불가쟁력"으로 소를 제기할 수 없다.

취소소송은 처분이 있는 날로부터 1년, 안 날로부터 90일을 규정하고 있다. 이는 행정의 안정성과 국민의 권리구제를 조화하는 입법정책과 관련된 문제이다.

2. 행정심판을 거친 경우의 제소기간

행정심판을 거쳐 취소소송을 제기하는 경우 취소소송은 재결서의 정본을 송달받은 날부터 90일 이내에 제기하여야 한다(행정소송법 제20조 제1항). 이는 불변기간이다.

Ⅴ 사안의 해결

1차 거부처분과 2차 거부처분은 각각의 처분으로서 2차 거부처분은 항고쟁송의 대상인 처분으로 볼 것이다. 따라서 이에 대한 행정심판으로 각하재결이 나온 경우에는 재결서 정본 송달일로부터 90일 내에 행정심판위원회를 피고로 재결취소소송을 제기해야 할 것이다.

> 행정절차법 제26조는 행정청이 처분을 할 때에는 당사자에게 그 처분에 관하여 행정심판 및 행정소송을 제기할 수 있는지 여부, 그 밖에 불복을 할 수 있는지 여부, 청구절차 및 청구기간, 그 밖에 필요한 사항을 알려야 한다고 규정하고 있다.
> 피고 공사가 원고에게 2차 결정을 통보하면서 '2차 결정에 대하여 이의가 있는 경우 2차 결정 통보일부터 90일 이내에 행정심판이나 취소소송을 제기할 수 있다.'는 취지의 불복방법 안내를 하였던 점을 보면, 피고 공사 스스로도 2차 결정이 행정절차법과 행정소송법이 적용되는 처분에 해당한다고 인식하고 있었음을 알 수 있고, 그 상대방인 원고로서도 2차 결정이 행정쟁송의 대상인 처분이라고 인식하였을 수밖에 없다고 보인다. 따라서 2차 거부처분은 항고쟁송의 대상인 처분에 해당된다.

(설문 2)의 해결

Ⅰ 쟁점의 정리

이주대책으로 인해 주택이나 택지를 공급받을 수 있는 수분양권이 언제 발생되는지를 검토하여 권리구제수단을 논하고자 한다.

Ⅱ 수분양권의 발생시기와 권리구제 수단

1. 수분양권의 의의 및 법적성질

수분양권이란 이주대책 대상자가 취득하게 되는 택지나 아파트를 분양받을 수 있는 공법상 권리를 말한다(판례동지).

2. 수분양권의 발생시기

(1) 학설

① 이주대책계획수립이전설(법상 취득설)은 토지보상법상 요건을 충족하는 경우에 발생한다고 한다. ② 이주대책계획수립시설은 이주대책에 관한 구체적인 계획을 수립하여 이를 해당자에게 통지 내지 공고한 경우 발생한다고 본다. ③ 확인·결정시설은 이주대책계획 수립 후 이주자가 이주대책 대상자 선정을 신청하고 사업시행자가 이를 받아들여 이주대책 대상자로 확인·결정하여야 비로소 수분양권이 발생한다고 보는 견해이다.

(2) 판례(92다35783)

판례는 "이주대책에 정한 절차에 따라 사업시행자에게 이주대책 대상자 선정신청을 하고 사업시행자가 이를 받아들여 이주대책 대상자로 확인·결정하여야만 비로소 구체적인 수분양권이 발생한다"고 하여 확인·결정시설을 취하고 있다.

(3) 검토(이주대책계획수립시설)

이주대책 대상자의 경우 법상의 추상적인 이주대책권이 이주대책계획이 수립됨으로써 구체적 권리로 되는 것이므로 이주대책계획수립시설이 타당하다.

Ⅲ 권리구제 수단

1. 이주대책 대상자 선정행위의 법적 성질

이주대책 대상자 선정행위로 인해 구체적인 수분양권이 현실화되므로 대상자 선정행위는 행정소송법상 처분이다.

2. 권리구제 및 소송형식

(1) 확인·결정시설을 취하는 경우

대상자 선정신청에 대한 거부나 부작위에 대해서는 항고소송을 제기할 수 있으나, 확인·결정이 없는 경우에는 구체적인 수분양권이 취득되지 못한 상황이므로 확인소송으로서 그 지위를 구하는 소송은 허용될 수 없다.

(2) 이주대책계획수립이전설을 취하는 경우

대상자 선정신청의 거부나 부작위에 대하여 행정쟁송을 제기할 수 있을 뿐만 아니라 이주대책 대상자로서 분양을 받을 권리 또는 그 법률상 지위의 확인을 공법상 당사자소송으로 구할 수 있다고 보아야 한다.

(3) 이주대책계획수립시설을 취하는 경우

이주대책 대상자에서 제외된 이주대책 대상자는 행정쟁송을 제기할 수 있으며, 이주대책계획을 수립한 이후에는 이주대책 대상자의 추상적인 수분양권이 구체적 권리로 바뀌게 되므로 확인판결을 얻음으로써 분쟁이 해결되고 권리구제가 가능하여 그 확인소송이 권리구제에 유효적절한 수단이 될 수 있는 경우에는 당사자소송으로 수분양권 또는 그 법률상의 지위의 확인을 구할 수 있다고 보아야 한다.

Ⅳ 사안의 해결

토지보상법상 이주대책 대상자에 해당하는 경우 사업시행자를 대상으로 이주자택지 공급대상자 선정과 관련된 항고소송을 제기하여 구제받을 수 있으며, 분양권을 받을 권리가 있음을 확인받는 것이 가장 유효적절한 경우에는 수분양권자의 지위를 구하는 확인소송을 제기할 수 있을 것이다.

📐 대법원 2021.1.14, 2020두50324[이주대책대상자제외처분취소][공2021상, 391]

[판시사항]

[1] 행정청의 행위가 항고소송의 대상이 될 수 있는지 결정하는 방법 및 행정청의 행위가 '처분'에 해당하는지 불분명한 경우, 이를 판단하는 방법

[2] 수익적 행정처분을 구하는 신청에 대한 거부처분이 있은 후 당사자가 새로운 신청을 하는 취지로 다시 신청을 하였으나 행정청이 이를 다시 거절한 경우, 새로운 거부처분인지 여부(적극)

[판결요지]

[1] 항고소송의 대상인 '처분'이란 "행정청이 행하는 구체적 사실에 관한 법집행으로서의 공권력의 행사 또는 그 거부와 그 밖에 이에 준하는 행정작용"(행정소송법 제2조 제1항 제1호)을 말한다. 행정청의 행위가 항고소송의 대상이 될 수 있는지는 추상적·일반적으로 결정할 수 없고, 구체적인 경우에 관련 법령의 내용과 취지, 그 행위의 주체·내용·형식·절차, 그 행위와 상대방 등 이해관계인이 입는 불이익 사이의 실질적 견련성, 법치행정의 원리와 그 행위에 관련된 행정청이나 이해관계인의 태도 등을 고려하여 개별적으로 결정하여야 한다. 행정청의 행위가 '처분'에 해당하는지 불분명한 경우에는 그에 대한 불복방법 선택에 중대한 이해관계를 가지는 상대방의 인식가능성과 예측가능성을 중요하게 고려하여 규범적으로 판단하여야 한다.

[2] 수익적 행정처분을 구하는 신청에 대한 거부처분은 당사자의 신청에 대하여 관할 행정청이 이를 거절하는 의사를 대외적으로 명백히 표시함으로써 성립된다. 거부처분이 있은 후 당사자가 다시 신청을 한 경우에는 신청의 제목 여하에 불구하고 그 내용이 새로운 신청을 하는 취지라면 관할 행정청이 이를 다시 거절하는 것은 새로운 거부처분이라고 보아야 한다. 관계 법령이나 행정청이 사전에 공표한 처분기준에 신청기간을 제한하는 특별한 규정이 없는 이상 재신청을 불허할 법적 근거가 없으며, 설령 신청기간을 제한하는 특별한 규정이 있더라도 재신청이 신청기간을 도과하였는지는 본안에서 재신청에 대한 거부처분이 적법한가를 판단하는 단계에서 고려할 요소이지, 소송요건 심사단계에서 고려할 요소가 아니다.

[이 유]

상고이유를 판단한다.

1. 사안의 개요와 쟁점

　가. 원심판결 이유와 기록에 의하면, 다음과 같은 사정을 알 수 있다.

　　(1) 피고 한국토지주택공사(이하 '피고 공사'라고 한다)는 2006.10.27. 택지개발예정지구 지정 공람공고가 이루어진 인천검단지구 택지개발사업(이하 '이 사건 사업'이라고 한다)의 사업시행자이고, 원고는 피고 공사에 이 사건 사업에 관한 이주대책 대상자 선정 신청을 한 사람이다.

　　(2) 이 사건 사업지구 내의 이 사건 주택에 관하여, 2009.11.6. 원고의 동생인 소외인 명의의 소유권보존등기 및 증여를 원인으로 하는 원고 명의의 소유권이전등기가 순차로 이루어졌다.

　　(3) 피고 공사는 2016.12.경 이 사건 사업의 이주대책을 수립하여 공고하였는데(이하 '이 사건 공고'라고 한다), 여기에서는 이주자택지(단독주택용지)의 공급대상자 요건에 관하여

‘택지개발예정지구 지정 공람공고일(2006.10.27.) 1년 이전부터 보상계약체결일 또는 수용재결일까지 계속하여 사업지구 내 가옥을 소유하고 계속 거주한 자로 피고 공사로부터 그 가옥에 대한 보상을 받고 이 사건 사업 시행으로 인하여 이주하는 자(1989.1.25. 이후 무허가 건물소유자 및 법인, 단체는 제외)’라고 정하였다.

(4) 원고는 이 사건 공고에 따라 2017.3.29. 피고 공사에 이주자택지 공급대상자 선정 신청을 하였다. 이때 원고는 신청서에 ‘자신이 1970년대에 이 사건 주택을 건축하여 소유권을 취득하였으므로 이주자택지 수급 자격에 해당한다.’는 내용을 기재하고 건축물대장, 이웃 주민들의 확인서, 전력 개통사용자 확인, 수도개설 사용, 등기사항증명서, 소외인이 작성한 양도양수확인서 등의 증빙자료를 첨부하여 제출하였다.

(5) 피고 공사는 2017.7.28. 원고에게 ‘기준일 이후 주택 취득’이라는 이유로 원고를 이주대책 대상에서 제외하는 결정을 통보하였는데(이하 ‘1차 결정’이라고 한다), 그 통보서에는 “부적격 결정에 이의가 있으신 경우 본 통지문을 받으신 날로부터 30일 이내에 안내드린 바 있는 이 사건 공고에 의한 대상자 선정 요건을 충족할 수 있는 증빙자료와 함께 우리 공사에 서면으로 이의신청을 하실 수 있으며, 또한 90일 이내에 행정심판 또는 행정소송을 제기하실 수 있음을 알려드립니다.”라는 안내문구가 기재되어 있다.

(6) 이에 원고는 2017.8.25. 피고 공사에 이의신청을 하였다. 이때 원고는 이의신청서에 ‘자신이 1970년대에 이 사건 주택을 신축하여 소유권을 취득하였고, 다만 동네 이장의 착오로 건축물대장에 건축주가 소외인으로 등재되었다.’는 내용을 기재하고 수용사실확인서, 1972년도 사진, 2010년 당시 지장물 조사사진, 소외인 명의의 사실확인서, 마을 주민확인서 등의 증빙자료를 추가로 첨부하여 제출하였다.

(7) 피고 공사는 2017.12.6. 원고에게 “부동산 공부에 등재되었던 소유자를 배제하고 사실 판단에 기하여 과거 소유자를 인정할 수 없음”이라는 이유로 원고의 이의신청을 받아들이지 않고 여전히 원고를 이주대책 대상에서 제외한다는 결정을 통보하였다(이하 ‘2차 결정’이라고 한다). 한편 2차 결정의 통보서에는 “우리 공사의 이의신청 불수용처분에 대하여 다시 이의가 있으신 경우 행정소송법에 따라 본 처분통보를 받은 날로부터 90일 이내에 행정심판 또는 행정소송을 제기할 수 있음을 알려드리니 참고하시기 바랍니다.”라는 안내문구가 기재되어 있다.

(8) 원고는 2018.3.5. 피고 중앙행정심판위원회(이하 ‘피고 위원회’라고 한다)에 2차 결정의 취소를 구하는 행정심판을 청구하였는데, 피고 위원회는 2018.10.17. 2차 결정이 처분에 해당하지 않는다는 이유로 원고의 행정심판 청구를 각하하는 재결을 하였고(이하 ‘이 사건 재결’이라고 한다), 그 재결서가 2018.10.31. 원고에게 송달되었다.

나. 이 사건의 쟁점은 2차 결정이 1차 결정과 별도로 행정심판 및 취소소송의 대상이 되는 ‘처분’에 해당하는지 여부이다.

2. 원심의 판단

가. 원심은, ① 원고의 이의신청은 당초의 신청과 별개의 새로운 신청으로 보기 어렵고, ② 원고가 1차 결정에 대하여 이의신청을 할 당시에 1차 결정에 대하여 행정심판이나 취소소송을

제기할 수 있었으며, ③ 2차 결정은 1차 결정의 내용을 그대로 유지한다는 취지로서 이는 원고의 권리·의무에 어떠한 새로운 변동을 초래하지 아니할 뿐만 아니라, ④ 이 사건에 신뢰보호의 원칙이 적용된다고 볼 수도 없다는 등의 이유로, 2차 결정을 1차 결정과 별도로 행정쟁송의 대상이 되는 처분으로 볼 수 없다고 판단하였다. 그런 다음 이 사건 소 중 피고 공사에 대한 2차 결정 취소청구 부분은 각하하고, 피고 위원회에 대한 이 사건 재결 취소청구 부분은 재결 자체에 고유한 위법이 없다는 이유로 기각하였다.

나. 그러나 이러한 원심판단은 아래와 같은 이유에서 그대로 수긍하기 어렵다.

3. 대법원의 판단

가. 항고소송의 대상인 '처분'이란 "행정청이 행하는 구체적 사실에 관한 법집행으로서의 공권력의 행사 또는 그 거부와 그 밖에 이에 준하는 행정작용"(행정소송법 제2조 제1항 제1호)을 말한다. 행정청의 행위가 항고소송의 대상이 될 수 있는지는 추상적·일반적으로 결정할 수 없고, 구체적인 경우에 관련 법령의 내용과 취지, 그 행위의 주체·내용·형식·절차, 그 행위와 상대방 등 이해관계인이 입는 불이익 사이의 실질적 견련성, 법치행정의 원리와 그 행위에 관련된 행정청이나 이해관계인의 태도 등을 고려하여 개별적으로 결정하여야 한다 (대법원 2010.11.18, 2008두167 전원합의체 판결 참조). 행정청의 행위가 '처분'에 해당하는지가 불분명한 경우에는 그에 대한 불복방법 선택에 중대한 이해관계를 가지는 상대방의 인식가능성과 예측가능성을 중요하게 고려하여 규범적으로 판단하여야 한다(대법원 2018.10.25, 2016두33537 등 참조).

나. 이러한 법리에 비추어 이 사건 사실관계를 살펴보면, 2차 결정은 1차 결정과 별도로 행정쟁송의 대상이 되는 '처분'으로 봄이 타당하다. 구체적인 이유는 다음과 같다.

(1) 수익적 행정처분을 구하는 신청에 대한 거부처분은 당사자의 신청에 대하여 관할 행정청이 이를 거절하는 의사를 대외적으로 명백히 표시함으로써 성립된다. 거부처분이 있은 후 당사자가 다시 신청을 한 경우에는 신청의 제목 여하에 불구하고 그 내용이 새로운 신청을 하는 취지라면 관할 행정청이 이를 다시 거절하는 것은 새로운 거부처분이라고 보아야 한다(대법원 2019.4.3, 2017두52764 등 참조). 관계 법령이나 행정청이 사전에 공표한 처분기준에 신청기간을 제한하는 특별한 규정이 없는 이상 재신청을 불허할 법적 근거가 없으며, 설령 신청기간을 제한하는 특별한 규정이 있다 하더라도 재신청이 신청기간을 도과하였는지 여부는 본안에서 재신청에 대한 거부처분이 적법한가를 판단하는 단계에서 고려할 요소이지, 소송요건 심사단계에서 고려할 요소가 아니다.

(2) 행정절차법 제26조는 행정청이 처분을 할 때에는 당사자에게 그 처분에 관하여 행정심판 및 행정소송을 제기할 수 있는지 여부, 그 밖에 불복을 할 수 있는지 여부, 청구절차 및 청구기간, 그 밖에 필요한 사항을 알려야 한다고 규정하고 있다. 이 사건에서 피고 공사가 원고에게 2차 결정을 통보하면서 '2차 결정에 대하여 이의가 있는 경우 2차 결정 통보일부터 90일 이내에 행정심판이나 취소소송을 제기할 수 있다.'는 취지의 불복방법 안내를 하였던 점을 보면, 피고 공사 스스로도 2차 결정이 행정절차법과 행정소송법이 적용되는 처분에 해당한다고 인식하고 있었음을 알 수 있고, 그 상대방인 원고로서도

2차 결정이 행정쟁송의 대상인 처분이라고 인식하였을 수밖에 없다고 보인다. 이와 같이 불복방법을 안내한 피고 공사가 이 사건 소가 제기되자 '처분성'이 인정되지 않는다고 본안전항변을 하는 것은 신의성실원칙(행정절차법 제4조)에도 어긋난다(대법원 2020.4.9, 2019두61137 참조).

원심이 원용한 대법원 2012.11.15, 2010두8676은, 행정청이 구「민원사무처리에 관한 법률」(2015.8.11. 법률 제13459호로 전부 개정되기 전의 것) 제18조에 근거한 '이의신청'에 대하여 기각결정을 하였을 뿐이고 기각결정에 대하여 행정쟁송을 제기할 수 있다는 불복방법 안내를 하지는 않았던 사안에 관한 것이므로[해당 사안에 적용되는 구「민원사무처리에 관한 법률 시행령」(2012.12.20. 대통령령 제24235호로 전부 개정되기 전의 것) 제29조 제3항은 행정기관의 장이 법 제18조 제2항에 따라 이의신청에 대한 결과를 통지하는 때에는 결정 이유, 원래의 거부처분에 대한 불복방법 및 불복절차를 구체적으로 명시하여야 한다고 규정하고 있었다], 이 사건 사안에 원용하기에는 적절하지 않다.

다. 그런데도 원심은, 2차 결정이 1차 결정과 별도로 행정쟁송의 대상이 되는 처분에 해당하지 않는다고 판단하였다. 이러한 원심판단에는 행정소송의 대상인 처분에 관한 법리를 오해하여 판결에 영향을 미친 잘못이 있다. 이를 지적하는 상고이유 주장은 이유 있다.

4. 결론

그러므로 원심판결을 파기하고, 사건을 다시 심리·판단하게 하기 위하여 원심법원에 환송하기로 하여, 관여 대법관의 일치된 의견으로 주문과 같이 판결한다.

 **대법원 1992.10.27, 92누1643[이주대책제외처분취소][공]1992.12.15.[934],3314]**

[판시사항]

가. 신청에 대한 거부처분이 있은 후 다시 한 신청이 새로운 신청을 한 취지라면 그에 대한 거부처분도 새로운 거부처분으로 보아야 하는지 여부(적극)

나. 신청의 명칭이 이의신청으로 되어 있으나 종전의 거부처분에 대한 불복신청이라기보다 별개의 새로운 신청으로 보아 이에 대한 거절의 의사표시도 독립한 새로운 거부처분이라고 본 사례

[판결요지]

가. 거부처분은 당사자의 신청에 대하여 관할 행정청이 이를 거절하는 의사를 대외적으로 명백히 표시함으로써 성립되는 것인바, 당사자가 한 신청에 대하여 거부처분이 있은 후 당사자가 다시 신청을 한 경우에 그 신청의 제목 여하에 불구하고 그 내용이 새로운 신청을 하는 취지라면 관할 행정청이 이를 다시 거절한 이상 새로운 거부처분이 있은 것으로 보아야 할 것이다.

나. 신청의 명칭이 이의신청으로 되어 있으나 종전의 거부처분에 대한 불복신청이라기보다 별개의 새로운 신청으로 보아 이에 대한 거절의 의사표시도 독립한 새로운 거부처분이라고 본 사례

[주 문]

원심판결을 파기하고 사건을 서울고등법원에 환송한다.

[이 유]

원고소송대리인의 상고이유를 본다.

원심판결 이유에 의하면 원심은 그 거시증거에 의하여 원고가 피고에게 피고 시행의 안양평촌지구 신시가지사업지구 내에 가옥을 소유하고 있다고 하면서 이주대책의 하나인 이주자택지공급신청을 하였으나 피고는 1990.5.경 원고에게 원고는 택지공급대상자가 되지 않는다는 내용의 서면통지를 한 사실과 원고가 이에 대하여 1991.1.경 피고에게 이의신청을 하자 피고는 1991.1.17.자로 원고 에게 원고는 위 이주대책에서 제외된다는 취지의 회신을 한 사실을 인정한 다음, 이 사건에서 피고 의 거부처분은 위 1990.5.경의 통지에 의하여 있게 된 것이라 할 것이므로 원고는 위 1990.5.경의 처분을 이 사건 취소소송의 대상으로 삼아야 함에도 불구하고 1991.1.17.에 있은 원고의 이의신청 에 대한 피고의 회신을 그 대상으로 삼은 원고의 이 사건 소는 부적법하다고 판단하였다.

그러나 거부처분은 당사자의 신청에 대하여 관할행정청이 이를 거절하는 의사를 대외적으로 명백 히 표시함으로써 성립되는 것인바, 당사자가 한 신청에 대하여 거부처분이 있은 후 당사자가 다시 신청을 한 경우에 그 신청의 제목 여하에 불구하고 그 내용이 새로운 신청을 하는 취지라면 관할 행정청이 이를 다시 거절한 이상 새로운 거부처분이 있은 것으로 보아야 할 것이다(당원 1991.6.11, 90누10292 참조).

원심확정사실과 기록에 의하여 이 사건 처분의 경위 및 내용을 살펴보면 원고가 1990.1. 피고에게 택지공급신청을 한 데 대하여 피고는 같은 해 5. 원고에게 위 건물이 증여된 것이라는 이유로 택지 공급대상이 되지 않는다는 취지의 서면통지를 하였고, 그 후 약 8개월이 경과한 뒤에 원고가 1991.1. '가옥소유점유사실이의신청서'라는 제목하에 이 사건 가옥의 소유, 점유관계 및 등기관계 등을 자세히 언급하고 증거자료까지 첨부하여 원고가 택지공급대상자에 해당함을 주장하면서 피고 에게 이주자택지공급을 해줄 것을 신청하자, 이에 대하여 피고는 1991.1.17. 원고가 첨부한 각 증 거자료에 대한 견해를 밝힌 후 결론적으로 원고는 법령 및 관계규정에 의할 때 보상계획공고일 현 재 당해 가옥에 거주, 소유하면서 보상을 받은 자가 아니므로 이미 회신한 바와 같이 이주택지공급 대상자가 될 수 없다고 회신함으로써 결국 원고의 신청을 거부하고 있다.

위와 같은 사실관계에 비추어 보면 원고의 위 1991.1. 신청은 그 명칭이 비록 이의신청으로 되어 있으나 그 신청시기와 신청내용 등에 비추어 종전의 거부처분에 대한 불복신청이라기 보다도 별개 의 새로운 이주자택지공급신청으로 볼 여지가 있고, 그렇다면 피고의 이에 대한 거절의 의사표시도 독립한 새로운 거부처분으로서 취소소송의 대상이 된다고 보아야 할 것이다.

결국 원심판결에는 거부처분의 성립에 관한 법리를 오해하여 판결결과에 영향을 미친 위법이 있다 고 할 것이므로 이 점을 지적하는 논지는 이유 있다.

그러므로 원심판결을 파기환송하기로 하여 관여 법관의 일치된 의견으로 주문과 같이 판결한다.

판례사례 **27** 이주대책(행정규칙 및 불복수단)

국토교통부장관 갑(사업시행자)이 시행하는 삼숭 – 만송 간 도로건설사업의 사업구역 내에 위치한 'A'가옥은 을의 부친 소유였는데, 1989년 사망함에 따라 공동상속인 중 한 사람인 을이 그 무렵부터 해당 도로건설사업에 편입될 때까지 이 가옥에서 계속 거주하여 왔다.

사업시행자는 훈령형식으로 내부규약인 「이주 및 생활대책 수립지침」 제8조 제2항에서는 공동소유의 경우에는 20평대 아파트를 분양하도록 되어 있어서 을에게 20평대 아파트 분양대상자임을 통보하였다. 을은 노모와 함께 살기 위해서는 30평대 아파트를 분양받아야 하므로 30평대 아파트 분양신청을 하였는데 사업시행자는 이를 거부하였다.

(1) 을은 '이주 및 생활대책 수립지침'에서 규정한 대로 자신을 '20평대 아파트 분양대상자'로 지정한 것(30평대 신청에 대한 거부는)은 위법하다고 주장한다. 을의 주장이 타당한지에 관하여 설명하시오. 15점

(2) 을은 자신을 30평대가 아닌 20평대 아파트 분양대상자로 선정한 것(30평대 신청에 대한 거부는)은 위법하다고 보아 이를 소송으로 다투려고 한다. 을이 제기하여야 하는 소송의 형식에 대해서 설명하시오. 15점

(설문 1)의 해결

Ⅰ 쟁점의 정리

Ⅱ 이주대책대상자의 요건

　1. 의의 및 성격

　2. 요건 및 내용

Ⅲ 이주대책 수립내용의 구속성 검토

　1. 이주 및 생활대책 수립지침의 법적 성질

　2. 행정규칙의 대외적 구속력 인정 여부

　　(1) 학설

　　(2) 판례

　　(3) 검토

　3. 이주대책 수립내용의 구속성 검토

　　(1) 관련 판례의 태도(2008두12610)

　　(2) 수립내용의 구속성

Ⅳ 사안의 해결

(설문 2)의 해결

Ⅰ 쟁점의 정리

Ⅱ 수분양권의 발생시기

　1. 수분양권의 의의

　2. 수분양권의 법적 성질

　3. 수분양권의 발생시기

　　(1) 학설

　　　가. 이주대책계획수립이전설(법상취득설)

　　　나. 이주대책계획수립시설

　　　다. 확인 · 결정시설

　　(2) 판례

　　(3) 검토

Ⅲ 을의 권리구제를 위한 소송방법

　1. 판례와 같이 확인 · 결정시설을 취하는 경우

　2. 이주대책계획수립이전설(법상취득설)을 취하는 경우

　3. 이주대책계획수립시설을 취하는 경우

Ⅳ 사안의 해결

(설문 1)의 해결

I 쟁점의 정리

사업시행자가 내부규약으로 제정한 '이주 및 생활대책 수립지침'의 구속성이 인정되는지를 검토하여 을에 대한 20평대 아파트 분양대상자로 지정한 것이 위법한 것인지를 설명한다.

II 이주대책대상자의 요건

1. 의의 및 성격

이주대책은 생활보호 차원의 시혜적인 조치로서 정책적 배려로 마련된 제도이다. 따라서 생활보상의 성격을 갖는다. 판례도 이주대책을 생활보상의 일환으로 보고 있다.

2. 요건 및 내용

공익사업에 필요한 주거용 건물을 제공함에 따라 생활의 근거를 상실하게 되는 자를 위하여 이주대책을 수립하며, 이주대책의 내용에는 이주정착지에 대한 도로·급수시설·배수시설 그 밖의 공공시설 등 해당 지역조건에 따른 생활기본시설이 포함되어야 한다.

III 이주대책 수립내용의 구속성 검토

1. 이주 및 생활대책 수립지침의 법적 성질

이주 및 생활대책 수립지침은 도로사업을 시행함에 따른 이주대책을 수립하기 위한 훈령 형식의 세부규정을 마련한 것이므로 이는 행정규칙의 성질을 갖는다고 할 것이다.

2. 행정규칙의 대외적 구속력 인정 여부

(1) 학설

① 법규성을 부정하는 비법규설, ② 행정권의 시원적인 입법권을 인정하여 법규성을 인정하는 법규설, ③ 평등의 원칙 및 자기구속법리를 매개로 법규성을 인정할 수 있다는 준법규설이 대립된다.

(2) 판례

훈령에 규정된 청문을 거치지 않은 것은 위법하다고 본 판례가 있으나 예외적인 사건으로 보이며, '일반적으로 행정규칙의 법규성을 인정하지 않는다.'

(3) 검토

행정규칙의 법규성을 인정하는 것은 법률의 법규창조력에 반하며, 평등의 원칙이나 자기구속

법리를 매개로 하는 경우에도 규칙 자체에는 법규성이 없다고 보는 것이 타당하므로 비법규설이 타당하다.

3. 이주대책 수립내용의 구속성 검토

(1) 관련 판례의 태도(2008두12610)

판례는 사업시행자는 이주대책기준을 정하여 이주대책대상자 중에서 이주대책을 수립, 실시하여야 할 사를 선성하여 그들에게 공급할 택지 또는 주택의 내용이나 수량을 정할 수 있고, 이를 정하는 데 재량을 가지므로, 이를 위해 사업시행자가 결정한 기준은 그것이 객관적으로 합리적이 아니라거나 타당하지 않다고 볼 만한 다른 특별한 사정이 없는 한 존중되어야 한다.

(2) 수립내용의 구속성

판례의 태도에 비추어 볼 때, 사업의 원활한 진행이 가능한 범위 내에서 신속한 이주대책을 수립, 실시하여 공사익을 도모하여야 하는 것으로 볼 수 있다. 따라서 특별한 사정이 없는 한 사업시행자가 수립한 이주대책의 수립내용은 존중되어야 하므로 이주대책대상자를 구속한다고 볼 수 있다.

Ⅳ 사안의 해결

설문에서는 해당 이주대책의 수립내용이 객관성을 결여하였거나 합리성이 결여되었다는 점이 없고, 타당하지 않다고 볼 만한 특별한 사정이 없는 것으로 보인다. 따라서 해당 수립내용은 이주대책대상자인 乙을 구속한다고 판단된다.

(설문 2)의 해결

Ⅰ 쟁점의 정리

수분양권의 발생시기를 검토하여 대상자선정에 대한 불복수단으로서 을이 제기하여야 하는 소송의 형식을 설명한다.

Ⅱ 수분양권의 발생시기

1. 수분양권의 의의

수분양권이란 이주자가 이주대책을 수립·실시하는 사업시행자로부터 이주대책대상자로 확인·결정을 받음으로서 취득하게 되는 택지나 아파트를 분양받을 수 있는 권리를 말한다. 문제는 이주대책대상자에게 언제 수분양권 등 특정한 실체법상의 권리가 취득되는가 하는 것이다.

2. 수분양권의 법적 성질

이주대책이 공법적 성격을 가지므로 공법관계이고, 판례도 수분양권은 대상자 확인·결정에 의해 취득하는 공법상 권리라고 한다.

3. 수분양권의 발생시기

(1) 학설

가. 이주대책계획수립이전설(법상 취득설)

토지보상법 제78조 및 동법 시행령 제40조의 요건을 충족하는 경우에 실체적 권리인 수분양권이 취득된다고 보는 견해이다.

나. 이주대책계획수립시설

사업시행자가 이주대책에 관한 구체적인 계획을 수립하여 이를 해당자에게 통지 내지 공고한 경우에 이것으로 이주자에게 수분양권이 취득된다고 보는 견해이다.

다. 확인·결정시설

이주대책계획 수립 후 이주자가 이주대책대상자 선정을 신청하고 사업시행자가 이를 받아들여 이주대책대상자로 확인·결정하여야 비로소 수분양권이 발생한다고 보는 견해이다.

(2) 판례

판례는 수분양권의 발생에 관하여 확인·결정시설을 취하고 있다(92다35783).

(3) 검토

이주대책대상자의 경우 법상의 추상적인 이주대책권이 이주대책계획이 수립됨으로써 구체적 권리로 되는 것이므로 이주대책계획수립시설이 타당하다.

Ⅲ 을의 권리구제를 위한 소송방법

1. 판례와 같이 확인·결정시설을 취하는 경우

이주대책대상자 선정신청에 대한 거부는 거부처분이 되므로, 이에 대하여 취소소송을 제기하고 부작위인 경우에는 부작위위법확인소송을 제기하여야 한다.

2. 이주대책계획수립이전설(법상 취득설)을 취하는 경우

이주대책대상자 선정신청의 거부나 부작위에 대하여 행정쟁송을 제기할 수 있을 뿐만 아니라 이주대책대상자로서 분양을 받을 권리 또는 그 법률상 지위의 확인을 공법상 당사자소송으로 구할 수 있다고 보아야 한다.

3. 이주대책계획수립시설을 취하는 경우

사업시행자가 실제로 이주대책계획을 수립하기 이전에는 이주자의 수분양권은 아직 추상적인 권리나 법률상의 지위 내지 이익에 불과한 것이어서 그 권리나 지위의 확인을 구할 수 없을 것이나, 이주대책계획 수립 이후에는 이주대책대상자에서 제외된 경우(거부) 그 거부의 취소를 구하는 행정쟁송을 제기할 수 있고 당사자소송으로 수분양권 또는 그 법률상의 지위의 확인을 구할 수 있다고 보아야 한다.

Ⅳ 사안의 해결

을은 수분양권의 발생시기에 따라 항고소송 및 당사자소송을 제기할 수 있을 것이나, 판례의 다수견에 따르면 항고소송만 가능할 것이다.

대법원 2020.7.9, 2020두34841[이주자택지공급거부처분취소의소][미간행]

[판시사항]

이주대책 수립대상 가옥에 관한 공동상속인 중 1인에 해당하는 공유자가 그 가옥에서 계속 거주하여 왔고 그가 사망한 이후 대상 가옥에 관하여 나머지 상속인들 사이에 상속재산분할협의가 이루어진 경우, 사망한 공유자가 이주대책대상자 선정 특례에 관한 한국토지주택공사의 '이주 및 생활대책 수립지침' 제8조 제2항 전문의 '종전의 소유자'에 해당하는지 여부(적극)

[주 문]

원심판결을 파기하고, 사건을 서울고등법원에 환송한다.

[이 유]

상고이유를 판단한다.

1. 사안의 개요

가. 원심판결의 이유에 의하면, 다음과 같은 사실을 알 수 있다.

피고가 시행하는 삼숭-만송 간 도로건설사업의 사업구역 내에 위치한 이 사건 가옥은 원고의 부친 소외 1의 소유였는데, 소외 1이 1989년 사망함에 따라 그 아내이자 공동상속인 중 한 사람인 소외 2가 그 무렵부터 2015.5.12. 사망할 때까지 이 사건 가옥에서 계속 거주하여 왔고, 그 아들로서 공동상속인 중 한 사람인 원고는 2015.4.경부터 이 사건 가옥에서 거주하여 왔다.

이 사건 가옥에 관한 등기부상 명의는 소외 1 앞으로 마쳐져 있다가, 소외 2의 사망 후 원고를 비롯한 공동상속인들이 한 상속재산분할협의에 따라 2016.7.19. 원고 앞으로 소유권이전등기가 마쳐졌다.

이후 원고는 피고에게 이주자택지 공급신청을 하였으나, 피고는 2018.7.27. "원고는 기준일 1년 전부터 보상계약체결일까지 이 사건 가옥에서 계속하여 거주하지 아니하여 이주대책대상자에 해당하지 않고, 원고의 어머니 소외 2는 이 사건 가옥을 소유한 사실이 없어 이주대책대상자에 해당하지 않는다."라는 이유로 부적격 통보를 하였다.

나. 원심은, 상속재산분할의 효력이 상속개시일인 소외 1의 사망 시로 소급되므로, 소외 2가 소외 1의 공동상속인 지위에 있었다고 하더라도 그 사망일인 2015.5.12.까지 이 사건 가옥의 공동소유자였다고 볼 수 없다는 이유로, 소외 2는 「이주 및 생활대책 수립지침」 제8조 제2항 전문의 '종전의 소유자'에 해당하지 않고 그에 따라 원고 역시 이주대책대상자가 될 수 없다고 판단하였다.

2. 판단

원심의 판단은 수긍하기 어렵다.

가. 「공익사업을 위한 토지 등의 취득 및 보상에 관한 법률」 제78조 제1항은 "사업시행자는 공익사업의 시행으로 인하여 주거용 건축물을 제공함에 따라 생활의 근거를 상실하게 되는 자(이하 '이주대책대상자'라 한다)를 위하여 대통령령으로 정하는 바에 따라 이주대책을 수립·실시하거나 이주정착금을 지급하여야 한다."라고 규정하고 있고, 같은 법 시행령 제40조는 위 법률의 위임에 따라 이주대책의 수립·실시에 관한 구체적 내용을 정하고 있다. 이와 관련하여 이주대책의 수립 및 시행에 관하여 필요한 사항을 정하기 위해 피고가 마련한 「이주 및 생활대책 수립지침」(2018.7.18. 제1871호, 이하 '이 사건 지침'이라고 한다) 제7조 본문, 제1호는 이주대책대상자의 요건에 관하여, "이주대책 수립대상자는 기준일(사업인정고시일을 의미한다) 이전부터 보상계약체결일 또는 수용재결일까지 당해 사업지구 안에 가옥을 소유하고 계속하여 거주한 자로서, 당해 사업에 따라 소유가옥이 철거되는 자로 한다. 단 수도권정비계획법에 의한 수도권 지역에서 이주자 택지를 공급하는 경우에는 기준일 현재 1년 이상 계속하여 당해 사업지구 안에 가옥을 소유하고 거주하여야 한다."라고 정하고 있고, 같은 지침 제8조 제2항 전문은 이주대책대상자 선정특례에 관하여, "종전의 소유자가 이 지침에 의한 이주대책 수립대상자가 될 수 있었던 경우에 기준일 이후에 상속을 원인으로 해당 지구 보상계획 공고일 이전에 가옥을 취득하고 거주하는 경우에는 제7조에 불구하고 이주대책 수립대상자로 하고, 종전의 소유자는 이주대책 수립대상자로 보지 아니한다."라고 정하고 있다.

이 사건 지침 제8조 제2항 전문은 이 사건 지침에 따른 이주대책대상자가 될 수 있었던 사람이 사망한 경우, 그 상속인이 그 규정에서 정하는 취득 및 거주요건을 갖출 경우에는 그 상속인에게 종전의 소유자가 갖고 있던 이주대책대상자 지위의 승계를 인정한다는 취지이다.

나. 민법 제1015조는 "상속재산의 분할은 상속개시된 때에 소급하여 그 효력이 있다. 그러나 제삼자의 권리를 해하지 못한다."라고 규정함으로써 상속재산분할의 소급효를 인정하고 있다. 그러나 상속재산분할에 소급효가 인정된다고 하더라도, 상속개시 이후 공동상속인들이 상속재산의 공유관계에 있었던 사실 자체가 소급하여 소멸하는 것은 아니다.

따라서 대상 가옥에 관한 공동상속인 중 1인에 해당하는 공유자가 그 가옥에서 계속 거주하여 왔고 사망하지 않았더라면 이주대책 수립대상자가 될 수 있었던 경우, 비록 그가 사망한 이후 대상 가옥에 관하여 나머지 상속인들 사이에 상속재산분할협의가 이루어졌다고 하더라도 사망한 공유자가 생전에 공동상속인 중 1인으로서 대상 가옥을 공유하였던 사실 자체가 부정된다고 볼 수 없고, 이 사건 지침 제8조 제2항 전문의 '종전의 소유자'에 해당한다고 해석하는 것이 타당하다.

다. 이에 비추어 보면, 원심이 상속재산분할의 소급효를 이유로 원고가 이주대책대상자 선정특
   례의 요건을 갖추지 못하였다고 판단한 것은 잘못이고, 원심으로서는 나머지 요건의 충족
   여부에 관하여 심리한 후 원고가 이 사건 지침 제8조 제2항 전문에 따른 이주대책대상자에
   해당하는지를 판단하였어야 한다. 원심의 판단에는 상속재산분할의 소급효에 관한 법리 등
   을 오해하여 필요한 심리를 다하지 아니함으로써 판결에 영향을 미친 잘못이 있다.

3. 결론
   그러므로 나머지 상고이유에 관한 판단을 생략한 채 원심판결을 파기하고 사건을 다시 심리·판
   단하게 하기 위하여 원심법원에 환송하기로 하여, 관여 대법관이 일치된 의견으로 주문과 같이
   판결한다.

📝 판례사례 28 생활기본시설 설치비용

1980.7.3. 갑은 자신의 토지 위에 관계 행정청의 허가 없이 2층 규모의 주택을 건축하였다. 2014년 4월 갑토지를 포함한 일대가 저소득 계층의 생활지원을 위한 임대주택 사업부지로 선정되었다. 이에 따라 갑은 토지보상법상 손실보상의 일환으로 주택법 등 관계법령에 따라 85제곱미터의 주택을 분양받을 수 있는 권리를 받기로 한 후, 자신의 주택을 자진 철거하는 등 공익사업의 원활한 시행을 위한 지원을 아끼지 않았다. 2014년 8월 사업시행자는 갑에게 85제곱미터의 분양가격을 제시하였는데, 이는 "토지구입 및 조성비, 건축비, 도로·급부시설·배수시설 등의 설치비용" 등으로 구성되어 있었다. 갑은 토지보상법 제78조 제4항에서는 생활기본시설의 설치비용은 사업시행자가 부담하도록 되어있는 바, 생활기본시설의 설치비용은 제외되어야 한다고 주장한다. 이에 사업시행자는 갑에게 제공되는 주택은 주택법 등에 따라 공급되는 것이며, 갑이 이를 일반분양가로 공급받더라도 현재 시가가 일반분양가를 상회하고 있으므로 시세차익 등을 얻을 기회나 가능성이 부여되고, 이러한 시세차익 등이 생활기본시설의 설치비용을 크게 상회하므로 생활기본시설 설치비용은 갑이 부담해야 한다고 주장한다. 이와 관련하여 이주대책의 내용(유형 및 종류 등)을 설명하고, 갑 및 사업시행자 주장의 타당성을 검토하시오. 30점

Ⅰ 쟁점의 정리

Ⅱ 이주대책의 내용(유형 및 종류 등)
  1. 의의 및 취지
  2. 근거 및 성격
    (1) 이론적·법적 근거
    (2) 법적 성격
  3. 요건 및 절차
    (1) 수립요건
    (2) 절차
    (3) 대상자요건(토지보상법 시행령 제40조 제5항)

  4. 이주대책의 내용(유형)
    (1) 이주정착지 조성(토지보상법 제78조 제1항 및 제4항)
    (2) 관계법령에 따른 공급(시행령 제40조)
    (3) 이주정착금의 지급(시행령 제41조)

Ⅲ 갑 및 사업시행자 주장의 타당성
  1. 생활기본시설 설치규정이 강행규정인지 여부
  2. 관계법령에 따른 공급의 경우에도 사업시행자가 비용을 부담하는지 여부
  3. 갑 및 사업시행자 주장의 타당성

Ⅳ 사안의 해결

Ⅰ 쟁점의 정리

설문에서는 갑과 사업시행자 간 생활기반시설의 설치부담자가 누구인지가 문제된다. 이의 해결을 위하여 토지보상법상 규정되어 있는 이주대책의 내용과, 관계법령에 따른 공급에 있어서도 생활기반시설 설치비용의 부담의무가 사업시행자에게 있는지 검토한다.

Ⅱ 이주대책의 내용(유형 및 종류 등)

1. 의의 및 취지

이주대책이란 주거용 건축물을 제공하여, 생활의 근거를 상실하는 자에게 종전 생활을 유지시켜주는 일환으로 택지 및 주택을 공급하거나 이주정착금을 지급하는 것을 말한다.

2. 근거 및 성격

(1) 이론적 · 법적 근거

이주대책은 공공사업의 시행에 의하여 생활의 근거를 상실하는 자에게 종전의 생활상태를 원상으로 회복시키면서 동시에 인간다운 생활을 보장하여 주기 위한 이른바 생활보상의 일환으로 국가의 적극적이고 정책적인 배려에 의하여 마련된 제도이며, 헌법 제23조 및 제34조에 헌법적 근거를 두는 것으로 본다. 이에 토지보상법 제78조에서는 주거용 건축물을 제공한 자에 대한 이주대책을 규정하고 있다.

(2) 법적 성격

이주대책은 생활보호 차원의 시혜적인 조치로서 정책배려로 마련된 제도이다. 따라서 생활보상의 성격을 갖는다. 판례도 이주대책을 생활보상의 일환으로 보고 있다. 또한 생활보상의 성격을 손실보상의 일환으로 보게 되면 이주대책도 공법상 관계로 볼 수 있다.

3. 요건 및 절차

(1) 수립요건

토지보상법 시행령 제40조 제2항에서는 ① 조성토지가 없는 경우, ② 비용이 과다한 경우를 제외하고는, ③ 이주대책 대상이 10호 이상이 된다면 이주대책을 수립하도록 하고 있다.

(2) 절차

사업시행자는 해당 지역 자치단체와 협의하여 이주대책 계획을 수립하고 이주대책 대상자에게 통지한 후 이주대책의 신청 및 대상자확인결정을 통하여 분양절차를 마무리하게 된다.

(3) 대상자요건(토지보상법 시행령 제40조 제5항)

① 허가를 받거나 신고를 하고 건축 또는 용도변경을 하여야 하는 건축물을 허가를 받지 아니하거나 신고를 하지 아니하고 건축 또는 용도변경을 한 건축물의 소유자, ② 해당 건축물에 공익사업을 위한 관계법령에 의한 고시 등이 있은 날부터 계약체결일 또는 수용재결일까지 계속하여 거주하고 있지 아니한 건축물의 소유자(질병으로 인한 요양, 징집으로 인한 입영, 공무, 취학 그 밖에 이에 준하는 부득이한 사유로 인하여 거주하지 아니한 경우에는 그러하지 아니하다), ③ 타인이 소유하고 있는 건축물에 거주하는 세입자는 이주대책 대상자에서 제외된다.

4. 이주대책의 내용(유형)

(1) 이주정착지 조성(토지보상법 제78조 제1항 및 제4항)

사업시행자는 공익사업의 시행으로 인하여 주거용 건축물을 제공함에 따라 생활의 근거를 상실하게 되는 자를 위하여 이주정착지를 조성하여야 한다(제1항). 이 경우, 이주정착지에 대한 도로, 급수시설, 배수시설, 그 밖의 공공시설 등 통상적인 수준의 생활기본시설이 포함되어야 하며, 이에 필요한 비용은 사업시행자가 부담한다(제4항). 다만, 행정청이 아닌 사업시행자가 이주대책을 수립·실시하는 경우에 지방자치단체는 비용의 일부를 보조할 수 있다.

(2) 관계법령에 따른 공급(시행령 제40조)

사업시행자가 「택지개발촉진법」 또는 「주택법」 등 관계 법령에 따라 이주대책 대상자에게 택지 또는 주택을 공급한 경우(사업시행자의 알선에 의하여 공급한 경우를 포함한다)에는 이주대책을 수립·실시한 것으로 본다.

(3) 이주정착금의 지급(시행령 제41조)

사업시행자는 이주대책을 수립·실시하지 아니하는 경우 및 이주대책 대상자가 이주정착지가 아닌 다른 지역으로 이주하려는 경우에는 이주정착금을 지급하여야 한다. 이주정착금은 보상 대상인 주거용 건축물에 대한 평가액의 30퍼센트에 해당하는 금액으로 하되, 그 금액이 1천2백만원 미만인 경우에는 1천2백만원으로 하고, 2천4백만원을 초과하는 경우에는 2천4백만원으로 한다(시행규칙 제53조 제2항).

Ⅲ 갑 및 사업시행자 주장의 타당성

1. 생활기본시설 설치규정이 강행규정인지 여부

이주대책은 공익사업의 시행에 필요한 토지 등을 제공함으로 인하여 생활의 근거를 상실하게 되는 이주대책 대상자들에게 종전 생활상태를 원상으로 회복시키면서 동시에 인간다운 생활을 보장하여 주기 위하여 마련된 제도이므로, 사업시행자의 이주대책 수립·실시의무를 정하고 있는 토지보상법 제78조 제1항은 물론 이주대책의 내용에 관하여 규정하고 있는 같은 조 제4항 본문 역시 당사자의 합의 또는 사업시행자의 재량에 의하여 적용을 배제할 수 없는 강행법규라고 할 것이다.

2. 관계법령에 따른 공급의 경우에도 사업시행자가 비용을 부담하는지 여부

시행령 제40조에 따라 택지개발촉진법 또는 주택법 등 관계 법령에 의하여 이주대책 대상자들에게 택지 또는 주택을 공급하는 것도 토지보상법 제78조 제1항의 위임에 근거하여 사업시행자가 선택할 수 있는 이주대책의 한 방법이므로, 관계법령에 따른 공급의 경우에도 이주정착지를 제공하는 경우와 마찬가지로 사업시행자의 부담으로 생활기본시설을 설치하여 이주대책 대상자들에게 제공하여야 한다고 보아야 하고, 이주대책 대상자들이 관계법령에 따른 공급을 통해 취득하는 택지나 주택의 시가가 공급가액을 상회하여 그들에게 시세차익을 얻을 기회나 가능성이 주어진다고 하여 달리 볼 것은 아니다.

3. 갑 및 사업시행자 주장의 타당성

이주대책 대상자들과 사업시행자 또는 그의 알선에 의한 공급자에 의하여 체결된 택지 또는 주택에 관한 관계법령에 따른 공급계약에서 생활기본시설 설치비용을 분양대금에 포함시킴으로써 이주대책 대상자들이 생활기본시설 설치비용까지 사업시행자 등에게 지급하게 되었다면, 생활기본시설 설치비용을 포함시킨 부분이 강행법규인 위 조항에 위배되어 무효이고, 사업시행자는 법률상 원인 없이 생활기본시설 설치비용 상당의 이익을 얻고 그로 인하여 이주대책 대상자들이 같은 금액 상당의 손해를 입게 된 것이므로, 사업시행자는 그 금액을 부당이득으로 이주대책 대상자들에게 반환할 의무가 있다고 할 것이다. 따라서 분양가격에서 생활기본시설 설치비용이 제외되어야 한다는 갑의 주장이 타당하다.

Ⅳ 사안의 해결

이주대책은 주거용 건축물을 제공함으로써 생활의 근거가 상실된 경우, 이를 회복시켜주는 생활보상의 일환으로 이주정착지 조성 및 이주정착금 지급의 방법이 규정되어 있다. 다만, 이주정착지의 조성 및 관계법령에 따른 공급으로 공급되는 수분양권의 가치가 이주정착금의 금원을 크게 상회하여 형평성 논란이 야기될 수 있다. 따라서 이주정착금을 상향 조정하는 등의 개선을 통하여 이주대책 방법 간 균형을 도모하여야 할 것이다.

📝 판례사례 29 세입자 주거이전비 청구요건

사업시행자는 '인천가정오거리 도시개발사업'의 시행자로서 2006.5.24. 도시개발구역지정을 위한 공람공고를 하였고 그 뒤 2007.8.31. 공익사업법에 의하여 보상계획을 공고하였다. 갑은 2002.9.25. 경 위 사업지구에 속한 인천 서구 (주소 생략) 지상 건물 1층 101호를 임차하여 식당 영업을 하면서 그 무렵 건물 바깥쪽 창고 부분을 개조하여 건물 안쪽의 방과 함께 주거용으로 사용하면서 위 보상계획 공고 시까지 가족들과 거주하여 왔다. 당해 건물의 용도는 집합건축물대장 및 등기부에 줄곧 '근린생활시설'로 등재되어 있었다. 갑은 주거이전비를 청구할 수 있는가? 20점

Ⅰ 쟁점의 정리	(2) 세입자에 대한 주거이전비 보상
Ⅱ 토지보상법상 주거이전비	1) 적법한 건축물인 경우
1. 주거이전비의 취지	2) 무허가건축물 등인 경우
2. 주거이전비의 법적 성격	3) 무허가건축물 등의 적용범위
3. 주거이전비 보상대상자 요건	4. 주거이전비 산정방법 및 산정의 기준시기
(1) 소유자에 대한 주거이전비 보상	Ⅲ 사안의 해결

Ⅰ 쟁점의 정리

토지보상법 시행규칙 제54조 제2항 단서에서 주거이전비 보상 대상자로 정한 '무허가건축물 등에 입주한 세입자'에 공부상 주거용 용도가 아닌 건축물을 임차한 후 임의로 주거용으로 용도를 변경하여 거주한 세입자가 해당하는지를 중심으로 주거이전비 청구요건을 검토한다.

Ⅱ 토지보상법상 주거이전비

1. 주거이전비의 취지

주거이전비는 당해 공익사업 시행지구 안에 거주하는 세입자들의 조기이주를 장려하여 사업추진을 원활하게 하려는 정책적인 목적과 주거이전으로 말미암아 특별한 어려움을 겪게 될 세입자들을 대상으로 하는 사회보장적인 차원에서 지급하는 금원을 말한다.

2. 주거이전비의 법적 성격

판례는 세입자의 주거이전비 청구권은 사회보장적인 차원에서 지급되는 금원의 성격을 갖는 공법상 권리이며, 당사자 합의 또는 사업시행자 재량에 의하여 적용을 배제할 수 없는 강행규정으로 본다.

3. 주거이전비 보상대상자 요건

(1) 소유자에 대한 주거이전비 보상

공익사업시행지구에 편입되는 주거용 건축물의 소유자에 대하여는 당해 건축물에 대한 보상을 하는 때에 가구원수에 따라 2월분의 주거이전비를 보상하여야 한다. 다만, 건축물의 소유자가 당해 건축물에 실제 거주하고 있지 아니하거나 당해 건축물이 무허가건축물등인 경우에는 그러하지 아니한다.

(2) 세입자에 대한 주거이전비 보상

1) 적법한 건축물인 경우

공익사업의 시행으로 인하여 이주하게 되는 주거용 건축물의 세입자로서 사업인정고시일등 당시 또는 공익사업을 위한 관계법령에 의한 고시 등이 있는 당시 당해 공익사업시행지구 안에서 3월 이상 거주한 자에 대하여는 가구원수에 따라 4월분의 주거이전비를 보상하여야 한다.

2) 무허가건축물 등인 경우

무허가건축물 등에 입주한 세입자로서 사업인정고시일 등 당시 또는 공익사업을 위한 관계법령에 의한 고시 등이 있은 당시 그 공익사업지구 안에서 1년 이상 거주한 세입자에 대하여는 본문에 따라 주거이전비를 보상하여야 한다.

3) 무허가건축물 등의 적용범위

판례는 시행규칙 제54조 제2항 단서가 주거이전비 보상 대상자로 정하는 '무허가건축물 등에 입주한 세입자'는 기존에 주거용으로 사용되어 온 무허가건축물 등에 입주하여 일정 기간 거주한 세입자를 의미하고, 공부상 주거용 용도가 아닌 건축물을 임차한 후 임의로 주거용으로 용도를 변경하여 거주한 세입자는 이에 해당한다고 할 수 없다고 판시하였다.

4. 주거이전비 산정방법 및 산정의 기준시기

주거이전비는 「통계법」 제3조 제4호에 따른 통계작성기관이 조사・발표하는 가계조사통계의 도시근로자가구의 가구원수별 월평균 명목 가계지출비를 기준으로 산정한다. 주거이전비의 보상내용은 사업시행인가 고시가 있은 때에 확정되므로 이때를 기준으로 보상금액을 산정해야 한다.

III 사안의 해결

갑은 공부상 주거용 용도가 아닌 건물을 임차한 후 임의로 주거용으로 용도를 변경하여 사용한 세입자로서 구법 시행규칙 제54조 제2항 단서가 정한 '무허가건축물 등에 입주한 세입자'에 해당한다고 볼 수 없으므로 공익사업법 소정의 주거이전비 보상 대상자에서 제외된다고 할 것이다.

대법원 2013.5.23, 2012두11072[주거이전비등]

[판시사항]

구 공익사업을 위한 토지 등의 취득 및 보상에 관한 법률 시행규칙 제54조 제2항 단서에서 주거이전비 보상 대상자로 정한 '무허가건축물 등에 입주한 세입자'에 공부상 주거용 용도가 아닌 건축물을 임차한 후 임의로 주거용으로 용도를 변경하여 거주한 세입자가 해당하는지 여부(소극)

[이 유]

상고이유를 판단한다.

1. '공익사업을 위한 토지 등의 취득 및 보상에 관한 법률'(이하 '공익사업법'이라고 한다) 제78조 제5항, 구 공익사업법 시행규칙(2012.1.2. 국토해양부령 제427호로 일부 개정되기 전의 것. 이하 '구법 시행규칙'이라고 한다) 제24조, 제54조에 의하면, 사업시행자는 공익사업의 시행으로 인하여 이주하게 되는 '주거용 건축물'의 소유자와 일정 기간 거주 요건을 충족한 세입자에게 소정의 주거이전비를 보상하여야 하는 한편, 건축법 등 관계 법령에 의하여 허가를 받거나 신고를 하고 건축하여야 하는 건축물을 허가를 받지 아니하거나 신고를 하지 아니하고 건축한 건축물(구법 시행규칙 제24조, 제54조에서 '무허가건축물 등'이라고 약칭한다. 이하 '무허가건축물 등'이라고 한다)의 소유자는 주거이전비 보상 대상에서 제외되지만, '무허가건축물 등에 입주한 세입자'로서 일정 기간 거주의 요건을 충족한 세입자에 대하여는 주거이전비를 보상하도록 정하여져 있다.

   위와 같은 법규정들의 문언·내용 및 입법 취지 등을 종합하여 보면, 공부상 주거용 용도가 아닌 건축물을 허가·신고 등의 적법한 절차 없이 임의로 주거용으로 용도를 변경하여 사용한 경우 그 건축물은 원칙적으로 주거이전비 보상 대상이 되는 '주거용 건축물'로는 볼 수 없고, 이는 단지 '무허가건축물 등'에 해당하여 예외적으로 그 건축물에 입주한 세입자가 주거이전비 보상 대상자로 될 수 있을 뿐이다. 나아가 구법 시행규칙 제54조 제2항 단서가 주거이전비 보상 대상자로 정하는 '무허가건축물 등에 입주한 세입자'는 기존에 주거용으로 사용되어 온 무허가건축물 등에 입주하여 일정 기간 거주한 세입자를 의미하고, 공부상 주거용 용도가 아닌 건축물을 임차한 후 임의로 주거용으로 용도를 변경하여 거주한 세입자는 이에 해당한다고 할 수 없다.

2. 원심판결 이유 및 기록에 의하면, 피고는 '인천가정오거리 도시개발사업'의 시행자로서 2006.5.24. 도시개발구역지정을 위한 공람공고를 하였고 그 뒤 2007.8.31. 공익사업법에 의하여 보상계획을 공고한 사실, 원고는 2002.9.25.경 위 사업지구에 속한 인천 서구 (주소 생략) 지상 건물 1층 101호(이하 '이 사건 건물'이라고 한다)를 임차하여 식당 영업을 하면서 그 무렵 이 사건 건물 바깥쪽 창고 부분을 개조하여 건물 안쪽의 방과 함께 주거용으로 사용하면서 위 보상계획 공고 시까지 가족들과 거주하여 온 사실, 이 사건 건물의 용도는 집합건축물대장 및 등기부에 줄곧 '근린생활시설'로 등재되어 있는 사실 등을 알 수 있다.

   위와 같은 사실관계를 앞서 본 법리에 비추어 보면, 원고는 공부상 주거용 용도가 아닌 이 사건 건물을 임차한 후 임의로 주거용으로 용도를 변경하여 사용한 세입자로서 구법 시행규칙 제54조 제2항 단서가 정한 '무허가건축물 등에 입주한 세입자'에 해당한다고 볼 수 없으므로 공익사업법 소정의 주거이전비 보상 대상자에서 제외된다고 할 것이다.

그럼에도 원심은 그 판시와 같은 사정만을 들어 원고의 이 사건 주거이전비 청구를 인용하였다. 이러한 원심판결에는 공익사업법상 주거이전비 보상 대상이 되는 세입자에 관한 법리를 오해하여 판결 결과에 영향을 미친 위법이 있다. 이 점을 지적하는 취지의 상고이유 주장은 이유 있다.

3. 그러므로 원심판결을 파기하고 사건을 다시 심리·판단하게 하기 위하여 원심법원에 환송하기로 하여, 관여 대법관의 일치된 의견으로 주문과 같이 판결한다.

판례사례 30 세입자 주거이전비 지급(강행규정/포기각서)

택지개발사업지구 안에 있는 주택 소유자 갑이 사업시행자와 주택에 관한 보상합의를 하면서 가족 3인(처, 자녀 및 어머니)과 함께 위 주택에 거주하였다며 사업시행자에게서 4인 가족에 대한 주거이전비를 수령하였는데, 이후 보상대상에서 제외되었던 갑의 아버지 乙이 사업인정고시일 당시 위 주택에서 함께 거주하였다고 주장하면서 사업시행자에게 주거이전비 지급을 청구하였다. 또한 세입자 병은 주거이전비를 받을 수 있는 권리를 포기한다는 취지의 '이주단지 입주에 따른 주거이전비 포기각서'를 제출한 후 사업시행자가 제공한 임대아파트에 입주한 다음 별도로 주거이전비를 청구하였다. 이와 관련하여 주거이전비의 법적 성격, 보상대상자의 요건 및 주거이전비 산정의 기준시기와 지급시기를 설명하고, 갑의 아버지와 세입자 병이 주거이전비를 청구할 수 있는지를 검토하시오. 15점

> Ⅰ 쟁점의 정리
> Ⅱ 주거이전비 제반적 사항 검토(및 개관)
>   1. 주거이전비의 의의 및 취지
>   2. 주거이전비의 법적 성격
>   (1) 공법상 권리
>   (2) 강행규정인지 여부
>
> 3. 주거이전비 보상대상자 요건
>   (1) 소유자에 대한 주거이전비 보상
>   (2) 세입자에 대한 주거이전비 보상
>   4. 주거이전비 산정 기준시기와 지급시기
> Ⅲ 사안의 해결
>   1. 갑의 아버지가 주거이전비를 청구할 수 있는지
>   2. 병이 주거이전비를 청구할 수 있는지

Ⅰ 쟁점의 정리

설문은 '갑의 아버지와 세입자 병'에 대한 주거이전비의 청구가능성을 묻고 있다. 따라서 토지보상법 시행규칙 제54조 제2항에서 규정하고 있는 주거이전비의 법적 성질이 강행규정인지 여부 및 주거이전비의 요건을 살펴보고, 갑의 아버지와 세입자 병이 상기 요건 등을 충족하는 지를 검토하여 설문을 해결하고자 한다.

Ⅱ 주거이전비의 제반적 사항 검토(및 개관)

1. 주거이전비의 의의 및 취지

주거이전비는 당해 공익사업 시행지구 안에 거주하는 세입자들의 조기이주를 장려하여 사업추진을 원활하게 하려는 정책적인 목적과 주거이전으로 말미암아 특별한 어려움을 겪게 될 세입자들을 대상으로 하는 사회보장적인 차원에서 지급하는 금원을 말한다.

2. 주거이전비의 법적 성격

(1) 공법상 권리

판례는 세입자의 주거이전비는 ① 사업추진을 원활하게 하려는 정책적 목적과 ② 사회보장적인 차원에서 지급되는 금원의 성격을 가지므로 세입자의 주거이전비 보상청구권은 〈공법상 권리〉이고, 공법상 법률관계를 대상으로 하는 행정소송에 의해 다투어야 한다고 판시한 바 있다.

(2) 강행규정인지 여부

세입자에 대한 주거이전비는 공익사업 시행으로 인하여 생활 근거를 상실하게 되는 세입자를 위하여 사회보장적 차원에서 지급하는 금원으로 보아야 하므로, 사업시행자의 세입사에 내한 주거이전비 지급의무를 정하고 있는 공익사업법 시행규칙 제54조 제2항은 당사자 합의 또는 사업시행자 재량에 의하여 적용을 배제할 수 없는 강행규정이라고 보아야 한다.

3. 주거이전비 보상대상자 요건

(1) 소유자에 대한 주거이전비 보상

공익사업시행지구에 편입되는 주거용 건축물의 소유자에 대하여는 당해 건축물에 대한 보상을 하는 때에 가구원수에 따라 2월분의 주거이전비를 보상하여야 한다. 다만, 건축물의 소유자가 당해 건축물에 실제 거주하고 있지 아니하거나 당해 건축물이 무허가건축물 등인 경우에는 그러하지 아니한다.

(2) 세입자에 대한 주거이전비 보상

공익사업의 시행으로 인하여 이주하게 되는 주거용 건축물의 세입자로서 사업인정고시일 등 당시 또는 공익사업을 위한 관계법령에 의한 고시 등이 있는 당시 당해 공익사업시행지구 안에서 3월 이상 거주한 자에 대하여는 가구원수에 따라 4월분의 주거이전비를 보상하여야 한다.

4. 주거이전비 산정 기준시기와 지급시기

주거이전비 및 이사비의 지급의무는 사업인정고시일 등 당시 발생된다고 보아야 하나, 그 지급의무의 이행기에 관하여는 특별한 규정이 없으므로, 주거이전비 및 이사비의 지급의무는 이행기의 정함이 없는 채무로서 채무자는 이행청구를 받은 다음 날부터 이행지체 책임이 발생된다(2020두7475).

Ⅲ 사안의 해결

1. 갑의 아버지가 주거이전비를 청구할 수 있는지 여부

주거이전비는 가구원수에 따라 소유자 또는 세입자에게 지급되는 것으로서 소유자와 세입자가 지급청구권을 가지는 것으로 보아야 하므로, 소유자 또는 세입자가 아닌 가구원은 사업시행자를 상대로 직접 주거이전비 지급을 구할 수 없다고 보아야 할 것이다. 따라서 갑의 아버지는 주거이전비를 청구할 수 없다.

2. 병이 주거이전비를 청구할 수 있는지 여부

세입자 병이 주거이전비를 받을 수 있는 권리를 포기한다는 취지의 주거이전비 포기각서는 강행규정에 반하여 무효라고 볼 수 있다. 따라서 병은 사업시행자가 제공한 임대아파트에 입주한 다음 별도로 주거이전비를 청구할 수 있다.

대법원 2011.7.14, 2011두3685[주거이전비등][공2011하,1645]

[판시사항]

[1] 도시 및 주거환경정비법에 따라 사업시행자에게서 임시수용시설을 제공받는 세입자가 공익사업을 위한 토지 등의 취득 및 보상에 관한 법률 및 같은 법 시행규칙에서 정한 주거이전비를 별도로 청구할 수 있는지 여부(적극)

[2] 사업시행자의 세입자에 대한 주거이전비 지급의무를 정하고 있는 공익사업을 위한 토지 등의 취득 및 보상에 관한 법률 시행규칙 제54조 제2항이 강행규정인지 여부(적극)

[3] 주택재개발사업 정비구역 안에 있는 주거용 건축물에 거주하던 세입자 갑이 주거이전비를 받을 수 있는 권리를 포기한다는 취지의 주거이전비 포기각서를 제출하고 사업시행자가 제공한 임대아파트에 입주한 다음 별도로 주거이전비를 청구한 사안에서, 위 포기각서의 내용은 강행규정에 반하여 무효라고 한 사례

[판결요지]

[1] 도시 및 주거환경정비법(이하 '도시정비법'이라 한다) 제36조 제1항 제1문 등에서 정한 세입자에 대한 임시수용시설 제공 등은 주거환경개선사업 및 주택재개발사업의 사업시행자로 하여금 주거환경개선사업 및 주택재개발사업의 시행으로 철거되는 주택에 거주하던 세입자에게 거주할 임시수용시설을 제공하거나 주택자금 융자알선 등 임시수용시설 제공에 상응하는 조치를 취하도록 하여 사업시행기간 동안 세입자의 주거안정을 도모하기 위한 조치로 볼 수 있는 반면, 공익사업을 위한 토지 등의 취득 및 보상에 관한 법률(이하 '공익사업법'이라 한다) 제78조 제5항, 공익사업을 위한 토지 등의 취득 및 보상에 관한 법률 시행규칙(이하 '공익사업법 시행규칙'이라 한다) 제54조 제2항 본문의 각 규정에 의하여 공익사업 시행에 따라 이주하는 주거용 건축물의 세입자에게 지급하는 주거이전비는 당해 공익사업 시행지구 안에 거주하는 세입자들의 조기이주를 장려하여 사업추진을 원활하게 하려는 정책적인 목적과 주거이전으로 말미암아 특별한 어려움을 겪게 될 세입자들을 대상으로 하는 사회보장적인 차원에서 지급하는 돈의 성격

을 갖는 것으로 볼 수 있는 점, 도시정비법 및 공익사업법 시행규칙 등의 관련 법령에서 임시수용시설 등 제공과 주거이전비 지급을 사업시행자의 의무사항으로 규정하면서 임시수용시설 등을 제공받는 자를 주거이전비 지급대상에서 명시적으로 배제하지 않은 점을 비롯한 위 각 규정의 문언, 내용 및 입법 취지 등을 종합해 보면, 도시정비법에 따라 사업시행자에게서 임시수용시설을 제공받는 세입자라 하더라도 공익사업법 및 공익사업법 시행규칙에 따른 주거이전비를 별도로 청구할 수 있다고 보는 것이 타당하다.

[2] 공익사업을 위한 토지 등의 취득 및 보상에 관한 법률은 공익사업에 필요한 토지 등을 협의 또는 수용에 의하여 취득하거나 사용함에 따른 손실의 보상에 관한 사항을 규정함으로써 공익사업의 효율적인 수행을 통하여 공공복리의 증진과 재산권의 적정한 보호를 도모함을 목적으로 하고 있고, 위 법에 근거하여 공익사업을 위한 토지 등의 취득 및 보상에 관한 법률 시행규칙(이하 '공익사업법 시행규칙'이라 한다)에서 정하고 있는 세입자에 대한 주거이전비는 공익사업 시행으로 인하여 생활 근거를 상실하게 되는 세입자를 위하여 사회보장적 차원에서 지급하는 금원으로 보아야 하므로, 사업시행자의 세입자에 대한 주거이전비 지급의무를 정하고 있는 공익사업법 시행규칙 제54조 제2항은 당사자 합의 또는 사업시행자 재량에 의하여 적용을 배제할 수 없는 강행규정이라고 보아야 한다.

[3] 주택재개발사업 정비구역 안에 있는 주거용 건축물에 거주하던 세입자 갑이 주거이전비를 받을 수 있는 권리를 포기한다는 취지의 '이주단지 입주에 따른 주거이전비 포기각서'를 제출한 후 사업시행자가 제공한 임대아파트에 입주한 다음 별도로 주거이전비를 청구한 사안에서, 사업시행자는 주택재개발 사업으로 철거되는 주택에 거주하던 갑에게 임시수용시설 제공 또는 주택자금 융자알선 등 임시수용에 상응하는 조치를 취할 의무를 부담하는 한편, 갑이 공익사업을 위한 토지 등의 취득 및 보상에 관한 법률 시행규칙(이하 '공익사업법 시행규칙'이라 한다) 제54조 제2항에 규정된 주거이전비 지급요건에 해당하는 세입자인 경우, 임시수용시설인 임대아파트에 거주하게 하는 것과 별도로 주거이전비를 지급할 의무가 있고, 갑이 임대아파트에 입주하면서 주거이전비를 포기하는 취지의 포기각서를 제출하였다 하더라도, 포기각서의 내용은 강행규정인 공익사업법 시행규칙 제54조 제2항에 위배되어 무효라고 한 사례

판례사례 31 주거이전비 향유소송

주택재개발조합 을은 2009.6.10. 도시 및 주거환경정비법 제4조에 의하여 주택재개발구역으로 지정·고시된 서울 성북구 하월곡동 33 일대 주택재개발사업의 시행을 목적으로 설립된 조합으로서 2012.4.2. 성북구청장으로부터 같은 법 제12조에 의하여 설립인가를 받았고, 재개발사업의 사업시행인가고시는 2013.8.30. 이루어졌다. 갑은 2008.10.5.경 재개발사업 지역내인 서울 성북구 하월곡동 ○○-○○ 주택 방 2칸을 임대차보증금 200만 원, 차임 20만 원으로 정하여 임차하되, 특약사항으로 임대차기간에 대하여는 그곳이 재개발구역이므로 가옥주가 철거하고 이주할 때까지 거주하는 것으로 하였다. 이와 관련하여 토지보상법상 주거이전비와, 갑이 이러한 주거이전비를 향유할 수 있는 소송에 대하여 설명하시오. 30절

관련 규정

도시 및 주거환경정비법 제40조 (토지보상법의 준용) 제1항은 '정비구역안에서 정비사업의 시행을 위한 토지 또는 건축물의 소유권과 그 밖의 권리에 대한 수용 또는 사용에 관하여는 이 법에 특별한 규정이 있는 경우를 제외하고는 토지보상법을 준용한다'고 규정하고, 토지보상법 제78조(이주대책의 수립) 제5항은 '주거용 건물의 거주자에 대하여는 주거이전에 필요한 비용과 가재도구 등 동산의 운반에 필요한 비용을 산정하여 보상하여야 한다', 제7항은 '제5항…의 규정에 의한 보상에 대하여는 국토교통부령이 정하는 기준에 의한다'고 규정하고 있으며, 동법 시행규칙 제54조(주거이전비의 보상) 제2항은 '공익사업의 시행으로 인하여 이주하게 되는 주거용 건축물의 세입자로서 사업인정고시일 등 당시 또는 공익사업을 위한 관계 법령에 의한 고시 등이 있은 당시 당해 공익사업시행지구 안에서 3월 이상 거주한 자에 대하여는 가구원수에 따라 3월분의 주거이전비를 보상하여야 한다. …'고 규정하고 있다.

Ⅰ 쟁점의 정리

Ⅱ 토지보상법상 주거이전비
  1. 주거이전비의 법적 성격
    (1) 공법상 권리
    (2) 강행규정인지 여부
  2. 주거이전비 보상대상자 요건
    (1) 소유자에 대한 주거이전비 보상
    (2) 세입자에 대한 주거이전비 보상
  3. 주거이전비 산정방법 및 산정 기준시기

Ⅲ 주거이전비를 향유할 수 있는 소송
  1. 당사자소송의 의의
    (1) 실질적 당사자소송
    (2) 형식적 당사자소송

  2. 당사자소송의 절차
    (1) 당사자소송의 대상
    (2) 당사자소송에서의 원고적격 및 소의 이익
    (3) 당사자소송의 피고 및 제소기간
    (4) 공법상 당사자소송의 판결의 종류
  3. 주거이전비를 향유할 수 있는 소송형태
    (1) 토지보상법상 재결 이전인 경우(실질적 당사자소송)
    (2) 토지보상법상 재결 이후인 경우(형식적 당사자소송)

Ⅳ 사안의 해결

I 쟁점의 정리

주거이전비는 당해 공익사업 시행지구 안에 거주하는 세입자들의 조기이주를 장려하여 사업추진을 원활하게 하려는 정책적인 목적과 주거이전으로 말미암아 특별한 어려움을 겪게 될 세입자들을 대상으로 하는 사회보장적인 차원에서 지급하는 금원을 말하며, 이러한 주거이전비를 향유할 수 있는 소송으로는 공법상 당사자소송이 있다. 이하에서 이를 설명한다.

II 도지보상법상 주거이전비

1. 주거이전비의 법적 성격

(1) 공법상 권리

판례는 세입자의 주거이전비는 ① 사업추진을 원활하게 하려는 정책적 목적과 ② 사회보장적인 차원에서 지급되는 금원의 성격을 가지므로 세입자의 주거이전비 보상청구권은 〈공법상 권리〉이고, 공법상 법률관계를 대상으로 하는 행정소송에 의해 다투어야 한다고 판시한 바 있다.

(2) 강행규정인지 여부

세입자에 대한 주거이전비는 공익사업 시행으로 인하여 생활 근거를 상실하게 되는 세입자를 위하여 사회보장적 차원에서 지급하는 금원으로 보아야 하므로, 사업시행자의 세입자에 대한 주거이전비 지급의무를 정하고 있는 공익사업법 시행규칙 제54조 제2항은 당사자 합의 또는 사업시행자 재량에 의하여 적용을 배제할 수 없는 강행규정이라고 보아야 한다.

2. 주거이전비 보상대상자 요건

(1) 소유자에 대한 주거이전비 보상

공익사업시행지구에 편입되는 주거용 건축물의 소유자에 대하여는 당해 건축물에 대한 보상을 하는 때에 가구원수에 따라 2월분의 주거이전비를 보상하여야 한다. 다만, 건축물의 소유자가 당해 건축물에 실제 거주하고 있지 아니하거나 당해 건축물이 무허가건축물 등인 경우에는 그러하지 아니한다.

(2) 세입자에 대한 주거이전비 보상

공익사업의 시행으로 인하여 이주하게 되는 주거용 건축물의 세입자로서 사업인정고시일 등 당시 또는 공익사업을 위한 관계법령에 의한 고시 등이 있는 당시 당해 공익사업시행지구 안에서 3월 이상 거주한 자에 대하여는 가구원수에 따라 4월분의 주거이전비를 보상하여야 한다.

3. 주거이전비 산정방법 및 산정의 기준시기

주거이전비는 「통계법」 제3조 제4호에 따른 통계작성기관이 조사·발표하는 가계조사통계의 도시근로자가구의 가구원수별 월평균 명목 가계지출비를 기준으로 산정한다. 가구원수가 5인인 경우에는 5인 이상 기준의 월평균 가계지출비를 적용하며, 가구원수가 6인 이상인 경우에는 5인 이상 기준의 월평균 가계지출비에 5인을 초과하는 가구원수에 1인당 평균비용을 곱한 금액을 더한 금액으로 산정한다. 또한 주거이전비의 보상내용은 사업시행인가 고시가 있은 때에 확정되므로 이때를 기준으로 보상금액을 산정해야 한다.

Ⅲ 주거이전비를 향유할 수 있는 소송

1. 당사자소송의 의의

(1) 실질적 당사자소송

실질적 당사자소송이란 공법상 법률관계에 관한 소송으로서 그 법률관계의 주체를 당사자로 하는 소송을 말한다. 통상 당사자소송이라 하면 실질적 당사자소송을 말한다.

(2) 형식적 당사자소송

형식적 당사자소송이란 형식적으로는(소송형태상) 당사자소송의 형식을 취하고 있지만 실질적으로는 처분 등의 효력을 다투는 항고소송의 성질을 가지는 소송을 말한다. 형식적 당사자소송은 기본적으로는 법률관계의 내용을 다투는 점에서 당사자소송이지만 처분의 효력의 부인을 전제로 하는 점에서 실질적 당사자소송과 다르다.

2. 당사자소송의 절차

(1) 당사자소송의 대상

당사자소송의 대상은 "행정청의 처분 등을 원인으로 하는 법률관계와 그 밖의 공법상의 법률관계"이다. 즉, 당사자소송의 대상은 공법상 법률관계이다.

(2) 당사자소송에서의 원고적격 및 소의 이익

당사자소송에서 원고적격이 있는 자는 당사자소송을 통하여 주장하는 공법상 법률관계의 주체이다. 공법상 당사자소송이 확인소송인 경우에는 항고소송인 무효확인소송에서와 달리 확인의 이익이 요구된다.

(3) 당사자소송의 피고 및 제소기간

당사자소송은 '국가·공공단체 그 밖의 권리주체'를 피고로 한다(행정소송법 제39조). 당사자소송에 관하여 법령에 제소기간이 정하여져 있는 때에는 그 기간은 불변기간으로 한다(행정소송법 제41조).

(4) 공법상 당사자소송의 판결의 종류

당사자소송이 소송요건을 결여한 경우에는 본안심리를 거절하는 각하판결을 내리며, 본안심리의 결과 원고의 청구가 이유 없다고 판단되는 경우 기각판결을 내린다. 본안심리의 결과 원고의 청구가 이유 있다고 인정하는 경우 인용판결을 내리는데, 당사자소송의 소의 종류에 따라 확인판결을 내리기도 하고(공무원지위를 확인하는 판결) 이행판결을 내리기도 한다(공법상 금전급부의무의 이행을 명하는 판결).

3. 주거이전비를 향유할 수 있는 소송의 형태

(1) 토지보상법상 재결 이전인 경우(실질적 당사자소송)

세입자의 주거이전비 보상청구권은 그 요건을 충족하는 경우에 당연히 발생하는 것이므로, 주거이전비 보상청구소송은 행정소송법 제3조 제2호에 규정된 당사자소송에 의하여야 할 것이다.

(2) 토지보상법상 재결 이후인 경우(형식적 당사자소송)

세입자의 주거이전비 보상에 관하여 재결이 이루어진 다음 세입자가 보상금의 증감 부분을 다투는 경우에는 토지보상법 제85조 제2항에 규정된 행정소송(형식적 당사자소송)에 따라 권리구제를 받을 수 있을 것이다.

Ⅳ 사안의 해결

주거이전비는 사회보장적인 정책적 차원에서 지급되는 금원이므로, 사업시행자가 주거이전비를 지급하지 않는 경우라면 갑은 당사자소송으로서 그 지급을 구할 수 있을 것이다. 이 경우 토지보상법상 재결 전·후를 기준하여 재결 전이라면 실질적 당사자소송을, 재결 이후라면 형식적 당사자소송을 통하여 동 권리를 향유할 수 있을 것이다.

대법원 2008.5.29, 2007다8129[주거이전비등][공2008하,910]

[판시사항]

[1] 구 공익사업을 위한 토지 등의 취득 및 보상에 관한 법령에 의하여 주거용 건축물의 세입자에게 인정되는 주거이전비 보상청구권의 법적 성격(= 공법상의 권리) 및 그 보상에 관한 분쟁의 쟁송절차(= 행정소송)

[2] 구 공익사업을 위한 토지 등의 취득 및 보상에 관한 법령에 따라 주거용 건축물의 세입자가 주거이전비 보상을 소구하는 경우 그 소송의 형태

[판결요지]

[1] 구 공익사업을 위한 토지 등의 취득 및 보상에 관한 법률(2007.10.17. 법률 제8665호로 개정되기 전의 것) 제2조, 제78조에 의하면, 세입자는 사업시행자가 취득 또는 사용할 토지에 관하여 임대차 등에 의한 권리를 가진 관계인으로서, 같은 법 시행규칙 제54조 제2항 본문에 해당하는 경우에는 주거이전에 필요한 비용을 보상받을 권리가 있다. 그런데 이러한 주거이전비는

당해 공익사업 시행지구 안에 거주하는 세입자들의 조기이주를 장려하여 사업추진을 원활하게 하려는 정책적인 목적과 주거이전으로 인하여 특별한 어려움을 겪게 될 세입자들을 대상으로 하는 사회보장적인 차원에서 지급되는 금원의 성격을 가지므로, 적법하게 시행된 공익사업으로 인하여 이주하게 된 주거용 건축물 세입자의 주거이전비 보상청구권은 공법상의 권리이고, 따라서 그 보상을 둘러싼 쟁송은 민사소송이 아니라 공법상의 법률관계를 대상으로 하는 행정소송에 의하여야 한다.

[2] 구 공익사업을 위한 토지 등의 취득 및 보상에 관한 법률(2007.10.17. 법률 제8665호로 개정되기 전의 것) 제78조 제5항, 제7항, 같은 법 시행규칙 제54조 제2항 본문, 제3항의 각 조문을 종합하여 보면, 세입자의 주거이전비 보상청구권은 그 요건을 충족하는 경우에 당연히 발생하는 것이므로, 주거이전비 보상청구소송은 행정소송법 제3조 제2호에 규정된 당사자소송에 의하여야 한다. 다만, 구 도시 및 주거환경정비법(2007.12.21. 법률 제8785호로 개정되기 전의 것) 제40조 제1항에 의하여 준용되는 구 공익사업을 위한 토지 등의 취득 및 보상에 관한 법률 제2조, 제50조, 제78조, 제85조 등의 각 조문을 종합하여 보면, 세입자의 주거이전비 보상에 관하여 재결이 이루어진 다음 세입자가 보상금의 증감 부분을 다투는 경우에는 같은 법 제85조 제2항에 규정된 행정소송에 따라, 보상금의 증감 이외의 부분을 다투는 경우에는 같은 조 제1항에 규정된 행정소송에 따라 권리구제를 받을 수 있다.

> **판례사례 32** 처분사유의 추가·변경(이주대책대상자)
>
> 사업시행자인 한국토지공사는 '수원-인천 간 복선전철화 사업'을 시행하고자 갑 등19명의 토지 및 주거용 건물을 수용대상으로 하고, 이주정착금을 지급하려고 계획하고 있다. 이에, 갑은 새로운 주거 정착지를 마련해 줄 것을 요구하였으나, 사업시행자는 해당 사업은 선형 사업으로서 철도건설에 꼭 필요한 최소한의 토지만 보상하므로 사실상 이주택지 공급이 불가능함을 이유로 거부하였다. 갑은 이주대책 수립 거부에 대한 취소소송을 제기하였는데, 소송 중에 사업시행자는 '갑이 이주대책 수립을 청구하였을 당시 이미 13명이 이주정착금을 받았기에 이주대책 희망자가 10호 미만이므로 이주대책 수립의무는 발생하시 않는다'고 주장할 수 있는가? 20점

Ⅰ 쟁점의 정리

Ⅱ 처분사유 추가·변경 인정논의
  1. 의의 및 구별개념
  2. 소송물과 처분사유의 추가·변경
  3. 인정여부
    (1) 학설
    (2) 판례
    (3) 검토

  4. 인정기준
    (1) 처분당시 객관적으로 존재하였던 사실일 것
    (2) 기본적 사실관계의 동일성이 유지될 것
    (3) 재량행위의 경우
  5. 법원의 판단

Ⅲ 사안의 해결

Ⅰ 쟁점의 정리

실질적 법치주의와 행정처분의 상대방인 국민에 대한 신뢰보호라는 견지에서 처분청은 당초 처분의 근거로 삼은 사유와 기본적 사실관계에 있어서 동일성이 있다고 인정되지 않는 별개의 사실을 들어 처분사유로 주장함은 허용되지 않을 것인 바, 이하에서 새로운 사유를 추가·변경할 수 있는지를 검토한다.

Ⅱ 처분사유 추가·변경 인정논의

1. 의의 및 구별개념

처분 당시에 존재하였으나 처분의 근거로 제시하지 않았던 법적 또는 사실적 사유를 소계속 중에 추가 또는 변경하는 것을 말한다. 처분당시에 존재하는 사유를 추가하거나 변경한다는 점에서 처분 시의 하자를 사후에 보완하는 하자치유와 구별된다.

2. 소송물과 처분사유의 추가 · 변경

소송물을 개개의 위법성사유로 보면 처분사유의 추가변경은 소송물의 추가변경이 되므로 원칙적으로 불가하다. 따라서 처분사유 추가 · 변경은 소송물(위법성일반)의 범위 내에서 논의되어야 한다.

3. 인정여부

(1) 학설

① 국민의 공격 · 방어권침해를 이유로 부정하는 견해와 ② 소송경제측면에서 긍정하는 견해, ③ 처분의 상대보호와 소송경제의 요청을 고려할 때 제한적으로 긍정하는 견해 ④ 행정행위 및 행정쟁송의 유형 등에 따라 개별적으로 판단해야 한다는 견해가 있다.

(2) 판례

실질적 법치주의와 행정처분의 상대방인 국민의 신뢰보호견지에서 기본적 사실관계의 동일성이 인정되는 경우에 제한적으로 긍정하고 있다(2001두8827).

(3) 검토

처분사유의 추가 · 변경은 소송경제 및 분쟁의 일회적 해결을 위한 것이므로 권리보호와 소송경제를 고려하여 제한적으로 인정하는 판례의 태도가 타당하다

4. 인정기준

(1) 처분당시 객관적으로 존재하였던 사실일 것

위법판단의 기준시에 관하여 처분시설을 취하는 경우 위법성 판단은 처분시를 기준으로 하므로 추가사유나 변경사유는 처분시에 객관적으로 존재하던 사유이어야 한다. 처분 이후에 발생한 새로운 사실적 · 법적 사유를 추가 · 변경할 수는 없다. 단, 판결시설 또는 절충설을 취하는 경우에는 피고인 처분청은 소송계속 중 처분 이후의 사실적 · 법적 상황을 주장할 수 있게 된다.

(2) 기본적 사실관계의 동일성이 유지될 것

통설 및 판례는 ① 법률적 평가 이전의 사회적 사실관계의 동일성을 기준으로 하여 ② 시간적, 장소적 근접성, ③ 행위의 태양, 결과 등을 종합적으로 고려해서 판단하여야 한다고 본다(2006두9641).

(3) 재량행위의 경우

① 재량행위의 경우에 고려사항의 변경은 새로운 처분을 의미하는 것이라는 견해가 있으나, ② 재량행위에서 처분이유를 사후에 변경하는 경우에도, 분쟁대상인 행정행위가 본질적으로 변경되지 않음을 전제로 하는 것이므로 재량행위에서도 인정함이 타당하다.

5. 법원의 판단

처분사유의 추가 · 변경이 인정되면 법원은 변경된 사유를 기준으로 본안심사를 하고 그렇지 않은 경우에는 당초사유를 기준해야 한다.

Ⅲ 사안의 해결

사업시행사가 추가로 주장하는 '이주대책 희망자가 10호 미만'이라는 사유는 거부처분 당시에 존재하였으며, 선형사업이기에 사실상 이주택지의 공급이 불가능하다는 사유와, 희망자가 10호 미만이라는 사유는 이주택지 조성의 규모 등을 고려하여 효율적인 사업진행을 도모함에 취지가 인정된다고 할 수 있다. 따라서 양 사유는 기본적 사실관계의 동일성이 인정되므로 사업시행자는 소송 중에 새로운 사유를 추가 · 변경할 수 있을 것이다.

대법원 2013.8.22, 2011두28301[이주대책대상자거부처분취소][미간행]

[판시사항]

행정처분의 취소를 구하는 항고소송에서 처분청이 당초 처분의 근거로 삼은 사유와 기본적 사실관계에서 동일성이 인정되는 다른 사유를 추가하거나 변경할 수 있는지 여부(적극) 및 기본적 사실관계가 동일하다는 것의 의미

[주 문]

원심판결을 파기하고, 사건을 서울고등법원에 환송한다.

[이 유]

상고이유를 판단한다.

1. 공익사업을 위한 토지 등의 취득 및 보상에 관한 법률(이하 '공익사업법'이라 한다) 제78조 제1항은 "사업시행자는 공익사업의 시행으로 인하여 주거용 건축물을 제공함에 따라 생활의 근거를 상실하게 되는 자(이하 '이주대책대상자'라 한다)를 위하여 대통령령이 정하는 바에 따라 이주대책을 수립 · 실시하거나 이주정착금을 지급하여야 한다."고 규정하고 있다.

   이에 따라 구 공익사업을 위한 토지 등의 취득 및 보상에 관한 법률 시행령(2011.12.28. 대통령령 제23425호로 개정되기 전의 것, 이하 '공익사업법 시행령'이라 한다) 제40조 제2항은 "이주대책은 국토해양부령이 정하는 부득이한 사유가 있는 경우를 제외하고는 이주대책대상자 중 이주정착지에 이주를 희망하는 자가 10호 이상인 경우에 수립 · 실시한다."고 규정하고 있고, 제41조는 "사업시행자는 법 제78조 제1항의 규정에 의하여, 이주대책을 수립 · 실시하지 아니하는 경우, 이주대책대상자가 이주정착지가 아닌 다른 지역으로 이주하고자 하는 경우에는 이주대책대상자에게 국토해양부령이 정하는 바에 따라 이주정착금을 지급하여야 한다."고 규정하고 있다.

   그리고 구 공익사업을 위한 토지 등의 취득 및 보상에 관한 법률 시행규칙(2013. 3. 23. 국토교통부령 제1호로 개정되기 전의 것, 이하 '공익사업법 시행규칙'이라 한다) 제53조 제1항은 "영 제40조 제2항에서 국토해양부령이 정하는 부득이한 사유라 함은 다음 각 호의 1에 해당하는 경우를 말한다."고 하면서 제1호에서 "공익사업시행지구의 인근에 택지 조성에 적합한 토지가 없

는 경우"를, 제2호에서 "이주대책에 필요한 비용이 당해 공익사업의 본래의 목적을 위한 소요비용을 초과하는 등 이주대책의 수립·실시로 인하여 당해 공익사업의 시행이 사실상 곤란하게 되는 경우"를 들고 있다.

2. 원심은 그 채택 증거에 의하여 원고들이 수원–인천 간 복선전철화 사업(이하 '이 사건 사업'이라 한다)으로 인하여 거주하고 있던 주거용 건축물을 피고에게 제공하여 생활의 근거를 상실하게 되었다면서 이주대책을 수립하여 줄 것을 신청한 사실, 이에 대하여 피고는 2009.10.8. "한국토지주택공사에서 관계 법령에 의거 이주대책을 수립하는 단지형 사업과는 달리 피고의 경우 택지 또는 주택을 공급할 수 있는 관계 법령이 없고, 이 사건 사업은 선형사업으로서 철도건설에 꼭 필요한 최소한의 토지만 보상하므로 사실상 이주택지공급이 불가능하여 결국 이 사건 사업은 공익사업법 시행령 제40조 제2항에서 정하는 이주대책 수립이 불가능한 사유에 해당되어 공익사업법 시행령 제41조에 따라 이주정착금을 지급하고 있다."는 이유로 원고들의 신청을 거부하는 이 사건 처분을 한 사실을 인정한 다음, 이 사건 처분 당시 피고가 이주대책을 수립하지 못할 '부득이한 사유'가 있었다는 점을 인정할 수 없으므로 원고들의 신청을 거부한 이 사건 처분은 위법하다고 판단하였다.

나아가 원심은 원고들 중 일부가 당해 건축물에 계약체결일 또는 수용재결일까지 계속하여 거주하고 있지 아니하였거나 이주정착지로의 이주를 포기하고 이주정착금을 받은 자에 해당하여 피고에게 이주대책 수립·실시를 요구할 수 있는 이주대책대상자는 10호 미만이므로 공익사업법 시행령 제40조 제2항에 따라 이주대책 수립·실시를 거부한 이 사건 처분은 적법하다는 피고의 주장에 대하여, 피고의 이러한 주장사실은 이 사건 처분사유가 아닐 뿐만 아니라, 이 사건 처분 사유와 기본적 사실관계에 있어 동일성도 인정되지 아니하므로 피고가 주장하는 위 사유를 이 사건 처분에 대한 적법성의 근거로 삼을 수 없다고 판단하였다.

3. 우선 관련 규정 및 원심이 적법하게 채택한 증거들에 비추어 살펴보면, 원심이 철도건설사업인 이 사건 사업이 공익사업법의 적용을 받는 이상 이주대책의 수립과 관련하여 택지 또는 주택을 공급할 수 있는 관계 법령이 없다고 볼 수 없고, 이 사건 처분 당시 피고가 이주대책을 수립하지 못할 '부득이한 사유'가 있었다는 점을 인정할 수 없다고 판단한 것은 정당하고, 거기에 상고이유 주장과 같이 공익사업법 시행령 제40조 및 공익사업법 시행규칙 제53조 소정의 '부득이한 사유'의 해석에 관한 법리를 오해한 위법이 없다.

4. 그러나 '이주대책대상자 중 이주정착지에 이주를 희망하는 자가 10호에 미치지 못한다.'는 피고의 주장에 관한 원심의 위와 같은 판단은 다음과 같은 이유로 수긍하기 어렵다.

행정처분의 취소를 구하는 항고소송에 있어서는 실질적 법치주의와 행정처분의 상대방인 국민에 대한 신뢰보호라는 견지에서 처분청은 당초 처분의 근거로 삼은 사유와 기본적 사실관계에 있어서 동일성이 있다고 인정되지 않는 별개의 사실을 들어 처분사유로 주장함은 허용되지 아니하나, 당초 처분의 근거로 삼은 사유와 기본적 사실관계에 있어서 동일성이 있다고 인정되는 한도 내에서는 다른 사유를 추가하거나 변경할 수 있다. 그리고 기본적 사실관계가 동일하다는 것은 처분사유를 법률적으로 평가하기 이전의 구체적인 사실에 착안하여 그 기초적인 사회적 사실관계가 기본적인 점에서 동일한 것을 말하며, 처분청이 처분 당시에 적시한 구체적 사실을 변경하지 아니하는 범위 내에서 단지 그 처분의 근거 법령만을 추가·변경하거나 당초의 처분사유를 구체적으로 표시하는 것에 불과한 경우에는 새로운 처분사유를 추가하거나 변경하는 것이라고 볼 수 없다(대법원 2001.9.28, 2000두8684, 대법원 2008.2.28, 2007두13791, 13807 등 참조). 기록에 의하면, 피고가 2009.10.8. 원고들에게 보낸 이주대책수립요구에 대한 회신(갑 제1호증)에는 원심이 이 사건 처분사유로 인정한 것 이외에도 "이주대책수립을 요구해 오신 사람 중에서 상당수(7인, 수용재결 중 3인)가 이미 계약을 체결한 후 보상금을 수령 하신 상태에서 이주정착지를 요구하는 것은 실효성이 없는 것으로 판단되며"라고 기재되이 있는 것을 알 수 있는데, 거기에는 이주대책대상자 중에서 이주정착금을 지급 받은 자들은 이주대책의 수립·실시를 요구할 수 없으므로 전체 신청자 19명 중에서 이들을 제외하면 이주대책 수립 요구를 위한 10명에 미달하게 된다는 의미를 내포하고 있다고 볼 수 있다.

그렇다면 이 사건 처분사유에는 '이주대책을 수립·실시하지 못할 부득이한 사유에 해당한다.'는 점 이외에도 '이주대책대상자 중 이주정착지에 이주를 희망하는 자가 10호에 미치지 못한다.'는 점도 포함하고 있다고 할 수 있으므로 원심으로서는 이주대책대상자 중 10호 이상이 이주정착지에 이주를 희망하고 있는지, 그에 따라 피고가 이주대책을 수립·실시하여야 할 의무가 있는지 등을 심리하여 이 사건 처분의 적법 여부를 판단하였어야 옳다.

그럼에도 피고가 이 사건 소송에서 주장한 '이주대책대상자 중 이주정착지에 이주를 희망하는 자가 10호에 미치지 못한다.'는 사유에 관한 심리·판단을 생략한 채, 단지 공익사업법 시행령 제40조 및 공익사업법 시행규칙 제53조에서 정한 '부득이한 사유'에 해당하지 않는다는 이유만을 들어 이 사건 처분이 위법하다고 판단한 원심판결에는 처분사유의 추가·변경에 관한 법리를 오해하여 필요한 심리를 다하지 아니함으로써 판결에 영향을 미친 위법이 있다고 할 것이다. 이 점을 지적하는 상고이유 주장은 이유 있다.

5. 그러므로 원심판결을 파기하고 사건을 다시 심리·판단하게 하기 위하여 원심법원에 환송하기로 하여, 관여 대법관의 일치된 의견으로 주문과 같이 판결한다.

감정평가 및 보상법규

- 판례사례노트 -

손실보상 각론

PART 03 손실보상 각론

📝 **판례사례 33** 공법상 제한의 고려(+ 불법형질변경토지)

갑은 1965년 임야 1만여 제곱미터를 취득하여 일부는 주차장용지로 개간하여 사용하고 있었다. 그 후, 1977년 도시계획시설 결정고시로 공원시설로 지정되었고 지정당시 용도지역은 주거지역이었다. 2000년 경 용도지역 세분화에 따라 1종주거지역으로 변경되었고 2010년 당해 공원사업이 시행되어 협의보상평가가 진행되었다. 이에 사업시행자는 현재 용도지역인 1종주거지역을 기준하고 주차장용지는 불법형질변경 및 일시적 이용상황이므로 지목대로 전체를 임야로 평가하여 줄 것을 감정평가법인등 을에게 의뢰하였다. 이에 갑은 당해 임야는 주거 및 상업용 건물을 개발할 수 있는 개발가능용지이나 당해 도시계획시설 결정고시로 인하여 어떠한 개발도 할 수 없게 된 바, 도시계획시설 결정으로 인한 제한은 배제하여, 상가용지로 개발가능한 3종주거지역으로 지정되어야 함에도 1종주거지역으로 지정된 것은 잘못된 것이라 주장하면서 3종주거지역 및 일부주차장용지의 현황평가를 주장하고 있다. 갑 주장의 타당성에 대해서 검토하시오. 35점

Ⅰ 쟁점의 정리

Ⅱ 3종주거지역으로 평가해야 하는지 여부

  1. 공법상 제한을 받는 토지의 평가기준

    (1) 의의 및 기능

    (2) 공법상 제한을 받는 토지의 평가기준

      (보상법 시행규칙 제23조)

      1) 일반적 제한

      2) 개별적 제한

      3) 당해사업으로 인한 용도지역 등의 변경

      4) 당초의 목적사업과 다른 공익사업에 편입된 경우

    (3) 사안의 경우

  2. 용도지역을 1종주거지역으로 변경한 것이 계획재량권 행사의 일탈·남용인지 여부

    (1) 행정계획의 의의

    (2) 계획재량과 형량명령

      1) 계획재량의 의의

      2) 재량과의 구분

      3) 형량명령

        가. 의의

        나. 형량하자

    (3) 사안의 경우

  3. 소결

Ⅲ 주차장용지로 평가해야 하는지 여부

  1. 불법형질변경 토지의 평가방법

    (1) 의의 및 근거

    (2) 평가방법

      1) 원칙 및 취지

      2) 예외

    (3) 입증책임

  2. 사안의 경우

Ⅳ 사안의 해결

❶ 쟁점의 정리

① 용도지역을 3종주거지역으로 반영해야 하는지를 공법상 제한과 관련하여 검토하되, 당해 사업의 제한이 없는 것을 전제할 경우 1종주거지역으로 지정한 것이 계획재량권의 일탈·남용에 해당하는지를 검토한다. ② 토지 중 일부인 주차장용지를 현황평가원칙에 따라 평가해야 하는지 불법형질변경으로서 형질변경당시를 기준하여 평가해야 하는지를 검토한다.

❷ 3종주거지역으로 평가해야 하는지 여부

1. 공법상 제한을 받는 토지의 평가기준

(1) 의의 및 기능

공법상 제한받는 토지라 함은 관계법령에 의해 가해지는 토지 이용규제나 제한을 받는 토지로서, 이는 국토공간의 효율적 이용을 통해 공공복리를 증진시키는 수단으로 기능한다.

(2) 공법상 제한을 받는 토지의 평가기준(보상법 시행규칙 제23조)

1) 일반적 제한

제한 그 자체로 목적이 완성되고 구체적 사업의 시행이 필요하지 않은 경우로 그 제한받는 상태대로 평가한다. 그 예로는 국토의 이용 및 계획에 관한 법률에 의한 용도지역, 지구, 구역의 지정, 변경 기타 관계법령에 의한 토지이용계획 제한이 있다.

2) 개별적 제한

그 제한이 구체적 사업의 시행을 필요로 하는 경우를 말하며, 개별적 제한이 당해 공익사업의 시행을 직접 목적으로 가해진 경우에는 제한이 없는 상태로 평가한다.

3) 당해 사업으로 인한 용도지역 등의 변경

용도지역 등 일반적 제한 일지라도 당해 사업 시행을 직접 목적으로 하여 변경된 경우에는 변경되기 전의 용도지역을 기준으로 하여 평가한다. 이는 개발이익의 배제 및 피수용자의 보호에 목적이 있다.

4) 당초의 목적사업과 다른 공익사업에 편입된 경우

공법상 제한을 받는 수용대상 토지의 보상액을 산정함에 있어서는 그 공법상 제한이 당해 공공사업의 시행을 직접 목적으로 가하여진 경우는 물론 당초의 목적사업과는 다른 목적의 공공사업에 편입수용되는 경우에도 그 제한을 받지 아니하는 상태대로 평가하여야 할 것이다(98두4496).

(3) 사안의 경우

설문상 공원시설은 도시공원 설치를 위한 구체적 사업의 시행이 요구되므로, 이러한 제한은 없는 상태를 전제하여 평가하여야 할 것이다.

2. 용도지역을 1종주거지역으로 변경한 것이 계획재량권 행사의 일탈·남용인지 여부

(1) 행정계획의 의의

행정계획이란 행정주체 또는 그 기관이 일정한 행정활동을 행함에 있어서 일정한 목표를 설정하고 그 목표를 달성하기 위하여 필요한 수단을 선정·조정하고 종합화한 것을 말한다.

(2) 계획재량과 형량명령

1) 계획재량의 의의

행정계획을 수립, 변경함에 있어서 계획청에게 인정되는 재량을 말한다. 계획재량은 행정목표의 설정이나 행정목표를 효과적으로 달성할 수 있는 수단의 선택 및 조정에 있어서 인정된다.

2) 재량과의 구분

① 계획재량은 목적과 수단의 규범구조이므로 요건과 효과인 재량과 상이하고 형량명령이론이 존재하므로 구분되어야 한다는 견해(질적차이 긍정설)와 ② 재량의 범위인 양적 차이만 있고 형량명령은 비례칙이 행정계획분야에 적용된 것이라는 견해(질적차이 부정설)가 있다. ③ 생각건대 규범구조상 계획재량은 목적프로그램에서, 행정재량은 조건프로그램에서 문제되며 전자는 절차적 통제가 중심적이나, 후자는 실체적 통제도 중요한 문제가 되므로 양자의 적용범위를 구분하는 것이 합당하다.

3) 형량명령

가. 의의

형량명령이란 행정계획을 수립함에 있어서 관련된 이익을 정당하게 형량하여야 한다는 원칙을 말한다.

나. 형량하자

판례는 행정주체가 행정계획을 입안, 결정함에 있어서 ① 이익형량을 전혀 행사하지 아니하거나(형량의 해태), ② 이익형량의 고려 대상에 마땅히 포함시켜야 할 사항을 누락한 경우(형량의 흠결), ③ 또는 이익형량을 하였으나 정당성과 객관성이 결여된 경우에는(형량의 오형량) 그 행정계획결정은 형량에 하자가 있어서 위법하게 된다고 판시한 바 있다.

(3) 사안의 경우

판례는 "특정 공익사업의 시행을 위하여 용도지역 등의 지정 또는 변경을 하지 않았다고 볼 수 있으려면, 토지가 특정 공익사업에 제공된다는 사정을 배제할 경우 용도지역 등의 지정 또는 변경을 하지 않은 행위가 계획재량권의 일탈·남용에 해당함이 객관적으로 명백하여야만 한다"고 판시한 바 있다. 따라서 당해 사업의 시행이 없었더라면 3종주거지역으로 변경될 것이 명백함에도 불구하고 이를 1종주거지역으로 변경한 것이라면 이는 계획재량권 행사의 일탈·남용에 해당할 것이며, 무효라고 볼 것이다.

3. 소결

공원시설 결정고시가 없었더라면 갑의 토지가 3종주거지역으로 변경될 여지가 명백함에도 불구하고 1종주거지역으로 변경된 것이라면 이는 계획재량권 행사의 일탈·남용으로서 그 하자가 명백한 바, 감정평가법인등 을은 3종주거지역을 전제로 감정평가를 수행하여야 할 것이다.

Ⅲ 주차장용지로 평가해야 하는지 여부

1. 불법형질변경 토지의 평가방법

(1) 의의 및 근거

불법형질변경토지란 관계 법령에 의해 허가, 신고가 필요함에도 이를 하지 않은 채 형질변경한 토지를 말한다. 보상법 시행규칙 제24조에 규정되어 있다. 불법형질변경이란 ① 절토, 성토, 정지 등 형질변경과 공유수면매립, ② 단순히 용도만 변경하는 경우도 해당되며, ③ 농지상호간의 변경은 형질변경으로 보지 않는다.

(2) 평가방법

1) 원칙 및 취지

불법형질변경된 토지는 형질변경될 당시의 이용상황을 상정하여 평가하도록 되어있다. 이는 현황평가주의의 예외로, 동규정의 취지는 위법행위의 합법화를 통한 불합리한 보상의 배제에 있다.

2) 예외

1995.1.7 당시 공익사업시행지구에 편입된 불법형질변경 토지에 대해서는 이를 현실적 이용상황에 따라 보상한다.

(3) 입증책임

판례는 '수용대상 토지의 이용상황이 일시적이라거나 불법형질변경토지에 해당하는지 여부는 이를 주장하는 쪽에서 증명해야 하며, 수용대상 토지의 형질변경 당시 관계 법령에 의한 허가 또는 신고의무가 존재하였고 그럼에도 허가를 받거나 신고를 하지 않은 채 형질변경이 이루어졌다는 점이 증명되어야 한다'고 판시한 바 있다(2011두2521). 따라서 사업시행자는 수용대상 토지의 형질변경 당시 관계 법령에 의한 허가 또는 신고의무가 존재하였고, 그럼에도 허가를 받거나 신고를 하지 않은 채 형질변경이 이루어졌다는 점을 증명하여야 할 것이다.

2. 사안의 경우

설문상 갑의 토지는 1977년 경 공익사업에 편입된 바, 토지보상법 시행규칙 부칙 제6조에 따라서 현황평가하여야 할 것이다.

Ⅳ 사안의 해결

갑의 토지는 일부 임야 및 주차장용지의 이용상황을 기준하되, 용도지역 세분화와 관련하여 계획재량권 행사의 일탈·남용이 인정되는 경우에는 3종주거지역을 기준하여 평가하여야 할 것이다.

대법원 2015.8.27, 2012두7950[토지보상금증액][공2015하,1401]

[판시사항]

수용대상 토지에 관하여 특정 시점에서 용도지역 등의 지정 또는 변경을 하지 않은 것이 특정 공익사업의 시행을 위한 것인 경우, 공익사업의 시행을 직접 목적으로 하는 제한으로 보아 용도지역 등의 지정 또는 변경이 이루어진 상태를 상정하여 토지가격을 평가해야 하는지 여부(적극) 및 특정 공익사업의 시행을 위하여 용도지역 등의 지정 또는 변경을 하지 않았다고 보기 위한 요건

[판결요지]

구 공익사업을 위한 토지 등의 취득 및 보상에 관한 법률 시행규칙(2012.1.2. 국토해양부령 제427호로 개정되기 전의 것) 제23조 제1항, 제2항의 규정 내용, 상호 관계와 입법 취지, 용도지역·지구·구역(이하 '용도지역 등'이라 한다)의 지정 또는 변경행위의 법적 성질과 사법심사의 범위, 용도지역 등이 토지의 가격형성에 미치는 영향의 중대성 및 공익사업을 위하여 취득하는 토지에 대한 보상액 산정을 위하여 토지가격을 평가할 때 일반적 계획제한에 해당하는 용도지역 등의 지정 또는 변경이라도 특정 공익사업의 시행을 위한 것이라면 당해 공익사업의 시행을 직접 목적으로 하는 제한이라고 보아야 하는 점 등을 종합적으로 고려하면, 어느 수용대상 토지에 관하여 특정 시점에서 용도지역 등의 지정 또는 변경을 하지 않은 것이 특정 공익사업의 시행을 위한 것일 경우 이는 당해 공익사업의 시행을 직접 목적으로 하는 제한이라고 보아 용도지역 등의 지정 또는 변경이 이루어진 상태를 상정하여 토지가격을 평가하여야 한다. 여기에서 특정 공익사업의 시행을 위하여 용도지역 등의 지정 또는 변경을 하지 않았다고 볼 수 있으려면, 토지가 특정 공익사업에 제공된다는 사정을 배제할 경우 용도지역 등의 지정 또는 변경을 하지 않은 행위가 계획재량권의 일탈·남용에 해당함이 객관적으로 명백하여야만 한다.

[이 유]

원심판결 이유에 의하면 다음과 같은 사실을 알 수 있다.

가) 서울 강남구 (주소 1 생략) 임야 2,959m^2(이하 '이 사건 토지'라 한다)는 매봉산의 끝자락에 위치하고 있고 그 지목은 임야인데, 1977.7.9. 도시계획시설인 근린공원의 부지로 결정·고시되었다. 그 당시 이 사건 토지의 북쪽과 서쪽으로는 자연림 상태의 임야지대가 형성되어 있었고, 동쪽으로는 주택으로 이루어진 주거지대와 전·답으로 이루어진 농경지대가 형성되어 있었으며, 남쪽으로는 비포장도로로 보이는 대로에 접하고 있었다.

나) 1980년대 들어 위 대로의 남쪽에 있던 농지가 대지로 변경되기 시작하였고 1988년경부터 이 사건 토지의 서쪽에 논현로 개설공사가 진행되어 논현로 서쪽의 임야지대가 대지로 변경되었다.

다) 이 사건 토지는 용도지역이 주거지역 또는 일반주거지역이었다가 2003. 10. 20.경 피고 보조참가인(이하 '참가인'이라 한다)의 일반주거지역 종세분화 조치에 따라 제1종 일반주거지역으로 지정되었다. 한편 서울특별시 일반주거지역 세분화 매뉴얼에 따르면, 제1종 일반주거지역은 저

층주택을 중심으로 편리한 주거환경을 조성하기 위하여 필요한 지역이고, 제2종 일반주거지역은 중층주택을 중심으로 편리한 주거환경을 조성하기 위하여 필요한 지역이며, 제3종 일반주거지역은 중·고층주택을 중심으로 편리한 주거환경을 조성하기 위하여 필요한 지역을 가리킨다.

라) 이 사건 토지는 현재 서울 강남구 도곡동에 있는 지하철 3호선 매봉역의 서쪽 인근에 남쪽으로는 남부순환로에, 서쪽으로는 논현로에 접하는 상태로 위치하고 있다. 이 사건 토지의 논현로 건너편으로는 대규모 아파트 단지가 형성되어 있고, 남부순환로 건너편으로는 근린생활시설 및 주택 등이 있으며, 동쪽 및 북쪽으로는 순수 자연림 상태의 시가지 주변 임야지대가 있다.

마) 이 사건 토지는 2002.9.16. 사업인정고시 당시 서울 강남구 (주소 1 생략) 임야 856m^2, (주소 2 생략) 임야 117m^2, (주소 3 생략) 임야 102m^2, (주소 4 생략) 임야 1,884m^2(이하 위 (주소 1 생략) 토지를 '병합 전 (주소 1 생략) 토지'로, 나머지 토지를 그 지번으로 특정한다) 등 4필지의 토지였는데 2007.5.11.경 이 사건 토지로 병합되었다. 이 사건 토지 중 병합 전 (주소 1 생략) 토지 부분은 1977년경부터 무단으로 형질변경되어 조경수 등이 식재되어 있고, (주소 2 생략) 토지 부분도 무단으로 형질변경되어 주차공간으로 이용되고 있는 반면, (주소 3 생략) 토지와 (주소 4 생략) 토지 부분은 참나무 등 잡목이 우거진 자연림 상태의 토지이다.

바) 이 사건 토지 인근의 남부순환로나 논현로에 직접 맞닿은 토지들 중 이 사건 토지와 같이 근린공원(도곡공원) 부지로 결정·고시된 경우를 제외하고는 대부분 제3종 일반주거지역으로 지정되어 상업용 부지 혹은 대규모 아파트 부지로 이용되고 있다.

2) 원심은, 가) 공법상 제한이 없는 상태를 상정한다는 규정의 의미는 일반적인 경우 당해 공익사업의 시행을 직접 목적으로 한 공법상 제한이 가하여지기 이전의 토지 이용상황을 기초로 그 손실보상액을 평가한다는 것을 말하나, 수용대상 토지 및 주변 토지의 현황과 그 이용상황의 변천 과정, 관련 공법상 제한의 내용 등의 여러 정황을 종합적으로 검토한 결과 공법상 제한이 가하여지지 않았더라면 당해 토지의 이용상황이 가격시점 당시 다른 이용상황으로 변경되었을 것이라는 점에 관한 고도의 개연성이 인정되는 경우 등과 같은 특별한 사정이 있는 때에는 예외적으로 그와 같이 추정되는 가격시점 당시의 이용상황을 기초로 손실보상액을 정할 수 있다는 것을 말한다고 전제한 다음, 나) 이 사건 토지가 당해 공익사업에 따라 공원용지로 지정되지 않았더라면 병합 전 (주소 1 생략) 토지와 (주소 2 생략) 토지 부분은 가격시점 당시 제3종 일반주거지역으로 분류되어 상업용 부지로 이용되었을 것이라는 점에 대한 고도의 개연성이 인정되므로 위 토지 부분에 대하여는 그 용도지역이 제3종 일반주거지역으로서 상업용 부지로 이용되는 것을 전제로 하여 손실보상액을 산정하여야 한다고 판단하는 한편 (주소 3 생략) 토지와 (주소 4 생략) 토지 부분은 임야인 이용상황 및 다른 공법상의 이용 제한 등을 감안할 때 제출된 자료만으로는 가격시점 당시 원고가 주장하는 다른 이용상황으로 변경되었을 것이라고 단정하기 어렵다고 판단하였다.

다. 이 사건 토지 중 (주소 3 생략) 토지와 (주소 4 생략) 토지 부분에 관하여 원심이 판시한 사정들, 즉 ① 도로에 접하지 않은 후면 상단부에 위치하고 주로 자연림이 식재되어 있는 등 그 현황에 비추어 주변 임야지대의 연장선상에 있는 토지로 보는 것이 적합하고, 하단부에 위치한 토지들과는 뚜렷이 구별되는 이용상황을 나타내는 점, ② 경사도가 10도 이상인 가파른 구릉지역에 해당되고, 입목본수도 또한 개발행위허가를 제한하는 수준인 51%를 넉넉히 상회할 것으로 보이는 점, ③ 도시기반시설이 전혀 정비되어 있지 않고 이용상황의 전환 시 많은 비용이 소요될 것으로 예상되며, 도시생태환경적 관점에서도 보존 가치가 있다고 판단될 가능성이 있는 점 등을 종합하여 보면, 이 부분 토지가 공원용지로 지정되었다는 사정을 배제한 상태에서 판단할 때, 참가인이 2003. 10. 20.경 일반주거지역 종세분화 조치 당시 이 부분 토지를 제2종 일반주거지역 또는 제3종 일반주거지역으로 분류·지정하지 아니하고 제1종 일반주거지역으로 분류·지정한 것이 객관적으로 명백하게 계획재량권의 일탈·남용에 해당한다고 볼 수는 없다.

따라서 원심은 그 이유설시에 있어 부적절한 부분이 있지만, (주소 3 생략) 토지와 (주소 4 생략) 토지 부분에 대하여 실제와 같이 용도지역은 제1종 일반주거지역, 이용상황은 임야임을 전제로 하여 평가한 감정결과를 채택한 조치는 정당하다고 수긍할 수 있고, 거기에 원고의 상고이유 주장과 같이 논리와 경험의 법칙을 위반하여 자유심증주의의 한계를 벗어나거나 공법상 제한을 받는 토지의 수용보상금 평가방식 등에 관한 법리를 오해하여 판결에 영향을 미친 위법이 없다.

라. 그러나 원심의 판단 중 병합 전 (주소 1 생략) 토지와 (주소 2 생략) 토지 부분에 대하여 그 용도지역이 제3종 일반주거지역으로 변경된 상태를 상정하여 손실보상액을 산정하여야 한다고 판단한 부분은 다음과 같은 이유로 이를 그대로 수긍하기 어렵다.

1) 앞서 본 법리 및 사실관계에 비추어 보면, 이 사건 토지는 1995.1.7. 이전에 이미 도시계획시설의 부지로 결정·고시되었고, 이 사건 토지 중 병합 전 (주소 1 생략) 토지 부분은 1977년경부터 무단으로 형질변경되어 조경수 등이 식재되어 있고, (주소 2 생략) 토지 부분도 무단으로 형질변경되어 주차공간으로 이용되고 있었으므로, 달리 병합 전 (주소 1 생략) 토지와 (주소 2 생략) 토지 부분이 1995.1.7. 이후에서야 무단으로 형질변경되었다거나 그와 같은 형질변경에 따른 이용상황이 일시적인 것에 불과하였다는 등의 특별한 사정에 대한 피고의 주장·증명이 없는 이상, 그 형질변경의 적법성 여부를 떠나 현실적인 이용상황에 따라 보상가액을 평가하여야 한다.

2) 그런데 이 사건 토지 중 병합 전 (주소 1 생략) 토지와 (주소 2 생략) 토지 부분에 관한 원심판시의 사정들, 즉 ① 주차장으로 이용되거나 조경수가 식재되어 있는 등 오래 전부터 자연림지대를 포함한 인근 토지들과 확연히 구분되는 이용상황을 보여 온 점, ② 경사도가 그리 높지 않고, 판매 목적으로 식재된 조경수를 제외하고는 입목본수도 개발행위허가가 제한되는 수준에 훨씬 미치지 못하는 점, ③ 주요 간선도로에 접하여 교통환경이 양호하고 역세권 내에 포함된 지역에 해당되며 정비를 통해 인근의 주거 및 근린상업시설 등과의 조화를 도모할 필요가 있는 등 제3종 일반주거지역으로서의 입지조건을 갖춘 점, ④ 인근 토지들 중 이 부분 토지와 위치적 특성 또는 현황이 유사한 대부분의 토지들이 참가인의 일반주거지역 종세분화 조치 당시 제3종 일반주거지역으로 지정되어 상업용 부지로 이용되고 있는 점, ⑤ 토지의 위치와 형상 등에 비추어 이용상황의 변경에 따라 개발비용이 과다하게 소요될 것으로 보이지도 않는 점 등의 사정만으로는, 이 부분 토지가 공원용지로 지정되었다는 사정을 배제한 상태에서 판단할 때 참가인이

2003.10.20.경 일반주거지역 종세분화 조치 당시 이 부분 토지를 제3종 일반주거지역으로 분류·지정하지 아니한 것이 객관적으로 명백하게 계획재량권의 일탈·남용에 해당한다는 점이 분명하지 아니하다.

원심으로서는 앞서 본 법리에 따라, 병합 전 (주소 1 생략) 토지와 (주소 2 생략) 토지 부분이 주차장으로 이용되거나 조경수가 식재되는 등으로 형질변경된 상태를 기준으로, 참가인의 일반주거지역 종세분화 조치 당시 이 부분 토지와 위치, 면적, 형상 등 토지의 특성 및 이용현황이 동일하거나 유사하면서도 공원용지로 지정되지 아니한 토지들의 용도지역 등 지정 현황과 계획재량권 행사의 사무처리 기준이 되는 서울특별시 일반주거지역 세분화 매뉴얼 내용과의 정합성 여부 등을 좀 더 자세히 심리한 다음, 이 부분 토지가 공원용지로 지정되지 않았다고 가정할 때 일반주거지역 종세분화 조치 당시 제3종 일반주거지역으로 분류·지정하지 아니한 것이 객관적으로 명백하게 계획재량권의 일탈·남용에 해당하는지, 그러하지 않다면 제2종 일반주거지역으로 분류·지정하지 아니한 것이 객관적으로 명백하게 계획재량권의 일탈·남용에 해당하는지 여부를 차례로 따져 보아야 할 것이고, 이러한 점들을 심리한 결과 그 계획재량권의 일탈·남용이 객관적으로 명백하다고 인정되는 경우에만 이 부분 토지의 용도지역이 제3종 또는 제2종 일반주거지역이라고 상정하여 이를 전제로 손실보상액을 정할 수 있을 것이다.

3) 그럼에도 원심은 이와 달리, 위와 같은 점을 심리하지 아니한 채 그 판시와 같은 이유만으로 병합 전 (주소 1 생략) 토지와 (주소 2 생략) 토지 부분의 용도지역이 제3종 일반주거지역이고 위 토지 부분이 상업용 부지로 이용되는 것을 전제로 하여 그 손실보상액을 산정하여야 한다고 판단하고 말았다. 이러한 원심의 판단에는 법 제70조 제2항, 법 시행규칙 제23조에 관한 법리 등을 오해하여 필요한 심리를 다하지 아니한 위법이 있다. 이를 지적하는 취지의 피고의 상고이유 주장은 이유 있다.

📝 판례사례 34 불법형질변경토지(지목변경 여부)

갑은 1990.1.31. 소외인과 사이에 준농림지역에 속하던 양주시(주소 생략) 답 1,706m^2(이하 '대상토지'라고 한다)에 관한 매매계약을 체결하면서 농지전용허가를 받아 공장용지로 전환하는 문제와 진입로는 매도인인 소외인이 책임지기로 약정하였고, 소외인은 1993.9.27. 경기도지사로부터 대상토지에 관하여 전용목적을 '일반목재가구 제조공장부지 조성'으로 하는 농지전용허가를 받아 농지조성비·전용부담금 등을 납부하고, 양주군수에게 대상토지상에 건축면적 594m^2, 부대면적 100m^{2}인 공장을 설립한다는 취지의 공장설립신고를 하였다. 갑은 1994.4.28. 양주군수에게 공장 건축면적을 993m^2, 부대면적을 342.6m^{2}로 확장하고, 공장설립신고자를 갑으로 변경하는 취지의 공장설립변경신고를 하였고, 대상토지와 그에 인접한 양주시 (주소 생략), 토지상에는 위와 같은 공장건물 등이 존재하게 되었고 그 중 일부는 1989년경 건축되어 1999년경 증축된 사실을 알 수 있다(지목변경은 아직 이루어지지 않았다). 경기도지사는 공익사업을 시행하기 위하여 갑토지를 수용하였고, 보상금은 '장을 기준하여 10억으로 결정되었다. 이에 대하여 경기도지사는 덕계동 토지가 공장용지로 사용되고 있는 것은 불법형질변경에 해당하므로(준공검사 미필) 불법형질변경되기 이전의 상태인 답으로 평가하여야 한다고 주장하면서, 보상금감액청구소송을 제기하였다. 불법형질변경토지의 평가방법에 대하여 설명하고 법원은 어떠한 판단을 해야 하는지 논하시오. 20점

국토의 계획 및 이용에 관한 법률 시행령 제51조(개발행위허가의 대상)

① 법 제56조 제1항에 따라 개발행위허가를 받아야 하는 행위는 다음 각 호와 같다. 〈개정 2005.9.8, 2006.3.23, 2008.9.25, 2012.4.10, 2019.8.6, 2021.1.5, 2023.3.21〉

　1. 건축물의 건축 :「건축법」제2조 제1항 제2호에 따른 건축물의 건축

　2. 공작물의 설치 : 인공을 가하여 제작한 시설물(「건축법」제2조 제1항 제2호에 따른 건축물을 제외한다)의 설치

　3. 토지의 형질변경 : 절토(땅깎기)·성토(흙쌓기)·정지(땅고르기)·포장 등의 방법으로 토지의 형상을 변경하는 행위와 공유수면의 매립(경작을 위한 토지의 형질변경을 제외한다)

측량·수로조사 및 지적에 관한 법률 제58조(지목의 구분)

법 제67조 제1항에 따른 지목의 구분은 다음 각 호의 기준에 따른다.

　9. 공장용지

　　가. 제조업을 하고 있는 공장시설물의 부지

　　나.「산업집적활성화 및 공장설립에 관한 법률」등 관계 법령에 따른 공장부지 조성공사가 준공된 토지

　　다. 가목 및 나목의 토지와 같은 구역에 있는 의료시설 등 부속시설물의 부지

농지법 제34조(농지의 전용허가·협의)

① 농지를 전용하려는 자는 다음 각 호의 어느 하나에 해당하는 경우 외에는 대통령령으로 정하는 바에 따라 농림축산식품부장관의 허가를 받아야 한다. 허가받은 농지의 면적 또는 경계 등 대통령령으로 정하는 중요 사항을 변경하려는 경우에도 또한 같다.

농지법 제37조(농지전용허가 등의 제한)

① 농림축산식품부장관은 제34조 제1항에 따른 농지전용허가를 결정할 경우 다음 각 호의 어느 하나에 해당하는 시설의 부지로 사용하려는 농지는 전용을 허가할 수 없다. ~각 호 생략~

농지법 제39조(전용허가의 취소 등)

농림축산식품부장관, 시장·군수 또는 자치구구청장은 제34조 제1항에 따른 농지전용허가 또는 제36조에 따른 농지의 타용도 일시사용허가를 받았거나 제35조 또는 제43조에 따른 농지전용신고, 제36조2에 따른 농지의 타용도 일시사용신고 또는 제41조3에 따른 농지개량행위의 신고를 한 자가 다음 각 호의 어느 하나에 해당하면 농림축산식품부령으로 정하는 바에 따라 허가를 취소하거나 관계 공사의 중지, 조업의 정지, 사업규모의 축소 또는 사업계획의 변경, 그 밖에 필요한 조치를 명할 수 있다. 다만, 제7호에 해당하면 그 허가를 취소하여야 한다. ~각 호 생략~

농지법 시행령 제33조(농지전용허가의 심사)

① 시장·군수 또는 자치구구청장은 제32조 제1항에 따라 농지전용허가신청서 등을 제출받은 때에는 다음 각 호의 심사기준에 따라 심사한 후 농림축산식품부령으로 정하는 서류를 첨부하여 그 제출받은 날(제3항에 따라 신청서류의 보완 또는 보정을 요구한 경우에는 그 보완 또는 보정이 완료된 날을 말한다)부터 10일 이내에 시·도지사에게 보내야 하며, 시·도지사는 10일 이내에 이에 대한 종합적인 심사의견서를 첨부하여 농림축산식품부장관에게 제출해야 한다. ~각 호 생략~

② 농림축산식품부장관은 제1항에 따른 심사기준에 적합하지 아니한 경우에는 농지의 전용허가를 하여서는 아니 된다. 〈개정 2008.2.29, 2013.3.23.〉

<table>
<tr><td>

Ⅰ 쟁점의 정리

Ⅱ 불법형질변경 토지의 평가방법

  1. 불법형질변경 토지의 의의 및 근거

  2. 평가방법

  3. 불법형질변경 토지라는 사실에 관한 증명책임의 소재 및 증명의 정도

</td><td>

Ⅲ '갑'토지가 불법형질변경 토지인지 여부(준공검사의 필요여부)

  1. 문제점

  2. 준공검사가 형질변경의 요건인지 여부

    (1) 관련규정의 내용

    (2) 요건충족여부

  3. 사안의 경우

Ⅳ 사안의 해결

</td></tr>
</table>

Ⅰ 쟁점의 정리

토지보상법 제70조에서는 보상이 되는 토지는 가격시점의 현실적인 이용상황을 기준으로 하도록 되어 있으나, 토지보상법 시행규칙 제24조에서는 불법형질변경된 토지는 형질변경될 당시의 이용상황을 상정하여 평가하도록 되어있다. 이는 현황평가주의의 예외로, 동규정의 취지는 위법행위의 합법화를 통한 불합리한 보상의 배제에 있다. 이하에서는 불법형질변경 토지의 평가방법을 설명하고 갑토지가 불법형질변경 토지에 해당되는지를 관련규정의 해석을 통해 검토한다.

Ⅱ 불법형질변경 토지의 평가방법

1. 불법형질변경 토지의 의의 및 근거

불법형질변경 토지란 관계 법령에 의해 허가, 신고가 필요함에도 이를 하지 않은 채 형질변경한 토지를 말한다. 보상법 시행규칙 제24조에 규정되어 있다. 불법형질변경이란 ① 절토, 성토, 정지 등 형질변경과 공유수면매립, ② 단순히 용도만 변경하는 경우도 해당되며, ③ 농지상호간의 변경은 형질변경으로 보지 않는다.

2. 평가방법

불법형질변경된 토지는 형질변경될 당시의 이용상황을 상정하여 평가하도록 되어있다. 이는 현황평가주의의 예외로, 동규정의 취지는 위법행위의 합법화를 통한 불합리한 보상의 배제에 있다. 단, 1995.1.7 당시 공익사업시행지구에 편입된 불법형질변경 토지에 대해서는 이를 현실적 이용상황에 따라 보상한다.

3. 불법형질변경 토지라는 사실에 관한 증명책임의 소재 및 증명의 정도

'수용대상 토지의 이용상황이 일시적이라거나 불법형질변경 토지에 해당하는지 여부는 이를 주장하는 쪽에서 증명해야 하며, 수용대상 토지의 형질변경 당시 관계 법령에 의한 허가 또는 신고의무가 존재하였고 그럼에도 허가를 받거나 신고를 하지 않은 채 형질변경이 이루어졌다는 점이 증명되어야 한다'고 판시한 바 있다(2011두2521).

Ⅲ '갑'토지가 불법형질변경 토지인지 여부(준공검사의 필요여부)

1. 문제점

형질변경에 준공검사가 요구되는지에 따라 적법한 허가유무가 결정될 것이다. 따라서 관련규정의 검토를 통해 갑이 공장용지로 용도전환하는 과정에서 준공검사가 요구되는지를 판단한다.

2. 준공검사가 형질변경의 요건인지 여부

(1) 관련규정의 내용

측량·수로조사 및 지적에 관한 법률 제58조 제9호는 공장용지에 관하여 '관계 법령에 따른 공장부지 조성공사가 준공된 토지'라고 규정하고 있는 반면 농지법령에는 농지전용허가와 관련하여 형질변경 완료 시 준공검사를 받도록 하는 규정을 두고 있지 아니하였다.

(2) 요건충족여부

설문과 같은 경우 공장부지 조성을 목적으로 하는 농지전용허가를 받아 그 목적사업에 따른 형질변경을 완료한 이상 별도로 준공검사를 받지 아니하였다 하더라도 이미 측량·수로조사 및 지적에 관한 법률에서 정한 '관계 법령에 따른 공장부지 조성공사가 준공된 토지'의 요건을 모두 충족하였다고 봄이 타당하다.

3. 사안의 경우

위와 같은 사실을 앞서 본 법리에 비추어 보면, 소외인과 갑이 대상토지를 공장부지로 조성하기 위하여 농지전용허가를 받아 농지조성비 등을 납부한 후 공장설립신고 및 변경신고를 하여 공장용지의 요건을 충족한 이상 비록 공부상 지목변경절차를 마치지 아니하였다 하더라도 그 토지의 수용에 따른 보상액을 산정함에 있어서는 공익사업을 위한 토지 등의 취득 및 보상에 관한 법률 제70조 제2항의 '현실적인 이용상황'을 공장용지로 평가하는 것이 옳다고 할 것이다.

Ⅳ 사안의 해결

농지전용공사(형질변경공사)에 준공검사가 필요하다고 볼 만한 법률상 근거를 찾을 수 없는 점에 비추어 보면, 경기도지사가 위 공장이 증축되기 이전에 덕계동 토지에 관하여 공장설립을 목적으로 한 농지전용허가를 한 이상, 덕계동 토지가 불법으로 형질변경되었다고 볼 수는 없다. 따라서 법원은 경기도지사의 위 주장은 이유 없다고 판단할 것이다.

대법원 2013.6.13, 2012두300[수용보상금증액][공2013하,1231]

[판시사항]

[1] 구 국토의 계획 및 이용에 관한 법률 시행령 제51조 제3호에서 정한 '토지의 형질변경'에 형질변경허가에 관한 준공검사나 토지의 지목변경을 요하는지 여부(소극)

[2] 택지개발사업을 위한 토지의 수용에 따른 보상금액의 산정이 문제 된 사안에서, 농지가 이미 공장용지로 형질변경이 완료되었고 공장용지의 요건을 충족한 이상 비록 공부상 지목변경절차를 마치지 않았다고 하더라도 그 수용에 따른 보상액을 산정할 때에는 공익사업을 위한 토지 등의 취득 및 보상에 관한 법률 제70조 제2항의 '현실적인 이용상황'을 공장용지로 평가해야 한다고 한 사례

[판결요지]

[1] 토지의 형질변경이란 절토, 성토, 정지 또는 포장 등으로 토지의 형상을 변경하는 행위와 공유수면의 매립을 뜻하는 것으로서, 토지의 형질을 외형상으로 사실상 변경시킬 것과 그 변경으로 인하여 원상회복이 어려운 상태에 있을 것을 요하지만, 형질변경허가에 관한 준공검사를 받거나 토지의 지목까지 변경시킬 필요는 없다.

[2] 택지개발사업을 위한 토지의 수용에 따른 보상금액의 산정이 문제 된 사안에서, 농지를 공장부지로 조성하기 위하여 농지전용허가를 받아 농지조성비 등을 납부한 후 공장설립 및 변경신고를 하고, 실제로 일부 공장건물을 증축하기까지 하여 토지의 형질이 원상회복이 어려울 정도로 사실상 변경됨으로써 이미 공장용지로 형질변경이 완료되었으며, 당시 농지법령에 농지전용허가와 관련하여 형질변경 완료 시 준공검사를 받도록 하는 규정을 두고 있지 않아 별도로 준공검사를 받지 않았다고 하더라도 구 지적법 시행령(2002.1.26. 대통령령 제17497호로 개정되기 전의 것)에서 정한 '공장부지 조성을 목적으로 하는 공사가 준공된 토지'의 요건을 모두 충족하였다고 보아야 하고, 수용대상 토지가 이미 공장용지의 요건을 충족한 이상 비록 공부상 지목변경절차를 마치지 않았다고 하더라도 그 토지의 수용에 따른 보상액을 산정할 때에는 공익사업을 위한 토지 등의 취득 및 보상에 관한 법률 제70조 제2항의 '현실적인 이용상황'을 공장용지로 평가해야 한다고 한 사례

 **판례사례 35** 현황평가원칙/불법형질변경토지

갑과 을은 공동으로 2005.4.11. 파주시장으로부터 지목이 '임야'였던 3필지(1번지, 2번지 및 3번지)의 토지에 관하여 전용목적을 '소매점, 사무실, 주택', 산지전용기간을 2006.4.30.까지로 한 산지전용허가를 받고, 2006.5.8. 산지전용기간을 2007.4.30.까지 연장하는 산지전용변경허가를 받았다. 그 무렵 갑과 을은 해당 토지에 진입로를 개설하여 콘크리트포장을 하고, 절토·성토를 한 후 옹벽을 설치하는 공사를 시행하여 건물 건축에 적합한 대지로 평탄화하였다. 파주시장은 2007.1.1. 기준 개별공시지가결정에서 1번지 토지의 이용상황을 '주거나지'(주거용 나지)로, 2번지 토지의 이용상황을 도로로, 3번지 토지의 이용상황을 임야로 공시하였디.

한편 파주시장은 2006.10.27. 피고가 택지개발지구 지정을 제안한 '파주운정3 택지개발사업'(이하 '사업')과 관련하여 해당 토지를 포함한 파주시 교하읍 일대 7,007,000m^{2}에 관하여 '택지개발예정지구 지정 추진지역 각종 개발행위 허가제한 고시'(이하 '개발행위 허가제한 고시')를 하였다. 이는 경작을 위한 토지의 형질변경 또는 관상용 식물의 가식, 농림·수산물의 생산에 직접 이용되는 간이공작물의 설치를 제외하고는, 건축물의 신축·개축·증축 등 택지개발사업 시행에 지장을 초래할 우려가 있는 개발행위(고시일 전에 인허가를 받고 실제 공사에 착수한 행위는 제외)의 허가를 제한한다는 내용이었다.

갑 등은 이러한 개발행위 허가제한 고시로 인하여 산지전용기간 내에 건축허가절차를 거치지 못함에 따라 각 토지에서 건축행위를 하지 못하였고, 그 상태가 그대로 유지되던 중 위 파주시 교하읍 일대가 2007. 6. 28. 택지개발예정지구로 결정·고시되고, 2008.12.31. 택지개발지구로 결정·고시되어, 각 토지는 택지개발사업의 시행을 위하여 2013.7.16. 수용되었다.

파주시장이 위 산지전용기간 만료일(2007.4.30.) 후 위와 같이 수용되기 전까지 갑 등에 대하여 해당 토지에 관하여 산지로 복구하라는 등의 명령을 한 바는 없다.

(1) 감정평가를 함에 있어서 이용상황을 판단하는 평가원칙에 대해서 설명하시오. 20점

(2) 감정평가사 병은 해당 토지는 전용기간 내에 개발행위를 완료하지 못하였기에 복구의무가 있으며, 개발행위에 대한 준공검사 및 지목변경도 득하지 못하였기에 이는 불법형질변경 토지로서 형질변경 전의 이용상태를 기준하여 평가하였다.
당해 보상평가의 정당성에 대해서 논하시오. 15점

(설문 1)의 해결

Ⅰ 개설(현황평가 원칙)

Ⅱ 현황평가의 원칙

  1. 현황평가의 의의

  2. 현황평가주의의 예외

    (1) 법률적 규제를 포함하는 광의의 개념

    (2) 물리적 이용현황 중심의 협의의 개념

    1) 일시적인 이용상황

    2) 무허가건축물 등의 부지

    3) 불법형질변경 토지

    4) 미지급용지

    5) 공법상 제한을 받은 토지

  3. 현황평가 예외의 정당성

  4. 현황평가 시 개별요인 적용 기준

<table>
<tr><td>

(설문 2)의 해결

Ⅰ 쟁점의 정리

Ⅱ 불법형질변경 토지의 평가방법
  1. 의의 및 근거(시행규칙 제24조)
  2. 평가방법
  3. 불법형질변경 토지라는 사실에 관한 증명
    책임의 소재 및 증명의 정도 등

</td><td>

4. 형질변경 요건 중 준공검사나 지목변경이
  수반되는지 여부

Ⅲ 사안의 해결
  1. 복구의무 발생여부
  2. 이용상황의 판단
  3. 사안의 해결

</td></tr>
</table>

(설문 1)의 해결

Ⅰ 개설(현황평가 원칙)

현황평가란 취득하는 토지에 관한 평가는 가격시점에서의 현실적인 이용상황을 기준으로 하여야 한다는 것을 말한다. 일시적 이용상황은 이를 고려하지 않는다. 토지보상법 제70조 제2항은 토지에 대한 보상액은 현실적인 이용상황과 일반적인 이용방법에 의한 객관적 상황을 고려하여 산정하도록 규정하고 있다. 동법 시행령과 시행규칙은 현황평가의 기준을 구체화하고 있다.

Ⅱ 현황평가의 원칙

1. 현황평가의 의의

보상이 되는 토지에 대해 가격시점의 현실적인 이용상황을 기준(92누15215)으로 하여 산정하는 것이 원칙으로 ① 공부상 지목보다 실제 이용상황을 기준으로 하며, ② 1필 토지가 여러용도에 이용되고 있는 경우 각각의 용도에 의해 보상한다. ③ 다만, 위법에 기인한 경우는 그렇지 않다.

2. 현황평가주의의 예외

(1) 법률적 규제를 포함하는 광의의 개념

당해 사업을 직접 목적으로 하는 개별적 제한은 제한 없는 상태로 평가하며 당해사업을 이유로 용도변경된 토지 역시 종전 용도지역을 기준한다.

(2) 물리적 이용현황 중심의 협의의 개념

1) 일시적인 이용상황

당해 토지의 이용이 일시적인 이용상황인 경우에는 이를 고려하지 않는다. 일시적인 이용상황은 관계 법령에 따른 국가 또는 지방자치단체의 계획이나 명령 등에 따라 해당 토지를 본래의 용도로 이용하는 것이 일시적으로 금지되거나 제한되어 그 본래의 용도와 다른 용도로 이용되고 있거나 해당 토지의 주위환경의 사정으로 보아 현재의 이용방법이 임시적인 것으로 한다.

2) 무허가건축물 등의 부지

무허가건축물 등의 부지라함은 관계법령에 의해 허가를 받거나 신고를 하고 건축 또는 용도변경을 하여야 하는 건물을 허가를 받지 아니하거나 신고를 하지 아니하고 건축 또는 용도변경한 건물의 부지를 말한다.

3) 불법형질변경 토지

불법으로 형질변경된 토지라 함은 관계법령에 의해 허가나 승인을 받고 형질변경하여야 할 토지를 허가나 승인을 받지 아니하고 형질변경한 경우를 말하며, 1995.1.7. 후에 불법형질변경된 토지는 토지의 형질이 변경될 당시의 이용상황을 상정하여 평가한다.

4) 미지급용지

종전에 시행된 공익사업의 부지로서 보상금이 지급되지 아니한 토지에 대하여는 종전의 공익사업에 편입될 당시의 이용상황을 상정하여 평가한다.

5) 공법상 제한을 받은 토지

공법상 제한을 받는 토지는 그 공법상의 제한이 당해 공공사업의 시행을 직접목적으로 가하여진 경우에는 그러한 제한이 없는 것으로 보고 평가한다. 당해 공공사업의 시행을 직접목적으로 용도지역 또는 용도지구 등이 변경된 경우에는 변경 전의 용도지역 또는 용도지구등을 기준으로 토지를 평가한다.

3. 현황평가 예외의 정당성

토지소유자보호 내지 위법행위의 합리화 조장방지 취지인바 정당성이 인정된다.

4. 현황평가 시 개별요인 적용 기준

현황이 맹지인 토지에 대하여 계획도로가 지적·고시된 경우, 지적고시된 계획도로가 가까운 시일 내에 개설공사가 착공되리라는 점이 인정되지 않는 이상 그 토지가 도로에 접면한 토지라고는 볼 수 없으므로, 계획도로가 지적·고시되었다는 사유만으로 도로에 접면한 토지임을 전제로 개별토지가격을 산정한 것은 위법하다(95누18482).

(설문 2)의 해결

Ⅰ 쟁점의 정리

설문의 해결을 위해서 지목은 임야이나 현황은 대지 및 도로인 경우에 어떠한 이용상황을 기준하여 평가하는지가 문제된다. 따라서 본 토지가 불법형질변경 토지에 해당하는지를 검토하여 평가의 기준이 되는 이용상황을 판단한다.

Ⅱ 불법형질변경 토지의 평가방법

1. 의의 및 근거(시행규칙 제24조)

불법형질변경 토지란 관계 법령에 의해 허가, 신고가 필요함에도 이를 하지 않은 채 형질변경한 토지를 말한다. 보상법 시행규칙 제24조에 규정되어 있다. 불법형질변경이란 ① 절토, 성토, 정지 등 형질변경과 공유수면매립, ② 단순히 용도만 변경하는 경우도 해당되며, ③ 농지상호 간의 변경은 형질변경으로 보지 않는다.

2. 평가방법

불법형질변경된 토지는 형질변경될 당시의 이용상황을 상정하여 평가하도록 되어있다. 이는 현황평가주의의 예외로, 동규정의 취지는 위법행위의 합법화를 통한 불합리한 보상의 배제에 있다. 1995.1.7. 당시 공익사업시행지구에 편입 된 불법형질변경 토지에 대해서는 이를 현실적 이용상황에 따라 보상한다.

3. 불법형질변경 토지라는 사실에 관한 증명책임의 소재 및 증명의 정도 등

견해의 대립이 있으나 판례는 '수용대상 토지의 이용상황이 일시적이라거나 불법형질변경 토지에 해당하는지 여부는 이를 주장하는 쪽에서 증명해야 하며, 수용대상 토지의 형질변경 당시 관계 법령에 의한 허가 또는 신고의무가 존재하였고 그럼에도 허가를 받거나 신고를 하지 않은 채 형질변경이 이루어졌다는 점이 증명되어야 한다'고 판시한 바 있다(2014두10271).

4. 형질변경 요건 중 준공검사나 지목변경이 수반되는지 여부

토지의 형질변경이란 절토, 성토, 정지 또는 포장 등으로 토지의 형상을 변경하는 행위와 공유수면의 매립을 뜻하는 것으로서, 토지의 형질을 외형상으로 사실상 변경시킬 것과 그 변경으로 인하여 원상회복이 어려운 상태에 있을 것을 요하지만, 형질변경허가에 관한 준공검사를 받거나 토지의 지목까지 변경시킬 필요는 없다(2012두300).

Ⅲ 사안의 해결

1. 복구의무 발생여부

산지전용기간 내에 건축행위로 나아가지 못한 것은 택지개발사업의 시행을 직접 목적으로 2006.10.27. 당해 개발행위 허가제한 고시가 이루어져 새로운 건축허가를 받을 수 없도록 제한된 데 따른 것이었으므로, 당해 형질변경은 산지복구의무의 대상이 되지 않는다고 할 것이다.

2. 이용상황의 판단

갑은 적법한 산지전용허가를 건물의 건축을 위한 대지 및 도로 등으로 조성공사를 시행함으로써, 개별공시지가결정에서 '주거나지' 또는 도로로 평가할 만큼 산지였던 본래의 형상이 변경되고 원상회복하기 어려울 정도가 되어 늦어도 2007.1.1. 기준으로는 임야에서 대지 및 도로로 사실상의 형질변경이 이루어졌다고 볼 것이다.

3. 사안의 해결

갑이 산지전용의 목적사업을 완료하지 못한 채로 산지전용기간이 만료되었지만, 그 토지의 수용에 따른 보상금 산정기준인 현실적 이용상황은 형질변경이 마쳐진 상태, 즉 제1토지는 대지, 제2토지는 도로로 평가되어야 정당보상의 원칙에 부합되다고 할 것이다.

대법원 2017.4.7, 2016두61808[손실보상금]

[판시사항]

산지전용기간이 만료될 때까지 목적사업을 완료하지 못한 경우, 사업시행으로 토지의 형상이 변경된 부분은 공익사업을 위한 토지 등의 취득 및 보상에 관한 법률에 의한 보상에서 불법형질변경된 토지로 보아 형질변경될 당시의 토지이용상황을 기준으로 보상금을 산정하여야 하는지 여부(적극) / 산지복구의무가 면제될 사정이 있는 경우, 형질변경이 이루어진 상태가 토지에 대한 보상의 기준이 되는 '현실적인 이용상황'인지 여부(적극)

[판결요지]

공익사업을 위한 토지 등의 취득 및 보상에 관한 법률(이하 '토지보상법'이라 한다) 제67조, 제70조, 공익사업을 위한 토지 등의 취득 및 보상에 관한 법률 시행규칙(이하 '토지보상법 시행규칙'이라 한다) 제24조, 산지관리법 제39조 제1항 제1호, 제3항, 제4항, 산지관리법 시행규칙 제40조의3 제1호의 규정과 입법 취지 등을 종합해 보면, 산지전용기간이 만료될 때까지 목적사업을 완료하지 못한 때에는 사업시행으로 토지의 형상이 변경된 부분은 원칙적으로 그 전체가 산지 복구의무의 대상이 되므로, 토지보상법에 의한 보상에서도 불법 형질변경된 토지로서 형질변경될 당시의 토지이용상황이 보상금 산정의 기준이 된다. 그러나 산지전용 허가 대상 토지 일대에 대하여 행정청이 택지개발촉진법 등 법률에 근거하여 개발행위제한조치를 하고 산지 외의 다른 용도로 사용하기로 확정한 면적이 있어서 산지전용 목적사업을 완료하지 못한 경우와 같이 산지복구의무가 면제될 사정이 있는 경우에는, 형질변경이 이루어진 현상 상태가 그 토지에 대한 보상기준이 되는 '현실적인 이용상황'이라고 보아야 한다. 그것이 토지수용의 경우에 정당하고 적정한 보상을 하도록 한 헌법과 토지보상법의 근본정신에 부합하고, 토지보상법 시행규칙 제23조가 토지에 관한 공법상 제한이 당해 공익사업의 시행을 직접 목적으로 하여 가하여진 경우에는 제한이 없는 상태를 상정하여 평가한다고 정한 취지에도 부합한다.

📝 판례사례 36 무허가건축물 부지와 불법형질변경토지 입증책임

갑은 서초구 방배동 204-1(전, 400제곱미터), 205-1번지(임야, 1,000제곱미터)를 소유하고 있었다. 1986.1.24. 204-1번지에 2층 규모의 무허가건물(주거용, 건폐율 20%)을 건축하였고, 205-1번지는 을에게 임대하였다. 을은 3층 규모의(샌드위치판넬조, 판넬지붕) 공장을 건축할 계획으로 당해 임야를 대지로(관계법령의 적법한 허가 없이) 형질병경을 하였다. 그 후, 2013.1.7. 갑소유의 토지 2필지가 도로사업 부지로 수용되면서 204-1번지는 2억('전' 기준), 205-1번지는 1억('임야' 기준)으로 보상금이 결정되었다. 갑은 204-1 및 205-1번지는 현황이 대지이므로 2필지 모두 대지를 기준하여 보상금을 산정해야 한다고 주장한다.

(1) 갑의 주장과 관련하여 무허가건축물 부지의 평가방법 등에 대해서 검토하고 갑주장의 타당성을 검토하시오. [15점]

(2) 갑의 주장과 관련하여 불법형질변경된 토지의 평가방법 및 입증책임 등에 대해서 검토하고, 이를 토대로 갑주장의 타당성을 검토하시오. [15점]

(설문 1)의 해결

Ⅰ 쟁점의 정리

Ⅱ 현황평가의 원칙과 무허가건축물 부지
  1. 현황평가의 원칙(보상법 제70조 제2항)
  2. 무허가건축물 등의 부지
    (1) 의의 및 근거규정(시행규칙 제24조)
    (2) 평가방법
      1) 원칙 및 취지
      2) 경과조치에 의한 예외
    (3) 무허가건축물 부지의 범위
    (4) 입증책임

Ⅲ 사안의 해결

(설문 2)의 해결

Ⅰ 쟁점의 정리

Ⅱ 불법형질변경된 토지
  1. 의의 및 근거규정(시행규칙 제24조)
  2. 평가방법
    (1) 원칙 및 취지
    (2) 경과조치에 의한 예외
  3. 보상평가방법의 정당성 검토
    (1) 평등의 원칙 위배 여부
    (2) 소급입법에 의한 재산권 침해 여부
  4. 입증책임(불법형질변경 토지라는 사실에 관한 증명책임의 소재 및 증명의 정도)
  5. 관련문제(무허가건축물부지와의 관계)

Ⅲ 사안의 해결

(설문 1)의 해결

I 쟁점의 정리

토지보상법 제70조 제2항에서는 현황평가를 기준하여 보상액을 산정하도록 규정하고 있다. 따라서 204-1 및 205-1번지의 현황이 불법에 기인한 경우가 아니라면 현황 대지를 기준하여 보상하여야 하는바, 토지보상법 시행규칙 제24조(무허가건축물 등의 부지 및 불법형질변경된 토지의 평가)를 검토하여 설문을 해결한다.

II 현황평가의 원칙과 무허가건축물 부지

1. 현황평가의 원칙(보상법 제70조 제2항)

현황평가의 원칙이란, 토지에 대한 보상액은 가격시점에서의 현실적인 이용상황과 일반적인 이용방법에 의한 객관적 상황을 고려하여 산정하되, 일시적인 이용상황과 토지소유자나 관계인이 갖는 주관적 가치 및 특별한 용도에 사용할 것을 전제로 한 경우 등은 고려하지 아니하는 것을 말한다.

2. 무허가건축물 등의 부지

(1) 의의 및 근거규정(시행규칙 제24조)

무허가건축물 부지란 관계법령에 의하여 허가를 받거나 신고를 하고 건축 또는 용도변경을 하여야 하는 건축물을 허가를 받지 아니하거나 신고를 하지 아니하고 건축 또는 용도변경한 건축물의 부지를 말한다.

(2) 평가방법

1) 원칙 및 취지

무허가건축물 부지에 대해 무허가건축물이 건축 또는 용도변경될 당시의 이용상황을 상정하여 평가하도록 한다. 이 취지는 현실 이용상황 기준평가의 예외로 위법의 합법화로 현저히 공정성을 잃은 불합리한 보상이 될 가능성이 있기 때문이다.

2) 경과조치에 의한 예외

시행규칙 부칙 제5조에 따라서 1989년 1월 24일 현재 이미 존재하는 무허가건축물의 부지에 대하여는 이를 적법한 건축물로 보아 현실이용상황에 따라 평가하게 된다.

(3) 무허가건축물 부지의 범위

무허가건축물의 부지면적 산정 시에는 '「국토의 계획 및 이용에 관한 법률」 등의 건폐율을 적용하여 산정한 면적을 초과할 수 없다'고 규정하고 있다.

(4) 입증책임

현황평가가 원칙이므로 이에 대한 예외로서 건축될 당시의 이용상황을 상정하여 평가하기 위하여서는 그것을 주장하는 사업시행자가 입증함이 타당하다.

Ⅲ 사안의 해결

설문상 204-1번지는 관계법령에 의한 허가를 받지 않은 무허가건축물의 부지이나, 건축시기가 1986.1.24.이므로 시행규칙 부칙 제5조 규정에 따라 적법한 건축물 부지로 평가되어야 할 것이다. 단, 무허가건축물 부지의 면적범위와 관련해서는 관계법령인 「국토의 계획 및 이용에 관한 법률」 등의 건폐율을 적용하여 산정한 면적을 초과할 수 없을 것이다. 따라서 갑주장 중 80제곱미터 부분에 대한 타당성은 인정되나, 나머지 320제곱미터 부분에 대해서는 타당성이 인정되지 않는다.

(설문 2)의 해결

Ⅰ 쟁점의 정리

204-1 및 205-1번지의 현황이 불법에 기인한 경우라 하더라도 현황평가원칙에 따라 현황평가를 할 수 있는 경우가 있으므로, 토지보상법 시행규칙 제24조(무허가건축물 등의 부지 및 불법형질변경된 토지의 평가)를 검토하여 설문을 해결한다.

Ⅱ 불법형질변경된 토지

1. 의의 및 근거규정(시행규칙 제24조)

불법형질변경 토지란 관계 법령에 의해 허가, 신고가 필요함에도 이를 하지 않은 채 형질변경한 토지를 말한다. 불법형질변경이란 ① 절토, 성토, 정지 등 형질변경과 공유수면매립, ② 단순히 용도만 변경하는 경우도 해당되며, ③ 농지 상호 간의 변경은 형질변경으로 보지 않는다.

2. 평가방법

(1) 원칙 및 취지

불법형질변경된 토지는 형질변경될 당시의 이용상황을 상정하여 평가하도록 되어 있다. 이는 현황평가주의의 예외로, 동규정의 취지는 위법행위의 합법화를 통한 불합리한 보상의 배제에 있다.

(2) 경과조치에 의한 예외

시행규칙 부칙 제6조에 따라 '1995.1.7. 당시 공익사업시행지구에 편입된 불법형질변경 토지'
에 대해서는 이를 현실적 이용상황에 따라 보상한다.

3. 보상평가방법의 정당성 검토

(1) 평등의 원칙 위배 여부

95.1.7. 이전의 불법형질변경된 토지가 공공사업시행지구에 포함된 경우에 현황평가를 하며,
그 위의 토지는 언제 변경이 되었느냐를 묻지 않고 무조건 변경 당시를 기준으로 평가하는 것
이 불합리한 차별로 평등원칙 위반이 아닌지 문제가 제기되지만, 불법 앞의 평등은 평등원칙에
포함되지 않으므로 평등원칙 위반이 아니다.

(2) 소급입법에 의한 재산권 침해 여부

과거에 시작하였으나 아직 완성되지 아니한 사실관계나 법률관계를 규율의 대상으로 하는 부진
정소급효의 입법의 경우는 원칙적으로 허용된다고 보므로 불법형질변경 토지에 대한 규정이
소급입법에 반한다고 볼 수 없다.

4. 입증책임(불법형질변경 토지라는 사실에 관한 증명책임의 소재 및 증명의 정도)

현황평가 원칙에 따라 사업시행자가 입증해야 한다는 견해가 통설이며, 판례는 '수용대상 토지의
이용상황이 일시적이라거나 불법형질변경토지에 해당하는지 여부는 이를 주장하는 쪽에서 증명해
야 하며, 수용대상 토지의 형질변경 당시 관계 법령에 의한 허가 또는 신고의무가 존재하였고 그럼
에도 허가를 받거나 신고를 하지 않은 채 형질변경이 이루어졌다는 점이 증명되어야 한다'고 판시
한 바 있다(대판 2012.4.26, 2011두2521).

5. 관련문제(무허가건축물 부지와의 관계)

무허가건축물 부지이면 불법형질변경에 해당되지 않는 것으로 보아야 할 것이다.

Ⅲ 사안의 해결

설문상 205-1번지는 관계법령에 의한 허가를 받지 않은 불법형질변경 토지이며, 95.1.7. 이후에
도로사업에 편입되었으므로 부칙 제6조 규정도 적용되지 않는다. 따라서 '임야를 기준하여 산정된
보상금은 합당하므로 갑의 주장은 타당하지 않다.

 **대법원 2002.9.4, 2000두8325[토지수용이의재결처분취소][공2002.10.15.(164),2349]**

[판시사항]

[1] 구 공공용지의취득및손실보상에관한특례법시행규칙 제6조 제6항 소정의 '무허가건물 등의 부지'의 의미 및 1995.1.7. 개정된 같은법시행규칙의 시행에 따른 불법형질변경 토지에 대한 평가 방법

[2] 무허가건물에 이르는 통로, 야적장, 주차장 등은 그 무허가건물의 부지라고 볼 수 없고, 불법형질변경된 토지가 택지개발사업시행지구에 편입된 때로 보는 택지개발계획의 승인·고시가 1995.1.7. 개정된 공공용지의취득및손실보상에관한특례법시행규칙 제6조 제6항의 시행 이후에 있은 경우, 그 형질변경 당시의 이용상황으로 상정하여 평가하여야 한다고 판단한 사례

[판결요지]

[1] 구 공공용지의취득및손실보상에관한특례법시행규칙(1995.1.7. 건설교통부령 제3호로 개정되기 전의 것) 제6조 제6항 소정의 '무허가건물 등의 부지'라 함은 당해 무허가건물 등의 용도·규모 등 제반 여건과 현실적인 이용상황을 감안하여 무허가건물 등의 사용·수익에 필요한 범위 내의 토지와 무허가건물 등의 용도에 따라 불가분적으로 사용되는 범위의 토지를 의미하는 것이라고 해석되고, 한편, 불법형질변경된 토지를 평가함에 있어서는, 1995.1.7. 건설교통부령 제3호로 개정된 같은법시행규칙 제6조 제6항의 시행 이후에는 가격시점에 있어서의 현실적인 이용상황에 따른 평가원칙에 대한 예외로서, 그 형질변경시기가 위 같은법시행규칙 제6조 제6항의 시행 전후를 불문하고 당해 토지가 형질변경이 될 당시의 이용상황을 상정하여 평가하여야 하며, 다만, 개정된 같은법시행규칙 부칙 제4항에 의하여 그 시행 당시 이미 공공사업시행지구에 편입된 불법형질변경토지 등에 한하여 같은법시행령 제2조의10 제2항에 따라 가격시점에서의 현실적인 이용상황(즉, 형질변경 이후의 이용상황)에 따라 평가하여야 하는 것으로 해석된다.

[2] 무허가건물에 이르는 통로, 야적장, 마당, 비닐하우스·천막 부지, 컨테이너·자재적치장소, 주차장 등은 무허가건물의 부지가 아니라 불법으로 형질변경된 토지이고, 위 토지가 택지개발사업시행지구에 편입된 때로 보는 택지개발계획의 승인·고시가 1995.1.7. 개정된 공공용지의취득및손실보상에관한특례법시행규칙 제6조 제6항의 시행 이후에 있은 경우, 그 형질변경 당시의 이용상황인 전 또는 임야로 상정하여 평가하여야 한다고 한 사례

[이유]

구 공공용지의취득및손실보상에관한특례법시행규칙(1995.1.7. 건설교통부령 제3호로 개정되기 전의 것, 다음부터 '구 공특법시행규칙'이라 한다) 제6조 제6항 소정의 '무허가건물 등의 부지'라 함은 당해 무허가건물 등의 용도·규모 등 제반 여건과 현실적인 이용상황을 감안하여 무허가건물 등의 사용·수익에 필요한 범위 내의 토지와 무허가건물 등의 용도에 따라 불가분적으로 사용되는 범위의 토지를 의미하는 것이라고 해석되고, 한편, 불법형질변경된 토지를 평가함에 있어서는, 1995.1.7. 건설교통부령 제3호로 개정된 공특법시행규칙 제6조 제6항의 시행 이후에는 가격시점에 있어서의 현실적인 이용상황에 따른 평가원칙에 대한 예외로서, 그 형질변경시기가 위 공특법시행규칙 제6조 제6항의 시행 전후를 불문하고 당해 토지가 형질변경이 될 당시의 이용상황을 상정하여 평가하

여야 하며, 다만, 개정된 공특법시행규칙 부칙 제4항에 의하여 그 시행 당시 이미 공공사업시행지구에 편입된 불법형질변경토지 등에 한하여 공특법시행령 제2조의10 제2항에 따라 가격시점에서의 현실적인 이용상황(즉, 형질변경 이후의 이용상황)에 따라 평가하여야 하는 것으로 해석된다(대법원 2002.2.8, 2001두7121 참조).

원심은, 그의 채용 증거들을 종합하여 그의 판시와 같은 사실을 인정한 다음, 그 판시 토지(다음부터 '이 사건 토지'라 한다) 상에 1989.1.24. 이전에 건립되고 수용재결 당시까지 존재하였던 무허가건물의 바닥면적 $1,367.8m^2$에 대하여는 구 공특법시행규칙 제6조 제6항 소정의 무허가건물 등의 부지로 평가하고, 통로, 야적장, 마당, 비닐하우스·천막 부지, 컨테이너·자재적치장소, 주차장 등에 대하여는 그 무허가건물의 용도에 따라 불가분적으로 사용되어 온 그 무허가건물의 부지라고 볼 수 없고, 불법으로 형질변경된 토지라고 보아야 하며, 한편 이 사건 토지가 택지개발사업시행지구에 편입된 때로 보는 택지개발계획의 승인·고시가 개정된 공특법시행규칙 제6조 제6항의 시행 이후인 1997. 3. 26.에 있었으므로 그 형질변경 당시의 이용상황인 전 또는 임야로 상정하여 평가하여야 한다고 판단하는 한편, 무허가건물의 부지의 면적은 건축법상의 건폐율의 규정이나 한국감정평가업협회가 제정한 보상평가지침 제18조 제3항의 규정 등을 근거로 건물의 면적의 2배 내지 5배로 보아야 한다거나 불법으로 형질변경된 토지에 대하여도 그 현실적 이용상황인 대지나 잡종지로 평가하여야 한다는 원고의 주장을 배척하였다.

기록 중의 증거들과 대조하여 본즉, 원심의 그 사실인정은 정당하고 그 인정에는 필요한 심리를 다하지 아니하였다거나 증거법칙에 위반하였다는 등으로 사실을 오인한 위법사유가 없으며, 그 사실관계를 토대로 관련 법령과 위에서 설시한 법리에 비추어 살펴보니, 원심의 그 판단은 정당하고 거기에 건축법상의 건폐율, 무허가건물의 부지평가에 관한 전문적인 경험법칙 및 구 공특법시행규칙 제6조 제6항의 무허가건물의 부지 등에 관한 법리를 오해한 위법사유가 없다.

상고이유의 주장들을 받아들이지 아니한다.

그러므로 상고를 모두 기각하고, 상고비용을 원고의 부담으로 하기로 관여 대법관들의 의견이 일치되어 주문에 쓴 바와 같이 판결한다.

대법원 2012.4.26, 2011두2521[손실보상금][공2012상,880]

[판시사항]

[1] 공익사업을 위한 토지 등의 취득 및 보상에 관한 법률 시행규칙 제24조가 정한 '불법형질변경토지'라는 이유로 형질변경 당시의 이용상황에 의하여 보상액을 산정하는 경우, 수용대상 토지가 불법형질변경토지라는 사실에 관한 증명책임의 소재 및 증명의 정도

[2] 국민임대주택단지 조성사업 시행자가 현실적 이용상황이 과수원인 갑의 토지가 불법으로 형질변경된 것이라고 하여 개간 전 상태인 임야로 평가한 재결감정 결과에 따라 손실보상액을 산정한 사안에서, 위 토지가 불법형질변경토지라는 사업시행자의 주장을 배척한 원심판단을 정당하다고 한 사례

[판결요지]

[1] 공익사업을 위한 토지 등의 취득 및 보상에 관한 법률 제70조 제2항, 제6항, 공익사업을 위한 토지 등의 취득 및 보상에 관한 법률 시행규칙 제24조에 의하면 토지에 대한 보상액은 현실적인 이용상황에 따라 산정하는 것이 원칙이므로, 수용대상 토지의 이용상황이 일시적이라거나 불법형질변경토지라는 이유로 본래의 이용상황 또는 형질변경 당시의 이용상황에 의하여 보상액을 산정하기 위해서는 그와 같은 예외적인 보상액 산정방법의 적용을 주장하는 쪽에서 수용대상 토지가 불법형질변경토지임을 증명해야 한다. 그리고 수용대상 토지가 불법형질변경토지에 해당한다고 인정하기 위해서는 단순히 수용대상 토지의 형질이 공부상 지목과 다르다는 점만으로는 부족하고, 수용대상 토지의 형질변경 당시 관계 법령에 의한 허가 또는 신고의무가 존재하였고 그럼에도 허가를 받거나 신고를 하지 않은 채 형질변경이 이루어졌다는 점이 증명되어야 한다.

[2] 국민임대주택단지 조성사업 시행자가 현실적 이용상황이 과수원인 갑의 토지가 불법적으로 형질변경된 것이라고 하여 개간 전 상태인 임야로 보고 평가한 재결감정 결과에 따라 손실보상액을 산정한 사안에서, 과수원으로 개간되던 당시 시행되던 법령에 따라 위 토지가 보안림에 속하거나 경사 20도 이상 임야의 화전경작에 해당하여 개간이 허가 대상이라는 점을 사업시행자가 증명해야 하는데, 그에 관한 아무런 증명이 없고, 벌채만으로는 절토, 성토, 정지 등으로 토지의 형상을 변경하는 형질변경이 된다고 할 수 없으므로 개간 과정에서 나무의 벌채가 수반되고 벌채에 필요한 허가나 신고가 없었다고 하여 불법형질변경토지라고 할 수 없다는 이유로 위 토지가 불법형질변경토지라는 사업시행자의 주장을 배척한 원심판단을 정당하다고 한 사례.

[이 유]

상고이유를 판단한다.

「공익사업을 위한 토지 등의 취득 및 보상에 관한 법률」(이하 '법'이라 한다) 제70조 제2항은 "토지에 대한 보상액은 원칙적으로 가격시점에 있어서의 현실적인 이용상황과 일반적인 이용방법에 의한 객관적 상황을 고려하여 산정하되, 일시적인 이용상황 등은 이를 고려하지 아니한다."고 규정하고 있고, 그 구체적인 보상액 산정 및 평가방법을 국토해양부령으로 정하도록 한 법 제70조 제6항의 위임을 받은 법 시행규칙 제24조는 "관계 법령에 의하여 허가를 받거나 신고를 하고 형질변경을 하여야 하는 토지를 허가를 받지 아니하거나 신고를 하지 아니하고 형질변경한 토지(이하 '불법형질변경토지'라 한다)에 대하여는 토지가 형질변경될 당시의 이용상황을 상정하여 평가한다."고 규정하고 있다. 이에 의하면 토지에 대한 보상액은 현실적인 이용상황에 따라 산정함이 원칙이므로, 수용대상 토지의 이용상황이 일시적이라거나 불법형질변경토지라는 이유로 본래의 이용상황 또는 형질변경 당시의 이용상황에 의하여 보상액을 산정하기 위해서는 그와 같은 예외적인 보상액 산정방법의 적용을 주장하는 쪽에서 수용대상 토지가 불법형질변경토지임을 증명하여야 한다. 그리고 수용대상 토지가 불법형질변경토지에 해당한다고 인정하기 위해서는 단순히 수용대상 토지의 형질이 공부상 지목과 다르다는 점만으로는 부족하고, 수용대상 토지의 형질변경 당시 관계 법령에 의한 허가 또는 신고의무가 존재하였고 그럼에도 허가를 받거나 신고를 하지 않은 채 형질변경이 이루어졌다는 점이 증명되어야 한다(대법원 2008.7.24, 2007두6939 등 참조).

원심판결 이유에 의하면 원심은, 이 사건 토지는 1961년경 전 소유자가 임야를 개간하여 과수원을 조성한 것으로서 그 후로도 계속 과수원으로 이용된 사실 등 그 판시와 같은 사실을 인정한 다음, 이 사건 토지가 과수원으로 조성되던 당시에 시행되던 법령에 의하면, 이 사건 토지가 보안림에 속하거나 경사 20도 이상 임야의 화전경작에 해당하여 그 개간이 허가 대상이라는 점을 피고가 증명하여야 하는데, 이러한 점에 대한 피고의 아무런 증명이 없고, 벌채만으로는 절토, 성토, 정지 등으로 토지의 형상을 변경하는 형질변경이 된다고 할 수 없으므로, 개간 과정에서 나무의 벌채가 수반되고 그 벌채에 필요한 허가나 신고가 없었다고 하더라도 이러한 사정만으로 불법형질변경토지라고 할 수 없다는 이유로, 이 사건 토지가 불법형질변경토지라는 피고의 주장을 배척하였다. 앞서 본 법리와 관련 법령에 비추어 살펴보면, 위와 같은 원심판단은 정당하고, 거기에 불법형질변경토지에 관한 증명책임의 귀속이나 '불법형질변경토지'의 의미 등에 관한 법리오해 등의 위법은 없다.

한편 신의칙위반에 관한 상고이유의 주장은 대법원에서 처음으로 주장하는 것으로서 적법한 상고이유가 될 수 없을 뿐만 아니라, 원고가 이 사건 토지를 수십 년 동안 과수원으로 이용하였으면서도 그 지목을 임야인 채로 그대로 두었다가 비로소 보상금을 청구할 때 현황대로 보상을 청구하였다고 하여 이를 두고 신의칙이나 금반언원칙 등에 반한다고 볼 수도 없다.

그러므로 상고를 기각하고 상고비용은 패소자가 부담하기로 하여, 관여 대법관의 일치된 의견으로 주문과 같이 판결한다.

📝 판례사례 37 미지급용지

사업시행자 창원시는 창원시 사파동 및 토월동 일원의 총면적 713,000평방미터의(현 농경지 및 유지) 토지상에 경상남도지사로부터 산업입지 및 개발에 관한 법률에 따른 산업기지개발사업 실시계획의 승인을 받고(산업기지개발사업의 실시계획의 승인은 토지보상법상 사업인정으로 보며, 실시계획의 고시는 토지보상법상 사업인정의 고시로 본다), 같은 달 10일 경상남도고시 제300호로 위 승인내용이 고시(사업기간 : 2011.1.1 ~ 2012.12.31)되었다. 창원시는 을, 병 등 대다수의 토지소유자의 토지를 협의취득하였으나 갑의 토지는 협의취득하지 못한 상태에서 2012.1.1부터 2012.10.1까지 갑의 토지를 포함하여 택지조성공사를 시행하여 부지조성을 완료하였으나 갑과의 보상협의 매수지연 등의 이유로 그 시행이 지연되어, 경상남도지사의 승인하에 2012.12.28 사업기간이 2011.1.1부터 2013.12.31까지로 연장하는데 대한 승인을 받았으나 그 승인내용은 2013.1.8자로 경상남도고시 제370호로 고시되었다(상기 300호 고시와 사업기간만 다르고 나머지 사항은 동일하였다). 창원시는 갑토지의 취득을 위한 협의가 원만히 이루어지지 아니하자 경상남도지방토지수용위원회에 그 수용을 위한 재결을 신청하였다(산업입지 및 개발에 관한 법률에서는 사업기간내에 재결을 신청하지 않으면 동 계획은 실효된다고 규정하고 있다). 위 원회는 2013년 4월 7일 보상금 2억(이용상황 유지), 수용시기를 같은 해 5월 7일로 하는 수용재결을 하였다. 이에 갑은 당초사업은 2013년 1월 1일 실효되었으므로 토지수용위원회의 재결에 따른 보상금은 유지가 아닌 현황 대지를 기준하여 산정되어야 하며 그에 따른 보상금은 10억이며 이에 미치지 못하는 2억은 정당보상이 아니라고 주장하며, 창원시는 가령 당초사업이 2014년 1월 1일에 실효되었다 하더라도 2014년 1월 8일 사업기간이 변경된 변경고시를 새로운 사업고시로 볼 수 있는바, 갑의 토지는 종전사업의 시행으로 인한 미보상용지이므로 종전사업의 편입당시 이용상황인 유지를 기준하여 산정된 보상금은 헌법상 정당보상이라고 주장한다.

(1) 토지보상법 제70조 제2항에서는 "토지에 대한 보상액은 가격시점에서의 현실적인 이용상황과 일반적인 이용방법에 의한 객관적 상황을 고려하여 산정하되, 일시적인 이용상황과 토지소유자나 관계인이 갖는 주관적 가치 및 특별한 용도에 사용할 것을 전제로 한 경우 등은 고려하지 아니한다"고 하여 현황평가원칙을 규정하고 있다. 이와 관련하여 토지보상법상 현황평가의 예외에 대하여 설명하시오. 10점

(2) 현황평가의 예외인 미지급용지의 평가방법에 대하여 설명하고, 창원시 주장의 타당성을 검토하시오. 20점

<table>
<tr><td valign="top">

(설문 1)의 해결

Ⅰ 현황평가의 의의

Ⅱ 현황평가주의의 예외
  1. 법률적 규제를 포함하는 광의의 개념
  2. 물리적 이용현황 중심의 협의의 개념
    (1) 일시적인 이용상황
    (2) 무허가건축물 등의 부지
    (3) 불법형질변경 토지
    (4) 미지급용지
  3. 현황평가 예외의 정당성

</td><td valign="top">

(설문 2)의 해결

Ⅰ 쟁점의 정리

Ⅱ 미지급용지의 평가방법
  1. 미지급용지의 의의(토지보상법 시행규칙 제25조)
  2. 평가방법
    (1) 이용상황
    (2) 개발이익의 배제
    (3) 가격시점 및 공법상 제한 등

Ⅲ 창원시 주장의 타당성
  1. 미지급용지의 적용대상
    (1) 학설
      1) 무제한 적용설
      2) 제한 적용설
    (2) 判例
    (3) 검토
  2. 창원시 주장의 타당성

Ⅳ 사안의 해결

</td></tr>
</table>

(설문 1)의 해결

Ⅰ 현황평가의 의의

보상이 되는 토지에 대해 가격시점의 현실적인 이용상황을 기준으로 하여 산정하는 것이 원칙으로 ① 공부상 지목보다 실제 이용상황을 기준으로 하며, ② 1필토지가 여러용도에 이용되고 있는 경우 각각의 용도에 의해 보상한다. ③ 다만, 위법에 기인한 경우는 그렇지 않다.

Ⅱ 현황평가주의의 예외

1. 법률적 규제를 포함하는 광의의 개념

당해 사업을 직접 목적으로 하는 개별적 제한은 제한 없는 상태로 평가하며, 당해사업을 이유로 용도변경된 토지 역시 종전 용도지역을 기준한다.

2. 물리적 이용현황 중심의 협의의 개념

(1) 일시적인 이용상황

당해 토지의 이용이 일시적인 이용상황인 경우에는 이를 고려하지 않는다. "일시적인 이용상황"이라 함은 당해 토지를 본래의 용도로 이용하는 것이 일시적으로 금지 또는 제한되어 그 본래의 용도외의 다른 용도로 이용되고 있거나 당해 토지의 주위환경의 사정으로 보아 현재의 이용방법이 임시적인 것을 말한다(토지보상법 시행령 제38조).

(2) 무허가건축물 등의 부지

무허가건축물 등의 부지라함은 관계법령에 의해 허가를 받거나 신고를 하고 건축 또는 용도변경을 하여야 하는 건물을 허가를 받지 아니하거나 신고를 하지 아니하고 건축 또는 용도변경한 건물의 부지를 말하는데, 1989.1.24 이후에 건축 또는 용도변경된 무허가건물등의 부지에 대하여서는 무허가건물등이 건축 또는 용도변경될 당시의 이용상황을 상정하여 평가한다(시행규칙 제24조).

(3) 불법형질변경 토지

불법으로 형질변경된 토지라 함은 관계법령에 의해 허가나 승인을 받고 형질변경하여야 할 토지를 허가나 승인을 받지 아니하고 형질변경한 경우를 말하며, 1995.1.7 이후에 불법형질변경된 토지는 토지의 형질이 변경될 당시의 이용상황을 상정하여 평가한다(시행규칙 제24조).

(4) 미지급용지

종전에 시행된 공익사업의 부지로서 보상금이 지급되지 아니한 토지에 대하여는 종전의 공익사업에 편입될 당시의 이용상황을 상정하여 평가한다(시행규칙 제25조).

3. 현황평가 예외의 정당성

현황평가의 예외규정은 토지소유자보호 내지 위법행위의 합리화 조장을 방지하기 위한 취지인바 그 정당성이 인정된다.

(설문 2)의 해결

▌ 쟁점의 정리

창원시는 갑의 토지는 미지급용지이므로, 당초사업지구에 편입될 당시의 이용상황인 유지(구거)를 기준하여 보상금을 산정하여야 한다고 주장한다. 이에 대하여 창원시가 적법한 절차를 취하지 아니하여 공공사업의 부지로 취득하지도 못한 단계에서 공공사업을 시행하여 이용상황을 변경시킴으로써 거래가격이 상승된 토지의 경우에도 미지급용지에 해당하는지를 검토하여 설문을 해결한다.

Ⅱ 미지급용지의 평가방법

1. 미지급용지의 의의(토지보상법 시행규칙 제25조)

미지급용지란 종전에 시행된 공익사업의 부지로서 보상금이 지급되지 않은 토지를 말하며, 현황평가의 예외에 해당한다.

2. 평가방법

(1) 이용상황

미지급용지는 일반적으로 용도가 공익사업의 부지로 제한이 됨으로써 거래가격이 낮거나 아예 가격이 형성되지 않는 경우가 있으므로 종전 공익사업에 편입될 당시의 이용상황을 상정하여 평가한다. '종전의 공익사업에 편입될 당시의 이용상황'을 상정함에 있어서는 편입당시의 지목·실제용도·지형·지세·면적 등의 개별요인을 고려하여야 한다.

(2) 개발이익의 배제

미지급용지를 평가함에 있어 비교표준지로 선정된 표준지의 공시지가에 공공사업 시행으로 인한 개발이익이 포함되어 있는 경우에는 이를 배제한 가격으로 평가한다.

(3) 가격시점 및 공법상 제한 등

미지급용지에 대한 보상금의 지급을 위한 평가에 있어서 이용상황만 편입당시를 상정하는 것일 뿐, 그 외에 가격시점은 일반보상과 마찬가지로 협의시(재결시)를 기준으로 한다. 따라서 편입될 당시의 가격을 소급평가하는 것이 아니다. 한편, 용도지역 등 공법상 제한은 종전의 공익사업의 시행에 따른 절차로서 변경된 경우를 제외하고는 가격시점을 기준으로 한다.

Ⅲ 창원시 주장의 타당성

1. 미지급용지의 적용대상

(1) 학설

1) 무제한 적용설

공익사업의 시행결과가 토지소유자에게 유·불리한 경우에 모두 미지급용지 규정을 적용해야 한다고 한다.

2) 제한 적용설

상기 규정을 제한적으로 적용해야 한다고 보면서 종전보다 현황이 불리해진 경우에만 미지급용지 규정을 적용해야 한다고 한다.

(2) 판례

판례는 공공사업의 시행자가 적법한 절차에 의하여 취득하지도 못한 상태에서 공공사업을 시행하여 토지의 현실적인 이용상황을 변경시킴으로써 오히려 토지가격을 상승시킨 경우에는 미지급용지라고 볼 수 없다고 판시하였으나(92누48 33), 공공사업에 편입된 국유토지를 일반 매매의 방식으로 취득하여 적법하게 공공사업을 시행한 후 그 토지에 대한 소유권이 취득시효 완성을 원인으로 사인에게 이전된 경우에는 공공사업에 편입될 당시의 이용상황을 상정하여 평가하여야 한다고 판시한 바 있다(98두13850).

(3) 검토

미지급용지는 그 취지가 토지소유자의 손해방지 차원에서 이루어진 것이므로 하락한 경우에만 적용하는 것이 타당하다.

2. 창원시 주장의 타당성

창원시는 갑의 토지를 적법한 절차에 의하여 취득하지 못한 상태에서 갑의 토지를 택지로 조성하였으므로, 수용재결당시의 현실적인 이용상황에 따라 손실보상액을 평가한 것이 정당보상이 아니라고 주장할 수 없다.

Ⅳ 사안의 해결

미지급용지는 종전 사업에 편입될 당시의 이용상황을 기준하여 보상액을 산정하지만, 사안의 경우와 같이 공공사업의 시행자가 적법한 절차를 취하지 아니하여 아직 공공사업의 부지로 취득하지도 못한 단계에서 공공사업을 시행하여 토지의 현실적인 이용상황을 변경시킴으로써 오히려 토지의 거래가격이 상승된 경우까지 미보상용지의 개념에 포함되는 것이라고 볼 수 없을 것이다. 따라서 창원시의 주장은 타당하지 못하며, 갑의 토지는 현황 택지를 기준하여 평가하되 택지조성에 소요된 비용은 민법상 부당이득반환을 청구할 수 있을 것이다.

 대법원 1992.11.10, 92누4833[토지수용재결처분취소][공1993.1.1.(935),125]

[판시사항]

가. 미보상용지에 대하여 보상액 평가기준을 마련한 공공용지의취득및손실상에관한특례법 시행규칙 제6조 제7항의 규정취지

나. 위 "가"항의 법조항이 모법에 위반되거나 위임의 근거가 없는지 여부(소극)

다. 사업시행자가 적법한 절차를 취하지 아니하여 공공사업의 부지로 취득하지도 못한 단계에서 공공사업을 시행하여 이용상황을 변경시킴으로써 거래가격이 상승된 토지의 경우에도 위 "가"항의 법조항 소정의 "미보상용지"에 포함되는지 여부(소극)

라. 사업시행자가 당초 승인을 얻은 부지조성사업을 시행함으로 인하여 토지 소유자들이 개발이익을 얻게 되었다고 하더라도 토지의 수용재결 당시의 현실적인 이용상황에 따라 손실보상액을 평가한 것이 잘못이라고 할 수 없다 한 사례

[판결요지]

가. 종전에 공공사업의 시행으로 인하여 정당한 보상금이 지급되지 아니한 채 공공사업의 부지로 편입되어 버린 이른바 미보상용지는 용도가 공공사업의 부지로 제한됨으로 인하여 거래가격이 아예 형성되지 못하거나 상당히 감가되는 것이 보통이어서, 사업시행자가 이와 같은 미보상용지를 뒤늦게 취득하면서 공공용지의취득및손실보상에관한특례법 제4조 제1항 소정의 가격시점에 있어서의 이용상황인 공공사업의 부지로만 평가하여 손실보상액을 산정한다면, 구 공공용지의취득및손실보상에관한특례법(1991.12.31. 법률 제4484호로 개정되기 전의 것) 제4조 제3항이 규정하고 있는 "적정가격"으로 보상액을 정한 것이라고는 볼 수 없게 되므로, 이와 같은 부당한 결과를 구제하기 위하여 종전에 시행된 공공사업의 부지로 편입됨으로써 거래가격을 평가하기 어렵게 된 미보상용지에 대하여는 특별히 종전의 공공사업에 편입될 당시의 이용상황을 상정하여 평가함으로써 그 "적정가격"으로 손실보상을 하여 주려는 것이 공공용지의취득및손실보상에관한특례법시행규칙 제6조 제7항의 규정취지라고 이해된다.

나. 위 "가"항의 시행규칙 제6조 제7항은 공공용지의취득및손실보상에관한특례법시행령 제2조 제1항이나 제2항에 위반하는 것이라고 보기 어려울 뿐만 아니라, 모법의 위임을 받은 근거가 없는 것이라고 볼 수 없다.

다. 공공사업의 시행자가 적법한 절차를 취하지 아니하여 아직 공공사업의 부지로 취득하지도 못한 단계에서 공공사업을 시행하여 토지의 현실적인 이용상황을 변경시킴으로써, 오히려 토지의 거래가격이 상승된 경우까지 위 "가"항의 시행규칙 제6조 제7항에 규정된 미보상용지의 개념에 포함되는 것이라고 볼 수 없다.

라. 사업시행자가 당초 승인을 얻은 부지조성사업을 시행함으로 인하여 토지 소유자들이 개발이익을 얻게 되었다고 하더라도 토지의 수용재결 당시의 현실적인 이용상황에 따라 손실보상액을 평가한 것이 잘못이라고 할 수 없다한 사례

[이 유]

1. 원심이 인정한 사실관계의 요지.

　　가. 건설부장관이 1974.4.1. 산업기지개발촉진법(산업입지및개발에관한법률 부칙 제2조 제5조의 규정에 따라 산업기지개발구역으로 지정·고시한 창원종합기계공업기지 내에서, 피고 창원시가 원고들의 공유인 이 사건 토지(4,221m^2)를 비롯한 일대의 토지 713,727.79m^{2}상에 사파지구 부지조성사업을 추진하기로 계획하여 1983.7.경 경상남도지사로부터 같은 법 제8조의 규정에 따른 산업기지개발사업 실시계획의 승인을 얻고, 7.16. 위 승인내용이 고시되었다.

　　나. 위 부지조성사업의 시행이 지연되어 오다가 경상남도지사의 승인하에 그 사업시행기간이 3차에 걸쳐 연장됨으로써 1989.12.31.까지로 연장되었는데, 피고 창원시가 그 기간 내에도 사업지구내 일부 토지의 취득절차 등을 마치지 못하게 되자 1989.12.27.경 경상남도지사로부터 그 사업시행기간을 1990.12.31.까지로 연장하는 데 대한 승인(이 뒤에는 "이 사건 연장승인"이라고 약칭한다)을 얻었으나, 그 승인내용은 종전의 사업시행기간이 만료된 후인 1990.1.8.자로 뒤늦게 고시되었다.

　　다. 그 후 피고 창원시는 이 사건 토지의 취득을 위한 협의가 원만히 이루어지지 아니하자 그 수용을 위한 재결을 신청하여 1990.4.7. 경상남도지방토지수용위원회로부터 이 사건 토지에 관하여 수용시기를 5.11.로 한 수용재결을 받았다.

　　라. 이 사건 토지는 비록 그 지목이 유지(溜池) 이기는 하나, 위 사업실시계획의 승인 후 피고 창원시가 이 사건 토지 일대에 대하여 택지조성공사를 시행함으로써 1985.2.25.경까지 매립되어 위 수용재결 당시에는 이미 택지조성이 완료된 상태였다.

2. 피고들 소송대리인의 상고이유 제1점에 대한 판단.

　　가. 원심은, 공공용지의취득및손실보상에관한특례법(이 뒤에는 "특례법"이라고 약칭한다)시행령(이 뒤에는 "령"이라고 약칭한다) 제2조 제1항에는 토지 등의 취득에 있어서 보상액의 평가는 가격시점에 있어서 일반적인 이용방법에 의한 객관적인 상황을 기준으로 하여야 한다고 규정되어 있고, 제2항에는 취득할 토지에 대한 평가는 지적공부상의 지목에 불구하고 가격시점에 있어서의 현실적인 이용상황에 따라서 평가되어야 한다고 규정되어 있으므로, 이 사건 토지에 대한 손실보상금의 평가는 그 지목에 불구하고 수용재결 당시의 현실상황인 대지를 기준으로 행하여야 할 것이라고 전제하고 나서, 위와 같은 령의 규정에 배치되는 예외적인 내용을 정한 특례법시행규칙(이 뒤에는 "규칙"이라고 약칭한다) 제6조 제7항은 령에 그러한 예외규정을 시행규칙에 따로 둘수 있음을 정한 규정이 없으므로 모법에 반하거나 위임의 근거가 없는 것으로 무효라고 판단하였다.

　　나. 토지수용법 제57조의2에 의하면 손실보상액의 산정방법 및 기준 등에 관하여는 토지수용법에 규정된 것을 제외하고는 특례법 제4조의 규정을 준용하도록 규정되어 있는바, 1991.12.31. 법률 제4484호로 개정되기 전의 구 특례법 제4조 제3항은 취득하여야 할 토지에 대하여는 인근유사토지의 거래가격을 고려한 적정가격으로 보상액을 정하되, 그 평가방법 손실액의 산정방법 및 기준 등에 관하여는 대통령령이 정하는 범위 안에서 건설부장관이 정하도록 위임하고 있고, 규칙 제6조 제7항 본문은 "종전에 시행된 공공사업의 부지로서 보상금이 지급되지 아니한 토지에 대하여는 종전의 공공사업에 편입될 당시의 이용상황을 상정하여 평가하여야 한다"고 규정하고 있다.

　　종전에 공공사업의 시행으로 인하여 정당한 보상금이 지급되지 아니한 채 그 공공사업의 부지로 편입되어버린 이른바 미보상용지(未補償用地), 예를 들면 도로나 댐 등의 부지로 편입되어버린 전답이나 대지)는, 그 용도가 공공사업의 부지로 제한됨으로 인하여 거래가격이 아예 형성되지 못하거나 상당히 감가되는 것이 보통이어서, 사업시행자가 이와 같은 미보상용지를 뒤늦게 취득하면서 특례법제4조 제1항 소정의 가격시점에 있어서의 이용상황인 공공사업의 부지로만 평가하여 손실보상액을 산정한다면, 구 특례법 제4조 제3항이 규정하고 있는 "적정가격"으로 보상액을 정한 것이라고는 볼 수 없게 되므로, 이와 같은 부당한 결과를 구제하기 위하여 종전에 시행된 공공사업의 부지로 편입됨으로써 그 거래가격을 평가하기 어렵게 된 미보상용지에 대하여는 특별히, 종전의 공공사업에 편입될 당시의 이용상황을 상정하여 평가함으로써 그 "적정가격"으로 손실보상을 하여 주려는 것이 규칙 제6조 제7항의 규정취지라고 이해된다.

규칙 제6조 제7항의 이와 같은 입법취지에 비추어 본다면 , 원심이 판시하고 있는 바와 같이
령 제2조 제1항 및 제2항이 가격시점(법 제4조 제1항에 규정된 산정시기)에 있어서의 일반
적인 이용방법에 의한 객관적 상황을 기준으로 하여 그 가격시점에 있어서의 현실적인 이용
상황에 따라 보상액을 평가하도록 원칙을 규정하고 있다고 하더라도, 종전의 부당한 공공사
업의 시행으로 인하여 가격시점에 있어서의 현실적인 이용상황에 따른 보상액의 평가가 어
렵게된 미보상용지의 합리적인 보상액의 평가방법을 규정한 규칙 제6조 제7항이 반드시 령
제2조 제1항이나 제2항에 위반하는 것이라고 보기도 어려울 뿐만 아니라, 모법이 위임을
받은 근거가 없는 것이라고 볼 수도 없다.

다. 그러나, 이 사건 토지의 경우와 같이 공공사업의 시행자가 적법한 절차를 취하지 아니하여
아직 공공사업의 부지로 취득하지도 못한 단계에서 공공사업을 시행하여 토지의 현실적인
이용상황을 변경시킴으로써, 오히려 토지의 거래가격이 상승된 경우까지 규칙 제6조 제7항
에 규정된 미보상용지의 개념에 포함되는 것이라고 볼 수는 없으므로, 이 사건 토지에 대한
손실보상액의 평가에 관하여는 규칙 제6조 제7항이 적용될 수 없는 것이다.

공익사업에 필요한 토지를 수용함으로 인하여 그 토지의 소유자가 입게 된 손실에 대한 보
상액의 산정은 수용재결 당시의 거래가격(시장가격)을 일반적인 기준으로 삼아야 하는 것이
원칙으로서, 령 제2조 제1항이나 제2항도 이와 같은 원칙을 구체적으로 규정한 것에 지나지
않는 것이므로, 원심이 이 사건 토지의 수용재결 당시의 현실적인 이용상황에 따라 손실보
상액을 평가한 것은 정당한 것으로 수긍이 된다.

그렇다면, 원심이 규칙 제6조 제7항이 모법에 위반하거나 모법의 위임을 받은 근거가 없는
것이어서 무효라고 판단한 점에는, 손실보상액의 산정방법에 관한 특례법과 령 및 규칙 등
관계법령의 규정내용을 오해한 위법이 있다고 할 것이지만, 이 사건 토지에 대한 손실보상
액을 산정함에 있어서 규칙 제6조 제7항을 적용하지 아니한 것은 결과적으로 정당하므로,
원심이 저지른 위와 같은 위법은 판결에 영향을 미친 것이라고 볼 수 없다.

라. 결국 이 점을 비난하는 논지는 받아들일 것이 못된다.

3. 같은 상고이유 제2점에 대한 판단

원심은, 이 사건 토지의 수용은 당초의 사업실시계획의 승인에 터잡은 것이 아니고 새로운 사업
실시계획의 승인으로서의 효력을 갖는 이 사건 연장승인에 근거한 것으로서, 당초의 사업실시계
획의 승인은 그 사업시행기간의 만료일인 1989.12.31.의 다음날부터 그 효력을 상실한 것이라
고 판단하였는바, 원심의 이와 같은 판단은 당원의 판례(1981.12.22, 80다3269; 1991.11.26,
90누9971 등)가 취한 견해에 따른 것으로서 정당하다.

또 소론이 지적하는 바와 같이 피고 창원시가 당초의 사업실시계획의 승인을 얻어 택지조성사업
을 시행함에 있어서 당시의 등기명의인인 창원시를 피수용자로 하여(관계증거와 기록에 의하면
이 사건 토지에 관하여 1984.2.10. 창원시의 명의로 소유권이전등기가 경료되었다가 그후 확정
판결에 의하여 그 등기가 말소되었음을 알 수 있다) 보상금을 사정한 후 1984.9.3.부터
1985.2.25.까지 사이에 매립공사를 완료하였다고 하더라도, 이와 같은 사실만을 가지고 그 당
시에 이 사건 토지가 적법하게 수용되었던 것과 마찬가지로 취급하여 이 사건 토지의 그 당시의

현실적인 이용상황에 따라 원고들에 대한 이 사건 토지의 손실보상액을 산정할 수는 없다고 할 것이다.

논지는 이와 상반되는 견해에서 원심판결에 행정처분의 효력과 토지수용에 관한 법리를 오해한 위법이 있다고 비난하는 것에 지나지 아니하여 받아들일 수 없다.

4. 같은 상고이유 제3점에 대한 판단

소론은 요컨대, 원심이 피고 창원시가 막대한 비용을 들여 매립공사 등을 함으로써 이 사건 토지를 택지로 조성한 사실을 전혀 고려하지 아니하고 택지로서의 현상만을 기준으로 이 사건 토지의 손실보상금을 산정한 것은 잘못이라는 것이나, 피고 창원시가 당초 승인을 얻은 부지조성사업을 시행함으로 인하여 원고들이 이른바 개발이익을 얻게 되었다고 하더라도, 원심이 정당하게 판시한 바와 같이 그 당초의 부지조성사업에 관한 실시계획의 승인은 이미 효력을 상실하였을 뿐더러, 이 사건 토지의 수용은 당초의 사업실시계획의 승인에 기한 것이 아니라 이 사건 연장승인을 근거로 한 것인 만큼, 원고들에게 귀속되는 그와 같은 개발이익은 개발이익의 환수에 관한 제도(1990.1.1.부터 시행된 개발이익환수에 관한 법률 제2조 제1호와 제3조 제2항에 의하면 공공사업의 시행 등에 의하여 정상지가상승분을 초과하여 토지소유자에게 귀속되는 토지가액의 증가분에 대하여는 국가가 토지초과이득세법이 정하는 바에 의하여 토지초과이득세로 징수하도록 규정되어 있다) 에 따라서 환수되거나, 원심이 판시한 바와 같이 피고 창원시가 이 사건 토지를 택지로 조성하는 데에 지출한 비용을 민법에 규정된 부당이득의 법리에 따라 원고들로부터 반환받는 것은 별론으로 하고, 원심이 이 사건 토지의 수용재결 당시의 현실적인 이용상황에 따라 손실보상액을 평가한 것이 잘못이라고 할 수 없으므로, 논지도 이유가 없다.

5. 그러므로 피고들의 상고를 모두 기각하고 상고비용은 패소자인 피고들의 부담으로 하기로 관여 법관의 의견이 일치되어 주문과 같이 판결한다.

대법원 1999.3.23, 98두3850[토지수용이의재결처분취소][공1999.5.1.(81),785]

[판시사항]

[1] 토지수용 보상액 산정시 당해 공공사업의 시행을 직접 목적으로 하는 계획의 승인·고시로 인한 가격변동의 고려 여부(소극)

[2] 공공사업에 편입된 국유토지를 일반 매매의 방식으로 취득하여 적법하게 공공사업을 시행한 후 그 토지에 대한 소유권이 취득시효 완성을 원인으로 사인에게 이전된 경우, 공공용지의취득및손실보상에관한특례법시행규칙 제6조 제7항에 따라 공공사업에 편입될 당시의 이용상황을 상정하여 평가하여야 하는지 여부(적극)

[판결요지]

[1] 토지수용 보상액을 산정함에 있어서는 토지수용법 제46조 제1항에 따라 당해 공공사업의 시행을 직접 목적으로 하는 계획의 승인·고시로 인한 가격변동은 이를 고려함이 없이 수용재결 당시의 가격을 기준으로 하여 정하여야 할 것이므로, 당해 사업인 택지개발사업에 대한 실시계획의 승인과 더불어 그 용도지역이 주거지역으로 변경된 토지를 그 사업의 시행을 위하여 후에 수용하였다면 그 재결을 위한 평가를 함에 있어서는 그 용도지역의 변경을 고려함이 없이 평가

하여야 할 것이다.

[2] 종전에 공공사업의 시행으로 인하여 정당한 보상금이 지급되지 아니한 채 공공사업의 부지로
편입되어 버린 이른바 미보상용지에 대하여는, 토지수용법 제57조의2, 공공용지의취득및손실
보상에관한특례법 제4조 제4항, 같은법시행령 제2조의10, 제10조 및 같은법시행규칙 제6조
제7항 본문의 규정에 의하여, 종전의 공공사업에 편입될 당시의 이용상황을 상정하여 평가하여
야 하고, 다만 종전의 공공사업시행자와 수용에 있어서의 사업주체가 서로 다르거나 공공사업
의 시행자가 적법한 절차를 취하지 아니하여 아직 공공사업의 부지를 취득하지 못한 단계에서
공공사업을 시행하여 토지의 현실적인 이용상황을 변경시킴으로써 토지의 거래가격이 상승된
경우에까지 위 시행규칙 제6조 제7항에 규정된 미보상용지의 법리가 적용되지는 않는다고 할
것이나, 처음부터 공공사업에 편입된 일부 토지가 국유재산이어서 이를 수용대상으로 삼지 아
니하고 일반 매매의 방식으로 취득하여 당해 공공사업을 적법히 시행하였음에도 그 후 취득시
효 완성을 원인으로 하여 그 토지의 소유권이 사인에게 이전된 경우에는, 설사 뒤늦게 그 토지
에 대한 토지수용절차가 진행되었다고 하더라도 공공사업의 시행자와 수용에 있어서의 사업주
체가 동일하고 그 시행자가 적법한 절차를 취하지 아니하여 당해 토지를 공공사업의 부지로
취득하지 못한 것이 아니므로, 그 토지는 여전히 위 시행규칙 제6조 제7항의 규정에 따라 종전
의 공공사업에 편입될 당시의 이용상황을 상정하여 평가하여야 한다.

[이 유]

1. 원심판결의 이유 요지

원심판결의 이유에 의하면, 원심은 거시 증거에 의하여, 건설부장관(현재의 건설교통부장관)이
1989.6.10. 이 사건 토지(전 2,307m^2, 임야 767m^2)를 비롯한 경기 고양군 일산읍 탄현리 일대
477,000m^{2}에 관하여 시행자를 피고 고양시장(당시 고양군수)으로 한 고양탄현 택지개발예정지
구로 지정하고, 1989.6.17. 이를 고시하였으며, 1990.12.19. 택지개발촉진법 제8조에 따라 고
양군수가 작성한 고양탄현지구 택지개발계획을 승인하고, 같은 달 26. 그 승인내용과 아울러 수
용 또는 사용할 토지 등의 세목 및 권리의 명세서를 고시하였으나 이 사건 토지는 그 당시 산림
청이 관리하는 국유재산으로 등기되어 있었던 탓에 공공용지의취득및손실보상에관한특례법에
따른 협의취득의 대상으로 삼고 택지개발계획 승인고시에서 수용할 토지의 세목에 포함시키지
아니한 사실, 그 후 위 택지개발사업의 시행이 지연되어 오다가 그 시행기간이 3회에 걸쳐 연장
되어 1995.12.31.까지로 연장된 사실, 고양군수는 1991.12.31. 대한민국과 이 사건 토지에 대한
매매계약을 체결하고 1992.7.30.까지 그 매매대금을 모두 지급하였으나, 원고가 1992.10.14.
경 대한민국을 상대로 이 사건 토지에 관하여 취득시효의 완성을 원인으로 한 소유권이전등기
청구소송을 제기하여 승소판결을 받아 1994.9.7. 원고 명의의 소유권이전등기를 경료하자, 피
고 고양시는 택지개발계획을 변경하여 이 사건 토지를 수용할 토지의 세목에 추가하는 한편 건
설교통부장관의 위임을 받은 경기도지사는 1995.6.29. 위 변경계획을 승인하고 1995.7.4. 이
를 고시한 사실, 그 후 피고 고양시는 이 사건 토지의 취득을 위한 협의가 이루어지지 아니하자
그 수용을 위한 재결을 신청하였고, 피고 중앙토지수용위원회는 1995.11.21. 이 사건 토지에
관하여 보상액은 금 311,199,810원, 수용시기는 1995.12.21.로 한다는 내용의 수용재결을 한

사실, 한편 위 수용재결 당시에는 이미 고양탄현지구 택지개발사업과 이에 따른 토지구획정리사업이 사실상 모두 완료되었고 그에 따라 원래 자연녹지지역에 속하였던 이 사건 토지는 일반주거지역에 속하여 대지·도로 또는 공원으로 이용되고 있었고, 피고 중앙토지수용위원회는 이 사건 토지가 종전 소유자에게 보상금이 지급된 뒤 소유자가 변경되었고 사실상 공사가 완료된 상태이므로 종전의 이용상황을 기준으로 보상금을 정하는 것이 옳다는 이유로 최초의 택지개발계획 승인고시 당시의 이용상황을 기준으로 하여 위와 같이 보상금을 결정한 사실을 인정한 다음, 원고의 이의신청에 의하여 피고 중앙토지수용위원회가 여전히 최초의 택지개발계획 승인고시 당시의 이용상황을 기준으로 이 사건 토지에 관한 보상액을 산정하되 다만 그 보상액을 수용재결시보다 금 3,334,740원 증액하여 금 314,534,550원으로 정하는 이 사건 이의재결에 대하여, 비록 피고 고양시가 그의 비용을 들여 이 사건 토지에 대하여 택지조성공사를 함으로써 이 사건 토지의 가격이 높아졌다고 하더라도 이 사건 토지에 대한 택지조성공사가 적법한 절차에 의한 것이 아닌 이상 이 사건 토지에 대한 보상액은 수용재결일인 1995. 11. 21. 당시의 현실적인 이용상황을 기준으로 산정하여야 한다는 점을 들어 위법하다고 판단하고, 그 정당한 보상액을 이 사건 토지에 대한 수용재결 당시의 위치·형상·환경 및 현실적 이용상황을 기준으로 하여 평가한 원심의 감정촉탁 결과에 터잡아 금 739,616,100원으로 결정하여 이의재결에서 정한 위 보상액 금 314,534,550원과의 차액에 해당하는 부분에 관하여 이 사건 이의재결을 취소하고 피고 고양시에 대하여 그에 대한 지급을 명하였다.

2. 먼저 피고들의 상고이유를 본다.

토지수용 보상액을 산정함에 있어서는 토지수용법 제46조 제1항에 따라 당해 공공사업의 시행을 직접 목적으로 하는 계획의 승인·고시로 인한 가격변동은 이를 고려함이 없이 수용재결 당시의 가격을 기준으로 하여 정하여야 할 것이므로, 당해 사업인 택지개발사업에 대한 실시계획의 승인과 더불어 그 용도지역이 주거지역으로 변경된 토지를 그 사업의 시행을 위하여 후에 수용하였다면 그 재결을 위한 평가를 함에 있어서는 그 용도지역의 변경을 고려함이 없이 평가하여야 할 것이고(대법원 1991.11.26, 91누285, 1995.11.7, 94누13725 등 참조), 또한 종전에 공공사업의 시행으로 인하여 정당한 보상금이 지급되지 아니한 채 공공사업의 부지로 편입되어 버린 이른바 미보상용지에 대하여는, 토지수용법 제57조의2, 공공용지의취득및손실보상에관한특례법 제4조 제4항, 같은법시행령 제2조의10, 제10조 및 같은법시행규칙 제6조 제7항 본문의 규정에 의하여, 종전의 공공사업에 편입될 당시의 이용상황을 상정하여 평가하여야 하고, 다만 종전의 공공사업시행자와 수용에 있어서의 사업주체가 서로 다르거나 공공사업의 시행자가 적법한 절차를 취하지 아니하여 아직 공공사업의 부지를 취득하지 못한 단계에서 공공사업을 시행하여 토지의 현실적인 이용상황을 변경시킴으로써 토지의 거래가격이 상승된 경우에까지 위 시행규칙 제6조 제7항에 규정된 미보상용지의 법리가 적용되지는 않는다고 할 것이나(대법원 1992.11.10, 92누4833, 1993.3.23, 92누2653 등 참조), 처음부터 공공사업에 편입된 일부 토지가 국유재산이어서 이를 수용대상으로 삼지 아니하고 일반 매매의 방식으로 취득하여 당해 공공사업을 적법히 시행하였음에도 그 후 취득시효 완성을 원인으로 하여 그 토지의 소유권이 사인에게 이전된 경우에는, 설사 뒤늦게 그 토지에 대한 토지수용절차가 진행되었다고 하더라도 공공사업의 시행자와 수용에 있어서의 사업주체가 동일하고 그 시행자가 적법한 절차를 취하지 아니하여 당해 토지를 공공사업의 부지로 취득하지 못한 것이 아니므로, 그 토지는 여전히 위 시행규칙 제6조 제7항의 규정에 따라 종전의 공공사업에 편입될 당시의 이용상황을 상정하여 평가하여야 한다고 할 것이다.

원심이 적법히 인정한 사실관계 및 앞서 본 법리에 비추어 보면, 이 사건 토지는 처음부터 고양 탄현 택지개발예정지구 내에 포함되어 그에 대한 택지개발실시계획이 1991.4.25. 승인·고시됨에 따라 그 용도지역이 자연녹지지역에서 일반주거지역으로 변경되었으므로 비록 당해 택지개발사업의 시행을 위하여 이 사건 토지를 뒤늦게 수용하였다고 하더라도 그 용도지역의 변경을 고려함이 없이 자연녹지지역이라는 공법상 제한이 딸린 상태에서 평가하여야 하고, 또한 이 사건 토지를 수용하기 이전에 이미 택지개발사업의 부지로 편입하여 택지조성공사를 마쳤으나 그 공공사업의 시행이 원고가 소유권을 취득하기 이전에 적법한 절차를 취하여 이루어진 것이고 그 수용주체도 여전히 종전의 공공사업의 시행자인 피고 고양시이므로 위 시행규칙 제6조 제7항의 규정에 따라 당초의 택지개발계획 승인·고시 당시의 이용상황을 상정하여 이 사건 토지에 대한 손실보상액을 산정하여야 할 것이다.

그럼에도 원심이 이 사건 토지에 대한 택지조성공사가 적법한 절차에 의한 것이 아니라고 보아 이 사건 이의재결을 위법하다고 보고 나아가 이 사건 토지에 대한 정당한 보상액을 수용재결일인 1995.11.21. 당시의 현실적인 이용상황을 기준으로 산정하였는바, 거기에는 토지수용법에서 정한 수용보상액의 산정에 관한 법리오인의 위법이 있다고 할 것이므로 이 점을 지적한 논지는 이유 있다.

3. 원고의 상고이유에 관하여 본다.

소론은, 이 사건 토지를 수용대상 토지의 세목에 추가시키는 택지개발계획의 변경이 승인·고시되기 이전에 이 사건 토지에 대하여 시행된 택지개발공사는 적법한 절차에 의한 것이 아니라고 본 원심 판단을 지지하면서, 다만 이 사건 토지 중 도로 및 공원으로 개발된 72%의 토지 부분 전부에 대하여까지 수용재결시를 기준삼아 그러한 개별적 제한을 고려하여 보상액을 평가한 것은 잘못이라는 데에 있다.

그러나 앞에서 본 바와 같이 이 사건 토지를 수용하기 이전에 행한 택지조성공사가 적법한 절차에 의한 것으로 보아 그 보상액을 최초의 택지개발계획이 승인·고시될 당시의 이용상황을 상정하여 이 사건 토지에 대한 손실보상액을 산정하여야 하므로, 논지는 더 나아가 판단할 필요 없이 이유 없다.

4. 그러므로 원심판결 중 피고 패소 부분을 파기하고 이 부분 사건을 원심법원에 환송하기로 하며, 원고의 상고를 기각하고 그 상고비용은 패소자의 부담으로 하기로 하여 관여 법관의 일치된 의견으로 주문과 같이 판결한다.

판례사례 38 시행규칙 제45조 위헌성 판단(소유자와 임차인 차별)

갑은 무허가건축물을 소유하면서 그곳에서 축산업을 영위하였다. 갑 소유의 토지를 포함한 일대가 공익사업에 편입되었는데, 당해 축산업은 무허가건축물에서 영위된 것으로서 토지보상법 시행규칙 제45조의 요건을 충족하지 못한다는 이유로 영업손실 보상대상에서 제외되었다. 갑은 동 규칙 조항은 공익사업법 제77조의 위임범위를 벗어나 영업보상의 대상을 지나치게 제한하여 국민의 재산권을 침해하고(정당한 보상의 원칙에 위배된다) 무허가건축물의 소유자와 임차인을 합리적 이유 없이 차별하여 형평의 원칙에 위배되므로 무효라고 주장할 수 있는가? (① 포괄위임 금지원칙에 반하는지, ② 정당보상에 반하는지, ③ 평등의 원칙에 반하는지 여부를 검토하시오) 30점

> **관련 규정**
>
> 토지보상법 제77조(영업의 손실 등에 대한 보상)
> ① 영업을 폐업하거나 휴업함에 따른 영업손실에 대하여는 영업이익과 시설의 이전비용 등을 고려하여 보상하여야 한다.
> ④ 제1항부터 제3항까지의 규정에 따른 보상액의 구체적인 산정 및 평가 방법과 보상기준, 제2항에 따른 실제 경작자 인정기준에 관한 사항은 국토교통부령으로 정한다.
>
> 토지보상법 시행규칙 제45조(영업손실의 보상대상인 영업)
> 법 제77조 제1항에 따라 영업손실을 보상하여야 하는 영업은 다음 각 호 모두에 해당하는 영업으로 한다.
> 1. 사업인정고시일등 전부터 적법한 장소(무허가건축물등, 불법형질변경토지, 그 밖에 다른 법령에서 물건을 쌓아놓는 행위가 금지되는 장소가 아닌 곳을 말한다)에서 인적·물적시설을 갖추고 계속적으로 행하고 있는 영업. 다만, 무허가건축물등에서 임차인이 영업하는 경우에는 그 임차인이 사업인정고시일등 1년 이전부터 「부가가치세법」 제5조에 따른 사업자등록을 하고 행하고 있는 영업을 말한다.
> 2. 영업을 행함에 있어서 관계법령에 의한 허가등을 필요로 하는 경우에는 사업인정고시일등 전에 허가등을 받아 그 내용대로 행하고 있는 영업

Ⅰ 쟁점의 정리

Ⅱ 포괄위임 금지의 원칙 위배여부
  1. 토지보상법 시행규칙 제45조의 법적 성질
  2. 위임명령의 한계
    (1) 수권의 한계(포괄위임의 금지)
    (2) 위임명령의 제정상 한계
    (3) 하위 법령이 상위 법령 위임의 한계를 준수하고 있는지 여부를 판단하는 방법
  3. 사안의 경우

Ⅲ 정당한 보상에 반하는지 여부
  1. 손실보상의 의의 및 취지

  2. 손실보상의 기준(정당한 보상)
    (1) 학설
    (2) 판례
    (3) 검토
  3. 사안의 경우

Ⅳ 평등의 원칙 위반여부
  1. 평등의 원칙의 의의
  2. 근거와 성질
  3. 효력
  4. 요건 및 한계
  5. 사안의 경우

Ⅴ 사안의 해결

Ⅰ 쟁점의 정리

설문은 무허가건축물에서 축산업을 영위한 갑의 영업손실이 헌법상 정당보상에 해당되는지와 관련된 사안이다. 토지보상법 시행규칙 제45조에서 영업손실보상 대상을 '적법한 장소'로 한정한 것이 포괄위임금지원칙에 반하는지 여부, 동 규칙이 정당보상의 원칙에 위배되는지 여부 및 무허가건축물에서 영업을 영위하는 경우 임차인만을 보상대상으로 규정한 것이 형평의 원칙에 반하는지를 검토한나.

Ⅱ 포괄위임 금지의 원칙 위배여부

1. 토지보상법 시행규칙 제45조의 법적 성질

토지보상법 시행규칙 제45조는 토지보상법 제77조 제4항의 위임규정을 토대로 영업손실보상의 대상을 규정한 것으로서 법규명령(위임명령)의 성질을 갖는다고 볼 것이다.

2. 위임명령의 한계

(1) 수권의 한계(포괄위임의 금지)

헌법 제75조는 법률의 명령에 대한 수권은 "구체적으로 범위를 정하여" 위임하도록 하고 있다. 구체적 위임이란 수권법률 규정만으로 위임내용의 대강을 예측할 수 있는 것을 말한다. 수권의 한계를 넘는 법률은 위헌인 법률이 된다.

(2) 위임명령의 제정상 한계

① 위임명령은 수권의 범위 내에서 제정되어야 한다. 수권의 범위를 일탈한 명령은 위법한 명령이 된다. ② 위임명령은 상위법령에 위반하여서는 안 된다.

(3) 하위 법령이 상위 법령 위임의 한계를 준수하고 있는지 여부를 판단하는 방법

특정 사안과 관련하여 법률에서 하위 법령에 위임을 한 경우 하위 법령이 위임의 한계를 준수하고 있는지 여부를 판단할 때는 당해 법률 규정의 입법목적과 규정 내용, 규정의 체계, 다른 규정과의 관계 등을 종합적으로 살펴야 하는바 위임 규정 자체에서 그 의미 내용을 정확하게 알 수 있는 용어를 사용하여 위임의 한계를 분명히 하고 있는데도 그 문언적 의미의 한계를 벗어났는지 여부나 수권 규정에서 사용하고 있는 용어의 의미를 넘어 그 범위를 확장하거나 축소하여서 위임 내용을 구체화하는 단계를 벗어나 새로운 입법을 하였는지 여부 등도 고려되어야 한다(2009두17797).

3. 사안의 경우

① 무허가건축물을 사업장으로 이용하는 경우 사업장을 통해 이익을 얻으면서도 영업과 관련하여 해당 사업장에 부과되는 행정규제의 탈피 또는 영업을 통하여 얻는 이익에 대한 조세 회피 등 여러

가지 불법행위를 저지를 가능성이 큰 점, ② 건축법상의 허가절차를 밟을 경우 관계 법령에 따라 불허되거나 규모가 축소되었을 건물에서 건축허가를 받지 않은 채 영업을 하여 법적 제한을 넘어선 규모의 영업을 하고도 그로 인한 손실 전부를 영업손실로 보상받는 것은 불합리한 점 등에 비추어 보면, 위 규칙 조항이 '영업'의 개념에 '적법한 장소에서 운영될 것'이라는 요소를 포함하고 있다고 하여 공익사업을 위한 토지 등의 취득 및 보상에 관한 법률의 위임 범위를 벗어났다고 하기 어렵다고 볼 것이다.

Ⅲ 정당한 보상에 반하는지 여부

1. 손실보상의 의의 및 취지

손실보상이란 공공필요에 의한 적법한 공권력의 행사로 가하여진 개인의 특별한 재산권침해에 대하여, 행정주체가 사유재산권보장과 평등부담원칙 및 생존권보장차원에서 행하는 조절적인 재산적 전보를 말한다(재산권의 내재적 제약인 사회적 제약과 구별된다).

2. 손실보상의 기준(정당한 보상)

헌법 제23조 제3항에서는 '정당한 보상'이라고 규정하고 있으나 정당보상의 의미가 추상적인바 이의 해석이 문제된다.

(1) 학설

① 완전보상설은 피침해재산의 객관적 가치와(객관적 가치보장설) 부대적 손실까지 보상해야 한다고 하며(손실전부보장설), ② 상당보상설은 사회통념상 합당한 보상이면 되고(완전보상설) 합리적 사유가 있으면 하회할 수 있다고 한다(합리적 보상설). ③ 절충설은 완전보상을 하는 경우와 상당보상을 요하는 경우로 나눈다.

(2) 판례

① 대법원은 보상의 시기, 방법 등에 제한 없는 완전한 보상을 의미한다고 판시한 바 있으며, ② 헌법재판소는 피수용자의 객관적 재산가치를 완전하게 보상해야 한다고 판시한 바 있다.

(3) 검토

피수용자의 객관적 가치를 완전하게 보상함은 물론 대물적 보상만으로 채워지지 않는 부분에 대한 생활보상을 지향함이 타당하다.

3. 사안의 경우

손실보상이란 적법한 공권력 행사로 인해 국민의 재산권에 특별한 손해가 가해질 때 사회 전체적인 공평 부담의 견지에서 행하는 재산적 보상인데, 무허가건축물을 지어 위법행위를 통한 영업이익을 누린 사람에 대하여까지 그 손실을 보상하는 것은 정당한 보상이라고 하기 어려운 점 등에 비추어 보면, 정당한 보상의 원칙에 위배된다고 하기 어렵다.

Ⅳ 평등의 원칙 위반여부

1. 평등의 원칙의 의의

평등의 원칙은 불합리한 차별을 하여서는 안 된다는 원칙이다. 평등의 원칙은 '같은 것은 같게, 다른 것은 다르게'로 요약될 수 있다.

2. 근거와 성질

평등의 원칙은 헌법 제11조에 직접 근거하는 성문법원이라고 보는 견해가 있으나, 헌법 제11조는 단지 법 앞의 평등의 원칙만을 규정하고 있을 뿐이므로 평등의 원칙은 헌법 제11조로부터 도출되는 불문법원칙으로 보는 것이 타당하다. 또한, 행정기본법 제9조에서 규정하고 있다.

3. 효력

평등원칙은 헌법적 효력을 갖는다. 평등원칙에 반하는 행정권 행사는 위법하고, 평등원칙에 반하는 법률은 위헌이다.

4. 요건 및 한계

① 합리적인 이유 없이 동일한 사항을 다르게 취급하는 것은 자의적인 것으로서 평등원칙에 위반되므로 합리적인 이유가 있어야 하며, 비례성을 결여한 과도한 차별취급이 되어서는 안된다. ② 단, 불법 앞의 평등 요구는 인정되지 않는다.

5. 사안의 경우

① 무허가건축물을 임차하여 영업하는 사업자의 경우 일반적으로 자신 소유의 무허가건축물에서 영업하는 사업자보다는 경제적·사회적으로 열악한 지위에 있는 점, ② 무허가건축물의 임차인은 자신이 임차한 건축물이 무허가건축물이라는 사실을 알지 못한 채 임대차계약을 체결할 가능성이 있는 점 등에 비추어 보면, 동 규칙 조항이 무허가건축물의 소유자와 임차인을 차별하는 것은 합리적인 이유가 있고, 따라서 형평의 원칙에 어긋난다고 볼 수 없다.

Ⅴ 사안의 해결

토지보상법 시행규칙 제45조는 토지보상법 제77조의 영업손실보상을 구체적으로 실현하기 위하여 제정된 법규명령이며 무허가건축물로부터 발생될 수 있는 사회적 문제를 고려할 때 수권의 범위내에서 제정된 것으로 볼 수 있다. 또한 이는 정당보상의 원칙에 위배된다고도 볼 수 없으므로 임차인의 경제적·사회적 지위를 고려한 소유자와의 차별은 그 합리성이 인정되어 형평의 원칙에 어긋난다고도 볼 수 없을 것이다.

 **대법원 2014.3.27, 2013두25863 판결[수용보상금증액][공2014상,951]**

[판시사항]

중앙토지수용위원회가 생태하천조성사업에 편입되는 토지 상의6 무허가건축물에서 축산업을 영위하는 갑에 대하여 공익사업을 위한 토지 등의 취득 및 보상에 관한 법률 시행규칙 제45조 제1호에 따라 영업손실을 인정하지 않는 내용의 수용재결을 한 사안에서, 위 조항이 공익사업을 위한 토지 등의 취득 및 보상에 관한 법률의 위임 범위를 벗어나거나 정당한 보상의 원칙에 위배된다고 하기 어렵다고 본 원심판단을 정당하다고 한 사례

[판결요지]

중앙토지수용위원회가 생태하천조성사업에 편입되는 토지 상의 무허가건축물에서 축산업을 영위하는 갑에 대하여 공익사업을 위한 토지 등의 취득 및 보상에 관한 법률 시행규칙 제45조 제1호(이하 '위 규칙 조항'이라 한다)에 따라 영업손실을 인정하지 않는 내용의 수용재결을 한 사안에서, ① 무허가건축물을 사업장으로 이용하는 경우 사업장을 통해 이익을 얻으면서도 영업과 관련하여 해당 사업장에 부과되는 행정규제의 탈피 또는 영업을 통하여 얻는 이익에 대한 조세 회피 등 여러 가지 불법행위를 저지를 가능성이 큰 점, ② 건축법상의 허가절차를 밟을 경우 관계 법령에 따라 불허되거나 규모가 축소되었을 건물에서 건축허가를 받지 않은 채 영업을 하여 법적 제한을 넘어선 규모의 영업을 하고도 그로 인한 손실 전부를 영업손실로 보상받는 것은 불합리한 점 등에 비추어 보면, 위 규칙 조항이 '영업'의 개념에 '적법한 장소에서 운영될 것'이라는 요소를 포함하고 있다고 하여 공익사업을 위한 토지 등의 취득 및 보상에 관한 법률의 위임 범위를 벗어났다거나 정당한 보상의 원칙에 위배된다고 하기 어렵다고 본 원심판단을 정당한 것으로 수긍한 사례.

[이 유]

상고이유를 살펴본다.

1. 공익사업을 위한 토지 등의 취득 및 보상에 관한 법률(이하 '공익사업법'이라 한다) 시행규칙 제45조 제1호는 공익사업법 제77조 제1항에 따라 영업손실을 보상하여야 하는 영업에 관하여 '사업인정고시일 등 전부터 적법한 장소(무허가건축물 등, 불법형질변경토지, 그 밖에 다른 법령에서 물건을 쌓아놓는 행위가 금지되는 장소가 아닌 곳을 말한다)에서 인적・물적 시설을 갖추고 계속적으로 행하고 있는 영업. 다만 무허가건축물 등에서 임차인이 영업하는 경우에는 그 임차인이 사업인정고시일 등 1년 이전부터 부가가치세법 제5조에 따른 사업자등록을 하고 행하고 있는 영업을 말한다'라고 규정하고 있다(이하 위 제45조 제1호를 '이 사건 규칙 조항'이라 한다).

2. 가. 원심판결 이유에 의하면, 원심은, 원고들의 다음과 같은 주장, 즉 이 사건 재결은 이 사건 무허가건축물을 소유하면서 그곳에서 축산업을 영위하여 온 원고들의 영업손실을 이 사건 규칙 조항을 적용하여 보상대상에서 제외하였는바, 이 사건 규칙 조항은 공익사업법 제77조의 위임범위를 벗어나 영업보상의 대상을 지나치게 제한하여 국민의 재산권을 침해하고 무허가건축물의 소유자와 임차인을 합리적 이유 없이 차별하여 형평의 원칙에 위배되므로 무효라는 주장을 아래와 같은 이유로 배척하였다.

공익사업에 의하여 영업을 폐지하거나 휴업하는 경우 보상하도록 규정하고 있는 공익사업법 제77조 제1항이 '영업'의 의미에 관하여는 구체적으로 정의하지 않는 대신, 같은 조 제4항에

서 영업손실 보상액의 구체적인 산정 및 평가 방법과 보상기준에 관한 사항을 국토해양부령으로 정하도록 위임하고 있고, 이에 따라 이 사건 규칙 조항이 2007.4.12. 건설교통부령 제556호로 개정되면서 무허가건축물에서의 영업을 보상대상에서 제외하고 있는바, ① 무허가건축물을 사업장으로 이용하는 경우 그 사업장을 통해 이익을 얻으면서도 영업과 관련하여 해당 사업장에 부과되는 행정규제의 탈피 또는 그 영업을 통하여 얻는 이익에 대한 조세회피 등 여러 가지 불법행위를 저지를 가능성이 큰 점, ② 건축법상의 허가절차를 밟을 경우 관세 법령에 따라 불허되거나 규모가 축소되었을 건물에서 건축허가를 받지 않은 채 영업을 하여 법적 제한을 넘어선 규모의 영업을 하고도 그로 인한 손실 전부를 영업손실로 보상받는 것은 불합리한 점, ③ 손실보상이란 적법한 공권력 행사로 인해 국민의 재산권에 특별한 손해가 가해질 때 사회 전체적인 공평 부담의 견지에서 행하는 재산적 보상인데, 무허가건축물을 지어 위법행위를 통한 영업이익을 누린 사람에 대하여까지 그 손실을 보상하는 것은 정당한 보상이라고 하기 어려운 점 등에 비추어 보면, 이 사건 규칙 조항이 '영업'의 개념에 '적법한 장소에서 운영될 것'이라는 요소를 포함하고 있다고 하여 공익사업법의 위임 범위를 벗어났다거나 정당한 보상의 원칙에 위배된다고 하기 어렵다.

나아가 ① 무허가건축물을 임차하여 영업하는 사업자의 경우 일반적으로 자신 소유의 무허가건축물에서 영업하는 사업자보다는 경제적·사회적으로 열악한 지위에 있는 점, ② 무허가건축물의 임차인은 자신이 임차한 건축물이 무허가건축물이라는 사실을 알지 못한 채 임대차계약을 체결할 가능성이 있는 점 등에 비추어 보면, 이 사건 규칙 조항이 무허가건축물의 소유자와 임차인을 차별하는 것은 합리적인 이유가 있고, 따라서 형평의 원칙에 어긋난다고 볼 수 없다.

나. 이 사건 규칙 조항의 구체적 내용, 개정 경위 및 관련 법리와 기록에 비추어 살펴보면 원심의 위와 같은 판단은 정당한 것으로 수긍할 수 있고, 거기에 이 사건 규칙 조항에 관한 법리를 오해한 잘못이 없다.

3. 그러므로 상고를 모두 기각하고, 상고비용은 패소자들이 부담하기로 하여, 관여 대법관의 일치된 의견으로 주문과 같이 판결한다.

📝 판례사례 **39** 영업보상 위임범위

갑은 삭삭순대 가맹점주로서 가맹점의 소재지는 아산시이고, 인접 시군구는 천안시, 평택시, 당진시, 공주시, 예산군인데 당해 공익사업으로 인하여 인접 지역으로의 이전도 어렵고, 이미 인접지역에는 가맹점들이 포화상태에 이르러 인접 지역으로 이전이 가능하다고 하더라도 영업환경이 열악하여 도저히 영업을 할 수 없는 상황이므로 폐업보상을 해야 한다고 주장한다.

이에 사업시행자는 해당 사업은 인접 지역에서도 쉽게 허가를 받아서 행할 수 있는 영업이기에 이전이 가능하고 인접 지역에서의 영업활동이 어려운 것은 가맹점들의 수가 많아서 그러한 것이며 이러한 사유가 폐업보상 대상에 해당될 수 없다고 보아 휴업보상액을 산정하였다.

갑은 토지보상법 시행규칙 제46조 제2항은 영업 폐업의 범위를 지나치게 제한하는 것으로서 위헌/무효의 규정이라고 주장한다. 이와 관련하여 영업손실보상에 대해서 설명하고 갑 주장의 타당성을 논하시오. 20점

토지보상법

제77조(영업의 손실 등에 대한 보상)

① 영업을 폐업하거나 휴업함에 따른 영업손실에 대하여는 영업이익과 시설의 이전비용 등을 고려하여 보상하여야 한다.

④ 제1항 규정에 따른 보상액의 구체적인 산정 및 평가 방법과 보상기준, 제2항에 따른 실제 경작자 인정기준에 관한 사항은 국토교통부령으로 정한다.

토지보상법 시행규칙

제46조(영업의 폐업에 대한 손실의 평가 등)

① 공익사업의 시행으로 인하여 폐업하는 경우의 영업손실은 2년간의 영업이익(개인영업인 경우에는 소득을 말한다. 이하 같다)에 영업용 고정자산·원재료·제품 및 상품 등의 매각손실액을 더한 금액으로 평가한다.

② 제1항에 따른 폐업은 다음 각 호의 어느 하나에 해당하는 경우로 한다.

1. 영업장소 또는 배후지(당해 영업의 고객이 소재하는 지역을 말한다. 이하 같다)의 특수성으로 인하여 당해 영업소가 소재하고 있는 시·군·구(자치구를 말한다. 이하 같다) 또는 인접하고 있는 시·군·구의 지역안의 다른 장소에 이전하여서는 당해 영업을 할 수 없는 경우

2. 당해 영업소가 소재하고 있는 시·군·구 또는 인접하고 있는 시·군·구의 지역안의 다른 장소에서는 당해 영업의 허가등을 받을 수 없는 경우

3. 도축장 등 악취 등이 심하여 인근주민에게 혐오감을 주는 영업시설로서 해당 영업소가 소재하고 있는 시·군·구 또는 인접하고 있는 시·군·구의 지역안의 다른 장소로 이전하는 것이 현저히 곤란하다고 특별자치도지사·시장·군수 또는 구청장(자치구의 구청장을 말한다)이 객관적인 사실에 근거하여 인정하는 경우

제47조(영업의 휴업 등에 대한 손실의 평가)
① 공익사업의 시행으로 인하여 영업장소를 이전하여야 하는 경우의 영업손실은 휴업기간에 해당하는
  영업이익과 영업장소 이전 후 발생하는 영업이익감소액에 다음 각호의 비용을 합한 금액으로 평가
  한다.
  1. 휴업기간중의 영업용 자산에 대한 감가상각비·유지관리비와 휴업기간중에도 정상적으로 근무
     하여야 하는 최소인원에 대한 인건비 등 고정적 비용
  2. 영업시설·원재료·제품 및 상품의 이전에 소요되는 비용 및 그 이전에 따른 감손상당액
  3. 이전광고비 및 개업비 등 영업장소를 이전함으로 인하여 소요되는 부대비용
② 제1항의 규정에 의한 휴업기간은 4개월 이내로 한다. 다만, 다음 각 호의 어느 하나에 해당하는
  경우에는 실제 휴업기간으로 하되, 그 휴업기간은 2년을 초과할 수 없다.
  1. 당해 공익사업을 위한 영업의 금지 또는 제한으로 인하여 4개월 이상의 기간동안 영업을 할 수
     없는 경우
  2. 영업시설의 규모가 크거나 이전에 고도의 정밀성을 요구하는 등 당해 영업의 고유한 특수성으로
     인하여 4개월 이내에 다른 장소로 이전하는 것이 어렵다고 객관적으로 인정되는 경우

Ⅰ 쟁점의 정리

Ⅱ 영업손실보상
  1. 영업보상의 의의 및 보상의 성격
  2. 대상영업(시행규칙 제45조)
  3. 영업의 폐업 및 휴업에 대한 보상
     (1) 영업폐업요건(시행규칙 제46조)
     (2) 영업휴업에 대한 보상

  4. 무허가 영업등에 대한 보상(시행규칙 제52조)
  5. 영업의 간접보상(시행규칙 제64조)

Ⅲ 갑 주장의 타당성
  1. 하위법령이 상위법령 위임의 한계를 준수
     하고 있는지 여부를 판단하는 방법
  2. 갑 주장의 타당성

Ⅰ 쟁점의 정리

토지보상법상 영업손실보상에 대해서 설명하고, 폐업보상의 대상을 규정하고 있는 토지보상법 제46조 제2항의 내용이 지나치게 폐업의 범위를 제한하는 것으로서 상위법률인 토지보상법 제77조 제4항의 위임범위를 벗어난 것인지를 검토한다.

Ⅱ 영업손실보상

1. 영업보상의 의의 및 보상의 성격

영업보상이란 공공사업의 시행에 따라 영업을 폐업 또는 휴업하게 되는 경우에 사업시행자가 장래 예상되는 전업 또는 이전에 소요되는 일정한 기간 동안의 영업소득 또는 영업시설 및 재고자산에 대한 손실을 보상하는 것으로서, 합리적 기대이익의 상실이라는 점에서 일실손실의 보상의 성격이 있다.

2. 대상영업(시행규칙 제45조)

영업은 적법한 장소에서 인적·물적 설비를 갖추고 계속적으로 행하고 있는 일체의 경제활동을 의미하며, 영업보상은 허가·신고·면허를 받은 영업으로서 허가의 범위 내에서 영업을 대상으로 한다. 이때 보상계획의 공고, 사업인정고시 후 행하는 영업은 영업으로 보지 아니한다.

3. 영업의 폐업 및 휴업에 대한 보상

(1) 폐업요건(시행규칙 제46조)

① 영업장소·배후지의 특수성으로 인해 다른 장소로 이전하여서는 당해 영업을 할 수 없을 경우, ② 다른 장소에서는 영업의 허가를 받을 수 없는 경우, ③ 혐오감을 주는 영업시설로서 다른 장소로 이전하는 것이 현저히 곤란하다고 시장·군수·구청장이 인정하는 경우를 규정하고 있다.

이전 가능성 여부는 법령상의 이전 장애사유 유무와 당해 영업의 종류와 특성, 영업시설의 규모, 인접지역의 현황과 특성, 그 이전을 위하여 당사자가 들인 노력 등과 인근 주민들의 이전 반대 등과 같은 사실상의 이전 장애사유 유무 등을 종합하여 판단하여야 한다(대법원 2006.9.8, 2004두7672 등 참조).

(2) 영업휴업에 대한 보상

영업이 일정기간 휴업하는 경우의 보상으로서 영업장소를 이전하거나 시설물이 일부 편입되거나 임시영업소를 설치하는 경우에 각각 일정액을 보상한다. 또한 근로자에 대해서는 휴직보상을 지급한다.

4. 무허가 영업등에 대한 보상(시행규칙 제52조)

공익사업에 관한 계획의 고시가 있기 전부터 허가·면허·신고 없이 영업을 행하던 자가 공익사업의 시행으로 인하여 폐업하는 경우에는 3인 가구 3월분의 가계지출비에 상당한 금액으로 보상한다. 다만, 본인 또는 생계를 같이하는 동일 세대의 직계존·비속 및 배우자가 당해 공공사업으로 어업 기타의 영업에 대한 보상을 받을 경우는 제외한다.

5. 영업의 간접보상(시행규칙 제64조)

공공사업의 시행지구 밖에서 허가·면허를 받거나 신고를 하고 영업을 하고 있던 자가 공공사업의 시행으로 인하여 그 배후지의 3분의 2 이상이 상실되어 영업을 할 수 없는 경우 영업자의 청구에 의하여 공익사업지구안에 편입되는 것으로 보아 보상한다.

Ⅲ 갑 주장의 타당성

1. 하위법령이 상위법령 위임의 한계를 준수하고 있는지 여부를 판단하는 방법

특정 사안과 관련하여 법률에서 하위법령에 위임을 한 경우 하위법령이 위임의 한계를 준수하고 있는지 여부를 판단할 때는 해당 법률규정의 입법목적과 규정내용, 규정의 체계, 다른 규정과의 관계 등을 종합적으로 살펴야 하는바 위임규정 자체에서 그 의미 내용을 정확하게 알 수 있는 용어를 사용하여 위임의 한계를 분명히 하고 있는데도 그 문언적 의미의 한계를 벗어났는지 여부나 수권규정에서 사용하고 있는 용어의 의미를 넘어 그 범위를 확장하거나 축소하여서 위임내용을 구체화하는 단계를 벗어나 새로운 입법을 하였는지 여부 등도 고려되어야 한다(대판 2010.4.29, 2009두17797).

2. 갑 주장의 타당성

토지보상법 시행규칙 제46조 제2항은 토지보상법 제77조 제4항에 따라 공익사업으로 인한 영업의 폐업을 구체적으로 특정하여 열거하고 있는데, 영업장소를 이전하여 영업을 계속할 수 있음에도 폐업한 경우를 포함하여 공익사업으로 인해 폐업한 모든 경우를 폐업보상의 대상으로 할 경우, 폐업보상 여부가 피수용자의 의사에 따라 결정되고 사회적으로 폐업을 조장하게 되는 부작용이 초래될 수 있으므로, 토지보상법 시행규칙 제46조 제2항이 '공익사업으로 인한 영업의 폐업'을 영업장소를 이전하여 영업을 계속하기 어려운 경우로 한정하고 그 의미를 구체화한 것은 그 임임의 한계를 벗어났다거나 수권 규정에서 사용하고 있는 용어의 의미를 넘어 그 범위를 확장 또는 축소하여서 위임 내용을 구체화하는 단계를 벗어나 새로운 입법을 하였다고 보기는 어렵다.

따라서 동 조항이 위임한계를 일탈하여 위헌/무효라는 주장은 이유없다.

대법원 2020.9.24, 2018두54507[보상금증액등][미간행]

[판시사항]

공익사업에 필요한 토지 등의 취득 또는 사용으로 인한 영업손실보상에서 구 공익사업을 위한 토지 등의 취득 및 보상에 관한 법률 시행규칙 제46조에 따른 폐업보상 대상인지, 제47조에 따른 휴업보상 대상인지 결정하는 기준(=제46조 제2항 각호 해당 여부) 및 제46조 제2항 각호에 해당하는지 판단하는 방법

[이 유]

상고이유(상고이유서 제출기간이 지난 후에 제출된 참고자료 등의 기재는 상고이유를 보충하는 범위 내에서)를 판단한다.

1. 상고이유 제1점 내지 제3점에 대하여

　가. 「공익사업을 위한 토지 등의 취득 및 보상에 관한 법률」(이하 '토지보상법'이라 한다) 제77조는 영업을 폐지하거나 휴업함에 따른 영업손실에 대하여는 영업이익과 시설의 이전비용 등을 고려하여 보상하여야 하고(제1항), 보상액의 구체적인 산정 및 평가 방법과 보상기준에 관한 사항은 국토교통부령으로 정한다고 규정하고 있다(제4항). 그 위임에 따른 구 공익사업을 위한 토지 등의 취득 및 보상에 관한 법률 시행규칙(2014. 10. 22. 국토교통부령 제131호로 개정되기 전의 것, 이하 '토지보상법 시행규칙'이라 한다)은 제46조에서 영업의 폐지에 대한 손실의 평가를 규정하면서 같은 조 제2항 각호에서 '영업의 폐지'에 해당하는 경우를 열거하는 한편, 제47조에서 '영업의 휴업'에 대한 손실의 평가를 규정하고 있다.
　　　이러한 규정들을 종합하여 보면, 영업손실보상에서 토지보상법 시행규칙 제46조에 따른 폐업보상의 대상인지 아니면 제47조에 따른 휴업보상의 대상인지는 제46조 제2항 각호에 해당하는지 여부에 따라 결정된다. 제46조 제2항 각호는 해당 영업을 그 영업소 소재지나 인접 시ㆍ군 또는 구 지역 안의 다른 장소로 이전하는 것이 불가능한 경우를 규정한 것으로서, 이러한 이전 가능성 여부는 법령상의 이전 장애사유 유무와 당해 영업의 종류와 특성, 영업시설의 규모, 인접지역의 현황과 특성, 그 이전을 위하여 당사자가 들인 노력 등과 인근 주민들의 이전 반대 등과 같은 사실상의 이전 장애사유 유무 등을 종합하여 판단하여야 한다(대법원 2006.9.8, 2004두7672 등 참조).

　나. 원심은, 토지보상법 시행규칙 제46조 제2항이 모법의 위임한계를 일탈하지 않았고, 원고가 제출한 증거만으로는 이 사건 가맹점을 종전 소재지인 아산시나 다른 인접 시ㆍ군으로 이전하는 것이 현저히 곤란하다고 인정하기 어려우므로, 이 사건 가맹점 영업은 폐업보상 대상에 해당하지 않는다고 판단하였다.

　다. 원심판결 이유를 관련 법리와 기록에 비추어 살펴보면, 이러한 원심판단에 상고이유 주장과 같이 위임입법의 한계, 영업손실보상 기준 등에 관한 법리를 오해한 잘못이 없다.

2. 상고이유 제4점, 제5점에 대하여

원심은, 원고가 제출한 증거만으로는 이 사건 가맹점이 해당 영업의 고유한 특수성으로 인하여 3개월 이내에 다른 장소로 이전하는 것이 어렵다고 인정하기에 부족하고, 이 사건 가맹점 영업은 휴업보상 대상이어서 토지보상법 시행규칙 제47조에 따라 영업시설 등의 이전에 소요되는

비용 및 그 이전에 따른 감손상당액, 영업장소를 이전함으로 인하여 소요되는 부대비용 등이 휴업손실의 내용으로 평가되는 것일 뿐, 원고가 주장하는 매각손실액은 휴업손실에 포함되지 않는다고 판단하였다.

원심판결 이유를 관련 법리와 기록에 비추어 살펴보면, 이러한 원심판단에 상고이유 주장과 같이 휴업손실 평가 등에 관한 법리를 오해한 잘못이 없다.

3. 결론

그러므로 상고를 기각하고 상고비용은 패소자가 부담하도록 하여, 관여 대법관의 일치된 의견으로 주문과 같이 판결한다.

📝 판례사례 40 영업보상 대상성(모란시장)

갑은 1990년경부터 모란장터에서 토지를 임차하여 앵글과 천막 구조의 가설물을 축조(적법하게 신고하였음)하고 그 내부에 냉장고, 주방용품, 가스통, 탁자, 의자 등을 구비한 후, 영업신고를 하지 않은 채 모란장날인 매달 4일, 9일, 14일, 19일, 24일, 29일(5일장)에 정기적으로 국수와 순대국, 생고기, 생선회 등을 판매하는 음식점 영업을 해왔고 영업종료 후 가설물과 냉장고 등 주방용품을 철거하거나 이동하지 아니한 채 그곳에 계속 고정하여 사용·관리하여 왔다. 갑은 장날의 전날에는 음식을 준비하고 장날 당일에는 종일 장사를 하며 그 다음날에는 뒷정리를 하는 등 5일 중 3일 정도는 영업에 전력을 다하였다. 2006.06.26. 대상토지를 포함한 일대가 공익사업(국민임대주택단지조성사업)을 위해 편입되는 사업인정고시가 있었다. 이에 사업시행자는 갑은 허가 등 영업손실보상의 제 요건, 특히 물적시설 및 영업의 계속성을 갖추지 못하였으므로 보상대상에서 제외되어야 한다고 주장한다. 설령 보상대상에 해당된다고 실제 영업일수는 5일 중 하루이므로 보상금액도 1/5만 지급되어야 한다고 주장한다. 갑은 영업손실보상금을 수령할 수 있겠는가? 20점

Ⅰ 쟁점의 정리

Ⅱ 영업손실보상의 요건규정 검토
 1. 영업손실보상의 의의 및 보상의 성격
 2. 대상영업(토지보상법 시행규칙 제45조)
 3. 무허가영업 등에 대한 보상(토지보상법 시행규칙 제52조)

Ⅲ 갑의 영업이 손실보상 대상인지 여부
 1. 허가·신고·면허 등 요건 충족여부
 2. 인적·물적설비의 충족여부
 3. 영업의 계속성 충족여부
 4. 영업보상액 1/5로 감액해야 하는지 여부

Ⅳ 사안의 해결

Ⅰ 쟁점의 정리

사업시행자는 갑의 영업이 허가 등의 제 요건을 갖추지 못하였거나, 물적설비 및 계속적인 영업이 아니라고 주장하므로 토지보상법상 영업손실보상의 제 요건규정을 검토하여 설문을 해결한다.

Ⅱ 영업손실보상의 요건규정 검토

1. 영업손실보상의 의의 및 보상의 성격

영업보상이란 공공사업의 시행에 따라 영업을 폐업 또는 휴업하게 되는 경우에 사업시행자가 장래 예상되는 전업 및 이전에 소요되는 일정한 기간동안의 영업소득 또는 영업시설 및 재고자산에 대한 손실을 보상하는 것으로서, 합리적 기대이익의 상실이라는 점에서 일실손실의 보상의 성격이 있다.

2. 대상영업[토지보상법 시행규칙 제45조]

영업은 적법한 장소에서 인적·물적 설비를 갖추고 계속적으로 행하고 있는 일체의 경제활동을 의미하며, 영업보상은 허가·신고·면허를 받은 영업으로서 허가의 범위내에서 영업을 대상으로 한다. 이때 보상계획의 공고, 사업인정고시 후 행하는 영업은 영업으로 보지 아니한다.

3. 무허가영업 등에 대한 보상[토지보상법 시행규칙 제52조]

공익사업에 관한 계획의 고시가 있기 전부터 허가·면허·신고 없이 영업을 행하던 자가 공익사업의 시행으로 인하여 폐업하는 경우에는 3인가구 3월분의 가계지출비에 상당한 금액으로 보상한다. 다만, 본인 또는 생계를 같이하는 동일 세대의 직계존·비속 및 배우자가 당해 공공사업으로 어업 기타의 영업에 대한 보상을 받을 경우는 제외한다.

Ⅲ 갑의 영업이 손실보상 대상인지 여부

1. 허가·신고·면허 등 요건 충족여부

갑은 영업신고를 하지 않은 채 음식점 영업을 해왔으므로, 원칙적으로 영업손실보상의 대상이 아니라고 할 것이다. 다만, 토지보상법 시행규칙 제52조에서는 공익사업에 관한 계획의 고시가 있기 전부터 허가·면허·신고 없이 영업을 행하던 자에 대한 보상을 규정하고 있으므로, 갑이 영업신고를 하지 않았다고 해서 보상대상에서 제외되는 것은 아니다.

2. 인적·물적설비의 충족여부

갑은 1990년경부터 모란장터에서 토지를 임차하여 앵글과 천막 구조의 가설물을 축조하고 그 내부에 냉장고, 주방용품, 가스통, 탁자, 의자 등을 구비한 후, 가설물과 냉장고 등 주방용품을 철거하거나 이동하지 아니한 채 그곳에 계속 고정하여 사용·관리하여 왔으므로 인적·물적설비의 요건도 충족된다고 볼 것이다.

3. 영업의 계속성 충족여부

갑은 매달 4일, 9일, 14일, 19일, 24일, 29일(5일장)에 정기적으로 국수와 순대국, 생고기, 생선회 등을 판매하는 음식점 영업을 해왔고, 장날의 전날에는 음식을 준비하고 장날 당일에는 종일 장사를 하며 그 다음날에는 뒷정리를 하는 등 5일 중 3일 정도는 영업에 전력을 다하였다. 따라서 5일장의 특성에 비추어 볼 때, 계속적으로 영리를 목적으로 영업을 하였다고 볼 수 있다.

4. 영업보상액을 1/5로 감액해야 하는지 여부

토지보상법 제77조, 동법 시행규칙 제45조, 제46조, 제47조 및 제52조 등에서는 영업보상과 관련하여 실제 영업일수 만을 적용하라는 규정도 없으며, 갑은 5일장의 특성상 5일 중 하루만을 영업하고 나머지는 영업일을 위한 필수준비기간이므로 영업보상액을 1/5로 감액할 이유도 없을 것이다.

Ⅳ 사안의 해결

갑은 토지보상법 시행규칙 제52조의 무허가 영업등에 대한 보상대상자에 해당하며, 인적·물적 시설을 갖추고 계속적인 영업을 하여왔고, 영업보상액을 1/5로 감액할 근거규정도 없으므로 정당한 보상액을 지급받을 수 있을 것이다.

대법원 2012.3.15, 2010두26513[토지수용재결처분취소][미간행]

[판시사항]

국민임대주택단지조성사업 예정지구로 지정된 장터에서 토지를 임차하여 앵글과 천막구조의 가설물을 설치하고 영업신고 없이 5일장이 서는 날에 정기적으로 국수와 순대국 등을 판매하는 음식업을 영위한 갑 등이 구 공익사업을 위한 토지 등의 취득 및 보상에 관한 법률 시행규칙 제52조 제1항에 따른 영업손실보상의 대상이 되는지 문제된 사안에서, 영업의 계속성과 영업시설의 고정성을 인정할 수 있다는 이유로, 갑 등이 위 규정에서 정한 허가 등을 받지 아니한 영업손실보상대상자에 해당한다고 본 원심판단을 정당하다고 한 사례

[이 유]

상고이유를 판단한다.

1. 사실오인의 상고이유에 대하여

원심판결 이유에 의하면, 원심은 그 채택 증거에 의하여 원고들이 1990년경 이 사건 장터가 개설된 이래 소외인으로부터 각 해당 점유 부분을 전차하여 앵글과 천막 구조의 가설물을 축조하고 그 내부에 냉장고, 주방용품, 가스통, 탁자, 의자 등을 구비한 후, 영업신고를 하지 않은 채 모란장날인 매달 4일, 9일, 14일, 19일, 24일, 29일에 정기적으로 국수와 순대국, 생고기, 생선회 등을 판매하는 음식점 영업을 하여온 사실을 인정하였다.

기록에 비추어 살펴보면 원심의 위와 같은 조치는 정당한 것으로 수긍할 수 있고, 거기에 논리와 경험의 법칙을 위반하고 자유심증주의의 한계를 벗어난 위법이 없다.

이 부분 상고이유의 주장은 이유 없다.

2. 법령의 해석·적용에 관한 법리오해의 상고이유에 대하여

가. 원심은, 그 채택 증거에 의하여 인정되는 판시와 같은 사정, 즉 원고들이 1990년경부터 이 사건 장터에서 토지를 임차하여 앵글과 천막 구조의 가설물을 축조하고 매달 4일, 9일, 14일, 19일, 24일, 29일에 정기적으로 각 해당 점포를 운영하여 왔고, 영업종료 후 가설물과 냉장고 등 주방용품을 철거하거나 이동하지 아니한 채 그곳에 계속 고정하여 사용·관리하여 왔던 점, 원고들은 장날의 전날에는 음식을 준비하고 장날 당일에는 종일 장사를 하며 그 다음날에는 뒷정리를 하는 등 5일 중 3일 정도는 이 사건 영업에 전력을 다하였다고 보이는 점 등에 비추어 볼 때, 비록 원고들이 영업을 5일에 한 번씩 하였고 그 장소도 철거가 용이한 가설물이었다고 하더라도 원고들의 상행위의 지속성, 시설물 등의 고정성을 충분히 인정할 수 있으므로, 원고들은 이 사건 장소에서 인적·물적 시설을 갖추고 계속적으로 영리를 목적으로 영업을 하였다고 봄이 상당하다고 판단하였다.

관련 법리와 기록에 비추어 살펴보면 원심의 위와 같은 조치는 정당한 것으로 수긍할 수 있

고, 거기에 상고이유로 주장하는 바와 같이 영업손실보상의 대상이 될 수 있는 영업의 계속성과 영업시설의 고정성에 관한 법리를 오해하는 등의 위법이 없다.

이 부분 상고이유의 주장도 이유 없다.

나. 구 공익사업을 위한 토지 등의 취득 및 보상에 관한 법률 시행규칙(2007.4.12. 건설교통부령 제556호로 개정되기 전의 것, 이하 '시행규칙'이라 한다) 제47조는 '영업의 휴업 등에 대한 손실의 평가'에 대하여 규정하고 있고, 시행규칙 제52조 제1항 본문은 "사업인정고시일 등 전부터 허가 등을 받아야 행할 수 있는 영업을 허가 등이 없이 행하여 온 자가 공익사업의 시행으로 인하여 당해 장소에서 영업을 계속할 수 없게 된 경우에는 제45조 제2호의 규정에 불구하고 제54조 제2항 본문의 규정에 의하여 산정한 금액을 영업손실에 대한 보상금으로 지급하여야 한다."고 규정하고 있으며, 시행규칙 제52조 제2항은 " 제1항 본문의 규정에 의한 보상금은 제47조의 규정에 의하여 평가한 금액을 초과하지 못한다."고 규정하고 있다.
원심은, 시행규칙 제54조 제2항에 따라 이 사건 사업인정고시일인 2006. 6. 26. 당시를 기준으로 계산한 3개월분의 주거이전비 액수가 원심판결 별지 보상액란 기재 각 금원이라고 인정하는 한편 원고들이 5일 중 1일만 영업을 하였으므로 그 보상금 액수도 법령에서 정한 금액의 5분의 1이 되어야 한다는 피고의 주장에 대하여, 그와 같이 감액할 수 있는 법령상 근거가 없다는 이유로 이를 배척하였다.
관련 법령의 규정 및 기록에 비추어 살펴보면 원심의 위와 같은 조치는 정당한 것으로 수긍할 수 있고, 거기에 상고이유로 주장하는 바와 같이 시행규칙 제52조 제1항의 해석 및 적용에 관한 법리를 오해하는 등의 위법이 없으며, 원고들과 같은 무신고 영업자가 그 영업의 실제 매출액·영업이익을 객관적 자료에 기초하여 스스로 입증하여야 비로소 3개월간의 주거이전비 보상을 받을 수 있는 것은 아니다.

이 부분 상고이유의 주장도 이유 없다.

3. 결론

그러므로 상고를 모두 기각하고 상고비용은 패소자가 부담하도록 하여 관여 대법관의 일치된 의견으로 주문과 같이 판결한다.

📝 판례사례 41 영업손실보상 대상 - 임대기간 종료

일반지방산업단지 조성사업의 사업인정고시일 당시 사업지구 내에서 영업시설을 갖추고 제재목과 합판 등의 제조·판매업을 영위해 오다가 사업인정고시일 이후 사업지구 내 다른 곳으로 영업장소를 이전하여 영업을 하던 甲이 영업보상 및 지장물 보상을 요구하면서 수용재결을 청구하였으나 관할 토지수용위원회가 甲의 영업장은 임대기간이 종료되어 이전한 것으로 공익사업의 시행으로 손실이 발생한 것이 아니라는 이유로 甲의 청구를 기각하였다. 토지보상법상 영업보상에 대한 평가방법을 설명하고 토지수용위원회의 판단이 정당한지를 논하시오.

(1) 토지보상법상 영업보상에 대한 평가방법을 설명하시오. [20점]

(2) 토지수용위원회의 판단이 정당한지를 논하시오. [5점]

Ⅰ 쟁점의 정리

Ⅱ (설문 1) 영업보상에 대한 평가방법
  1. 영업보상의 의의 및 보상의 성격
  2. 대상영업(시행규칙 제45조)
  3. 영업의 폐업에 대한 보상
    (1) 폐업요건(시행규칙 제46조)
    (2) 보상방법
  4. 영업휴업에 대한 보상
  5. 무허가영업등에 대한 보상(시행규칙 제52조)
  6. 영업의 간접보상(시행규칙 제64조)

  7. 영업의 폐업·휴업으로 인한 실직·휴직 보상(시행규칙 제51조)
  8. 관련문제
Ⅲ (설문 2) 토지수용위원회 판단의 정당성
  1. 영업손실에 대한 보상여부 판단기준시점
  2. 토지수용위원회 판단의 정당성
Ⅳ 사안의 해결(관련문제 : 입증책임)

Ⅰ 쟁점의 정리

설문은 사업인정고시일 이후 종전 영업시설을 사업지구 내 다른 곳으로 이전한 경우, 영업보상대상에서 제외되는 것인지를 묻고 있다. 설문의 해결의 위하여 영업손실보상의 전반적인 평가방법을 설명하고, 영업손실보상에 대한 판단 기준시점을 살펴보고 토지수용위원회의 판단에 대한 정당성을 검토하고자 한다.

Ⅱ [설문 1] 영업보상에 대한 평가방법

1. 영업보상의 의의 및 보상의 성격

영업보상이란 공공사업의 시행에 따라 영업을 폐업 또는 휴업하게 되는 경우에 사업시행자가 장래 예상되는 전업 또는 이전에 소요되는 일정한 기간동안의 영업소득 또는 영업시설 및 재고자산에 대한 손실을 보상하는 것으로서, 합리적 기대이익의 상실이라는 점에서 일실손실의 보상의 성격이 있다.

2. 대상영업(시행규칙 제45조)

영업은 적법한 장소에서 인적·물적 설비를 갖추고 계속적으로 행하고 있는 일체의 경제활동을 의미하며, 영업보상은 허가·신고·면허를 받은 영업으로서 허가의 범위내에서 영업을 대상으로 한다. 이때 보상계획의 공고, 사업인정고시 후 행하는 영업은 영업으로 보지 아니한다.

3. 영업의 폐업에 대한 보상

(1) 폐업요건(시행규칙 제46조)

① 영업장소·배후지의 특수성으로 인해 다른 장소로 이전하여서는 당해 영업을 할 수 없을 경우, ② 다른 장소에서는 영업의 허가를 받을 수 없는 경우, ③ 혐오감을 주는 영업시설로서 다른 장소로 이전하는 것이 현저히 곤란하다고 시장·군수·구청장이 인정하는 경우를 규정하고 있다.

(2) 보상방법

폐업하는 경우의 영업손실은 2년간의 영업이익과 고정자산 등의 매각손실액을 더한 금액으로 한다. 영업이익은 최근 3년간 평균 영업이익을 기준으로 하되 공익사업의 시행이 고시됨으로 인하여 영업이익이 감소된 경우에는 고시 전 3년간의 영업이익을 기준으로 한다. 한편, 개인영업인 경우에는 최저 영업이이을 보장하고 있으며 근로자에 대한 실직보상을 지급한다.

4. 영업휴업에 대한 보상

영업이 일정기간 휴업하는 경우의 보상으로서 영업장소를 이전하거나 시설물이 일부 편입되거나 임시영업소를 설치하는 경우에 각각 일정액을 보상한다. 또한 근로자에 대해서는 휴직보상을 지급한다.

5. 무허가영업등에 대한 보상(시행규칙 제52조)

공익사업에 관한 계획의 고시가 있기 전부터 허가·면허·신고 없이 영업을 행하던 자가 공익사업의 시행으로 인하여 폐업하는 경우에는 3인가구 3월분의 가계지출비에 상당한 금액으로 보상한다. 다만, 본인 또는 생계를 같이하는 동일 세대의 직계존·비속 및 배우자가 당해 공공사업으로 어업 기타의 영업에 대한 보상을 받을 경우는 제외한다.

6. 영업의 간접보상(시행규칙 제64조)

공공사업의 시행지구 밖에서 허가·면허를 받거나 신고를 하고 영업을 하고 있던 자가 공공사업의 시행으로 인하여 그 배후지의 3분의 2이상이 상실되어 영업을 할 수 없는 경우 영업자의 청구에 의하여 공익사업지구안에 편입되는 것으로 보아 보상한다.

7. 영업의 폐업·휴업으로 인한 실직·휴직보상(시행규칙 제51조)

사업인정고시일 등 현재 공익사업시행지구내 공장 등에서 3월 이상 근무한 자가 휴직·실직하는 경우 평균임료 90일분에 해당하는 실직보상과 휴직기간동안 평균임금 70/100에 해당하는 휴직보상을 행한다.

8. 관련문제

공익사업의 계획·고시 등이 있은 후 공익사업을 이유로 신규영업허가신청을 거부할 경우 처음부터 보상 문제조차 생기지 않으며, 기간이 만료된 영업허가의 기간신청에 대하여 공공사업을 이유로 불허하는 경우에는 객관적으로 인정된다면 생활유지측면에서 보상하여야 할 것이다. 또한 판례는 보상을 받지 않을 것을 전제로 가설건축물에 건축허가를 하고, 이를 제3자에게 임차하여 제3자가 영업을 행한 경우 이는 영업손실보상의 대상이 되지 아니한다고 판시한 바 있다.

Ⅲ [설문 2] 토지수용위원회 판단의 정당성

1. 영업손실에 대한 보상여부 판단기준시점

손실보상은 공공사업의 시행과 같이 적법한 공권력의 행사로 가하여진 재산상의 특별한 희생에 대하여 전체적인 공평부담의 견지에서 인정되는 것이므로, 공공사업의 시행으로 손해를 입었다고 주장하는 자가 보상을 받을 권리를 가졌는지의 여부는 해당 공공사업의 시행 당시를 기준으로 판단하여야 하고, 그와 같은 공공사업의 시행에 관한 실시계획 승인과 그에 따른 고시가 된 이상 그 이후에 영업을 위하여 이루어진 각종 허가나 신고는 위와 같은 공공사업의 시행에 따른 제한이 이미 확정되어 있는 상태에서 이루어진 것이므로 그 이후의 공공사업 시행으로 그 허가나 신고권자가 특별한 손실을 입게 되었다고는 볼 수 없다.

2. 토지수용위원회 판단의 정당성

공익사업의 시행으로 인한 영업손실 및 지장물 보상의 대상 여부는 사업인정고시일을 기준으로 판단해야 하고, 사업인정고시일 당시 보상대상에 해당한다면 그 후 사업지구 내 다른 토지로 영업장소가 이전되었다고 하더라도 이전된 사유나 이전된 장소에서 별도의 허가 등을 받았는지를 따지지 않고 여전히 손실보상의 대상이 된다고 판단하여야 할 것이다. 따라서 토지수용위원회의 판단은 정당성이 결여된다고 볼 수 있다.

Ⅳ 사안의 해결(관련문제 : 입증책임)

영업손실보상의 대상인지 여부는 사업인정고시일을 기준해야 하며, 사업인정고시일 이후 영업장소 등이 이전되어 수용재결 당시에는 해당 토지 위에 영업시설 등이 존재하지 않게 된 경우 사업인정고시일 이전부터 그 토지상에서 영업을 해왔고, 그 당시 영업을 위한 시설이나 지장물이 존재하고 있었다는 점은 이를 주장하는 자가 증명하여야 할 것이다.

 **대법원 2012.12.27, 2011두27827[손실보상금청구][공2013상,251]**

[판시사항]

[1] 일반지방산업단지 조성사업의 사업인정고시일 당시 사업지구 내에서 제재목과 합판 등 제조·판매업을 영위해 오다가 사업인정고시일 이후 사업지구 내 다른 곳으로 영업장소를 이전하여 영업을 하던 갑이 영업보상 등을 요구하면서 수용재결을 청구하였으나 관할 토지수용위원회가 갑의 영업장은 임대기간이 종료되어 이전한 것이지 공익사업의 시행으로 손실이 발생한 것이 아니라는 이유로 갑의 청구를 기각한 사안에서, 사업인정고시일 당시 보상대상에 해당한다면 그 후 사업지구 내 다른 토지로 영업장소가 이전되었더라도 손실보상의 대상이 된다고 본 원심판단을 정당하다고 한 사례

[2] 공익사업을 위한 토지 등의 취득 및 보상에 관한 법률 제77조 등에서 정한 영업의 손실 등에 대한 보상과 관련하여 사업인정고시일 이후 영업장소 등이 이전되어 수용재결 당시에는 해당 토지 위에 영업시설 등이 존재하지 않게 된 경우, 사업인정고시일 이전부터 해당 토지 상에서 영업을 해 왔고 당시 영업시설 등이 존재하였다는 점에 관한 증명책임의 소재

[판결요지]

[1] 일반지방산업단지 조성사업의 사업인정고시일 당시 사업지구 내에서 영업시설을 갖추고 제재목과 합판 등의 제조·판매업을 영위해 오다가 사업인정고시일 이후 사업지구 내 다른 곳으로 영업장소를 이전하여 영업을 하던 갑이 영업보상 및 지장물 보상을 요구하면서 수용재결을 청구하였으나 관할 토지수용위원회가 갑의 영업장은 임대기간이 종료되어 이전한 것으로 공익사업의 시행으로 손실이 발생한 것이 아니라는 이유로 갑의 청구를 기각한 사안에서, 공익사업을 위한 토지 등의 취득 및 보상에 관한 법률 제75조 제1항, 제77조 제1항과 공익사업을 위한 토지 등의 취득 및 보상에 관한 법률 시행규칙 제45조 제1호 등 관련 규정에 따르면, 공익사업의 시행으로 인한 영업손실 및 지장물 보상의 대상 여부는 사업인정고시일을 기준으로 판단해야 하고, 사업인정고시일 당시 보상대상에 해당한다면 그 후 사업지구 내 다른 토지로 영업장소가 이전되었다고 하더라도 이전된 사유나 이전된 장소에서 별도의 허가 등을 받았는지를 따지지 않고 여전히 손실보상의 대상이 된다고 본 원심판단을 정당하다고 한 사례.

[2] 사업인정고시일 이후 영업장소 등이 이전되어 수용재결 당시에는 해당 토지 위에 영업시설 등이 존재하지 않게 된 경우 사업인정고시일 이전부터 그 토지 상에서 영업을 해 왔고 그 당시 영업을 위한 시설이나 지장물이 존재하고 있었다는 점은 이를 주장하는 자가 증명하여야 한다.

[이 유]

1. 공익사업을 위한 토지 등의 취득 및 보상에 관한 법률 제75조 제1항, 제77조 제1항과 그 시행규칙 제45조 제1호 등 관련 규정과 기록에 비추어 살펴보면, 원심이 그 판시와 같은 이유를 들어 이 사건 영업손실 및 지장물 보상의 대상 여부는 사업인정고시일을 기준으로 판단해야 하고, 그 사업인정고시일 당시 보상대상에 해당한다면 그 이후 사업지구 내 다른 토지로 영업장소가 이전되었다고 하더라도 그 이전된 사유나 이전된 장소에서 별도의 허가 등을 받았는지 여부를 따지지 아니하고 여전히 손실보상의 대상이 된다고 판단한 것은 정당하고, 거기에 상고이유의 주장과 같이 위 법 및 시행규칙 소정의 영업손실 및 지장물 보상에 관한 법리를 오해하는 등의 위법이 없다.

2. 한편 사업인정고시일 이후 영업장소 등이 이전되어 수용재결 당시에는 해당 토지 위에 영업시설 등이 존재하지 아니하게 된 경우 사업인정고시일 이전부터 그 토지 상에서 영업을 해 왔고 그 당시 영업을 위한 시설이나 지장물이 존재하고 있었다는 점은 이를 주장하는 자가 증명하여야 한다.

그런데 이 사건에서 원심판결 및 원심이 적법하게 채택한 증거에 의하면, 원고는 이 사건 사업인정고시일인 2006.12.26. 당시 이 사건 사업지구 내에 있는 인천 서구 오류동 (지번 1 생략) 토지에서 일정한 영업시설을 갖추고 제재목과 합판 등의 제조 및 판매업을 영위하고 있었던 사실, 사업인정고시일 이후 위 토지에서 임대차계약기간이 만료되자 원고는 2007.5.경 같은 사업지구 내에 속하는 같은 동 (지번 2 생략) 토지로 영업장소를 이전하여 기존 상호대로 이미 사용하던 시설 등을 옮겨 동일한 영업을 해 왔는데 다만 그 영업의 규모나 시설이 다소 줄어든 형태였던 사실, 피고는 2007.8.경 이 사건 수용재결을 위한 조사를 하면서 이전된 장소인 (지번 2 생략) 토지에 있는 영업시설 및 지장물을 기준으로 물건조사서를 작성한 사실 등이 인정된다. 그렇다면 이 사건 물건조사서의 내용은 이 사건 손실보상의 대상이 되는 기존 (지번 1 생략) 토지에서의 영업과 동일성이 인정되는 범위 내에서 그 보다 축소된 규모의 영업시설과 지장물에 관한 것이 기재된 것으로, 적어도 원고가 사업인정고시일 당시 기존 (지번 1 생략) 토지 상에서 이 사건 물건조사서에 기재된 정도의 영업시설 등을 갖추고 영업을 해 온 것은 분명해 보이므로, 이 사건 사업인정고시일 당시 원고가 (지번 1 생략) 토지 상에서 이 사건 영업을 해 왔다는 점 및 그 당시 이 사건 영업시설 및 지장물이 존재하였다는 점에 대한 증명이 있다고 보아야 한다. 같은 취지의 원심의 판단은 정당하고, 거기에 상고이유의 주장과 같이 논리와 경험의 법칙을 위반하여 자유심증주의의 한계를 벗어나거나, 필요한 심리를 다하지 아니하고, 판단을 누락하는 등으로 판결에 영향을 미친 위법이 있다고 할 수 없다.

3. 그러므로 상고를 기각하고, 상고비용은 패소자가 부담하도록 하여 관여 대법관의 일치된 의견으로 주문과 같이 판결한다.

판례사례 **42** 사업인정 전 영업보상

계양구청장 갑은 인천 계양구 병방동 413, 414, 415 지상에 공영주차장을 설치하는 사업시행자이고 을, 병, 정은 각 토지상에 있는 건물 일부에 대한 임차인으로 을은 1992.10.21.경부터 병방동 413에 있는 건물 2층에서, 병은 1999.11.3.경부터 같은 건물 3층에서, 정은 2009.3.2.경부터 ○○동 415에 있는 건물 1층 일부에서 학원, 미용실이나 건강원 등의 영업을 하였다.

공영주차장은 부지면적이 726m^{2}로 구청장이 설치하는 1,000m^2 미만의 주차장으로서, 도시·군 관리계획으로 결정하지 않아도 설치할 수 있는 시설에 해당하므로 갑은 주차장을 도시·군 계획시설로 결정하지 않았고 또한 「공익사업을 위한 토지 등의 취득 및 보상에 관한 법률」(이하 '토지보상법'이라 한다) 제20조에 따른 국토교통부장관의 사업인정을 받지 않았다. 또한 소유자와 관계인이 20인 이하인 경우로서 보상계획의 공고도 생략하였다.

갑은 2013.1.18. 각 토지와 건물에 관하여 그 소유자들과 매매계약을 체결하면서, 중도금 청구 시 임차인의 건물 점유 이전에 대한 합의서를 갑에게 제출해야 하고, 잔금 지급 전에 매도인의 부담으로 임차인 등의 점유를 완전히 해지하거나 제거하기로 하는 약정을 하였다. 갑은 2013.6.18. 병방동 415 토지와 지상 건물에 관하여, 2014.11.6. 병방동 413 토지와 지상 건물에 관하여 각 매매를 원인으로 한 소유권이전등기를 하였다.

매매계약 이후 을, 병, 정의 각 임대차계약은 그 소유자들이 계약만료 전 임대차계약의 갱신거절 통지를 하거나 합의해지를 함으로써 종료되었고, 그 후 을, 병, 정이 각 임차목적물을 인도하지 않자, 각 건물의 소유자들 또는 갑은 을,병,정을 상대로 각 건물 인도를 청구하는 소를 제기하였다. 을의 경우 건물 인도를 명하는 판결이 확정되어 2014.2.14. 그 임차목적물이 인도되었고, 병의 경우 화해권고결정 확정 후 피고와 새로운 합의를 하여 2014.4.14. 그 임차목적물이 인도되었으며, 정의 경우 강제조정결정이 확정되어 2013.10.24. 그 임차목적물이 인도 집행되었다.

주차장 신축공사는 2014.12.1. 착공되어 2015.5.경 완공되었다. 을,병,정은 갑에게 영업손실 보상금을 지급해달라고 요청하였으나, 갑은 해당 주차장 사업이 토지보상법상 공익사업에 해당하지 않고 원고들은 영업손실 보상대상이 아니라는 이유로 거절하였고, 을, 병, 정의 재결신청청구 역시 거부하였다.

(1) 갑은 해당 사업은 토지보상법상 공익사업에 해당하지 않는다고 한다. 해당 주차장 사업이 토지보상법상 공익사업에 해당되는지 검토하시오. 5점

(2) 재결신청거부에 대하여 취소소송을 제기할 수 있는가? 15점

(3) 을, 병, 정은 갑에게 영업손실 보상금을 지급해달라고 요청하였으나, 갑은 사업인정고시가 없으므로 영업보상대상이 아니라고 한다. 영업보상 대상에 해당되는지 검토하시오. 15점

(4) 세입자에 영업손실보상금을 지급하지 않고 공사에 착수함으로써 손해를 입힌 경우 사업시행자의 불법행위가 성립되는가? 5점

(5) 세입자 을은 손해배상금 외에 손실보상금의 지급이 지연되었다는 점에 따른 정신적 위자료를 청구하였다. 위자료가 손실보상의 대상에 해당되는지 논하시오. 10점

토지보상법

제4조(공익사업)

이 법에 따라 토지등을 취득하거나 사용할 수 있는 사업은 다음 각 호의 어느 하나에 해당하는 사업이어야 한다. 〈개정 2014.3.18, 2015.12.29.〉

1. 국방·군사에 관한 사업
2. 관계 법률에 따라 허가·인가·승인·지정 등을 받아 공익을 목적으로 시행하는 철도·도로·공항·항만·주차장·공영차고지·화물터미널·궤도(軌道)·하천·제방·댐·운하·수도·하수도·하수종말처리·폐수처리·사방(砂防)·방풍(防風)·방화(防火)·방조(防潮)·방수(防水)·저수지·용수로·배수로·석유비축·송유·폐기물처리·전기·전기통신·방송·가스 및 기상 관측에 관한 사업
3. 국가나 지방자치단체가 설치하는 청사·공장·연구소·시험소·보건시설·문화시설·공원·수목원·광장·운동장·시장·묘지·화장장·도축장 또는 그 밖의 공공용 시설에 관한 사업
4. 관계 법률에 따라 허가·인가·승인·지정 등을 받아 공익을 목적으로 시행하는 학교·도서관·박물관 및 미술관 건립에 관한 사업
5. 국가, 지방자치단체, 「공공기관의 운영에 관한 법률」 제4조에 따른 공공기관, 「지방공기업법」에 따른 지방공기업 또는 국가나 지방자치단체가 지정한 자가 임대나 양도의 목적으로 시행하는 주택 건설 또는 택지 및 산업단지 조성에 관한 사업
6. 제1호부터 제5호까지의 사업을 시행하기 위하여 필요한 통로, 교량, 전선로, 재료 적치장 또는 그 밖의 부속시설에 관한 사업
7. 제1호부터 제5호까지의 사업을 시행하기 위하여 필요한 주택, 공장 등의 이주단지 조성에 관한 사업
8. 그 밖에 별표에 규정된 법률에 따라 토지등을 수용하거나 사용할 수 있는 사업

> ■ 공익사업을 위한 토지 등의 취득 및 보상에 관한 법률 [별표]
> 1. 법 제20조에 따라 사업인정을 받아야 하는 공익사업(생략)
> 2. 법 제20조에 따른 사업인정이 의제되는 사업
>   (16) 「국토의 계획 및 이용에 관한 법률」에 따른 도시·군계획시설사업

제15조(보상계획의 열람 등)

① 사업시행자는 제14조에 따라 토지조서와 물건조서를 작성하였을 때에는 공익사업의 개요, 토지조서 및 물건조서의 내용과 보상의 시기·방법 및 절차 등이 포함된 보상계획을 전국을 보급지역으로 하는 일간신문에 공고하고, 토지소유자 및 관계인에게 각각 통지하여야 하며, 제2항 단서에 따라 열람을 의뢰하는 사업시행자를 제외하고는 특별자치도지사, 시장·군수 또는 구청장에게도 통지하여야 한다. 다만, 토지소유자와 관계인이 20인 이하인 경우에는 공고를 생략할 수 있다.

(설문 1)의 해결

Ⅰ 쟁점의 정리

Ⅱ 공영주차장 사업이 토지보상법상 공익사업에
　해당되는지 여부
　1. 공익사업의 의의 및 적용대상
　2. 사안의 경우

(설문 2)의 해결

Ⅰ 쟁점의 정리

Ⅱ 대상적격 인정여부
　1. 신청권의 존부
　2. 공권력 행사의 거부
　3. 국민의 권리·의무에 영향을 미칠 것
　4. 사안의 경우

Ⅲ 사안의 해결

(설문 3)의 해결

Ⅰ 쟁점의 정리

Ⅱ 영업손실보상의 의의 및 대상요건
　1. 영업손실보상의 의의 및 보상의 성격

　2. 대상요건(규칙 제45조)
　　(1) 적법한 장소
　　(2) 적법한 허가
　　(3) 시적 범위
　　(4) 무허가영업인 경우
　3. 보상방법

Ⅲ 사안의 경우

(설문 4)의 해결

Ⅰ 쟁점의 정리

Ⅱ 사업시행자의 불법행위 인정여부
　1. 사업시행자의 사전보상 원칙
　2. 사안의 경우

(설문 5)의 해결

Ⅰ 쟁점의 정리

Ⅱ 정신적 손실의 보상
　1. 정신적 손해의 의미
　2. 견해의 대립
　3. 판례

Ⅲ 사안의 해결

(설문 1)의 해결

I 쟁점의 정리

토지보상법 제4조 규정을 검토하여 지방자치단체가 시행하는 공영주차장 사업이 공익사업에 해당되는지를 검토한다.

II 공영주차장 사업이 토지보상법상 공익사업에 해당되는지 여부

1. 공익사업의 의의 및 적용대상

공익사업이란 공동체구성원 전체의 이익을 위하여 이루어지는 사업으로 국방·군사에 관한 사업, 법률에 따라 허가·인가·승인·지정 등을 받아 공익을 목적으로 시행하는 철도·도로·공항·항만·주차장에 관한 사업 등이 있다.

2. 사안의 경우

토지보상법 제4조 제3호에서는 지방자치단체가 설치하는 공공용 시설에 관한 사업을 공익사업의 대상으로 규정하고 있다. 계양구청에서 시행하는 공영주차장 사업은 지방자치단체가 설치하는 공공용 시설에 대한 사업이므로 토지보상법상 공익사업에 해당된다.

(설문 2)의 해결

I 쟁점의 정리

재결신청청구의 거부회신을 대상으로 항고소송을 제기하기 위해서는, 동 거부회신이 행정소송법상 처분에 해당되어야 한다. 처분이란 행정청이 행하는 구체적 사실에 관한 법집행으로서의 공권력 행사 또는 그 거부이므로(행정소송법 제2조), 거부회신이 항고소송의 대상이 되는 처분인지를 중심으로 소송요건을 검토한다.

II 대상적격 인정여부

판례는 거부가 처분이 되기 위해서는 ① 법규상, 조리상 신청권이 있을 것, ② 공권력 행사의 거부일 것, ③ 국민의 권리와 의무에 영향을 미칠 것을 요구하고 있다. 신청권의 존부에 대해서는 견해의 대립이 있으나 다수는 대상적격의 문제로 본다.

1. 신청권의 존부

토지보상법 제30조에서는 사업시행자에게 재결을 신청하도록 청구할 수 있는 신청권을 규정하고 있다.

2. 공권력 행사의 거부

재결은 중앙토지수용위원회가 행하는 공권력의 행사이고, 사업시행자의 신청을 전제로 한다. 따라서 사업시행자의 재결신청이 없다면 결과적으로 재결이 이루어질 수 없으므로, 재결신청의 거부는 재결거부의 효과를 향유한다고 볼 수 있다.

3. 국민의 권리·의무에 영향을 미칠 것

토지보상법상 사업시행자가 보상대상이 아니라고 하여 재결신청을 거부하는 경우라면 피수용자의 입장에서는 손실보상을 받을 길이 없게 된다. 따라서 재결신청을 거부하는 것은 피수용자의 손실보상청구의 기회를 박탈하는 영향을 미친다고 볼 수 있다.

4. 사안의 경우

설문상 공영주차장 사업은 협의취득에 따른 것으로서 수용절차가 개시되지 않은 상태에서는 재결신청을 청구할 법규상 또는 조리상 신청권이 인정된다고 볼 수 없다.

Ⅲ 사안의 해결

행정소송법에서는 처분(소송법 제19조)을 대상으로 법률상 이익(법 제12조)있는 자가, 제소기간(법 제20조) 내에 관할법원(법 제9조)에 청구하도록 규정하고 있다. 사업시행자가 보상대상이 아니라고 하여 피수용자의 재결신청청구를 거부하는 경우에는 항고소송으로서 그 취소를 구할 수 있을 것이나, 사안에서는 수용절차가 진행되지 않은 바 재결신청을 청구할 권리가 인정되지 않는다.

(설문 3)의 해결

I 쟁점의 정리

을, 병, 정에 대한 영업손실보상청구권이 인정되기 위해서는 토지보상법상 영업손실보상 요건이 충족되어야 한다.

II 영업손실보상의 의의 및 대상요건

1. 영업손실보상의 의의 및 보상의 성격

영업손실보상이란 공공사업의 시행에 따라 영업을 폐업 또는 휴업하게 되는 경우에 사업시행자가 장래 예상되는 전업 또는 이전에 소요되는 일정한 기간 동안의 영업소득 또는 영업시설 및 재고자산에 대한 손실을 보상하는 것으로서, 합리적 기대이익의 상실이라는 점에서 일실손실의 보상의 성격이 있다.

2. 대상요건(규칙 제45조)

(1) 적법한 장소

영업은 적법한 장소에서 인적·물적 설비를 갖추고 계속적으로 행하고 있는 일체의 경제활동을 의미한다. 다만, 무허가건축물 등에서 임차인이 영업하는 경우에는 그 임차인이 사업인정고시일 등 1년 이전부터 「부가가치세법」 제8조에 따른 사업자등록을 하고 행하고 있는 영업을 말한다.

(2) 적법한 허가

영업을 행함에 있어서 관계법령에 의한 허가 등을 필요로 하는 경우에는 사업인정고시일 등 전에 허가 등을 받아 그 내용대로 행하고 있는 영업을 대상으로 한다.

(3) 시적 범위

보상계획의 공고, 사업인정고시 후 행하는 영업은 보상대상으로서의 영업으로 보지 아니한다.

(4) 무허가영업인 경우

허가 등을 받지 않은 영업이 적법한 장소에서 더 이상 영업을 계속할 수 없게 된 경우에는 도시근로자가구 3인 가구 3개월분 가계지출비에 해당하는 금액을 영업손실에 대한 보상금으로 지급한다.

3. 보상방법

영업을 폐업하는 경우의 영업손실은 2년간의 영업이익과 고정자산 등의 매각손실액을 더한 금액으로 한다. 영업이 일정기간 휴업하는 경우의 보상으로서 영업장소를 이전하거나 시설물이 일부 편입되거나 임시영업소를 설치하는 경우에 각각 일정액을 보상한다. 근로자에 대해서는 휴직보상을 지급한다.

Ⅲ 사안의 경우

사업인정고시는 영업보상 요건이 아니며, 사업시행자와 소유자 간의 매매계약 이전부터 을, 병, 정은 영업을 행하고 있었으며, 사업시행자와의 매매를 위하여 임대차계약이 해제된 점을 고려하면 공영주차장 사업 때문에 더 이상 영업을 계속할 수 없는 것이므로 토지보상법상 영업손실보상의 대상이 된다고 할 것이다.

(설문 4)의 해결

Ⅰ 쟁점의 정리

손실보상의 사업시행자가 사업시행 전에 보상금을 선지급함이 원칙이므로, 이러한 사전보상의 원칙을 위반한 것이 불법행위를 구성하는지 검토한다.

Ⅱ 사업시행자의 불법행위 인정여부

1. 사업시행자의 사전보상 원칙

사업시행자는 해당 공익사업을 위한 공사에 착수하기 이전에 토지소유자와 관계인에게 보상액 전액을 지급하여야 한다. 다만, 천재지변 시의 토지 사용과 시급한 토지 사용의 경우 또는 토지소유자 및 관계인의 승낙이 있는 경우에는 그러하지 아니하다.

2. 사안의 경우

토지수용의 내용이 공익사업을 위해서 기업자에게 타인의 재산권을 강제적으로 취득시키는 효과를 나타내는데 있다고 하더라도 이는 그 보상금의 지급을 조건으로 하고 있는 것인 만큼, 사전보상의 원칙에 반하여 보상금의 지급없이 사업을 시행하는 경우에는 불법행위를 구성한다고 할 것이다. 따라서 불법행위에 기한 손해배상청구가 가능하며 이 경우 손해배상액은 영업손실보상금액이 될 것이고, 불법사용 기간에 대한 사용료를 별도로 청구할 수 있다.

(설문 5)의 해결

I 쟁점의 정리

손실보상 지급대상에 해당됨에도 이를 지급하지 않은 것과 관련하여 손실보상금의 지급이 지연되었다는 점을 이유로 위자료 청구가 가능한지 검토한다.

II 정신적 손실의 보상

1. 정신적 손해의 의미

민법에서는 불법행위에 의한 손해를 재산상·정신상 손해로 나누고 있다. 정신적 손해란 피해자가 느끼는 고통, 불쾌감 등 정신상태에 발생한 불이익이라고 한다.

2. 견해의 대립

① 정신적 손실은 사회적 수인의무의 범위에 속하며, 재산적 보상에 의해 정신적 고통은 회복되므로 보상대상이 될 수 없다는 부정설과, ② 수인한계의 객관적 기준이 없으므로 정신적 손실도 수인한계를 넘을 수 있고, 정신적 고통과 재산상 손실은 무관하므로 재산보상으로 치유된다고 볼 수 없으므로 정신적 손해도 손실보상의 대상이 된다고 보는 긍정설이 있다.

3. 판례

정신적 손해에 대한 손실보상을 인정한 판례는 없다. 그러나 손해배상에서는 정신적 손해도 손해배상의 대상이 된다. 재산적 손해배상으로 회복할 수 없는 정신적 손해가 있다는 사정이 입증되는 경우에는 정신적 손해에 대한 배상이 가능한 것으로 보고 있다. 이에 관하여는 이를 주장하는 사람에게 그 증명책임이 있다. 손실보상금의 지급이 지연되었다는 사정만으로는 정신적 손해의 발생사실이 증명되었다고 볼 수는 없다.

III 사안의 해결

을 등은 손실보상금의 지급이 지연되었다는 사정만으로는 정신적 손실을 주장할 수 없으나 손해배상만으로 회복할 수 없는 정신적 손해를 입증하는 경우에는 정신적 손해배상을 청구할 수 있을 것이다.

> **기본사실관계**
>
> 전통시장 공영주차장 설치사업의 시행자인 갑 지방자치단체가 공익사업을 위한 토지 등의 취득 및 보상에 관한 법률에 따른 사업인정 절차를 거치지 않고 위 사업부지의 소유자들로부터 토지와 건물을 매수하여 협의취득하였다(소유자들 책임으로 임차인들의 퇴거약정이 규정되어 있었고, 이에 따라 토지와 건물 매도를 위하여 임차인 을 등과 계약갱신거절 및 합의해지를 하였다). 위 토지상의 건물을 임차하여 영업한 을 등이 갑 지방자치단체에 영업손실 보상금을 지급해달라고 요청하였으나, 갑 지방자치단체가 아무런 보상 없이 위 사업을 시행하자, 을 등이 갑 지방자치단체를 상대로 영업손실 보상액 상당의 손해배상금과 정신적 손해에 대한 위자료 지급을 청구하였다.

대법원 2021.11.11, 2018다204022[손해배상(기)][공2022상,10]

[판시사항]

[1] 공익사업의 시행자가 토지소유자와 관계인에게 보상액을 지급하지 않고 승낙도 받지 않은 채 공사에 착수하여 토지소유자와 관계인이 손해를 입은 경우, 사업시행자가 손해배상책임을 지는지 여부(적극)

[2] 공익사업의 시행자가 사전보상을 하지 않은 채 공사에 착수하여 토지소유자와 관계인이 손해를 입은 경우, 사업시행자의 손해배상 범위 / 이때 토지소유자와 관계인에게 손실보상금에 해당하는 손해 외에 별도의 손해가 발생한 경우, 사업시행자가 이를 배상할 책임이 있는지 여부(적극) 및 그 증명책임의 소재(= 이를 주장하는 자)

[3] 전통시장 공영주차장 설치사업의 시행자인 갑 지방자치단체가 공익사업을 위한 토지 등의 취득 및 보상에 관한 법률에 따른 사업인정 절차를 거치지 않고 위 사업부지의 소유자들로부터 토지와 건물을 매수하여 협의취득하였고, 위 토지상의 건물을 임차하여 영업한 을 등이 갑 지방자치단체에 영업손실 보상금을 지급해달라고 요청하였으나, 갑 지방자치단체가 아무런 보상 없이 위 사업을 시행하자, 을 등이 갑 지방자치단체를 상대로 영업손실 보상액 상당의 손해배상금과 정신적 손해에 대한 위자료 지급을 구한 사안에서, 을 등이 입은 손해는 원칙적으로 위 법률 제77조 등이 정한 영업손실 보상금이고, 손실보상금의 지급이 지연되었다는 사정만으로 손실보상금에 해당하는 손해 외에 을 등에게 별도의 손해가 발생하였다고 볼 수 없는데도, 이와 달리 본 원심판결에 법리오해의 잘못이 있다고 한 사례

[판결요지]

[1] 공익사업의 시행자는 해당 공익사업을 위한 공사에 착수하기 이전에 토지소유자와 관계인에게 보상액 전액을 지급하여야 한다(공익사업을 위한 토지 등의 취득 및 보상에 관한 법률 제62조 본문). 공익사업의 시행자가 토지소유자와 관계인에게 보상액을 지급하지 않고 승낙도 받지 않은 채 공사에 착수함으로써 토지소유자와 관계인이 손해를 입은 경우, 토지소유자와 관계인에 대하여 불법행위가 성립할 수 있고, 사업시행자는 그로 인한 손해를 배상할 책임을 진다.

[2] 공익사업의 시행자가 사전보상을 하지 않은 채 공사에 착수함으로써 토지소유자와 관계인이 손해를 입은 경우, 토지소유자와 관계인이 입은 손해는 손실보상청구권이 침해된 데에 따른 손해

이므로, 사업시행자가 배상해야 할 손해액은 원칙적으로 손실보상금이다. 다만 그 과정에서 토지소유자와 관계인에게 손실보상금에 해당하는 손해 외에 별도의 손해가 발생하였다면, 사업시행자는 그 손해를 배상할 책임이 있으나, 이와 같은 손해배상책임의 발생과 범위는 이를 주장하는 사람에게 증명책임이 있다.

[3] 전통시장 공영주차장 설치사업의 시행자인 갑 지방자치단체가 공익사업을 위한 토지 등의 취득 및 보상에 관한 법률(이하 '토지보상법'이라 한다)에 따른 사업인정 절차를 거치지 않고 위 사업 부지의 소유자들로부터 토지와 건물을 매수하여 협의취득하였고, 위 토지상의 건물을 임차하여 영업한 을 등이 갑 지방자치단체에 영업손실 보상금을 지급해달라고 요청하였으나, 갑 지방자치단체가 아무런 보상 없이 위 사업을 시행하자, 을 등이 갑 지방자치단체를 상대로 영업손실 보상액 상당의 손해배상금과 정신적 손해에 대한 위자료 지급을 구한 사안에서, 위 사업은 지방자치단체인 갑이 공공용 시설인 공영주차장을 직접 설치하는 사업으로 토지보상법 제4조 제3호의 '공익사업'에 해당하고, 을 등의 각 영업이 위 사업으로 폐업하거나 휴업한 것이므로 사업인정고시가 없더라도 공익사업의 시행자인 갑 지방자치단체는 공사에 착수하기 전 을 등에게 영업손실 보상금을 지급할 의무가 있는데도 보상액을 지급하지 않고 공사에 착수하였으므로, 갑 지방자치단체는 을 등에게 그로 인한 손해를 배상할 책임이 있는데, 을 등이 입은 손해는 원칙적으로 토지보상법 제77조 등이 정한 영업손실 보상금이고, 그 밖에 별도의 손해가 발생하였다는 점에 관한 을 등의 구체적인 주장·증명이 없는 한 손실보상금의 지급이 지연되었다는 사정만으로 손실보상금에 해당하는 손해 외에 을 등에게 별도의 손해가 발생하였다고 볼 수 없는데도, 이와 달리 본 원심판결에 법리오해의 잘못이 있다고 한 사례.

[이 유]

1. 사안 개요

원심판결 이유에 따르면 다음 사실을 알 수 있다.

가. 피고는 인천 계양구 ㅇㅇ동 413, 414, 415 지상에 공영주차장을 설치하는 'ㅇㅇㅇㅇ시장 공영주차장 설치사업'(이하 '이 사건 사업'이라 하고, 위 주차장을 '이 사건 주차장'이라 한다)의 시행자이다. 원고들은 위 각 토지에 있는 각 건물 일부에 대한 임차인들로서, 원고 1은 1992.10.21.경부터 ㅇㅇ동 413에 있는 건물 2층에서, 원고 2는 1999.11.3.경부터 같은 건물 3층에서, 원고 3은 2009.3.2.경부터 ㅇㅇ동 415에 있는 건물 1층 일부에서, 원고 4는 2007.9.12.경부터 같은 건물 1층 일부에서 학원, 미용실이나 건강원 등의 영업을 하였다(위 각 토지와 건물을 이하 '이 사건 각 토지와 건물'이라 한다).

나. 이 사건 주차장은 부지면적이 726m^{2}로 구청장이 설치하는 1,000m^2 미만의 주차장으로서, 도시·군 관리계획으로 결정하지 않아도 설치할 수 있는 시설에 해당하므로[「국토의 계획 및 이용에 관한 법률」제43조 제1항 단서, 구「국토의 계획 및 이용에 관한 법률 시행령」(2015.7.6. 대통령령 제26381호로 개정되기 전의 것) 제35조 제1항 제1호 단서, 구「국토의 계획 및 이용에 관한 법률 시행규칙」(2015.6.30. 국토교통부령 제212호로 개정되기 전의 것) 제6조 제2호], 피고는 이 사건 주차장을 도시·군 계획시설로 결정하지 않았다. 또한 피고는 이 사건 사업에 대하여 「공익사업을 위한 토지 등의 취득 및 보상에 관한 법률」(이하

'토지보상법'이라 한다) 제20조에 따른 국토교통부장관의 사업인정을 받지 않았다.

다. 피고는 2013.1.18. 이 사건 각 토지와 건물에 관하여 그 소유자들과 매매계약을 체결하면
서, 중도금 청구 시 임차인의 건물 점유 이전에 대한 합의서를 피고에게 제출해야 하고, 잔
금 지급 전에 매도인의 부담으로 임차인 등의 점유를 완전히 해지하거나 제거하기로 하는
약정을 하였다(위 각 매매계약을 통틀어 이하 '이 사건 매매계약이라 한다). 피고는 2013.6.18.
○○동 415 토지와 지상 건물에 관하여, 2014.11.6. ○○동 413 토지와 지상 건물에 관하
여 각 매매를 원인으로 한 소유권이전등기를 하였다.

라. 이 사건 매매계약 이후 원고들의 각 임대차계약은 그 소유자들이 계약만료 전 임대차계약의
갱신거절 통지를 하거나 원고들과 합의해지를 함으로써 종료되었고, 그 후 원고들이 각 임
차목적물을 인도하지 않자, 이 사건 각 건물의 소유자들 또는 피고는 원고들을 상대로 각
건물 인도를 청구하는 소를 제기하였다. 원고 1, 원고 2의 경우 건물 인도를 명하는 판결이
확정되어 2014.2.14. 그 임차목적물이 인도되었고, 원고 3의 경우 화해권고결정 확정 후
피고와 새로운 합의를 하여 2014.4.14. 그 임차목적물이 인도되었으며, 원고 4의 경우 강
제조정결정이 확정되어 2013.10.24. 그 임차목적물이 인도 집행되었다.

마. 이 사건 주차장 신축공사는 2014.12.1. 착공되어 2015.5.경 완공되었다. 원고들은 피고에
게 영업손실 보상금을 지급해달라고 요청하였으나, 피고는 이 사건 사업이 토지보상법상 공
익사업에 해당하지 않고 원고들은 영업손실 보상대상이 아니라는 이유로 거절하였고, 원고
들의 재결신청청구 역시 거부하였다.

원고들은 인천지방법원 2017구합460호로 재결신청청구 거부처분의 취소를 구하는 소를 제기하
였으나, 위 법원은 이 사건 사업이 토지보상법상 공익사업에는 해당하더라도 사업인정고시가 이
루어지지 않은 이상 원고들에게 재결신청을 청구할 권리가 인정되지 않으므로 피고의 거부행위
는 항고소송의 대상이 되는 처분에 해당하지 않는다는 이유로 원고들의 소를 각하하는 판결을
선고하였다. 이에 대해서 원고들이 항소를 하였다가 취하함으로써 판결이 그대로 확정되었다.

2. 이 사건 사업이 토지보상법상 공익사업에 해당하는지 여부(상고이유 제1점)

토지보상법 제2조 제2호는 '공익사업'이란 제4조 각호의 어느 하나에 해당하는 사업을 말한다고
정하고, 같은 법 제4조 제3호는 '국가나 지방자치단체가 설치하는 청사·공장·연구소·시험소
·보건시설·문화시설·공원·수목원·광장·운동장·시장·묘지·화장장·도축장 또는 그
밖의 공공용 시설에 관한 사업'을 공익사업의 하나로 열거하고 있다.

원심판결 이유를 기록에 비추어 살펴보면, 이 사건 사업은 지방자치단체인 피고가 공공용 시설
인 공영주차장을 직접 설치하는 사업임을 알 수 있으므로, 토지보상법 제4조 제3호의 공익사업
에 해당한다. 원심이 이 사건 사업이 토지보상법 제4조의 공익사업에 해당한다고 본 판단에 상
고이유 주장과 같이 토지보상법상 공익사업에 관한 법리를 오해한 잘못이 없다.

피고는 이 사건 사업을 도시·군 계획시설사업으로 진행하지 않았으므로 토지보상법상 공익사
업에 해당하지 않는다고 주장하나, 그와 같은 사정은 이 사건 사업을 토지보상법상 공익사업으
로 인정하는 데 방해가 되지 않는다.

3. 피고가 원고들에 대하여 영업손실 보상의무를 부담하는지 여부와 손실보상절차 미이행으로 인한
손해배상책임을 부담하는지 여부(상고이유 제2점)

가. 영업손실 보상의무의 존부

원심은 다음과 같은 이유로 피고가 토지보상법 제77조와 같은 법 시행규칙 제45조에 따라
원고들에게 영업손실을 보상할 의무가 있다고 판단하였다. 피고는 이 사건 각 토지와 건물
을 소유자들로부터 매수하여 협의취득하였다. 원고들은 피고와 소유자들 사이의 협의 성립
이전부터 해당 건물을 임차하여 그곳에서 영업을 하였는데, 소유자들이 피고와 체결한 매매
계약의 조건을 이행하기 위해 원고들과 임대차계약을 더 이상 갱신하지 않는 바람에 원고들
이 폐업하거나 휴업하였다. 따라서 원고들은 이 사건 사업 때문에 폐업하거나 휴업한 것이
고, 토지보상법상 관계인에 해당하는 원고들의 각 영업이 손실보상대상이 된다.

원심판결 이유를 관련 법리에 비추어 살펴보면, 피고가 원고들에 대하여 영업손실 보상의무
를 부담한다고 본 원심의 결론은 옳다. 원심판결에 상고이유 주장과 같이 영업손실보상에
관한 법리를 오해한 잘못이 없다.

피고는 사업인정고시가 없으므로 영업손실 보상의무가 없다고 주장한다. 그러나 사업인정고
시는 수용재결절차로 나아가 강제적인 방식으로 토지소유자나 관계인의 권리를 취득·보상
하기 위한 절차적 요건에 지나지 않고 영업손실보상의 요건이 아니다. 토지보상법령도 반드
시 사업인정이나 수용이 전제되어야 영업손실 보상의무가 발생한다고 규정하고 있지 않다.
따라서 피고가 시행하는 사업이 토지보상법상 공익사업에 해당하고 원고들의 영업이 해당
공익사업으로 폐업하거나 휴업하게 된 것이어서 토지보상법령에서 정한 영업손실 보상대상
에 해당하면, 사업인정고시가 없더라도 피고는 원고들에게 영업손실을 보상할 의무가 있다.
피고의 위 주장은 받아들일 수 없다.

나. 손해배상책임의 성립 여부

공익사업의 시행자는 해당 공익사업을 위한 공사에 착수하기 이전에 토지소유자와 관계인에
게 보상액 전액을 지급하여야 한다(토지보상법 제62조 본문). 공익사업의 시행자가 토지소
유자와 관계인에게 보상액을 지급하지 않고 그 승낙도 받지 않은 채 공사에 착수함으로써
토지소유자와 관계인이 손해를 입은 경우, 토지소유자와 관계인에 대하여 불법행위가 성립
할 수 있고, 사업시행자는 그로 인한 손해를 배상할 책임을 진다(대법원 1998.11.3. 자 88
마850 결정, 대법원 2013.11.14, 2011다27103 참조).

원심판결 이유를 이러한 법리에 비추어 살펴보면 다음과 같은 결론이 도출된다. 공익사업의
시행자인 피고는 공사에 착수하기 전 임차인인 원고들에게 영업손실 보상금을 지급할 의무
가 있는데도 보상액을 지급하지 않고 공사에 착수하였다. 원고들은 영업손실 보상금을 받지
못한 채 영업장에서 영업을 계속할 수 없었고 그 과정에서 위와 같은 공사를 하는 것을 승낙
하였다고 볼 자료가 없다. 피고는 영업손실보상을 구하는 원고들의 협의요청을 거부하였을
뿐 아니라 재결신청청구도 거부하여 원고들로 하여금 재결절차 등을 통하여 영업손실보상을
받을 수 없도록 하였다. 따라서 피고는 원고들에게 손실보상청구권을 침해한 손해를 배상할
책임이 있다.

이와 같은 원심판결에 상고이유 주장과 같이 손해배상책임에 관한 법리를 오해한 잘못이 없다.

4. 원심이 인정한 재산적 손해배상액의 산정에 잘못이 없는지 여부(상고이유 제3점)

원심은, 피고가 원고들에게 재산상 손해액으로 관계 법령에 따라 정당하게 보상하였을 경우 받을 수 있었던 손실보상금을 배상해야 한다고 보고, 제1심 감정인의 감정 결과 등을 토대로 토지보상법 제77조, 구「공익사업을 위한 토지 등의 취득 및 보상에 관한 법률 시행규칙」(2014. 10. 22. 국토교통부령 제131호로 개정되기 전의 것, 이하 '구 토지보상법 시행규칙'이라고 한다) 제47조 에 따른 휴업손실 보상금으로 다음 금액을 합산하여 원고들의 재산상 손해액으로 인정하였다. 즉, ① 휴업 기간 얻을 수 있었던 영업이이에 대한 보상금, ② 휴업 기간 중의 영업용 자산에 대한 감가상각비 · 유지관리비와 휴업 기간 중에도 정상적으로 근무하여야 하는 최소인원에 대한 인건비 등 고정적 비용에 대한 보상금, ③ 영업시설 · 원재료 · 제품과 상품을 이전하는 데 드는 비용과 그 이전에 따른 감손 상당액에 대한 보상금, ④ 이전광고비와 개업비 등 영업장소를 이전하는 데 드는 부대비용에 대한 보상금이 그것이다. 그리고 원고들의 '휴업 기간 얻을 수 있었던 영업이익(위 ①)'에 대해서는 원고들의 월평균 영업이익이 산출하기 곤란하거나 2013년 1/4분기 도시근로자 가구 월평균 가계지출비에 미치지 못한다는 이유로 구 토지보상법 시행규칙 제46조, 제47조에 따라 2013년 1/4분기 도시근로자 가구 월평균 가계지출비인 3,610,785원을 기초로 산정하였다.

원심의 이러한 판단에 상고이유 주장과 같이 재산적 손해배상의 범위와 그 산정에 관한 법리를 오해하였거나 채증법칙을 위반한 잘못이 없다.

5. 피고가 원고들에 대하여 재산적 손해배상책임 외에 정신적 손해에 대한 위자료 지급책임까지 부담하는지 여부(상고이유 제4점)

가. 공익사업의 시행자가 사전보상을 하지 않은 채 공사에 착수함으로써 토지소유자와 관계인이 손해를 입은 경우, 토지소유자와 관계인이 입은 손해는 손실보상청구권이 침해된 데에 따른 손해이므로, 사업시행자가 배상해야 할 손해액은 원칙적으로 손실보상금이다(대법원 1990.6.12, 89다카9552 전원합의체 판결, 대법원 2001.4.10, 99다38705 판결 참조). 다만 그 과정에서 토지소유자와 관계인에게 손실보상금에 해당하는 손해 외에 별도의 손해가 발생하였다면, 사업시행자는 그 손해를 배상할 책임이 있으나(대법원 2013.11.14, 2011다27103 판결 참조), 이와 같은 손해배상책임의 발생과 범위는 이를 주장하는 사람에게 증명책임이 있다.

나. 원심은 다음과 같은 이유로 피고가 원고들에게 정신적 손해에 대한 위자료 각 700만 원과 그 지연손해금을 지급할 의무가 있다고 판단하였다. 피고는 토지보상법에 따른 손실보상절차를 제대로 이행하였더라면 원고들은 피고로부터 수령한 영업손실 보상금으로 새로운 영업근거지에서 종전 임차목적물에서 영위하던 영업을 도모할 수 있었다. 뿐만 아니라 영업손실 보상금을 받을 때까지 임차목적물에서 종전 영업을 계속할 수 있었을 것인데, 피고로부터 영업손실 보상금을 미리 받지 못한 채 임차목적물을 인도함으로써 토지보상법이 보호하고자 하는 임차목적물에 대한 법적 이익과 기존의 생활관계가 깨어지는 불이익을 입게 되었다. 이러한 불이익은 영업손실 보상금에 해당하는 손해배상금만으로는 회복할 수 없는 정신적 손해를 입었다고 볼 수 있다.

다. 그러나 원심판결은 다음과 같은 이유로 그대로 받아들일 수 없다.

원고들이 입은 손해는 영업손실 보상청구권의 침해에 따른 것이므로, 그 손해액은 원칙적으로 토지보상법령이 정한 영업손실 보상금이고, 그 밖에 별도의 손해가 발생하였다는 점에 관한 원고들의 구체적인 주장·증명이 없는 한, 손실보상금의 지급이 지연되었다는 사정만으로 손실보상금에 해당하는 손해 외에 원고들에게 별도의 손해가 발생하였다고 볼 수 없다.

영업손실 보상금의 지급 지연에 따른 손해는 그 손해배상금에 대한 지연손해금의 지급으로 보전될 수 있다. 원심은 손실보상금에 해당하는 손해배상금에 대한 지연손해금의 지급을 명하면서도, 동시에 손실보상금의 지급 지연으로 원고들에게 정신적 손해가 발생하였다고 보아 위자료의 지급을 명하고 있는데, 이는 중복배상에 해당할 수 있다.

재산적 손해배상으로 회복할 수 없는 정신적 손해가 있다는 사정에 관하여는 이를 주장하는 사람에게 그 증명책임이 있다. 손실보상금의 지급이 지연되었다는 사정만으로는 정신적 손해의 발생사실이 증명되었다고 볼 수는 없으므로, 재산적 손해 외에 별도로 정신적 고통을 받았다는 사정에 대하여 원고들이 증명을 해야 하나, 이 사건에서 이에 대한 원고들의 증명이 충분하지 않다.

라. 그런데도 원심은 손실보상금의 지급이 지연되었다는 사정만으로 위자료의 지급을 인정하였으므로, 원심판결에는 손해배상의 범위와 증명책임, 위자료에 관한 법리를 오해하여 판결에 영향을 미친 잘못이 있다.

6. 결론

피고의 상고 중 위자료 부분은 이유 있어 원심판결의 피고 패소 부분 중 각 위자료 부분과 그 지연손해금 부분을 파기하고, 이 부분 사건을 다시 심리·판단하도록 원심법원에 환송하기로 하며, 나머지 상고를 기각하기로 하여, 대법관의 일치된 의견으로 주문과 같이 판결한다.

📝 판례사례 43 농업손실보상 발생시점(소급입법금지의 원칙)

피고는 산업단지 조성사업의 시행자이다. 사업에 관하여 2012.12.14. 사업인정고시(국토교통부 고시 제2012-888호)가 있었고, 피고는 2013.9.13. 이 사건 사업에 관한 보상계획을 공고하였다. 원고는 사업 구역 내에 있는 부산 강서구 ○○동 (지번 1 생략) 창고용지 192m^2, 같은 동 (지번 2 생략) 답 1,487m^2, 같은 동 (지번 3 생략) 답 3,748m^{2}를 소유하면서, 그중 (지번 2 생략) 토지 중 297m^2, (지번 3 생략) 토지 중 2,880m^2, 합계 3,177m^{2}에서 유기농 채소를 재배하고, (지번 2 생략) 토지 중 361.4m^{2}에서 무순과 새싹을 묘판에 식재하는 방식으로 재배하였다(이하 '묘판 식재 토지'라고 한다).

피고는 원고와 이 사건 토지와 그 지상의 지장물, 농업손실에 관하여 보상협의가 성립되지 아니하자, 공익사업을 위한 토지 등의 취득 및 보상에 관한 법률 제28조에 따라 관할 중앙토지수용위원회에 수용재결을 신청하였다. 이에 중앙토지수용위원회는 2016.9.29. 토지와 지장물, 농업손실에 관하여 수용개시일(2016.11.22.)과 각 손실보상금을 정하면서, 일괄하여 휴업보상금 11,072,100원을 인정하는 내용의 수용재결을 하였다.

원고는 농업손실보상금 산정과 관련하여 재결당시를 기준하여 개정된 농업손실보상 규정이 아닌 사업인정고시일 당시의 개정 전 규정을 적용하여 농업손실보상금을 지급해야 함에도 불구하고 개정된 규정을 적용하여 실제소득의 2년분이 아닌 해당 작목별 단위경작면적당 평균생산량의 2배를 적용하여 농업손실보상금을 산정하였기에 이는 규정위반으로서 위법하다고 판단하고, 수용재결에 불복하여 2016.11.23. 피고를 상대로 '농업손실보상금'의 증액을 청구하는 소를 제기하였다.

공익사업을 위한 토지 등의 취득 및 보상에 관한 법률 제77조 제4항은 농업손실 보상액의 구체적인 산정 및 평가 방법과 보상기준에 관한 사항을 국토교통부령으로 정하도록 위임하고 있다. 그 위임에 따라 2013.4.25. 국토교통부령 제5호로 개정된 공익사업을 위한 토지 등의 취득 및 보상에 관한 법률 시행규칙(이하 '개정 시행규칙'이라 한다) 제48조 제2항 단서 제1호가 실제소득 적용 영농보상금의 예외로서, 농민이 제출한 입증자료에 따라 산정한 실제소득이 동일 작목별 평균소득의 2배를 초과하는 경우에 해당 작목별 평균생산량의 2배를 판매한 금액을 실제소득으로 간주하도록 규정함으로써 실제소득 적용 영농보상금의 '상한'을 설정하였다(영농보상금액의 구체적인 산정방법·기준에 관한 개정 시행규칙 제48조 제2항 단서 제1호를 개정 시행규칙 시행일 전에 사업인정고시가 이루어졌으나 개정 시행규칙 시행 후 보상계획의 공고·통지가 이루어진 공익사업에 대해서도 적용하도록 규정하고 있다).

(1) 실제소득에 기준하여 영업손실보상금액을 산정하는 경우에 보상금액의 상한을 설정한 것이 헌법상 정당보상원칙 및 비례원칙에 반하는지 논하시오. 개정 규정을 적용하는 것이 소급입법금지원칙 및 신뢰보호원칙에 반하는지 여부도 함께 논하시오. 15점

(2) 농업손실보상 청구권의 법적 성질과 발생시점을 설명하시오. 15점

토지보상법 제77조(영업의 손실 등에 대한 보상)

② 농업의 손실에 대하여는 농지의 단위면적당 소득 등을 고려하여 실제 경작자에게 보상하여야 한다. 다만, 농지소유자가 해당 지역에 거주하는 농민인 경우에는 농지소유자와 실제 경작자가 협의하는 바에 따라 보상할 수 있다.

④ 제2항의 규정에 따른 보상액의 구체적인 산정 및 평가 방법과 보상기준, 제2항에 따른 실제 경작자 인정기준에 관한 사항은 국토교통부령으로 정한다.

토지보상법 시행규칙 제48조(농업의 손실에 대한 보상)

① 공익사업시행지구에 편입되는 농지(「농지법」 제2조 제1호 가목 및 같은 법 시행령 제2조 제3항 제2호 가목에 해당하는 토지를 말한다. 이하 이 조와 제65조에서 같다)에 대하여는 그 면적에 「통계법」 제3조 제3호에 따른 통계작성기관이 매년 조사·발표하는 농가경제조사통계의 도별 농업총수입 중 농작물수입을 도별 표본농가현황 중 경지면적으로 나누어 산정한 도별 연간 농가평균 단위경작면적당 농작물총수입(서울특별시·인천광역시는 경기도, 대전광역시는 충청남도, 광주광역시는 전라남도, 대구광역시는 경상북도, 부산광역시·울산광역시는 경상남도의 통계를 각각 적용한다)의 직전 3년간 평균의 2년분을 곱하여 산정한 금액을 영농손실액으로 보상한다. 〈개정 2005.2.5, 2007.4.12, 2008.4.18, 2013.4.25, 2015.4.28.〉

② 국토교통부장관이 농림축산식품부장관과의 협의를 거쳐 관보에 고시하는 농작물실제소득인정기준 (이하 "농작물실제소득인정기준"이라 한다)에서 정하는 바에 따라 실제소득을 입증하는 자가 경작하는 편입농지에 대해서는 제1항에도 불구하고 그 면적에 단위경작면적당 3년간 실제소득 평균의 2년분을 곱하여 산정한 금액을 영농손실액으로 보상한다. 다만, 다음 각 호의 어느 하나에 해당하는 경우에는 각 호의 구분에 따라 산정한 금액을 영농손실액으로 보상한다. 〈개정 2008.3.14, 2013.3.23, 2013.4.25, 2014.10.22, 2020.12.11.〉

1. 단위경작면적당 실제소득이 「통계법」 제3조 제3호에 따른 통계작성기관이 매년 조사·발표하는 농축산물소득자료집의 작목별 평균소득의 2배를 초과하는 경우 : 해당 작목별 단위경작면적당 평균생산량의 2배(단위경작면적당 실제소득이 현저히 높다고 농작물실제소득인정기준에서 따로 배수를 정하고 있는 경우에는 그에 따른다)를 판매한 금액을 단위경작면적당 실제소득으로 보아 이에 2년분을 곱하여 산정한 금액

2. 농작물실제소득인정기준에서 직접 해당 농지의 지력(地力)을 이용하지 아니하고 재배 중인 작물을 이전하여 해당 영농을 계속하는 것이 가능하다고 인정하는 경우 : 단위경작면적당 실제소득 (제1호의 요건에 해당하는 경우에는 제1호에 따라 결정된 단위경작면적당 실제소득을 말한다)의 4개월분을 곱하여 산정한 금액

③ 다음 각호의 어느 하나에 해당하는 토지는 이를 제1항 및 제2항의 규정에 의한 농지로 보지 아니한다. 〈개정 2005.2.5.〉

1. 사업인정고시일등 이후부터 농지로 이용되고 있는 토지

2. 토지이용계획·주위환경 등으로 보아 일시적으로 농지로 이용되고 있는 토지

3. 타인소유의 토지를 불법으로 점유하여 경작하고 있는 토지

4. 농민(「농지법」 제2조 제3호의 규정에 의한 농업법인 또는 「농지법 시행령」 제3조 제1호 및 동조 제2호의 규정에 의한 농업인을 말한다. 이하 이 조에서 같다)이 아닌 자가 경작하고 있는 토지

　5. 토지의 취득에 대한 보상 이후에 사업시행자가 2년 이상 계속하여 경작하도록 허용하는 토지

④ 자경농지가 아닌 농지에 대한 영농손실액은 다음 각 호의 구분에 따라 보상한다. 〈개정 2008.4.18, 2013.4.25.〉

　1. 농지의 소유자가 해당 지역(영 제26조 제1항 각 호의 어느 하나의 지역을 말한다. 이하 이 조에서 같다)에 거주하는 농민인 경우

　　가. 농지의 소유자와 제7항에 따른 실제 경작자(이하 "실제 경작자"라 한다)간에 협의가 성립된 경우 : 협의내용에 따라 보상

　　나. 농지의 소유자와 실제 경작자 간에 협의가 성립되지 아니하는 경우에는 다음의 구분에 따라 보상

　　　1) 제1항에 따라 영농손실액이 결정된 경우: 농지의 소유자와 실제 경작자에게 각각 영농손실액의 50퍼센트에 해당하는 금액을 보상

　　　2) 제2항에 따라 영농손실액이 결정된 경우: 농지의 소유자에게는 제1항의 기준에 따라 결정된 영농손실액의 50퍼센트에 해당하는 금액을 보상하고, 실제 경작자에게는 제2항에 따라 결정된 영농손실액 중 농지의 소유자에게 지급한 금액을 제외한 나머지에 해당하는 금액을 보상

　2. 농지의 소유자가 해당 지역에 거주하는 농민이 아닌 경우 : 실제 경작자에게 보상

⑤ 실제 경작자가 자의로 이농하는 등의 사유로 보상협의일 또는 수용재결일 당시에 경작을 하고 있지 않는 경우의 영농손실액은 제4항에도 불구하고 농지의 소유자가 해당 지역에 거주하는 농민인 경우에 한정하여 농지의 소유자에게 보상한다. 〈개정 2008.4.18, 2020.12.11.〉

(설문 1)의 해결

Ⅰ 쟁점의 정리

Ⅱ 농업손실보상 기준의 정당성 논의

　1. **농업손실보상의 의의 및 성격**

　　(1) 농업손실보상의 의의

　　(2) 농업손실보상의 성격

　2. **정당보상의 원칙 및 비례의 원칙에 반하는지 여부**

　　(1) 정당보상과 비례의 원칙

　　(2) 사안의 경우(정당보상과 농업손실보상)

　3. **소급입법금지원칙 및 신뢰보호원칙에 반하는지 여부**

　　(1) 소급입법금지원칙과 신뢰보호원칙

　　(2) 사안의 경우

Ⅲ 사안의 해결

(설문 2)의 해결

Ⅰ 농업손실보상청구권의 법적 성질

　1. **학설**

　　(1) 사권설

　　(2) 공권설

　2. **판례**

　3. **검토**

Ⅱ 농업손실보상청구권의 발생시점

　1. **토지보상법 시행규칙 제48조 제3항**

　2. **농업손실보상청구권의 발생시점**

(설문 1)의 해결

I 쟁점의 정리

농업손실보상금 산정과 관련하여 개정 후 법령을 적용하는 것이 정당보상의 원칙 및 비례원칙과 소급입법금지의 원칙 및 신뢰보호원칙에 반하는지를 검토한다.

II 농업손실보상 기준의 정당성 논의

1. 농업손실보상의 의의 및 성격

(1) 농업손실보상의 의의

농업손실보상이란 공익사업시행지구에 편입되는 농지에 대하여 해당 지역의 단위경작면적당 농작물 수입의 직전 3년간 평균의 2년분을 보상함을 의미한다. 이는 전업에 소요되는 기간을 고려한 합리적 기대이익의 상실에 대한 보상으로 일실손실의 보상이며, 다만 유기체적인 생활을 종전상태로 회복하는 의미에서 생활보상의 성격도 존재한다.

(2) 농업손실보상의 성격

영농보상은 그 보상금을 통계소득을 적용하여 산정하든, 아니면 해당 농민의 최근 실제소득을 적용하여 산정하든 간에, 모두 장래의 불확정적인 일실소득을 예측하여 보상하는 경우에 해당한다. 기존에 형성된 재산의 객관적 가치에 대한 '완전한 보상'과는 그 법적 성질을 달리한다.

2. 정당보상의 원칙 및 비례의 원칙에 반하는지 여부

(1) 정당보상과 비례의 원칙

정당보상이란 보상의 시기나 방법 등에 제한이 없는 재산권의 객관적 가치를 완전하게 보상해야 한다는 것이 판례와 통설의 견해이며, 비례의 원칙이란 과잉조치금지의 원칙이라고도 하는데, 행정작용에 있어서 행정목적과 행정수단 사이에는 합리적인 비례관계가 있어야 한다는 원칙을 말한다.

(2) 사안의 경우(정당보상과 농업손실보상)

우리나라의 농업과 농산물유통 현실상 실제소득 산정에 필요한 농작물 총수입의 입증을 둘러싼 문제가 적지 않다. 토지보상법 제77조 제4항은 농업손실 보상액의 구체적인 산정 및 평가 방법과 보상기준에 관한 사항을 국토교통부령으로 정하도록 위임하고 있다. 그 위임에 따라 개정 시행규칙 제48조 제2항 단서 제1호가 실제소득 적용 영농보상금의 예외로서, 농민이 제출한 입증자료에 따라 산정한 실제소득이 동일 작목별 평균소득의 2배를 초과하는 경우에 해당 작목별 평균생산량의 2배를 판매한 금액을 실제소득으로 간주하도록 규정함으로써 실제소득 적용 영농보상금의 '상한'을 설정하였다.

이와 같은 개정 시행규칙 제48조 제2항 단서 제1호는, 영농보상이 장래의 불확정적인 일실소득을 보상하는 것이자 농민의 생존배려·생계지원을 위한 보상인 점, 실제소득 산정의 어려움 등을 고려하여, 농민이 실농으로 인한 대체생활을 준비하는 기간의 생계를 보장할 수 있는 범위 내에서 실제소득 적용 영농보상금의 '상한'을 설정함으로써 나름대로 합리적인 적정한 보상액의 산정방법을 마련한 것이므로, 헌법상 정당보상원칙, 비례원칙에 위반되거나 위임입법의 한계를 일탈한 것으로는 볼 수 없다.

3. 소급입법금지원칙 및 신뢰보호원칙에 반하는지 여부

(1) 소급입법금지원칙과 신뢰보호원칙

소급입법은, 새로운 입법을 이미 종료된 사실관계 또는 법률관계에 적용하도록 하는 진정소급입법과, 현재 진행 중인 사실관계 또는 법률관계에 적용하게 하는 부진정소급입법으로 나눌 수 있다. 이 중에서 기존의 법에 의하여 이미 형성된 개인의 법적 지위를 사후입법을 통하여 박탈함을 내용으로 하는 진정소급입법은 개인의 신뢰보호와 법적 안정성을 내용으로 하는 법치국가원리에 의하여 허용되지 않는 것이 원칙이다. 반면 부진정소급입법은 원칙적으로 허용되지만, 소급효를 요구하는 공익상의 사유와 신뢰보호를 요구하는 개인보호의 사유 사이의 교량과정에서 그 범위에 제한이 가하여질 수 있다. 또한 소급입법금지원칙은 그 법령의 효력발생 전에 완성된 요건사실에 대하여 그 법령을 적용할 수 없다는 의미일 뿐, 계속 중인 사실이나 그 이후에 발생한 요건사실에 대한 법령 적용까지를 제한하는 것은 아니다(대법원 2019.1.31, 2015두60020 판결 등 참조).

(2) 사안의 경우

사업인정고시일 전부터 해당 토지를 소유하거나 사용권원을 확보하여 적법하게 농업에 종사해 온 농민은 사업인정고시일 이후에도 수용개시일 전날까지는 해당 토지에서 그간 해온 농업을 계속할 수 있다. 그러나 사업인정고시일 이후에 수용개시일 전날까지 농민이 해당 공익사업의 시행과 무관한 어떤 다른 사유로 경작을 중단한 경우에는 손실보상의 대상에서 제외될 수 있다. 사업인정고시가 이루어졌다는 점만으로 농민이 구체적인 영농보상금 청구권을 확정적으로 취득하였다고는 볼 수 없으며, 보상협의 또는 재결절차를 거쳐 협의성립 당시 또는 수용재결 당시의 사정을 기준으로 구체적으로 산정되는 것이다.

또한, 토지보상법 시행규칙 제48조에 따른 영농보상은 수용개시일 이후 편입농지에서 더 이상 영농을 계속할 수 없게 됨에 따라 발생하는 손실에 대하여 장래의 2년간 일실소득을 예측하여 보상하는 것이므로, 수용재결 당시를 기준으로도 영농보상은 아직 발생하지 않은 장래의 손실에 대하여 보상하는 것이다.

따라서 영농보상금액의 구체적인 산정방법·기준에 관한 개정 시행규칙 제48조 제2항 단서 제1호를 개정 시행규칙 시행일 전에 사업인정고시가 이루어졌으나 개정 시행규칙 시행 후 보상계획의 공고·통지가 이루어진 공익사업에 대해서도 적용하도록 규정한 것은 진정소급입법에 해당하지 않는다.

Ⅲ 사안의 해결

농업손실보상금 산정과 관련된 상한규정은 농업손실보상금 산정과 관련된 실제소득 산정에 필요한 입증이 어려운 점, 농업손실보상이 장래 불확실한 일실소득의 보상 성격인 점 등에 비추어 농업손실보상금의 상한을 설정한 규정은 정당보상원칙 및 비례원칙 등에 반하지 않는다.

(설문 2)의 해결

Ⅰ 농업손실보상청구권의 법적 성질

1. 학설

(1) 사권설

손실보상청구권은 원인이 되는 공용침해행위와는 별개의 권리이며, 기본적으로 금전지급청구권이므로 사법상의 금전지급청구권과 다르지 않다고 본다.

(2) 공권설

공권설은 손실보상청구권은 공권력 행사인 공용침해로 인하여 발생한 권리이며, 공익성이 고려되어야 하므로 공권으로 보아야 한다고 한다.

2. 판례

(1) '토지보상법상 농업손실보상청구권은 공익사업의 시행 등 적법한 공권력의 행사에 의한 재산상의 특별한 희생에 대하여 전체적인 공평부담의 견지에서 공익사업의 주체가 그 손해를 보상하여 주는 손실보상의 일종으로 공법상의 권리임이 분명하므로 그에 관한 쟁송은 민사소송이 아닌 행정소송절차에 의하여야 할 것'이라고 판시한 바 있다(2009다43461).

(2) 또한 판례는 최근 하천법상 손실보상청구권과 관련하여 행정상 당사자소송의 대상이 된다고 본 바 있으며, 세입자의 주거이전비 및 시행규칙 제57조에 따른 사업폐지 등에 대한 보상청구권은 공법상 권리라고 판시한 바 있다.

3. 검토

손실보상은 공법상 원인을 이유로 이루어지고, 개정안에서는 손실보상에 관한 소송을 당사자소송으로 하도록 규정하고 있는 점에 비추어 공권으로 봄이 타당하다.

Ⅱ 농업손실보상청구권의 발생시점

1. 토지보상법 시행규칙 제48조 제3항

토지보상법 시행규칙 제48조 제3항에서은 사업인정고시일등 이후부터 농지로 이용되고 있는 토지는 농지로 보지 아니하므로 원칙적으로 사업인정고시일등이 농업손실보상청구권의 발생 기준일이 될 것이다.

2. 농업손실보상청구권의 발생시점

사업인정고시일 전부터 해당 토지를 소유하거나 사용권원을 확보하여 적법하게 농업에 종사해 온 농민은 사업인정고시일 이후에도 수용개시일 전날까지는 해당 토지에서 그간 해온 농업을 계속할 수 있다. 그러나 사업인정고시일 이후에 수용개시일 전날까지 농민이 해당 공익사업의 시행과 무관한 어떤 다른 사유로 경작을 중단한 경우에는 손실보상의 대상에서 제외될 수 있다.

사업인정고시가 이루어졌다는 점만으로 농민이 구체적인 영농보상금 청구권을 확정적으로 취득하였다고는 볼 수 없으며, 보상협의 또는 재결절차를 거쳐 협의성립 당시 또는 수용재결 당시의 사정을 기준으로 구체적으로 산정되는 것이다.

 대법원 2020.4.29, 2019두32696[손실보상금][공2020상,999]

[판시사항]

[1] 2013.4.25. 국토교통부령 제5호로 개정된 공익사업을 위한 토지 등의 취득 및 보상에 관한 법률 시행규칙 제48조 제2항 단서 제1호가 헌법상 정당보상원칙, 비례원칙에 위반되거나 위임입법의 한계를 일탈한 것인지 여부(소극)

[2] 2013.4.25. 국토교통부령 제5호로 개정된 공익사업을 위한 토지 등의 취득 및 보상에 관한 법률 시행규칙 시행일 전에 사업인정고시가 이루어졌으나 위 시행규칙 시행 후 보상계획의 공고·통지가 이루어진 공익사업에 대해서도 영농보상금액의 구체적인 산정방법·기준에 관한 위 시행규칙 제48조 제2항 단서 제1호를 적용하도록 규정한 위 시행규칙 부칙(2013.4.25.) 제4조 제1항이 진정소급입법에 해당하는지 여부(소극)

[판결요지]

[1] 공익사업을 위한 토지 등의 취득 및 보상에 관한 법률 제77조 제4항은 농업손실 보상액의 구체적인 산정 및 평가 방법과 보상기준에 관한 사항을 국토교통부령으로 정하도록 위임하고 있다. 그 위임에 따라 2013.4.25. 국토교통부령 제5호로 개정된 공익사업을 위한 토지 등의 취득 및 보상에 관한 법률 시행규칙(이하 '개정 시행규칙'이라 한다) 제48조 제2항 단서 제1호가 실제소득 적용 영농보상금의 예외로서, 농민이 제출한 입증자료에 따라 산정한 실제소득이 동일 작목별 평균소득의 2배를 초과하는 경우에 해당 작목별 평균생산량의 2배를 판매한 금액을 실제소득으로 간주하도록 규정함으로써 실제소득 적용 영농보상금의 '상한'을 설정하였다.

이와 같은 개정 시행규칙 제48조 제2항 단서 제1호는, 영농보상이 장래의 불확정적인 일실소득을 보상하는 것이자 농민의 생존배려·생계지원을 위한 보상인 점, 실제소득 산정의 어려움

등을 고려하여, 농민이 실농으로 인한 대체생활을 준비하는 기간의 생계를 보장할 수 있는 범위 내에서 실제소득 적용 영농보상금의 '상한'을 설정함으로써 나름대로 합리적인 적정한 보상액의 산정방법을 마련한 것이므로, 헌법상 정당보상원칙, 비례원칙에 위반되거나 위임입법의 한계를 일탈한 것으로는 볼 수 없다.

[2] 사업인정고시일 전부터 해당 토지를 소유하거나 사용권원을 확보하여 적법하게 농업에 종사해 온 농민은 사업인정고시일 이후에도 수용개시일 전날까지는 해당 토지에서 그간 해온 농업을 계속할 수 있다. 그러나 사업인정고시일 이후에 수용개시일 전날까지 농민이 해당 공익사업의 시행과 무관한 어떤 다른 사유로 경작을 중단한 경우에는 손실보상의 대상에서 제외될 수 있다. 사업인정고시가 이루어졌다는 점만으로 농민이 구체적인 영농보상금 청구권을 확정적으로 취득하였다고는 볼 수 없으며, 보상협의 또는 재결절차를 거쳐 협의성립 당시 또는 수용재결 당시의 사정을 기준으로 구체적으로 산정되는 것이다.

또한 공익사업을 위한 토지 등의 취득 및 보상에 관한 법률 시행규칙 제48조에 따른 영농보상은 수용개시일 이후 편입농지에서 더 이상 영농을 계속할 수 없게 됨에 따라 발생하는 손실에 대하여 장래의 2년간 일실소득을 예측하여 보상하는 것이므로, 수용재결 당시를 기준으로도 영농보상은 아직 발생하지 않은 장래의 손실에 대하여 보상하는 것이다.

따라서 공익사업을 위한 토지 등의 취득 및 보상에 관한 법률 시행규칙 부칙(2013.4.25.) 제4조 제1항이 영농보상금액의 구체적인 산정방법·기준에 관한 2013.4.25. 국토교통부령 제5호로 개정된 공익사업을 위한 토지 등의 취득 및 보상에 관한 법률 시행규칙(이하 '개정 시행규칙'이라 한다) 제48조 제2항 단서 제1호를 개정 시행규칙 시행일 전에 사업인정고시가 이루어졌으나 개정 시행규칙 시행 후 보상계획의 공고·통지가 이루어진 공익사업에 대해서도 적용하도록 규정한 것은 진정소급입법에 해당하지 않는다.

📝 판례사례 **44** 농업손실보상(사전보상 원칙과 불법행위 및 지장물 수인의무)

경기도지사는 제3경인(시흥 – 남동간)고속도로 건설공사의 사업시행자로서, 도로법에 따라 도로구역을 결정(변경)하고 고시(경기도 고시 제2008 – 111호 2008.4.28, 제2008 – 237호 2008.8.5.)하였다. 갑과 을은 부부로서, 2002년경부터 사업구역 내에 위치한 시흥시 금이동 소재 토지상(20,782m²)에 미나리를 경작해 왔다. 경기도지사는 2006.2.6. 사회간접자본시설에 대한 민간투자법(법률 제7304호)에 따라 갑과 을의 토지가 사업부지로 편입된 '제3경인(시흥 – 남동간)고속도로 민간투자사업 실시계획'을 고시하였고, 2006.12. 내지 2007.3.경 토지의 각 소유자로부터 사업 착공에 대한 승낙을 받았으며, 사업 시공사인 'TS'건설 주식회사는 2007.4.26. 갑과 을의 소유 토지상에 진입로 개설 작업을, 2007.5.3. 갑과 을의 소유 토지상에 재배되고 있던 미나리에 대한 수거작업을 각 시작하였다. 그러나 위 각 작업 개시 당시 갑과 을의 소유 토지에 대해서는 시공 승낙을 받지 아니하였다. 중앙토지수용위원회는 공익사업을 위한 토지 등의 취득 및 보상에 관한 법률(이하 '토지보상법'이라 한다)에 따라 2009.1.8. 갑과 을 토지상 소유의 미나리 등에 대한 보상금을 영농손실보상금 129,730,978원, 지장물보상금 23,048,000원(미나리 21,048,000원, 관정 2,000,000원) 합계 152,778,970원으로 정하고, 수용의 개시일은 2009.3.3.로 하는 수용재결을 하였다. 이에 갑과 을은 수용재결 전에 이루어진 공사 착수로 인하여 영농을 할 수 없게 된 손실도 보상받아야 한다고 주장하나 경기도지사는 이미 2년분의 영농손실보상금이 지급된 이상 더 이상의 손해배상을 청구할 수 없다고 주장한다.

(1) 농업손실보상의 법적 성질 및 보상의 범위에 대하여 설명하고 갑과 을의 주장의 타당성을 논하시오. 20점

(2) 갑은 관정에 대한 보상금에는 관정을 사용하기 위한 전기계량시설이 누락되어 전기계량시설에 대한 보상금 50만원을 추가로 지급해야 한다고 주장한다. 이를 이유로 관정에 대한 보상금증액 청구소송을 제기할 수 있는가? 소송에 대한 고민을 하던 중 사업시행자가 관정을 철거한 경우 갑은 이를 수인할 의무가 있는가(관정은 이전하여 본래의 기능을 다할 수 없는 경우임)? 20점

🖊 관련 규정

토지보상법 제40조(보상금의 지급 또는 공탁)
① 사업시행자는 제38조 또는 제39조에 따른 사용의 경우를 제외하고는 수용 또는 사용의 개시일(토지수용위원회가 재결로써 결정한 수용 또는 사용을 시작하는 날을 말한다. 이하 같다)까지 관할 토지수용위원회가 재결한 보상금을 지급하여야 한다.

토지보상법 제62조(사전보상)
사업시행자는 해당 공익사업을 위한 공사에 착수하기 이전에 토지소유자와 관계인에게 보상액 전액(全額)을 지급하여야 한다. 다만, 제38조에 따른 천재지변 시의 토지 사용과 제39조에 따른 시급한 토지 사용의 경우 또는 토지소유자 및 관계인의 승낙이 있는 경우에는 그러하지 아니하다.

> **토지보상법 제77조(영업의 손실 등에 대한 보상)**
> ② 농업의 손실에 대하여는 농지의 단위면적당 소득 등을 고려하여 실제 경작자에게 보상하여야 한다. 다만, 농지소유자가 해당 지역에 거주하는 농민인 경우에는 농지소유자와 실제 경작자가 협의하는 바에 따라 보상할 수 있다.
>
> **토지보상법 시행규칙 제48조(농업의 손실에 대한 보상)**
> ① 공익사업시행지구에 편입되는 농지(「농지법」 제2조 제1호 가목 및 같은 법 시행령 제2조 제3항 제2호 가목에 해당하는 토지를 말한다. 이하 이 조와 제65조에서 같다)에 대하여는 그 면적에 「통계법」 제3조 제3호에 따른 통계작성기관이 매년 조사·발표하는 농가경제조사통계의 도별 농업총수입 중 농작물수입을 도별 표본농가현황 중 경지면적으로 나누어 산정한 도별 연간 농가평균 단위경작면적당 농작물총수입(서울특별시·인천광역시는 경기도, 대전광역시는 충청남도, 광주광역시는 전라남도, 대구광역시는 경상북도, 부산광역시·울산광역시는 경상남도의 통계를 각각 적용한다)의 직전 3년간 평균의 2년분을 곱하여 산정한 금액을 영농손실액으로 보상한다. 〈개정 2005.2.5, 2007.4.12, 2008.4.18, 2013.4.25, 2015.4.28.〉
> ③ 다음 각호의 어느 하나에 해당하는 토지는 이를 제1항 및 제2항의 규정에 의한 농지로 보지 아니한다. 〈개정 2005.2.5.〉
> 5. 토지의 취득에 대한 보상 이후에 사업시행자가 2년 이상 계속하여 경작하도록 허용하는 토지

<table>
<tr><td valign="top">

(설문 1)의 해결

Ⅰ 쟁점의 정리

Ⅱ 농업손실보상의 법적 성질
  1. 농업손실보상의 의의
  2. 학설
    (1) 사권설
    (2) 공권설
  3. 판례
  4. 검토

Ⅲ 농업손실보상의 범위
  1. 보상의 방법
  2. 농업손실보상의 대상인 농지의 범위(농업손실보상의 물적 범위)

Ⅳ 사안의 해결
  1. 농업손실보상에 무단사용에 대한 배상책임이 포함되는지 여부
  2. 사안의 해결

</td><td valign="top">

(설문 2)의 해결

Ⅰ 쟁점의 정리

Ⅱ 재결전치주의와 보상금증감청구소송
  1. 재결의 대상이 되는 보상항목의 의미
  2. 재결전치주의
    (1) 보상절차 규정
    (2) 보상절차의 종료(보상금의 지급, 공탁)
    (3) 관련 판례의 태도

Ⅲ 지장물 철거에 대한 수인의무
  1. 지장물의 의의 및 보상방법
  2. 이전비 보상원칙과 소유권이전
  3. 철거규정과 수인의무

Ⅳ 사안의 해결
  1. 계량기에 대한 보상금증액청구소송 가능 여부
  2. 관정에 대한 철거 수인의무

</td></tr>
</table>

 **(설문 1)의 해결**

I 쟁점의 정리

손실보상이란 공공필요에 의한 적법한 공권력의 행사로 가하여진 개인의 특별한 재산권 침해에 대하여, 행정주체가 사유재산권 보장과 평등부담의 원칙 및 생존권 보장차원에서 행하는 조절적인 재산적 전보를 말한다. 농업손실보상에 대하여 설명한 후, 양 당사자 주장의 타당성을 검토한다.

II 농업손실보상의 법적 성질

1. 농업손실보상의 의의

농업손실보상이란 공익사업시행지구에 편입되는 농지에 대하여 해당 지역의 단위경작면적당 농작물 수입의 직전 3년간 평균의 2년분을 보상함을 의미한다. 토지보상법 제77조 및 동법 시행규칙 제48조에 근거규정을 두고 있다.

2. 학설

(1) 사권설

손실보상청구권은 원인이 되는 공용침해행위와는 별개의 권리이며, 기본적으로 금전지급청구권이므로 사법상의 금전지급청구권과 다르지 않다고 본다.

(2) 공권설

공권설은 손실보상청구권은 공권력 행사인 공용침해로 인하여 발생한 권리이며, 공익성이 고려되어야 하므로 공권으로 보아야 한다고 한다.

3. 판례

'토지보상법상 농업손실보상청구권은 공익사업의 시행 등 적법한 공권력의 행사에 의한 재산상의 특별한 희생에 대하여 전체적인 공평부담의 견지에서 공익사업의 주체가 그 손해를 보상하여 주는 손실보상의 일종으로 공법상의 권리임이 분명하므로 그에 관한 쟁송은 민사소송이 아닌 행정소송 절차에 의하여야 할 것'이라고 판시한 바 있다(대판 2011.10.13, 2009다43461).

4. 검토

손실보상은 공법상 원인을 이유로 이루어지고 있는 점에 비추어 공권으로 봄이 타당하다.

Ⅲ 농업손실보상의 범위

1. 보상의 방법

공익사업지구에 편입되는 농지(농지법 제2조 제1호 가목 및 동법 시행령 제2조 제3항 제2호 가목에 해당되는 토지)에 대하여는 해당 도별 연간 농가평균 단위 경작면적당 농작물총수입의 직전 3년간 평균의 2년분을 영농손실액으로 지급한다. 다만, 국토교통부장관이 고시한 농작물로서 그 실제소득을 증명한 경우에는 농작물총수입 대신에 실제소득으로 보상한다.

2. 농업손실보상의 대상인 농지의 범위(농업손실보상의 물적 범위)

보상을 함에 있어서는 해당 토지의 지목에 불구하고 실제로 농작물을 경작하는 경우에는 이를 농지로 본다. ① 일시적으로 농지로 이용되고 있는 토지, ② 불법으로 점유하여 경작하고 있는 토지, ③ 농민이 아닌 자가 경작하고 있는 토지, ④ 사업인정고시일 등 이후부터 농지로 이용되고 있는 토지, ⑤ 취득보상 이후 사업시행자가 2년 이상 계속하여 경작하도록 허용하는 토지는 농지로 보지 아니한다.

Ⅳ 사안의 해결

1. 농업손실보상에 무단사용에 대한 배상책임이 포함되는지 여부

수용대상인 농지의 경작자 등에 대한 2년분의 영농손실보상은 그 농지의 수용으로 인하여 장래에 영농을 계속하지 못하게 되어 생기는 이익 상실 등에 대한 보상을 하기 위한 것이기에(99다57812), 기공승낙없는 무단사용에 대한 배상책임은 이에 해당되지 않는다고 할 것이다.

2. 사안의 해결

사업시행자는 2년분의 영농손실보상금을 지급하는 것과 별도로, 공사의 사전 착공으로 인하여 토지소유자나 관계인이 영농을 할 수 없게 된 때부터 수용개시일까지 입은 손해에 대하여 이를 배상할 책임이 있다고 할 것이다. 따라서 사업시행자인 경기도지사의 주장은 타당성이 인정되지 않는다.

 **(설문 2)의 해결**

Ⅰ 쟁점의 정리

① 누락지장물인 계량기에 대해서 재결절차 없이 보상금증액청구소송을 제기할 수 있는지 검토한다. ② 토지보상법상 지장물 철거의무가 사업시행자에게 있는지 검토하고 소유자는 이를 수인해야 할 의무가 있는지를 검토한다.

Ⅱ 재결전치주의와 보상금증감청구소송

1. 재결의 대상이 되는 보상항목의 의미

피보상자별로 어떤 토지, 물건, 권리 또는 영업이 손실보상대상에 해당하는지, 나아가 보상금액이 얼마인지를 심리·판단하는 기초단위를 보상항목이라고 한다. 편입토지·물건 보상, 지장물 보상, 잔여 토지·건축물 손실보상 또는 수용청구의 경우에는 원칙적으로 개별물건별로 하나의 보상항목이 된다.

2. 재결전치주의

(1) 보상절차 규정

토지보상법 제26조에서는 당사자 간 협의를 통한 보상금 산정을 규정하고 있고, 당사자 간 협의가 성립되지 않는 경우에는 동법 제28조 및 제30조에 따라 토지수용위원회에 재결을 신청할 수 있다. 또한 재결에 불복하는 경우에는 동법 제83조와 제85조에 따라서 이의신청을 하거나 보상금증감청구소송을 청구할 수 있다.

(2) 보상절차의 종료(보상금의 지급, 공탁)

협의 또는 재결에서 정한 보상금의 지급일까지 보상금을 지급, 공탁함으로 손실보상의 절차가 종료된다.

(3) 관련 판례의 태도

토지보상법상 재결신청과 재결 및 이에 대한 불복규정 등의 내용 및 입법취지 등을 종합하면, 공익사업으로 농업의 손실을 입게 된 자가 사업시행자로부터 토지보상법 제77조 제2항에 따라 농업손실에 대한 보상을 받기 위해서는 토지보상법 제34조, 제50조 등에 규정된 재결절차를 거친 다음 그 재결에 대하여 불복이 있는 때에 비로소 토지보상법 제83조 내지 제85조에 따라 권리구제를 받을 수 있을 뿐, 이러한 재결절차를 거치지 않은 채 곧바로 사업시행자를 상대로 손실보상을 청구하는 것은 허용되지 않는다.

Ⅲ 지장물 철거에 대한 수인의무

1. 지장물의 의의 및 보상방법

지장물은 토지에 정착한 건축물·공작물 등 공익사업의 수행을 위하여 직접 필요하지 아니한 물건을 말한다. 토지보상법은 지장물에 대해서는 이전비로 보상하여야 한다는 원칙을 규정하고 있다.

2. 이전비 보상원칙과 소유권이전

토지보상법 제75조에서는 ① 건축물 등의 이전이 어렵거나 그 이전으로 인하여 건축물 등을 종래의 목적대로 사용할 수 없게 된 경우, ② 건축물 등의 이전비가 그 물건의 가격을 넘는 경우, ③ 사업시행자가 직접 사용할 목적으로 취득하는 경우에는 물건의 가격으로 보상을 하도록 규정하고 있다. ①과 ②의 경우 물건의 수용재결 신청이 없는 이상, 사업시행자는 소유권을 취득하지 못한다고 볼 것이다.

3. 철거규정과 수인의무

토지보상법은 물건의 가격으로 보상된 건축물과 공작물 등에 대해서는 사업시행자의 부담으로 이를 철거하도록 하되, 그 소유자가 해당 건축물 등의 구성부분을 사용 또는 처분할 목적으로 철거하는 경우에는 건축물 등의 소유자로 하여금 해당 비용을 부담하게 하고 있다.

Ⅳ 사안의 해결

1. 계량기의 보상금증액청구소송 가능여부

관정과 전기계량기는 각각의 보상항목으로서, 각각의 재결절차와 불복을 진행하여야 할 것이므로 계량기에 대한 재결절차 없이 곧바로 사업시행자를 상대로 보상금증청구소송을 제기하는 것은 허용되지 않을 것이다.

2. 관정에 대한 철거 수인의무

이전으로 인해 본래의 기능을 다하지 못하여 가격으로 보상한 경우 소유권은 갑에게 있지만 갑은 자신이 필요한 부분만을 해체철거하여 가져갈 수 있으나 사업의 시행을 위한 철거의무는 사업시행자에게 있다고 할 것이다.

 **대법원 2013.11.14, 2011다27103[손해배상등][공2013하,2189]**

[판시사항]

사업시행자가 보상금 지급이나 토지소유자 및 관계인의 승낙 없이 공익사업을 위한 공사에 착수하여 영농을 계속할 수 없게 한 경우, 2년분의 영농손실보상금 지급과 별도로 공사의 사전 착공으로 토지소유자나 관계인이 영농을 할 수 없게 된 때부터 수용개시일까지 입은 손해를 배상할 책임이 있는지 여부(적극)

[판결요지]

구 공익사업을 위한 토지 등이 취득 및 보상에 관한 법률(2011.8.4. 법률 제11017호로 개정되기 전의 것, 이하 '공익사업법'이라 한다) 제40조 제1항, 제62조, 제77조 제2항, 구 공익사업을 위한 토지 등의 취득 및 보상에 관한 법률 시행규칙(2013.4.25. 국토교통부령 제5호로 개정되기 전의 것) 제48조 제1항, 제3항 제5호의 규정들을 종합하여 보면, 공익사업을 위한 공사는 손실보상금을 지급하거나 토지소유자 및 관계인의 승낙을 받지 않고는 미리 착공해서는 아니 되는 것으로, 이는 그 보상권리자가 수용대상에 대하여 가지는 법적 이익과 기존의 생활관계 등을 보호하고자 하는 것이고, 수용대상인 농지의 경작자 등에 대한 2년분의 영농손실보상은 그 농지의 수용으로 인하여 장래에 영농을 계속하지 못하게 되어 생기는 이익 상실 등에 대한 보상을 하기 위한 것이다. 따라서 사업시행자가 토지소유자 및 관계인에게 보상금을 지급하지 아니하고 그 승낙도 받지 아니한 채 미리 공사에 착수하여 영농을 계속할 수 없게 하였다면 이는 공익사업법상 사전보상의 원칙을 위반한 것으로서 위법하다 할 것이므로, 이 경우 사업시행자는 2년분의 영농손실보상금을 지급하는 것과 별도로, 공사의 사전 착공으로 인하여 토지소유자나 관계인이 영농을 할 수 없게 된 때부터 수용개시일까지 입은 손해에 대하여 이를 배상할 책임이 있다.

📝 판례사례 45 간접보상(연륙교)

압해농업협동조합(이하 '갑')은 목포해양경찰서장으로부터 도선업면허를 받아 전남 신안군 압해면 신장리 선착장과 목포시 죽교동 북항 선착장 사이에서 도선사업을 하고 있었는데 전라남도(이하 '을') 가 전남 신안군 압해면 신장리와 목포시 산정동 사이의 연륙교 가설공사를 시행하여 완공하였다. 갑은 연륙교 개통으로 인하여 여객 등의 수요가 감소하자 압해농협7호 및 303압해농협호의 도선 사업을 폐지할 수밖에 없게 되는 간접손실을 입게 되었고 을에 대하여 영업손실금 1,792,000,000 원의 지급을 구하고 있다. 이처럼, 공공사업 시행 후에도 그 영업의 고객이 소재하는 지역이 그대로 남아 있는 상태에서 고객이 공공사업 시행으로 설치된 시설 등을 이용하고 사업자가 제공하는 시설 이나 용역은 이용하지 않는 경우에도 사업시행자는 손실보상을 해주어야 하는가? [30점]

Ⅰ 쟁점의 정리

Ⅱ 간접손실보상의 의의 및 법적 근거(성격)
  1. 간접손실보상의 의의
  2. 간접손실보상의 법적 근거(성격)

Ⅲ 간접손실보상의 요건
  1. 간접손실이 발생할 것(판례상 요건)
  2. 특별한 희생
  3. 보상규정의 존재
    (1) 보상법 시행규칙 제59조 내지 제65조
    (2) 보상규정이 결여된 경우의 간접손실보상
      의 근거
      1) 토지보상법 제79조 제4항을 일반적
        근거조항으로 볼 수 있는지 여부
    2) 보상규정이 결여된 경우의 간접손실
      보상의 근거
      가. 학설
      나. 판례
      다. 검토

Ⅳ 사업시행자에게 보상의무가 발생하는지 여부
  1. 연륙교 사업에 의해 특별한 희생이 발생되
    었는지 여부
  2. 현행 "토지보상법"상 간접손실보상
    (1) 토지보상법 시행규칙 제64조의 규정 검토
      (지구 밖 영업손실규정)
    (2) 사안의 경우

Ⅴ 사안의 해결

Ⅰ 쟁점의 정리

갑은 연륙교 건설로 인한 '여객수요감소에 따른 영업손실보상'을 주장하고 있다. 이러한 영업손실이 간접손실에 해당되는지를 검토하되, 만약 특별한 희생에 해당함에도 명문의 보상규정이 없는 경우라면 어떠한 해결이 가능한지를 논하고자 한다.

Ⅱ 간접손실보상의 의의 및 법적 근거(성격)

1. 간접손실보상의 의의

간접손실이란 공익사업의 시행으로 인하여 사업시행지 밖의 재산권자에게 필연적으로 발생하는 손실을 말하며, 사업시행지내의 토지소유자가 입은 부대적손실과 구별된다. 간접손실보상은 이러한 간접손실을 보상하는 것을 말한다.

2. 간접손실보상의 법적 근거(성격)

간접손실도 적법한 공용침해로 인하여 예견되는 손실이고, 헌법 제23조 제3항을 손실보상의 일반적인 규정으로 보아 헌법 제23조 제3항의 손실보상에 포함된다고 보는 것이 타당하다. 판례도 간접손실은 헌법 제23조 제3항의 손실보상의 대상이 된다고 판시한 바 있으며, 토지보상법 제79조 제2항 및 동법 시행규칙 제59조 내지 제64조에서 이와 관련된 보상을 규정하고 있다.

Ⅲ 간접손실보상의 요건

1. 간접손실이 발생할 것(판례상 요건)

① 공공사업의 시행으로 사업시행지 이외의 토지소유자(제3자)가 입은 손실이어야 하고, ② 그 손실의 발생이 예견가능하며, ③ 손실의 범위가 구체적으로 특정될 수 있어야 한다.

2. 특별한 희생

사회적 제약을 넘는 특별한 희생이 발생하여야 한다. 특별한 희생의 발생여부는 형식설과 실질설을 모두 고려하여 판단하여야 한다.

3. 보상규정의 존재

간접손실도 헌법 제23조 제3항에서 규정하는 정당보상의 범주에 속하므로, 이에 대한 보상은 법률의 규정에 따라 행하여져야 한다.

(1) 토지보상법 시행규칙 제59조 내지 제65조

토지보상법 제59조 내지 제65조에서는 사업지구 밖의 토지·건물·영업손실 등에 대해서 규정하고 있으므로 동 규정에 해당되는 경우라면 이에 따라 손실보상을 받을 수 있을 것이다.

(2) 보상규정이 결여된 경우의 간접손실보상의 근거

1) 토지보상법 제79조 제4항을 일반적 근거조항으로 볼 수 있는지 여부

토지보상법 제79조 제4항에서는 공익사업의 시행으로 인하여 발생하는 손실의 보상을 규정하고 있는데, 이에 대해서 동 규정을 ① 보상이 필요하지만 법률에 규정되지 못한 경우의 개괄수권조항으로 보는 견해와 ② 기타 손실보상에 대한 일반적 근거조항으로 보는 견해가 있다. ③ 〈생각건대〉 일반적 근거조항으로 보는 것이 국민의 권리구제에 유리하나, 일반적 근거조항으로 보게되면 토지보상법 제79조 제4항의 입법취지를 지나치게 확장해석하여 포괄위임금지의 관점에서 문제의 소지가 있다고 볼 수 있다.

2) 보상규정이 결여된 경우의 간접손실보상의 근거

가. 학설

① 보상부정설은 시행규칙 제59조 내지 제65조에서 간접보상이 모두 해결된다고 본다.

② 유추적용설은 헌법 제23조 제3항 및 토지보상법상 간접손실보상규정 유추적용해야

한다고 본다. ③ 직접적용설은 간접손실도 헌법 제23조 제3항의 손실보상범주이므로 헌법 제23조 제3항을 직접근거로 손실보상을 할 수 있다고 본다. ④ 평등원칙 및 재산권보장규정근거설은 동 규정 등을 직접근거로 본다. ⑤ 수용적침해이론은 간접손실도 비의도적침해에 의해 발생한 바, 수용적침해이론을 적용하여 보상해야 한다고 한다. ⑥ 손해배상설은 명문규정이 없는 한 손해배상을 청구해야 한다고 한다.

나. 판례

① 간접손실이 공익사업의 시행으로 인하여 기업지 이외의 토지소유자가 입은 손실이고, ② 그 손실의 범위도 구체적으로 이를 특정할 수 있으며, ③ 손실이 발생하리라는 것을 쉽게 예견할 수 있는 경우라면, ④ '그 손실보상에 관하여 공특법시행규칙의 관련규정들을 유추적용할 수 있다'고 한다.

다. 검토

간접손실도 헌법 제23조 제3항의 손실보상 범주에 포함되므로 예견가능성과 특정가능성이 인정된다면 헌법 제23조 제3항을 근거로 하여 손실보상을 청구할 수 있다고 판단된다. 이 경우 구체적인 보상액은 토지보상법상 관련규정을 적용할 수 있을 것이다.

Ⅳ 사업시행자에게 보상의무가 발생하는지 여부

1. 연륙교 사업에 의해 특별한 희생이 발생되었는지 여부

연륙교 사업은 육지와 섬을 차량으로 이동할 수 있게 하는 것이기에 연륙교가 설치되면 도선사업은 그 이용이 현저히 줄어들 것을 예상할 수 있고 그 손해도 공개된 매출자료 등을 통해 특정가능하다고 볼 것이다. 도선사업은 순수한 사익추구사업이 아니며 공익을 도모함도 인정될 것이기에 연륙교 사업에 의한 도선사업 피해는 특별한 희생으로 볼 수 있다.

2. 현행 "토지보상법"상 간접손실보상

(1) 토지보상법 시행규칙 제64조의 규정 검토(지구 밖 영업손실규정)

① 시행규칙 제45조의 영업보상대상요건에 충족하고, ② 배후지의 2/3 이상이 상실되어 영업을 계속할 수 없는 경우, ③ 진출입로의 단절, 그 밖의 사유로 휴업이 불가피한 경우를 요건으로 규정하고 있다.

(2) 사안의 경우

설문상 배후지의 2/3 이상이 상실되어 영업을 계속할 수 없는 경우로 볼 수 없지만, 연륙교 설치로 인해 더 이상 도선사업이 유지되기 어려운 상황이 예견되기에 이는 '그 밖의 부득이한 사유로 인하여 일정한 기간 동안 휴업하는 것이 불가피한 경우'에 해당한다고 보아 휴업 및 폐업보상을 할 수 있을 것이다.

Ⅴ 사안의 해결

연륙교 사업에 의한 도선사업에 대한 피해는 예견·특정가능한 특별한 희생이기에 토지보상법 제64조를 유추적용하여 손실보상을 받을 수 있을 것이다.

대법원 2013.6.14, 2010다9658[손실보상금등][공2013하,1209]

[판시사항]

[1] 면허를 받아 도선사업을 영위하던 갑 농협협동조합이 연륙교 건설 때문에 항로권을 상실하였다며 연륙교 건설사업을 시행한 지방자치단체를 상대로 구 공공용지의 취득 및 손실보상에 관한 특례법 시행규칙 제23조, 제23조의6 등을 유추적용하여 손실보상할 것을 구한 사안에서, 위 항로권은 도선사업의 영업권과 별도로 손실보상의 대상이 되는 권리가 아니라고 본 원심판단을 정당하다고 한 사례

[2] 구 공공용지의 취득 및 손실보상에 관한 특례법 시행규칙 제23조의5에서 정한 '배후지'의 의미 및 공공사업 시행지구 밖에서 영업을 영위하던 사업자에게 공공사업 시행 후에도 그 영업의 고객이 소재하는 지역이 그대로 남아 있는 상태에서 고객이 공공사업 시행으로 설치된 시설 등을 이용하고 사업자가 제공하는 시설이나 용역은 이용하지 않게 되었다는 사정이 '배후지 상실'에 해당하는지 여부(소극)

[3] 공공사업의 시행으로 손해를 입었다고 주장하는 자가 보상받을 권리를 가졌는지 판단하는 기준 시점(=공공사업 시행 당시)

[판결요지]

[1] 면허를 받아 도선사업을 영위하던 갑 농협협동조합이 연륙교 건설 때문에 항로권을 상실하였다며 연륙교 건설사업을 시행한 지방자치단체를 상대로 구 공공용지의 취득 및 손실보상에 관한 특례법 시행규칙(2002.12.31. 건설교통부령 제344호 공익사업을 위한 토지 등의 취득 및 보상에 관한 법률 시행규칙 부칙 제2조로 폐지) 제23조, 제23조의6 등을 유추적용하여 손실보상할 것을 구한 사안에서, 항로권은 구 공공용지의 취득 및 손실보상에 관한 특례법(2002.2.4. 법률 제6656호 공익사업을 위한 토지 등의 취득 및 보상에 관한 법률 부칙 제2조로 폐지) 등 관계 법령에서 간접손실의 대상으로 규정하고 있지 않고, 항로권의 간접손실에 대해 유추적용할 만한 규정도 찾아볼 수 없으므로, 위 항로권은 도선사업의 영업권 범위에 포함하여 손실보상 여부를 논할 수 있을 뿐 이를 손실보상의 대상이 되는 별도의 권리라고 할 수 없다고 본 원심판단을 정당하다고 한 사례

[2] 구 공공용지의 취득 및 손실보상에 관한 특례법 시행규칙(2002.12.31. 건설교통부령 제344호 공익사업을 위한 토지 등의 취득 및 보상에 관한 법률 시행규칙 부칙 제2조로 폐지) 제23조의5는 "공공사업 시행지구 밖에서 관계 법령에 의하여 면허 또는 허가 등을 받거나 신고를 하고 영업을 하고 있는 자가 공공사업의 시행으로 인하여 그 배후지의 3분의 2 이상이 상실되어 영업을 할 수 없는 경우에는 제24조 및 제25조의 규정에 의하여 그 손실액을 평가하여 보상한다."고 규정하고 있다. 여기서 '배후지'란 '당해 영업의 고객이 소재하는 지역'을 의미한다고 풀이되고, 공공사업 시행지구 밖에서 영업을 영위하여 오던 사업자에게 공공사업의 시행 후에도 당해

영업의 고객이 소재하는 지역이 그대로 남아 있는 상태에서 그 고객이 공공사업의 시행으로 설치된 시설 등을 이용하고 사업자가 제공하는 시설이나 용역 등은 이용하지 않게 되었다는 사정은 여기서 말하는 '배후지의 상실'에 해당한다고 볼 수 없다.

[3] 손실보상은 공공사업의 시행과 같이 적법한 공권력의 행사로 가하여진 재산상의 특별한 희생에 대하여 전체적인 공평부담의 견지에서 인정되는 것이므로, 공공사업의 시행으로 손해를 입었다고 주장하는 자가 보상을 받을 권리를 가졌는지는 해당 공공사업의 시행 당시를 기준으로 판단하여야 한다.

[이 유]

1. 상고이유 제1점에 대하여

원심은, 원고가 도선사업면허를 받음에 따라 취득하였다고 주장하는 항로권은 구 공공용지의 취득 및 손실보상에 관한 특례법(2002.2.4. 법률 제6656호로 폐지되기 전의 것) 등 관계 법령에서 간접손실의 대상으로 규정하고 있지 아니하고, 항로권의 간접손실에 대하여 유추적용할 만한 규정도 찾아볼 수 없으므로, 원고가 주장하는 항로권은 도선사업의 영업권의 범위에 포함하여 손실보상 여부를 논할 수 있을 뿐 이를 손실보상의 대상이 되는 별도의 권리라고 볼 수 없다고 판단하여, 항로권에 대하여 구 공공용지의 취득 및 손실보상에 관한 특례법 시행규칙(2002. 12. 31 건설교통부령 제344호로 폐지되기 전의 것, 이하 '구 공특법 시행규칙'이라고 한다) 제23조, 제23조의6 등을 유추적용하여 손실보상을 하여야 한다는 원고의 주장을 배척하였다.

관계 법령과 기록에 비추어 살펴보면, 원심의 위와 같은 판단은 정당하고, 거기에 상고이유에서 주장하는 바와 같은 손실보상의 대상이 되는 권리나 구 공특법 시행규칙상 간접손실 보상규정의 유추적용에 관한 법리오해 등의 위법이 없다.

2. 상고이유 제2점에 대하여

가. 구 공특법 시행규칙 제23조의5는 "공공사업 시행지구 밖에서 관계 법령에 의하여 면허 또는 허가 등을 받거나 신고를 하고 영업을 하고 있는 자가 공공사업의 시행으로 인하여 그 배후지의 3분의 2 이상이 상실되어 영업을 할 수 없는 경우에는 제24조 및 제25조의 규정에 의하여 그 손실액을 평가하여 보상한다."고 규정하고 있다. 여기서 '배후지'라 함은 '당해 영업의 고객이 소재하는 지역'을 의미한다고 풀이되고, 공공사업 시행지구 밖에서 영업을 영위하여 오던 사업자에게 공공사업의 시행 후에도 당해 영업의 고객이 소재하는 지역이 그대로 남아 있는 상태에서 그 고객이 공공사업의 시행으로 설치된 시설 등을 이용하고 사업자가 제공하는 시설이나 용역 등은 이용하지 않게 되었다는 사정은 여기서 말하는 '배후지의 상실'에 해당한다고 볼 수 없다.

나. 원심은, 이 사건 연륙교(連陸橋)가 2008.5.22.경 완공되어 도로가 개통된 이후 인근 주민 등이 이 사건 연륙교를 이용하고 원고가 해상운송수단으로 제공하는 선박들을 이용하지 아니함으로써 원고의 도선사업이 폐지되었다는 사정만으로 피고의 이 사건 연륙교 가설사업의 시행으로 인하여 원고의 도선사업 배후지가 3분의 2 이상 상실되어 영업을 할 수 없는 경우에 해당한다고 볼 수 없다는 취지로 판단하였다.

앞에서 본 법리와 기록에 비추어 살펴보면, 원심의 위와 같은 판단은 정당하고, 거기에 상고이유에서 주장하는 바와 같은 구 공특법 시행규칙 제23조의5 소정의 배후지 내지 배후지 상실에 관한 법리오해 등의 위법이 없다.

3. 상고이유 제3점에 대하여

가. 손실보상은 공공사업의 시행과 같이 적법한 공권력의 행사로 가하여진 재산상의 특별한 희생에 대하여 전체적인 공평부담의 견지에서 인정되는 것이므로, 공공사업의 시행으로 손해를 입었다고 주장하는 자가 보상을 받을 권리를 가졌는지의 여부는 해당 공공사업의 시행 당시를 기준으로 판단하여야 한다(대법원 2002.11.26, 2001다44352, 대법원 2004.10.27, 2004다27020, 27037 등 참조).

나. 원심이 확정한 사실관계에 의하면, 피고는 1995년 12월 무렵부터 2000년 6월 무렵까지 사이에 국가지원 지방도의 예비 타당성 조사, 도로 기본설계, 연륙교 가설공사 입찰 공고, 실시설계 및 환경성 검토를 거친 다음, 2000.8.25. 도로구역 결정고시를 하고 그 무렵 이 사건 연륙교 가설공사에 착수한 사실을 알 수 있다.

한편 원고가 이 사건 연륙교가 건설·개통됨에 따라 원고의 도선사업이 폐지됨으로써 입게 된 손실을 보상하는 데 유추적용되어야 한다고 주장하는 해운법의 손실보상 관련 규정은 2006.10.4. 법률 제8046호로 개정된 해운법(이하 '구 해운법'이라고 한다) 제49조의2에 비로소 신설되어 2007.4.5.부터 시행되었는데, 그 부칙에는 위 제49조의2를 소급하여 적용하도록 하는 규정이 없고, 2007.4.11. 법률 제8381호로 전부 개정된 해운법(이하 '개정 해운법'이라고 한다)은 제43조에서 위 제49조의2와 같은 내용의 손실보상 관련 규정을 두었는데, 그 부칙에서도 위 제43조의 소급 적용에 관한 규정을 두지 않고 있다.

이를 앞에서 본 법리에 비추어 보면, 원고가 피고를 상대로 이 사건 연륙교가 건설·개통됨에 따라 원고의 도선사업이 폐지됨으로써 입게 된 손실에 대하여 보상을 청구할 수 있는지 여부는 이 사건 사업시행 당시를 기준으로 판단하여야 하는데, 그 당시에는 해운법에 위와 같은 손실을 보상하도록 하는 규정이 존재하지 아니하였고, 이 사건 연륙교 가설사업 시행 후에 비로소 신설된 구 해운법 제49조의2나 개정 해운법 제43조를 이 사건 연륙교 가설사업 시행 당시에 소급하여 유추적용할 수는 없으므로, 원고는 위 각 규정의 유추적용에 의하여 피고에 대하여 손실보상청구권을 취득하였다고 주장할 수 없다.

원심의 이유설시에 다소 미흡한 점이 없지 아니하나, 구 해운법 제49조의2 혹은 개정 해운법 제43조가 이 사건에 유추적용될 수 있음을 전제로 한 원고의 손실보상청구를 배척한 것은 정당하고, 거기에 상고이유에서 주장하는 바와 같은 손실보상 규정의 유추적용 및 헌법 제23조 제3항의 해석·적용에 관한 법리오해 등의 위법이 없다.

📝 판례사례 46 간접손실보상/보상금증감청구소송/관련청구소송의 이송 및 병합/정신적 손실보상

국토교통부장관은 2009.4.16. 국토교통부고시 제2009-185호로 충청북도 청원군, 충청남도 연기군, 공주시, 논산시, 전라북도 익산시, 김제시, 정읍시, 전라남도 장성군, 광주광역시 광산구 일원 7,765,426m²에 피고 공단을 사업시행자로 하여 고속철도를 건설하는 내용의 '호남고속철도 건설사업(오송~광주송정)'에 대한 실시계획을 승인하고 이를 고시하였다. 이에 한국철도시설공단은 2009.12.4.부터 2014.9.경까지 노반, 궤도, 전차선 공사 등 이 사건 노선의 주요 구조물 시공을 완료하였고, 2014.9.1.부터 2014.9.30.까지 사전 점검을 하였으며, 2014.11.10.부터 2015.1.23.까지 시설물 검증을, 2015.1.26.부터 2015.2.28.까지 영업시운전을 마친 뒤 2015.4.2. 호남고속철도를 개통하였다. 갑은 호남고속철도 인근에서 희망잠업사라는 상호로 사업인정고시일 전부터 사업자등록을 행하고 양잠업을 하고 있는 사람이다. 그런데 호남고속철도 개통으로 인하여 수인한도를 초과하는 소음 및 진동이 발생하였고 그로 인하여 잠업사에서 생산하는 누에씨의 품질저하, 위 누에씨를 공급받는 전라북도 농업기술원 종자사업소의 누에씨 수령 거부, 잠업농가의 누에씨 수령 거부 등의 피해가 발생하여 더 이상 해당 장소에서 영업을 행하는 것이 불가하였다. 2017.2.15. 갑은 영업시설의 이전비 및 영업(휴업)손실 1,000,000,000원과 위자료 50,000,000만원의 보상을 청구하였으나 사업시행자는 이를 거부하였고, 중앙토지수용위원회에 재결신청을 하였으나 보상대상이 아니라고 하여 기각재결을 받았다.

(1) 갑은 영업손실보상을 청구할 수 있는가? 〔20점〕

(2) 갑은 중앙토지수용위원회의 기각재결에 대해서 어떠한 방법으로 구제받을 수 있는가? 〔10점〕

(3) 행정법원과 민사법원에 손실보상청구와 손해배상청구를 동시에 제기할 수 있는가? 동시에 제기할 수 없다면 어떠한 형태로 소를 제기해야 하는가? 갑은 구제받을 수 있는가? 〔10점〕

(4) 갑은 위자료에 대해서 보상받을 수 있는가? 〔10점〕

👆 참조 조문

환경정책기본법 제44조(환경오염의 피해에 대한 무과실책임)
① 환경오염 또는 환경훼손으로 피해가 발생한 경우에는 해당 환경오염 또는 환경훼손의 원인자가 그 피해를 배상하여야 한다.

행정소송법 제10조(관련청구소송의 이송 및 병합)
① 취소소송과 다음 각호의 1에 해당하는 소송(이하 "關聯請求訴訟"이라 한다)이 각각 다른 법원에 계속되고 있는 경우에 관련청구소송이 계속된 법원이 상당하다고 인정하는 때에는 당사자의 신청 또는 직권에 의하여 이를 취소소송이 계속된 법원으로 이송할 수 있다.
　1. 당해 처분등과 관련되는 손해배상·부당이득반환·원상회복등 청구소송
　2. 당해 처분등과 관련되는 취소소송
② 취소소송에는 사실심의 변론종결시까지 관련청구소송을 병합하거나 피고외의 자를 상대로 한 관련청구소송을 취소소송이 계속된 법원에 병합하여 제기할 수 있다.

> **행정소송법 제44조(준용규정)**
> ② 제10조의 규정은 당사자소송과 관련청구소송이 각각 다른 법원에 계속되고 있는 경우의 이송과 이들 소송의 병합의 경우에 준용한다.

(설문 1)의 해결

Ⅰ 쟁점의 정리

Ⅱ 간접손실보상의 의의와 근거 및 성격
  1. 간접손실보상의 의의 및 근거
  2. 간접손실보상의 성격

Ⅲ 간접손실보상의 요건
  1. 간접손실이 발생할 것(判例)
  2. 특별한 희생
  3. 보상규정의 존재
    (1) 토지보상법 제79조 및 보상법 시행규칙 관련규정
    (2) 보상규정이 결여된 간접보상의 가능 여부

Ⅳ 사안의 해결

(설문 2)의 해결

Ⅰ 쟁점의 정리

Ⅱ 보상금증감청구소송 대상인지
  1. 의의 및 취지
  2. 심리범위
    (1) 심리범위
    (2) 최근 판례의 태도

Ⅲ 사안의 해결

(설문 3)의 해결

Ⅰ 쟁점의 정리

Ⅱ 관련청구소송의 병합 및 소송의 이송
  1. 관련청구소송의 병합
    (1) 의의 및 취지
    (2) 종류
  2. 소송의 이송
    (1) 이송의 의의 및 취지
    (2) 행정소송법에 의한 이송
      1) 관련청구소송의 이송
      2) 이송의 효과

Ⅲ 사안의 해결

(설문 4)의 해결

Ⅰ 쟁점의 정리

Ⅱ 위자료가 손실보상의 대상인지
  1. 정신적 손해의 의미
  2. 견해의 대립 및 판례의 태도
    (1) 견해의 대립
    (2) 판례의 태도
  3. 검토

Ⅲ 사안의 해결

(설문 1)의 해결

I 쟁점의 정리

설문은 갑에게 영업손실보상청구권이 인정되는지가 문제된다. 사안의 해결을 위하여 토지보상법 시행규칙 제64조의 간접손실보상 규정이 적용되는지 등 간접손실보상에 대해서 검토한다.

II 간접손실보상의 의의와 근거 및 성격

1. 간접손실보상의 의의 및 근거

간접손실이란 공익사업의 시행으로 인하여 사업시행지 밖의 재산권자에게 필연적으로 발생하는 손실을 말하며, 이러한 손실을 보상하는 것을 간접손실보상이라 한다. 이론적 근거로는 사유재산의 보장과 공적부담앞의 평등의 원칙을 들 수 있으며, 헌법 제23조 제3항 및 토지보상법 제79조 제2항 및 시행규칙 제59조 내지 제65조에서 이와 관련된 내용을 규정하고 있다.

2. 간접손실보상의 성격

간접손실보상은 일반적으로 사회정책적 견지에서 인간다운 생활을 보상하고 유기체적인 생활을 종전의 상태로 회복하기 위한 측면을 갖는다. 따라서 손실이 있은 후에 행하는 사후적 보상의 성격을 갖고 재산권보상과 생활보상적 성격을 갖는다.

III 간접손실보상의 요건

1. 간접손실이 발생할 것(判例)

① 공공사업의 시행으로 사업시행지 이외의 토지소유자(제3자)가 입은 손실이어야 하고, ② 그 손실의 발생이 예견가능하며, ③ 손실의 범위가 구체적으로 특정될 수 있어야 한다.

2. 특별한 희생

특별한 희생이란 사회적 제약을 넘는 특별한 손해를 의미하며, ① 침해의 인적범위를 기준으로 판단하는 형식설과 ② 침해의 정도와 강도를 고려해서 판단하는 실질설을 모두 고려하여 각 사안의 개별, 구체성을 고려하는 것이 타당하다고 판단된다.

3. 보상규정의 존재

(1) 토지보상법 제79조 및 보상법 시행규칙 관련규정

토지보상법 제79조 제2항에서 공익사업 지구 밖에 있는 토지등에 대한 손실보상을 규정하고 있으며 동법 시행규칙 제59조 내지 제65조에서 소수잔존자, 대지, 건축물, 어업피해, 영업손실 등에 대해서 규정하고 있다. 이에 대한 보상은 해당 사업의 공사완료일부터 1년이 지난 경우에는 청구할 수 없다.

(2) 보상규정이 결여된 간접보상의 가능여부

보상규정이 결여된 경우에는 보상대상이 되지 않는다는 부정설과 헌법 제23조 제3항 및 관련 규정을 유추적용해야 한다는 긍정설이 대립된다. 판례는 토지보상법상 관련규정을 유추적용할 수 있다고 하여 긍정하는 입장이다.

Ⅳ 사안의 해결

토지보상법 시행규칙 제64조에서는 ① 시행규칙 제45조의 영업보상대상요건에 충족하고, ② 배후지의 2/3 이상 상실되어 영업을 계속할 수 없는 경우, ③ 진출입로의 단절, 그 밖의 사유로 휴업이 불가피한 경우를 요건으로 규정하고 있다. 그 밖의 사유에는 "공익사업의 시행으로 설치되는 시설의 형태·구조·사용 등에 기인하여 휴업이 불가피한 경우도 포함된다고 해석함이 타당하다.

갑은 철도운행으로 인한 소음·진동 등으로 누에씨의 품질저하 등 피해가 발생할 것이라는 것을 충분히 예견할 수 있고, 그 손실의 범위도 특정(사업자등록 등 매출신고자료를 기초로)할 수 있으므로, 공익사업의 시행으로 인하여 필연적으로 야기되는 손실에 해당한다.

그러나, 갑이 손실보상을 청구한 2017.2.15. 시점은 사업이 종료되고 시설이 운영되는 2015.4.2. 부터 1년이 경과하였기에 손실보상을 청구할 수 없을 것이다.

> ### ✍ 간접손실보상이 쟁점인 경우
>
> 특별한 희생에 해당됨에도 보상규정이 없는 경우라면 어떠한 근거로 보상을 해주어야 하는지 논의, 즉 보상규정이 없는 경우의 해결방안이 주된 쟁점이 될 것이다.
>
> 그런데, 만약 시행규칙 제59조 내지 제65조에 해당하는 경우라면 보상규정이 있기에 보상규정이 없는 경우의 논의는 필요치 않게 될 것이다. 각 규정은 지구 내의 보상규정과 달리 다소 추상적인 내용이 많기에 구체적인 사안의 사실관계가 이에 해당되는지가 문제된다.
>
> 2018두227 원심 판례에서는 사업지구 밖의 잠업사에 대해서, 고속철도의 운행으로 인한 소음·진동 등으로 발생한 피해는 특별한 희생에 해당하나 시행규칙 제64조를 직접 적용하지 않고 영업손실 보상에 관한 규정을 유추적용하여 보상을 긍정하였다.
>
> 그러나, 대법원은 당해 피해는 시행규칙 제64조에 해당하는 피해라고 하여 이를 직접근거로 보상을 받아야 한다고 판시하였다.

(설문 2)의 해결

I 쟁점의 정리

토지수용위원회가 보상대상이 아니라고 하여 기각재결을 한 경우에 토지수용위원회를 피고로 재결 취소소송을 제기해야 하는지, 아니면 사업시행자를 상대로 보상금증감청구소송을 제기하여야 하는지 가 문제된다. 보상금증감청구소송의 심리범위에 보상대상판단이 포함되는지를 중심으로 검토한다.

II 보상금증감청구소송 대상인지

1. 의의 및 취지

(보상재결에 대한) 보상금의 증감에 대한 소송으로서 사업시행자, 토지소유자는 각각 피고로 제기 하며(제85조 제2항), ① 보상재결의 취소 없이 보상금과 관련된 분쟁을 일회적으로 해결하여 ② 신속한 권리구제를 도모함에 취지가 있다.

2. 심리범위

(1) 심리범위

① 손실보상의 지급방법(채권보상여부포함)과 ② 적정손실보상액의 범위 및 보상액과 관련한 보상면적(잔여지수용등) 등은 심리범위에 해당한다. 판례는 ③ 지연손해금 역시 손실보상의 일 부이고, ④ 잔여지수용여부 및 ⑤ 개인별 보상으로서 과대, 과소항목의 보상항목간 유용도 심 리범위에 해당한다고 본다.

(2) 최근 판례의 태도

최근 판례는 심리범위에 손실을 어떻게 산정할 것인지 여부(보상대상의 범위) 및 당사자가 주 장하는 내용이 과연 필요한 것으로서 합리적인지 여부 등 보상항목의 세부요소에 포함되는지 여부도 본안에서 심리·판단할 사항이라고 판시하였다.

III 사안의 해결

어떤 보상항목이 공익사업을 위한 토지 등의 취득 및 보상에 관한 법령상 손실보상대상에 해당함에 도 관할 토지수용위원회가 사실을 오인하거나 법리를 오해함으로써 손실보상대상에 해당하지 않는 다고 잘못된 내용의 재결을 한 경우에는, 피보상자는 관할 토지수용위원회를 상대로 그 재결에 대 한 취소소송을 제기할 것이 아니라, 사업시행자를 상대로 구 공익사업을 위한 토지 등의 취득 및 보상에 관한 법률(2013.3.23. 법률 제11690호로 개정되기 전의 것) 제85조 제2항에 따른 보상금 증감소송을 제기하여야 한다.

(설문 3)의 해결

I 쟁점의 정리

설문은 손실보상과 손해배상요건이 경합되는 경우에 어떠한 방법으로 구제받을 수 있는지가 문제된다. 이의 해결을 위하여 관련청구소송의 병합과 이송에 대해서 검토한다.

II 관련청구소송의 병합 및 소송의 이송

1. 관련청구소송의 병합

(1) 의의 및 취지

행정소송법상 관련청구소송의 병합이라 함은 항고소송 및 당사자소송에 관련이 있는 청구소송을 병합하여 제기하는 것을 말한다. 이는 소송경제를 도모하고, 서로 관련 있는 사건 사이에 판결의 모순저촉을 피하기 위한 것이다.

(2) 종류

1) 원시적 병합과 후발적 병합

관련청구소송의 병합에는 계속 중인 소송에 관련청구소송을 병합하는 후발적 병합과 관련청구소송을 함께 제기하는 원시적 병합이 있다.

2) 객관적 병합

객관적 병합이란 당사자는 동일하나 청구가 다수인 경우를 말한다. ① 원고가 여러 개의 청구에 대하여 차례로 심판을 구하는 단순경합, ② 양립할 수 있는 여러 개의 청구를 하면서 그 중에 어느 하나의 인용을 구하는 선택적 병합, ③ 양립될 수 없는 여러 개의 청구를 하면서 제1차적(주위적) 청구가 기각·각하될 때를 대비하여 제2차적(예비적) 청구에 대하여 심판을 구하는 예비적 경합이 있다.

3) 주관적 병합

공동소송이란 1개의 소송절차에 여러 사람의 원고 또는 피고가 관여하는 소송형태를 말하는데, 이를 소의 주관적 병합이라고도 한다(취소소송에 국가배상청구소송을 병합하는 경우).

2. 소송의 이송

(1) 이송의 의의 및 취지

소송의 이송이라 함은 어느 법원에 일단 계속된 소송을 그 법원의 결정에 의하여 다른 법원으로 이전하는 것을 말한다.

(2) 행정소송법에 의한 이송

1) 관련청구소송의 이송

행정소송과 관련청구소송이 각각 다른 법원에 계속되고 있는 경우에 관련청구소송이 계속된 법원이 상당하다고 인정하는 때에는 당사자의 신청 또는 직권에 의하여 관련청구소송을 행정소송이 계속된 법원으로 이송할 수 있다(행정소송법 제10조 제1항).

2) 이송의 효과(이송결정의 기속력과 소송계속의 유지)

① 소송을 이송받은 법원은 이송결정에 따라야 하며, 소송을 이송받은 법원은 사건을 다시 다른 법원에 이송하지 못한다(민사소송법 제38조). 이를 이송의 기속력이라고 한다. ② 또한 이송결정이 확정된 때에는 소송은 처음부터 이송받은 법원에 계속된 것으로 본다(민사소송법 제40조 제1항).

Ⅲ 사안의 해결

토지보상법 제79조 제2항에 따른 간접손실보상과 환경정책기본법 제44조 제1항(환경오염의 피해에 대한 무과실책임)에 따른 손해배상은 근거 규정과 요건·효과를 달리하는 것으로서, 각 요건이 충족되면 성립하는 별개의 청구권이다.

다만 손실보상청구권에는 이미 '손해 전보'라는 요소가 포함되어 있어 실질적으로 같은 내용의 손해에 관하여 양자의 청구권을 동시에 행사할 수 있다고 본다면 이중배상의 문제가 발생하므로, 실질적으로 같은 내용의 손해에 관하여 양자의 청구권이 동시에 성립하더라도 영업자는 어느 하나만을 선택적으로 행사할 수 있을 뿐이고, 양자의 청구권을 동시에 행사할 수는 없다.

또한 '해당 사업의 공사완료일로부터 1년'이라는 손실보상 청구기간(토지보상법 제79조 제5항, 제73조 제2항)이 도과하여 손실보상청구권을 더 이상 행사할 수 없는 경우에도 손해배상의 요건이 충족되는 이상 여전히 손해배상청구는 가능하다.

따라서 갑은 손실보상청구와 손해배상청구를 각각 별도의 소로 제기할 수 없으며, 만약 이를 각각 제기한 경우에는 민사법원은 당사자의 신청 또는 직권으로 손해배상청구를 관련청구소송으로서 행정법원에 이송시켜야 할 것이다. 이는 후발적 병합, 선택적 병합 및 주관적 병합이 될 것이다.

설문상 손실보상 청구권은 청구기관의 도과로 더 이상 주장할 수 없으므로, 손해배상청구에 대해서 인용받을 수 있을 것이다.

> **✍ 답안 축약시**
>
> 간접손실보상청구권과 손해배상청구권은 각각의 권리로서 경합가능하나, 간접손실보상청구권은 청구기간이 도과되어 인용받기 어려울 것이다. 따라서 손해배상청구소송을 선택적 병합으로 제기하여 일회적인 권리보호를 도모할 수 있을 것이다.

✦ 선택적 병합 중요 유사문제[대법원 2014.4.24. 선고 2012두6773]

토지소유자 갑, 을, 병은 토지수용위원회를 상대로 잔여지 수용청구를 하였으나 토지수용위원회는 이를 받아들이지 않았다. 이에 갑, 을, 병은 잔여지 수용청구에 대한 거부에 대해서 항고소송을 제기하려고 한다. 갑, 을, 병은 공동소송의 형식으로 재결취소소송을 제기할 수 있는가? 이 경우 갑, 을, 병은 잔여지 감가보상을 선택적 병합으로 제기할 수 있는가? [10점]

1. 관련청구소송의 병합

   행정소송법상 관련청구소송의 병합이라 함은 취소소송 또는 무효등확인소송에 당해 취소소송 등과 관련이 있는 청구소송(관련청구소송)을 병합하여 제기하는 것을 말한다. 이는 소송경제를 도모하고, 서로 관련 있는 사건 사이에 판결의 모순저촉을 피하기 위한 것이다.

2. 선택적 병합과 예비적 병합

   (1) 선택적 병합

   양립할 수 있는 여러 개의 청구를 하면서 그 중에 어느 하나가 인용되면 원고의 소의 목적을 달할 수 있기 때문에 다른 청구에 대해서는 심판을 바라지 않는 형태의 병합이다. 법원은 이유 있는 청구 어느 하나를 선택하여 원고청구를 인용하면 된다. 논리적으로 양립할 수 없는 여러 개의 청구는 예비적 병합청구는 할 수 있지만 선택적 병합청구를 할 수 없다.

   (2) 예비적 병합

   양립될 수 없는 여러 개의 청구를 하면서 제1차적(주위적) 청구가 기각·각하될 때를 대비하여 제2차적(예비적) 청구에 대하여 심판을 구하는 것을 말한다. 제1차적 청구를 먼저 심리하여 보고 인용되면 제2차적 청구에 대해서는 더 나아가 심판할 필요가 없게 된다.

3. 사안의 경우

   갑, 을, 병에 대한 재결취소소송 및 잔여지 감가보상청구는 내용적으로 양립될 수 없는 청구인 바, 이에 대한 선택적 병합청구는 인용되기 어려울 것이다. 이 경우 재결취소소송을 주된 소송으로 제기하면서 잔여지 감가보상을 예비적 청구로 제기해야 할 것이다.

(설문 4)의 해결

I 쟁점의 정리

정신적 손해, 즉 위자료가 손실보상의 대상에 해당되는지가 문제된다. 관련된 학설과 판례를 검토하여 사안을 해결한다.

II 위자료가 손실보상의 대상인지

1. 정신적 손해의 의미

정신적 손해란 피해자가 느끼는 고통, 불쾌감 등 정신상태에 발생한 불이익이라고 한다. 공익사업으로 인한 정신적 손해로는 ① 공익사업의 시행으로 인한 소음, 진동 등에 의한 불쾌감, ② 공공사업으로 인하여 조상전래의 전·답으로부터 떠나는 것에 대한 정신적 고통 등이 있다.

2. 견해의 대립 및 판례의 태도

(1) 견해의 대립

① 정신적 손실은 사회적 수인의무 범위에 속하며 재산적 보상에 의해 정신적 고통은 회복된다고 보는 견해와 ② 정신적 고통과 재산상 손실은 무관하므로 재산보상으로 치유된다고 볼 수 없다고 보는 견해가 있다.

(2) 판례의 태도

판례는 원칙적으로 부정하나, 재산적 손해의 배상만으로는 회복될 수 없는 정신적 고통을 입었다는 특별한 사정이 있고, 피고 공단이 이와 같은 사정을 알았거나 알 수 있었을 경우에 한하여 정신적 고통에 대한 위자료를 인정할 수 있다고 본다(2013구합1661).

3. 검토

정신적 손실이 수인한도를 넘는 경우에는 보상함이 타당하다. 실무상으로는 일부에서 사례금, 답례금, 위로금, 감사금, 협력금 등의 명목으로 지불되는 경우가 있다. 사업의 원활한 진행과 복리국가적 요구에서 입법적인 보완이 요구된다.

III 사안의 해결

설문상 고속철도 운행으로 인한 잠업사의 피해는 재산적 손해의 배상으로 그 경제적 가치가 모두 보전될 수 있는 것으로 보이므로 위자료에 대한 손해는 인정되기 어려울 것이다.

 **대법원 2019.11.28, 2018두227**

[판시사항]

[1] 공익사업을 위한 토지 등의 취득 및 보상에 관한 법률 시행규칙 제64조 제1항 제2호에서 정한 공익사업시행지구 밖 영업손실보상의 요건인 '공익사업의 시행으로 인한 그 밖의 부득이한 사유로 일정 기간 동안 휴업이 불가피한 경우'에 공익사업의 시행 결과로 휴업이 불가피한 경우가 포함되는지 여부(적극)

[2] 실질적으로 같은 내용의 손해에 관하여 공익사업을 위한 토지 등의 취득 및 보상에 관한 법률 제79조 제2항에 따른 손실보상과 환경정책기본법 제44조 제1항에 따른 손해배상청구권이 동시에 성립하는 경우, 영업자가 두 청구권을 동시에 행사할 수 있는지 여부(소극) 및 '해당 사업의 공사완료일로부터 1년'이라는 손실보상 청구기간이 지나 손실보상청구권을 행사할 수 없는 경우에도 손해배상청구가 가능한지 여부(적극)

[3] 공익사업으로 인하여 공익사업시행지구 밖에서 영업을 휴업하는 자가 공익사업을 위한 토지 등의 취득 및 보상에 관한 법률 제34조, 제50조 등에 규정된 재결절차를 거치지 않은 채 곧바로 사업시행자를 상대로 공익사업을 위한 토지 등의 취득 및 보상에 관한 법률 시행규칙 제47조 제1항에 따라 영업손실에 대한 보상을 청구할 수 있는지 여부(소극)

[4] 어떤 보상항목이 공익사업을 위한 토지 등의 취득 및 보상에 관한 법령상 손실보상대상에 해당함에도 관할 토지수용위원회가 사실을 오인하거나 법리를 오해함으로써 손실보상대상에 해당하지 않는다고 잘못된 내용의 재결을 한 경우, 피보상자가 제기할 소송과 그 상대방

[판결요지]

[1] 모든 국민의 재산권은 보장되고, 공공필요에 의한 재산권의 수용 등에 대하여는 정당한 보상을 지급하여야 하는 것이 헌법의 대원칙이고(헌법 제23조), 법률도 그런 취지에서 공익사업의 시행 결과 공익사업의 시행이 공익사업시행지구 밖에 미치는 간접손실 등에 대한 보상의 기준 등에 관하여 상세한 규정을 마련해 두거나 하위법령에 세부사항을 정하도록 위임하고 있다. 이러한 공익사업시행지구 밖의 영업손실은 공익사업의 시행과 동시에 발생하는 경우도 있지만, 공익사업에 따른 공공시설의 설치공사 또는 설치된 공공시설의 가동·운영으로 발생하는 경우도 있어 그 발생원인과 발생시점이 다양하므로, 공익사업시행지구 밖의 영업자가 발생한 영업상 손실의 내용을 구체적으로 특정하여 주장하지 않으면 사업시행자로서는 영업손실보상금 지급의무의 존부와 범위를 구체적으로 알기 어려운 특성이 있다. 공익사업을 위한 토지 등의 취득 및 보상에 관한 법률 제79조 제2항에 따른 손실보상의 기한을 공사완료일부터 1년 이내로 제한하면서도 영업자의 청구에 따라 보상이 이루어지도록 규정한 것[공익사업을 위한 토지 등의 취득 및 보상에 관한 법률 시행규칙(이하 '시행규칙'이라 한다) 제64조 제1항]이나 손실보상의 요건으로서 공익사업시행지구 밖에서 발생하는 영업손실의 발생원인에 관하여 별다른 제한 없이 '그 밖의 부득이한 사유'라는 추상적인 일반조항을 규정한 것(시행규칙 제64조 제1항 제2호)은 간접손실로서 영업손실의 이러한 특성을 고려한 결과이다.

위와 같은 공익사업시행지구 밖 영업손실보상의 특성과 헌법이 정한 '정당한 보상의 원칙'에 비추어 보면, 공익사업시행지구 밖 영업손실보상의 요건인 '공익사업의 시행으로 인한 그 밖의

부득이한 사유로 일정 기간 동안 휴업이 불가피한 경우'란 공익사업의 시행 또는 시행 당시 발생한 사유로 휴업이 불가피한 경우만을 의미하는 것이 아니라 공익사업의 시행 결과, 즉 그 공익사업의 시행으로 설치되는 시설의 형태·구조·사용 등에 기인하여 휴업이 불가피한 경우도 포함된다고 해석함이 타당하다.

[2] 공익사업을 위한 토지 등의 취득 및 보상에 관한 법률(이하 '토지보상법'이라 한다) 제79조 제2항(그 밖의 토지에 관한 비용보상 등)에 따른 손실보상과 환경정책기본법 제44조 제1항(환경오염의 피해에 대한 무과실책임)에 따른 손해배상은 근거 규정과 요건·효과를 달리하는 것으로서, 각 요건이 충족되면 성립하는 별개의 청구권이다. 다만 손실보상청구권에는 이미 '손해 전보'라는 요소가 포함되어 있어 실질적으로 같은 내용의 손해에 관하여 양자의 청구권을 동시에 행사할 수 있다고 본다면 이중배상의 문제가 발생하므로, 실질적으로 같은 내용의 손해에 관하여 양자의 청구권이 동시에 성립하더라도 영업자는 어느 하나만을 선택적으로 행사할 수 있을 뿐이고, 양자의 청구권을 동시에 행사할 수는 없다. 또한 '해당 사업의 공사완료일로부터 1년'이라는 손실보상 청구기간(토지보상법 제79조 제5항, 제73조 제2항)이 도과하여 손실보상청구권을 더 이상 행사할 수 없는 경우에도 손해배상의 요건이 충족되는 이상 여전히 손해배상청구는 가능하다.

[3] 공익사업을 위한 토지 등의 취득 및 보상에 관한 법률(이하 '토지보상법'이라 한다) 제26조, 제28조, 제30조, 제34조, 제50조, 제61조, 제79조, 제80조, 제83조 내지 제85조의 규정 내용과 입법 취지 등을 종합하면, 공익사업으로 인하여 공익사업시행지구 밖에서 영업을 휴업하는 자가 사업시행자로부터 공익사업을 위한 토지 등의 취득 및 보상에 관한 법률 시행규칙 제47조 제1항에 따라 영업손실에 대한 보상을 받기 위해서는, 토지보상법 제34조, 제50조 등에 규정된 재결절차를 거친 다음 그 재결에 대하여 불복이 있는 때에 비로소 토지보상법 제83조 내지 제85조에 따라 권리구제를 받을 수 있을 뿐이다. 이러한 재결절차를 거치지 않은 채 곧바로 사업시행자를 상대로 손실보상을 청구하는 것은 허용되지 않는다.

[4] 어떤 보상항목이 공익사업을 위한 토지 등의 취득 및 보상에 관한 법령상 손실보상대상에 해당함에도 관할 토지수용위원회가 사실을 오인하거나 법리를 오해함으로써 손실보상대상에 해당하지 않는다고 잘못된 내용의 재결을 한 경우에는, 피보상자는 관할 토지수용위원회를 상대로 그 재결에 대한 취소소송을 제기할 것이 아니라, 사업시행자를 상대로 공익사업을 위한 토지 등의 취득 및 보상에 관한 법률 제85조 제2항에 따른 보상금증감소송을 제기하여야 한다.

 **판례사례 47** 지구 밖 토지에 대한 권리구제수단 종합

갑은 주택(지목 '대')에 거주하면서 인접토지(지목 '답')에서 벼농사를 지으며 살아왔다. 을은 사업시행자로서 철도시설 설치사업을 시행하였고 갑의 주택은 사업구역에 편입되어 보상금 지급이 완료되었다. 그런데 철도시설의 운행으로 인한 소음 때문에 인접토지에서 벼농사를 짓는 것에 현저한 어려움을 겪고 있다. 갑은 당해 주택에서 거주하면서 인접토지에서 농사를 짓고 있었기에 이는 서로 유기적으로 연결된 생활방식으로서 토지보상법 제74조 제1항의 일단의 토지에 해당한다고 한다. 따라서 인접토지에 대해서 잔여지매수를 해주거나 간접손실보상을 해줄 것을 선택적 청구로 법원에 제기하였다. 이에, 예비적으로 고속철도가 운행됨으로 인한 잔여지 가치하락에 대한 손실(예비적 청구 중 제1선택적 청구) 및 공작물의 하자로 인한 손해배상청구(예비적 청구 제2 선택적 청구)를 하였다.

(1) 철도시설 운행으로 인한 소음이 수인한도를 넘는 경우와 그렇지 않은 경우로 나누어서 어떠한 권리구제가 가능한지를 논하시오. 30점

(2) 잔여지 매수청구와 감가보상을 선택적 청구로 제기할 수 있는가? 10점

 **관련 규정**

토지보상법

제73조(잔여지의 손실과 공사비 보상)

① 사업시행자는 동일한 소유자에게 속하는 일단의 토지의 일부가 취득되거나 사용됨으로 인하여 잔여지의 가격이 감소하거나 그 밖의 손실이 있을 때 또는 잔여지에 통로·도랑·담장 등의 신설이나 그 밖의 공사가 필요할 때에는 국토교통부령으로 정하는 바에 따라 그 손실이나 공사의 비용을 보상하여야 한다. 다만, 잔여지의 가격 감소분과 잔여지에 대한 공사의 비용을 합한 금액이 잔여지의 가격보다 큰 경우에는 사업시행자는 그 잔여지를 매수할 수 있다. 〈개정 2013.3.23.〉

제74조(잔여지 등의 매수 및 수용 청구)

① 동일한 소유자에게 속하는 일단의 토지의 일부가 협의에 의하여 매수되거나 수용됨으로 인하여 잔여지를 종래의 목적에 사용하는 것이 현저히 곤란할 때에는 해당 토지소유자는 사업시행자에게 잔여지를 매수하여 줄 것을 청구할 수 있으며, 사업인정 이후에는 관할 토지수용위원회에 수용을 청구할 수 있다. 이 경우 수용의 청구는 매수에 관한 협의가 성립되지 아니한 경우에만 할 수 있으며, 사업완료일까지 하여야 한다.

토지보상법 시행규칙

제59조(공익사업시행지구밖의 대지 등에 대한 보상)

공익사업시행지구밖의 대지(조성된 대지를 말한다)·건축물·분묘 또는 농지(계획적으로 조성된 유실수단지 및 죽림단지를 포함한다)가 공익사업의 시행으로 인하여 산지나 하천 등에 둘러싸여 교통이 두절되거나 경작이 불가능하게 된 경우에는 그 소유자의 청구에 의하여 이를 공익사업시행지구에 편입되는 것으로 보아 보상하여야 한다. 다만, 그 보상비가 도로 또는 도선시설의 설치비용을 초과하는 경우에는 도로 또는 도선시설을 설치함으로써 보상에 갈음할 수 있다.

국가배상법

제5조 (공공시설 등의 하자로 인한 책임)

① 도로·하천, 그 밖의 공공의 영조물의 설치나 관리에 하자가 있기 때문에 타인에게 손해를 발생하게 하였을 때에는 국가나 지방자치단체는 그 손해를 배상하여야 한다. 이 경우 제2조 제1항 단서, 제3조 및 제3조의2를 준용한다.

② 제1항을 적용할 때 손해의 원인에 대하여 책임을 질 자가 따로 있으면 국가나 지방자치단체는 그 자에게 구상할 수 있다.

민법

제758조(공작물등의 점유자, 소유자의 책임)

① 공작물의 설치 또는 보존의 하자로 인하여 타인에게 손해를 가한 때에는 공작물점유자가 손해를 배상할 책임이 있다. 그러나 점유자가 손해의 방지에 필요한 주의를 해태하지 아니한 때에는 그 소유자가 손해를 배상할 책임이 있다.

환경정책기본법

제44조(환경오염의 피해에 대한 무과실책임)

① 환경오염 또는 환경훼손으로 피해가 발생한 경우에는 해당 환경오염 또는 환경훼손의 원인자가 그 피해를 배상하여야 한다.

(설문 1)의 해결

Ⅰ 쟁점의 정리

Ⅱ 잔여지 매수청구의 인용여부
  1. 잔여지 매수청구의 의의 및 취지
  2. 잔여지 매수청구의 요건
  3. 사안의 경우

Ⅲ 간접손실보상청구의 인용여부
  1. 간접손실보상의 의의
  2. 간접손실보상의 요건
  3. 보상규정이 없는 경우의 해결방안
    (1) 토지보상법 제79조 제4항을 일반적 근거조항으로 볼 수 있는지 여부
    (2) 보상규정이 결여된 경우
  4. 사안의 경우

Ⅳ 잔여지 감가손실청구의 인용여부
  1. 잔여지 감가손실보상의 의의
  2. 잔여지 감가손실보상의 요건
  3. 잔여지의 가치손실보상의 범위
  4. 사안의 경우

Ⅴ 손해배상청구의 인용여부
  1. 민법 제758조 및 국가배상법 제5조상 손해배상책임 인정여부
  2. 환경정책 기본법상 배상책임 인정여부
  3. 사안의 경우

Ⅵ 사안의 해결

(설문 2)의 해결
  1. 쟁점의 정리
  2. 관련청구소송의 선택적 병합과 예비적 병합
    (1) 관련청구소송의 병합
    (2) 선택적 병합
    (3) 예비적 병합
  3. 사안의 경우

I 쟁점의 정리

설문은 공익사업지구 밖의 농지에 대하여 ① 잔여지 매수청구 및 간접손실보상 청구가 인정될 수 있는지와 ② 매수청구가 인정되지 않는다면 잔여지 감가보상 및 손해배상이 인정될 수 있는지가 문제된다.

이는 철도시설 운영으로 인한 소음이 주된 원인이 되는 바, 철도시설 운행으로 인한 소음피해가 수인한도를 넘는 경우와 넘지 않는 경우를 구분하여 각 청구가 인용될 수 있는지를 검토한다.

II 잔여지 매수청구의 인용여부

1. 잔여지 매수청구의 의의 및 취지

잔여지 수용이란 동일한 토지소유자에 속하는 일단[2]의 토지(용도상 불가분[3]) 중 잔여지를 매수 또는 수용청구 하는 것을 말한다. 이는 손실보상책의 일환으로 부여된 것으로서 피수용자의 권리보호에 취지가 인정된다.

2. 잔여지 매수청구의 요건

토지보상법 시행령 제39조에서는 ① 동일한 소유자의 토지일 것, ② 일단의 토지 중 일부가 편입될 것, ③ 잔여지를 종래의 목적으로 이용하는 것이 현저히 곤란할 것을 요건으로 규정하고 있다. '종래의 목적'이라 함은 수용재결 당시에 당해 잔여지가 현실적으로 사용되고 있는 구체적인 용도를 의미하고, '사용하는 것이 현저히 곤란한 때'라고 함은 물리적으로 사용하는 것이 곤란하게 된 경우는 물론 사회적, 경제적으로 사용하는 것이 곤란하게 된 경우, 즉 절대적으로 이용 불가능한 경우만이 아니라 이용은 가능하나 많은 비용이 소요되는 경우를 포함한다고 할 것이다(2017두30252).

3. 사안의 경우

토지소유자의 주장대로 주택과 인접농지가 유기적으로 연결된 동일 생활권이라 하더라도 이는 토지보상법 제74조 제1항에서 규정하고 있는 '일단의 토지 중 일부가 편입'된 것으로 볼 수 없다. '일단의 토지'라 함은 편입 시점에 있어서의 객관적인 현황 내지 이용상황을 기준으로 할 때 동일한 목적에 제공되고 있었던 일체의 토지를 말한다(2000두1362). 따라서 잔여지 매수청구는 기각될 것이다.

---

2) 1필지의 토지만을 가리키는 것이 아니라 일반적인 이용 방법에 의한 객관적인 상황이 동일한 수필지의 토지를 포함한다(2017두30252).

3) '용도상 불가분의 관계에 있는 경우'라 함은 일단의 토지로 이용되고 있는 상황이 사회적·경제적·행정적 측면에서 합리적이고 당해 토지의 가치형성적 측면에서도 타당하다고 인정되는 관계에 있는 경우를 말하며(2005두1428), 일시적인 이용상황 등을 고려해서는 안 된다(2016두940).

Ⅲ 간접손실보상청구의 인용여부

1. 간접손실보상의 의의

간접손실이란 공익사업의 시행으로 인하여 사업시행지 밖의 재산권자에게 필연적으로 발생하는 손실을 말하며, 사업시행지내의 토지소유자가 입은 부대적 손실과 구별된다.

2. 간접손실보상의 요건

① 공공사업의 시행으로 사업시행지 이외의 토지소유자(제3자)가 입은 손실이어야 하고, ② 그 손실의 발생이 예견가능하며, ③ 손실의 범위가 구체적으로 특정될 수 있어야 한다(특별한 희생에 해당하는 경우에도 특정성요건을 추가하는 것은 간접손실의 특성상 보상대상을 제한한다는 비판이 있다).

3. 보상규정이 없는 경우의 해결방안

(1) 토지보상법 제79조 제4항을 일반적 근거조항으로 볼 수 있는지 여부

토지보상법 제79조 제4항에서는 공익사업의 시행으로 인하여 발생하는 손실의 보상을 규정하고 있는데, 이에 대해서 동 규정을 ① 보상이 필요하지만 법률에 규정되지 못한 경우의 개괄수권조항으로 보는 견해와 ② 기타 손실보상에 대한 일반적 근거조항으로 보는 견해가 있다.

(2) 보상규정이 결여된 경우의 간접손실보상의 근거

1) 학설

① 보상부정설은 시행규칙 제59조 내지 제65조에서 간접보상이 모두 해결된다고 본다. ② 유추적용설은 헌법 제23조 제3항 및 토지보상법상 간접손실보상규정을 유추적용해야 한다고 본다. ③ 직접적용설은 간접손실도 헌법 제23조 제3항의 손실보상범주이므로 헌법 제23조 제3항을 직접근거로 손실보상을 할 수 있다고 본다. ④ 평등원칙 및 재산권보장규정근거설은 동 규정 등을 직접근거로 본다. ⑤ 수용적침해이론은 간접손실도 비의도적침해에 의해 발생한 바, 수용적침해이론을 적용하여 보상해야 한다고 한다. ⑥ 손해배상설은 명문규정이 없는 한 손해배상을 청구해야 한다고 한다. ⑦ 보상규정을 두지 않은 것은 행정입법부작위로서 위헌이라고 한다.

2) 판례

① 간접손실이 공익사업의 시행으로 인하여 기업지 이외의 토지소유자가 입은 손실이고, ② 그 손실의 범위도 구체적으로 이를 특정할 수 있으며, ③ 손실이 발생하리라는 것을 쉽게 예견할 수 있는 경우라면, ④ '그 손실보상에 관하여 공특법시행규칙의 관련규정들을 유추적용 할 수 있다'고 한다.

3) 검토

간접손실도 헌법 제23조 제3항의 손실보상 범주에 포함되므로 예견, 특정가능성이 인정된다면 헌법 제23조 제3항을 근거로 하여 손실보상을 청구할 수 있다고 판단된다. 이 경우 구체적인 보상액은 토지보상법상 관련규정을 적용할 수 있을 것이다.

4. 사안의 경우

토지보상법 시행규칙 제59조에서는 공익사업의 시행으로 경작이 불가능하게 된 경우에는 사업지구에 편입된 것으로 보아 손실보상이 가능하다.
① 철도교통의 특성상 고속열차 운행에 어느 정도 소음이 필연적으로 수반된다. 이러한 소음으로 인한 피해가 수인한도를 넘는 것이라면, 이는 특별한 희생으로서 경작이 현저히 어려운 경우도 경작이 불가능한 경우에 해당된다고 보아 손실보상 청구가 가능할 수도 있을 것이다. ② 그러나 수인한도 내의 피해라면 이는 철도사업의 공공성에 수반된 사회적 제약으로서 손실보상청구가 불가할 것이다.

Ⅳ 잔여지 감가손실청구의 인용여부

1. 잔여지 감가손실보상의 의의

사업시행자는 동일한 소유자에게 속하는 일단의 토지의 일부가 취득되거나 사용됨으로 인하여 잔여지의 가격이 감소한 때에는 그 손실을 보상하되 잔여지의 가격 감소분과 잔여지에 대한 공사의 비용을 합한 금액이 잔여지의 가격보다 큰 경우에는 사업시행자는 그 잔여지를 매수할 수 있다.

2. 잔여지 감가손실보상의 요건

① 동일소유주에 속하는 일단의 토지 중 일부가 취득 또는 사용될 것, ② 잔여지의 가격이 하락하였을 것, ③ 토지소유자의 청구가 있을 것을 요한다. 잔여지 수용청구에서와는 달리 잔여지를 종래의 목적에 사용하는 것이 현저히 곤란한 사정이 인정되지 않는 경우에도 잔여지의 감가손실은 인정될 수 있다(97누4623).

3. 잔여지의 가치손실보상의 범위

토지 일부의 취득 또는 사용으로 인하여 그 획지조건이나 접근조건 등의 가격형성요인이 변동됨에 따라 발생하는 손실뿐만 아니라 그 취득 또는 사용 목적 사업의 시행으로 설치되는 시설의 형태·구조·사용 등에 기인하여 발생하는 손실과 수용재결 당시의 현실적 이용상황의 변경 외 장래의 이용가능성이나 거래의 용이성 등에 의한 사용가치 및 교환가치상의 하락 모두가 포함된다(대판 2011.2.24. 2010두23149).

4. 사안의 경우

당해 인접농지는 편입되는 토지와 일단의 토지가 아닌 바, 잔여지 감가손실은 기각될 것이다.

Ⅴ 손해배상청구의 인용여부

1. 민법 제758조 및 국가배상법 제5조상 손해배상책임 인정여부

민법 제758조 및 국가배상법 제5조의 공작물 등의 점유자·소유자의 책임 또는 영조물의 설치 또는 보존·관리상의 하자책임이 인정되기 위해서는 통상의 안전성을 갖추지 못하여 그 공작물이 본래의 목적 등에 이용됨에 있어 제3자에게 사회통념상 수인한도를 넘는 피해를 발생시켜야 한다.

2. 환경정책 기본법상 손해배상책임 인정여부

환경정책 기본법 제44조에서는 환경오염 또는 환경훼손으로 피해가 발생한 경우에는 해당 환경오염 또는 환경훼손의 원인자가 그 피해를 배상하여야 한다고 규정하고 있다. 이러한 피해의 유형에는 철도시설 운영으로 인한 소음피해도 포함될 것이나, 소음으로 인한 피해가 수인한도를 넘어서는 피해이어야 할 것이다.

3. 사안의 경우

철도운영으로 인한 소음피해가 수인한도를 넘어서는 경우라면 법원은 민법 제758조, 국가배상법 제5조 및 환경정책 기본법 제44조에 기하여 손해배상책임을 인정할 수 있을 것이나 수인한도 내의 피해라면 손해배상청구권은 인정될 수 없을 것이다.

Ⅵ 사안의 해결

1. 토지소유자의 잔여지 매수청구 및 감가손실보상은 토지보상법상 요건 미충족을 이유로 기각될 것이다.
2. 철도시설의 운영으로 인한 소음이 수인한도를 넘어서는 침해로 인정된다면 이는 토지보상법 시행규칙 제59조에서 규정하고 있는 간접손실보상에 해당될 수 있으므로 이를 근거로 손실보상을 청구할 수 있을 것이다.
3. 철도시설의 운영으로 인한 소음피해가 수인한도 내라면 이는 철도시설 운영이라는 공익성에 내제된 사회적 제약인 바, 손실보상 및 손해배상 청구는 기각될 것이다.

1. 쟁점의 정리

잔여지 매수청구와 감가보상청구를 선택적으로 청구할 수 있는지가 문제된다. 이의 해결을 위하여 관련청구소송의 병합에 대해서 검토한다.

2. 관련청구소송의 선택적 병합과 예비적 병합

(1) 관련청구소송의 병합

행정소송법상 관련청구소송의 병합이라 함은 취소소송 또는 무효등확인소송에 당해 취소소송 등과 관련이 있는 청구소송(관련청구소송)을 병합하여 제기하는 것을 말한다. 이는 소송경제를 도모하고, 서로 관련 있는 사건 사이에 판결의 모순저촉을 피하기 위한 것이다.

(2) 선택적 병합

양립할 수 있는 여러 개의 청구를 하면서 그 중에 어느 하나가 인용되면 원고의 소의 목적을 달할 수 있기 때문에 다른 청구에 대해서는 심판을 바라지 않는 형태의 병합이다. 법원은 이유 있는 청구 어느 하나를 선택하여 원고청구를 인용하면 된다. 논리적으로 양립할 수 없는 여러 개의 청구는 예비적 병합청구는 할 수 있지만 선택적 병합청구를 할 수 없다.

(3) 예비적 병합

양립될 수 없는 여러 개의 청구를 하면서 제1차적(주위적) 청구가 기각·각하될 때를 대비하여 제2차적(예비적) 청구에 대하여 심판을 구하는 것을 말한다. 제1차적 청구를 먼저 심리하여 보고 인용되면 제2차적 청구에 대해서는 더 나아가 심판할 필요가 없게 된다.

3. 사안의 경우

잔여지 매수청구는 편입되고 남은 잔여토지의 소유권을 이전시키고 그 대가의 지급을 구하는 것이고, 잔여지 감가보상청구는 잔여토지의 가치감소분을 보전하여 달라는 취지이다. 따라서 각 보상청구는 내용적으로 양립될 수 없는 청구인 바, 이에 대한 선택적 병합청구는 인용되기 어려울 것이다. 이 경우 잔여지 매수청구를 주된 소송으로 제기하면서 잔여지 감가보상을 예비적 청구로 제기해야 할 것이다.

대법원 2017.9.21, 2017두30252

[판시사항]

[1] 공익사업을 위한 토지 등의 취득 및 보상에 관한 법률 제73조, 제74조에서 정한 '일단의 토지'의 의미

[2] 공익사업을 위한 토지 등의 취득 및 보상에 관한 법률 제74조에서 규정한 '종래의 목적'의 의미 및 '사용하는 것이 현저히 곤란한 때'에 해당하는 경우

[이 유]

상고이유를 판단한다.

1. '일단의 토지'에 해당한다는 주장에 관하여

공익사업을 위한 토지 등의 취득 및 보상에 관한 법률(이하 '토지보상법'이라고 한다) 제73조, 제74조의 '일단의 토지'는 반드시 1필지의 토지만을 가리키는 것은 아니지만 일반적인 이용 방법에 의한 객관적인 상황이 동일한 토지를 말한다(대법원 1999.5.14, 97누4623 판결 등 참조). 원심은 토지의 객관적인 현황, 이용 상황 등에 관한 판시 사실을 인정한 후 이 사건 140-1, 140-6 토지와 수용토지가 잔여지 수용청구 등의 대상이 되는 '일단의 토지'에 해당하지 않는다고 판단하였다.

앞에서 본 법리와 기록에 비추어 살펴보면, 원심의 판단은 정당한 것으로 수긍이 되고, 거기에 상고이유 주장과 같이 토지보상법상 '일단의 토지'에 관한 법리를 오해하는 등의 잘못이 없다.

2. 잔여지를 종래의 목적에 사용하는 것이 현저히 곤란하다는 주장에 관하여

토지보상법 제74조 제1항에서 규정한 '종래의 목적'은 수용재결 당시에 그 잔여지가 현실적으로 사용되고 있는 구체적인 용도를 의미하고, '사용하는 것이 현저히 곤란한 때'에 해당하려면, 물리적으로 사용하는 것이 곤란하게 되거나, 사회적·경제적으로 사용하는 것이 곤란하게 된 경우, 즉 이용은 가능하나 많은 비용이 소요되는 경우이어야 한다(대법원 2012.9.13, 2010두29277 판결 등 참조).

원심은 이 사건 각 토지의 이용상황, 위치, 형상, 용도지역, 면적 등에 관한 판시 사실을 인정한 후 이 사건 각 토지를 종래의 목적에 사용하는 것이 현저히 곤란한 경우에 해당하지 않는다고 판단하였다.

앞에서 본 법리와 기록에 비추어 살펴보면, 원심의 판단은 정당한 것으로 수긍이 되고, 거기에 상고이유 주장과 같이 잔여지의 사용가능성에 관한 법리를 오해하는 등의 잘못이 없다.

3. 수인한도를 초과하였다는 주장에 관하여

원심은 이 사건 각 토지의 소음·진동의 정도, 공법상 기준, 사업의 공공성, 손해 회피가능성 등에 관한 판시 사실을 인정한 후 이 사건 사업 시행으로 인하여 원고들에게 수인한도를 초과하는 피해가 발생하였다고 보기 어렵다고 판단하였다.

관련 법리와 기록에 비추어 살펴보면, 원심의 판단은 정당한 것으로 수긍이 되고, 거기에 상고이유 주장과 같이 손해배상책임의 요건 중 위법성 판단의 기준인 수인한도에 관한 법리를 오해하는 등의 잘못이 없다.

4. 결론

그러므로 상고를 모두 기각하고, 상고비용은 패소자들이 부담하도록 하여, 관여 대법관의 일치된 의견으로 주문과 같이 판결한다.

판례사례 48 잔여지 가치손실/잔여지 감가보상 청구요건/공법상 제한(접도구역)/잔여지 가치손실청구건 발생시점

국토교통부장관은 2008.3.28. 제이서해안고속도로 주식회사를 사업시행자로 하여 평택시 청북면 고잔리부터 시흥시 월곶동까지 42.6km 구간에 고속국도 153호선을 개설하는 평택~시흥 고속도로 민간투자사업의 실시계획을 고시하였다(국토교통부 고시 제2008-14호). 이와 별도로 국토교통부장관은 2008.5.19. 고속국도의 도로구역 경계선으로부터 20m까지를 접도구역으로 지정하고(국토교통부 고시 제2008-158호), 2009.6. 6. 도로사업에 편입되는 토지의 세목을 고시하였다(국토교통부 고시 제2009-399호). 피수용자인 갑은 화성시 ○○면 일대에 토지를 소유하고 있었는데, 위 2009.6.26.자 고시에 따라 사업지구에 편입되었고 2009.8.10. 편입부분에 대해서는 협의계약이 체결되었고 일부 잔여지가 발생하였다. 제이서해안고속도로 주식회사는 2013.3.25. 사업을 완료한 후 준공검사를 마쳤다. 갑은 2014.3.3. 사업시행자에게 잔여지의 가격이 편입으로 인해 감소하였다는 이유로 손실보상을 청구하는 내용증명우편을 발송하였으나, 2014.3.13. 사업시행자로부터 보상할 수 없다는 회신을 받았다. 갑은 2014.4.7. 중앙토지수용위원회에 잔여지의 가격 감소에 대한 손실보상재결을 신청하였다. 그러나 중앙토지수용위원회는 2015.5.21. 잔여지의 가격이 토지 중 일부의 편입으로 인해 감소하였다고 볼 수 없다는 취지의 주식회사 A감정평가법인의 감정의견을 근거로 손실보상청구를 기각하는 재결을 하였다. 갑이 주장하는 잔여지 손실의 내용은 다음과 같다. ① 잔여지의 모양이 부정형 등으로 변해 그 이용의 효율성이 떨어졌고, 잔여지 전면에 들어선 이 사건 고속국도 때문에 진출입이 어려워지는 등 획지조건이 악화되었으며, 자동차 소음이 발생하여 환경조건이 열악해졌다(이하 '제1요인'이라고 한다). ② 잔여지 일부가 이 사건 고속국도 양쪽의 도로구역 경계선으로부터 각 20m로 지정된 접도구역에 포함되어 잔여지의 행정조건이 열악해졌다(이하 '제2요인'이라고 한다).

(1) 잔여지 가치손실의 유형에 대해서 서술하시오. [5점]

(2) 사업시행자는 갑이 재결신청을 한 2014.4.7.은 공사완료일로부터 1년이 경과하였기에 잔여지에 대한 감가손실을 청구할 수 없다고 한다. 가부에 대해서 논하시오. [10점]

(3) 제2요인에 대하여 잔여지 가치손실로서 보상해야 하는지 검토하시오. 갑 토지의 편입부분 중 일부는 당해사업과 무관하게 군립공원으로 지정된 부분이 있다. 자연공원법상 군립공원으로 지정된 부분의 감정평가시에 군립공원 지정에 따른 계획제한을 제한받는 상태대로 평가하여야 하는지도 함께 논하시오. [10점]

(4) 갑은 기각재결에 대해 불복하면서 잔여지 감가손실은 물론이고 협의취득 당시부터 잔여지 감가손실이 발생하게 되었는바 협의취득 당시부터 보상금이 지급되는 날까지 잔여지 감가손실 미지급에 따른 지연손해금도 보상받아야 한다고 주장한다. 갑은 지연손해금을 보상받을 수 있는가? [10점]

관련 규정

도로법 제40조(접도구역의 지정 및 관리)

① 도로관리청은 도로 구조의 파손 방지, 미관(美觀)의 훼손 또는 교통에 대한 위험 방지를 위하여 필요하면 소관 도로의 경계선에서 20미터(고속국도의 경우 50미터)를 초과하지 아니하는 범위에서 대통령령으로 정하는 바에 따라 접도구역(接道區域)을 지정할 수 있다.

③ 누구든지 접도구역에서는 다음 각 호의 행위를 하여서는 아니 된다. 다만, 도로 구조의 파손, 미관의 훼손 또는 교통에 대한 위험을 가져오지 아니하는 범위에서 하는 행위로서 대통령령으로 정하는 행위는 그러하지 아니하다.

1. 토지의 형질을 변경하는 행위
2. 건축물, 그 밖의 공작물을 신축·개축 또는 증축하는 행위

(설문 1)의 해결

  1. 잔여지 가치손실의 개념
  2. 잔여지 손실유형

(설문 2)의 해결

Ⅰ 쟁점의 정리

Ⅱ 잔여지 감가보상의 청구요건(토지보상법 제73조)
  1. 잔여지의 가격이 감소하였을 것
  2. 잔여지의 가격보다 큰 경우
  3. 청구기간

Ⅲ 사안의 해결

(설문 3)의 해결

Ⅰ 쟁점의 정리

Ⅱ 공법상 제한을 받는 토지의 평가방법
  1. 의의 및 기능

  2. **공법상 제한을 받는 토지의 평가기준**
    (1) 일반적 제한
    (2) 개별적 제한
    (3) 당해 사업으로 인한 용도지역 변경

Ⅲ 사안의 해결
  1. 접도구역 부분
  2. 군립공원 부분

(설문 4)의 해결

Ⅰ 쟁점의 정리

Ⅱ 잔여지 가치손실에 대한 보상청구권의 발생시기 및 지급시기
  1. 잔여지 손실 발생시점
  2. 지급의무 발생시점

Ⅲ 잔여지 가치손실보상금 미지급에 따른 지연손해금 지급의무 발생시점

Ⅳ 사안의 해결

1. 잔여지 가치손실의 개념

잔여지 가치손실이란 사업시행자가 동일한 소유자에게 속하는 일단의 토지의 일부를 취득하거나 사용함으로서 발생되는 손실을 말한다. 그러나 잔여지에 항상 손실이 발생하는 것은 아니다. 경우에 따라서는 일단의 토지 일부가 수용되어 개발됨으로써 그에 인접한 잔여지의 가치가 상승하는 상황이 있을 수 있다.

2. 잔여지 손실유형

① 토지 일부의 취득 또는 사용으로 그 획지조건이나 접근조건 등의 가격형성요인이 변동함에 따라 발생하는 손실, ② 그 취득 또는 사용 목적 사업의 시행으로 설치되는 시설의 형태·구조·사용 등에 기인하여 발생하는 손실과 ③ 수용재결 당시의 현실적 이용상황의 변경 외 장래의 이용가능성이나 거래의 용이성 등에 따른 사용가치와 교환가치의 하락이 포함된다. 따라서 손실보상대상이 되는 잔여지의 손실은 그 발생원인이 매우 다양하다.

Ⅰ 쟁점의 정리

공사완료일로부터 1년이 경과된 시점에서 잔여지 수용청구를 한 것이 인용될 수 있는 것인지, 잔여지 감가손실보상의 청구요건을 검토하여 설문을 해결한다.

Ⅱ 잔여지 감가보상의 청구요건[토지보상법 제73조]

1. 잔여지의 가격이 감소하였을 것

잔여지 감가보상을 청구하기 위해서는 잔여지의 가격감소가 발생하여야 한다. 잔여지 매수청구와 달리 종래의 목적대로 이용이 가능한 경우에도 잔여지 가격감소가 발생하였거나 잔여지에 통로·도랑·담장 등의 신설이나 그 밖의 공사가 필요할 때에는 그 손실이나 공사의 비용을 보상하여야 한다.

2. 잔여지의 가격보다 큰 경우

잔여지의 가격 감소분과 잔여지에 대한 공사의 비용을 합한 금액이 잔여지의 가격보다 큰 경우에는 사업시행자는 그 잔여지를 매수할 수 있다.

3. 청구기간

(1) 공사완료일로부터 1년 이내에 청구할 것

보상법 제73조 제2항에서는 잔여지의 가격손실 또는 비용의 보상은 해당 사업의 공사완료일부터 1년이 지난 후에는 청구할 수 없다고 규정하고 있다.

(2) 청구의 의미

잔여지의 가격손실에 관하여는 사업시행자와 손실을 입은 자가 협의하여 결정하되 협의가 성립되지 않으면 사업시행자나 손실을 입은 자는 관할 토지수용위원회에 재결을 신청할 수 있다고 규정하고 있다. 따라서 토지보상법 제73조 제2항의 '청구'가 관할 토지수용위원회에 대한 재결의 '신청'을 뜻한다고 보기보다는 사업시행자에게 협의요청을 한 경우라고 보아야 할 것이다.

Ⅲ 사안의 해결

잔여지 가격감소를 이유로 한 손실보상청구의 의사표시가 기재된 갑의 2014.3.3.자 내용증명이 늦어도 2014.3.13. 사업시행자에게 도달되었다고 할 것이므로, 갑은 사업의 공사완료일인 2013.3.25.부터 1년이 경과하기 전에 사업시행자에게 손실보상을 청구하였다고 할 것이다.

(설문 3)의 해결

Ⅰ 쟁점의 정리

잔여지에 설정된 접도구역 지정행위가 당해사업을 위한 목적으로 시행된 경우라면 접도구역 지정에 따른 제한은 잔여지의 가치손실로 볼 수 있을 것이다. 접도구역 지정행위가 당해사업을 직접 목적으로 설정된 것인지를 검토한다.

Ⅱ 공법상 제한을 받는 토지의 평가방법

1. 의의 및 기능

공법상 제한받는 토지라 함은 관계법령에 의해 가해지는 토지 이용규제나 제한을 받는 토지로서, 이는 국토공간의 효율적 이용을 통해 공공복리를 증진시키는 수단으로 기능한다.

2. 공법상 제한을 받는 토지의 평가기준(보상법 시행규칙 제23조)

(1) 일반적 제한

제한 그 자체로 목적이 완성되고 구체적 사업의 시행이 필요하지 않은 경우로 그 제한 받는 상태대로 평가한다(96누1313). 그 예로는 국토의 이용 및 계획에 관한 법률에 의한 용도지역, 지구, 구역의 지정, 변경 기타 관계법령에 의한 토지이용계획 제한이 있다.

(2) 개별적 제한

그 제한이 구체적 사업의 시행을 필요로 하는 경우를 말하며, 개별적 제한이 당해 공익사업의 시행을 직접 목적으로 가해진 경우에는 제한이 없는 상태로 평가한다(91누4324).

(3) 당해 사업으로 인한 용도지역 등의 변경

용도지역 등 일반적 제한일지라도 당해 사업 시행을 직접 목적으로 하여 변경된 경우에는 변경되기 전의 용도지역을 기준으로 하여 평가한다. 이는 개발이익의 배제 및 피수용자의 보호에 목적이 있다(2003두14222).

Ⅲ 사안의 해결

1. 접도구역 부분

잔여지의 손실, 즉 토지의 일부가 접도구역으로 지정·고시됨으로써 일정한 형질변경이나 건축행위가 금지되어 장래의 이용 가능성이나 거래의 용이성 등에 비추어 사용가치 및 교환가치가 하락하는 손실은, 고속도로를 건설하는 이 사건 공익사업에 원고들 소유의 일단의 토지 중 일부가 취득되거나 사용됨으로 인하여 발생한 것이 아니라, 그와 별도로 국토교통부장관이 잔여지 일부를 접도구역으로 지정·고시한 조치에 기인한 것이므로, 원칙적으로 토지보상법 제73조 제1항에 따른 잔여지 손실보상의 대상에 해당하지 아니한다.

접도구역은 도로 구조의 손궤 방지, 미관 보존 또는 교통에 대한 위험을 방지하기 위한 목적을 갖고 있으므로 이는 당해 도로사업과 무관한 사업으로 보인다. 또한 접도구역은 구역지정 그 자체로 목적이 완성되는 일반적 제한의 성격을 갖는 바, 접도구역 지정으로 인한 재산권 제한은 원칙적으로 손실보상의 대상이 아니라 할 것이다.

2. 군립공원 부분

자연공원법에 의한 군립공원 지정은 그와 동시에 구체적인 공원시설을 설치·조성하는 내용의 '공원시설계획'이 이루어졌다는 특별한 사정이 없는 한, 그 이후에 별도의 '공원시설계획'에 의하여 시행 여부가 결정되는 구체적인 공원사업의 시행을 직접 목적으로 한 것이 아니므로 이는 일반적 제한에 해당하여 이를 반영하여 평가하여야 할 것이다.

(설문 4)의 해결

I 쟁점의 정리

잔여지 가격감소가 발생하였다면 사업시행자는 이를 보상하여야 할 것이다. 토지보상법에서는 잔여지 가격감소에 대한 구체적인 발생시기와 지급시기를 별도로 규정하고 있지 않은 바, 잔여지 가격감소의 성립시기 및 잔여지 가치손실보상금의 지급시기를 검토한다.

II 잔여지 가치손실에 대한 보상청구권의 발생시기 및 지급시기

1. 잔여지 손실 발생시점

잔여지에 대한 손실의 발생시점도 일정하지 않다. 획지조건이나 접근조건에 대한 불리한 영향과 같이 사업시행자가 일단의 토지 중 일부만 편입하여 취득함으로써 일부 편입토지와 잔여지의 소유권이 분리되어 귀속됨(이하 '편입토지의 권리변동'이라 한다)과 동시에 잔여지에 손실이 발생하는 경우도 있지만, 공익사업에 따른 공공시설의 설치공사 또는 설치된 공공시설의 가동·운영으로 잔여지에 손실이 발생하는 경우도 있다. 따라서 다양한 원인으로 구체적인 손실이 현실적으로 발생하였을 때에 비로소 그에 대응하는 손실보상금 지급의무가 발생한다고 보아야 한다.

2. 지급의무 발생시점

이처럼 잔여지 손실보상의무가 특정 시점에 항상 발생하는 것이 아니라, 개별·구체적 상황에 따라 그 발생 여부, 시점과 내용이 달라질 수 있고, 그 발생 여부, 시점과 내용을 판단하려면 개별·구체적 상황에 대한 사실확인과 평가가 필요하다.

III 잔여지 가치손실보상금 미지급에 따른 지연손해금 지급의무 발생시점

토지보상법이 잔여지 손실보상금 지급의무의 이행기를 정하지 않았고, 그 이행기를 편입토지의 권리변동일이라고 해석하여야 할 체계적, 목적론적 근거를 찾기도 어려우므로, 잔여지 손실보상금 지급의무는 이행기의 정함이 없는 채무로 봄이 타당하다. 따라서 잔여지 손실보상금 지급의무의 경우 잔여지의 손실이 현실적으로 발생한 이후로서 잔여지 소유자가 사업시행자에게 이행청구를 한 다음 날부터 그 지연손해금 지급의무가 발생한다고 보아야 할 것이다.

IV 사안의 해결

토지보상법이 잔여지 손실보상금 지급의무의 이행기를 정하지 않았으므로, 갑이 사업시행자에게 잔여지 손실보상 이행청구를 한 다음 날부터 지연손해금이 발생한다. 따라서 협의취득일부터 잔여지 가치손실보상을 청구한 날까지는 지연손해금이 발생되지 않는다.

 **[대법원 2018.3.13, 2017두68370[잔여지가치하락손실보상금청구][공2018상,716]**

[판시사항]

공익사업을 위한 토지 등의 취득 및 보상에 관한 법률 제73조 제1항에 따른 잔여지 손실보상금에 대한 지연손해금 지급의무의 발생 시기

[판결요지]

공익사업을 위한 토지 등의 취득 및 보상에 관한 법률이 잔여지 손실보상금 지급의무의 이행기를 정하지 않았고, 그 이행기를 편입토지의 권리변농일이라고 해석하여야 할 체계적, 목적론적 근서를 찾기도 어려우므로, 잔여지 손실보상금 지급의무는 이행기의 정함이 없는 채무로 보는 것이 타당하다. 따라서 잔여지 손실보상금 지급의무의 경우 잔여지의 손실이 현실적으로 발생한 이후로서 잔여지 소유자가 사업시행자에게 이행청구를 한 다음 날부터 그 지연손해금 지급의무가 발생한다(민법 제387조 제2항 참조).

 **[대법원 2017.7.11, 2017두40860[잔여지가치하락손실보상금청구]**

[판시사항]

공익사업의 사업시행자가 동일한 소유자에게 속하는 일단의 토지 중 일부를 취득하거나 사용하고 남은 잔여지에 현실적 이용상황 변경 또는 사용가치 및 교환가치의 하락 등이 발생하였으나 그 손실이 토지의 일부가 공익사업에 취득되거나 사용됨으로 인하여 발생한 것이 아닌 경우, 공익사업을 위한 토지 등의 취득 및 보상에 관한 법률 제73조 제1항 본문에 따른 잔여지 손실보상 대상에 해당하는지 여부(원칙적 소극)

[판결요지]

공익사업을 위한 토지 등의 취득 및 보상에 관한 법률(이하 '토지보상법'이라고 한다) 제73조 제1항 본문은 "사업시행자는 동일한 소유자에게 속하는 일단의 토지의 일부가 취득되거나 사용됨으로 인하여 잔여지의 가격이 감소하거나 그 밖의 손실이 있을 때 또는 잔여지에 통로·도랑·담장 등의 신설이나 그 밖의 공사가 필요할 때에는 국토교통부령으로 정하는 바에 따라 그 손실이나 공사의 비용을 보상하여야 한다."라고 규정하고 있다.

여기서 특정한 공익사업의 사업시행자가 보상하여야 하는 손실은, 동일한 소유자에게 속하는 일단의 토지 중 일부를 사업시행자가 그 공익사업을 위하여 취득하거나 사용함으로 인하여 잔여지에 발생하는 것임을 전제로 한다. 따라서 이러한 잔여지에 대하여 현실적 이용상황 변경 또는 사용가치 및 교환가치의 하락 등이 발생하였더라도, 그 손실이 토지의 일부가 공익사업에 취득되거나 사용됨으로 인하여 발생하는 것이 아니라면 특별한 사정이 없는 한 토지보상법 제73조 제1항 본문에 따른 잔여지 손실보상 대상에 해당한다고 볼 수 없다.

대법원 2019.9.25, 2019두34982

[판시사항]

[1] 공법상 제한이 그 자체로 제한목적이 달성되는 일반적 계획제한으로서 구체적 도시계획사업과 직접 관련되지 아니한 때와 공법상 제한이 구체적 사업이 따르는 개별적 계획제한이거나, 일반적 계획제한에 해당하는 용도지역 등의 지정 또는 변경에 따른 제한이더라도 그 용도지역 등의 지정 또는 변경이 특정 공익사업의 시행을 위한 것일 때의 각 경우에 보상액 산정을 위한 토지의 평가 방법

[2] 자연공원법에 의한 '자연공원 지정' 및 '공원용도지구계획에 따른 용도지구 지정'이 공익사업을 위한 토지 등의 취득 및 보상에 관한 법률 시행규칙 제23조 제1항 본문에서 정한 '일반적 계획제한'에 해당하는지 여부(원칙적 적극)

[판결요지]

[1] 공익사업을 위한 토지 등의 취득 및 보상에 관한 법률 제68조 제3항은 손실보상액의 산정기준 등에 관하여 필요한 사항은 국토교통부령으로 정한다고 규정하고 있다. 그 위임에 따른 공익사업을 위한 토지 등의 취득 및 보상에 관한 법률 시행규칙 제23조는 "공법상 제한을 받는 토지에 대하여는 제한받는 상태대로 평가한다. 다만 그 공법상 제한이 당해 공익사업의 시행을 직접 목적으로 하여 가하여진 경우에는 제한이 없는 상태를 상정하여 평가한다."(제1항), "당해 공익사업의 시행을 직접 목적으로 하여 용도지역 또는 용도지구 등이 변경된 토지에 대하여는 변경되기 전의 용도지역 또는 용도지구 등을 기준으로 평가한다."(제2항)라고 규정하고 있다.

따라서 공법상 제한을 받는 토지에 대한 보상액을 산정할 때에 해당 공법상 제한이 구 도시계획법(2002.2.4. 법률 제6655호 국토의 계획 및 이용에 관한 법률 부칙 제2조로 폐지)에 따른 용도지역·지구·구역의 지정 또는 변경과 같이 그 자체로 제한목적이 달성되는 일반적 계획제한으로서 구체적 도시계획사업과 직접 관련되지 아니한 경우에는 그러한 제한을 받는 상태 그대로 평가하여야 하고, 도로·공원 등 특정 도시계획시설의 설치를 위한 계획결정과 같이 구체적 사업이 따르는 개별적 계획제한이거나 일반적 계획제한에 해당하는 용도지역·지구·구역의 지정 또는 변경에 따른 제한이더라도 그 용도지역·지구·구역의 지정 또는 변경이 특정 공익사업의 시행을 위한 것일 때에는 당해 공익사업의 시행을 직접 목적으로 하는 제한으로 보아 위 제한을 받지 아니하는 상태를 상정하여 평가하여야 한다.

[2] 자연공원법은 자연공원의 지정·보전 및 관리에 관한 사항을 규정함으로써 자연생태계와 자연 및 문화경관 등을 보전하고 지속가능한 이용을 도모함을 목적으로 하며(제1조), 자연공원법에 의해 자연공원으로 지정되면 그 공원구역에서 건축행위, 경관을 해치거나 자연공원의 보전·관리에 지장을 줄 우려가 있는 건축물의 용도변경, 광물의 채굴, 개간이나 토지의 형질변경, 물건을 쌓아 두는 행위, 야생동물을 잡거나 가축을 놓아먹이는 행위, 나무를 베거나 야생식물을 채취하는 행위 등을 제한함으로써(제23조) 공원구역을 보전·관리하는 효과가 즉시 발생한다. 공원관리청은 자연공원 지정 후 공원용도지구계획과 공원시설계획이 포함된 '공원계획'을 결정·고시하여야 하고(제12조 내지 제17조), 이 공원계획에 연계하여 10년마다 공원별 공원보전·관리계획을 수립하여야 하지만(제17조의3), 공원시설을 설치·조성하는 내용의 공원사업(제2

조 제9호)을 반드시 시행하여야 하는 것은 아니다. 공원관리청이 공원시설을 설치 · 조성하고자 하는 경우에는 자연공원 지정이나 공원용도지구 지정과는 별도로 '공원시설계획'을 수립하여 결정 · 고시한 다음, '공원사업 시행계획'을 결정 · 고시하여야 하고(제19조 제2항), 그 공원사업에 포함되는 토지와 정착물을 수용하여야 한다(제22조).

이와 같은 자연공원법의 입법 목적, 관련 규정들의 내용과 체계를 종합하면, 자연공원법에 의한 '자연공원 지정' 및 '공원용도지구계획에 따른 용도지구 지정'은, 그와 동시에 구체적인 공원시설을 설치 · 조성하는 내용의 '공원시설계획'이 이루어졌다는 특별한 사정이 없는 한, 그 이후에 별도의 '공원시설계획'에 의하여 시행 여부가 결정되는 구체적인 공원사업의 시행을 직접 목적으로 한 것이 아니므로 공익사업을 위한 토지 등의 취득 및 보상에 관한 법률 시행규칙 제23조 제1항 본문에서 정한 '일반적 계획제한'에 해당한다.

📝 **판례사례 49** 잔여영업시설에 대한 보상(보상항목)/보증소

2009.11.9. 광로3류2호선(우회도로~동국제강간 도로) 도로확장공사에 대한 인천광역시 고시 제 2009-337호가 있었고, 2011.10.7. 수용재결에서 갑 소유의 인천 동구 화수동 10-177외 2필지 토지 및 지상의 지장물(담장, 수목, 휴게실 및 바닥, 화단, 우수관로 등 매립시설, 경비실, 출입문 등)이 편입되어 토지보상금 5,681,691,800원, 지장물 197,162,000원이 결정되었다(편입시설이 전체 영업시설의 5%를 넘지 않으므로 잔여시설에서 계속적인 영업이 가능하기에 실제적인 영업손 실은 발생하지 않는 것으로 판단하고 편입부분에 대한 이전비용을 영업보상액으로 산정하였다). 갑은 사업장 내 도로가 일부 편입되어 물건의 상하차 작업 및 이동에 불편이 발생해 더 이상 정상 적인 영업은 어렵다고 한다. 따라서 계속하여 영업을 하기 위해서 ① 대형 차량의 공장 진출입을 위한 공간 확보를 위한 건축물의 일부 철거와 기존 시설물의 재설치 비용 보상액 2,947,248,000원 및 공사기간 동안 소요되는 45일 동안의 영업손실액 1,060,000,000원을 추가로 보상하여 줄 것과 ② 차량 진출입을 용이하게 하기 위해서 출입구 앞에 있는 횡단보도를 100m 가량 서측으로 이동 시켜 줄 것을 요구하였다.

그러나 토지수용위원회는 ① 횡단보도 이전은 재결대상이 아니며, ② 기존 시설물의 재설치 및 영 업손실액은 "공익사업에 영업시설의 일부가 편입됨으로 인하여 잔여시설에 그 시설을 새로이 설치 하거나 잔여시설을 보수하지 아니하고는 그 영업을 계속할 수 없는 경우"에 해당하지 않으므로 이 는 보상대상이 아니라고 한다. 또한, 잔여시설의 보수비용은 편입되는 부분의 지장물 이전비용에 포함되어 있으므로 해당 부분에 대한 보상은 완료되었다고 한다.

(각 설문은 독립적인 것으로 판단할 것)

(1) 갑은 토지수용위원회의 재결에 대해서 인천지방법원에 손실보상금증액청구소송을 제기하였으 나 패소하여 고등법원에 항소하였다. 고등법원은 상기 "②"항목에 대해서 토지보상법상 재결절 차를 거쳤다는 자료가 없으므로 이에 관한 손실보상청구는 부적법하다고 하여 각하하였다. 영 업손실보상과 관련하여 공익사업에 영업시설 일부가 편입됨으로 인하여 잔여 영업시설에 손실 을 입었다고 주장하는 자가 재결절차를 거치지 않은 채 곧바로 사업시행자를 상대로 잔여 영업 시설의 손실에 대한 보상을 청구할 수 있는가? 이때 재결절차를 거쳤는지 판단하는 방법 및 영업의 단일성·동일성이 인정되는 범위에서 보상금 산정의 세부요소를 추가로 주장하는 경우, 별도로 재결절차를 거쳐야 하는지 논하시오. 20점

(2) 갑은 토지수용위원회의 재결에 대하여 재결취소소송을 제기하였다. 당해 소송은 적법한가? 즉, 토지수용위원회가 보상대상이 아니라고 하여 기각재결을 한 경우에 제기할 소송과 그 상대방에 대해서 설명하시오. 20점

토지보상법 시행규칙 제47조(영업의 휴업 등에 대한 손실의 평가)

① 공익사업의 시행으로 인하여 영업장소를 이전하여야 하는 경우의 영업손실은 휴업기간에 해당하는 영업이익과 영업장소 이전 후 발생하는 영업이익감소액에 다음 각호의 비용을 합한 금액으로 평가한다. 〈개정 2014.10.22.〉

  1. 휴업기간 중의 영업용 자산에 대한 감가상각비·유지관리비와 휴업기간 중에도 정상적으로 근무하여야 하는 최소인원에 대한 인건비 등 고정적 비용

  2. 영업시설·원재료·제품 및 상품의 이전에 소요되는 비용 및 그 이전에 따른 감손상당액

  3. 이전광고비 및 개업비 등 영업장소를 이전함으로 인하여 소요되는 부대비용

② 제1항의 규정에 의한 휴업기간은 4개월 이내로 한다. 다만, 다음 각 호의 어느 하나에 해당하는 경우에는 실제 휴업기간으로 하되, 그 휴업기간은 2년을 초과할 수 없다. 〈개정 2014.10.22.〉

  1. 당해 공익사업을 위한 영업의 금지 또는 제한으로 인하여 4개월 이상의 기간 동안 영업을 할 수 없는 경우

  2. 영업시설의 규모가 크거나 이전에 고도의 정밀성을 요구하는 등 당해 영업의 고유한 특수성으로 인하여 4개월 이내에 다른 장소로 이전하는 것이 어렵다고 객관적으로 인정되는 경우

③ 공익사업에 영업시설의 일부가 편입됨으로 인하여 잔여시설에 그 시설을 새로이 설치하거나 잔여시설을 보수하지 아니하고는 그 영업을 계속할 수 없는 경우의 영업손실 및 영업규모의 축소에 따른 영업손실은 다음 각 호에 해당하는 금액을 더한 금액으로 평가한다. 이 경우 보상액은 제1항에 따른 평가액을 초과하지 못한다. 〈개정 2007.4.12.〉

  1. 해당 시설의 설치 등에 소요되는 기간의 영업이익

  2. 해당 시설의 설치 등에 통상 소요되는 비용

  3. 영업규모의 축소에 따른 영업용 고정자산·원재료·제품 및 상품 등의 매각손실액

④ 영업을 휴업하지 아니하고 임시영업소를 설치하여 영업을 계속하는 경우의 영업손실은 임시영업소의 설치비용으로 평가한다. 이 경우 보상액은 제1항의 규정에 의한 평가액을 초과하지 못한다.

<table>
<tr><td valign="top">

(설문 1)의 해결

Ⅰ 쟁점의 정리

Ⅱ 재결절차 없이 손실보상을 청구할 수 있는지 여부

  1. 영업손실보상의 의의

  2. 토지보상법상 보상절차

    (1) 보상절차 규정

    (2) 보상절차의 종료

  3. 사안의 경우

Ⅲ 보상금 산정의 세부요소를 추가하는 경우 별도의 재결을 거쳐야 하는지 여부

  1. 재결의 대상이 되는 보상항목의 의미

  2. 재결절차 유무의 판단기준

  3. 사안의 경우

Ⅳ 사안의 해결

</td><td valign="top">

(설문 2)의 해결

Ⅰ 쟁점의 정리

Ⅱ 보상금증감청구소송

  1. 의의 및 취지

  2. 소송의 형태 및 소송의 성질

  3. 제기요건 및 효과(기간특례, 당사자, 원처분주의, 관할)

  4. 심리범위

    (1) 심리범위

    (2) 최근 판례의 태도

  5. 심리방법 및 입증책임

  6. 판결(형성력, 별도의 처분 불필요)

Ⅲ 사안의 해결

</td></tr>
</table>

(설문 1)의 해결

Ⅰ 쟁점의 정리

① 재결절차를 거치지 않고 사업시행자를 상대로 손실보상을 청구할 수 있는지를 토지보상법상 보상절차를 검토하여 해결한다.

② 영업손실보상에 있어서 단일 영업시설 중 일부에 대한 재결이 있는 경우 보상금 산정의 세부요소(재설치비용 및 영업손실액 추가)를 추가하는 것도 별도의 재결을 받아야 하는 항목인지를 검토하여 해결한다.

Ⅱ 재결절차 없이 손실보상을 청구할 수 있는지 여부

1. 영업손실보상의 의의

영업보상이란 공공사업의 시행에 따라 영업을 폐업 또는 휴업하게 되는 경우에 사업시행자가 장래 예상되는 전업 또는 이전에 소요되는 일정한 기간 동안의 영업소득 또는 영업시설 및 재고자산에 대한 손실을 보상하는 것으로서, 합리적 기대이익의 상실이라는 점에서 일실손실의 보상의 성격이 있다.

2. 토지보상법상 보상절차

(1) 보상절차 규정

토지보상법 제26조에서는 당사자간 협의를 통한 보상금 산정을 규정하고 있고 당사자간 협의가 성립되지 않는 경우에는 동법 제28조 및 제30조에 따라 토지수용위원회에 재결을 신청할 수 있다. 또한 재결에 불복하는 경우에는 동법 제83조와 제85조에 따라서 이의신청을 하거나 보상금증감청구소송을 청구할 수 있다.

(2) 보상절차의 종료(보상금의 지급, 공탁)

협의 또는 재결에서 정한 보상금의 지급일까지 보상금을 지급, 공탁함으로 손실보상의 절차가 종료된다.

3. 사안의 경우

토지보상법은 협의절차와 재결절차를 보상금결정 절차로 규정하고 있으므로 이러한 재결절차를 거치지 않고 곧바로 사업시행자를 상대로 손실보상을 청구하는 것은 허용되지 않을 것이다.

Ⅲ 보상금 산정의 세부요소를 추가하는 경우 별도의 재결을 거쳐야 하는지 여부

1. 재결의 대상이 되는 보상항목의 의미

피보상자별로 어떤 토지, 물건, 권리 또는 영업이 손실보상대상에 해당하는지, 나아가 보상금액이 얼마인지를 심리·판단하는 기초 단위를 보상항목이라고 한다. 편입토지·물건 보상, 지장물 보상, 잔여 토지·건축물 손실보상 또는 수용청구의 경우에는 원칙적으로 개별물건별로 하나의 보상항목이 되지만, 잔여 영업시설 손실보상을 포함하는 영업손실보상의 경우에는 '전체적으로 단일한 시설 일체로서의 영업' 자체가 보상항목이 되고, 세부 영업시설이나 영업이익, 휴업기간 등은 영업손실보상금 산정에서 고려하는 요소에 불과하다.

2. 재결절차 유무의 판단기준(판례의 태도)

영업의 단일성·동일성이 인정되는 범위에서 보상금 산정의 세부요소를 추가로 주장하는 것은 하나의 보상항목 내에서 허용되는 공격방법일 뿐이므로, 별도로 재결절차를 거쳐야 하는 것은 아니다.

3. 사안의 경우

잔여 영업시설에 시설을 새로이 설치하거나 잔여 영업시설을 보수하지 아니하고는 그 영업이 전부 불가능하거나 곤란하게 되는 경우만을 의미하는 것이 아니라, 공익사업에 영업시설 일부가 편입됨으로써 잔여 영업시설의 운영에 일정한 지장이 초래되고, 이에 따라 종전처럼 정상적인 영업을 계속하기 위해서는 잔여 영업시설에 시설을 새로 설치하거나 잔여 영업시설을 보수할 필요가 있는 경우도 포함된다고 해석함이 타당하다.

따라서 갑은 단일 영업시설의 일부가 편입되었고 그에 대한 재결을 거친바 있으므로 잔여영업시설에 대한 추가적인 보상요청도 재결을 거친 것으로 보아야 할 것이다.

Ⅳ 사안의 해결

공익사업에 영업시설의 일부가 편입됨으로 인하여 잔여시설에 그 시설을 새로이 설치하거나 잔여시설을 보수하지 아니하고는 그 영업을 계속할 수 없는 경우 편입부분에 대한 재결절차를 거쳤다면 별도의 재결절차 없이 보상금증감청구소송을 통해 권리보호를 도모할 수 있을 것이다.

> 잔여 영업시설 손실보상은 토지보상법 제73조 제1항에 따른 잔여지 손실보상, 토지보상법 제75조의2 제1항에 따른 잔여건축물 손실보상 등과 비교하여 볼 때 사업시행자가 분할하여 취득하는 목적물의 종류만을 달리 하는 것일 뿐, 모두 사업시행자가 공익사업의 시행을 위해 일단의 토지·건축물·영업시설 중 일부를 분할하여 취득하는 경우 그로 인하여 잔여 토지·건축물·영업시설에 발생한 손실까지 함께 보상하도록 함으로써 헌법상 정당보상원칙을 구현하고자 하는 것으로 그 입법목적이 동일하다. 따라서 각 손실보상의 요건을 해석할 때에는, 그 보상 목적물의 종류가 다르다는 특성을 고려하되 입법 목적 및 헌법상 정당보상의 관점에서 서로 궤를 같이하여야 한다.

👥 (설문 2)의 해결

Ⅰ 쟁점의 정리

토지수용위원회가 보상대상이 아니라고 하여 기각재결을 한 경우에 토지수용위원회를 피고로 재결취소소송을 제기해야 하는지, 아니면 사업시행자를 상대로 보상금증감청구소송을 제기하여야 하는지가 문제된다. 보상금증감청구소송의 심리범위에 보상대상판단이 포함되는지를 중심으로 검토한다.

Ⅱ 보상금증감청구소송

1. 의의 및 취지

(보상재결에 대한) 보상금의 증감에 대한 소송으로서 사업시행자, 토지소유자는 각각 피고로 제기하며(제85조 제2항), ① 보상재결의 취소 없이 보상금과 관련된 분쟁을 일회적으로 해결하여 ② 신속한 권리구제를 도모함에 취지가 있다.

2. 소송의 형태 및 소송의 성질

종전에는 형식적 당사자소송이었는지와 관련하여 견해의 대립이 있었으나 현행 보상법 제85조에서는 재결청을 공동피고에서 제외하여 형식적 당사자소송임을 규정하고 있다. 판례는 당해소송을 이의재결에서 정한 보상금이 증액, 변경될 것을 전제로 하여 기업자를 상대로 보상금의 지급을 구하는 확인급부소송으로 보고 있다.

3. 제기요건 및 효과(기간특례, 당사자, 원처분주의, 관할)

① 제85조에서는 제34조 재결을 규정하므로 원처분을 대상으로 ② 재결서정본 송달일로부터 90일 또는 60일(이의재결시) 이내에 ③ 토지소유자, 관계인 및 사업시행자는 각각을 피고로 하여 ④ 관할법원에 당사자소송을 제기할 수 있다.

4. 심리범위

(1) 심리범위

① 손실보상의 지급방법(채권보상여부포함)과 ② 적정손실보상액의 범위 및 보상액과 관련한 보상면적(잔여지수용등) 등은 심리범위에 해당한다. 판례는 ③ 지연손해금 역시 손실보상의 일부이고, ④ 잔여지수용여부 및 ⑤ 개인별 보상으로서 과대, 과소항목의 보상항목간 유용도 심리범위에 해당한다고 본다.

(2) 최근 판례의 태도

최근 판례는 심리범위에 손실을 어떻게 산정할 것인지 여부(보상대상의 범위) 및 당사자가 주장하는 내용이 과연 필요한 것으로서 합리적인지 여부 등 보상항목의 세부요소에 포함되는지 여부도 본안에서 심리·판단할 사항이라고 판시하였다.

5. 심리방법 및 입증책임

법원 감정인의 감정결과를 중심으로 적정한 보상금이 산정된다. 입증책임과 관련하여 민법상 법률요건분배설이 적용된다. 판례는 재결에서 정한 보상액보다 정당한 보상이 많다는 점에 대한 입증책임은 그것을 주장하는 원고에게 있다고 한다.

6. 판결(형성력, 별도의 처분 불필요)

산정된 보상금액이 재결 금액보다 많으면 차액의 지급을 명하고, 법원이 직접보상금을 결정하므로 소송당사자는 판결결과에 따라 이행하여야 하며, 중앙토지수용위원회는 별도의 처분을 할 필요가 없다.

Ⅲ 사안의 해결

공익사업에 영업시설의 일부가 편입됨으로 인하여 잔여 영업시설에 손실이 발생하였다면, 잔여 영업시설에서 영업을 계속하는 것이 불가능하거나 곤란한 경우가 아니더라도, 그 손실 또는 이를 해결하기 위한 공사비용은 토지보상법 시행규칙 제47조 제3항에 따른 잔여 영업시설에서 발생한 손실 또는 공사비용으로서 보상하여야 한다.

어떤 보상항목이 공익사업을 위한 토지 등의 취득 및 보상에 관한 법령상 손실보상대상에 해당함에도 관할 토지수용위원회가 사실을 오인하거나 법리를 오해함으로써 손실보상대상에 해당하지 않는다고 잘못된 내용의 재결을 한 경우에는, 피보상자는 관할 토지수용위원회를 상대로 그 재결에 대한 취소소송을 제기할 것이 아니라, 사업시행자를 상대로 보상금증감소송을 제기하여야 한다.

🖊 [대법원 2018.7.20, 2015두4044[토지수용보상금등증액]

[판시사항]

[1] 잔여 영업시설 손실보상의 요건인 "공익사업에 영업시설의 일부가 편입됨으로 인하여 잔여시설에 그 시설을 새로이 설치하거나 잔여시설을 보수하지 아니하고는 그 영업을 계속할 수 없는 경우"의 의미

[2] 공익사업에 영업시설 일부가 편입됨으로 인하여 잔여 영업시설에 손실을 입은 자가 재결절차를 거치지 않은 채 곧바로 사업시행자를 상대로 잔여 영업시설의 손실에 대한 보상을 청구할 수 있는지 여부(소극) / 이때 재결절차를 거쳤는지 판단하는 방법 및 영업의 단일성·동일성이 인정되는 범위에서 보상금 산정의 세부요소를 추가로 주장하는 경우, 별도로 재결절차를 거쳐야 하는지 여부(소극)

[3] 어떤 보상항목이 공익사업을 위한 토지 등의 취득 및 보상에 관한 법령상 손실보상대상에 해당함에도 관할 토지수용위원회가 사실을 오인하거나 법리를 오해함으로써 손실보상대상에 해당하지 않는다고 잘못된 내용의 재결을 한 경우, 피보상자가 제기할 소송과 그 상대방

[판결요지]

[1] 사업시행자가 동일한 토지소유자에 속하는 일단의 토지 일부를 취득함으로 인하여 잔여지의 가격이 감소하거나 그 밖의 손실이 있을 때 등에는 잔여지를 종래의 목적으로 사용하는 것이 가능한 경우라도 잔여지 손실보상의 대상이 되며, 잔여지를 종래의 목적에 사용하는 것이 불가능하거나 현저히 곤란한 경우이어야만 잔여지 손실보상청구를 할 수 있는 것이 아니다. 마찬가지로 잔여 영업시설 손실보상의 요건인 "공익사업에 영업시설의 일부가 편입됨으로 인하여 잔여시설에 그 시설을 새로이 설치하거나 잔여시설을 보수하지 아니하고는 그 영업을 계속할 수 없는 경우"란 잔여 영업시설에 시설을 새로이 설치하거나 잔여 영업시설을 보수하지 아니하고는 그 영업이 전부 불가능하거나 곤란하게 되는 경우만을 의미하는 것이 아니라, 공익사업에 영업시설 일부가 편입됨으로써 잔여 영업시설의 운영에 일정한 지장이 초래되고, 이에 따라 종전처럼 정상적인 영업을 계속하기 위해서는 잔여 영업시설에 시설을 새로 설치하거나 잔여 영업시설을 보수할 필요가 있는 경우도 포함된다고 해석함이 타당하다.

[2] 구 공익사업을 위한 토지 등의 취득 및 보상에 관한 법률(2013.3.23. 법률 제11690호로 개정되기 전의 것, 이하 '토지보상법'이라 한다) 제26조, 제28조, 제30조, 제34조, 제50조, 제61조, 제83조 내지 제85조의 규정 내용과 입법 취지 등을 종합하면, 공익사업에 영업시설 일부가 편입됨으로 인하여 잔여 영업시설에 손실을 입은 자가 사업시행자로부터 구 공익사업을 위한 토지 등의 취득 및 보상에 관한 법률 시행규칙(2014.10.22. 국토교통부령 제131호로 개정되기 전의 것) 제47조 제3항에 따라 잔여 영업시설의 손실에 대한 보상을 받기 위해서는, 토지보상법 제34조, 제50조 등에 규정된 재결절차를 거친 다음 그 재결에 대하여 불복이 있는 때에 비로소 토지보상법 제83조 내지 제85조에 따라 권리구제를 받을 수 있을 뿐이다. 이러한 재결절차를 거치지 않은 채 곧바로 사업시행자를 상대로 손실보상을 청구하는 것은 허용되지 않는다. 재결절차를 거쳤는지 여부는 보상항목별로 판단하여야 한다. 피보상자별로 어떤 토지, 물건, 권리 또는 영업이 손실보상대상에 해당하는지, 나아가 보상금액이 얼마인지를 심리·판단하는 기초 단위를 보상항목이라고 한다. 편입토지·물건 보상, 지장물 보상, 잔여 토지·건축물 손실보상 또는 수용청구의 경우에는 원칙적으로 개별물건별로 하나의 보상항목이 되지만, 잔여 영업시설 손실보상을 포함하는 영업손실보상의 경우에는 '전체적으로 단일한 시설 일체로서의 영업' 자체가 보상항목이 되고, 세부 영업시설이나 영업이익, 휴업기간 등은 영업손실보상금 산정에서 고려하는 요소에 불과하다. 그렇다면 영업의 단일성·동일성이 인정되는 범위에서 보상금 산정의 세부요소를 추가로 주장하는 것은 하나의 보상항목 내에서 허용되는 공격방법일 뿐이므로, 별도로 재결절차를 거쳐야 하는 것은 아니다.

[3] 어떤 보상항목이 공익사업을 위한 토지 등의 취득 및 보상에 관한 법령상 손실보상대상에 해당함에도 관할 토지수용위원회가 사실을 오인하거나 법리를 오해함으로써 손실보상대상에 해당하지 않는다고 잘못된 내용의 재결을 한 경우에는, 피보상자는 관할 토지수용위원회를 상대로 그 재결에 대한 취소소송을 제기할 것이 아니라, 사업시행자를 상대로 구 공익사업을 위한 토지 등의 취득 및 보상에 관한 법률(2013.3.23. 법률 제11690호로 개정되기 전의 것) 제85조 제2항에 따른 보상금증감소송을 제기하여야 한다.

📝 판례사례 50 보증소 항목간 유용

2014.8.8. 사업시행자는 보상협의를 요청하였으나 갑은 잔여지에 대한 가치손실을 함께 보상해줄 것을 요청하면서 보상협의를 거부하였다. 2015.1.22. 갑은 자신의 토지 중 일부가 철도사업에 편입되어 편입되는 부분에 대한 "보상금 증액 및 잔여토지의 가치하락 손실"을 토지수용위원회에 청구하였으나 편입되는 토지에 대한 보상금은 약 5% 증액되었으나, 잔여지의 가치하락 손실에 대해서는 기각재결을 하였다. 갑은 법원에 ① 공익사업부지로 편입되어 수용되는 여러 필지들의 수용보상금과 ② 잔여지의 가격감소 손실보상금(이하 차례로 '①부분', '②부분'이라고 한다)의 증액을 청구하였다. ①부분과 ②부분에 관하여 감정을 신청하였고, 2015.12.15. 및 2016.4.11. 각 감정 결과가 제출되자, 2016.8.11. 법원에 '①부분에 관해서는 법원감정액이 재결감정액보다 적어 이 부분의 "증액주장을 철회"하고, ②부분에 관해서는 법원감정액만큼 청구하는 것으로 청구금액을 확장한다.'는 내용의 청구취지 및 원인 변경신청서를 제1심법원에 제출하였고, 이는 2016.8.12. 사업시행자에게 송달되었다. 이에 사업시행자는 2016.8.25. '①부분의 청구 "철회에 부동의"하며, 법원감정 결과에 따라 ①부분과 ②부분 상호 간에 보상항목 유용을 허용하여 과다 부분과 과소 부분을 합산하여 정당한 보상액을 산정하여야 한다.'는 내용의 준비서면을 제1심법원에 제출하였고, 이는 같은 날 갑에게 송달되었다. 제1심은 ①부분과 ②부분 상호 간에 항목 유용을 허용하여 정당한 보상액을 산정하여, 갑의 청구 중 일부만 인용하였다. 반면 원심은 ①부분의 청구가 취하 내지 철회된 것은 법원에 현저한 사실이라고 전제한 후, 이로써 ①부분이 법원의 심판대상에서 제외되었으므로 ①부분과 ②부분 상호 간에 항목 유용은 허용되지 않는다는 이유로 원고들의 청구를 전부 인용하였다. 갑은 사업시행자의 보상항목 유용에 대해서, 사업시행자는 제소기간 내에 보상금감액 청구를 하지 않은 바, 더 이상 재결결과에 대해서 다툴 수 없으므로 잔여지 가치손실에 대한 보상금을 지급해야 한다고 주장한다.

갑이 제기하는 소송에 대하여 대상적격, 피고적격, 제소기간에 대해서 설명하고, 갑 주장의 타당성에 대해서 논하시오. 15점

<table>
<tr><td>

Ⅰ 쟁점의 정리

Ⅱ 보상금증감청구소송의 대상적격 등
   1. 보상금증감청구소송의 의의 및 취지
   2. 보상금증감청구소송의 대상적격

</td><td>

3. 보상금증감청구소송의 피고적격 및 제소기간
4. 보상금증감청구소송의 심리범위
5. 보상금증감청구소송의 판결

Ⅲ 사안의 해결(갑 주장의 타당성)

</td></tr>
</table>

I 쟁점의 정리

갑이 제기하는 소송은 토지보상법 제85조 제2항에서 규정하고 있는 보상금에 대한 증액청구소송이다. 보상금증액청구소송의 대상이 토지수용위원회의 재결처분인지 그에 따라 형성된 보상법률관계인지 여부와 관련규정상 피고적격 및 제소기간에 대해서 설명한다. 보상금증감청구소송의 심리범위를 고찰하여 갑 주장의 타당성을 검토한다.

II 보상금증감청구소송의 대상적격 등

1. 보상금증감청구소송의 의의 및 취지

보상금증감청구소송은 보상재결에 대한 보상금의 증감에 대한 소송으로서 ① 보상재결의 취소 없이 보상금과 관련된 분쟁을 일회적으로 해결하여 ② 신속한 권리구제를 도모함에 취지가 있다.

2. 보상금증감청구소송의 대상적격

보상금증감청구소송은 수용재결 및 이의재결에서 정한 보상금이 증액·변경될 것을 전제로 하여 사업시행자를 상대로 보상금의 지급을 구하는 확인급부소송의 성질을 갖는다고 볼 것이다. 따라서 보상금증감청구소송의 대상은 재결로 형성된 법률관계가 될 것이다.

3. 보상금증감청구소송의 피고적격 및 제소기간

토지보상법 제75조 제2항에서는 토지소유자와 사업시행자는 각 당사자 한쪽을 피고로 하여 보상금증감청구소송을 제기할 수 있다고 규정하고 있으며, 수용재결에 대해서는 재결서 정본을 받은 날로부터 90일 이내에, 이의재결을 거친 경우에는 이의재결서 정본을 받은 날로부터 60일 이내에 보상금증감청구소송을 제기할 수 있다고 규정하고 있다.

4. 보상금증감청구소송의 심리범위

① 손실보상의 지급방법(채권보상여부포함)과 ② 적정손실보상액의 범위 및 보상액과 관련한 보상면적(잔여지수용등) 등은 심리범위에 해당한다. 판례는 ③ 지연손해금 역시 손실보상의 일부이고, ④ 잔여지수용 여부 및 ⑤ 개인별 보상으로서 과대, 과소항목의 보상항목간 유용도 심리범위에 해당한다고 본다(2017두41221). ⑥ 또한 보상금 산정의 세부요소를 추가로 주장할 수도 있다.

5. 보상금증감청구소송의 판결

산정된 보상금액이 재결 금액보다 많으면 차액의 지급을 명하고, 법원이 직접보상금을 결정하므로 소송당사자는 판결결과에 따라 이행하여야 하며 토수위는 별도 처분을 할 필요가 없다.

Ⅲ 사안의 해결(갑 주장의 타당성)

보상금증감청구소송에서는 어느 한쪽 당사자가 과대 또는 과소를 주장하지 않으면 다른 한쪽 역시 그에 대한 과대 또는 과소를 주장하지 않을 것이므로, 어느 한쪽이 보상금의 증액 또는 감액을 청구한다면 굳이 그에 대한 감액 또는 증액청구를 별도로 제기함이 없이, 증액 또는 감액 결정이 나온 상태에서 그에 대한 반대의사를 표시할 수 있다고 봄이 타당하다. 이렇게 함으로써 불필요한 소송을 방지하여 보상법률관계의 일회적인 구제를 도모한다 할 것이다. 따라서 갑의 주장은 타당하지 않다.

대법원 2018.5.15, 2017두41221

[판시사항]

[1] 공익사업을 위한 토지 등의 취득 및 보상에 관한 법률상 피보상자 또는 사업시행자가 여러 보상항목들 중 일부에 대해서만 개별적으로 불복의 사유를 주장하여 행정소송을 제기할 수 있는지 여부(적극) 및 이러한 보상금 증감 소송에서 법원의 심판 범위 / 법원이 구체적인 불복신청이 있는 보상항목들에 관해서 감정을 실시하는 등 심리한 결과, 재결에서 정한 보상금액이 일부 보상항목의 경우 과소하고 다른 보상항목의 경우 과다한 것으로 판명된 경우, 보상항목 상호 간의 유용을 허용하여 정당한 보상금을 결정할 수 있는지 여부(적극)

[2] 피보상자가 여러 보상항목들에 관해 불복하여 보상금 증액 청구소송을 제기하였으나, 그중 일부 보상항목에 관해 법원감정액이 재결감정액보다 적게 나온 경우, 피보상자는 해당 보상항목에 관해 불복신청이 이유 없음을 자인하는 진술을 하거나 불복신청을 철회함으로써 해당 보상항목을 법원의 심판범위에서 제외하여 달라는 소송상 의사표시를 할 수 있는지 여부(적극) / 사업시행자가 피보상자의 보상금 증액 청구소송을 통해 감액청구권을 실현하려는 기대에서 제소기간 내에 별도의 보상금 감액 청구소송을 제기하지 않았는데 피보상자가 위와 같은 의사표시를 하는 경우, 사업시행자는 법원 감정 결과를 적용하여 과다 부분과 과소 부분을 합산하여 처음 불복신청된 보상항목들 전부에 관하여 정당한 보상금액을 산정하여 달라는 소송상 의사표시를 할 수 있는지 여부(적극) / 이러한 법리는 정반대 상황의 경우에도 마찬가지로 적용되는지 여부(적극)

[판결요지]

[1] 하나의 재결에서 피보상자별로 여러 가지의 토지, 물건, 권리 또는 영업(이처럼 손실보상 대상에 해당하는지, 나아가 그 보상금액이 얼마인지를 심리·판단하는 기초 단위를 이하 '보상항목'이라고 한다)의 손실에 관하여 심리·판단이 이루어졌을 때, 피보상자 또는 사업시행자가 반드시 재결 전부에 관하여 불복하여야 하는 것은 아니며, 여러 보상항목들 중 일부에 관해서만 불복하는 경우에는 그 부분에 관해서만 개별적으로 불복의 사유를 주장하여 행정소송을 제기할 수 있다. 이러한 보상금 증감 소송에서 법원의 심판범위는 하나의 재결 내에서 소송당사자가 구체적으로 불복신청을 한 보상항목들로 제한된다.

법원이 구체적인 불복신청이 있는 보상항목들에 관해서 감정을 실시하는 등 심리한 결과, 재결에서 정한 보상금액이 일부 보상항목의 경우 과소하고 다른 보상항목의 경우 과다한 것으로 판명되었다면, 법원은 보상항목 상호 간의 유용을 허용하여 항목별로 과다 부분과 과소 부분을 합산하여 보상금의 합계액을 정당한 보상금으로 결정할 수 있다.

[2] 피보상자가 당초 여러 보상항목들에 관해 불복하여 보상금 증액 청구소송을 제기하였으나, 그 중 일부 보상항목에 관해 법원에서 실시한 감정 결과 그 평가액이 재결에서 정한 보상금액보다 적게 나온 경우에는, 피보상자는 해당 보상항목에 관해 불복신청이 이유 없음을 자인하는 진술을 하거나 단순히 불복신청을 철회함으로써 해당 보상항목을 법원의 심판범위에서 제외하여 달라는 소송싱 의사표시를 할 수 있디.

한편 사업시행자가 특정 보상항목에 관해 보상금 감액을 청구하는 권리는 공익사업을 위한 토지 등의 취득 및 보상에 관한 법률 제85조 제1항 제1문에서 정한 제소기간 내에 보상금 감액 청구소송을 제기하는 방식으로 행사함이 원칙이다. 그런데 사업시행자에 대한 위 제소기간이 지나기 전에 피보상자가 이미 위 보상항목을 포함한 여러 보상항목에 관해 불복하여 보상금 증액 청구소송을 제기한 경우에는, 사업시행자로서는 보상항목 유용 법리에 따라 위 소송에서 과다 부분과 과소 부분을 합산하는 방식으로 위 보상항목에 대한 정당한 보상금액이 얼마인지 판단 받을 수 있으므로, 굳이 중복하여 동일 보상항목에 관해 불복하는 보상금 감액 청구소송을 별도로 제기하는 대신 피보상자가 제기한 보상금 증액 청구소송을 통해 자신의 감액청구권을 실현하는 것이 합리적이라고 생각할 수도 있다.

이와 같이 보상금 증감 청구소송에서 보상항목 유용을 허용하는 취지와 피보상자의 보상금 증액 청구소송을 통해 감액청구권을 실현하려는 기대에서 별도의 보상금 감액 청구소송을 제기하지 않았다가 그 제소기간이 지난 후에 특정 보상항목을 심판범위에서 제외해 달라는 피보상자의 일방적 의사표시에 의해 사업시행자가 입게 되는 불이익 등을 고려하면, 사업시행자가 위와 같은 사유로 그에 대한 제소기간 내에 별도의 보상금 감액 청구소송을 제기하지 않았는데, 피보상자가 법원에서 실시한 감정평가액이 재결절차의 그것보다 적게 나오자 그 보상항목을 법원의 심판범위에서 제외하여 달라는 소송상 의사표시를 하는 경우에는, 사업시행자는 그에 대응하여 법원이 피보상자에게 불리하게 나온 보상항목들에 관한 법원의 감정 결과가 정당하다고 인정하는 경우 이를 적용하여 과다하게 산정된 금액을 보상금액에서 공제하는 등으로 과다 부분과 과소 부분을 합산하여 당초 불복신청된 보상항목들 전부에 관하여 정당한 보상금액을 산정하여 달라는 소송상 의사표시를 할 수 있다고 봄이 타당하다.

이러한 법리는 정반대의 상황, 다시 말해 사업시행자가 여러 보상항목들에 관해 불복하여 보상금 감액 청구소송을 제기하였다가 그중 일부 보상항목에 관해 법원 감정 결과가 불리하게 나오자 해당 보상항목에 관한 불복신청을 철회하는 경우에도 마찬가지로 적용될 수 있다.

📝 판례사례 51 공탁금출급권 지급확인

철도건설사업 시행자인 갑 공단이 을 소유의 건물 등 지장물에 관하여 중앙토지수용위원회의 수용재결에 따라 건물 등의 가격 및 이전보상금을 공탁한 다음 을이 공탁금을 출급하자 위 건물의 일부를 철거하였고, 을은 위 건물 중 철거되지 않은 나머지 부분을 계속 사용하고 있었는데, 그 후 병 재개발정비사업조합이 위 건물을 다시 수용하면서 수용보상금 중 위 건물 등에 관한 설치이전비용 상당액을 병 조합과 을 사이에 성립한 조정에 따라 피공탁자를 갑 공단 또는 을로 하여 채권자불확지 공탁을 하였다. 을은 자신이 공탁금출급권의 진실한 권리자라고 주장하면서 민사법원에 공탁금출급권자 확인청구를 하였다. 공탁금출급청구권이 누구에게 인정되는지 논하시오. 20점

Ⅰ 쟁점의 정리	Ⅲ 을이 실질적 처분권자로서 '관계인'에 해당하는지 여부
Ⅱ 갑에게 지장물 물건의 가치 상실을 수인할 의무가 발생하는지 여부	1. 토지보상법상 보상금 수령권자
1. 보상법상 지장물 평가 규정	2. 을이 지장물의 소유권을 취득하는지 여부
2. 갑에게 물건의 가치 상실을 수인해야 할 의무가 발생하는지 여부	3. 을이 실질적 처분권자로서 '관계인'에 해당하는지 여부
	Ⅳ 사안의 해결

Ⅰ 쟁점의 정리

설문은 공탁금출급권이 갑 또는 을 중 누구에게 인정되는지가 문제된다. 지장물인 경우 이전비로 보상금액이 지급된 경우, ① 갑에게 지장물 물건의 가치 상실을 수인할 의무가 있는지와, ② 을이 관계인으로서 실질적인 처분권을 득하는지 등 누구에게 실질적인 처분권이 인정되는지를 검토하여 사안을 해결한다.

Ⅱ 갑에게 지장물 물건의 가치 상실을 수인할 의무가 발생하는지 여부

1. 보상법상 지장물 평가 규정

법 제75조 제1항은 본문에서 지장물인 건축물 등에 대하여는 이전비(물건가격 상한)로 보상하여야 한다는 원칙을 규정하는 한편, 동법 시행규칙 제33조 제4항, 제36조 제1항에서는 물건의 가격으로 보상된 건축물 및 공작물 등에 대하여는 사업시행자의 부담으로 이를 철거하도록 하되, 그 소유자가 당해 건축물 등의 구성부분을 사용 또는 처분할 목적으로 철거하는 경우에는 건축물 등의 소유자로 하여금 해당 비용을 부담하게 하고 있다.

2. 갑에게 물건의 가치 상실을 수인해야 할 의무가 발생하는지 여부

갑은 사업시행에 방해가 되지 않는 상당한 기한 내에 스스로 지장물 또는 그 구성부분을 이전해 가지 않은 이상 사업시행자의 지장물 제거와 그 과정에서 발생하는 물건의 가치 상실을 수인(受忍)하여야 할 지위에 있다고 봄이 상당하다.

Ⅲ 을이 실질적 처분권자로서 '관계인'에 해당하는지 여부

1. 토지보상법상 보상금 수령권자

토지보상법상 보상금에 대한 권리자는 토지 및 물건에 관하여 소유권이나 그 밖의 권리를 가진 자를 말하며(보상법 제2조), 사업인정의 고시가 된 후에 권리를 취득한 자는 기존의 권리를 승계한 자를 제외하고는 관계인에 포함되지 않는다.

2. 을이 지장물의 소유권을 취득하는지 여부

토지보상법 제75조 제1항에서는 지장물의 경우 이전비를 원칙으로 보상하고 제5항에서는 소유권 취득을 위한 수용규정을 두고 있다. 따라서 물건의 가격을 상한으로 이전비를 보상한 경우에는 소유권 취득을 위한 별도의 수용절차가 진행되지 않은 이상 여전히 물건의 원 소유자인 갑에게 소유권이 인정된다고 할 것이다.

3. 을이 실질적 처분권자로서 '관계인'에 해당하는지 여부

을은 철도건설사업에 의해 갑에게 지장물의 이전비를 지급한 사업시행자이며, 사업시행자가 이전비로 보상한 경우에는 물건의 소유권은 취득할 수 없으며 지장물의 소유자에게 그 철거 및 토지의 인도를 요구할 수 없고 자신의 비용으로 직접 이를 제거할 수 있을 뿐이다. 이러한 과정에서 을은 지장물 소유권자가 가지고 있는 당해 물건의 사용·수익·처분(수거 및 철거권 등)에 대한 권한(실질적 처분권)을 이전받은 것으로 볼 수 있고, 이는 토지보상법상 관계인의 지위를 득한 것으로 보아야 한다.

Ⅳ 사안의 해결

갑은 지장물 물건의 소유자이며 스스로 지장물 또는 그 구성부분 중 필요한 부분을 이전해 갈 수 있으나 이전하지 않은 부분에 대해서는 실질적인 처분권한을 포기한 것을 보아야 한다. 판례도 이러한 부분에 대해서는 물건 가치의 상실에 대한 수인의무가 발생한다고 하였다.

을은 지장물 물건에 대한 실질적인 처분권을 가진 토지보상법상 관계인으로서 지장물 소유자인 갑의 보상금 수령권을 승계받은 것으로 볼 수 있다. 따라서 법원은 을에게 공탁금출급권이 인정됨을 확인할 것이다.

대법원 2019.4.11, 2018다277419[공탁금출급청구권확인][공2019상,1057]

[판시사항]

[1] 공익사업을 위한 토지 등의 취득 및 보상에 관한 법률상 보상 대상이 되는 '기타 토지에 정착한 물건에 대한 소유권 그 밖의 권리를 가진 관계인'에 수거·철거권 등 실질적 처분권을 가진 자가 포함되는지 여부(적극)

[2] 사업시행에 방해되는 지장물에 관하여 공익사업을 위한 토지 등의 취득 및 보상에 관한 법률 제75조 제1항 단서 제2호에 따라 이전비용에 못 미치는 물건 가격을 보상한 경우, 사업시행자가 지장물의 소유권을 취득하거나 지장물의 소유자에 대하여 철거 및 토지의 인도를 요구할 수는 없고 단지 자신의 비용으로 이를 직접 제거할 수 있을 권한과 부담을 가질 뿐인지 여부(원칙적 적극) 및 이 경우 지장물의 소유자는 사업시행자의 지장물 제거와 그 과정에서 발생하는 물건의 가치 상실을 수인하여야 할 지위에 있는지 여부(원칙적 적극)

[3] 철도건설사업 시행자인 갑 공단이 을 소유의 건물 등 지장물에 관하여 중앙토지수용위원회의 수용재결에 따라 건물 등의 가격 및 이전보상금을 공탁한 다음 을이 공탁금을 출급하자 위 건물의 일부를 철거하였고, 을은 위 건물 중 철거되지 않은 나머지 부분을 계속 사용하고 있었는데, 그 후 병 재개발정비사업조합이 위 건물을 다시 수용하면서 수용보상금 중 위 건물 등에 관한 설치이전비용 상당액을 병 조합과 을 사이에 성립한 조정에 따라 피공탁자를 갑 공단 또는 을로 하여 채권자불확지 공탁을 한 사안에서, 병 조합에 대한 지장물 보상청구권은 을이 아니라 위 건물에 대한 가격보상 완료 후 이를 인도받아 철거할 권리를 보유한 갑 공단에 귀속된다고 보아야 하는데도, 이와 달리 위 건물의 소유권이 을에게 있다는 이유만으로 공탁금출급청구권이 을에게 귀속된다고 본 원심판단에는 법리오해의 잘못이 있다고 한 사례

[판결요지]

[1] 공익사업을 위한 토지 등의 취득 및 보상에 관한 법률상 보상 대상이 되는 '기타 토지에 정착한 물건에 대한 소유권 그 밖의 권리를 가진 관계인'에는 수거·철거권 등 실질적 처분권을 가진 자도 포함된다.

[2] 사업시행자가 사업시행에 방해가 되는 지장물에 관하여 공익사업을 위한 토지 등의 취득 및 보상에 관한 법률 제75조 제1항 단서 제2호에 따라 이전에 소요되는 실제 비용에 못 미치는 물건의 가격으로 보상한 경우, 사업시행자가 당해 물건을 취득하는 제3호와 달리 수용의 절차를 거치지 아니한 이상 사업시행자가 그 보상만으로 당해 물건의 소유권까지 취득한다고 보기는 어렵겠으나, 다른 한편으로 사업시행자는 그 지장물의 소유자가 같은 법 시행규칙 제33조 제4항 단서에 따라 스스로의 비용으로 철거하겠다고 하는 등의 특별한 사정이 없는 한 지장물의 소유자에 대하여 그 철거 및 토지의 인도를 요구할 수 없고 자신의 비용으로 직접 이를 제거할 수 있을 뿐이며, 이러한 경우 지장물의 소유자로서도 사업시행에 방해가 되지 않는 상당한 기한 내에 위 시행규칙 제33조 제4항 단서에 따라 스스로 위 지장물 또는 그 구성부분을 이전해 가지 않은 이상 사업시행자의 지장물 제거와 그 과정에서 발생하는 물건의 가치 상실을 수인(受忍)하여야 할 지위에 있다고 봄이 상당하다. 그리고 사업시행자는 사업시행구역 내 위치한 지장물에 대하여 스스로의 비용으로 이를 제거할 수 있는 권한과 부담을 동시에 갖게 된다.

[3] 철도건설사업 시행자인 갑 공단이 을 소유의 건물 등 지장물에 관하여 중앙토지수용위원회의
수용재결에 따라 건물 등의 가격 및 이전보상금을 공탁한 다음 을이 공탁금을 출급하자 위 건물
의 일부를 철거하였고, 을은 위 건물 중 철거되지 않은 나머지 부분을 계속 사용하고 있었는데,
그 후 병 재개발정비사업조합이 위 건물을 다시 수용하면서 수용보상금 중 위 건물 등에 관한
설치이전비용 상당액을 병 조합과 을 사이에 성립한 조정에 따라 피공탁자를 갑 공단 또는 을로
하여 채권자불확지 공탁을 한 사안에서, 갑 공단은 수용재결에 따라 위 건물에 관한 이전보상
금을 지급함으로써 위 건물을 철거·제거할 권한을 가지게 되었으므로 공익사업을 위한 토지
등의 취득 및 보상에 관한 법률상 보상 대상이 되는 '기타 토지에 정착한 물건에 대한 소유권
그 밖의 권리를 가진 관계인'에 해당하고, 을은 갑 공단으로부터 공익사업의 시행을 위하여 지
장물 가격보상을 받음으로써 사업시행자인 갑 공단의 위 건물 철거·제거를 수인할 지위에 있
을 뿐이므로, 병 조합에 대한 지장물 보상청구권은 을이 아니라 위 건물에 대한 가격보상 완료
후 이를 인도받아 철거할 권리를 보유한 갑 공단에 귀속된다고 보아야 하는데도, 위 건물의 소
유권이 을에게 있다는 이유만으로 공탁금출급청구권이 을에게 귀속된다고 본 원심판단에는 법
리오해의 잘못이 있다고 한 사례

판례사례 52 수목소유권 공탁출급권

갑과 을은 부부로서 부동산을 매수하여 ○○농원을 조성한 다음 다양한 수목을 식재하고 관리하면서 이를 실질적으로 소유하여 왔다. 그 후 보유세에 상당한 부담을 느껴 해당 부동산을 그 아들, 며느리, 손자에게 증여하고 아들, 며느리, 손자의 허락을 받고 계속하여 수목을 식재하고 관리하였다(별도의 명인방법은 없었으며 소유권 유보에 대한 약정도 없었음). 그 후 해당 부동산이 공익사업에 편입되었고, 토지물건 조서에 해당 부동산에 대한 소유자는 아들, 며느리, 손자로 기재되었고 보상금이 산정되었다. 갑과 을은 수목에 대한 실질적인 소유자는 본인들이기에 해당 보상금에 대한 수령권은 본인들에게 있다고 주장하면서 이의를 제기하였고 사업시행자는 갑과 을 및 아들, 며느리, 손자 중 누구에게 보상금을 지급해야 할지 알지 못하였기에 불확지 공탁을 하였다. 갑과 을은 공탁된 손실보상금에 관한 출급청구권 확인을 청구하는 소송을 제기하였다. 갑과 을에게 공탁출급권이 인정될 수 있는가? [10점]

참조 조문

민법 제256조(부동산에의 부합)
부동산의 소유자는 그 부동산에 부합한 물건의 소유권을 취득한다. 그러나 타인의 권원에 의하여 부속된 것은 그러하지 아니하다.

Ⅰ 쟁점의 정리	(1) 수목이 독립된 거래객체가 되기 위한 요건
Ⅱ 수목 소유권의 입증 방법 등	(2) 소유권 귀속관계
1. 수목이 독립적인 거래 대상인지 여부 및 소유권 귀속관계	**2. 물건조서의 효력**
	Ⅲ 사안의 해결

Ⅰ 쟁점의 정리

① 갑과 을에게 수목에 대한 소유권이 인정되는지 및 ② 조서내용이 진실에 반함을 입증할 수 있는지를 검토하여 설문을 해결한다.

Ⅱ 수목 소유권의 입증 방법 등

1. 수목이 독립적인 거래 대상인지 여부 및 소유권 귀속관계

(1) 수목이 독립된 거래객체가 되기 위한 요건

수목이 독립적인 거래 대상이 되기 위해서는 명인방법을 갖추어야 한다. 설문에서는 명인방법이 이루어지지 않았으므로 수목은 토지에 부합된 것으로 보아야 하고 독립된 거래객체는 될 수 없을 것이다.

(2) 소유권 귀속관계

토지 위에 식재된 입목은 토지의 구성부분으로 토지의 일부일 뿐 독립한 물건으로 볼 수 없으므로 특별한 사정이 없는 한 토지에 부합하고, 토지의 소유자는 식재된 입목의 소유권을 취득한다.

2. 물건조서의 효력

물건조서는 사업구역 내 토지와 물건에 대한 보상대상목록을 작성하여 소유자의 서명날인을 받는 것으로서, 조서 내용에 이의를 제기하거나 진실에 반함을 입증한 경우가 아니고서는 조서 내용대로의 진실의 추정력이 발생된다.

Ⅲ 사안의 해결

1. 갑과 을은 명인방법을 갖추지 않았으므로 별도의 소유권을 주장할 수 없다.

2. 조서내용이 진실에 반함을 주장할 수 있으나 별도의 소유권 유보에 대한 약정서도 없으므로 이를 입증하는 것을 어려울 것이다.

3. 따라서 갑과 을은 조서의 진실의 추정력을 부정할 수 없으므로 공탁출급권자가 본인들이라는 확인판결을 받기 어려울 것으로 보인다.

대법원 2021.8.19, 2020다266375[손실보상금][공2021하,1706]

[판시사항]

[1] 토지 위에 식재된 입목은 토지에 부합하는지 여부(원칙적 적극)

[2] 토지 위에 식재된 입목에 대하여 토지와 독립하여 소유권을 취득하려면 명인방법을 실시해야 하는지 여부(적극) 및 이는 토지와 분리하여 입목을 처분하는 경우뿐만 아니라 입목의 소유권을 유보한 채 입목이 식재된 토지의 소유권을 이전하는 경우에도 마찬가지인지 여부(적극)

[판결요지]

[1] 부동산의 소유자는 그 부동산에 부합한 물건의 소유권을 취득하지만, 타인의 권원에 의하여 부속된 것은 그러하지 아니하다(민법 제256조).

토지 위에 식재된 입목은 토지의 구성부분으로 토지의 일부일 뿐 독립한 물건으로 볼 수 없으므로 특별한 사정이 없는 한 토지에 부합하고, 토지의 소유자는 식재된 입목의 소유권을 취득한다.

[2] 토지 위에 식재된 입목을 그 토지와 독립하여 거래의 객체로 하기 위해서는 '입목에 관한 법률'에 따라 입목을 등기하거나 명인방법을 갖추어야 한다. 물권변동에 관한 성립요건주의를 채택하고 있는 민법에서 명인방법은 부동산의 등기 또는 동산의 인도와 같이 입목에 대하여 물권변동의 성립요건 또는 효력발생요건에 해당하므로 식재된 입목에 대하여 명인방법을 실시해야 그 토지와 독립하여 소유권을 취득한다. 이는 토지와 분리하여 입목을 처분하는 경우뿐만 아니라, 입목의 소유권을 유보한 채 입목이 식재된 토지의 소유권을 이전하는 경우에도 마찬가지이다.

[주 문]

원심판결을 파기하고, 사건을 부산고등법원에 환송한다.

[이 유]

상고이유를 판단한다.

1. 부동산의 소유자는 그 부동산에 부합한 물건의 소유권을 취득하지만, 타인의 권원에 의하여 부속된 것은 그러하지 아니하다(민법 제256조).

   토지 위에 식재된 입목은 토지의 구성부분으로 토지의 일부일 뿐 독립한 물건으로 볼 수 없으므로 특별한 사정이 없는 한 토지에 부합하고, 토지의 소유자는 식재된 입목의 소유권을 취득한다(대법원 1971.12.28, 71다2313, 대법원 2009.4.23, 2007다75853 참조).

   토지 위에 식재된 입목을 그 토지와 독립하여 거래의 객체로 하기 위해서는 「입목에 관한 법률」에 따라 입목을 등기하거나 명인방법을 갖추어야 한다. 물권변동에 관한 성립요건주의를 채택하고 있는 민법에서 명인방법은 부동산의 등기 또는 동산의 인도와 같이 입목에 대하여 물권변동의 성립요건 또는 효력발생요건에 해당하므로 식재된 입목에 대하여 명인방법을 실시해야 그 토지와 독립하여 소유권을 취득한다(대법원 1969.11.25, 69다1346, 대법원 1996.2.23, 95도2754 참조). 이는 토지와 분리하여 입목을 처분하는 경우뿐만 아니라, 입목의 소유권을 유보한 채 입목이 식재된 토지의 소유권을 이전하는 경우에도 마찬가지이다.

2. 원고들은 이 사건 부동산 위에 식재되어 있던 입목 등 지장물(이하 '이 사건 지장물'이라 한다)이 자신의 소유라고 주장하며, 수용에 따른 보상절차 진행 당시 이 사건 부동산의 소유자인 피고들을 상대로 위 지장물에 관하여 피고들이 지급받은 손실보상금 반환과 공탁된 손실보상금에 관한 출급청구권 확인을 청구하는 이 사건 소를 제기하였다.

   원심은 다음과 같은 이유로 원고들의 청구를 받아들였다. 원고들은 부부로서 이 사건 부동산을 매수하여 ○○농원을 조성한 다음 이 사건 지장물을 식재·설치하고 관리하면서 이를 실질적으로 소유하여 왔다. 이 사건 부동산이 그 아들, 며느리, 손자인 피고들에게 양도되었다고 해도, 양도 전에 식재된 지장물은 원고들이 이 사건 부동산과 별개로 분리·소유한 것이므로 이 사건 부동산과 함께 양도되지 않았고, 양도 후에 식재된 지장물은 피고들의 허락을 받아 식재한 것이므로 이 사건 부동산에 부합되지 않는다.

3. 그러나 원심판결 이유와 기록에서 인정되는 다음 사정을 위에서 본 법리에 비추어 살펴보면, 원심판결은 그대로 받아들일 수 없다.

   가. 원고들은 이 사건 부동산의 전부 또는 일부를 소유하였다가 피고들에게 이를 양도하였고, 그 양도 전에 이 사건 지장물의 대부분을 직접 식재한 것으로 볼 여지가 있다. 원고들이 토지소유권자로서 토지 위에 식재한 입목 등은 특별한 사정이 없는 한 그 토지에 부합되었다고 보아야 한다.

   나. 원고들이 이미 토지에 부합된 입목 등에 대해서 그 소유권을 유보한 채 그 토지만을 분리·처분하기 위해서는 그 입목 등에 관한 명인방법을 갖추어야 하고, 명인방법을 갖추지 않은 채 토지를 처분한 경우 부합된 입목 등의 소유권은 토지와 함께 이전된다.

   만일 원고들이 이 사건 부동산을 양도하면서 이 사건 지장물의 소유권은 유보하기로 피고들과 약정하였다면, 원고들이 이 사건 지장물의 소유에 관한 명인방법을 갖추어 그 소유권을 행사할 수 있지만, 명인방법을 갖추지 못한 경우에는 피고들에 대한 채권적 청구권만을 행사할 수 있다.

원심은 원고들이 명인방법을 갖추었는지 여부에 대해서 아무런 주장·증명을 하지 않았는데도, 이 사건 부동산 양도 당시에 명인방법을 갖추었는지, 이 사건 지장물의 소유권 유보에 관한 별도의 약정이 있었는지 여부 등에 대해서 제대로 심리하지 않은 채 이 사건 지장물이 이 사건 부동산과 분리되어 원고들의 소유로 남았다고 인정하였다.

원심으로서는 이 사건 부동산이 원고들로부터 피고들에게 언제, 어떤 범위에서 양도되었는지, 이 사건 지장물이 위 부동산 양도 전후의 어떤 시점에 식재된 것인지 여부 등을 확인하고, 이 사건 지장물과 분리하여 위 부동산을 양도하기 위하여 명인방법을 갖추었는지 또는 위 지장물의 소유권 유보에 관한 별도의 약정이 있었는지 여부 등을 심리한 다음, 원고들의 청구에 대해서 판단했어야 한다.

4. 그런데 원심은, 원고들이 이 사건 지장물을 식재·설치하고 관리해 왔다는 이유로 그에 대한 소유권을 인정하고 원고들의 손실보상금 반환 청구와 공탁된 손실보상금에 관한 출급청구권 확인 청구를 그대로 받아들였다. 원심판결에는 필요한 심리를 다하지 않은 채 논리와 경험의 법칙에 반하여 자유심증주의의 한계를 벗어나거나 부합이나 명인방법에 관한 법리 등을 오해하여 판결에 영향을 미친 잘못이 있다.

5. 피고들의 상고는 이유 있으므로 원심판결을 파기하고, 사건을 다시 심리·판단하도록 원심법원에 환송하기로 하여, 대법관의 일치된 의견으로 주문과 같이 판결한다.

📝 판례사례 53 지장물소유권 귀속 여부

갑은 서울 송파구 장지동 302-22 토지를 임차한 후 위 지상에 골재 153,994m³를 적치하여 놓고 골재 선별, 파쇄, 판매 등을 영업하여 온 주식회사이고, 을은 서울OO지구 택지개발사업을 시행한 사업시행자이다. 을은 갑 토지의 취득을 위하여 수용재결을 신청하였으며,(갑 소외 1 사이에 골재의 소유권에 관한 다툼이 있었다) 중앙토지수용위원회는 2005.7.13. "을은 사업 시행을 위하여 골재를 이전하게 하며, 손실보상금으로 923,964,000원을 지급한다(이전비 1,565,310,490원, 취득비 923,964,000원). 수용개시일은 2005.8.11.로 한다."는 수용재결을 하였다.

을은 사업의 시행을 위하여 토지를 사용해야 할 상황에 처하자 갑과 "갑은 을이 2005.12.경부터 골재를 다른 장소로 이전하는 것에 동의하고 이전시 발생하는 골재의 손망실에 대하여 을에게 어떠한 책임도 묻지 아니하며, 을은 갑에게 이전비용 등을 구상하지 아니한다."는 내용의 합의를 하였다. 을은 이를 이전하는 것이 곤란하여 2007.3경 모두 멸실시켰다.

갑은, 을이 합의에서 골재를 인근 다른 장소로 이전하기로 하였으므로 선량한 관리자의 주의로 이를 이행할 의무가 있음에도, 위 골재 전체를 멸실되도록 하였는바, 을의 위와 같은 행위는 합의상의 의무를 제대로 이행하지 아니한 채무불이행에 해당함과 동시에 위와 같은 행위를 실제 행한 을의 행위는 불법행위에 해당하므로 을은 위 채무불이행으로 인하여 갑이 입은 손해를 배상할 책임이 있다고 주장한다. 을은 '수용재결은 골재의 취득가를 손실보상금으로 지급하도록 하였으며, 을은 재결에 따라 위 보상금을 공탁하였으므로 골재에 대한 소유권 또는 처분권한을 취득하였고, 따라서 골재를 사용한 것에 어떠한 잘못이나 과실이 있다고 할 수 없으며 갑이 그로 인하여 어떠한 손해를 입었다고도 할 수 없다.'고 주장한다. 을과 갑의 주장이 타당한지 논하시오. [20점]

Ⅰ 쟁점의 정리

Ⅱ 을주장의 타당성(을이 소유권을 취득할 수 있는지 여부)
　1. 토지보상법상 소유권 취득절차(수용의 보통절차)
　　(1) 수용절차
　　(2) 재결의 효력
　2. 사안의 경우(을이 소유권을 취득할 수 있는지 여부)

Ⅲ 갑주장의 타당성(갑에게 물건의 가치상실을 수인해야 할 의무가 있는지 여부)
　1. 보상법상 지장물 평가 규정
　　(1) 관련규정의 검토
　　(2) 갑에게 물건의 가치상실을 수인해야 할 의무가 발생하는지 여부
　2. 사안의 경우

Ⅳ 사안의 해결

Ⅰ 쟁점의 정리

설문은 지장물 멸실에 대한 손해배상책임을 묻고 있다. 을이 이전비 보상원칙에 대한 예외로서, 취득비로 보상한 경우 지장물의 소유권을 취득하는 지와, 갑에게 지장물이전에 따른 물건의 가치상실을 수인해야 할 의무가 있는지를 검토하여 설문을 해결한다.

Ⅱ 을주장의 타당성(을이 소유권을 취득할 수 있는지 여부)

1. 토지보상법상 소유권 취득절차(수용의 보통절차)

(1) 수용절차

토지보상법 제19조 제1항에서는 "사업시행자는 공익사업의 수행을 위하여 필요하면 이 법에서 정하는 바에 따라 토지등을 수용하거나 사용할 수 있다"고 규정하고 있으며 동법 제20조 내지 제34조에서는 ① 사업시행자에게 일정한 절차를 거칠 것을 조건으로 수용권을 설정하는 사업인정, ② 수용할 토지 및 물건의 내용을 확인하는 토지·물건 조서작성, ③ 사업시행자와 피수용자간의 협의, ④ 사업시행자에게 부여된 수용권의 구체적인 내용을 결정하는 재결의 절차를 거치도록 규정하고 있다.

(2) 재결의 효력

사업시행자는 재결에서 결정된 보상금을 지급 또는 공탁하고, 수용의 개시일부터 토지등의 소유권을 취득할 수 있다. 이 경우 소유권 외 권리는 권리의 존속이 재결에서 인정된 경우를 제외하고는 이를 주장할 수 없다.

2. 사안의 경우(을이 소유권을 취득할 수 있는지 여부)

타인의 소유권을 강제취득할 수 있는 수용절차는 당해사업에 직접 필요로 하는 토지 및 물건을 대상으로 한다. 따라서 보상법 제75조 제1항 단서 제2호에 따라 이전에 소요되는 실제 비용에 못 미치는 물건의 가격으로 보상한 경우, 사업시행자가 물건을 취득하는 제3호와 달리 수용절차를 거치지 아니한 이상 사업시행자가 보상만으로 물건의 소유권까지 취득한다고 볼 수는 없을 것이다.

Ⅲ 갑주장의 타당성(갑에게 물건의 가치상실을 수인해야 할 의무가 있는지 여부)

1. 보상법상 지장물 평가 규정

(1) 관련규정의 검토

법 제75조 제1항은 본문에서 지장물인 건축물 등에 대하여는 이전비로 보상하여야 한다는 원칙을 규정하는 한편, 일정한 경우에는 당해 물건의 가격으로 보상하여야 한다고 규정하고 있다. 또한 동법 시행규칙 제33조 제4항, 제36조 제1항에서는 물건의 가격으로 보상된 건축물 및 공작물 등에 대하여는 사업시행자의 부담으로 이를 철거하도록 하되, 그 소유자가 당해 건축물 등의 구성부분을 사용 또는 처분할 목적으로 철거하는 경우에는 건축물 등의 소유자로 하여금 해당 비용을 부담하게 하고 있다.

(2) 갑에게 물건의 가치상실을 수인해야 할 의무가 발생하는지 여부

사업시행자가 사업시행에 방해가 되는 지장물에 관하여 이전에 소요되는 실제 비용에 못 미치는 물건의 가격으로 보상한 경우, 사업시행자가 수용의 절차를 거치지 아니한 이상 사업시행자가 그 보상만으로 당해 물건의 소유권까지 취득한다고 보기는 어렵겠으나, 다른 한편으로 사업시행자는 그 지장물의 소유자가 스스로의 비용으로 철거하겠다고 하는 등의 특별한 사정이 없는 한 지장물의 소유자에 대하여 그 철거 및 토지의 인도를 요구할 수 없고 자신의 비용으로 직접 이를 제거할 수 있을 뿐이며, 이러한 경우 지장물의 소유자로서도 사업시행에 방해가 되지 않는 상당한 기한 내에 스스로 위 지장물 또는 그 구성부분을 이전해 가지 않은 이상 사업시행자의 지장물 제거와 그 과정에서 발생하는 물건의 가치 상실을 수인(受忍)하여야 할 지위에 있다고 봄이 상당하다.

2. 사안의 경우

사업시행자는 재결에 따른 보상금을 공탁함으로써 사업시행구역 내 위치한 지장물인 골재에 대하여 스스로의 비용으로 이를 제거할 수 있는 권한과 부담을 동시에 갖게 되었고, 갑도 그 이전의무를 면하는 대신 사업시행자의 지장물 제거를 수인하여야 할 지위에 놓이게 되었다고 할 것이다. 따라서 골재를 사업시행에 지장이 되지 않도록 제거하고 그 과정에서 위 골재가 산일(散逸)되어 이를 회복할 수 없게 되었다고 하더라도 이러한 지장물 제거 행위를 갑의 소유권을 침해하는 위법한 행위라고 평가할 수 없을 것이다.

Ⅳ 사안의 해결

을은 비록 물건의 가격으로 보상하였으나, 토지보상법상 수용절차를 거치지 않아 골재에 대한 소유권을 취득하기는 어려울 것이다. 다만 골재소유자인 갑은 상당기간 내에 스스로의 비용으로 지장물 또는 그 구성부분을 이전해 가지 않는 이상 물건의 가치상실을 수인해야 할 의무가 있는바, 을은 갑에게 별도의 손해를 배상하지 않아도 될 것이다.

[판시사항]

[1] 사업시행자가 사업시행에 방해되는 지장물에 관하여 구 공익사업을 위한 토지 등의 취득 및 보상에 관한 법률 제75조 제1항 단서 제2호에 따라 이전 비용에 못 미치는 물건 가격으로 보상한 경우 지장물 소유권을 취득하는지 여부(소극) 및 이 경우 지장물 소유자는 사업시행자의 지장물 제거와 그 과정에서 발생하는 물건의 가치 상실을 수인하여야 할 지위에 있는지 여부(원칙적 적극)

[2] 택지개발사업자인 갑 지방공사가 골재 등 지장물에 관하여 구 공익사업을 위한 토지 등의 취득 및 보상에 관한 법률 제75조 제1항 단서 제2호에 따라 중앙토지수용위원회로부터 골재 가격을 손실보상금으로 하는 취지의 재결을 받고 손실보상금을 공탁한 다음, 골재 소유자와 골재를 갑 공사 비용으로 임시장소로 이전해 두기로 합의하였는데, 골재를 모두 멸실시킨 사안에서, 갑 공사에 손해배상책임이 있다고 본 원심판결에 법리오해의 위법이 있다고 한 사례

[판결요지]

[1] 구 공익사업을 위한 토지 등의 취득 및 보상에 관한 법률(2007.10.17. 법률 제8665호로 개정되기 전의 것, 이하 '법'이라 한다) 제75조 제1항 제1호, 제2호, 제3호, 제5항, 공익사업을 위한 토지 등의 취득 및 보상에 관한 법률 시행규칙(이하 '시행규칙'이라 한다) 제33조 제4항, 제36조 제1항 등 관계 법령의 내용을 법에 따른 지장물에 대한 수용보상의 취지와 정당한 보상 또는 적정가격 보상의 원칙에 비추어 보면, 사업시행자가 사업시행에 방해가 되는 지장물에 관하여 법 제75조 제1항 단서 제2호에 따라 이전에 소요되는 실제 비용에 못 미치는 물건의 가격으로 보상한 경우, 사업시행자가 물건을 취득하는 제3호와 달리 수용 절차를 거치지 아니한 이상 사업시행자가 보상만으로 물건의 소유권까지 취득한다고 보기는 어렵겠으나, 다른 한편으로 사업시행자는 지장물의 소유자가 시행규칙 제33조 제4항 단서에 따라 스스로의 비용으로 철거하겠다고 하는 등 특별한 사정이 없는 한 지장물의 소유자에 대하여 철거 및 토지의 인도를 요구할 수 없고 자신의 비용으로 직접 이를 제거할 수 있을 뿐이며, 이러한 경우 지장물의 소유자로서도 사업시행에 방해가 되지 않는 상당한 기한 내에 시행규칙 제33조 제4항 단서에 따라 스스로 지장물 또는 그 구성부분을 이전해 가지 않은 이상 사업시행자의 지장물 제거와 그 과정에서 발생하는 물건의 가치 상실을 수인(受忍)하여야 할 지위에 있다고 보아야 한다.

[2] 택지개발사업자인 갑 지방공사가 골재 등 지장물에 관한 보상협의가 이루어지지 않자 중앙토지수용위원회에 수용재결을 신청하여 구 공익사업을 위한 토지 등의 취득 및 보상에 관한 법률(2007.10.17. 법률 제8665호로 개정되기 전의 것, 이하 '법'이라 한다) 제75조 제1항 단서 제2호에 따라 골재 가격을 손실보상금으로 하는 취지의 재결을 받고, 골재 소유자가 을 주식회사와 병 중 누구인지 불분명하다는 이유로 손실보상금을 공탁한 다음, 을 회사 및 병과 골재를 갑 공사 비용으로 임시장소로 이전해 두기로 합의하였는데, 그 후 골재를 폐기하거나 사용하여 모두 멸실시킨 사안에서, 골재 이전비가 골재 가격인 취득가를 넘는다는 이유로 골재 가격으로 보상금을 정하는 내용의 중앙토지수용위원회 재결이 내려져 그대로 확정된 이상, 갑 공사는 재결에 따른 보상금의 공탁으로 사업시행구역 내 골재를 자신의 비용으로 제거할 수 있는 권한과

부담을 동시에 갖게 되었고, 골재 소유자인 을 회사도 지장물 이전의무를 면하는 대신 갑 공사의 지장물 제거를 수인하여야 할 지위에 있으므로, 갑 공사가 위 합의 후 골재를 사업시행에 지장이 되지 않도록 제거하고 그 과정에서 골재가 산일(散逸)되어 회복할 수 없게 되었다 하더라도 갑 공사의 지장물 제거행위를 합의에 위배되는 것이라거나 을 회사의 소유권을 침해하는 위법한 행위라고 평가할 수 없고, 골재에 대한 인도의무를 면하는 대신 위와 같은 갑 공사의 행위를 수인하여야 할 지위에 있게 된 을 회사에 대하여 골재 멸실로 인한 손해배상책임을 지게 된다고 볼 수 없는데도, 이와 달리 본 원심판결에 법상 지장물의 보상에 따른 효과에 관한 법리오해의 위법이 있다고 한 사례

[주 문]

원심판결을 파기하고, 사건을 서울고등법원에 환송한다.

[이 유]

상고이유에 대하여 판단한다.

1. 원심판결의 이유에 의하면, 원심은 그 채용 증거에 의하여 택지개발사업자인 피고가 이 사건 골재를 비롯한 지장물 등에 대하여 그 소유자들과 보상협의가 이루어지지 않자 중앙토지수용위원회에 이 사건 재결을 신청한 사실, 중앙토지수용위원회가 위 지장물 등에 관한 손실보상금을 산정하기 위하여 감정평가를 의뢰한 결과, 두 곳의 감정평가업체로부터 이 사건 골재는 이전비가 취득가를 상회하므로 구 공익사업을 위한 토지 등의 취득 및 보상에 관한 법률(2007.10.17. 법률 제8665호로 개정되기 전의 것, 이하 '법'이라 한다) 제75조 제1항 단서 제2호에 따라 그 취득가인 923,964,000원을 손실보상금으로 평가함이 타당하다는 취지의 의견이 제시되었고, 이에 따라 중앙토지수용위원회는 2005.7.13. '피고는 이 사건 사업의 시행을 위하여 이 사건 골재를 이전하게 하며 손실보상금으로 923,964,000원을 지급한다. 수용개시일은 2005.8.11.로 한다'는 내용의 이 사건 재결을 한 사실, 피고는 이 사건 골재의 소유자가 원고와소외인 중 누구인지 불분명하다는 이유로 수용개시일 전인 2005.8.10. 피공탁자를 원고와소외인으로 지정하여 위 재결에서 결정된 보상금을 공탁하였는데, 원고와소외인은 보상금의 증액을 구하며 이 사건 재결에 대한 이의신청을 하였고, 피고도 원고와소외인이 이 사건 골재를 이전할 의사가 없으므로 이전비가 아닌 취득가로 평가하여 달라고 이의신청을 하였으나 2006.1.25. 중앙토지수용위원회는 이들의 이의신청을 모두 기각하는 내용의 이의재결을 한 사실, 한편 이 사건 보상금이 공탁된 후 이의재결이 있기 전인 2005.12.16. 피고는 사업을 조속히 진행하기 위하여 원고 및소외인과 피고는 이 사건 골재를 자신의 비용으로 임시장소로 이전해두고 원고와소외인은 이에 대하여 이의를 제기하지 않기로 합의한 사실(이하 '이 사건 합의'라고 한다), 그 후 피고가 이 사건 골재를 폐기하거나 사용하여 모두 멸실시킨 사실 등을 인정한 다음, 이 사건 골재에 대한 보상금이 법 제75조 제1항 단서 제2호에 따라 취득가로 결정되어 피고가 이를 공탁한 이상 그 소유권 또는 처분권한이 피고에게 귀속되는 것으로 보아야 하므로 이 사건 골재의 멸실에 대하여 피고의 잘못이 있다고 할 수 없고 원고가 입은 손해도 없다는 취지의 피고의 주장을 다음과 같이 배척하고 피고의 원고에 대한 손해배상책임을 인정하였다.

즉, 중앙토지수용위원회가 이 사건 재결에서 피고로 하여금 이 사건 골재를 이전하게 하되 그

손실보상금으로 취득가 상당액을 지급하도록 하였고 피고의 이의신청까지 기각한 점에 비추어 이 사건 보상금은 이 사건 골재에 대한 이전비 보상으로 보아야 하고, 물건의 취득가 상당액을 손실보상액으로 공탁하였다고 하더라도 소유권에 관한 수용절차를 거치지 않은 이상 피고가 이 사건 골재의 소유권 또는 처분권한을 취득할 수 없으므로, 원고의 소유임이 인정되는 이 사건 골재를 임의로 멸실시킨 피고의 행위는 이 사건 합의에 따른 선량한 관리자의 주의의무를 위반한 것일 뿐만 아니라 불법행위에도 해당하여 피고는 원고에게 그에 따른 손해를 배상할 책임이 있다고 판단하였다.

2. 그러나 원심의 판단은 다음과 같은 이유로 수긍하기 어렵다.

법 제75조 제1항은 본문에서 지장물인 건축물 등에 대하여는 이전비로 보상하여야 한다는 원칙을 규정하는 한편 같은 항 단서에서 다음 각 호에 해당하는 경우에는 당해 물건의 가격으로 보상하여야 한다고 하면서, 제1호로 건축물 등의 이전이 어렵거나 그 이전으로 인하여 건축물 등을 종래의 목적대로 사용할 수 없게 된 경우, 제2호로 건축물 등의 이전비가 그 물건의 가격을 넘는 경우, 제3호로 사업시행자가 공익사업에 직접 사용할 목적으로 취득하는 경우를 들고 있다. 그리고 법 제75조 제5항의 위임에 따른 시행규칙 제33조 제4항, 제36조 제1항에서는 법 제75조 제1항 단서에 따라 물건의 가격으로 보상된 건축물 및 공작물 등에 대하여는 사업시행자의 부담으로 이를 철거하도록 하되, 그 소유자가 당해 건축물 등의 구성부분을 사용 또는 처분할 목적으로 철거하는 경우에는 건축물 등의 소유자로 하여금 해당 비용을 부담하게 하고 있다.

이러한 관계 법령의 내용을 법에 따른 지장물에 대한 수용보상의 취지와 정당한 보상 또는 적정 가격 보상의 원칙에 비추어 보면, 사업시행자가 사업시행에 방해가 되는 지장물에 관하여 법 제75조 제1항 단서 제2호에 따라 이전에 소요되는 실제 비용에 못 미치는 물건의 가격으로 보상한 경우, 사업시행자가 당해 물건을 취득하는 제3호와 달리 수용의 절차를 거치지 아니한 이상 사업시행자가 그 보상만으로 당해 물건의 소유권까지 취득한다고 보기는 어렵겠으나, 다른 한편으로 사업시행자는 그 지장물의 소유자가 위 시행규칙 제33조 제4항 단서에 따라 스스로의 비용으로 철거하겠다고 하는 등의 특별한 사정이 없는 한 지장물의 소유자에 대하여 그 철거 및 토지의 인도를 요구할 수 없고 자신의 비용으로 직접 이를 제거할 수 있을 뿐이며, 이러한 경우 지장물의 소유자로서도 사업시행에 방해가 되지 않는 상당한 기한 내에 위 시행규칙 제33조 제4항 단서에 따라 스스로 위 지장물 또는 그 구성부분을 이전해 가지 않은 이상 사업시행자의 지장물 제거와 그 과정에서 발생하는 물건의 가치 상실을 수인(受忍)하여야 할 지위에 있다고 봄이 상당하다.

원심판결의 이유 및 기록에 의하면, 중앙토지수용위원회는 이 사건 재결에서 이 사건 골재의 이전비가 그 가격인 취득가를 넘는다는 이유로 법 제75조 제1항 단서 제2호에 따라 이 사건 골재의 가격으로 보상금을 정하였고 그 재결이 결국 그대로 확정되었음을 알 수 있는데, 그렇다면 앞서 본 법리에 비추어 사업시행자인 피고는 위 재결에 따른 보상금을 공탁함으로써 사업시행구역 내 위치한 지장물인 이 사건 골재에 대하여 스스로의 비용으로 이를 제거할 수 있는 권한과 부담을 동시에 갖게 되었고, 원고로서도 그 이전의무를 면하는 대신 피고의 지장물 제거를 수인하여야 할 지위에 놓이게 되었다고 할 것이며, 원고 및소외인과 피고 사이에 이루어진 이 사건 골재를 피고의 비용으로 임시장소로 이전해두기로 한 이 사건 합의 역시 위와 같은 법리에 따른 쌍방 당사자의 법률상 지위를 확인한 것 이상의 의미는 없다고 할 것이다. 따라서 피고가 이 사건 합의 이후 이 사건 골재를 사업시행에 지장이 되지 않도록 제거하고 그 과정에서 위 골재가 산일(散逸)되어 이를 회복할 수 없게 되었다고 하더라도 이러한 피고의 지장물 제거 행위를 이 사건 합의에 위반되는 것이라거나 원고의 소유권을 침해하는 위법한 행위라고 평가할 수 없고, 이 사건 골재에 대한 인도의무를 면하는 대가로 위와 같은 피고의 행위를 수인하여야 할 지위에 있게 된 원고에 대하여 이 사건 골재의 멸실로 인한 손해를 배상할 책임을 지게 된다고 볼 수도 없다.

그럼에도 원심은 이 사건 골재의 소유권이 원고에게 남아 있다는 사실에만 주목하여 피고의 지장물 제거행위에 따른 이 사건 골재의 멸실과 관련하여 원고에 대한 채무불이행 및 불법행위 손해배상책임을 인정하였으니, 이러한 원심판결에는 법상 지장물의 보상에 따른 효과에 관한 법리를 오해한 위법이 있고, 이는 판결에 영향을 미쳤음이 분명하다.

3. 그러므로 손해배상 범위에 관한 피고의 나머지 상고이유와 원고의 상고이유에 대한 판단을 모두 생략한 채 원심판결을 파기하고, 사건을 다시 심리·판단하도록 원심법원에 환송하기로 하여 관여 대법관의 일치된 의견으로 주문과 같이 판결한다.

📝 판례사례 54 지장물 수인의무

택지개발사업의 사업시행자인 한국토지주택공사가 공공용지로 협의취득한 토지 위에 있는 甲 소유의 지장물에 관하여 중앙토지수용위원회의 재결에 따라 보상금을 공탁하였는데, 위 토지에 폐합성수지를 포함한 산업쓰레기 등 폐기물이 남아 있자 甲을 상대로 폐기물 처리비용의 지급을 구하였다. 갑은 중앙토지수용위원회의 보상금 내역에는 '제품 및 원자재(재활용품)'가 포함되어 있고 그 보상액이 1원으로 되어 있는데, 이는 폐기물의 이전비가 물건의 가격을 초과하는 경우에 해당한다는 전제에서 재활용이 가능하여 가치가 있던 쓰레기와 재활용이 불가능하고 처리에 비용이 드는 쓰레기를 모두 보상 대상 지장물로 삼아 일괄하여 보상액을 정한 것으로 볼 수 있다는 이유 등을 들어, 한국토지주택공사는 자신의 비용으로 직접 폐기물을 제거할 수 있을 뿐이므로 갑 자신에게 폐기물을 이전하도록 요청하거나, 그 불이행을 이유로 처리비에 해당하는 손해배상을 청구할 수 없다고 주장한다.

공익사업의 시행자가 사업시행에 방해가 되는 지장물에 관하여 공익사업을 위한 토지 등의 취득 및 보상에 관한 법률 제75조 제1항 단서 제2호에 따라 이전에 드는 실제 비용에 못 미치는 물건의 가격으로 보상한 경우, 사업시행자가 해당 물건의 소유권을 취득하는지 여부 및 이때 지장물의 소유자에 대하여 철거 등을 요구할 수 있는지 여부에 대해서 설명하시오. [10점]

토지보상법

제75조(건축물등 물건에 대한 보상)

① 건축물·입목·공작물과 그 밖에 토지에 정착한 물건(이하 "건축물등"이라 한다)에 대하여는 이전에 필요한 비용(이하 "이전비"라 한다)으로 보상하여야 한다. 다만, 다음 각 호의 어느 하나에 해당하는 경우에는 해당 물건의 가격으로 보상하여야 한다.

  1. 건축물등을 이전하기 어렵거나 그 이전으로 인하여 건축물등을 종래의 목적대로 사용할 수 없게 된 경우

  2. 건축물등의 이전비가 그 물건의 가격을 넘는 경우

  3. 사업시행자가 공익사업에 직접 사용할 목적으로 취득하는 경우

⑥ 제1항부터 제4항까지의 규정에 따른 물건 및 그 밖의 물건에 대한 보상액의 구체적인 산정 및 평가 방법과 보상기준은 국토교통부령으로 정한다. 〈개정 2013.3.23.〉

토지보상법 시행규칙

제33조(건축물의 평가)

① 건축물(담장 및 우물 등의 부대시설을 포함한다. 이하 같다)에 대하여는 그 구조·이용상태·면적·내구연한·유용성 및 이전가능성 그 밖에 가격형성에 관련되는 제요인을 종합적으로 고려하여 평가한다.

② 건축물의 가격은 원가법으로 평가한다. 다만, 주거용 건축물에 있어서는 거래사례비교법에 의하여 평가한 금액(공익사업의 시행에 따라 이주대책을 수립·실시하거나 주택입주권 등을 당해 건축물의 소유자에게 주는 경우 또는 개발제한구역안에서 이전이 허용되는 경우에 있어서의 당해 사유로 인한 가격상승분은 제외하고 평가한 금액을 말한다)이 원가법에 의하여 평가한 금액보다 큰 경우와

「집합건물의 소유 및 관리에 관한 법률」에 의한 구분소유권의 대상이 되는 건물의 가격은 거래사례비교법으로 평가한다.

③ 건축물의 사용료는 임대사례비교법으로 평가한다. 다만, 임대사례비교법으로 평가하는 것이 적정하지 아니한 경우에는 적산법으로 평가할 수 있다.

④ 물건의 가격으로 보상한 건축물의 철거비용은 사업시행자가 부담한다. 다만, 건축물의 소유자가 당해 건축물의 구성부분을 사용 또는 처분할 목적으로 철거하는 경우에는 건축물의 소유자가 부담한다.

제36조(공작물 등의 평가)

① 제33조 내지 제35조의 규정은 공작물 그 밖의 시설(이하 "공작물등"이라 한다)의 평가에 관하여 이를 준용한다.

Ⅰ 쟁점의 정리
Ⅱ 지장물 보상 규정 검토
  1. 지장물의 의의 및 보상방법

2. 이전비 보상원칙과 소유권 이전
3. 철거규정과 수인의무
Ⅲ 사안의 해결

Ⅰ 쟁점의 정리

토지보상법상 지장물 보상에 관한 규정을 검토하여 사업시행자가 지장물에 대한 소유권을 취득하는지 여부 및 지장물소유자에게 철거를 요구할 수 있는지 여부를 해결한다.

Ⅱ 지장물 보상 규정 검토

1. 지장물의 의의 및 보상방법

지장물은 공익사업시행지구내의 토지에 정착한 건축물·공작물·시설·입목·죽목 및 농작물 그 밖의 물건 중에서 당해 공익사업의 수행을 위하여 직접 필요하지 아니한 물건을 말한다.

토지보상법 제75조 제1항은 본문에서 지장물인 건축물 등에 대해서는 이전비로 보상하여야 한다는 원칙을 규정하고 있다.

2. 이전비 보상원칙과 소유권 이전

보상법 제75조 제1항 단서에는 ① 건축물 등의 이전이 어렵거나 그 이전으로 인하여 건축물 등을 종래의 목적대로 사용할 수 없게 된 경우, ② 건축물 등의 이전비가 그 물건의 가격을 넘는 경우, ③ 제3호로 사업시행자가 공익사업에 직접 사용할 목적으로 취득하는 경우에는 이전비가 아닌 물건의 가격으로 보상을 하도록 규정하고 있다.

토지보상법 제75조 제5항에서는 제1호 또는 제2호에 해당하는 경우에는 관할 토지수용위원회에 그 물건의 수용재결을 신청할 수 있다고 규정하여 원칙적으로 제1호 또는 제2호의 경우에는 물건의 가격으로 보상하여도 그 물건의 수용재결 신청이 없는 이상, 사업시행자는 소유권을 취득하지 못한다고 볼 것이다.

이러한 관계 법령의 내용을 토지보상법에 따른 지장물에 대한 수용보상의 취지와 정당한 보상 또는 적정가격 보상의 원칙에 비추어 보면, 사업시행자가 사업시행에 방해가 되는 지장물에 관하여 토지보상법 제75조 제1항 단서 제2호에 따라 이전에 드는 실제 비용에 못 미치는 물건의 가격으로 보상한 경우 사업시행자가 해당 물건을 취득하는 제3호와 달리 수용의 절차를 거치지 않은 이상 사업시행자가 그 보상만으로 해당 물건의 소유권까지 취득한다고 보기는 어렵다.

3. 철거규정과 수인의무

토지보상법 제75조 제6항의 위임에 따른 시행규칙 제33조 제4항, 제36조 제1항에서는 토지보상법 제75조 제1항 단서에 따라 물건의 가격으로 보상된 건축물과 공작물 등에 대해서는 사업시행자의 부담으로 이를 철거하도록 하되, 그 소유자가 해당 건축물 등의 구성부분을 사용 또는 처분할 목적으로 철거하는 경우에는 건축물 등의 소유자로 하여금 해당 비용을 부담하게 하고 있다.

사업시행자는 지장물의 소유자가 토지보상법 시행규칙 제33조 제4항 단서에 따라 스스로의 비용으로 철거하겠다고 하는 등의 특별한 사정이 없는 한 지장물의 소유자에 대하여 그 철거 등을 요구할 수 없고 자신의 비용으로 직접 이를 제거할 수 있을 뿐이다

Ⅲ 사안의 해결

설문에서는 지장물에 대한 소유권이전을 위한 수용재결 신청이 없었으며, 지장물 철거의무는 사업시행자에게 있으므로 갑에 대한 소유권은 인정되지만 갑에게 철거비용을 청구할 수는 없을 것이다.

대법원 2021.5.7, 2018다256313

[판시사항]

[1] 공익사업의 시행자가 사업시행에 방해가 되는 지장물에 관하여 공익사업을 위한 토지 등의 취득 및 보상에 관한 법률 제75조 제1항 단서 제2호에 따라 이전에 드는 실제 비용에 못 미치는 물건의 가격으로 보상한 경우, 사업시행자가 해당 물건의 소유권을 취득하는지 여부(원칙적 소극) 및 이때 지장물의 소유자에 대하여 철거 등을 요구할 수 있는지 여부(원칙적 소극)

[2] 택지개발사업의 사업시행자인 한국토지주택공사가 공공용지로 협의취득한 토지 위에 있는 甲 소유의 지장물에 관하여 중앙토지수용위원회의 재결에 따라 보상금을 공탁하였는데, 위 토지에 폐합성수지를 포함한 산업쓰레기 등 폐기물이 남아 있자 甲을 상대로 폐기물 처리비용의 지급을 구한 사안에서, 한국토지주택공사는 甲에게 폐기물을 이전하도록 요청하거나, 그 불이행을 이유로 처리비에 해당하는 손해배상을 청구할 수 없다고 본 원심판결이 정당하다고 한 사례

[판결요지]

[1] 공익사업을 위한 토지 등의 취득 및 보상에 관한 법률(이하 '토지보상법'이라 한다) 제75조 제1항 각호, 공익사업을 위한 토지 등의 취득 및 보상에 관한 법률 시행규칙(이하 '토지보상법 시행

규칙'이라 한다) 제33조 제4항, 제36조 제1항의 내용을 토지보상법에 따른 지장물에 대한 수용 보상의 취지와 정당한 보상 또는 적정가격 보상의 원칙에 비추어 보면, 사업시행자가 사업시행에 방해가 되는 지장물에 관하여 토지보상법 제75조 제1항 단서 제2호에 따라 이전에 드는 실제 비용에 못 미치는 물건의 가격으로 보상한 경우, 사업시행자가 해당 물건을 취득하는 제3호와 달리 수용의 절차를 거치지 않은 이상 사업시행자가 그 보상만으로 해당 물건의 소유권까지 취득한다고 보기는 어렵다. 또한 사업시행자는 지장물의 소유자가 토지보상법 시행규칙 제33조 제4항 단서에 따라 스스로의 비용으로 철거하겠다고 하는 등의 특별한 사정이 없는 한 지장물의 소유자에 대하여 그 철거 등을 요구할 수 없고 자신의 비용으로 직접 이를 제거할 수 있을 뿐이다.

[2] 택지개발사업의 사업시행자인 한국토지주택공사가 공공용지로 협의취득한 토지 위에 있는 甲소유의 지장물에 관하여 중앙토지수용위원회의 재결에 따라 보상금을 공탁하였는데, 위 토지에 폐합성수지를 포함한 산업쓰레기 등 폐기물이 남아 있자 甲을 상대로 폐기물 처리비용의 지급을 구한 사안에서, 중앙토지수용위원회의 보상금 내역에는 '제품 및 원자재(재활용품)'가 포함되어 있고 그 보상액이 1원으로 되어 있는데, 이는 폐기물의 이전비가 물건의 가격을 초과하는 경우에 해당한다는 전제에서 재활용이 가능하여 가치가 있던 쓰레기와 재활용이 불가능하고 처리에 비용이 드는 쓰레기를 모두 보상 대상 지장물로 삼아 일괄하여 보상액을 정한 것으로 볼 수 있다는 이유 등을 들어, 한국토지주택공사는 자신의 비용으로 직접 폐기물을 제거할 수 있을 뿐이고 甲에게 폐기물을 이전하도록 요청하거나, 그 불이행을 이유로 처리비에 해당하는 손해배상을 청구할 수 없다고 본 원심판결이 정당하다고 한 사례

📝 판례사례 55 지장물 수인의무

인천광역시장은 미라클도시개발사업에 관하여 2014.2.24. 도시개발구역 지정, 개발계획 수립 및 지형도면 고시를 한 이후 2017.9.11, 2018.3.19, 2020.5.25. 및 2020.9.21. 개발계획(변경) 및 실시계획인가 고시를 하였다. 갑은 사업구역 내에 위치한 토지상에 컨테이너, 주택, 보일러실의 소유자로서 이를 점유하고 있다. 사업시행자인 미라클도시개발 주식회사는 사업에 편입되는 토지의 취득 및 그 지상 지장물 이전을 위하여 토지 및 지장물 소유자들과 협의를 하였으나 갑을 비롯한 일부 이해관계인들과의 협의가 성립되지 아니하여 2020.9.15. 인천광역시지방토지수용위원회에 재결신청을 하였다. 인천광역시지방토지수용위원회는 2021.1.29. 지장물 등에 관하여 2021.3.25. 을 수용개시일로 정하여 공익사업을 위한 토지 등의 취득 및 보상에 관한 법률 제75조 제1항 제2호에 따라 물건의 가격으로 지장물의 이전에 따른 보상금을 산정하는 내용이 포함된 재결을 하였다. 그러나 갑은 보상금액이 적다는 이유로 해당 지장물을 사업시행자에게 인도하거나 이전하지 않고 있다. 사업시행자는 물건의 가격으로 보상하였으므로 지장물에 대한 소유권을 취득하였음을 주장하면서 점유자인 갑에게 자신에게 반환할 것을 청구할 수 있는가? 또는 토지보상법 제43조에 따라서 자신에게 반환할 것을 청구하거나 다른 곳으로 이전할 것을 요구할 수 있는가? 20점

민법

제213조(소유물반환청구권)

소유자는 그 소유에 속한 물건을 점유한 자에 대하여 반환을 청구할 수 있다. 그러나 점유자가 그 물건을 점유할 권리가 있는 때에는 반환을 거부할 수 있다.

토지보상법

제43조(토지 또는 물건의 인도 등)

토지소유자 및 관계인과 그 밖에 토지소유자나 관계인에 포함되지 아니하는 자로서 수용하거나 사용할 토지나 그 토지에 있는 물건에 관한 권리를 가진 자는 수용 또는 사용의 개시일까지 그 토지나 물건을 사업시행자에게 인도하거나 이전하여야 한다.

제75조(건축물등 물건에 대한 보상)

① 건축물·입목·공작물과 그 밖에 토지에 정착한 물건(이하 "건축물등"이라 한다)에 대하여는 이전에 필요한 비용(이하 "이전비"라 한다)으로 보상하여야 한다. 다만, 다음 각 호의 어느 하나에 해당하는 경우에는 해당 물건의 가격으로 보상하여야 한다.

   1. 건축물등을 이전하기 어렵거나 그 이전으로 인하여 건축물등을 종래의 목적대로 사용할 수 없게 된 경우

   2. 건축물등의 이전비가 그 물건의 가격을 넘는 경우

   3. 사업시행자가 공익사업에 직접 사용할 목적으로 취득하는 경우

⑤ 사업시행자는 사업예정지에 있는 건축물등이 제1항 제1호 또는 제2호에 해당하는 경우에는 관할 토지수용위원회에 그 물건의 수용 재결을 신청할 수 있다.

> **토지보상법 시행규칙**
> 제33조(건축물의 평가)
> ④ 물건의 가격으로 보상한 건축물의 철거비용은 사업시행자가 부담한다. 다만, 건축물의 소유자가 당해 건축물의 구성부분을 사용 또는 처분할 목적으로 철거하는 경우에는 건축물의 소유자가 부담한다.
> 제36조(공작물 등의 평가)
> ① 제33조 내지 제35조의 규정은 공작물 그 밖의 시설(이하 "공작물등"이라 한다)의 평가에 관하여 이를 준용한다.

Ⅰ 쟁점의 정리

Ⅱ 소유권에 기한 반환청구권 행사 가능여부
  1. 지장물의 의의 및 보상방법
  2. 이전비 보상과 물건의 가격보상
  3. 물건의 가격으로 보상한 경우 소유권 취득 여부
  4. 사안의 경우

Ⅲ 토지보상법상 인도 또는 이전청구 가능여부
  1. 관련규정의 검토
  2. 철거의무
  3. 물건의 가치상실 수인의무
  4. 사안의 경우

Ⅳ 사안의 해결

Ⅰ 쟁점의 정리

사업시행자는 지장물 소유자 갑에게 지장물의 인도 또는 이전을 구하고 있다. 이와 관련하여 물건의 가격으로 보상한 경우 사업시행자가 소유권을 취득하는지 여부 및 지장물 소유자에게 인도 또는 이전의무가 발생하는지를 검토한다.

Ⅱ 소유권에 기한 반환청구권 행사 가능여부

1. 지장물의 의의 및 보상방법

지장물은 공익사업시행지구 내의 토지에 정착한 건축물·공작물·시설·입목·죽목 및 농작물 그 밖의 물건 중에서 당해 공익사업의 수행을 위하여 직접 필요하지 아니한 물건을 말한다. 토지보상법 제75조 제1항은 본문에서 지장물인 건축물 등에 대해서는 이전비로 보상하여야 한다는 원칙을 규정하고 있다.

2. 이전비 보상과 물건의 가격보상

보상법 제75조 제1항 단서에는 ① 건축물 등의 이전이 어렵거나 그 이전으로 인하여 건축물 등을 종래의 목적대로 사용할 수 없게 된 경우, ② 건축물 등의 이전비가 그 물건의 가격을 넘는 경우, ③ 제3호로 사업시행자가 공익사업에 직접 사용할 목적으로 취득하는 경우에는 이전비가 아닌 물건의 가격으로 보상을 하도록 규정하고 있다.

3. 물건의 가격으로 보상한 경우 소유권 취득여부

지장물에 대한 수용보상의 취지와 정당한 보상 또는 적정가격 보상의 원칙에 비추어 보면, 사업시행자가 사업시행에 방해가 되는 지장물에 관하여 토지보상법 제75조 제1항 단서 제2호에 따라 이전에 드는 실제 비용에 못 미치는 물건의 가격으로 보상한 경우 사업시행자가 해당 물건을 취득하는 제3호와 달리 수용의 절차를 거치지 않은 이상 사업시행자가 그 보상만으로 해당 물건의 소유권까지 취득한다고 보기는 어렵다.

4. 사안의 경우

이전비가 물건의 가격을 초과하여 물건의 가격으로 보상한 경우라도 별도의 소유권 취득을 위한 수용절차가 개시되지 않은 이상 소유권을 취득할 수 없으므로 사업시행자는 갑에게 지장물의 인도를 청구할 수 없다.

Ⅲ 토지보상법상 인도 또는 이전청구 가능여부

1. 관련규정의 검토

토지보상법 시행규칙 제33조 제4항, 제36조 제1항에서는 토지보상법 제75조 제1항 단서에 따라 물건의 가격으로 보상된 건축물과 공작물 등에 대해서는 사업시행자의 부담으로 이를 철거하도록 하되, 그 소유자가 해당 건축물 등의 구성부분을 사용 또는 처분할 목적으로 철거하는 경우에는 건축물 등의 소유자로 하여금 해당 비용을 부담하게 하고 있다.

2. 철거의무

사업시행자는 지장물의 소유자가 스스로의 비용으로 철거하겠다고 하는 등의 특별한 사정이 없는 한 지장물의 소유자에 대하여 그 철거 등을 요구할 수 없고 자신의 비용으로 직접 이를 제거할 수 있을 뿐이다

3. 물건의 가치상실 수인의무

지장물 소유자는 사업시행에 방해가 되지 않는 상당한 기한 내에 스스로 지장물 또는 그 구성부분을 이전해 가지 않은 이상 사업시행자의 지장물 제거와 그 과정에서 발생하는 물건의 가치 상실을 수인하여야 할 지위에 있다고 봄이 상당하다.

4. 사안의 경우

사업시행자는 물건의 가격으로 보상한 지장물을 철거할 의무가 있으며 갑은 이에 따른 지장물 가치 상실에 대한 수인의무가 부과되므로 별도의 공간으로 지장물을 이전할 의무는 발생하지 않는다고 볼 것이나 사업시행자가 이를 철거하여 원활한 공익사업을 시행하기 위하여 사업시행자에게 인도할 의무는 인정된다고 볼 것이다.

Ⅳ 사안의 해결

이전비가 물건의 가격을 초과하여 물건의 가격으로 보상한 경우에 사업시행자는 소유권을 취득하지는 못하지만 이를 철거할 의무를 부담하기에 토지보상법 제43조에 따라서 사업시행자 자신에게 지장물의 인도를 청구할 수 있을 것이다.

대법원 2022.11.17, 2022다242342

[판시사항]

도시개발사업의 시행자가 사업시행에 방해가 되는 지장물에 관하여 공익사업을 위한 토지 등의 취득 및 보상에 관한 법률 제75조 제1항 단서 제2호에 따라 지장물의 가격으로 보상한 경우, 지장물의 소유자는 같은 법 제43조에 따라 사업시행자에게 지장물을 인도할 의무가 있는지 여부(원칙적 적극)

[판결요지]

도시개발법 제22조 제1항에 따라 준용되는 공익사업을 위한 토지 등의 취득 및 보상에 관한 법률 (이하 '토지보상법'이라 한다) 제43조는, "토지소유자 및 관계인과 그 밖에 토지소유자나 관계인에 포함되지 아니하는 자로서 수용하거나 사용할 토지나 그 토지에 있는 물건에 관한 권리를 가진 자는 수용 또는 사용의 개시일까지 그 토지나 물건을 사업시행자에게 인도하거나 이전하여야 한다." 라고 규정하고 있다.

도시개발사업의 시행자가 사업시행에 방해가 되는 지장물에 관하여 토지보상법 제75조 제1항 단서 제2호에 따라 물건의 가격으로 보상한 경우, 사업시행자가 당해 물건을 취득하는 제3호와 달리 수용의 절차를 거치지 아니한 이상 사업시행자가 그 보상만으로 당해 물건의 소유권까지 취득한다고 보기는 어렵지만, 지장물의 소유자가 토지보상법 시행규칙 제33조 제4항 단서에 따라 스스로의 비용으로 철거하겠다고 하는 등 특별한 사정이 없는 한 사업시행자는 자신의 비용으로 이를 제거할 수 있고, 지장물의 소유자는 사업시행자의 지장물 제거와 그 과정에서 발생하는 물건의 가치 상실을 수인하여야 할 지위에 있다.

따라서 사업시행자가 지장물에 관하여 토지보상법 제75조 제1항 단서 제2호에 따라 지장물의 가격으로 보상한 경우 특별한 사정이 없는 한 지장물의 소유자는 사업시행자에게 지장물을 인도할 의무가 있다.

 **건물인도[대법원 2022.11.17, 2022다253243]**

[판시사항]

공익사업시행자가 사업시행에 방해가 되는 지장물에 관하여 공익사업을 위한 토지 등의 취득 및 보상에 관한 법률 제75조 제1항 단서 제2호에 따라 이전에 소요되는 실제 비용에 못 미치는 물건의 가격으로 보상한 경우, 사업시행자가 해당 물건의 소유권을 취득하는지 여부(원칙적 소극) / 공유자 사이에 공유물을 사용·수익할 구체적인 방법을 정하는 것이 공유자 지분의 과반수로써 결정하여야 하는 공유물의 관리에 관한 사항인지 여부(적극) 및 과반수 지분의 공유자가 공유물의 특정 부분을 배타적으로 사용·수익하기로 정하는 것이 공유물의 관리방법으로서 적법한지 여부(적극) / 공유 지분 과반수 소유자의 공유물인도청구를 그 상대방인 타 공유자가 민법 제263조의 공유물의 사용수익권으로 거부할 수 있는지 여부(소극)

[판결요지]

공익사업을 위한 토지 등의 취득 및 보상에 관한 법률(이하 '토지보상법'이라고 한다) 제75조 제1항은 "건축물·입목·공작물과 그 밖에 토지에 정착한 물건(이하 '건축물등'이라고 한다)에 대하여는 이전에 필요한 비용(이하 '이전비'라고 한다)으로 보상하여야 한다. 다만 다음 각호의 어느 하나에 해당하는 경우에는 해당 물건의 가격으로 보상하여야 한다. 1. 건축물등을 이전하기 어렵거나 그 이전으로 인하여 건축물등을 종래의 목적대로 사용할 수 없게 된 경우, 2. 건축물등의 이전비가 그 물건의 가격을 넘는 경우, 3. 사업시행자가 공익사업에 직접 사용할 목적으로 취득하는 경우"라고 규정하고 있다. 이와 함께 공익사업을 위한 토지 등의 취득 및 보상에 관한 법률 시행규칙 제33조 제4항, 제36조 제1항 등 관계 법령의 내용에 비추어 보면, 사업시행자가 사업시행에 방해가 되는 지장물에 관하여 법 제75조 제1항 단서 제2호에 따라 이전에 소요되는 실제 비용에 못 미치는 물건의 가격으로 보상한 경우, 사업시행자로서는 물건을 취득하는 제3호와 달리 수용 절차를 거치지 아니한 이상 보상만으로 물건의 소유권까지 취득한다고 볼 수 없다.

그리고 공유자 사이에 공유물을 사용·수익할 구체적인 방법을 정하는 것은 공유물의 관리에 관한 사항으로서 공유자의 지분의 과반수로써 결정하여야 할 것이고, 과반수 지분의 공유자는 다른 공유자와 사이에 미리 공유물의 관리방법에 관한 협의가 없었다 하더라도 공유물의 관리에 관한 사항을 단독으로 결정할 수 있으므로, 과반수 지분의 공유자가 그 공유물의 특정 부분을 배타적으로 사용·수익하기로 정하는 것은 공유물의 관리방법으로서 적법하다. 또한 공유 지분 과반수 소유자의 공유물인도청구는 민법 제265조의 규정에 따라 공유물의 관리를 위하여 구하는 것으로서 그 상대방인 타 공유자는 민법 제263조의 공유물의 사용수익권으로 이를 거부할 수 없다.

📝 판례사례 56 특별한 희생(관정)

갑은 하천부지인 대상토지에 점용허가를 받아 비닐하우스 1개동, 관정 3개 등을 설치하고 수십 년간 농사를 지어왔다. 청원군수는 2009.7.20. 공익사업의 시행과 관련하여 대상토지를 포함한 476 필지 위의 물건 등에 관한 보상계획을 공고하자, 갑은 같은 해 8.경부터 같은 해 11. 초경까지 대상토지에 비닐하우스 23개동, 관정 123개 등을 새로 설치하였으며 공익사업에 대한 사업인정은 2010.1.12. 고시되었다. 이에 사업시행자는 해당 지장물 중 정상적인 기능을 갖춘 것은 45개에 불과하며, 보상계획공고의 시기 및 내용, 대상토지의 보상계획공고 이전의 이용실태, 갑의 비닐하우스 등의 규모 및 설치기간, 보상계획공고와 사업인정고시 사이의 시간적 간격 및 비닐하우스 등의 설치시기 등에 비추어 보면, 비닐하우스 등은 이 사건 공익사업의 시행 및 보상계획이 구체화된 상태에서 손실보상만을 목적으로 설치된 바, 손실보상의 대상이 아니라고 주장한다. 이에 갑은 설령 비닐하우스 등이 손실보상을 받기 위한 목적으로 설치되었다고 하더라도 사업인정고시 전에 설치된 이상 이를 손실보상의 대상이 되지 아니한다고 볼 수는 없다고 주장한다. 사업시행자는 손실보상을 해주어야 하는가? 30점

Ⅰ 쟁점의 정리

Ⅱ 갑이 설치한 비닐하우스 등이 보상법상 보상대상인지 여부
  1. 손실보상의 의의 및 근거
  2. 손실보상청구권의 법적 성질
  3. 손실보상의 요건
  4. 사안의 경우(재산권 침해의 발생여부 : 보상대상 판단)
    (1) 보상대상 판단기준
    (2) 사안의 경우

Ⅲ 갑에게 특별한 희생이 발생하였는지 여부
  1. 특별한 희생의 의의 및 사회적 제약과의 구별실익
  2. 특별한 희생의 판단기준
    (1) 개설
    (2) 학설
    (3) 판례
    (4) 검토
  3. 갑에게 특별한 희생이 발생하였는지 여부

Ⅳ 사안의 해결

Ⅰ 쟁점의 정리

설문은 사업시행자가 갑에게 손실보상을 해주어야 하는지를 묻고 있다. 손실보상은 사인에게 발생한 특별한 희생을 공평부담의 견지에서 전보해주는 것이므로, 갑이 설치한 비닐하우스 등이 손실보상 대상으로서의 재산권에 해당되는지 여부와 특별한 희생에 해당하는지를 검토하여 설문을 해결한다.

Ⅱ 갑이 설치한 비닐하우스 등이 보상법상 보상대상인지 여부

1. 손실보상의 의의 및 근거

손실보상이란 공공필요에 의한 적법한 공권력의 행사로 가하여진 개인의 특별한 재산권침해에 대하여, 행정주체가 사유재산권보장과 평등부담원칙 및 생존권보장차원에서 행하는 조절적인 재산적 전보를 말한다. 이론적 근거로는 특별한 희생설이 다수이며, 헌법 제23조 제3항 및 각 개별법상 규정을 법적 근거로 한다.

2. 손실보상청구권의 법적 성질

손실보상청구권의 법적 성질과 관련하여 ① 학설은 공권력 행사인 공용침해를 원인으로 하므로 공권으로 보아야 한다는 견해와 손실보상청구권은 기본적으로 금전청구권(채권·채무관계)이므로 사법상의 권리로 보는 견해가 있다. ② 판례는 하천법상 손실보상청구권, 세입자의 주거이전비 및 토지보상법상 농업손실보상청구권은 적법한 공권력의 행사에 의한 재산상의 특별한 희생에 대하여 전체적인 공평부담의 견지에서 공익사업의 주체가 그 손해를 보상하여 주는 손실보상의 일종으로 공법상의 권리임이 분명하므로 그에 관한 쟁송은 민사소송이 아닌 행정소송절차에 의하여야 할 것'이라고 판시한 바 있다(2009다43461).

3. 손실보상의 요건

손실보상은 재산권 보장에 대한 예외이므로, ① 공동체 구성원 전체의 이익인 공익의 필요를 요하며 재산적 가치있는 공·사법적 권리에 대한 적법한 침해로서, ② 공권력 주체에 의해 지향되거나 최소한 침해의 직접적 원인이 되어야 하며, 특별한 희생에 해당되고 보상규정이 존재해야 한다.

4. 사안의 경우(재산권 침해의 발생여부 : 보상대상 판단)

(1) 보상대상 판단기준

토지보상법 제25조 제2항은 "사업인정고시가 있은 후에는 고시된 토지에 건축물의 건축·대수선, 공작물의 설치 또는 물건의 부가·증치를 하고자 하는 자는 특별자치도지사, 시장·군수 또는 구청장의 허가를 받아야 한다"고 규정하고 있으며, 같은 조 제3항은 "허가없이 건축물의 건축·대수선, 공작물의 설치 또는 물건의 부가·증치를 한 토지소유자 또는 관계인은 당해 건축물·공작물 또는 물건을 원상으로 회복하여야 하며 이에 관한 손실의 보상을 청구할 수 없다."고 규정하고 있으므로, 사업인정고시 전에 공익사업시행지구 내 토지에 설치한 공작물 등 지장물은 원칙적으로 손실보상의 대상이 된다고 보아야 한다.

(2) 사안의 경우

보상법 시행령 제40조 및 보상법 시행규칙 제45조 및 54조에서는 보상대상 기준일로서 "관계법령에 따른 고시 등이 있는 날" 및 "사업인정고시일 등"을 규정하여 사업인정일 보다 빠른 일자를 대상판단과 관련된 기준일로 규정하고 있으나, 지장물의 경우는 상기 규정과 같은 별도의 규정이 존재하지 않으므로, 토지보상법 제25조 내용에 따라 보상대상의 재산권에 해당한다고 판단된다.

Ⅲ 갑에게 특별한 희생이 발생하였는지 여부

1. 특별한 희생의 의의 및 사회적 제약과의 구별실익

특별한 희생이란, 타인과 비교하여 불균형하게 과하여진 권익의 박탈, 즉 사회적제약을 넘어서는 손실을 의미한다. 재산권행사의 공공복리 적합의무로서 사회적 제약은 보상의 대상이 되지 아니하는데 구별의 실익이 있다.

2. 특별한 희생의 판단기준

(1) 개설

분리이론이란 입법자의 의사에 따라 공용침해(수용)와 재산권의 한계규정이 입법자의 의사에 따라 구분된다는 이론이고, 경계이론은 수용과 제한은 별개의 제도가 아니라 내용규정의 경계를 벗어나면 공용침해로 전환된다고 보는 이론이다. 헌법 제23조 제3항에는 독일 기본법 제14조 제3항과 달리 수용·사용·제한을 모두 규정하고 있으므로, 이하에서는 경계이론의 입장에서 검토한다.

(2) 학설

① '침해행위의 인적범위를 특정할 수 있는지' 형식적으로 판단하는 형식설과 ② 침해행위의 성질과 강도를 기준으로 판단하는 실질설이 있다.

(3) 판례

① 대법원은 개발제한구역지정은 공공복리에 적합한 합리적인 제한이라고 판시한 바 있으며, ② 헌법재판소는 종래목적으로 사용할 수 없거나, 실질적으로 토지의 사용, 수익이 제한된 경우는 특별한 희생에 해당하는 것으로 본다.

(4) 검토

형식설과 실질설은 일면 타당하므로 양자를 모두 고려하여 특별한 희생을 판단함이 타당하다.

3. 갑에게 특별한 희생이 발생하였는지 여부

설문상 문제되는 비닐하우스 등은 '갑'소유의 것이므로 재산권의 인적범위가 특정될 수 있으나, 공익사업에 대한 사업인정은 2010.1.12. 고시되었고 설치된 관정 중 정상적인 기능을 갖춘 것은 45개에 불과하였던 사실 등을 알 수 있다. 보상계획공고의 시기 및 내용, 보상계획공고 이전의 이용실태, 갑이 설치한 비닐하우스 등의 규모 및 설치기간, 보상계획공고와 사업인정고시 사이의 시간적 간격 및 비닐하우스 등의 설치시기 등에 비추어 보면, 갑이 설치한 비닐하우스 등은 농업활동을 위한 것이기 보다는 공익사업의 시행 및 보상계획이 구체화된 상태에서 손실보상만을 목적으로 설치되었음이 명백하다고 할 것이다. 따라서 이러한 재산권의 상실은 특별한 희생에 해당되지 않는다고 본다.

 Ⅳ 사안의 해결

손실보상 및 사업인정고시 후 토지 등의 보전에 관한 각 규정의 내용에 비추어 보면, 사업인정고시선에 공익사업시행지구 내 토지에 설치한 공작물 등 지장물은 원칙적으로 손실보상의 대상이 된다고 보아야 한다. 그러나 손실보상은 공공필요에 의한 행정작용에 의하여 사인에게 발생한 특별한 희생에 대한 전보라는 점을 고려할 때 그 지장물이 해당 토지의 통상의 이용과 관계없거나 이용범위를 벗어나는 것 등으로 손실보상만을 목적으로 설치되었음이 명백하다면, 그 지장물은 예외적으로 손실보상의 대상에 해당하지 아니한다고 보아야 한다. 따라서 사업시행자에게 손실보상의 의무가 발생하였다고 볼 수 없을 것이다.

대법원 2013.2.15, 2012두22096[보상금증액][미간행]

[판시사항]

구 공익사업을 위한 토지 등의 취득 및 보상에 관한 법률 제15조 제1항에 따른 사업시행자의 보상계획공고 등으로 공익사업의 시행과 보상 대상 토지의 범위 등이 객관적으로 확정된 후 해당 토지에 지장물을 설치하는 경우, 손실보상의 대상에 해당하는지 여부(한정 소극)

[이 유]

상고이유를 판단한다.

1. 피고의 상고이유 제2점에 관하여

구 공익사업을 위한 토지 등의 취득 및 보상에 관한 법률(2011.8.4. 법률 제11017호로 개정되기 전의 것, 이하 '구 공익사업법'이라 한다) 제61조는 "공익사업에 필요한 토지 등의 취득 또는 사용으로 인하여 토지소유자 또는 관계인이 입은 손실은 사업시행자가 이를 보상하여야 한다."고 규정하고 있고, 제25조 제2항은 "사업인정고시가 있은 후에는 고시된 토지에 건축물의 건축·대수선, 공작물의 설치 또는 물건의 부가·증치를 하고자 하는 자는 특별자치도지사, 시장·군수 또는 구청장의 허가를 받아야 한다. 이 경우 특별자치도지사, 시장·군수 또는 구청장은 미리 사업시행자의 의견을 들어야 한다.", 같은 조 제3항은 "제2항의 규정에 위반하여 건축물의 건축·대수선, 공작물의 설치 또는 물건의 부가·증치를 한 토지소유자 또는 관계인은 당해 건축물·공작물 또는 물건을 원상으로 회복하여야 하며 이에 관한 손실의 보상을 청구할 수 없다."고 규정하고 있으며, 제2조 제5호는 "관계인이라 함은 사업시행자가 취득 또는 사용할 토지에 관하여 지상권·지역권·전세권·저당권·사용대차 또는 임대차에 의한 권리 기타 토지에 관한 소유권 외의 권리를 가진 자 또는 그 토지에 있는 물건에 관하여 소유권 그 밖의 권리를 가진 자를 말한다. 다만, 제22조의 규정에 의한 사업인정의 고시가 있은 후에 권리를 취득한 자는 기존의 권리를 승계한 자를 제외하고는 관계인에 포함되지 아니한다."고 규정하고 있다.

구 공익사업법상 손실보상 및 사업인정고시 후 토지 등의 보전에 관한 위 각 규정의 내용에 비추어 보면, 사업인정고시 전에 공익사업시행지구 내 토지에 설치한 공작물 등 지장물은 원칙적으로 손실보상의 대상이 된다고 보아야 한다. 그러나 손실보상은 공공필요에 의한 행정작용에 의하여 사인에게 발생한 특별한 희생에 대한 전보라는 점을 고려할 때, 구 공익사업법 제15조 제1항에 따른 사업시행자의 보상계획공고 등으로 공익사업의 시행과 보상 대상 토지의 범위 등이 객관적으로 확정된 후 해당 토지에 지장물을 설치하는 경우에 그 공익사업의 내용, 해당 토지의 성질, 규모 및 보상계획공고 등 이전의 이용실태, 설치되는 지장물의 종류, 용도, 규모 및 그 설치시기 등에 비추어 그 지장물이 해당 토지의 통상의 이용과 관계없거나 이용 범위를 벗어나는 것으로 손실보상만을 목적으로 설치되었음이 명백하다면, 그 지장물은 예외적으로 손실보상의 대상에 해당하지 아니한다고 보아야 한다.

원심판결 이유 및 원심이 적법하게 채택한 증거에 의하면, 원고는 하천부지인 이 사건 각 토지에 점용허가를 받아 비닐하우스 1개동, 관정 3개 등을 설치하고 수십 년간 농사를 지어 온 사실, 청원군수가 2009.7.20. 이 사건 공익사업의 시행과 관련하여 이 사건 각 토지를 포함한 476필지 위의 물건 등에 관한 보상계획을 공고하자, 원고는 같은 해 8.경부터 같은 해 11. 초경까지 이 사건 각 토지에 비닐하우스 23개동, 관정 123개 등(이하 '이 사건 비닐하우스 등'이라 한다)을 새로 설치한 사실, 이 사건 공익사업에 대한 사업인정은 2010.1.12. 고시된 사실, 제1심 감정 당시 이 사건 각 토지에서 확인된 관정의 수는 79개이고, 그 중 정상적인 기능을 갖춘 것은 45개에 불과하였던 사실 등을 알 수 있다. 이와 같은 이 사건 보상계획공고의 시기 및 내용, 이 사건 각 토지의 보상계획공고 이전의 이용실태, 원고가 설치한 이 사건 비닐하우스 등의 규모 및 설치 기간, 이 사건 보상계획공고와 사업인정고시 사이의 시간적 간격 및 이 사건 비닐하우스 등의 설치시기 등에 비추어 보면, 이 사건 비닐하우스 등은 이 사건 공익사업의 시행 및 보상계획이 구체화된 상태에서 손실보상만을 목적으로 설치되었음이 명백하다고 할 것이고, 앞서 본 법리에 비추어 이 사건 비닐하우스 등은 손실보상의 대상이 되지 아니한다고 보아야 할 것이다.

그런데 원심은 설령 이 사건 비닐하우스 등이 손실보상을 받기 위한 목적으로 설치되었다고 하더라도 이 사건 사업인정고시 전에 설치된 이상 이를 손실보상의 대상이 되지 아니한다고 볼 수는 없다고 판단하였으니, 원심의 이러한 판단에는 구 공익사업법상 손실보상의 대상에 관한 법리를 오해하여 판결에 영향을 미친 위법이 있다. 이를 지적하는 피고의 이 부분 상고이유 주장은 이유 있다.

2. 원고의 상고이유 주장에 관하여

원고가 이 사건 보상계획공고 이후 손실보상만을 목적으로 설치한 이 사건 비닐하우스 등은 이 사건 공익사업에 필요한 토지 등의 취득 또는 사용으로 인한 손실보상의 대상이 될 수 없으므로, 이와 다른 전제에서 이 사건 비닐하우스 등의 감정평가액 산정이 잘못되었다고 다투는 원고의 상고이유 주장은 더 나아가 살필 것 없이 이유 없다.

3. 결론

그러므로 피고의 나머지 상고이유를 판단할 필요 없이 원심판결 중 피고 패소 부분을 파기하고 이 부분 사건을 다시 심리·판단하도록 원심법원에 환송하기로 하며, 원고의 상고를 기각하기로 하여 관여 대법관의 일치된 의견으로 주문과 같이 판결한다.

판례사례 57 개발이익배제 등(비교표준지 선정기준, 사업시행 공고·고시의 절차와 형식)

2008년 7월 3일 미라클 신도시 개발과 관련된 언론보도가 있었으며 2012년 7월 3일 미라클 신도시 사업에 대한 사업인정 고시가 있었다. 2008년 7월 3일부터 2012년 7월 3일 사이에 미라클 신도시 사업에 대한 기대로 인해 신도시 예정구역 내의 토지가격은 상당히 상승하였다. 사업시행자는 2008년 7월 3일부터 2012년 7월 3일까지의 해당 사업구역 내 토지의 가격상승으로 인하여 2008년 7월 3일을 기준으로 할 때 토지보상법 제70조 제5항에 따른 가격변동이 인정되기에 2008년 표준지공시지가를 기준으로 보상액을 산정하였다. 그러나, 토지소유자는 해당 사업인정의 고시일이 2012년 7월 3일이므로 2008년 7월 3일부터 2012년 7월 3일까지 상승된 토지가격을 반영하여 보상해야 한다고 주장하며 2012년도 공시지가를 기준하여 평가하여야 한다고 주장한다.

(1) 미라클 신도시 개발사업에 대한 개발이익이 정당보상범주에 포함되는지 논하시오. 15점

(2) 토지보상액 산정을 위한 연도별 적용 공시지가의 선정 및 비교표준지 선정 기준에 대해서 논하시오. 10점

(3) 토지소유자 주장의 타당성을 검토하시오. 5점

행정 효율과 협업 촉진에 관한 규정

제2조(적용범위)

중앙행정기관(대통령 직속기관과 국무총리 직속기관을 포함한다. 이하 같다)과 그 소속기관, 지방자치단체의 기관과 군(軍)의 기관(이하 "행정기관"이라 한다)의 행정업무 운영에 관하여 다른 법령에 특별한 규정이 있는 경우를 제외하고는 이 영에서 정하는 바에 따른다.

제4조(공문서의 종류)

공문서(이하 "문서"라 한다)의 종류는 다음 각 호의 구분에 따른다.

3. 공고문서 : 고시·공고 등 행정기관이 일정한 사항을 일반에게 알리는 문서

제6조(문서의 성립 및 효력 발생)

① 문서는 결재권자가 해당 문서에 서명(전자이미지서명, 전자문자서명 및 행정전자서명을 포함한다. 이하 같다)의 방식으로 결재함으로써 성립한다.

② 문서는 수신자에게 도달(전자문서의 경우는 수신자가 관리하거나 지정한 전자적 시스템 등에 입력되는 것을 말한다)됨으로써 효력을 발생한다.

③ 제2항에도 불구하고 공고문서는 그 문서에서 효력발생 시기를 구체적으로 밝히고 있지 않으면 그 고시 또는 공고 등이 있은 날부터 5일이 경과한 때에 효력이 발생한다.

(설문 1)의 해결

Ⅰ 쟁점의 정리

Ⅱ 정당보상과 개발이익

　1. 정당보상의 의미

　2. 정당보상과 개발이익(개발이익의 의미와 개발이익 배제)

　　(1) 개발이익과 개발이익 배제의 의미

　　(2) 개발이익 배제의 필요성

　　(3) 개발이익 배제의 정당성

　　(4) 개발이익의 배제방법

Ⅲ 개발이익 배제의 범위

　1. 객관적 범위(해당 사업과 관련된 개발이익)

　2. 시적 범위(사업인정 이전·이후)

Ⅳ 사안의 경우

(설문 2)의 해결

Ⅰ 개설

　1. 공시지가기준법

　2. 공시지가기준법 적용 취지

Ⅱ 연도별 적용 공시지가 선정기준

　1. 사업인정 전 협의취득

　2. 사업인정 후의 취득

　3. 토지의 가격이 변동된 경우

Ⅲ 비교표준지 선정기준

　1. 비교표준지의 의의

　2. 비교표준지 선정원칙(시행규칙 제22조)

　　(1) 용도지역 및 이용상황 등

　　(2) 선정사유의 명확성

　　(3) 평가대상이 표준지인 경우

　3. 비교표준지 선정원칙의 법적 성질

(설문 3)의 해결

Ⅰ 쟁점의 정리

Ⅱ 관련규정의 검토(토지보상법 제70조 제5항 기준일 판단 방법)

　1. 처분등이 공고·고시의 방법으로 시행되는 경우 공고·고시의 절차 및 형식

　2. 토지보상법상 사업시행 계획의 공고 및 시행의 공고·고시

Ⅲ 사안의 해결

🏃 (설문 1)의 해결

Ⅰ 쟁점의 정리

설문의 해결을 위해서 개발이익이 정당보상의 관점에서 배제되어야 하는지 여부를 검토한다.

Ⅱ 정당보상과 개발이익

1. 정당보상의 의미

① 완전보상설, ② 상당보상설 등 견해의 대립이 있으나, ① 대법원은 보상의 시기, 방법 등에 제한 없는 완전한 보상을 의미한다고 판시한 바 있으며, ② 헌법재판소는 피수용자의 객관적 재산가치를 완전하게 보상해야 한다고 판시한 바 있다. 피수용자의 객관적 가치를 완전하게 보상함은 물론 대물적 보상만으로 채워지지 않는 부분에 대한 생활보상을 지향함이 타당하다.

2. 정당보상과 개발이익(개발이익의 의미와 개발이익 배제)

(1) 개발이익과 개발이익 배제의 의미

개발이익이란 공익사업 시행의 계획이나 시행이 공고, 고시되어 토지소유자의 노력과 관계없이 지가가 상승하여 뚜렷하게 받은 이익으로 정상지가상승분을 초과하여 증가된 부분을 말한다. 토지보상법 제67조 제2항에서는 '해당 공익사업으로 인하여 토지 등의 가격이 변동되었을 때에는 이를 고려하지 아니한다'고 규정하고 있다.

(2) 개발이익 배제의 필요성

① 개발이익은 미실현된 잠재적 이익이고, ② 토지소유자의 노력과 관계없으므로 사회에 귀속되도록 하는 것이 형평의 원리에 부합한다. ③ 개발이익은 공익사업에 의해 발생하므로 토지소유자의 손실이 아니다.

(3) 개발이익 배제의 정당성

주관적 가치는 배제되어야 한다는 긍정설과 인근 토지소유자와의 형평성 측면에서 부정해야 한다는 견해가 있으나, 판례는 '개발이익은 궁극적으로는 모든 국민에게 귀속되어야 할 성질의 것이므로 이는 피수용자의 토지의 객관적 가치 내지 피수용자의 손실이라고는 볼 수 없다'고 판시한 바 있다. 개발이익은 재산권에 내재된 객관적 가치가 아니므로, 이를 배제하여도 정당보상에 반하지 않는다고 사료된다.

(4) 개발이익의 배제방법

① 적용공시지가 적용(토지보상법 제70조 제3항 내지 제5항), ② 해당 사업으로 변하지 않은 지가변동률의 적용(토지보상법 제70조 제1항 및 동법 시행령 제37조 제2항), ③ '그 밖의 요인' 보정을 통한 배제방법이 있다.

Ⅲ 개발이익 배제의 범위

1. 객관적 범위(해당 사업과 관련된 개발이익)

사회적으로 증가된 이익 전부인지, 해당 사업으로 인해서 증분된 부분인지가 문제되는데 〈판례〉는 해당 사업과 관계없는 다른 사업의 시행으로 인한 개발이익은 이를 배제하지 않는 가격으로 평가해야 한다고 판시하고 있다(대판 1992.2.11, 91누7774).

2. 시적 범위(사업인정 이전·이후)

토지보상법 제67조 제2항의 규정은 개발이익 배제와 관련하여 '해당 사업일 것'만을 규정하고 있으며 개발이익 배제의 취지 등에 비추어 볼 때, 해당 공익사업의 사업인정고시일 이전·이후를 불문하고 해당 공익사업과 무관한 이익은 모두 반영되어야 할 것이다(대판 2014.2.27, 2013두21182).

Ⅳ 사안의 경우

정당보상은 재산권의 객관적 가치에 대한 완전한 보상으로서 토지소유자의 주관적 기대이익은 보상대상이 되지 않는다고 볼 것이며, 해당 사업으로 인한 개발이익 역시 국민 전체에게 귀속될 이익이므로 보상대상에 해당되지 않는다고 볼 것이다.

(설문 2)의 해결

Ⅰ 개설

1. 공시지가기준법

협의 또는 재결에 의하여 취득하는 토지를 평가함에 있어서는 평가대상토지와 유사한 이용가치를 지닌다고 인정되는 하나 이상의 표준지의 공시지가를 기준으로 해야 한다(시행규칙 제22조).

2. 공시지가기준법 적용 취지

공시지가를 기준으로 평가하도록 규정하는 이유는 감정평가에 있어서 실거래가격이 포착된다 하여도 그 정상화를 위한 사정보정이 어려우며, 자의적인 판단이 개입될 우려가 높기 때문에 평가자의 자의성을 배제하고 효율적인 보상평가를 도모하기 위하여 공시지가를 기준으로 평가하도록 한 것이다.

Ⅱ 연도별 적용 공시지가 선정기준

1. 사업인정 전 협의취득

사업인정 전의 협의에 의한 취득에 있어서 공시지가는 해당 토지의 가격시점 당시 공시된 공시지가 중 가격시점과 가장 가까운 시점에 공시된 공시지가로 한다(제70조 제3항).

2. 사업인정 후의 취득

사업인정 후의 취득에 있어서 공시지가는 사업인정고시일 전의 시점을 공시기준일로 하는 공시지가로서, 해당 토지에 관한 협의의 성립 또는 재결 당시 공시된 공시지가 중 그 사업인정고시일과 가장 가까운 시점에 공시된 공시지가로 한다(제70조 제4항).

3. 토지의 가격이 변동된 경우

공익사업의 계획 또는 시행이 공고되거나 고시됨으로 인하여 취득하여야 할 토지의 가격이 변동되었다고 인정되는 경우의 공시지가는 그 공고일 또는 고시일 전의 시점을 공시기준일로 하는 공시지가로서 그 토지의 가격시점 당시 공시된 공시지가 중 해당 공익사업의 공고일 또는 고시일과 가장 가까운 시점에 공시된 공시지가로 한다(제70조 제5항).

Ⅲ 비교표준지 선정기준

1. 비교표준지의 의의

비교표준지란 표준지의 공시지가 중에서 대상토지와 유사한 이용가치를 지닌다고 인정되어 대상토지의 평가 시에 비교기준으로 선정된 것을 말한다.

2. 비교표준지 선정원칙(시행규칙 제22조)

취득하는 토지를 평가함에 있어서는 평가대상토지와 유사한 이용가치를 지닌다고 인정되는 하나 이상의 표준지의 공시지가를 기준으로 한다.

(1) 용도지역 및 이용상황 등

비교표준지는 당해 토지와 용도지역·지구·구역 등 공법상 제한과 실제 이용상황 및 주위환경 등이 같거나 유사하고 지리적으로 가능한 한 가까이 있는 표준지 중에서 하나를 선정하는 것을 원칙으로 한다(시행규칙 제22조 제2항).

(2) 선정사유의 명확성

표준지와 평가대상토지 사이에 지역적, 개별적 요인들을 비교할 수 있을 만큼 구체적으로 특정하여 명시하지 않고 있어 각 표준지의 기준지가를 기준으로 한 위 각 보상대상 토지의 보상액 산정이 적정하게 이루어졌는지를 알아볼 수 없게 되어 있다면 위 감정평가는 그 적정성을 인정하기 어려워 위법하다(90누3539).

(3) 평가대상이 표준지인 경우

평가대상이 표준지인 경우에는 특별한 사유가 없는 한, 해당 표준지를 적용한다.

3. 비교표준지 선정원칙의 법적 성질

판례는 시행규칙 제22조는 토지에 건축물 등이 있는 경우에는 건축물 등이 없는 상태를 상정하여 토지를 평가하도록 규정하고 있는데, 이는 비록 행정규칙의 형식이나 공익사업법의 내용이 될 사항을 구체적으로 정하여 내용을 보충하는 기능을 갖는 것이므로, 공익사업법 규정과 결합하여 대외적인 구속력을 가진다(대판 2012.3.29, 2011다104253)고 판시한 바 있으나, 해당 규칙은 토지보상법 제70조 제6항 위임규정에 의하며 형식이 법규명령이기에 법규명령으로서 대외적 구속력을 갖는다고 보아야 한다.

🏃 (설문 3)의 해결

I 쟁점의 정리

토지보상법은 공익사업의 계획 또는 시행의 공고·고시의 절차, 형식이나 기타 요건에 관하여 따로 규정하고 있지 않은데, 이러한 경우 토지보상법 제70조 제5항에서 정한 '공익사업의 계획 또는 시행의 공고·고시'에 해당하기 위한 공고·고시의 방법으로 언론보도를 해당 사업의 계획 또는 시행의 공고·고시로 볼 수 있는지가 문제된다.

II 관련규정의 검토(토지보상법 제70조 제5항 기준일 판단 방법)

1. 처분등이 공고·고시의 방법으로 시행되는 경우 공고·고시의 절차 및 형식

공익사업의 근거 법령에서 공고·고시의 절차, 형식 및 기타 요건을 정하고 있지 않은 경우, '행정 효율과 협업 촉진에 관한 규정'이 적용될 수 있다(제2조). 위 규정은 고시·공고 등 행정기관이 일정한 사항을 일반에게 알리는 문서를 공고문서로 정하고 있으므로(제4조 제3호), 위 규정에서 정하는 바에 따라 공고문서가 기안되고 해당 행정기관의 장이 이를 결재하여 그의 명의로 일반에 공표한 경우 위와 같은 효과가 발생할 수 있다.

2. 토지보상법상 사업시행 계획의 공고 및 시행의 공고·고시

토지보상법상 해당 사업시행 계획 및 시행의 공고·고시로 볼 수 있는 경우로는 토지보상법 제13조에 따른 사업의 준비를 위한 타인 토지의 출입공고, 제15조에 따른 보상계획의 열람공고 및 제20조에 의한 사업인정 고시가 있을 수 있다.

III 사안의 해결

설문상 언론발표와 관련하여 공고문서가 기안되어 결재권자인 국토교통부장관이 이를 결재하고 그의 명의로 일반에 공표하였다는 사정을 발견할 수 없으므로 국토교통부가 배포한 보도자료를 언론사에서 기사화하여 이 사건 사업에 관한 정보가 일반에 알려졌다고 하여 이를 두고 국토교통부장관이 이 사건 사업의 계획이나 시행을 공고하거나 고시하였다고 보기는 어렵다. 따라서 토지소유자의 주장대로 2012년 공시지가를 적용함이 타당하다.

📐 **대법원 2022.5.26, 2021두45848**

> **[판시사항]**
> 공익사업을 위한 토지 등의 취득 및 보상에 관한 법률 제70조 제5항에서 정한 '공익사업의 계획 또는 시행의 공고·고시'에 해당하기 위한 공고·고시의 방법

[판결요지]

공익사업을 위한 토지 등의 취득 및 보상에 관한 법률(이하 '토지보상법'이라 한다) 및 같은 법 시행령은 토지보상법에서 규정하고 있는 공익사업의 계획 또는 시행의 공고·고시의 절차, 형식이나 기타 요건에 관하여 따로 규정하고 있지 않다.

공익사업의 근거 법령에서 공고·고시의 절차, 형식이나 기타 요건을 정하고 있는 경우에는 원칙적으로 공고·고시가 그 법령에서 정한 바에 따라 이루어져야 보상금 산정의 기준이 되는 공시지가의 공시기준일이 해당 공고·고시일 전의 시점으로 앞당겨지는 효과가 발생할 수 있다.

공익사업의 근거 법령에서 공고·고시의 절차, 형식 및 기타 요건을 정하고 있지 않은 경우, '행정 효율과 협업 촉진에 관한 규정'이 적용될 수 있다(제2조). 위 규정은 고시·공고 등 행정기관이 일정한 사항을 일반에게 알리는 문서를 공고문서로 정하고 있으므로(제4조 제3호), 위 규정에서 정하는 바에 따라 공고문서가 기안되고 해당 행정기관의 장이 이를 결재하여 그의 명의로 일반에 공표한 경우 위와 같은 효과가 발생할 수 있다.

다만 당해 공익사업의 시행으로 인한 개발이익을 배제하려는 토지보상법령의 입법 취지에 비추어 '행정 효율과 협업 촉진에 관한 규정'에 따라 기안, 결재 및 공표가 이루어지지 않았다고 하더라도 공익사업의 계획 또는 시행에 관한 내용을 공고문서에 준하는 정도의 형식을 갖추어 일반에게 알린 경우에는 토지보상법 제70조 제5항에서 정한 '공익사업의 계획 또는 시행의 공고·고시'에 해당한다고 볼 수 있다.

[이 유]

1. 관련 규정과 법리

   가. 「산업단지 인·허가 절차 간소화를 위한 특례법」(이하 '산단절차간소화법'이라 한다) 제15조 제1항, 제2항에 따라 산업단지계획 승인 고시는 「산업입지 및 개발에 관한 법률」(이하 '산업입지법'이라 한다) 제7조의4에 따른 산업단지의 지정 고시 및 같은 법 제19조의2에 따른 실시계획 승인의 고시로 본다.

     사업시행자는 산업단지개발사업에 필요한 토지 등을 수용할 수 있고, 이 경우 산업입지법 제7조의4 제1항에 따른 산업단지의 지정 고시가 있는 때에는 「공익사업을 위한 토지 등의 취득 및 보상에 관한 법률」(이하 '토지보상법'이라 한다) 제20조 제1항 및 같은 법 제22조에 따른 사업인정 및 사업인정의 고시가 있는 것으로 보며, 산업입지법에 특별한 규정이 있는 경우를 제외하고는 토지보상법을 준용한다(산업입지법 제22조 제1항, 제2항, 제5항).

     공익사업을 위한 수용에서는 원칙적으로 사업인정고시일 전의 시점을 공시기준일로 하는 공시지가로서 해당 토지에 관한 협의의 성립 또는 재결 당시 공시된 공시지가 중 그 '사업인정고시일과 가장 가까운 시점'에 공시된 공시지가를 기준으로 보상금이 산정된다.

     그러나 공익사업의 계획 또는 시행이 '공고'되거나 '고시'됨으로 인하여 취득하여야 할 토지의 가격이 변동되었다고 인정되는 경우에는 해당 공고일 또는 고시일 전의 시점을 공시기준일로 하는 공시지가로서 그 토지의 가격시점 당시 공시된 공시지가 중 그 '공익사업의 공고일 또는 고시일과 가장 가까운 시점'에 공시된 공시지가를 기준으로 보상금이 산정된다(토지보상법 제70조 제1항, 제4항, 제5항). 이는 공익사업의 계획 또는 시행의 공고·고시로 토지 가격이 상승하였다면 그와 같은 개발이익을 보상금 산정 시 배제하고자 함이다.

나. 토지보상법 및 같은 법 시행령은 토지보상법 제70조 제5항에서 규정하고 있는 공익사업의 계획 또는 시행의 공고·고시의 절차, 형식이나 기타 요건에 관하여 따로 규정하고 있지 않다. 공익사업의 근거 법령에서 공고·고시의 절차, 형식이나 기타 요건을 정하고 있는 경우에는 원칙적으로 공고·고시가 그 법령에서 정한 바에 따라 이루어져야 보상금 산정의 기준이 되는 공시지가의 공시기준일이 해당 공고·고시일 전의 시점으로 앞당겨지는 효과가 발생할 수 있다.

공익사업의 근거 법령에서 공고·고시의 절차, 형식 및 기타 요건을 정하고 있지 않은 경우, '행정 효율과 협업 촉진에 관한 규정'(이하 '이 사건 규정'이라 한다)이 적용될 수 있다(제2조). 위 규정은 고시·공고 등 행정기관이 일정한 사항을 일반에게 알리는 문서를 공고문서로 정하고 있으므로(제4조 제3호), 위 규정에서 정하는 바에 따라 공고문서가 기안되고 해당 행정기관의 장이 이를 결재하여 그의 명의로 일반에 공표한 경우 위와 같은 효과가 발생할 수 있다.

다만 당해 공익사업의 시행으로 인한 개발이익을 배제하려는 토지보상법령의 입법 취지에 비추어 이 사건 규정에 따라 기안, 결재 및 공표가 이루어지지 않았다고 하더라도 공익사업의 계획 또는 시행에 관한 내용을 공고문서에 준하는 정도의 형식을 갖추어 일반에게 알린 경우에는 토지보상법 제70조 제5항에서 정한 '공익사업의 계획 또는 시행의 공고·고시'에 해당한다고 볼 수 있다.

2. 사건의 경위 및 원심의 판단

원심판결 이유와 기록에 의하면, 다음과 같은 사정들을 알 수 있다.

3. 대법원의 판단

가. 그러나 위 법리에 비추어 보면, 이 사건 언론발표는 토지보상법 제70조 제5항에 따른 '공익사업의 계획 또는 시행의 공고·고시'에 해당하지 않는다고 봄이 타당하다. 구체적인 이유는 다음과 같다.

   1) 이 사건 언론발표는 이 사건 사업과 관련된 산단절차간소화법령 및 산업입지법령에 규정된 공고·고시의 형식으로 이루어진 것이 아니라, 그와 관련이 없는 '국정홍보업무운영규정' 제16조에 따라 언론에 대한 브리핑 등의 일환으로 이루어진 것으로 보인다.

   2) 기록상 이 사건 언론발표와 관련하여 이 사건 규정에서 정하는 바에 따라 공고문서가 기안되어 결재권자인 국토교통부장관이 이를 결재하고 그의 명의로 일반에 공표하였다는 사정을 발견할 수도 없다. 이 사건 언론발표는 이 사건 규정 및 그 시행규칙에서 공고문서에 기재하도록 한 연도표시 일련번호나 당해 행정기관의 장의 명의 등 공고문서가 일반적으로 갖추고 있는 구성요소도 전혀 갖추고 있지 않다.

   또한 이 사건 언론발표는 이 사건 사업뿐만 아니라 그 밖에 서천, 포항, 구미와 호남권 등 전국에 산재한 5곳에서의 국가산업단지 조성계획에 관한 것이며, 나아가 전체적인 내용에 비추어 볼 때 이 사건 사업의 계획이나 시행에 관한 정보를 알리려는 것보다는 산단절차간소화법의 시행으로 인한 인허가 기간 단축 효과 및 전국적인 국가산업단지 조성을 통한 생산·고용유발 효과를 홍보하려는 데에 주안점이 있는 것으로 보인다.

따라서 이를 두고 공익사업의 계획이나 시행에 관한 내용을 공고문서에 준하는 형식을 갖추어 일반에게 알린 경우에 해당한다고 볼 수도 없다.

3) 따라서 국토교통부가 배포한 보도자료를 언론사에서 기사화하여 이 사건 사업에 관한 정보가 일반에 알려졌다고 하여 이를 두고 국토교통부장관이 이 사건 사업의 계획이나 시행을 공고하거나 고시하였다고 보기는 어렵다.

나. 그런데도 원심은 이 사선 언론발표를 통해 이 사긴 시업의 계획 또는 시행이 공고되거나 고시되었다고 보아, 원고들에 대한 보상금을 산정함에 있어 2008.1.1. 공시된 비교표준지의 공시지가를 적용해야 한다고 판단하였다. 이러한 원심판단에는 토지보상법 제70조 제5항에 관한 법리를 오해한 잘못이 있고, 이를 지적하는 취지의 상고이유 주장은 이유 있다.

다만 중앙토지수용위원회의 이의 재결에는 '2008.12.10. 자 대구광역시 달성군 고시 제2008-73호'를 기준으로 하는 듯한 내용이 있으므로, 원심으로서는 이 사건 언론발표 외에 공고·고시로 볼 수 있는 다른 사정이 있었는지 추가로 심리하여 손실보상금 산정에 토지보상법 제70조 제5항이 적용될 수 있는지를 판단하여야 한다는 점을 덧붙여둔다.

4. 결론

그러므로 나머지 상고이유에 대한 판단을 생략한 채 원심판결을 파기하고, 사건을 다시 심리·판단하도록 원심법원에 환송하기로 하여, 관여 대법관의 일치된 의견으로 주문과 같이 판결한다.

📝 판례사례 58 상가용지 공급거부[대상적격 거부처분신청권(헌법 제23조 제3항)]

갑은 상호를 '초원농원'으로, 사업장소재지를 '서울 은평구 진관내동 425-5'로 하여 화훼도매업을 영위하고 있었는데 뉴타운개발사업의 시행지구에 편입되었다. 뉴타운개발 사업시행자가 사업시행으로 생활근거 등을 상실하는 주민들을 위한 주거대책 및 생활대책을 공고함에 따라 화훼도매업을 하던 갑이 사업시행자에게 생활대책신청을 하였으나, 사업시행자가 갑은 주거대책 및 생활대책에서 정한 '이주대책 기준일 3개월 이전부터 사업자등록을 하고 영업을 계속한 화훼영업자'에 해당하지 않는다는 이유로 화훼용지 공급대상자에서 제외하였다. 갑에 대한 공급대상자 거부행위는 취소소송의 대상이 되는가? [20절]

🎯 참조 조문

토지보상법 제78조(이주대책의 수립 등)
① 사업시행자는 공익사업의 시행으로 인하여 주거용 건축물을 제공함에 따라 생활의 근거를 상실하게 되는 자(이하 "이주대책대상자"라 한다)를 위하여 대통령령으로 정하는 바에 따라 이주대책을 수립·실시하거나 이주정착금을 지급하여야 한다.

토지보상법 제78조의2(공장의 이주대책 수립 등)
사업시행자는 대통령령으로 정하는 공익사업의 시행으로 인하여 공장부지가 협의 양도되거나 수용됨에 따라 더 이상 해당 지역에서 공장(「산업집적활성화 및 공장설립에 관한 법률」 제2조 제1호에 따른 공장을 말한다)을 가동할 수 없게 된 자가 희망하는 경우 「산업입지 및 개발에 관한 법률」에 따라 지정·개발된 인근 산업단지에 입주하게 하는 등 대통령령으로 정하는 이주대책에 관한 계획을 수립하여야 한다.

Ⅰ 쟁점의 정리
Ⅱ 거부회신의 대상적격 충족요건
  1. 거부처분의 의의 및 구별개념
  2. 거부가 처분이 되기 위한 요건
    (1) 판례의 태도

    (2) 신청권 존부에 대한 견해의 대립
    (3) 검토
  3. 사안의 경우
Ⅲ 사안의 해결

Ⅰ 쟁점의 정리

갑이 화훼용지 공급대상자 거부회신을 대상으로 항고소송을 제기하기 위해서는, 동 거부회신이 행정소송법상 처분에 해당되어야 한다. 처분이란 행정청이 행하는 구체적 사실에 관한 법집행으로서의 공권력 행사 또는 그 거부이므로(행정소송법 제2조), 거부회신이 항고소송의 대상이 되는 처분인지를 중심으로 검토한다.

Ⅱ 거부회신의 대상적격 충족요건

1. 거부처분의 의의 및 구별개념

거부처분이란 공권력 행사의 신청에 대해 처분의 발령을 거부하는 행정청의 의사작용으로서, 거절의사가 명확한 점에서 부작위와 구별된다.

2. 거부가 처분이 되기 위한 요건

(1) 판례의 태도

거부처분이 처분성을 갖기 위해서는 ① 공권력 행사의 거부일 것, ② 국민의 권리와 의무에 영향을 미칠 것, ③ 법규상·조리상 신청권을 가질 것을 요구한다. 이때의 신청권은 행정청의 응답을 구하는 권리(형식적 권리)이며, 신청된 대로의 처분을 구하는 권리(실체적 권리)가 아니라고 한다.

(2) 신청권 존부에 대한 견해의 대립

① 신청권의 존재는 본안문제라는 견해, ② 처분성은 소송법상 개념요소만 갖추면 된다고 하여 원고적격으로 보는 견해, ③ 신청권은 신청에 대한 응답의무에 대응하는 절차적 권리이므로 이를 대상적격의 문제로 보는 견해가 있다.

(3) 검토

판례와 같이 신청권을 일반·추상적인 응답요구권으로 보게 되면 개별·구체적 권리일 것을 요하는 원고적격과 구별되고, 이러한 신청권이 없다면 바로 각하하여 법원의 심리부담의 가중도 덜어줄 수 있으므로 대상적격의 문제로 보는 것이 타당하다.

3. 사안의 경우

토지보상법 제78조 및 제78조의2에서는 생활대책용지의 공급과 같이 생활대책에 관한 분명한 근거규정을 두고 있지 않으나, 사업시행자 스스로 공익사업의 원활한 시행을 위하여 필요하다고 인정함으로써 생활대책을 수립·실시할 수 있도록 하는 내부규정에 따라 생활대책대상자 선정기준을 마련하여 생활대책을 수립·실시하는 경우에는 이러한 생활대책 역시 헌법 제23조 제3항에 따른 정당한 보상에 포함되는 것으로 보아야 한다. 따라서 제외행위는 취소소송의 대상이 된다고 볼 것이다.

Ⅲ 사안의 해결

생활대책대상자 선정기준에 해당하는 자는 사업시행자에게 생활대책대상자 선정 여부의 확인·결정을 신청할 수 있는 권리를 가지는 것이어서, 만일 사업시행자가 그러한 자를 생활대책대상자에서 제외하거나 선정을 거부하면, 이러한 생활대책대상자 선정기준에 해당하는 자는 사업시행자를 상대로 항고소송을 제기할 수 있다고 보는 것이 타당하다.

대법원 2011.10.13, 2008두17905[상가용지공급대상자적격처분취소등]

[판시사항]

[1] 사업시행자 스스로 공익사업의 원활한 시행을 위하여 생활대책을 수립·실시할 수 있도록 하는 내부규정을 두고 이에 따라 생활대책대상자 선정기준을 마련하여 생활대책을 수립·실시하는 경우, 생활대책대상자 선정기준에 해당하는 자가 자신을 생활대책대상자에서 제외하거나 선정을 거부한 사업시행자를 상대로 항고소송을 제기할 수 있는지 여부(적극)

[2] 뉴타운개발 사업시행자가 사업시행으로 생활근거 등을 상실하는 주민들을 위한 주거대책 및 생활대책을 공고함에 따라 화훼도매업을 하던 갑이 사업시행자에게 생활대책신청을 하였으나 사업시행자가 이를 거부한 사안에서, 위 거부행위가 행정처분에 해당한다고 본 원심판단을 정당하다고 한 사례

[3] 뉴타운개발 사업시행자가 사업시행으로 생활근거 등을 상실하는 주민들을 위한 주거대책 및 생활대책을 공고함에 따라 화훼도매업을 하던 갑이 사업시행자에게 생활대책신청을 하였으나, 사업시행자가 갑은 주거대책 및 생활대책에서 정한 '이주대책 기준일 3개월 이전부터 사업자등록을 하고 영업을 계속한 화훼영업자'에 해당하지 않는다는 이유로 화훼용지 공급대상자에서 제외한 사안에서, 갑이 동생 명의를 빌려 사업자등록을 하다가 기준일 이후에 자신 명의로 사업자등록을 마쳤다 하더라도 위 대책에서 정한 화훼용지 공급대상자에 해당한다고 본 원심판단을 정당하다고 한 사례

[판결요지]

[1] 공익사업을 위한 토지 등의 취득 및 보상에 관한 법률은 제78조 제1항에서 "사업시행자는 공익사업의 시행으로 인하여 주거용 건축물을 제공함에 따라 생활의 근거를 상실하게 되는 자(이하 '이주대책대상자'라 한다)를 위하여 대통령령으로 정하는 바에 따라 이주대책을 수립·실시하거나 이주정착금을 지급하여야 한다."고 규정하고 있을 뿐, 생활대책용지의 공급과 같이 공익사업 시행 이전과 같은 경제수준을 유지할 수 있도록 하는 내용의 생활대책에 관한 분명한 근거 규정을 두고 있지는 않으나, 사업시행자 스스로 공익사업의 원활한 시행을 위하여 필요하다고 인정함으로써 생활대책을 수립·실시할 수 있도록 하는 내부규정을 두고 있고 내부규정에 따라 생활대책대상자 선정기준을 마련하여 생활대책을 수립·실시하는 경우에는, 이러한 생활대책 역시 "공공필요에 의한 재산권의 수용·사용 또는 제한 및 그에 대한 보상은 법률로써 하되, 정당한 보상을 지급하여야 한다."고 규정하고 있는 헌법 제23조 제3항에 따른 정당한 보상에 포함되는 것으로 보아야 한다. 따라서 이러한 생활대책대상자 선정기준에 해당하는 자는 사업시행자에게 생활대책대상자 선정 여부의 확인·결정을 신청할 수 있는 권리를 가지는 것이어서, 만일 사업시행자가 그러한 자를 생활대책대상자에서 제외하거나 선정을 거부하면, 이러한 생활대책대상자 선정기준에 해당하는 자는 사업시행자를 상대로 항고소송을 제기할 수 있다고 보는 것이 타당하다.

[2] 뉴타운개발 사업시행자가 사업시행으로 생활근거 등을 상실하는 주민들을 위한 주거대책 및 생활대책을 공고함에 따라 화훼도매업을 하던 갑이 사업시행자에게 생활대책신청을 하였으나, 사업시행자가 갑은 위 주거대책 및 생활대책에서 정한 '이주대책 기준일 3개월 이전부터 사업자

등록을 하고 영업을 계속한 화훼영업자'에 해당하지 않는다는 이유로 화훼용지 공급대상자에서
제외한 사안에서, 사업시행자의 거부행위가 행정처분에 해당한다고 본 원심판단을 정당하다고
한 사례

[3] 뉴타운개발 사업시행자가 사업시행으로 생활근거 등을 상실하는 주민들을 위한 주거대책 및 생
활대책을 공고함에 따라 화훼도매업을 하던 갑이 사업시행자에게 생활대책신청을 하였으나, 사
업시행자가 갑은 위 주거대책 및 생활대책에서 정한 '이주대책 기준일 3개월 전부터 사업자등
록을 하고 영업을 계속한 화훼영업자'에 해당하지 않는다는 이유로 화훼용지 공급대상자에서
제외한 사안에서, 갑이 이주대책 기준일 3개월 이전부터 동생 명의를 빌려 사업자등록을 하고
화원 영업을 하다가 기준일 이후에 비로소 사업자등록 명의만을 자신 명의로 바꾸어 종전과
같은 화원 영업을 계속하였더라도 '기준일 3개월 이전부터 사업자등록을 하고 계속 영업을 한
화훼영업자'에 해당한다고 본 원심판단을 정당하다고 한 사례

📝 판례사례 59 물의 사용에 관한 권리보상(하천수사용권과 보상방법 유추적용)

다음은 대법원 2018.12.27.선고 2014두11601 판결의 내용이다. 이를 읽고 물음에 답하시오. 20점

원고는 1995.8.18. 포천시 영북면 대회산리 산51－2(이하 '이 사건 토지'라고 한다) 등에서 하천 공작물 설치공사허가를 받은 후, 공사 착공을 하여 1998. 5. 4. 이 사건 토지 소재 수력발전용 댐 구조물(이하 '이 사건 댐'이라고 한다)을 준공하였다. 원고는 그 무렵 포천시장으로부터 이 사건 토지 일대의 한탄강 하천수에 대한 사용허가(사용허가 만료시점은 2010.12.31.이다)를 받아 하천수를 사용하여 이 사건 댐을 가동하며 소수력발전사업을 영위하였다.

소수력발전 목적의 댐시설을 가동하기 위한 하천수 사용허가 기간은 현재 허가일로부터 5년으로 하고 있고, 하천수 부족, 기득 하천수 사용자 피해, 공익사업에 따른 변경 필요성 등의 특별한 사정이 없다면 그 기간이 연장되고 있다.

피고는 한탄강 홍수조절지댐 건설사업 등(이하 '이 사건 사업'이라고 한다)의 시행자로서 2010. 12. 22.을 수용개시일로 하여 댐 건설에 필요한 이 사건 토지 등을 수용하였는데, 지장물과 영업손실에 대한 보상은 하였으나, 원고의 하천수 사용권에 대하여는 별도로 보상금을 산정하여 지급하지 않았다. 원고는 그에 관한 재결신청이 기각되자 하천수 사용권에 대한 별도의 보상액을 산정하여 지급해 달라는 취지로 이 사건 소를 제기하였다.

(1) 하천수 사용권이 손실보상의 대상인지 논하시오. 10점

(2) 하천수 사용에 대한 손실보상 산정 방법에 대한 규정이 없는 경우 어떠한 해결방법이 있는지 논하시오. 10점

(3) 위 사안에서 하천수 사용권에 대한 보상청구를 하였으나 관할토지수용위원회가 보상대상이 아니라고 하여 기각재결을 한 경우라면 원고는 어떠한 소송을 통해 불복할 수 있는지 여부 및 해당소송에 관하여 설명하시오. 20점

🖎 참조 조문

댐건설 · 관리 및 주변지역지원 등에 관한 법률
제15조(토지등의 수용과 사용)
① 댐건설사업시행자는 댐의 건설에 필요한 토지, 건물, 그 밖에 토지에 정착한 물건과 이에 관한 소유권 외의 권리, 광업권, 어업권, 양식업권 및 물의 사용에 관한 권리(이하 "토지등"이라 한다)를 수용하거나 사용할 수 있다. 〈개정 2019.8.27.〉
③ 제1항에 따른 토지등의 수용이나 사용에 관하여는 이 법에 특별한 규정이 있는 경우를 제외하고는 「공익사업을 위한 토지 등의 취득 및 보상에 관한 법률」을 준용한다.

하천법
제33조(하천의 점용허가 등)
① 하천구역 안에서 다음 각 호의 어느 하나에 해당하는 행위를 하려는 자는 대통령령으로 정하는 바에 따라 하천관리청의 허가를 받아야 한다. 허가받은 사항 중 대통령령으로 정하는 중요한 사항을 변경하려는 경우에도 또한 같다.

1. 토지의 점용
2. 하천시설의 점용
3. 공작물의 신축·개축·변경
4. 토지의 굴착·성토·절토, 그 밖의 토지의 형질변경
5. 토석·모래·자갈의 채취
6. 그 밖에 하천의 보전·관리에 장애가 될 수 있는 행위로서 대통령령으로 정하는 행위

제50조(하천수의 사용허가 등)

① 생활·공입·농업·환경개선·발전·주운(舟運) 등의 용도로 하천수를 사용하려는 자는 대통령령으로 정하는 바에 따라 환경부장관의 허가를 받아야 한다. 허가받은 사항 중 대통령령으로 정하는 중요한 사항을 변경하려는 경우에도 또한 같다. 〈개정 2009.4.1, 2013.3.23, 2018.6.8.〉

③ 환경부장관은 다음 각 호의 어느 하나에 해당되는 경우에는 제1항에 따른 허가를 하지 아니하거나 취수량을 제한할 수 있다. 〈개정 2009.4.1, 2011.4.14, 2013.3.23., 2018.6.8.〉

1. 하천수를 오염시키거나 유량감소를 유발하여 자연생태계를 해칠 우려가 있는 경우
2. 하천수의 적정관리 또는 도시·군관리계획, 그 밖에 공공사업에 지장을 주는 등 다른 공익을 해할 우려가 있는 경우
3. 하천수의 취수로 인근 지역의 시설물의 안전을 해칠 우려가 있는 경우
4. 그 밖에 하천수의 보전을 위하여 필요하다고 인정되는 경우로서 대통령령으로 정하는 경우

⑦ 시·도지사는 제1항에 따라 하천수 사용허가를 받은 자에게 사용료를 징수할 수 있다.

PART 03

(설문 1)의 해결

Ⅰ 쟁점의 정리

Ⅱ 토지보상법상 손실보상의 대상
  1. 공용수용의 목적물
  2. 토지보상법 제3조 규정상 목적물의 내용과 의미

Ⅲ 하천수 사용권이 손실보상의 대상인지 여부
  1. 하천수 사용권의 법적 성질
  2. 하천수 사용권이 손실보상의 대상인지 여부

Ⅳ 사안의 해결

(설문 2)의 해결

Ⅰ 쟁점의 정리

Ⅱ 손실보상 방법규정(공법 규정)의 흠결과 보충
  1. 공법규정의 유추적용
  2. 토지보상법상 관련규정의 유추적용 가능규정
    (1) 관련규정의 검토
    (2) 보상방법의 유추적용

Ⅲ 사안의 해결

(설문 3)의 해결

Ⅰ 쟁점의 정리

Ⅱ 기각재결에 대한 적합한 소송 형태
  1. 견해의 대립
    (1) 취소소송설 및 무효등확인소송설
    (2) 보상금증감청구소송설
  2. 판례(대판 2019.11.28, 2018두227)
  3. 검토

Ⅲ 보상금증감청구소송
  1. 보상금증감청구소송의 의의 및 취지
  2. 소송의 형태
  3. 소송의 성질
  4. 심리범위 및 판결의 효력

Ⅳ 사안의 해결

(설문 1)의 해결

I 쟁점의 정리

토지보상법상 손실보상의 대상이 되기 위해서는 독립된 재산적 가치가 인정되어야 한다. 하천수 사용권이 보상대상이 되기 위한 독립된 재산권인지를 관련규정을 검토하여 판단한다.

II 토지보상법상 손실보상의 대상

1. 공용수용의 목적물

수용의 목적물이란 수용의 객체로서 토지, 물건의 소유권 기타 권리를 말한다. 이는 ① 피수용자의 권리보호를 위해 확장되기도 하며 ② 수용제도의 본질, 목적물의 성질상 제한되기도 한다.

2. 토지보상법 제3조 규정상 목적물의 내용과 의미

토지보상법 제3조에서는 토지 및 물건에 대한 소유권 및 소유권외의 권리와 흙·돌·모래 또는 자갈에 관한 권리 및 광업권·어업권·양식업권 또는 물의 사용에 관한 권리를 보상대상으로 규정하고 있다.

상기 보상대상은 사법상 또는 공법상 독립된 재산적 가치가 인정되는 경우(사용권 및 수익권 등 경제적 가치)라고 할 것이며, 이는 헌법 제23조 제1항에서 규정하고 있는 재산권의 내용이라 할 것이다.

III 하천수 사용권이 손실보상의 대상인지 여부

1. 하천수 사용권의 법적 성질

하천법 제33조 및 제50조에 의한 하천의 점용허가 및 하천수 사용권은 해당 하천을 점용하고 하천수를 이용할 수 있는 권리로서 특허에 의한 공물사용권이다. 또한, 하천수의 사용허가 시에 환경부장관은 공익상의 이유로 허가를 거부할 수 있는바 허가는 재량행위이다.

2. 하천수 사용권이 손실보상의 대상인지 여부

하천의 점용허가 및 하천수 사용권은 특정인에게 하천이용권이라는 독점적 권리를 설정하여 주는 처분에 해당하므로, 그러한 점용허가를 받은 자는 일반인에게는 허용되지 않는 특별한 공물사용권을 설정 받아 일정 기간 이를 배타적으로 사용할 수 있다. 이는 특허에 의한 공물사용권의 일종으로서 하천의 관리주체에 대하여 일정한 특별사용을 청구할 수 있는 권리에 해당하고, 독립된 재산적 가치가 있다(대법원 2014.10.10.자 2014마1404 결정 참조).

Ⅳ 사안의 해결

물을 사용하여 사업을 영위하는 지위가 독립하여 재산권, 즉 처분권을 내포하는 재산적 가치 있는 구체적인 권리로 평가될 수 있는 경우에는 댐건설법 제11조 제1항, 제3항 및 토지보상법 제76조 제1항에 따라 손실보상의 대상이 되는 '물의 사용에 관한 권리'에 해당한다고 볼 수 있다. 따라서 원고는 하천수 사용에 대한 손실보상을 주장할 수 있다.

(설문 2)의 해결

Ⅰ 쟁점의 정리

토지보상법 제76조 제1항은 광업권·어업권 및 '물의 사용에 관한 권리'에 대하여 보상하여야 한다고 규정하고 있는데, 그 위임을 받은 토지보상법 시행규칙은 제43조에서 광업권의 평가에 관하여, 제44조에서 어업권의 평가에 관하여 각 규정하고 있을 뿐이고, 토지보상법 및 그 시행령, 시행규칙에 '물의 사용에 관한 권리'의 평가에 관한 규정이 없다.

손실보상의 대상에 해당함에도 불구하고 토지보상법상 관련된 손실보상 방법에 대한 규정이 없는 경우, 즉 적용할 법령이 없는 경우(법의 흠결)에 어떠한 해석에 의하여 권리보호를 해주어야 하는지를 논한다.

Ⅱ 손실보상 방법규정(공법 규정)의 흠결과 보충

1. 공법규정의 유추적용

성문의 행정법규정의 흠결이 있는 경우에는 우선 유사한 행정법규정(공법규정)을 유추적용하여야 한다. 유추적용이라 함은 적용할 법령이 없는 경우에 유사한 법령규정을 적용하는 것을 말한다. 행정법규정의 유추적용에 있어서는 헌법규정이 함께 고려될 수 있다.

2. 토지보상법상 관련규정의 유추적용 가능규정

(1) 관련규정의 검토

보상법 시행규칙 제44조 어업권의 평가방법에 있어서 면허어업의 경우에는 어업면허를 받은 자는 어업권원부에 등록함으로써 어업권을 취득하는데, 어업면허는 독점적·배타적으로 어업을 할 수 있는 권리를 설정하여 주는 특허로서의 성격을 가진다. 이는 물의 사용에 관한 권리와 유사한 재산적가치로 볼 수 있다.

(2) 보상방법의 유추적용

면허어업의 손실액 산정 방법과 환원율 등에 비추어 볼 때, 원고의 하천수 사용권에 대한 '물의 사용에 관한 권리'로서의 정당한 보상금액은 토지보상법 시행규칙 제44조(어업권의 평가 등) 제1항이 준용하는 수산업법 시행령 [별표 4](어업보상에 대한 손실액의 산출방법·산출기준 등) 중 어업권이 취소되거나 어업면허의 유효기간 연장이 허가되지 않은 경우의 손실보상액 산정 방법과 기준을 유추적용하여 산정함이 타당하다.

Ⅲ 사안의 해결

물건 또는 권리 등에 대한 손실보상액 산정의 기준이나 방법에 관하여 구체적으로 정하고 있는 법령의 규정이 없는 경우에는, 그 성질상 유사한 물건 또는 권리 등에 대한 관련 법령상의 손실보상액 산정의 기준이나 방법에 관한 규정을 유추적용할 수 있으므로, 어업권 평가방법 중 면허어업에 대한 보상방법을 유추적용할 수 있을 것이다.

(설문 3)의 해결

Ⅰ 쟁점의 정리

하천수 사용권에 대한 보상대상 기각재결(보상대상 판단)이 있는 경우 기각재결을 대상으로 취소 또는 무효등확인소송을 제기해야 하는지 보상금증액청구소송을 제기해야 하는지를 검토하고, 보상금증감청구소송을 제기해야 한다면 이에 대해서 설명한다.

Ⅱ 기각재결에 대한 적합한 소송 형태

1. 견해의 대립

(1) 취소소송설 및 무효등확인소송설

보상금증감청구소송은 '보상금액의 다과'만을 대상으로 하며, 확장수용은 수용의 범위에 대한 문제이므로 취소 내지 무효등확인소송을 제기해야 한다고 한다.

(2) 보상금증감청구소송설

보상금증감청구소송의 취지가 권리구제의 우회방지이고, 손실보상액은 손실보상 대상의 범위에 따라 달라지므로 손실보상의 범위도 보상금증감소송의 범위에 포함된다고 본다.

2. 판례(대판 2019.11.28, 2018두227)

어떤 보상항목이 손실보상대상에 해당함에도 관할 토지수용위원회가 사실을 오인하거나 법리를 오해함으로써 손실보상대상에 해당하지 않는다고 잘못된 내용의 재결을 한 경우에는, 피보상자는 관할 토지수용위원회를 상대로 그 재결에 대한 취소소송을 제기할 것이 아니라, 사업시행자를 상대로 공익사업을 위한 토지 등의 취득 및 보상에 관한 법률 제85조 제2항에 따른 보상금증감소송을 제기하여야 한다고 판시한 바 있다.

3. 검토

보상금증감청구소송의 제도적 취지(분쟁의 일회적 해결)와 보상의 범위에 따라 보상금액이 달라지는 점을 고려할 때 보상금증감청구소송이 보상의 범위까지 포함한다고 보는 보상금증감청구소송설이 타당하다고 판단된다.

Ⅲ 보상금증감청구소송

1. 보상금증감청구소송의 의의 및 취지

보상금의 증감에 대한 소송으로서 사업시행자, 토지소유자는 각각 상대방을 피고로 제기하며(제85조 제2항), ① 보상재결의 취소 없이 보상금과 관련된 분쟁을 일회적으로 해결하여, ② 신속한 권리구제를 도모함에 취지가 있다.

2. 소송의 형태

특수한 형태의 항고소송설, 형식적 당사자소송설 및 당사자소송과 항고소송이 절충된 형태의 소송설 등 다양한 견해가 대립하고 있으나 현행 토지보상법 제85조 제2항에서는 보상금증감청구소송의 당사자를 사업시행자와 토지소유자 또는 관계인으로 제한하고 있기에(재결청 삭제) 보상금증감소송을 형식적 당사자소송으로 보는 것이 통설적 견해이다.

3. 소송의 성질

형성소송설은 보상금을 산정한 재결의 취소·변경을 내용으로 하고 있고, 여전히 항고소송의 성격이 남아 있음을 강조하고 있으나, 보상금 산정에 하자가 있는 수용재결의 위법을 확인하고 보상금 증액을 구한다고 보는 확인·급부소송설이 타당하다.

4. 심리범위 및 판결의 효력

① 손실보상의 지급방법과 ② 적정손실보상액의 범위 및 보상액과 관련한 보상면적 등은 심리범위에 해당한다. 판례는 ③ 지연손해금 역시 손실보상의 일부이고, ④ 잔여지수용여부 및 ⑤ 개인별 보상으로서 과대과소항목의 항목 간 유용도 심리범위에 해당한다고 본다. 소송당사자는 판결결과에 따라 이행하여야 하며, 토지수용위원회는 별도의 처분을 할 필요가 없다.

Ⅳ 사안의 해결

보상대상에 대한 기각재결이 있는 경우 보상금증액을 구하는 소송을 제기해야 하며, 보상금증감청구소송은 확인·급부소송으로서 형식적 당사자소송의 성격을 갖는다.

대법원 2018.12.27, 2014두11601

[판시사항]

[1] 물을 사용하여 사업을 영위하는 지위가 독립하여 재산권으로 평가될 수 있는 경우, 댐건설 및 주변지역지원 등에 관한 법률 제11조 제1항, 제3항 및 공익사업을 위한 토지 등의 취득 및 보상에 관한 법률 제76조 제1항에 따라 손실보상의 대상이 되는 '물의 사용에 관한 권리'에 해당하는지 여부(적극)

[2] 하천법 제50조에 따른 하천수 사용권이 공익사업을 위한 토지 등의 취득 및 보상에 관한 법률 제76조 제1항에서 손실보상의 대상으로 규정하고 있는 '물의 사용에 관한 권리'에 해당하는지 여부(적극)

[3] 물건 또는 권리 등에 대한 손실보상액 산정의 기준이나 방법에 관하여 구체적으로 정하고 있는 법령의 규정이 없는 경우, 그 성질상 유사한 물건 또는 권리 등에 대한 관련 법령상의 손실보상액 산정의 기준이나 방법에 관한 규정을 유추적용할 수 있는지 여부(적극)

[4] 갑 주식회사가 한탄강 일대 토지에 수력발전용 댐을 건설하고 한탄강 하천수에 대한 사용허가를 받아 하천수를 이용하여 소수력발전사업을 영위하였는데, 한탄강 홍수조절지댐 건설사업 등의 시행자인 한국수자원공사가 댐 건설에 필요한 위 토지 등을 수용하면서 지장물과 영업손실에 대하여는 보상을 하고 갑 회사의 하천수 사용권에 대하여는 별도로 보상금을 지급하지 않자 갑 회사가 재결을 거쳐 하천수 사용권에 대한 별도의 보상금을 산정하여 지급해 달라는 취지로 보상금증액 소송을 제기한 사안에서, 갑 회사의 하천수 사용권에 대한 '물의 사용에 관한 권리'로서의 정당한 보상금액은 어업권이 취소되거나 어업면허의 유효기간 연장이 허가되지 않은 경우의 손실보상액 산정 방법과 기준을 유추적용하여 산정하는 것이 타당하다고 본 원심판단을 수긍한 사례

[판결요지]

[1] 댐건설 및 주변지역지원 등에 관한 법률(이하 '댐건설법'이라 한다) 제11조 제1항, 제3항, 공익사업을 위한 토지 등의 취득 및 보상에 관한 법률(이하 '토지보상법'이라 한다) 제1조, 제61조, 제76조 제1항, 제77조 제1항의 내용을 종합해 볼 때, 물을 사용하여 사업을 영위하는 지위가 독립하여 재산권, 즉 처분권을 내포하는 재산적 가치 있는 구체적인 권리로 평가될 수 있는 경우에는 댐건설법 제11조 제1항, 제3항 및 토지보상법 제76조 제1항에 따라 손실보상의 대상이 되는 '물의 사용에 관한 권리'에 해당한다고 볼 수 있다.

[2] 하천법 제5조, 제33조 제1항, 제50조, 부칙(2007.4.6.) 제9조의 규정 내용과 구 하천법(1999.2.8. 법률 제5893호로 전부 개정되기 전의 것) 제25조 제1항 제1호, 구 하천법(2007.4.6. 법률 제8338호로 전부 개정되기 전의 것) 제33조 제1항 제1호의 개정 경위 등에 비추어 볼 때, 하천법 제50조에 의한 하천수 사용권(2007.4.6. 하천법 개정 이전에 종전의 규정에 따라 유수의 점용

· 사용을 위한 관리청의 허가를 받음으로써 2007.4.6. 개정 하천법 부칙 제9조에 따라 현행 하천법 제50조에 의한 하천수 사용허가를 받은 것으로 보는 경우를 포함한다. 이하 같다)은 하천법 제33조에 의한 하천의 점용허가에 따라 해당 하천을 점용할 수 있는 권리와 마찬가지로 특허에 의한 공물사용권의 일종으로서, 양도가 가능하고 이에 대한 민사집행법상의 집행 역시 가능한 독립된 재산적 가치가 있는 구체적인 권리라고 보아야 한다. 따라서 하천법 제50조에 의한 하천수 사용권은 공익사업을 위한 토지 등의 취득 및 보상에 관한 법률 제76조 제1항이 손실보상의 대상으로 규정하고 있는 '물의 사용에 관한 권리'에 해당한다.

[3] 물건 또는 권리 등에 대한 손실보상액 산정의 기준이나 방법에 관하여 구체적으로 정하고 있는 법령의 규정이 없는 경우에는, 그 성질상 유사한 물건 또는 권리 등에 대한 관련 법령상의 손실보상액 산정의 기준이나 방법에 관한 규정을 유추적용할 수 있다.

[4] 갑 주식회사가 한탄강 일대 토지에 수력발전용 댐을 건설하고 한탄강 하천수에 대한 사용허가를 받아 하천수를 이용하여 소수력발전사업을 영위하였는데, 한탄강 홍수조절지댐 건설사업 등의 시행자인 한국수자원공사가 댐 건설에 필요한 위 토지 등을 수용하면서 지장물과 영업손실에 대하여는 보상을 하고 갑 회사의 하천수 사용권에 대하여는 별도로 보상금을 지급하지 않자 갑 회사가 재결을 거쳐 하천수 사용권에 대한 별도의 보상금을 산정하여 지급해 달라는 취지로 보상금증액 소송을 제기한 사안에서, 공익사업을 위한 토지 등의 취득 및 보상에 관한 법률(이하 '토지보상법'이라 한다) 및 그 시행령, 시행규칙에 '물의 사용에 관한 권리'의 평가에 관한 규정이 없고, 하천법 제50조에 의한 하천수 사용권과 면허어업의 성질상 유사성, 면허어업의 손실액 산정 방법과 환원율 등에 비추어 볼 때, 갑 회사의 하천수 사용권에 대한 '물의 사용에 관한 권리'로서의 정당한 보상금액은 토지보상법 시행규칙 제44조(어업권의 평가 등) 제1항이 준용하는 수산업법 시행령 제69조 [별표 4](어업보상에 대한 손실액의 산출방법·산출기준 등) 중 어업권이 취소되거나 어업면허의 유효기간 연장이 허가되지 않은 경우의 손실보상액 산정 방법과 기준을 유추적용하여 산정하는 것이 타당하다고 본 원심판단을 수긍한 사례

판례사례 60 토지보상법 제95조의2 과잉금지원칙 위반 여부

아래 글을 읽고 물음에 답하시오.

1. 청구인 박○○은 서울 마포구 (주소 생략) '○○' 원장, 청구인 조○○은 서울 마포구 (주소 생략) '□□' 음식점 업주로, 각 주소지의 건물을 임차하여 영업을 하던 임차인들이다. ○○도시환경정비조합은 위 건물들에 대하여 2016.4.15.을 수용개시일로 하는 재결을 받아 소유권이전을 완료하였다. '공익사업을 위한 토지 등의 취득 및 보상에 관한 법률'(이하 '토지보상법'이라 한다) 제43조에 따라 토지소유자 및 관계인은 수용 또는 사용의 개시일까지 그 토지나 물건을 사업시행자에게 인도하거나 이전해야 함에도 불구하고, 2016.4.15.경부터 2016.5.26.까지 청구인 박○○은 자신이 점유하고 있는 '○○' 건물을, 청구인 조○○은 자신이 점유하고 있는 '□□' 건물을 위 조합에 인도하지 않았다. 한편, 서울서부지방법원은 위 사건에서 2017.10.13. 청구인들에 대하여 형의 선고를 각 유예하였다.

2. 청구인 이○○는 1995년경부터 구리시 (주소 생략) 토지 116m^2 및 그 지상 건물을 소유하고 거주하여 오던 사람이다. 구리시 ○○동 주택재개발정비사업조합은 위 토지 및 건물에 대하여 2016.12.15.을 수용개시일로 하는 재결을 받아 소유권이전을 완료하였다. 청구인은 토지보상법 제43조에 따라 토지소유자 및 관계인은 수용 또는 사용의 개시일까지 그 토지나 물건을 사업시행자에게 인도하거나 이전해야 함에도 불구하고, 2016.12.15.부터 2017.4.6.까지 위 토지 및 건물을 위 조합에 인도하지 않았다. 의정부지방법원은 위 사건에서 2018.1.11. 청구인에 대하여 벌금 50만 원을 선고하였고, 청구인은 항소를 제기하지 않아 그 무렵 확정되었다.

3. 의정부지방법원 2018노306 사건 피고인 황○○, 김○○, 이□□, 정○○는 각각 구리시 ○○동 소재 토지 및 그 지상 건축물을 소유하고 거주하여 오던 사람들이다. 구리 ○○동 주택재개발 정비사업조합은 위 토지 및 건축물에 대하여 2016.12.15.을 수용개시일로 하는 재결을 받아 소유권이전을 완료하였다. 피고인들은 토지보상법 제43조에 따라 수용개시일까지 그 토지 및 건축물을 사업시행자에게 인도하여야 함에도 불구하고, 이를 인도하지 아니하였다. 피고인들은 토지보상법 위반으로 기소되어 1심(의정부지방법원 2017고정1834)에서 피고인 황○○, 정○○는 각 벌금 50만 원, 피고인 김○○, 이□□는 각 벌금 100만 원을 선고받고 항소하였다.

공익사업 관련 수용재결이 있을 경우 인도조항에 따라 토지소유자 및 관계인은 수용 개시일까지 토지나 물건을 사업시행자에게 인도하여야 하고, 이러한 의무를 이행하지 아니할 경우 벌칙조항에 따라 1천만 원 이하의 벌금 또는 1년 이하의 징역에 처해진다. 위와 같은 조항의 적용을 받는 토지소유자 및 관계인은 토지 및 물건을 더 이상 사용·수익할 수 없고 그 주거지 및 영업장소를 이전하여야 하므로 재산권, 거주이전의 자유 및 직업의 자유(영업의 자유)를 제한당하게 되는바, 그 침해 여부가 문제된다. 인도조항에 따른 인도의무는 민사적, 행정적 조치로도 달성이 가능함에도 불구하고 벌칙조항으로 형사처벌까지 규정하는 것은 과잉금지원칙을 위반하여 재산권을 과도하게 침해하는 것인지 논하시오. [10점]

Ⅰ 쟁점의 정리
Ⅱ 과잉금지원칙의 위반여부(비례원칙)
  1. 과인금지원칙의 의의 및 근거
  2. 과잉금지원칙 위반 여부

(1) 목적의 정당성 및 수단의 적합성
(2) 침해의 최소성
(3) 법익의 균형성
Ⅲ 사안의 해결

Ⅰ 쟁점의 정리

토지 및 건물에 대한 인도이전의무 불이행 시에는 대집행 및 민사소송으로 명도를 구할 수 있음에도 불구하고 벌금까지 규정하고 있는 것이 과잉금지원칙에 반하는 것인지 검토한다.

Ⅱ 과잉금지원칙의 위반여부(비례원칙)

1. 과잉금지원칙의 의의 및 근거

과잉금지의 원칙(비례의 원칙)은 국민의 기본권을 제한하는 경우 목적의 정당성, 수단의 적합성, 침해의 최소성, 법익의 균형성의 요건을 갖추어야 한다는 원칙으로서 헌법 제37조 제2항에 근거한다.

2. 과잉금지원칙 위반 여부

(1) 목적의 정당성 및 수단의 적합성

수용할 토지 또는 물건을 수용 개시일까지 사업시행자에게 인도하도록 정한 것은 공익사업의 효율적인 수행을 위한 것으로 목적의 정당성을 인정할 수 있고(토지보상법 제1조), 공익사업을 추진하는 과정에서 이에 반대하는 사람들이 있다고 하여 재판절차를 통하여 해결될 때까지 공익사업을 추진할 수 없다면 공익사업의 수행은 상당한 곤란을 겪게 될 것이므로 벌칙규정은 공익사업을 위한 토지 등 수용의 경우 수용의 개시일까지 이를 사업시행자에게 인도하도록 의무화하고 그 위반의 경우 형사처벌을 하도록 함으로써 공익사업이 효율적으로 수행될 수 있도록 하고 있는바, 이는 공익사업 수행의 실효성 담보를 위한 효과적인 방법이므로 입법목적의 달성에 적합한 수단임이 인정된다.

(2) 침해의 최소성

수용이 진행되는 경우에도 토지보상법상 불복수단이 마련되어 있어 필요 시 실효적인 권리구제가 가능하다. 보상액의 산정을 포함하여 지방토지수용위원회의 재결에 대한 이의가 있는 자는 해당 토지수용위원회를 거쳐 중앙토지수용위원회에 이의를 신청할 수 있고(제83조), 중앙토지수용위원회는 재결이 위법하거나 부당하다고 인정할 때에는 그 재결의 전부 또는 일부를 취소하거나 보상액을 변경할 수 있다(제84조). 토지소유자 및 관계인은 행정소송을 통하여도 재결에 불복할 수 있다(제85조). 이와 같이 공익사업의 효율적인 수행을 위하여 인도의무의 강제가 불가피하나, 토지보상법은 인도의무자의 권리 제한을 최소화하기 위하여 사업 진행에 있어 의견수렴 및 협의절차를 마련하고 있고, 권리구제 절차도 규정하고 있으므로 벌칙규정은 침해의 최소성 요건을 충족한다.

(3) 법익의 균형성

사업인정 및 수용절차, 보상금의 지급을 통하여 소유권이 이전되고 기타 권리가 소멸한 토지 및 물건 등에 관하여, 그 인도를 강제함으로써 공익사업이 적시에 효율적으로 수행될 수 있도록 보장하는 공익의 중대성은 결코 작지 않다. 반면, 벌칙규정으로 인하여 토지소유자 및 관계인의 토지 및 물건 인도의무가 형사처벌로 강제되나, 토지소유자 및 관계인의 권리가 절차적으로 보호되고 의견제출 및 불복수단이 마련되어 있는 점 등을 고려할 때 이러한 부담이 공익의 중요성보다 크다고 볼 수는 없다. 따라서 벌칙규정이 법익균형성을 상실하였다고 볼 수 없다.

Ⅲ 사안의 해결

효율적인 공익사업의 수행을 담보하기 위하여 수용된 토지 등의 인도의무를 형사처벌로 강제하고 있으므로 그 목적의 정당성과 수단의 적합성이 인정되고, 인도의무자의 권리가 절차적으로 보호되고 의견제출 및 불복수단이 마련되어 있는 점 등을 고려할 때, 벌칙규정에 의한 인도의무의 강제가 과잉금지원칙에 반한다고 볼 수 없다.

헌법재판소 2020.5.27 자 2017헌바464 · 537, 2020헌가6(병합) 결정 [합헌] [헌공 제284호]

[판시사항]

수용 개시일까지 토지 등의 인도의무를 정하는 '공익사업을 위한 토지 등의 취득 및 보상에 관한 법률'(2011.8.4. 법률 제11017호로 개정된 것) 제43조 중 '토지소유자 및 관계인의 수용된 토지나 물건의 인도'에 관한 부분과 그 위반시 형사처벌을 정하는 '공익사업을 위한 토지 등의 취득 및 보상에 관한 법률'(2015.1.6. 법률 제12972호로 개정된 것) 제95조의2 제2호 중 제43조 위반행위 가운데 '토지 또는 물건을 인도하지 아니한 토지소유자 및 관계인'에 관한 부분(이하 '벌칙조항'이라 하고, 위 두 조항을 합하여 '심판대상조항'이라 한다)이 과잉금지원칙을 위반하여 재산권, 거주이전의 자유, 영업의 자유를 침해하는지 여부(소극)

[결정요지]

심판대상조항들은 효율적인 공익사업의 수행을 담보하기 위하여 수용된 토지 등의 인도의무를 형사처벌로 강제하고 있으므로 그 목적의 정당성과 수단의 적합성이 인정된다.

공익사업의 효율적인 수행을 위하여 인도의무의 강제가 불가피하나, 토지보상법은 인도의무자의 권리 제한을 최소화하기 위하여 사업 진행에 있어 의견수렴 및 협의절차를 마련하고 있고, 권리구제 절차도 규정하고 있다. 또한, 행정적 조치나 민사적 수단만으로는 이 조항들의 입법목적을 달성하기 어렵고, 엄격한 경제적 부담을 수반하는 행정적 제재를 통한 강제가 덜 침해적인 방법이라고 단정하기 어렵다. 나아가, 벌칙조항은 법정형에 하한을 두고 있지 않아 행위에 상응하는 처벌이 가능하므로 이 조항들은 침해의 최소성 요건을 충족한다.

인도의무자의 권리가 절차적으로 보호되고 의견제출 및 불복수단이 마련되어 있는 점 등을 고려할 때, 인도의무의 강제로 인한 부담이 공익사업의 적시 수행이라는 공익의 중요성보다 크다고 볼 수 없어 법익균형성을 상실하였다고 볼 수 없다.

재판관 이석태, 재판관 김기영, 재판관 문형배, 재판관 이미선의 벌칙조항에 대한 반대의견

인도의무 위반행위에 대하여 형사처벌이 이루어진다고 하더라도 공익사업의 원활한 수행이 담보된 다고 볼 수 없고, 형사처벌은 공익사업에 필요한 점유의 확보 등 이행 강제에 실질적인 기여를 한다고 보기 어렵다. 따라서 형사처벌은 공익사업의 효율적인 수행이라는 입법목적을 달성하기 위하여 적합한 수단이라고 인정할 수 없다.

인도의무자의 불복이 있는 경우에도, 민사소송 및 집행절차 등 공익사업을 진행할 방법이 마련되어 있으므로 형사처벌로 인도의무를 강제할 필요가 없으며, 필요에 따라 과징금이나 과태료 등으로 제재하는 것이 보다 효과적일 수 있다. 또한, 인도의무자의 공익사업 시행 방해 행위에 대하여도 이미 공무집행방해죄, 부당이득죄 등으로 얼마든지 대응 가능하므로 벌칙조항은 침해의 최소성을 충족하지 못한다.

벌칙조항으로 달성하고자 하는 공익사업의 효율성, 즉 경제적 이익은 형사처벌로 제한될 인도의무자의 기본권보다 중한 것이라고 단정할 수 없으므로 법익균형성도 충족하지 못한다.

심판대상조문
공익사업을 위한 토지 등의 취득 및 보상에 관한 법률(2011.8.4. 법률 제11017호로 개정된 것) 제43조 중 '토지소유자 및 관계인의 수용된 토지나 물건의 인도'에 관한 부분
공익사업을 위한 토지 등의 취득 및 보상에 관한 법률(2015.1.6. 법률 제12972호로 개정된 것) 제95조의2 제2호 중 제43조 위반행위 가운데 '토지 또는 물건을 인도하지 아니한 토지소유자 및 관계인'에 관한 부분

📝 판례사례 61 인도이전의무(+ 선결문제)

사업시행자 갑은 공익사업의 시행을 위하여 일단의 토지를 수용취득하였다. 사업지구 내에 주택을 소유하고 있는 을과 세입자 병은 보상금이 적어서 다른 곳으로 이사를 갈 수 없으니 사업지구 인근에 새로이 이주택지를 만들어 줄 것을 요청하면서 주택의 인도를 이행하지 않고 완강히 버티고 있다. 병은 수용취득에 있어서 전세보증금 2천만원과 주거이전비 및 이사비를 받지 못하였으므로 완전보상이 이루어지지 않았음을 추가로 주장하고 있다.

을과 병이 인도이전의무를 이행하지 않아서 사업에 현저한 지장이 생겼고, 병은 토지보상법 제95조의2 제2호 위반을 이유로 형사법원에 기소되었다.

(1) 토지취득 절차를 설명하고, 병에게 인도이전의무가 부과되는지 논하시오. 15점

(2) 형사법원은 어떠한 판결을 내려야 하는가? 15점

공익사업을 위한 토지 등의 취득 및 보상에 관한 법률(약칭 '토지보상법')

제43조(토지 또는 물건의 인도 등)

토지소유자 및 관계인과 그 밖에 토지소유자나 관계인에 포함되지 아니하는 자로서 수용하거나 사용할 토지나 그 토지에 있는 물건에 관한 권리를 가진 자는 수용 또는 사용의 개시일까지 그 토지나 물건을 사업시행자에게 인도하거나 이전하여야 한다.

제62조(사전보상)

사업시행자는 해당 공익사업을 위한 공사에 착수하기 이전에 토지소유자와 관계인에게 보상액 전액(全額)을 지급하여야 한다. 다만, 제38조에 따른 천재지변 시의 토지 사용과 제39조에 따른 시급한 토지 사용의 경우 또는 토지소유자 및 관계인의 승낙이 있는 경우에는 그러하지 아니하다.

제95조의2(벌칙)

다음 각 호의 어느 하나에 해당하는 자는 1년 이하의 징역 또는 1천만원 이하의 벌금에 처한다.

1. 제12조 제1항을 위반하여 장해물 제거등을 한 자
2. 제43조를 위반하여 토지 또는 물건을 인도하거나 이전하지 아니한 자

(설문 1)의 해결

Ⅰ 쟁점의 정리

Ⅱ 공용수용의 취득절차와 그 효력

  1. 손실보상의 의의 및 절차

  2. 수용취득 절차

    (1) 사업인정

    (2) 사업인정 전·후 협의절차

    (3) 재결신청청구와 재결신청

    (4) 재결의 효력

      1) 절차종결시(재결시)

      2) 효과발생일(개시일)

      3) 분리하여 정한 취지

Ⅲ 사안의 해결

(설문 2)의 해결

Ⅰ 쟁점의 정리

Ⅱ 형사법원의 위법성 심사가능성

　1. 선결문제 논의

　2. 공정력과 구성요건적 효력

　3. 형사법원의 심리범위

　　(1) 문제점

　　(2) 행정행위의 효력을 부인해야 하는 경우

　　(3) 행정행위의 위법성 확인이 문제인 경우

　　　1) 학설

　　　2) 판례

　　　3) 검토

　4. 사안의 경우

Ⅲ 사안의 해결

(설문 1)의 해결

Ⅰ 쟁점의 정리

수용재결의 절차와 효력을 검토하여 병에게 인도이전의무가 발생되었는지를 논하고자 하다.

Ⅱ 공용수용의 취득절차와 그 효력

1. 손실보상의 의의 및 절차

손실보상이란 공공필요에 의한 개인의 특별한 희생을 보상해주는 것으로서 헌법 제23조 제3항에서는 정당한 보상을 법률로 하도록 규정하고 있으며, 토지보상법에서는 협의취득 절차와 수용취득 절차를 규정하고 있다.

2. 수용취득 절차

사업시행자는 토지 등 소유자와 소유권 외의 권리자들과 성실하게 협의하되 협의가 성립되지 못한 경우에는 사업인정에 의해서 발생된 수용권을 실행하여 토지를 원시취득 할 수 있다.

(1) 사업인정

사업인정이란 공익사업을 토지 등을 수용 또는 사용할 사업으로 결정하는 것을 말하며(제2조 제7호), ① 사업 전의 공익성 판단, ② 사전적 권리구제(의견청취, 절차참여), ③ 수용행정의 적정화, ④ 피수용자의 권리보호에 취지가 있다.

(2) 사업인정 전·후 협의절차

협의란 사업대상 재산권에 대한 양 당사자의 의사의 합치로서 ① 최소침해요청과, ② 사업의 원활한 진행, ③ 피수용자의 의견존중에 취지가 있다. 사업인정 전·후 절차중복을 피하기 위해서 토지보상법 제26조 제2항에서는 사업인정 전 협의를 거치고 조서변동이 없을 시에 생략할 수 있다고 규정하고 있다.

(3) 재결신청청구와 재결신청

사업인정 이후에 협의가 성립되지 않으면, 사업시행자는 관할 토지수용위원회에 재결신청을 청구할 수 있으며, 토지소유자 등은 사업시행자에게 재결신청할 것을 청구할 수 있다. 재결이란 사업시행자에게 부여된 수용권의 구체적인 내용을 결정하고 그 실행을 완성시키는 형성적 행위이다.

(4) 재결의 효력

1) 절차종결시(재결시)

절차종결시의 효과로는 ① 사업시행자의 손실보상금 지급·공탁의무, ② 피수용자의 목적물 인도·이전의무, ③ 위험부담이전, 관계인에게는 물상대위권이 발생한다.

2) 효과발생일(개시일)

수용개시일에는 사업시행자는 목적물의 원시취득 및 대행·대집행권, 토지소유자에게는 환매권 등의 효과가 발생한다.

3) 분리하여 정한 취지

수용 또는 사용의 개시일까지 사전보상을 실현하고 목적물의 인도·이전을 완료하여 원활한 사업을 도모하기 위함이다.

Ⅲ 사안의 해결

병이 세입자로서 주거이전비와 이사비를 지급받아야 함에도 불구하고 이를 받지 못한 경우에는 보상액 전액을 지급받지 못한 것이므로, 이는 보상법 제62조의 사전보상 원칙을 실현하지 못한 것이 된다. 따라서 재결의 효력으로서 병에게는 인도이전의무가 발생되지 않는다.

(설문 2)의 해결

Ⅰ 쟁점의 정리

판결의 전제로서 형사법원이 '을에 대한 인도이전의무 위반'을 심리·판단할 수 있는지가 문제된다. 선결문제로서 형사법원이 인도이전의무를 이행하지 않은 것이 토지보상법의 위반인지를 심사할 수 있는지 검토한다.

Ⅲ 형사법원의 위법성 심사가능성

1. 선결문제 논의

선결문제는 소송의 본안사건 판단을 위해 필수적인 전제로 되는 문제를 말하며, 민사법원이나 형사법원이 행정행위의 위법성이나 무효 여부나 부존재 등을 심리할 수 있는가 하는 문제로서 나타나게 된다.

2. 공정력과 구성요건적 효력

구성요건적 효력이란 유효한 행정행위가 존재하는 한, 모든 행정기관과 법원은 그 행정행위와 관련된 자신들의 결정에 해당 행위의 존재와 효과를 인정해야 하고 그 내용에 구속되는데, 이와 같은 구속력을 구성요건적 효력이라고 한다. 공정력은 행정행위의 상대방에 대한 구속력을 말하는데, 제3자에 대한 구속력은 구속요건적 효력과 관련되므로 이하에서는 이를 적용한다.

3. 형사법원의 심리범위

(1) 문제점

행정소송법 제11조에서는 처분 등의 효력 유무 또는 존재 여부는 민사소송의 수소법원이 이를 심리·판단할 수 있다고 규정하나, 단순 위법인 경우는 명문의 규정이 없는바 학설, 판례의 검토가 필요하다.

(2) 행정행위의 효력을 부인해야 하는 경우

이때에 선결문제로서 위법한 행정행위의 효력 자체를 부인할 수 있는가의 여부가 제기될 때에는 해당 민사 또는 형사법원은 이를 선결문제로서 심리할 수 없다고 보는 것이 일반적이다. 일설은 인권보장을 위하여 행정행위의 효력을 부인할 수 있다고 본다.

(3) 행정행위의 위법성 확인이 문제인 경우

1) 학설

① 행정소송법 제11조 제1항을 제한적으로 해석하고, 구성요건적 효력은 행정행위의 적법성 추정력을 의미하므로 부정하는 견해와 ② 행정소송법 제11조 제1항을 예시적으로 해석하고, 구성요건적 효력은 유효성 통용력을 의미한다고 하여 긍정하는 견해가 있다.

2) 판례

대법원은 '토지소유자가 아닌 임차인이 토지소유자의 동의도 없이 불법형질변경을 하였는데도 구청장이 토지소유자에게 원상복구의 시정명령을 하여 이를 불이행함으로서 토지소유자가 기소된 사안에서, 토지의 형질을 변경한 자도 아닌 자에 대한 원상복구의 시정명령은 위법하다고 할 것이다'고 하여 선결문제로서 위법확인이 가능하다고 본다.

3) 검토

생각건대 형사법원이 위법성을 확인해도 행정행위의 효력을 부정하는 것이 아니므로 긍정설이 타당하며, 소송경제적인 이유와 개인의 권리보호의 관점에서도 타당하다고 볼 것이다.

4. 사안의 경우[4]

설문상 보상금이 지급되지 않았기 때문에 인도이전의무는 발생되지 않는다. 따라서 이의 의무위반을 이유로 기소된 경우 형사법원은 토지보상법 위반사항이 없음을 이유로 무죄판결을 내릴 것이다.

Ⅲ 사안의 해결

설문상 병은 수용취득에 있어서 전세보증금 2천만원과 주거이전비 및 이사비를 받지 못하였으므로 완전보상이 이루어지지 않았음을 알 수 있다. 이는 토지보상법상 사전보상의 원칙에 위배되고, 또한 재결의 효력으로서 인도이전의무는 발생하지 않은 것으로 보이는 바, 형사법원은 토지보상법 제95조의2 위반에 대해서 무죄판결을 내릴 것이다.

> 대법원 2021.7.29, 2019도13010, 300477, 15665, 10001[공익사업을위한토지등의취득및보상에관한법률위반][공2021하,1661]

[판시사항]

주택재개발사업의 사업시행자가 수용재결에 따른 보상금을 지급하거나 공탁하고 공익사업을 위한 토지 등의 취득 및 보상에 관한 법률 제43조에 따라 부동산의 인도를 청구하는 경우, 현금청산대상자나 임차인 등이 주거이전비 등을 보상받기 전에는 구 도시 및 주거환경정비법 제49조 제6항 단서에 따라 주거이전비 등의 미지급을 이유로 부동산의 인도를 거절할 수 있는지 여부(적극) / 이때 현금청산대상자나 임차인 등이 수용개시일까지 수용대상 부동산을 인도하지 않은 경우, 공익사업을 위한 토지 등의 취득 및 보상에 관한 법률 제43조, 제95조의2 제2호 위반죄로 처벌할 수 있는지 여부(소극)

[판결요지]

공익사업을 위한 토지 등의 취득 및 보상에 관한 법률(이하 '토지보상법'이라 한다)은 제43조에서 "토지소유자 및 관계인과 그 밖에 토지소유자나 관계인에 포함되지 아니하는 자로서 수용하거나 사용할 토지나 그 토지에 있는 물건에 관한 권리를 가진 자는 수용 또는 사용의 개시일까지 그 토지나 물건을 사업시행자에게 인도하거나 이전하여야 한다."라고 정하고, 제95조의2 제2호에서 이를 위반하여 토지 또는 물건을 인도하거나 이전하지 아니한 자를 처벌한다고 정하고 있다.

---

4) 이전의무는 재결의 효력에 의해 발생되는 데 재결이 실효되었기에 이전의무의 효력은 소멸되었다. 따라서 이는 효력부인의 문제로 볼 수 있기에 실효확인을 통해 무죄판결이 가능하다. 또한 이전의무가 실효되었기에 이전의무를 이행하지 않은 것에 대한 위법유무를 확인하여 무죄판결을 하는 것으로도 볼 수 있을 것이다.

구 도시 및 주거환경정비법(2017.2.8. 법률 제14567호로 전부 개정되기 전의 것, 이하 '구 도시정비법'이라 한다) 제49조 제6항은 '관리처분계획의 인가·고시가 있은 때에는 종전의 토지 또는 건축물의 소유자·지상권자·전세권자·임차권자 등 권리자는 제54조의 규정에 의한 이전의 고시가 있은 날까지 종전의 토지 또는 건축물에 대하여 이를 사용하거나 수익할 수 없다. 다만 사업시행자의 동의를 받거나 제40조 및 토지보상법에 따른 손실보상이 완료되지 아니한 권리자의 경우에는 그러하지 아니하다.'고 정하고 있다. 이 조항은 토지보상법 제43조에 대한 특별규정으로서, 사업시행지가 현금청산대상자나 임차인 등에 대해서 종전의 토지나 건축물의 인도를 구하려면 관리처분계획의 인가·고시만으로는 부족하고 구 도시정비법 제49조 제6항 단서에서 정한 대로 토지보상법에 따른 손실보상이 완료되어야 한다.

구 도시정비법 제49조 제6항 단서의 내용, 그 개정 경위와 입법 취지, 구 도시정비법과 토지보상법의 관련 규정의 체계와 내용을 종합하면, 토지보상법 제78조 등에서 정한 주거이전비, 이주정착금, 이사비 등(이하 '주거이전비 등'이라 한다)도 구 도시정비법 제49조 제6항 단서에서 정하는 '토지보상법에 따른 손실보상'에 해당한다. 따라서 주택재개발사업의 사업시행자가 공사에 착수하기 위하여 현금청산대상자나 임차인 등으로부터 정비구역 내 토지 또는 건축물을 인도받기 위해서는 협의나 재결절차 등에서 결정되는 주거이전비 등을 지급할 것이 요구된다. 사업시행자가 수용재결에서 정한 토지나 지장물 등 보상금을 지급하거나 공탁한 것만으로 토지보상법에 따른 손실보상이 완료되었다고 보기 어렵다.

사업시행자가 수용재결에 따른 보상금을 지급하거나 공탁하고 토지보상법 제43조에 따라 부동산의 인도를 청구하는 경우 현금청산대상자나 임차인 등이 주거이전비 등을 보상받기 전에는 특별한 사정이 없는 한 구 도시정비법 제49조 제6항 단서에 따라 주거이전비 등의 미지급을 이유로 부동산의 인도를 거절할 수 있다. 따라서 이러한 경우 현금청산대상자나 임차인 등이 수용개시일까지 수용대상 부동산을 인도하지 않았다고 해서 토지보상법 제43조, 제95조의2 제2호 위반죄로 처벌해서는 안 된다.

[참조조문]
공익사업을 위한 토지 등의 취득 및 보상에 관한 법률 제43조, 제78조, 제95조의2 제2호, 구 도시 및 주거환경정비법(2017.2.8. 법률 제14567호로 전부 개정되기 전의 것) 제49조 제6항(현행 제81조 제1항 참조)

[이 유]
상고이유(상고이유서 제출기간이 지난 다음 제출된 상고이유보충서들은 이를 보충하는 범위에서)를 판단한다.

1. 주택재개발정비사업 구역 내 토지나 건축물을 점유하고 있는 현금청산대상자나 임차인이 사업시행자에게 수용개시일까지 토지 등을 인도할 의무가 있는지 여부와 그 의무 위반으로 인한 형사책임

   「공익사업을 위한 토지 등의 취득 및 보상에 관한 법률」(이하 '토지보상법'이라 한다)은 제43조에서 "토지소유자 및 관계인과 그 밖에 토지소유자나 관계인에 포함되지 아니하는 자로서 수용하거나 사용할 토지나 그 토지에 있는 물건에 관한 권리를 가진 자는 수용 또는 사용의 개시일까

지 그 토지나 물건을 사업시행자에게 인도하거나 이전하여야 한다."라고 정하고, 제95조의2 제2호에서 이를 위반하여 토지 또는 물건을 인도하거나 이전하지 아니한 자를 처벌한다고 정하고 있다.

구「도시 및 주거환경정비법」(2017.2.8. 법률 제14567호로 전부 개정되기 전의 것, 이하 '구 도시정비법'이라 한다) 제49조 제6항은 '관리처분계획의 인가·고시가 있은 때에는 종전의 토지 또는 건축물의 소유자·지상권자·전세권자·임차권자 등 권리자는 제54조의 규정에 의한 이전의 고시가 있은 날까지 종전의 토지 또는 건축물에 대하여 이를 사용하거나 수익할 수 없다. 다만 사업시행자의 동의를 받거나 제40조 및 토지보상법에 따른 손실보상이 완료되지 아니한 권리자의 경우에는 그러하지 아니하다.'고 정하고 있다. 이 조항은 토지보상법 제43조에 대한 특별규정으로서, 사업시행자가 현금청산대상자나 임차인 등에 대해서 종전의 토지나 건축물의 인도를 구하려면 관리처분계획의 인가·고시만으로는 부족하고 구 도시정비법 제49조 제6항 단서에서 정한 대로 토지보상법에 따른 손실보상이 완료되어야 한다.

구 도시정비법 제49조 제6항 단서의 내용, 그 개정 경위와 입법 취지, 구 도시정비법과 토지보상법의 관련 규정의 체계와 내용을 종합하면, 토지보상법 제78조 등에서 정한 주거이전비, 이주정착금, 이사비 등(이하 '주거이전비 등'이라 한다)도 구 도시정비법 제49조 제6항 단서에서 정하는 '토지보상법에 따른 손실보상'에 해당한다. 따라서 주택재개발사업의 사업시행자가 공사에 착수하기 위하여 현금청산대상자나 임차인 등으로부터 정비구역 내 토지 또는 건축물을 인도받기 위해서는 협의나 재결절차 등에서 결정되는 주거이전비 등을 지급할 것이 요구된다. 사업시행자가 수용재결에서 정한 토지나 지장물 등 보상금을 지급하거나 공탁한 것만으로 토지보상법에 따른 손실보상이 완료되었다고 보기 어렵다(대법원 2021.6.30, 2019다207813 참조).

사업시행자가 수용재결에 따른 보상금을 지급하거나 공탁하고 토지보상법 제43조에 따라 부동산의 인도를 청구하는 경우 현금청산대상자나 임차인 등이 주거이전비 등을 보상받기 전에는 특별한 사정이 없는 한 구 도시정비법 제49조 제6항 단서에 따라 주거이전비 등의 미지급을 이유로 부동산의 인도를 거절할 수 있다. 따라서 이러한 경우 현금청산대상자나 임차인 등이 수용개시일까지 수용대상 부동산을 인도하지 않았다고 해서 토지보상법 제43조, 제95조의2 제2호 위반죄로 처벌해서는 안 된다.

2. 이 사건에 대한 판단

원심은 현금청산대상자인 피고인이 수용개시일까지 수용대상 부동산을 인도하지 않은 행위가 토지보상법 제43조, 제95조의2 제2호 위반죄에 해당한다고 보아 이 사건 공소사실을 유죄로 인정하였는데, 주거이전비 등은 사전보상의 원칙이 적용되는 손실보상금에 해당하기 어렵다는 이유로 주거이전비 등이 지급되었는지 여부에 대해서는 심리하지 않았다. 원심판결은 토지보상법 제43조, 제95조의2 제2호 위반죄의 성립에 관한 법리를 오해하여 필요한 심리를 다하지 않아 판결에 영향을 미친 잘못이 있다. 이를 지적하는 상고이유 주장은 정당하다.

3. 결론

나머지 상고이유에 대한 판단을 생략한 채 원심판결을 파기하고 사건을 다시 심리·판단하도록 원심법원에 환송하기로 하여, 대법관의 일치된 의견으로 주문과 같이 판결한다.

부동산 가격공시 및 감정평가

PART 04 부동산 가격공시 및 감정평가

 **판례사례 62** 개별공시지가 손해배상책임

2006년 3월 광주시장은 A 토지의 2006년도 개별공시지가를 결정, 공시하기 위하여 당해 토지의 이용상황을 자연림으로 하여 개별공시지가를 제곱미터당 109,000원으로 산정한 후, 감정평가법인에게 그 검증을 의뢰하였다. 감정평가법인은 당해 토지의이용상황을 실제이용되고 있는 자연림이 아닌 공업용으로 정정하고 비교표준지를 공업용으로 이용되고 있는 표준지 중에서 선정하여 검증지가를 제곱미터당 820,000원으로 잘못 산정하였다. 이에 광주시 부동산평가심의위원회는 위 검증지가를 심의하였으나 위와 같은 잘못을 발견하지 못하였고, 광주시장은 A 토지의 2006년도 개별공시지가를 제곱미터당 820,000원으로 결정, 공시하였으며 2007년 개별공시지가를 결정, 공시함에 있어서도 위와 같은 잘못을 그대로 반영하여 그 적정가격인 제곱미터당 22,000원보다 훨씬 높은 제곱미터당 900,000원으로 산정하여 공시하였다. 하이파크에서 가전제품을 판매하는 갑은 가전제품을 공급하는 을에게 자신소유의 A 토지에 근저당권을 설정하고 매출채권을 담보하고 있었다. 을은 A 토지의 개별공시지가(400제곱미터 x 900,000원)를 신뢰하고 2억원의 물품을 공급하였다. 그러나 소속 공무원이 2008. 1월경 정례적인 토지조사과정에서 이 사건 토지의 토지특성이 자연림인데도 불구하고 공업용으로 잘못 조사되어 있음을 발견하게 되었는데, 이에 따라 광주시장은 이 사건 토지에 관한 2006.1.1. 기준 및 2007.1.1. 기준 개별공시지가를 재산정하여 법정절차를 거친 다음, 2008.2.29. A 토지에 대한 2006.1.1.자 개별공시지가는 20,600원으로, 2007.1.1. 기준 개별공시지가는 22,000원으로 정정하여 결정 · 공시하였다. 그 후, 하이파크의 운영이 어려워 갑은 을의 매출채권을 변제하지 못하게 되었다. 이에 따라서 을은 A 토지에 대한 저당권을 실행하여 매출채권을 변제받으려고 하였으나 A 토지의 적정가격은 20,000원으로 판정되어 8,000,000원만을 회수하게 되었다.

이에 을은 A 토지에 관한 2006.1.1. 기준 개별공시지가를 산정할 당시, 담당공무원이 A 토지에 대한 개별토지가격산정의 적정성 및 그에 필요한 조사를 제대로 하지 아니한 직무상의 과실로 인하여 A 토지의 특성이 실제와 다르게 조사되었고, 2007.1.1. 기준 개별공시지가가 적정 개별공시지가보다 훨씬 높은 금액인 360,000,000원(400제곱미터 × 900,000원)으로 잘못 산정되었으며, 이를 신뢰하여 2억여원의 물품을 공급하였으므로 물품공급대금 중 미회수분에 대해서 손해를 배상해야 한다고 주장한다.

(1) 개별공시지가의 결정 · 공시절차를 설명하시오. 10점

(2) 을은 개별공시지가를 산정하는 담당공무원을 상대로 손해배상을 청구할 수 있는가?(손해배상청구요건은 논외로 함) 20점

(3) 을이 토지의 실제 거래가격 또는 담보가치가 개별공시지가에 미치지 못함으로 인하여 발생한 손해에 대해서 개별공시지가를 결정·공시한 지방자치단체에 손해배상을 청구하는 경우 지방자치단체는 손해배상을 해주어야 하는가? 20점

(설문 1)의 해결

Ⅰ 개설(개별공시지가의 의의 및 법적 성질)
　1. 개별공시지가의 의의 및 취지(부공법 제10조)
　2. 법적 성질

Ⅱ 개별공시지가의 산정절차
　1. 개별공시지가의 산정(부공법 제10조)
　2. 개별공시지가의 검증 및 의견청취(부공법 제10조)
　3. 시·군·구 부동산평가위원회의 심의 및 공시

(설문 2)의 해결

Ⅰ 쟁점의 정리

Ⅱ 공무원의 위법행위로 인한 국가배상책임의 개념 및 법적 성질
　1. 개념 및 근거
　2. 국가배상책임의 성질
　　(1) 학설
　　(2) 판례
　　(3) 검토

Ⅲ 공무원이 배상책임 인정여부
　1. 학설
　　(1) 자기책임설의 입상
　　(2) 대위책임설의 입장
　　(3) 중간설의 입장
　　(4) 절충설의 입장
　2. 판례
　3. 검토

Ⅳ 사안의 해결

(설문 3)의 해결

Ⅰ 쟁점의 정리

Ⅱ 국가배상책임의 요건충족여부
　1. 국가배상법 제2조상 요건
　2. 공무원의 직무의무 위반
　　(1) 담당공무원 등의 직무상 의무
　　(2) 사안의 경우
　3. 손해 사이의 상당인과관계
　　(1) 개별공시지가의 산정목적 범위
　　(2) 사안의 경우

Ⅲ 사안의 해결

(설문 1)의 해결

I 개설(개별공시지가의 의의 및 법적 성질)

1. 개별공시지가의 의의 및 취지(부공법 제10조)

개별공시지가란 시·군·구청장이 표준지공시지가를 기준으로 산정한 개별토지의 단위당 가격을 말한다. 조세 및 부담금 산정의 기준이 되어 행정의 효율성을 제고함에 취지가 인정된다.

2. 법적 성질

개별공시지가는 세금이나 부담금의 산정기준이 되어 그 납부액에 직접 반영되는 것이므로 개인의 재산권에 영향을 준다고 볼 수 있다. 따라서 그 처분성을 인정할 수 있다(판례동지).

II 개별공시지가의 산정절차

1. 개별공시지가의 산정(부공법 제10조)

시군구청장은 당해토지와 유사하다고 인정되는 하나 또는 둘 이상의 표준지공시지가를 기준으로 비준표를 사용하여 지가를 산정한다. 단, 표준지 및 조세부담금 부과대상이 아닌 경우에는 산정하지 아니할 수 있다(시행령 제15조). 또한 당해토지가격과 표준지공시지가가 균형을 유지하도록 하여야 한다.

2. 개별공시지가의 검증 및 의견청취

감정평가실적이 우수한 감정평가법인등(시행령 제20조)에게 검증받되, 개발사업시행 및 용도지역·지구변경의 경우를 제외하고 생략할 수 있다(시행령 제18조). 이 경우 개별토지의 지가변동율과 시·군·구 연평균지가변동율의 차이가 작은 순서대로 검증을 생략하고, 생략에 관하여는 미리 관계기관의 장과 협의하여야 한다.

3. 시·군·구 부동산평가위원회의 심의 및 공시

시·군·구 부동산평가위원회의 심의 후 개별공시지가를 결정하고, 이의신청에 관한 사항을 함께 공시한다. 필요하다고 인정하는 때에는 토지소유자등에게 개별통지할 수 있다(시행령 제21조 제3항).

(설문 2)의 해결

I 쟁점의 정리

국가 등의 배상책임 이외에 공무원 자신의 배상책임이 인정될 수 있는지의 여부가 국가배상책임의 성질과 관련하여 문제된다.

II 공무원의 위법행위로 인한 국가배상책임의 개념 및 법적 성질

1. 개념 및 근거

국가의 과실책임이란 공무원의 과실 있는 위법행위로 인하여 발생한 손해에 대한 배상책임을 말한다. 국가배상법 제2조에 근거규정을 둔다.

2. 국가배상책임의 성질

(1) 학설

① 대위책임설은 공무원의 위법한 행위는 국가의 행위로 볼 수 없으나 피해자보호를 위해 국가가 대신 부담한다고 하며, ② 자기책임설은 국가는 공무원을 통해 행위하므로[5] 그에 귀속되어 스스로 책임져야 한다고 한다. ③ 중간설은 공무원의 불법행위가 경과실인 경우는 자기책임으로 보며, 고의 중과실인 경우에는 기관행위로서의 품격을 상실하고 공무원 개인의 불법행위로 보아야 하므로 국가의 배상책임은 대위책임이라고 한다. ④ 절충설은 경과실의 경우에는 국가에 대해서만 고의·중과실인 경우에는 국가기관의 행위로 볼 수 없어 공무원만 책임을 지지만 직무상 외형을 갖춘 경우에는 피해자와의 관계에서 국가도 일종의 배상책임을 지므로 자기책임이라고 본다.

(2) 판례

명시적인 입장은 보이지 않으나 "고의·중과실의 경우에도 외관상 공무집행으로 보여질 때에는 국가등이 배상책임을 부담한다"고 하여 자기책임설을 취한 것으로 보인다.

(3) 검토

국가면책특권이 헌법상 포기되면서 국가배상책임이 인정되게 되었으며, 고의·중과실에 의한 경우라도 직무상 외형을 갖춘 경우라면 피해자와의 관계에서 국가기관의 행위로 인정할 수 있으므로 자기책임설이 타당하다고 본다.

---

5) 공무원의 직무상 불법행위는 기관의 불법행위가 되므로 국가는 기관인 공무원의 불법행위에 대하여 직접 자기책임을 진다.

Ⅲ 공무원의 배상책임 인정여부

1. 학설

(1) 자기책임설의 입장

논리적으로 보면 자기책임설은 가해행위는 국가의 행위인 동시에 가해공무원 자신의 행위이기에 선택적 청구가 인정된다.

(2) 대위책임설의 입장

논리적으로 보면 대위책임설은 국가배상책임이 원래 공무원의 책임이지만 국가가 이를 대신하여 부담한다고 보기에 공무원의 대외적 배상책임은 부정된다.

(3) 중간설의 입장

중간설은 ① 경과실이든 고의·중과실이든 국가가 배상하였기에 선택청구를 부정한다는 견해와(홍정선), ② 경과실은 자기책임이기에 긍정하고 고의·중과실은 대위책임이기에 부정하는 견해가 있다(김병기).

(4) 절충설의 입장

경과실의 경우에는 국가나 지방자치단체에 대해서만, 고의·중과실의 경우에는 공무원만 배상책임을 지지만, 후자의 경우 그 행위가 직무로서 외형을 갖춘 경우에는 피해자와의 관계에서 국가도 배상책임을 지기 때문에 이 경우 피해자는 공무원과 국가에 대해 선택적으로 청구할 수 있다.

2. 판례

판례는 제한적 긍정설(절충설)을 취하고 있다. 국가 등이 국가배상책임을 부담하는 외에 공무원 개인도 고의 또는 중과실이 있는 경우에는 피해자에 대하여 그로 인한 손해배상책임을 부담하고, 가해공무원 개인에게 경과실만이 인정되는 경우에는 공무원 개인은 손해배상책임을 부담하지 아니한다고 보고 있다.

3. 검토

공무원의 경과실은 직무수행상 통상 일어날 수 있는 것이므로 공무원의 행위는 국가 등의 기관행위로 보고, 공무원의 고의 또는 중과실로 인한 불법행위가 직무와 관련이 있는 경우에는 국가 등이 공무원 개인과 경합하여 배상책임을 부담하도록 하고, 국가 등이 배상한 경우에는 최종적 책임자인 공무원 개인에게 구상할 수 있도록 하는 것이 타당하다.

Ⅳ 사안의 해결

개별토지의 이용상황은 토지의 가격산정에 있어서 중요하게 고려될 요소이므로, '자연림'을 '공업용'으로 잘못 고려한 부분은 개별공시지가 산정 담당공무원의 중과실에 해당한다고 볼 수 있다. 따라서 을은 담당공무원을 상대로 손해배상을 청구할 수 있다.

(설문 3)의 해결

I 쟁점의 정리

해당 지방자치단체가 을의 손해를 배상하기 위해서는 국가배상법 제2조의 규정상 요건을 모두 충족하여야 한다. 이하에서 검토한다.

II 국가배상책임의 요건충족여부

1. 국가배상법 제2조상 요건

국가배상법 제2조에 의한 국가배상책임이 성립하기 위하여는 ① 공무원이 직무를 집행하면서 타인에게 손해를 가하였을 것, ② 공무원의 가해행위는 고의 또는 과실로 법령에 위반하여 행하여졌을 것, ③ 손해가 발생하였고, 공무원의 불법한 가해행위와 손해 사이에 인과관계(상당인과관계)가 있을 것이 요구된다. 〈설문에서는〉 직무의무위반과 손해 사이에 상당인과관계가 특히 문제된다.

2. 공무원의 직무의무 위반

(1) 담당공무원 등의 직무상 의무

개별공시지가 산정업무를 담당하는 공무원으로서는 당해 토지의 실제 이용상황 등 토지특성을 정확하게 조사하고, 당해 토지와 토지이용상황이 유사한 비교표준지를 선정하여 그 특성을 비교하는 등 법령 및 '개별공시지가의 조사·산정 지침'에서 정한 기준과 방법에 의하여 개별공시지가를 산정하며, 산정지가의 검증을 의뢰받은 감정평가법인등이나 시·군·구 부동산평가위원회로서는 위 산정지가 또는 검증지가가 위와 같은 기준과 방법에 의하여 제대로 산정된 것인지 여부를 검증, 심의함으로써 적정한 개별공시지가가 결정·공시되도록 조치할 직무상의 의무가 있다.

(2) 사안의 경우

시장이 토지의 이용상황을 실제 이용되고 있는 '자연림'으로 하여 개별공시지가를 산정한 다음 감정평가법인에 검증을 의뢰하였는데, 감정평가법인이 그 토지의 이용상황을 '공업용'으로 잘못 정정하여 검증지가를 산정하고, 시 부동산평가위원회가 검증지가를 심의하면서 그 잘못을 발견하지 못함에 따라, 그 토지의 개별공시지가가 적정가격보다 훨씬 높은 가격으로 결정·공시된 사안에서, 이는 개별공시지가 산정업무 담당공무원 등이 개별공시지가의 산정 및 검증, 심의에 관한 직무상 의무를 위반한 것으로 불법행위에 해당한다.

3. 손해 사이의 상당인과관계

(1) 개별공시지가의 산정목적 범위

개별공시지가는 그 산정목적인 개발부담금의 부과, 토지 관련 조세부과 등 다른 법령이 정하는 목적을 위해 지가를 산정하는 경우에 그 산정기준이 되는 범위 내에서는 납세자인 국민 등의 재산상 권리·의무에 직접적인 영향을 미칠수 있다.

(2) 사안의 경우

공시지가는 행정기관이 사용하는 지가를 일원화하여 일정한 행정목적을 위한 기준으로 삼음으로써 국토의 효율적인 이용과 국민경제의 발전에 기여하려는 목적과 기능이 있으므로, 개별공시지가가 당해 토지의 거래 또는 담보제공을 받음에 있어 그 실제 거래가액 또는 담보가치를 보장한다거나 어떠한 구속력을 미친다고 할 수는 없다. 따라서 담당공무원 등의 개별공시지가 산정에 관한 직무상 위반행위와 위 손해 사이에 상당인과관계가 있다고 보기 어려울 것으로 보인다.

Ⅲ 사안의 해결

개별공시지가 산정업무 담당공무원 등이 그 직무상 의무에 위반하여 현저하게 불합리한 개별공시지가가 결정되도록 함으로써 국민 개개인의 재산권을 침해한 경우에는 그 손해에 대하여 상당인과관계 있는 범위 내에서 그 담당공무원 등이 소속된 지방자치단체가 배상책임을 지게된다. 다만, 설문에서는 담당공무원 등의 직무상 의무위반행위는 인정되지만 그 손해와의 사이에서 상당인과관계가 있다고 보기 어려우므로 해당지방자치단체는 손해배상의 책임을 지지 않는다.

📖 대법원 2010.7.22, 2010다3527[손해배상(기)][공2010하,1644]

> **[판시사항]**
> [1] 개별공시지가 산정업무 담당공무원 등이 부담하는 직무상 의무의 내용 및 그 담당공무원 등이 직무상 의무에 위반하여 현저하게 불합리한 개별공시지가가 결정되도록 함으로써 국민 개개인의 재산권을 침해한 경우, 그 담당공무원 등이 속한 지방자치단체가 손해배상책임을 지는지 여부(적극)
> [2] 시장(市長)이 토지의 이용상황을 실제 이용되고 있는 '자연림'으로 하여 개별공시지가를 산정한 다음 감정평가법인에 검증을 의뢰하였는데, 감정평가법인이 그 토지의 이용상황을 '공업용'으로 잘못 정정하여 검증지가를 산정하고, 시(市) 부동산평가위원회가 검증지가를 심의하면서 그 잘못을 발견하지 못함에 따라, 그 토지의 개별공시지가가 적정가격보다 훨씬 높은 가격으로 결정·공시된 사안에서, 이는 개별공시지가 산정업무 담당공무원 등이 직무상 의무를 위반한 것으로 불법행위에 해당한다고 한 사례
> [3] 개별공시지가가 토지의 거래 또는 담보제공에서 그 실제 거래가액 또는 담보가치를 보장하는 등의 구속력을 갖는지 여부(소극) 및 개개 토지에 관한 개별공시지가를 기준으로 거래하거나

담보제공을 받았다가 토지의 실제 거래가액 또는 담보가치가 개별공시지가에 미치지 못함으로 인하여 발생한 손해에 대해서도 개별공시지가를 결정·공시한 지방자치단체가 손해배상책임을 부담하는지 여부(소극)

[4] 개별공시지가 산정업무 담당공무원 등이 잘못 산정·공시한 개별공시지가를 신뢰한 나머지 토지의 담보가치가 충분하다고 믿고 그 토지에 관하여 근저당권설정등기를 경료한 후 물품을 추가로 공급함으로써 손해를 입었음을 이유로 그 담당공무원이 속한 지방자치단체에 손해배상을 구한 사안에서, 그 담당공무원 등의 개별공시지가 산정에 관한 직무상 위반행위와 위 손해 사이에 상당인과관계가 있다고 보기 어렵다고 판단한 사례

[판결요지]

[1] 개별공시지가는 개발부담금의 부과, 토지 관련 조세 부과 등 다른 법령이 정하는 목적을 위해 지가를 산정하는 경우에 그 산정 기준이 되는 관계로 납세자인 국민 등의 재산상 권리·의무에 직접적인 영향을 미치게 되므로, 개별공시지가 산정업무를 담당하는 공무원으로서는 당해 토지의 실제 이용상황 등 토지특성을 정확하게 조사하고 당해 토지와 토지이용상황이 유사한 비교표준지를 선정하여 그 특성을 비교하는 등 법령 및 '개별공시지가의 조사·산정 지침'에서 정한 기준과 방법에 의하여 개별공시지가를 산정하고, 산정지가의 검증을 의뢰받은 감정평가업자나 시·군·구 부동산평가위원회로서는 위 산정지가 또는 검증지가가 위와 같은 기준과 방법에 의하여 제대로 산정된 것인지 여부를 검증, 심의함으로써 적정한 개별공시지가가 결정·공시되도록 조치할 직무상의 의무가 있고, 이러한 직무상 의무는 단순히 공공 일반의 이익을 위한 것이거나 행정기관 내부의 질서를 규율하기 위한 것이 아니고 전적으로 또는 부수적으로 국민 개개인의 재산권 보장을 목적으로 하여 규정된 것이라고 봄이 상당하다. 따라서 개별공시지가 산정업무 담당공무원 등이 그 직무상 의무에 위반하여 현저하게 불합리한 개별공시지가가 결정되도록 함으로써 국민 개개인의 재산권을 침해한 경우에는 그 손해에 대하여 상당인과관계 있는 범위 내에서 그 담당공무원 등이 소속된 지방자치단체가 배상책임을 지게 된다.

[2] 시장(市長)이 토지의 이용상황을 실제 이용되고 있는 '자연림'으로 하여 개별공시지가를 산정한 다음 감정평가법인에 검증을 의뢰하였는데, 감정평가법인이 그 토지의 이용상황을 '공업용'으로 잘못 정정하여 검증지가를 산정하고, 시(市) 부동산평가위원회가 검증지가를 심의하면서 그 잘못을 발견하지 못함에 따라, 그 토지의 개별공시지가가 적정가격보다 훨씬 높은 가격으로 결정·공시된 사안에서, 이는 개별공시지가 산정업무 담당공무원 등이 개별공시지가의 산정 및 검증, 심의에 관한 직무상 의무를 위반한 것으로 불법행위에 해당한다고 한 사례

[3] 개별공시지가는 그 산정 목적인 개발부담금의 부과, 토지 관련 조세 부과 등 다른 법령이 정하는 목적을 위해 지가를 산정하는 경우에 그 산정 기준이 되는 범위 내에서는 납세자인 국민 등의 재산상 권리·의무에 직접적인 영향을 미칠 수 있지만, 이에 더 나아가 개별공시지가가 당해 토지의 거래 또는 담보제공을 받음에 있어 그 실제 거래가액 또는 담보가치를 보장한다거나 어떠한 구속력을 미친다고 할 수는 없다. 그럼에도 개개 토지에 관한 개별공시지가를 기준으로 거래하거나 담보제공을 받았다가 당해 토지의 실제 거래가액 또는 담보가치가 개별공시지가에 미치지 못함으로 인해 발생할 수 있는 손해에 대해서까지 그 개별공시지가를 결정·공시

하는 지방자치단체에 손해배상책임을 부담시키게 된다면, 개개 거래당사자들 사이에 이루어지는 다양한 거래관계와 관련하여 발생한 손해에 대하여 무차별적으로 책임을 추궁당하게 되고, 그 거래관계를 둘러싼 분쟁에 끌려들어가 많은 노력과 비용을 지출하는 결과가 초래되게 된다. 이는 결과발생에 대한 예견가능성의 범위를 넘어서는 것임은 물론이고, 행정기관이 사용하는 지가를 일원화하여 일정한 행정목적을 위한 기준으로 삼음으로써 국토의 효율적인 이용과 국민경제의 발전에 기여하려는 구 부동산 가격공시 및 감정평가에 관한 법률(2008. 2. 29. 법률 제8852호로 개정되기 전의 것)의 목적과 기능, 그 보호법익의 보호범위를 넘어서는 것이다.

[4] 개별공시지가 산정업무 담당공무원 등이 잘못 산정·공시한 개별공시지가를 신뢰한 나머지 토지의 담보가치가 충분하다고 믿고 그 토지에 관하여 근저당권설정등기를 경료한 후 물품을 추가로 공급함으로써 손해를 입었음을 이유로 그 담당공무원이 속한 지방자치단체에 손해배상을 구한 사안에서, 그 담당공무원 등의 개별공시지가 산정에 관한 직무상 위반행위와 위 손해 사이에 상당인과관계가 있다고 보기 어렵다고 한 사례

 **판례사례 63** 감정평가법인등의 손해배상책임

금융기관 갑은 감정평가법인등 을에게 서울시 ○○구 ○○동 100-1외 4필지 지상 해피드림타워 제2층 제201호 (소유자 병)의 담보대출을 위한 시가감정평가를 의뢰하였다. 을은 2014년 12월 30일 현장조사를 수반하여 담보평가액을 30억으로 결정하였다. 갑은 이를 신뢰하여 내부 규약에 따라 60%의 담보비율을 적용하여 병에게 18억을 대출하였다. 이후 병이 원리금의 지급을 연체하자 갑은 서울남부지방법원 2014타경24567호로 병 소유의 점포에 대하여 임의경매 신청을 하였고, 경매평가액 20억이 7회에 걸처 유찰되다가 2015년 6월 경 8억에 매각되었다. 이에 따라 갑은 점포의 매각대금 등에서 집행비용을 공제한 7억을 배당받고 대출금액과의 차액인 11억의 손해가 발생하였다. 갑은 을이 감정평가를 할 당시에 시세조사 등을 소홀히 하고, 통상 2층의 경우 1층점포보다 층별효용비율이 낮음에도 불구하고 1층보다 높은 효용비율을 적용한 것에 기인하여 손해가 발생한 것이므로 부동산가격공시법 제36조에 따라 민사법원에 11억의 손해배상을 청구하였으며, 법원감정인의 감정결과 2014.12.30. 당시의 적정가격은 20억으로 결정되었다. 을에게 손해배상책임이 인정되는지를 논하시오(서울지역 상가의 경우 통상 2층보다 1층의 층별효용비율이 높음).

25점

(구분건물) 감정평가표

감정평가사 : 을

조사시점 : 2012.12.30

기준시점 : 2012.12.30

작성일 : 2012.12.30

발송일 : 2012.12.30

Ⅰ. 평가개요(생략)

Ⅱ. 가격산출근거 및 의견

  1. 사례선정(최근선례)

    경매평가선례 : 평가대상과 동일 건물내 위치하는 제1층 제101호 선정

       평가액 23억

  2. 요인비교치

    (1) 기준시가(국세청 고시 제10035호)

      제1층 제101호 : 면적 100제곱미터, 기준시가 15억 원.

      제2층 제201호 : 면적 100제곱미터, 기준시가 19억5천만 원.

    (2) 요인비교치 결정

      동일건물 내에 소재하며 사례와 대상은 해당층에서의 위치도 동일하여 제반 요인이 유사하나 층별 요비율에서 대상이 30% 우세함.(1.3)

  3. 가격결정

    23억 × 1 × 1 × 1.3 × 1 = 30억

Ⅲ. 감정평가명세표 및 구분건물요항표(생략)

Ⅳ. 위치도(생략)

Ⅰ 쟁점의 정리

Ⅱ 감정평가법 제28조 손해배상
  1. 손해배상책임의 의의 및 취지
  2. 감정평가법 제36조와 민법 제390조 및 제750조와의 관계
  3. 손해배상책임의 요건
    (1) 타인의 의뢰
    (2) 고의 또는 과실
    (3) 부당한 감정평가
      1) 적정가격과의 현저한 차이

      2) 거짓의 기재
    (4) 의뢰인 및 선의의 제3자에게 손해가 발생할 것
    (5) 위법성이 필요한지 여부
  4. 손해배상책임의 범위

Ⅲ 사안의 해결(을이 손해배상을 해야 하는지 여부)
  1. 손해배상요건 충족여부
    (1) 사실관계 검토
    (2) 소결
  2. 을의 손해배상액 범위 결정(과실상계)

Ⅰ 쟁점의 정리

갑은 을의 부실감정으로 인하여 발생한 손해를 배상할 것을 주장하고 있으며, 을에게 손해배상 책임이 인정되기 위해서는 부동산공시법 제36조의 요건이 충족되야 한다. 설문의 해결을 위하여 을에게 과실이 인정되는지 등 부공법 제36조의 요건충족여부를 검토한다.

Ⅱ 감정평가법 제28조 손해배상

1. 손해배상책임의 의의 및 취지

손해배상이란 고의, 과실로 감정평가 당시의 적정가격과 현저한 차이가 있는 경우 이를 배상하는 것을 말하며, ① 선의의 평가의뢰인이 불측의 피해를 입지 않도록 하기 위함이며, ② 또한 토지등의 적정가격 형성으로 국토의 효율적 이용과 국민경제의 발전을 도모하기 위함에 그 취지가 있다.

2. 감정평가법 제36조와 민법 제750조와의 관계

을과 금융기관의 감정평가업무에 대한 관계는 일정한 사무처리를 위한 통일적 노무의 제공을 목적으로 하는 사법상 유상특약의 위임계약이라고 볼 수 있다. 판례는 부공법상 손해배상책임과 민법상의 손해배상책임을 함께 물을 수 있다고 하나, 감정평가의 존립목적을 고려할 때 부공법상 손해배상규정은 민법상 특칙으로 보는 것이 합당하다.

3. 손해배상책임의 요건

(1) 타인의 의뢰

부동산공시법 제36조에서는 '타인의 의뢰에 의할 것'이라고 하여 타인의 의뢰를 요건으로 규정하고 있다.

(2) 고의 또는 과실

① 고의란 부당한 감정평가임을 알고 있는 것을 말하며, ② 과실이란 감정평가를 함에 있어서 통상 주의의무를 위반한 것을 말한다. 입증책임은 주장하는 자에게 있다.

(3) 부당한 감정평가

1) 적정가격과의 현저한 차이

판례는 부당감정에 이르게 된 업자의 귀책사유를 고려하여 사회통념에 따라 탄력적으로 판단하여야 하므로 현저한 차이는 고의와 과실의 경우를 다르게 보아야 한다고 한다.

2) 거짓의 기재

물건의 내용, 산출근거, 평가액의 거짓기재로써 가격변화를 일으키는 요인을 고의, 과실로 진실과 다르게 기재하는 것을 말한다.

(4) 의뢰인 및 선의의 제3자에게 손해가 발생할 것

손해라 함은 주로 재산권적 법익에 관하여 받은 불이익을 말한다. 또한 부당한 감정평가가 없었더라면 손해가 발생하지 않았을 인과관계가 요구된다.

(5) 위법성이 필요한지 여부

① 긍정설은 민법상 채무불이행의 경우도 별도의 규정은 없으나 위법성을 요구하고 있으므로 부공법상 손해배상에서도 위법성이 요구된다고 한다. ② 이에 부정설은 고의과실에 포함되거나 부당감정에 포함되어 있다고 본다. ③ 〈생각건대〉 부공법 제36조는 민법에 대한 특칙으로 보는 것이 타당하므로 위법성 요건은 불필요하다고 보며, 이는 부당감정개념에 포함된 것으로 봄이 합당하다.

4. 손해배상책임의 범위

불법행위로 인한 재산상 손해는 위법한 가해행위로 인하여 발생한 재산상 불이익, 즉 위법행위가 없었더라면 존재하였을 재산 상태와 위법행위가 가해진 현재의 재산 상태와의 차이가 되며, 계약의 체결 및 이행경위와 당사자 쌍방의 잘못을 비교하여 종합적으로 판단하여야 한다(과실상계인정).

Ⅲ 사안의 해결(을이 손해배상을 해야 하는지 여부)

1. 손해배상요건 충족여부

(1) 사실관계 검토

을은 국세청장의 기준시가를 참고하여 평가대상의 층별효용비율을 1층보다 30% 높게 적용한 것으로 보인다. 기준시가는 과세 등 행정목적 달성을 위한 참고자료로 활용하기 위한 것에 불과하므로 각 점포의 기준시가가 통례(서울시 상가의 효용비율)와 반대로 되어 있음에 대한 객관적이고 합리적인 정당성을 입증하여야 할 것이다. 그러나 을의 보고서는 조사일 · 작성일 ·

발송일이 단 1일만에 완료된 것을 확인할 수 있으며, 구체적인 주변시세나 시장동황의 설명 또한 적시되지 않고 있다.

(2) 소결

따라서, 상기의 제 요인을 종합적으로 고려할 때 을이 점포에 대한 현황조사를 제대로 하지 아니하였거나 그 층별효용비율을 잘못 평가한 과실로 당시의 적정가격과 현저한 차이가 있게 하여 갑에게 손해를 끼치게 한 것으로 볼 수 있다.

2. 을의 손해배상액 범위 결정(과실상계)

판례의 태도에 따를 때, 갑이 배상하여야 하는 손해배상액은 부당감정평가액과 적정감정평가액과의 차액을 한도로 하여 실제발생한 손해액 6억원이 될 것이다. 만약 18억원의 대출과정상 대출기관이 갖추어야 할 통상의 주의를 다하지 않은 과실이 인정되는 경우에는 과실상계법리에 따라 감액될 수 있을 것이다.

📝 판례사례 **64** 자격증 부당행사

갑은 2007.3.경 감정평가사 자격을 취득한 다음 2010.11.1. 금융기관에 상근 계약직으로 입사하여(감정보고서 심사 및 업무협약 담당) 2013.6.30. 퇴사하였는데, 그 기간 중에 '을'감정평가법인에 감정평가사로 적을 두었다. 감정평가법인에 갑의 사무공간은 별도로 존재하지 않았고, 갑에 대한 출·퇴근도 통상적으로 관리되지 않았으나, 갑은 그 적을 두는 대가로 매월 약 2백만원의 급여를 받고 있었다. 국토교통부장관은 2014.7.20. '갑은 금융기관에 근무하면서도 위 감정평가법인에 등록하여 소속만 유지할 뿐 실질적으로 감정평가업무에 관여하지 아니하는 방법으로 감정평가사의 자격증을 대여하거나 이를 부당하게 행사하였고, 위 김정평가법인이 갑의 자격증을 부당행사하여 그 법인을 유지하는 데에 방조한 책임이 있다'는 이유로 부동산가격 공시 및 감정평가에 관한 법률(이하 '법'이라고 한다) 제37조 제2항, 제42조의2 제1항 제8호, 제2항에 따라 갑의 감정평가사 업무를 1년간 정지하는 처분을 하였다.

갑은 감정평가사는 법으로 명시적인 규정을 둔 경우 이외에는 일반적으로 겸직이 제한되어 있지 않고 반드시 상근하여 근무하여야 하는 것도 아니며, 금융기관에 재직하는 동안 감정평가법인에 일주일에 2번 정도는 평일 19:00경에, 한 달에 2번 정도는 주말에 정기적으로(비상근으로) 출근하여 감정평가서 심사기준의 협의, 업무협약서상의 담보평가제한물건에 대한 조언, 금융기관 업무시 유의사항 및 기타 요청사항에 대한 자문 등의 업무를 수행하였으므로, 자격증을 대여하거나 부당하게 행사한 사실이 없을뿐더러 이를 방조한 사실도 없으므로 이와 다른 전제에서 이루어진 처분은 위법하다고 주장한다.

또한 감사원은 2003년경 국가 및 민간자격 관리운영실태를 점검한 후 감정평가사 자격을 가진 일부 공무원 등이 감정평가법인에 겸직한 행위를 지적하면서도 감정평가사 자격증의 대여 또는 부당행사에는 해당하지 않는 것으로 보아 그에 대한 징계요구도 하지 않았고 국토교통부장관도 이를 이유로 징계한 적이 없었다. 갑은 위와 같은 감사원의 감사 결과 및 국토교통부장관의 겸직행위에 대한 묵인을 신뢰하여 금융기관에 근무하면서 감정평가법인에 적을 둔 것이므로 국토교통부장관이 뒤늦게 이러한 겸직행위를 징계사유로 삼아 징계처분을 한 것은 신뢰보호의 원칙에 위배된다고 한다. 설령 처분사유가 인정된다고 하더라도 갑은 허위 감정이나 불성실한 감정평가업무를 한 바가 없는 점, 이 사건 처분의 결과 그 집행이 종료된 이후에도 갑은 관계 법령 등에 따라 여러 부류의 감정평가업무에서 일정 기간 배제되는 점, 과거 유사한 사안에서 다른 감정평가사들이 받은 징계의 수위에 비추어 보아도 처분의 징계 정도가 지나치게 과중한 점 등의 여러 사정을 고려하면, 감정평가사 업무를 1년간 정지한 처분은 징계재량권의 범위를 일탈하거나 남용하여 위법하다고 주장한다. 갑 주장의 타당성에 대하여 논하시오. [40점]

Ⅰ 쟁점의 정리

Ⅱ 갑의 행위가 자격증의 대여 및 부당행사에 해당
하는지 여부
  1. **자격증 대여와 부당행사의 의미**
    (1) 자격증 '대여'의 의미
    (2) 자격증 '부당행사'의 의미
  2. **갑의 행위가 자격증의 대여행위에 해당하
    는지 여부**
  3. **갑의 행위가 자격증 부당행사에 해당하는
    지 여부**
    (1) 실질적인 업무수행이 있었는지 여부
      1) 비상근 형태의 근무가 가능한지 여부
      2) 실질적인 업무수행이 있었는지 여부
    (2) 법인 업무를 수행하거나 운영 등에 관여
      할 의사가 있었는지 여부
  4. **사안의 경우**

Ⅲ 신뢰보호원칙 및 재량권 행사의 일탈남용 여부
  1. **신뢰보호의 원칙 위반 여부**
    (1) 신뢰보호원칙의 의의 및 근거
    (2) 신뢰보호원칙의 요건 및 한계
    (3) 사안의 경우
  2. **재량권의 일탈·남용 여부**
    (1) 자기구속법리 위반여부
      1) 자기구속법리 원칙의 의의 및 근거
        (효력)
      2) 요건(내용)
      3) 한계
      4) 사안의 경우
    (2) 비례원칙 위반여부
      1) 비례원칙의 의의 및 근거(효력)
      2) 요건(내용)
      3) 사안의 경우

Ⅳ 사안의 해결

Ⅰ 쟁점의 정리

설문은 업무정지 처분과 관련된 '갑'주장의 타당성을 묻고 있다. 처분사유가 '자격증의 대여 및 부당
행사'이므로 갑의 근무행위가 자격증 대여 및 부당행사에 해당되는지를 살펴보고, 만약 부당행사에
해당하는 경우라면 이를 이유로 행한 제재적 처분이 신뢰보호원칙 및 비례원칙 등에 반하여 재량권
행사의 일탈·남용이 인정되는지를 검토하여 갑주장의 타당성을 논하고자 한다.

Ⅱ 갑의 행위가 자격증의 대여 및 부당행사에 해당하는지 여부

1. 자격증 대여와 부당행사의 의미

자격증·등록증을 '대여'하거나 '부당하게 행사'한다는 것은, 자격증·등록증 자체를 타인에게 대여
하거나 이를 본래의 용도 외에 행사하는 것을 의미한다(87누975).

(1) 자격증 '대여'의 의미

'자격증 대여'는, 자격증·등록증 자체를 타인에게 대여하거나 이를 본래의 용도 외에 행사하게
하는 것을 의미하고(95도641), 다른 사람이 자격증·등록증을 이용하여 자격자로 행세하면서 그
업무를 행하려는 것을 알면서도 자격증·등록증 자체를 빌려주는 것을 의미한다(2006도9334).

(2) 자격증 '부당행사'의 의미

'자격증 등을 부당하게 행사'한다는 것은 감정평가사 자격증 등을 본래의 용도가 아닌 다른 용
도로 행사하거나, 감정평가사가 감정평가법인에 적을 두기는 하였으나 당해 법인의 업무를 수
행하거나 운영 등에 관여할 의사가 없고 실제로도 업무 등을 전혀 수행하지 않았다거나 그가
수행한 업무의 양, 내용, 정도 등을 종합적으로 검토하여 당해 소속 감정평가사로서 업무를 실
질적으로 수행한 것으로 평가하기 어려울 정도라면 이는 부공법 제37조 제2항에서 정한 자격
증 등의 부당행사에 해당한다(2013두727, 2013두11727).

2. 갑의 행위가 자격증의 대여행위에 해당하는지 여부

설문상 다른 사람이 마치 갑 본인인 것처럼 자격자로 행사하는 등의 행위는 보이지 않으며, 갑도
그러한 행위를 알면서 허락하는 등의 행위가 없는 바, 자격증 대여행위는 없는 것으로 판단된다.

3. 갑의 행위가 자격증 부당행사에 해당하는지 여부

(1) 실질적인 업무수행이 있었는지 여부

1) 비상근 형태의 근무가 가능한지 여부

부공법은 감정평가사가 토지의 매매업을 직접 영위하거나(법 제37조 제4), 2 이상의 감정
평가법인 또는 감정평가사사무소에 소속되는 것(법 제37조 제7항)을 금지하나, 그 이외에
는 겸직과 관련하여 별다른 제한규정을 두고 있지 않다. 여기에 감정평가사가 행하는 구체
적인 업무의 내용 및 업무 수행의 방법, 업무 수임의 형태 등이 개별적이고 독자적으로 이
루어지는 데다가 전문적인 판단을 해야 하는 업무의 특수성을 더하여 살펴보면, 특별한 사
정이 없는 이상 감정평가법인에 소속된 감정평가사가 반드시 상근하여야 한다고 보기는 어
려울 것이다.

2) 실질적인 업무수행이 있었는지 여부

갑은 일주일에 2번 정도는 평일 19:00경에, 한 달에 2번 정도는 주말에 정기적으로 출근하
여 사무실에서 자료수집, 감정평가서의 검토·교정 등의 업무를 수행하였다고 주장하나 근
무장소가 따로 마련되지 않은 점과 갑의 출·퇴근을 통상적으로 관리한 바가 없었다는 점
등에 비추어 실질적인 업무수행이 있었다고 객관적으로 납득하기 어려운 것으로 보인다.
따라서 갑이 감정평가법인에 적을 둔 기간동안 매월 약 2백만원의 급여를 받은 것은 업무수
행과의 대가관계가 인정되지 않는다고 볼 것이다.

(2) 법인 업무를 수행하거나 운영 등에 관여할 의사가 있었는지 여부

감정평가사가 감정평가법인에서 겸직·비상근의 형태로 근무하는 것이 가능하다고 하더라도
감정평가법인 소속 감정평가사라고 하기 위해서는 감정평가사가 당해 법인에 적을 둔 것만으로
는 부족하고 그 업무수행 또는 감정평가법인의 운영 등에 상당한 정도로 관여할 것이 요구된다
고 할 것이다.

설문상 갑은 감정평가서 심사기준의 협의, 업무협약서상의 담보평가제한물건에 대한 조언, 금융기관 업무 시 유의사항 및 기타 요청사항에 대한 자문 등의 업무를 수행하였다고 하나, 이는 금융기관에서의 통상의 업무범주에 해당하는 것으로서 법인 자체의 감정평가업무를 위한다거나, 법인의 운영 등에 상당한 정도로 관여한 것이라고 볼 수 없다.

4. 사안의 경우

갑이 금융기관에 상근직으로 근무하면서 감정평가법인 소속으로 감정평가사 본연의 업무를 거의 수행하지 아니하였음은 물론, 위 법인의 운영에도 전혀 관여하지 아니한 채 형식적으로 법인에 적을 둔 것에 불과하거나 관련 업무를 실질적으로 수행하지 아니하였다고 인정되므로, 갑이 감정평가법인에 가입하여 적을 둔 행위는 법 제37조 제2항에서 정한 자격증 등의 부당행사에 해당된다고 할 것이다.

Ⅲ 신뢰보호원칙 및 재량권 행사의 일탈·남용 여부

1. 신뢰보호의 원칙 위반 여부

(1) 신뢰보호원칙의 의의 및 근거

행정청은 공익 또는 제3자의 이익을 현저히 해칠 우려가 있는 경우를 제외하고는 행정에 대한 국민의 정당하고 합리적인 신뢰를 보호하여야 한다는 원칙이다. 행정절차법 제4조 제2항 및 국세기본법 제18조 제3항에 실정법상 근거를 두고 있다. 행정기본법 제12조에서 이를 명문화하고 있다.

(2) 신뢰보호원칙의 요건 및 한계

일반적으로 행정상의 법률관계에 있어서 행정청의 행위에 대하여 신뢰보호의 원칙이 적용되기 위해서는, 첫째 행정청이 개인에 대하여 신뢰의 대상이 되는 공적인 견해표명을 하여야 하고, 둘째 행정청의 견해표명이 정당하다고 신뢰한 데에 대하여 그 개인에게 귀책사유가 없어야 하며, 셋째 그 개인이 그 견해표명을 신뢰하고 이에 상응하는 어떠한 행위를 하였어야 하고, 넷째 행정청이 그 견해표명에 반하는 처분을 함으로써 그 견해표명을 신뢰한 개인의 이익이 침해되는 결과가 초래되어야 하며, 마지막으로 위 견해표명에 따른 행정처분을 할 경우 이로 인하여 공익 또는 제3자의 정당한 이익을 현저히 해할 우려가 있는 경우가 아니어야 한다(2001두1512).

(3) 사안의 경우

국토교통부장관이 종전에 금융기관에 상근하면서 감정평가법인에 형식적으로 적을 두었던 감정평가사들에 대하여 징계처분을 한 바 없었다는 사정만으로 감정평가사 자격증의 부당행사에 대한 공적인 견해표명이 있었다고 보기 어려우므로 갑의 주장은 인정되지 않을 것이다.

2. 재량권의 일탈·남용 여부

(1) 자기구속법리 위반여부

1) 자기구속법리 원칙의 의의 및 근거(효력)

행정의 자기구속의 원칙이란 행정관행이 성립된 경우 행정청은 특별한 사정이 없는 한 같은 사안에서 행정관행과 같은 결정을 하여야 한다는 원칙을 말한다. 평등의 원칙에 근거하며, 자기구속의 원칙에 반하는 행정권 행사는 위법한 것이 된다.

2) 요건(내용)

① 동일한 상황에서 동일한 법적용인 경우(동종사안), ② 기존의 법적 상황을 창출한 처분청일 것(동일행정청), ③ 행정관행이 있을 것, 이에 대해 선례불필요설은 재량준칙이 존재하는 경우 재량준칙 자체만으로 '미리 정해진 행정관행(선취된 행정관행 또는 예기관행)'이 성립되는 것으로 보고, 자기구속의 법리를 인정한다. 선례필요설은 재량준칙이 존재하는 경우에 1회의 선례만으로 자기구속의 법리가 인정될 수도 있다는 견해도 있지만, 대체로 선례가 되풀이 되어 행정관행이 성립된 경우에 한하여 인정된다고 본다.

3) 한계

특별한 사정이 있는 경우(사정변경으로 다른 결정을 할 공익상 필요가 심히 큰 경우)에는 자기구속의 법리의 적용이 배제될 수 있다. 또한 불법에 있어서 평등대우는 인정될 수 없으므로, 행정관행이 위법한 경우에는 행정청은 자기구속을 당하지 않는다. 관행이 위법한 경우에는 신뢰보호의 원칙의 적용 여부가 문제될 수 있을 뿐이다.

4) 사안의 경우

과거 유사한 사안은 동종사안이 아니므로 자기구속법리가 적용될 여지가 없으며, 설사 그 유사성이 동종사안으로 인정될 만큼 크다고 해도 과거보다 감정평가 업무의 효율적·조직적 수행과 공신력을 높이기 위한 인식이 강화되고 있으므로, 이는 선례와의 합리적 차별사유로 인정될 수 있을 것이다.

(2) 비례원칙 위반여부

1) 비례의 원칙 의의 및 근거(효력)

비례의 원칙이란 행정목적과 행정수단 사이에는 합리적인 비례관계가 있어야 한다는 원칙을 말한다. 헌법 제37조 제2항 및 행정기본법 제10조에 근거한다.

2) 요건(내용)

① 적합성의 원칙이란 행정은 추구하는 행정목적의 달성에 적합한 수단을 선택하여야 한다는 원칙을 말하며, ② 필요성의 원칙이란 적합한 수단이 여러 가지인 경우에 국민의 권리를 최소한으로 침해하는 수단을 선택하여야 한다는 원칙을 말한다. ③ 협의의 비례원칙이란 행정조치를 취함에 따른 불이익이 그것에 의해 달성되는 이익보다 심히 큰 경우에는 그 행

정조치를 취해서는 안 된다는 원칙을 말한다. 적합성의 원칙, 필요성의 원칙, 그리고 좁은 의미의 비례원칙은 단계구조를 이룬다. 즉, 많은 적합한 수단 중에서도 필요한 수단만이, 필요한 수단 중에서도 상당성 있는 수단만이 선택되어야 한다.

3) 사안의 경우

① 부동산을 적정하게 평가함으로써 부동산의 적정한 가격형성을 도모하고 나아가 국토의 효율적인 이용과 재산권의 적정한 보호, 공공복리의 증진에 이바지하는 등 감정평가사 업무의 중요성, 공익성 등에 비추어 갑의 비위행위의 정도가 결코 가볍지 아니한 점, ② 갑이 감정평가법인에 형식상 적을 둠으로써 자격증을 부당행사한 기간이 1년을 넘고 그 기간 동안 별다른 업무 수행 없이 법인으로부터 매월 2백만원의 급여를 받은 점 등에 비추어 보면, 갑이 주장하는 사정들을 모두 고려하더라도 처분이 그 공익상의 필요에 비하여 갑에게 지나치게 가혹한 것으로서 징계재량권을 일탈·남용한 것이라고 보기 어렵다. 따라서 갑의 위 주장 역시 이유 없다고 할 것이다.

Ⅳ 사안의 해결

갑은 국토교통부장관의 업무정지처분은 위법하다고 주장하나, 갑의 자격증 부당행사행위는 감정평가사 업무의 중요성과 공익성에 비추어 볼 때, 부동산의 적정한 가격형성을 도모하여 공공복리 증진에 이바지하는 행위로 볼 수 없으므로 신뢰보호원칙에 반한다거나 재량권 행사의 일탈·남용이라는 갑의 주장은 받아 들여지기 어려울 것이다.

대법원 2013.10.31, 2013두11727 판결[징계(업무정지)처분취소][공2013하,2152]

[판시사항]

감정평가사가 자신의 감정평가경력을 부당하게 인정받는 한편, 소속 법인으로 하여금 설립과 존속에 필요한 감정평가사의 인원수만 형식적으로 갖추게 하거나 법원으로부터 감정평가 물량을 추가로 배정받을 수 있는 자격을 얻게 할 목적으로 자신의 등록증을 사용한 경우, 부동산 가격공시 및 감정평가에 관한 법률 제37조 제2항이 금지하는 자격증 등의 부당행사에 해당하는지 여부(적극)

[판결요지]

부동산 가격공시 및 감정평가에 관한 법률(이하 '법'이라 한다) 제37조 제2항에 의하면, 감정평가업자(감정평가법인 소속 감정평가사를 포함한다)는 다른 사람에게 자격증·등록증 또는 인가증(이하 '자격증 등'이라 한다)을 양도 또는 대여하거나 이를 부당하게 행사해서는 안 된다. 여기에서 '자격증 등을 부당하게 행사'한다는 것은 감정평가사 자격증 등을 본래의 용도가 아닌 다른 용도로 행사하거나, 본래의 행사목적을 벗어나 감정평가업자의 자격이나 업무범위에 관한 법의 규율을 피할 목적으로 이를 행사하는 경우도 포함한다. 따라서 감정평가사가 감정평가법인에 가입한다는 명목으로 자신의 감정평가사 등록증 사본을 가입신고서와 함께 한국감정평가협회에 제출하였으나, 실제로는 자신의 감정평가경력을 부당하게 인정받는 한편, 소속 감정평가법인으로 하여금 설립과 존속에 필요한 감정평가사의 인원수만 형식적으로 갖추게 하거나 법원으로부터 감정평가 물량을 추가로 배정받을 수 있는 자격을 얻게 할 목적으로 감정평가법인에 소속된 외관만을 작출하였을 뿐해당 감정평가법인 소속 감정평가사로서의 감정평가업무나 이와 밀접한 관련이 있는 업무를 수행할 의사가 없었다면, 이는 감정평가사 등록증을 그 본래의 행사목적을 벗어나 감정평가업자의 자격이나 업무범위에 관한 법의 규율을 피할 목적으로 행사함으로써 자격증 등을 부당하게 행사한 것이라고 볼 수 있다.

대법원 2013.10.24, 2013두727[징계처분취소][공2013하,2147]

[판시사항]

부동산 가격공시 및 감정평가에 관한 법률 제37조 제2항에서 정한 '자격증 등을 부당하게 행사'한다는 의미 및 감정평가사가 감정평가법인에 적을 두었으나 당해 법인의 업무를 수행하거나 운영 등에 관여할 의사가 없고 실제 업무 등을 전혀 수행하지 않았다거나 소속 감정평가사로서 업무를 실질적으로 수행한 것으로 평가하기 어려운 경우, 자격증 등의 부당행사에 해당하는지 여부(적극)

[판결요지]

부동산 가격공시 및 감정평가에 관한 법률(이하 '법'이라고 한다) 제37조 제2항에 의하면, 감정평가업자(감정평가법인 소속 감정평가사를 포함한다)는 다른 사람에게 자격증·등록증 또는 인가증(이하 '자격증 등'이라고 한다)을 양도 또는 대여하거나 이를 부당하게 행사해서는 안 된다. 여기에서 '자격증 등을 부당하게 행사'한다는 것은 감정평가사 자격증 등을 본래의 용도 외에 부당하게 행사하는 것을 의미하고, 감정평가사가 감정평가법인에 적을 두기는 하였으나 당해 법인의 업무를 수행하거나 운영 등에 관여할 의사가 없고 실제로도 업무 등을 전혀 수행하지 않았다거나 당해 소속 감정평가사로서 업무를 실질적으로 수행한 것으로 평가하기 어려울 정도라면 이는 법 제37조 제2항에서 정한 자격증 등의 부당행사에 해당한다.

판례사례 65 성실의무위반/과징금부과기준(제재적 처분기준 법적 성질 + 재량권일탈/남용)

서울시 한남동에 소재한 임대분양전환 아파트의 분양전환 시점이 도래하여 감정평가법인 A에 소속된 평가사 K는 분양가격 산정을 위한 감정평가를 진행하였다. 그런데 K의 감정평가액은 불성실한 감정으로서 잘못된 평가로 밝혀졌고(법인 A에 대한 심사도 평가과정을 면밀하게 검토하지 못하였다), 이에 따라 K감정평가사는 업무정지 6개월의 징계처분을 받게 되었고, 법인 A에 대해서도 업무정지 3개월의 징계처분이 내려졌다.

K평가사는 업무정지처분으로 인해 공시지가 업무를 더 이상 수행할 수 없게 되어 공익을 해칠 우려가 발생되므로 업무정지처분에 갈음하는 과징금 부과처분으로의 변경을 요구하였으나 국토교통부장관은 K에 대한 징계는 그대로 유지하였으나 법인 A에 대해서는 5천만원의 과징금부과처분으로 변경하였다.

법인 A는 K에 대한 지도감독 의무를 성실하게 수행하여 법인에 대한 징계사유는 존재하지 않는다는 점 및 설사 성실의무 위반의 징계사유가 인정된다 하더라도 다수의 법인이 이처럼 지도감독 의무의 이행을 못한 경우에도 과징금부과처분을 내리지 않은 관행이 있음에도 이를 이유로 과징금부과처분을 하는 것은 부당하다는 점(이에 대한 관련 자료는 제출하지 못하였다)과 과징금부과처분 절차에 있어서 징계위원회의 의결절차를 거치지 않은 점이 존재하므로 과징금부과처분은 위법하다고 주장한다.

(1) 성실의무를 설명하고 감정평가법인이 부담하는 성실의무의 의미에 대해서 논하시오. 5점

(2) 감정평가법인에 대한 징계처분 기준 및 과징금부과 기준의 법적 성질을 논하시오. 10점

(3) 제재적 행정처분이 재량권의 범위를 일탈·남용하였는지 판단하는 방법에 대해서 논하시오. 5점

(4) 법인 A의 주장이 타당한지 논하시오. 20점

<table>
<tr><td valign="top" width="50%">

(설문 1)의 해결

Ⅰ 성실의무의 내용(감정평가법 제25조)
　　1. 품위유지의무
　　2. 불공정 감정의 금지
　　3. 겸업제한
　　4. 금품수수 등
　　5. 중복소속 금지
　　6. 기타
Ⅱ 감정평가법인등이 부담하는 성실의무의 의미

</td><td valign="top" width="50%">

(설문 2)의 해결

Ⅰ 쟁점의 정리
Ⅱ 법규명령형식의 행정규칙의 법적 성질(제재적 처분기준의 법적 성질)
　　1. 학설
　　2. 판례
　　3. 검토
Ⅲ 사안의 해결

</td></tr>
</table>

<table>
<tr><td valign="top">

(설문 3)의 해결

Ⅰ 법치행정의 원칙과 재량행위

Ⅱ 재량권의 범위를 일탈·남용하였는지 판단하는 방법
  1. 영업정지(업무정지)처분과 과징금부과처분
  2. 행정소송법 제27조 및 행정기본법 제21조
  3. 재량권의 범위를 일탈·남용하였는시 판단하는 방법

</td><td valign="top">

(설문 4)의 해결

Ⅰ 쟁점의 정리

Ⅱ 성실의무 위반유무
  1. 성실의무 위반여부
  2. 자기구속 위반여부
    (1) 의의 및 근거
    (2) 요건 및 한계
    (3) 사안의 경우
  3. 과징금부과처분의 절차상 하자 여부
    (1) 과징금부과처분의 절차(감정평가법 제41조 제2항)
    (2) 사안의 경우

Ⅲ 사안의 해결

</td></tr>
</table>

(설문 1)의 해결

Ⅰ 성실의무의 내용 (감정평가법 제25조)

1. 품위유지의무

감정평가법인등(감정평가법인 또는 감정평가사사무소의 소속 감정평가사를 포함)은 감정평가업무를 하는 경우 품위를 유지하여야 하고, 신의와 성실로써 공정하게 하여야 하며, 고의 또는 중대한 과실로 업무를 잘못하여서는 아니 된다.

2. 불공정 감정의 금지

감정평가법인등은 자기 또는 친족 소유, 그 밖에 불공정하게 감정평가업무를 수행할 우려가 있다고 인정되는 토지 등에 대해서는 그 업무를 수행하여서는 아니 된다.

3. 겸업제한

감정평가법인등은 토지 등의 매매업을 직접 하여서는 아니 된다.

4. 금품수수 등

감정평가법인등이나 그 사무직원은 수수료와 실비 외에는 어떠한 명목으로도 그 업무와 관련된 대가를 받아서는 아니 되며, 감정평가 수주의 대가로 금품 또는 재산상의 이익을 제공하거나 제공하기로 약속하여서는 아니 된다.

5. 중복소속 금지

감정평가사, 감정평가사가 아닌 사원 또는 이사 및 사무직원은 둘 이상의 감정평가법인(같은 법인의 주·분사무소를 포함한다) 또는 감정평가사사무소에 소속될 수 없으며, 소속된 감정평가법인 이외의 다른 감정평가법인의 주식을 소유할 수 없다.

6. 기타

감정평가법인등이나 사무직원은 특정한 가액으로 감정평가를 유도 또는 요구하는 행위에 대해서 따라서는 아니 된다.

Ⅲ 감정평가법인등이 부담하는 성실의무의 의미

감정평가법인등은 감정평가업무를 행함에 있어서 품위를 유지하여야 하고, 신의와 성실로써 공정하게 감정평가를 하여야 하며, 고의 또는 중대한 과실로 잘못된 평가를 하여서는 아니 된다.

한편 감정평가법인등이 감정평가법인인 경우에 실질적인 감정평가업무는 소속감정평가사에 의하여 이루어질 수밖에 없으므로, 감정평가법인이 감정평가의 주체로서 부담하는 성실의무란, 소속감정평가사에 대한 관리·감독의무를 포함하여 감정평가서 심사 등을 통해 감정평가 과정을 면밀히 살펴 공정한 감정평가결과가 도출될 수 있도록 노력할 의무를 의미한다고 보아야 한다.

(설문 2)의 해결

Ⅰ 쟁점의 정리

감정평가법인에 대한 징계처분 및 과징금부과처분 기준(제재적 처분기준)이 법규명령의 형식으로 제정되었으나 그 실질이 행정규칙의 내용을 갖는 경우 대외적 구속력이 문제된다.

Ⅱ 법규명령형식의 행정규칙의 법적 성질(제재적 처분기준의 법적 성질)

1. 학설

① 규범의 형식과 법적 안정성을 중시하여 법규명령으로 보는 견해, ② 규범의 실질과 구체적 타당성을 중시하여 행정규칙으로 보는 견해, ③ 상위법의 수권유무로 판단하는 수권여부기준설이 대립한다.

2. 판례

대법원은 ① (구)식품위생법 시행규칙상 제재적 처분기준은 행정규칙으로 보며, ② (구)청소년보호법 시행령상 과징금처분기준을 법규명령으로 보면서 그 처분기준은 최고한도로 보아 구체적 타당성을 기한 사례가 있다.

3. 검토

대통령령과 부령을 구분하는 판례의 태도는 합리적 이유가 없으므로 타당성이 결여된다. 또한 부령의 경우에도 법규명령의 형식을 갖는 이상 법제처의 심사에 의해 절차의 정당성을 확보하고, 공포를 통한 예측가능성이 보장된다는 점에서 부령인 경우도 법규성을 긍정함이 타당하다. 국민의 시각에서 형식에 따라 대외적 구속력을 예측하는 것이 일반적일 것이므로 법규명령으로 봄이 타당하다.

Ⅲ 사안의 해결

감정평가법인에 대한 징계규정 및 과징금 부과 기준은 형식이 대통령령이며, 상위법률인 감정평가법의 처분기준을 각 사유마다 세분화하여 규정하였으며, 가감규정을 두어 개별 사안에서 구체적 타당성을 기여하고 있다. 따라서 법규명령의 성질을 갖는 것으로 볼 수 있다.

(설문 3)의 해결

Ⅰ 법치행정의 원칙과 재량행위

법치행정의 원칙이란 행정권도 법에 따라서 행하여져야 하며, 만일 행정권에 의하여 국민의 권익이 침해된 경우에는 이의 구제를 위한 제도가 보장되어야 한다는 것을 의미한다.

행정행위는 법에 기속되는 정도에 따라 기속행위와 재량행위로 나누어진다. 재량행위는 행위의 요건이나 효과의 선택에 관하여 법이 행정권에게 판단의 여지 내지 재량권을 인정한 경우에 행해지는 행정청의 행정행위를 말한다. 재량권이 인정되는 경우에는 행정권의 행사는 일정한 한계를 넘지 않는 한 위법한 것으로 되지 않으며, 사법적 통제의 대상이 되지 않는다.

Ⅱ 재량권의 범위를 일탈·남용하였는지 판단하는 방법

1. 영업정지(업무정지)처분과 과징금부과처분

영업정지처분에 갈음하는 과징금이 규정되어 있는 경우 과징금을 부과할 것인가 영업정지처분을 내릴 것인지는 통상 행정청의 재량에 속하는 것으로 본다(2015두39378). 다만, 과징금부과처분을 하지 않고 영업정지처분을 한 것이 비례의 원칙, 평등의 원칙 등 법의 일반원칙에 반하는 등 재량권의 일탈·남용이 있으면 위법하다. 예를 들면, 과징금부과처분을 하지 않고 영업정지처분을 한 것이 심히 공익을 해하고, 사업자에게도 가혹한 불이익을 초래하는 경우에는 비례원칙에 반한다.

2. 행정소송법 제27조 및 행정기본법 제21조

행정청의 재량행위도 행정소송의 대상이 된다. 재량행위도 재량권의 일탈·남용이 있는 경우에는 법원이 재량권의 일탈·남용 여부에 대하여 심리·판단할 수 있음을 명백히 하였다.

3. 재량권의 범위를 일탈·남용하였는지 판단하는 방법

제재적 행정처분이 재량권의 범위를 일탈하였거나 남용하였는지는, 처분사유인 위반행위의 내용과 그 위반의 정도, 그 처분에 의하여 달성하려는 공익상의 필요와 개인이 입게 될 불이익 및 이에 따르는 제반 사정 등을 객관적으로 심리하여 공익침해의 정도와 처분으로 인하여 개인이 입게 될 불이익을 비교·교량하여 판단하여야 한다.

재량권의 일탈이란 재량권의 외적 한계(즉, 법적·객관적 한계)를 벗어난 것을 말하고, 재량권의 남용이란 재량권의 내적 한계, 즉 재량권이 부여된 내재적 목적을 벗어난 것을 말한다. 다만, 판례는 재량권의 일탈과 재량권의 남용을 명확히 구분하지 않고 재량권의 행사에 '재량권의 일탈 또는 남용'이 없는지 여부를 판단한다. 어떠한 재량권의 한계이든지 위반하게 되면 그 재량권 행사는 위법하게 된다.

재량권의 한계를 넘은 재량권 행사에는 일의적으로 명확한 법규정의 위반, 사실오인, 평등원칙 위반, 자기구속의 원칙 위반, 비례원칙 위반, 절차 위반, 재량권의 불행사 또는 해태, 목적 위반 등이 있다.

(설문 3)의 해결

Ⅰ 법치행정의 원칙과 재량행위

행정행위는 법에 기속되는 정도에 따라 기속행위와 재량행위로 나누어진다. 재량행위는 행위의 요건이나 효과의 선택에 관하여 법이 행정권에게 판단의 여지 내지 재량권을 인정한 경우에 행해지는 행정청의 행정행위를 말한다. 재량권이 인정되는 경우에는 행정권의 행사는 일정한 한계를 넘지 않는 한 위법한 것으로 되지 않으며 사법적 통제의 대상이 되지 않는다.

Ⅱ 재량권의 범위를 일탈·남용하였는지 판단하는 방법

1. 영업정지(업무정지)처분과 과징금부과처분

영업정지처분에 갈음하는 과징금이 규정되어 있는 경우 과징금을 부과할 것인가 영업정지처분을 내릴 것인지는 통상 행정청의 재량에 속하는 것으로 본다(2015두39378).

2. 행정소송법 제27조 및 행정기본법 제21조

행정청의 재량행위도 행정소송의 대상이 된다. 재량행위도 재량권의 일탈·남용이 있는 경우에는
법원이 재량권의 일탈·남용 여부에 대하여 심리·판단할 수 있음을 명백히 하였다.

3. 재량권의 범위를 일탈·남용하였는지 판단하는 방법

제재적 행정처분이 재량권의 범위를 일탈하였거나 남용하였는지는, 처분사유인 위반행위의 내용과
그 위반의 정도, 그 처분에 의하여 달성하려는 공익상의 필요와 개인이 입게 될 불이익 및 이에
따르는 제반 사정 등을 객관적으로 심리하여 공익침해의 정도와 처분으로 인하여 개인이 입게 될
불이익을 비교·교량하여 판단하여야 한다.

재량권의 한계를 넘은 재량권 행사에는 일의적으로 명확한 법규정의 위반, 사실오인, 평등원칙 위반,
자기구속의 원칙 위반, 비례원칙 위반, 절차 위반, 재량권의 불행사 또는 해태, 목적 위반 등이 있다.

(설문 4)의 해결

Ⅰ 쟁점의 정리

갑은 성실의무위반이 없다는 점, 자기구속원칙에 반한다는 점 및 과징금부과 시 징계위원회의 의결
이 없었다는 점을 주장하고 있다. 각 사유에 대해서 판단한다.

Ⅱ 성실의무 위반유무

1. 성실의무 위반여부

감정평가법인이 소속감정평가사의 감정평가 과정에 공정성을 의심할 사정이나 오류 등이 없는지
면밀히 확인하지 않은 채 만연히 이를 채택하여 잘못된 감정평가 결과를 도출하였다면, 이는 소속
감정평가사가 자신이 부담하는 성실의무를 준수하지 않은 것과는 별개로 법인 스스로가 부담하는
성실의무로서 공정한 감정평가를 하여야 할 의무를 위반한 것이라고 봄이 타당하다. 그러므로 이러
한 경우에는 소속감정평가사를 징계하는 것과 함께 감정평가법인에게도 과징금부과처분을 할 수
있다고 보아야 한다.

2. 자기구속 위반여부

(1) 의의 및 근거

행정의 자기구속의 법리란 행정청은 동일 사안에 대해서는 특별한 사정이 없는 한 동일한 결정
을 하여야 한다는 원칙을 말한다. 일반적으로 평등의 원칙을 근거로 행정의 자기구속의 원칙을
인정한다.

(2) 요건 및 한계

① 동일한 상황에서 동일한 법적용인 경우(동종사안), ② 기존의 법적 상황을 창출한 처분청일 것(동일행정청), ③ 행정관행이 있을 것(판례는 대체로 선례가 되풀이 되어 행정관행이 성립된 경우에 한하여 인정된다고 본다)을 요건으로 하며, 특별한 사정이 있는 경우(사정변경으로 다른 결정을 할 공익상 필요가 심히 큰 경우)에는 자기구속의 법리의 적용이 배제될 수 있다.

(3) 사안의 경우

감정평가법인이 소속감정평가사의 관리·감독 의무를 소홀히 하였을 경우에도 국토교통부장관이 이에 대한 제재처분을 하지 않는 지침을 되풀이 시행함으로써 이에 관한 행정관행이 이룩되었다고 보기에는 부족한 점 등에 비추어 보면, 과징금부과처분이 그 공익상의 필요에 비하여 법인 A에게 지나치게 가혹한 것으로서 재량권을 일탈·남용하였다고 보기 어렵다.

3. 과징금부과처분의 절차상 하자 여부

(1) 과징금부과처분의 절차(감정평가법 제41조 제2항)

업무정지처분을 하여야 하는 경우로서 그 업무정지처분이 공익을 해칠 우려가 있는 경우에는 ① 위반행위의 내용과 정도, ② 위반행위의 기간과 위반횟수, ③ 위반행위로 취득한 이익의 규모를 고려하여 위반행위의 종별과 과징금의 금액을 명시하여 이를 납부할 것을 서면으로 통지하도록 규정되어 있다.

(2) 사안의 경우

과징금부과처분의 경우 징계위원회의 의결을 거쳐야 한다는 규정이 없으므로 국토교통부장관은 징계위원회의 의결절차 없이 과징금을 부과할 수 있다고 보아야 한다.

Ⅲ 사안의 해결

법인 A는 감정평가사 K의 감정평가보고서의 심사를 면밀히 하지 못한 성실의무 위반이 인정되고, 다른 법인의 경우 성실의무 위반이 있었음에도 이를 징계하지 않은 사실에 대한 주장도 어려울 것이다. 또한 감정평가법상 과징금부과처분에 있어서 징계위원회의 의결이 요구되지 않으므로 갑의 주장은 타당성이 인정되지 않는다.

> ✎ 성실의무 보충
>
> 감정평가법인은 감정평가사를 통해 업무수행을 하는 구조이다. 감정평가법상 성실의무의 대상은 법인등과 소속평가사 모두를 포함한다. 이는 감정평가법인이 소속감정평가사가 일차적으로 수행한 감정평가에 법인이 준수해야 할 감정평가준칙을 위반하는 등의 잘못이 없는지 성실하게 확인한 다음 이를 법인의 감정평가결과로 삼음으로써 감정평가결과의 공정성과 객관성을 최대한 확보해야 한다는 취지로 볼 수 있다.

대법원 2021.10.28, 2020두41689[과징금부과처분취소청구][공2021하,2276]

[판시사항]

[1] 감정평가업자가 감정평가법인인 경우, 감정평가법인이 감정평가 주체로서 구 부동산 가격공시 및 감정평가에 관한 법률 제37조 제1항에 따라 부담하는 성실의무의 의미

[2] 제재적 행정처분이 재량권의 범위를 일탈·남용하였는지 판단하는 방법

[판결요지]

[1] 구 부동산 가격공시 및 감정평가에 관한 법률(2016.1.19. 법률 제13796호 부동산 가격공시에 관한 법률로 전부 개정되기 전의 것) 제37조 제1항에 따르면, 감정평가업자(감정평가법인 또는 감정평가사사무소의 소속감정평가사를 포함한다)는 감정평가업무를 행함에 있어서 품위를 유지하여야 하고, 신의와 성실로써 공정하게 감정평가를 하여야 하며, 고의 또는 중대한 과실로 잘못된 평가를 하여서는 아니 된다. 한편 감정평가업자가 감정평가법인인 경우에 실질적인 감정평가업무는 소속감정평가사에 의하여 이루어질 수밖에 없으므로, 감정평가법인이 감정평가의 주체로서 부담하는 성실의무란, 소속감정평가사에 대한 관리·감독의무를 포함하여 감정평가서 심사 등을 통해 감정평가 과정을 면밀히 살펴 공정한 감정평가결과가 도출될 수 있도록 노력할 의무를 의미한다.

[2] 제재적 행정처분이 재량권의 범위를 일탈하였거나 남용하였는지는, 처분사유인 위반행위의 내용과 그 위반의 정도, 그 처분에 의하여 달성하려는 공익상의 필요와 개인이 입게 될 불이익 및 이에 따르는 제반 사정 등을 객관적으로 심리하여 공익침해의 정도와 처분으로 인하여 개인이 입게 될 불이익을 비교·교량하여 판단하여야 한다.

[이 유]

1. 상고이유 제1, 3점에 관하여

구「부동산 가격공시 및 감정평가에 관한 법률」(2016.1.19. 법률 제13796호로 전부 개정되기 전의 것, 이하 '구 부동산공시법'이라고 한다) 제37조 제1항에 의하면, 감정평가업자(감정평가법인 또는 감정평가사사무소의 소속감정평가사를 포함한다)는 감정평가업무를 행함에 있어서 품위를 유지하여야 하고, 신의와 성실로써 공정하게 감정평가를 하여야 하며, 고의 또는 중대한 과실로 잘못된 평가를 하여서는 아니 된다. 한편 감정평가업자가 감정평가법인인 경우에 실질적인 감정평가업무는 소속감정평가사에 의하여 이루어질 수밖에 없으므로, 감정평가법인이 감정평가의 주체로서 부담하는 성실의무란, 소속감정평가사에 대한 관리·감독의무를 포함하여 감정평가서 심사 등을 통해 감정평가 과정을 면밀히 살펴 공정한 감정평가결과가 도출될 수 있도록 노력할 의무를 의미한다고 보아야 한다.

원심은 위와 같은 취지에서 판시와 같은 이유를 들어, 원고 소속감정평가사 소외인의 이 사건 감정평가는 구 부동산공시법 제37조 제1항의 '잘못된 평가'에 해당하고, 원고가 이 사건 감정평가와 관련하여 소속감정평가사 소외인을 관리·감독할 의무를 성실히 이행하였다거나, 이 사건 감정평가서의 심사단계에서 기울여야 할 주의의무를 다하였다고 볼 수 없으므로, 원고는 구 부동산공시법 제37조 제1항의 성실의무를 위반하였다고 판단하였다.

앞서 본 법리와 기록에 비추어 살펴보면, 원심의 위와 같은 판단은 정당하고, 거기에 상고이유 주장과 같이 구 부동산공시법 제37조 제1항의 성실의무의 적용범위에 관한 법리를 오해하거나 필요한 심리를 다하지 않은 채 논리와 경험칙에 반하여 자유심증주의의 한계를 벗어나는 등으로 판결에 영향을 미친 잘못이 없다.

2. 상고이유 제2점에 관하여

원심은 판시와 같은 이유를 들어, 구 부동산 가격공시 및 감정평가에 관한 법률(2013.8.6. 법률 제12018호로 일부 개정되기 전의 것, 이하 '구 부동산공시법'이라고 한다) 제42조의3에 따라 감정평가법인에 대하여 과징금을 부과하는 경우에는 징계위원회의 의결을 반드시 거칠 필요가 없다고 보아, 징계위원회의 의결을 거치지 않은 이 사건 처분에 절차적 하자가 있다는 원고의 주장을 배척하였다.

관련 법리와 기록에 비추어 살펴보면, 원심의 위와 같은 판단은 정당하고, 거기에 상고이유 주장과 같이 구 부동산공시법 제42조의2 제1항의 적용범위에 관한 법리를 오해하는 등으로 판결에 영향을 미친 잘못이 없다.

3. 상고이유 제4점에 관하여

제재적 행정처분이 재량권의 범위를 일탈하였거나 남용하였는지 여부는, 처분사유인 위반행위의 내용과 그 위반의 정도, 그 처분에 의하여 달성하려는 공익상의 필요와 개인이 입게 될 불이익 및 이에 따르는 제반 사정 등을 객관적으로 심리하여 공익침해의 정도와 처분으로 인하여 개인이 입게 될 불이익을 비교·교량하여 판단하여야 한다(대법원 2015.12.10, 2014두5422 등 참조).

원심판결 이유에 의하면, 원심은 채택 증거들에 의하여 인정되는 판시와 같은 사정들, 즉 ① 원고는 신의성실의무에 위반하여 불공정한 이 사건 감정평가를 하였고, 이 사건 감정평가의 규모, 감정평가의 잘못된 정도 및 그 경위, 이에 대한 원고의 귀책 정도 등에 비추어 보면, 원고에 대하여 과징금을 부과할 필요성이 충분한 점, ② 피고는 과징금의 액수 산정에 있어 원고가 주장하는 여러 유리한 사정들을 참작하여 과징금의 액수를 이미 상당 부분 감액한 점, ③ 감정평가법인이 소속감정평가사의 관리·감독 의무를 소홀히 하였을 경우에도 피고가 이에 대한 제재처분을 하지 않는 지침을 되풀이 시행함으로써 이에 관한 행정관행이 이룩되었다고 보기에는 부족한 점 등에 비추어 보면, 이 사건 처분이 그 공익상의 필요에 비하여 원고에게 지나치게 가혹한 것으로서 재량권을 일탈·남용하였다고 보기 어렵다고 판단하였다.

앞서 본 법리와 기록에 비추어 살펴보면, 원심의 위와 같은 판단은 정당하고, 거기에 상고이유 주장과 같이 재량권 일탈·남용에 관한 법리를 오해하는 등으로 판결에 영향을 미친 잘못이 없다.

 **판례사례 66** 개별공시지가 위법성 판단(비준표 적용)

갑은 서울 동작구(주소 생략) 대 37m²를 소유하고 있다(이하 '대상토지'). 동작구청장은 갑토지의 맞은 편에 위치한 서울 동작구(주소 생략) 토지(2010.1.1. 기준 개별공시지가는 m²당 8,100,000원임)를 비교표준지로 선정한 후 비준표를 적용하여(비준표상 총 가격배율을 '1.00'로 조사함) m²당 8,100,000원으로 산정하였으며, 감정평가사 A는, 대상토지가 비교표준지와 비교하여 환경조건, 획지조건 및 기타조건에서 열세에 있어(기타조건과 관련하여, 비교표준지는 개발을 위한 거래가 이어지고 있으나, 이 사건 각 토지는 개발 움직임이 없다는 점을 '장래의 동향'으로 반영하여 97%의 비율로 열세에 있다고 보았다) 비교표준지의 공시지가를 약 83.9%의 비율로 감액한 1m²당 680만 원을 개별공시지가로 정함이 적정하다는 검증의견을 제시하고, 동작구청장은 이 검증의견을 받아들여 개별공시지가를 1m²당 680만 원으로 결정·공시하였는데, 이에 대하여 갑이 이의신청을 제기하였다. 갑의 이의신청에 따라 동작구청장으로부터 다시 갑토지의 가격에 대한 검증을 의뢰받은 감정평가사 B는, 대상토지가 비교표준지와 비교하여 환경조건에서 95%, 획지조건에서 91%의 비율로 열세에 있다고 보아(기타조건에서는 비교표준지와 대등하다고 보았다) 비교표준지의 공시지가에 대하여 약 86.5%의 비율로 감액한 1m²당 700만 원을 대상토지의 개별공시지가로 정함이 적정하다는 검증의견을 제시하였고, 동작구청장은 동작구 부동산평가위원회의 심의를 거쳐 이 검증의견을 받아들여 m²당 7,000,000원으로 재결정한 후 이를 공시하였다.

🎯 **관련 규정**

부동산공시법 제10조(개별공시지가의 결정·공시 등)

④ 시장·군수 또는 구청장이 개별공시지가를 결정·공시하는 경우에는 해당 토지와 유사한 이용가치를 지닌다고 인정되는 하나 또는 둘 이상의 표준지의 공시지가를 기준으로 토지가격비준표를 사용하여 지가를 산정하되, 해당 토지의 가격과 표준지공시지가가 균형을 유지하도록 하여야 한다.

부동산공시법 시행령 제18조(개별공시지가의 검증)

② 법 제10조 제5항 본문에 따라 검증을 의뢰받은 감정평가법인 등은 다음 각 호의 사항을 검토·확인하고 의견을 제시해야 한다.

1. 비교표준지의 선정의 적정성에 관한 사항
2. 개별토지의 가격 산정의 적정성에 관한 사항
3. 산정한 개별토지가격과 표준지공시지가의 균형 유지에 관한 사항
4. 산정한 개별토지가격과 인근 토지의 지가와의 균형 유지에 관한 사항
5. 표준주택가격, 개별주택가격, 비주거용 표준부동산가격 및 비주거용 개별부동산가격 산정 시 고려된 토지 특성과 일치하는지 여부
6. 개별토지가격 산정 시 적용된 용도지역, 토지이용상황 등 주요 특성이 공부(公簿)와 일치하는지 여부
7. 그 밖에 시장·군수 또는 구청장이 검토를 의뢰한 사항

(1) 갑은 이의신청에 불복하여 행정심판을 제기할 수 있는가? 10점

(2) 갑은 자신소유 토지의 개별공시지가는 맞은 편에 위치한 토지 등의 개별공시지가에 비하여 현저히 낮은 금액일 뿐만 아니라, 부공법 제11조에서는 비준표를 적용하여 개별공시지가를 산정하도록 규정하고 있음에도, 이와 달리 개별공시지가를 결정한 것은 위법하다고 주장한다. 개별공시지가 산정절차를 설명하고 갑주장의 타당성을 논하시오. 20점

(설문 1)의 해결

Ⅰ 쟁점의 정리

Ⅱ 부공법상 이의신청이 행정심판인지 여부

  1. 이의신청과 행정심판의 구별기준

    (1) 학설

      1) 심판기관기준설

      2) 쟁송절차기준설

    (2) 검토

  2. 부동산공시법상 이의신청이 행정심판인지 여부

    (1) 부동산공시법상 이의신청의 의의

    (2) 법적 성질

      1) 관련판례의 태도

      2) 사안의 경우(검토)

Ⅲ 사안의 해결

(설문 2)의 해결

Ⅰ 쟁점의 정리

Ⅱ 개별공시지가의 산정절차 등

  1. 개별공시지가의 의의 및 취지 등

  2. 개별공시지가 산정절차

    (1) 개설

    (2) 개별공시지가의 산정(부공법 제10조)

    (3) 개별공시지가의 검증 및 의견청취(부공법 제10조 제5항)

    (4) 시·군·구 부동산평가위원회의 심의 및 공시

  3. 개별공시지가의 효력

Ⅲ 甲주장의 타당성(검증제도 및 심의제도의 취지)

  1. 개별공시지가의 산정절차상 한계

  2. 관련규정 내용의 검토

    (1) 부공법 제10조 및 동법 시행령 제18조

    (2) 검토

Ⅳ 사안의 해결

I 쟁점의 정리

행정심판법 제51조는 심판청구에 대한 재결이 있는 경우에는 당해 재결 및 동일한 처분 또는 부작위에 대하여 다시 심판청구를 제기할 수 없다고 하여 재심판청구를 금지하고 있다. 따라서, 부동산 공시법상 이의신청이 특별법상 행정심판인지를 검토하여 설문을 해결한다.

II 부공법상 이의신청이 행정심판인지 여부

1. 이의신청과 행정심판의 구별기준

(1) 학설

1) 심판기관기준설

이 견해는 심판과 이의신청을 심판기관으로 구별하는 견해이다. 즉, 이의신청은 처분청 자체에 제기하는 쟁송이고, 행정심판은 행정심판위원회에 제기하는 쟁송이라고 본다.

2) 쟁송절차기준설

이 견해는 쟁송절차를 기준으로 행정심판과 '행정심판이 아닌 이의신청'을 구별하는 견해이다. 즉, 헌법 제107조 제3항은 행정심판절차는 사법심판절차가 준용되어야 한다고 규정하고 있는 점에 비추어 개별법률에서 정하는 이의신청 중 준사법절차가 보장되는 것만을 행정심판으로 보고, 그렇지 않은 것은 행정심판이 아닌 것으로 본다.

(2) 검토

헌법 제107조 제3항이 행정심판에 사법절차를 준용하도록 규정하고 있는 점에 비추어 쟁송절차기준설이 타당하다.

2. 부동산공시법상 이의신청이 행정심판인지 여부

(1) 부동산공시법상 이의신청의 의의

부동산공시법 제12조는 개별공시지가에 대하여 이의가 있는 자는 서면으로 시장, 군수 또는 구청장에게 이의를 신청할 수 있다고 규정하고 있다.

(2) 법적 성질

1) 관련판례의 태도

최근 判例는 ㉠ 가격공시법에 행정심판의 제기를 배제하는 명시적 규정이 없고, ㉡ 공시법상 이의신청과 행정심판은 그 절차 및 담당기관에 차이가 있는 점을 종합하면 행정심판법 제3조 제1항의 "다른 법률에 특별한 규정이 있는 경우"에 해당한다고 볼 수 없으므로 이의신청을 거친 경우에도 행정심판을 거쳐 소송을 제기할 수 있다고 판시한 바 있다.

2) 사안의 경우(검토)

부동산공시법(제12조 및 동법 시행령 제21조)상 이의신청절차를 준사법적 절차로 하는 어떠한 규정도 두어지고 있지 않은 점에 비추어 부동산공시법상 이의신청은 행정심판이 아니라고 보는 것이 타당하다.

Ⅲ 사안의 해결

부동산공시법상 이의신청은 행정심판이 아니므로 이의신청 후 행정심판을 제기할 수 있다.

(설문 2)의 해결

Ⅰ 쟁점의 정리

갑은 결과적으로 "표준지공시지가 × 비준표"의 산식으로 산정되지 아니한 개별공시지가는 위법하다고 주장한다. 따라서, 개별공시지가의 산정절차상 인근토지와의 균형 등을 고려하기 위해서 "표준지공시지가 × 비준표"와 달리 결정·공시할 수 있는지를 살펴본다.

Ⅱ 개별공시지가의 산정절차 등

1. 개별공시지가의 의의 및 취지 등

개별공시지가란 시·군·구청장이 표준지공시지가를 기준으로 산정한 개별토지의 단위당 가격을 말한다.이는 조세 및 개발부담금산정의 기준이 되어 행정의 효율성 제고를 도모함에 제도적 취지가 인정된다(부공법 제11조). 또한 판례는 "개별토지가격결정은 관계법령에 의한 토지초과이득세 또는 개발부담금 산정의 기준이 되어 국민의 권리나 의무 또는 법률상 이익에 직접적으로 관계되는 것으로서 항고소송의 대상이 되는 행정처분에 해당한다(93누111)"고 하여 처분성을 인정하고 있다.

2. 개별공시지가 산정절차

(1) 개설

① 시·군·구청장이 지가를 산정하고, ② 그 타당성에 대하여 감정평가법인등의 검증을 받으며, ③ 토지소유자 및 기타 이해관계인의 의견을 듣는다. ④ 그 후, 시·군·구 부동산평가위원회의 심의 후 결정·공시한다.

(2) 개별공시지가의 산정(부공법 제10조)

시·군·구청장은 당해 토지와 유사하다고 인정되는 하나 또는 둘 이상의 표준지공시지가를 기준으로 비준표를 사용하여 지가를 산정한다. 단, 표준지 및 조세부담금 부과대상이 아닌 경우는 산정하지 아니할 수 있다(시행령 제14조). 또한 당해 토지가격과 표준지공시지가가 균형을 유지하도록 하여야 한다.

(3) 개별공시지가의 검증 및 의견청취(부공법 제10조 제5항)

감정평가실적이 우수한 법인등(시행령 제20조)에게 검증받되, 개발사업시행 및 용도지역·지구변경의 경우를 제외하고 생략할 수 있다(시행령 제18조). 이 경우 개별토지의 지가변동율과 시·군·구 여평균지가변동율의 차이가 작은 순서대로 검증을 생략하고, 생략에 관하여는 미리 관계기관의 장과 협의하여야 한다.

(4) 시·군·구 부동산평가위원회의 심의 및 공시

시·군·구 부동산평가위원회의 심의 후, 개별공시지가결정 및 이의신청에 관한 사항을 결정 공시한다. 필요시 개별통지할 수 있다(시행령 제21조 제3항).

3. 개별공시지가의 효력

개별공시지가는 ① 국세, 지방세, 부담금 산정기준의 과세표준이 되며, ② 행정목적의 지가산정기준이 된다. 다만, 개별공시지가를 기준으로 하여 행정목적에 활용하기 위하여는 법률의 명시적인 규정이 있어야 하므로, 규정이 없는 경우에는 표준지공시지가를 기준으로 개별적으로 토지가격을 산정하여야 할 것이다.

Ⅲ 주장의 타당성(검증제도 및 심의제도의 취지)

1. 개별공시지가의 산정절차상 한계

개별공시지가는 이용상황 등이 유사한 표준지공시지가에 비준표를 적용하여 산정하게 된다. 비준표는 표준지와 개별토지의 지가형성요인에 관한 표준적인 비교표로서, 당해 토지가격의 적정가격과의 괴리, 통계오차의 간과우려 및 사회경제변화에 따른 탄력적 대응곤란 등의 문제점을 지닐 수 있다. 따라서 이러한 한계를 보완하고자 부공법에서는 검증 및 부동산평가위원회의 심의절차를 규정하고 있다.

2. 관련규정 내용의 검토

(1) 부공법 제11조 및 동법 시행령 제17조

부공법 제10조에서는 개별공시지가를 산정하는 과정상 당해 토지의 가격과 표준지공시지가가 균형을 유지하도록 하여야 한다고 하였으며, 동법 시행령 제18조에서는 검증항목으로서 '개별토지가격과 표준지공시지가의 균형유지에 관한 사항', '산정한 개별토지의 가격과 인근 토지의 지가 및 전년도 지가와의 균형유지에 관한 사항' 등을 규정하고 있다.

(2) 검토

이와 같은 규정들의 취지와 그 문언에 비추어 보면, 시장 등은 표준지공시지가에 토지가격비준표를 사용하여 산정된 지가와 감정평가법인등의 검증의견 및 토지소유자 등의 의견을 종합하여 당해 토지에 대하여 표준지공시지가와 균형을 유지한 개별공시지가를 결정할 수 있고, 그와 같이 결정된 개별공시지가가 표준지공시지가와 균형을 유지하지 못할 정도로 현저히 불합리하다는 등의 특별한 사정이 없는 한, 결과적으로 토지가격비준표를 사용하여 산정한 지가와 달리 결정되었거나 감정평가사의 검증의견에 따라 결정되었다는 이유만으로 그 개별공시지가의 결정이 위법하다고 볼 수 없다.

Ⅳ 사안의 해결

동작구청장이 결정한 개별공시지가가 결과적으로 토지가격비준표를 사용하여 산정한 지가가 아니라 감정평가사의 검증의견과 같게 되었더라도 이것만으로 개별공시지가 결정행위를 위법하다고 볼 수는 없다(2012두15364). 또한 각 토지마다 그 토지의 특성 및 평가요소 등에서 차이가 있고 지가산정의 목적에 따라 심의·조정과정에서 이를 참작하여 감액 혹은 증액조정하여 최종적으로 개별공시지가를 결정할 수 있다는 점 등에 비추어 특별한 사정이 없는 한 당해 토지의 개별토지가격이 인접토지의 개별토지가격과 비교하여 상대적으로 고가 또는 저가로 평가되었다는 사정만으로는 그 개별토지가격 결정이 위법·부당하다고 다툴 수 없다(92누19262). 따라서 갑의 주장은 타당하다고 할 수 없다.

> **대법원 2010.1.28, 2008두19987[개별공시지가결정처분취소][공2010상,429]**
>
> **[판시사항]**
>
> 개별공시지가에 대하여 이의가 있는 자가 행정심판을 거쳐 행정소송을 제기하는 경우 제소기간의 기산점
>
> **[판결요지]**
>
> 부동산 가격공시 및 감정평가에 관한 법률 제12조, 행정소송법 제20조 제1항, 행정심판법 제3조 제1항의 규정 내용 및 취지와 아울러 부동산 가격공시 및 감정평가에 관한 법률에 행정심판의 제기를 배제하는 명시적인 규정이 없고 부동산 가격공시 및 감정평가에 관한 법률에 따른 이의신청과 행정심판은 그 절차 및 담당 기관에 차이가 있는 점을 종합하면, 부동산 가격공시 및 감정평가에 관한 법률이 이의신청에 관하여 규정하고 있다고 하여 이를 행정심판법 제3조 제1항에서 행정심판의 제기를 배제하는 '다른 법률에 특별한 규정이 있는 경우'에 해당한다고 볼 수 없으므로, 개별공시지가에 대하여 이의가 있는 자는 곧바로 행정소송을 제기하거나 부동산 가격공시 및 감정평가에 관한 법률에 따른 이의신청과 행정심판법에 따른 행정심판청구 중 어느 하나만을 거쳐 행정소송을 제기할 수 있을 뿐 아니라, 이의신청을 하여 그 결과 통지를 받은 후 다시 행정심판을 거쳐 행정소송을 제기할 수도 있다고 보아야 하고, 이 경우 행정소송의 제소기간은 그 행정심판 재결서 정본을 송달받은 날부터 기산한다.

 **대법원 2013.11.14, 2012두15364[개별공시지가결정처분취소][공2013하,2254]**

[판시사항]

시장 등이 어떠한 토지에 대하여 표준지공시지가와 균형을 유지하도록 결정한 개별공시지가가 토지가격비준표를 사용하여 산정한 지가와 달리 결정되었거나 감정평가사의 검증의견에 따라 결정되었다는 이유만으로 위법한 것인지 여부(원칙적 소극)

[판결요지]

부동산 가격공시 및 감정평가에 관한 법률 제11조, 부동산 가격공시 및 삼성평가에 관한 법률 시행령 제17조 제2항의 취지와 문언에 비추어 보면, 시장·군수 또는 구청장은 표준지공시지가에 토지가격비준표를 사용하여 산정된 지가와 감정평가업자의 검증의견 및 토지소유자 등의 의견을 종합하여 당해 토지에 대하여 표준지공시지가와 균형을 유지한 개별공시지가를 결정할 수 있고, 그와 같이 결정된 개별공시지가가 표준지공시지가와 균형을 유지하지 못할 정도로 현저히 불합리하다는 등의 특별한 사정이 없는 한, 결과적으로 토지가격비준표를 사용하여 산정한 지가와 달리 결정되었거나 감정평가사의 검증의견에 따라 결정되었다는 이유만으로 그 개별공시지가 결정이 위법하다고 볼 수는 없다.

📝 판례사례 67 개별공시지가 위법성 판단(+ 하자승계)

강남구청장은 2013년 1월 1일 '갑소유의 토지(상업지역) 100−1번지(1,000m^2) 및 100−2번지 (1,000m^2)를 일단지로(삼손관광호텔의 인련의 이용) 하여, 인근 유사표준지에 토지가격비준표를 적용하여 개별공시지가를 6,000,000원/m^{2}으로 결정하였으나, 별도로 개별통지를 하지는 않았다. 주변 토지의 2013.1.1.자 개별공시지가로는 100−3번지 토지는 6,020,000원, 100−8번지 토지 는 6,100,000원, 100−7번지 토지는 6,120,000원, 101번지 토지는 5,950,000원으로 결정·공 시되었다. 이후, 2014년 5월 20일 사인증여를 통해 소유자가 갑에서 을로 변경되었고, 을은 국세 청에 별도의 취득신고를 하지 않았다. 이에 따라 국세청장은 개별공시지가(2013.5.31.공고)를 기 준하여 2014.6.25. 취득세를 부과하였다(2014년 개별공시지가는 아직 공시되고 있지 아니하다). 을은 본건 토지에 대한 시가감정을 개별공시지가 보다 낮은 5,600,000원/m^{2}으로 받았으며, 을은 본건 토지상 건물(삼손관광호텔)은 타인(병) 소유이며 이로 인한 법정지상권 등의 권리관계로 인하 여 당해 토지의 이용에 제한이 가해짐에도 이러한 제한 없이 산정된 개별공시지가는 위법하므로 과세처분은 당연 무효라고 주장한다. 을이 과세처분에 대하여 취소 또는 무효등확인소송을 제기한 다면 법원은 어떠한 판결을 하여야 하는가? 30점

2013 개별공시지가 조사·산정지침 [시행 2012.11.30.] [국토해양부지침, 2012.11.30., 제정]

Ⅰ. 토지가격비준표 활용

1. 토지가격비준표의 개념

   토지가격비준표는 개별토지에 대한 가격을 간편하게 산정할 수 있도록 계량적으로 고안된 '간이 지가산정표'이다.

2. 가격배율의 의미

   • 토지가격비준표에 제시된 가격배율의 의미는 토지특성의 변화에 대한 지가수준차이를 나타내는 것이다. 즉, 토지특성이 서로 다른데 대한 상대적인 지가수준을 의미한다.

   • 비준표상에 제시하지 않는 특성항목은 적용치 않는다.

Ⅱ. 개별공시지가 산정요령

1. 산정절차

   개별공시지가의 산정방법은 비교방식에 의하여 산정된다. ㉮ 산정의 기준이 되는 토지(비교표준 지)를 선택하고, ㉯ 비교표준지와 산정대상필지의 토지특성을 비교하여 서로 다른 특성을 찾아 낸 다음, ㉰ 서로 다른 토지특성에 대한 가격배율을 토지가격비준표에서 추출한 후, ㉱ 비교표 준지 가격(공시지가)에 가격배율을 곱하여 개별공시지가를 산정한다.

* 개별공시지가 조사·산정지침에서는 토지특성을 지목, 면적, 공적규제(용도지역, 용도지구, 기타제 한(구역등), 도로조건(도로접면, 도로거리), 유해시설접근성(철도·고속도로 등, 폐기물·수질오염), 등으로 구분하여 그 해당 여부를 판단하도록 규정하고 있음.

Ⅰ 쟁점의 정리

Ⅱ 하자승계 인정여부
  1. 의의 및 논의 배경
  2. 전제요건
  3. 하자승계 해결논의
    (1) 학설
      1) 전통적 견해(하자승계론)
      2) 새로운 견해(구속력론)
      3) 중첩적용론
    (2) 판례
    (3) 검토
  4. 사안의 경우
    (1) 동일한 목적을 추구하는지 여부
    (2) 예측·수인가능성 판단

Ⅲ 개별공시지가 결정행위의 위법성 인정여부
  1. 개별공시지가의 의의 및 취지
  2. 산정절차
  3. 개별공시지가의 위법성 인정여부
    (1) 개별공시지가의 위법성 사유
    (2) 개별공시지가 조사·산정지침 및 토지
      가격비준표의 법적 성질
    (3) 위법성 인정여부
      1) 개별지기산정 시 고려요소
      2) 사안의 경우

Ⅳ 사안의 해결

Ⅰ 쟁점의 정리

설문은 을이 개별공시지가의 위법을 이유로 과세처분을 대상으로 취소소송 또는 무효등확인소송을 제기하는 경우, 법원의 판결을 묻고 있다. 이는 개별공시지가의 위법을 이유로 과세처분을 다툴 수 있는지, 즉 하자승계의 문제이다. ① 따라서 하자승계가 인정될 수 있는지와, ② 타인소유의 건물이 존재함으로써 미치는 영향을 고려치 않거나, 시가와 차이 나는 것이 개별공시지가의 위법성 사유로 인정될 수 있는지를 검토하여 설문을 해결한다.

Ⅱ 하자승계 인정여부

1. 의의 및 논의 배경

하자승계란 둘 이상의 행정행위가 일련하여 동일한 법률효과를 목적으로 하는 경우에 선행행위의 하자를 이유로 후행행위를 다툴 수 있는지의 문제를 말한다. 이는 법적 안정성의 요청과(불가쟁력) 국민의 권리구제의 조화문제이다.

2. 전제요건

① 선·후행행위는 처분일 것, ② 선행행위에의 취소사유의 위법성이 존재할 것, ③ 후행행위는 적법할 것, ④ 선행행위에 불가쟁력이 발생할 것(제소기간 도과, 항소포기, 판결에 의한 확정 등)을 요건으로 한다.

3. 하자승계 해결논의

(1) 학설

1) 전통적 견해(하자승계론)

선·후행행위가 일련의 절차를 구성하면서 동일한 법률효과, 즉 하나의 효과를 목적으로 하는 경우에는 하자승계를 인정한다.

2) 새로운 견해(구속력론)

선행행위의 불가쟁력이 대물적(목적), 대인적(수범자), 시간적(사실, 법률관계의 동일성) 한계와 예측·수인가능성 한도 내에서는 후행행위를 구속하므로 하자승계가 부정된다.

3) 중첩적용론

하자의 승계론과 구속력론은 별개의 이론이므로 중첩적으로 적용될 수 있는 것으로 보는 것이 타당하다.

(2) 판례

판례는 형식적 기준을 적용하여 판단하는 듯 하나 별개의 법률효과를 목적으로 하는 경우에도 예측, 수인가능성이 없는 경우에 한하여 하자승계를 긍정하여 개별사안의 구체적 타당성을 고려하고 있다. 개별공시지가와 과세처분의 경우, 별개의 법률효과를 목적으로 하지만 개별공시지가가 개별통지되지 않은 경우에는 하자승계를 인정한 바 있으나, 개별공시지가에 대해서 불복할 수 있었음에도 이를 하지 않은 경우에는 부정한 바 있다.

(3) 검토

전통적 견해는 형식을 강조하여 구체적 타당성을 확보하지 못하는 경우가 있으므로, 개별사안에서 예측·수인가능성을 판단하여 구체적 타당성을 기함이 타당하다.

4. 사안의 경우

(1) 동일한 목적을 추구하는지 여부

개별공시지가 결정행위는 각종 부담금 등을 산정하는 기초가 되는 처분이며, 공시일로부터 1년이 경과하여 불가쟁력이 발생하였다. 취득세 부과처분은 납세의 의무를 다하기 위하여 부과되는 금전납부 의무로써 행정소송의 대상이 되는 처분이다. 개별공시지가와 취득세 부과처분은 그 목적을 달리하므로 개별공시지가 결정에 위법사유가 있다고 하여 취득세 부과처분이 당연무효가 된다고 할 수 없을 것이다.

(2) 예측·수인가능성 판단

그런데, 취득세 부과처분에 있어서 과세표준 산정의 기초가 되는 토지의 2013.1.1.자 개별공시지가의 결정·공시와 관련하여 별도의 통지절차가 이루어졌다고 볼 수 없는 이상, 위법한 개별공시지가를 기초로 한 취득세 부과처분의 후행처분에서 선행처분인 해당 토지의 개별공시지가 결정의 위법을 주장할 수 없도록 하는 것은 그 취득자에게 수인한도를 넘는 불이익을 강요하는 것이어서 을은 취득세 부과처분을 대상으로 소를 제기하여 그 위법성 사유로써 개별공시지가처분의 위법성을 주장할 수 있을 것이다.

III 개별공시지가 결정행위의 위법성 인정여부

1. 개별공시지가의 의의 및 취지

개별공시지기란 시·군·구청장이 표준지공시지가를 기준으로 산정한 개별토지의 단위당 가격을 말한다. 이는 조세 및 개발부담금산정의 기준이 되어 행정의 효율성 제고를 도모함에 제도적 취지가 인정된다(부공법 제10조).

2. 산정절차

개별공시지가는 ① 시·군·구청장이 개별토지와 용도지역·이용상황 등이 유사한 비교표준지를 기준하여 토지특성배율이 기재된 비준표를 적용하여 지가를 산정하여, ② 그 타당성에 대하여 감정평가법인등의 검증을 받고, ③ 토지소유자 및 기타 이해관계인의 의견을 듣는다. ④ 그 후, 시·군·구 부동산평가위원회의 심의 후 결정·공시하게 된다.

3. 개별공시지가의 위법성 인정여부

(1) 개별공시지가의 위법성 사유

개별토지가격의 결정과정에 있어 주요절차를 위반한 하자가 있거나, 비교표준지의 선정 또는 토지가격비준표에 의한 표준지와 당해 토지의 특성 조사·비교, 가격조정률의 적용이 잘못되었거나, 기타 위산·오기로 인하여 지가산정에 명백한 잘못이 있는 경우 그 개별토지가격 결정의 위법 여부를 다툴 수 있으나, 당해 토지의 시가나 실제 거래가격과 직접적인 관련이 있는 것은 아니므로 단지 그 공시지가가 감정가액이나 실제 거래가격을 초과한다는 사유만으로 그것이 현저하게 불합리한 가격이어서 그 가격 결정이 위법하다고 단정할 수는 없다(2003두12080).

(2) 개별공시지가 조사·산정지침 및 토지가격비준표의 법적 성질

국토해양부장관이 부공법 제9조 제2항 규정에 따라 작성하여 제공하는 토지가격비준표는 부공법 시행령 제16조 제1항에 따라 국토해양부장관이 정하는 '개별공시지가의 조사·산정지침'과 더불어 법률 보충적인 역할을 하는 법규적 성질을 가진다고 할 것이다(96누17103).

(3) 위법성 인정여부

1) 개별지가산정 시 고려요소

국토교통부장관의 「2013년도 적용 개별공시지가 조사·산정지침」은, '토지특성조사'와 관련하여 토지특성을 '지목, 면적, 공적규제(용도지역, 용도지구, 기타제한[구역등], 기타/도시계획시설), 농지(구분/비옥도/경지정리), 임야, 토지이용상황(주거용, 상업·업무용, 주

· 상복합, 공업용, 전, 답, 임야, 특수토지, 공공용지 등), 지형지세(고저, 형상, 방위), 도로조건(도로접면, 도로거리), 유해시설접근성(철도·고속도로 등, 폐기물·수질오염)' 등으로 구분하여 그 해당 여부를 판단하도록 규정하고 있을 뿐, 해당 토지의 소유자와 지상 건축물의 소유자가 동일한지 여부나 그 소유관계에 따라 토지소유권의 사용이 제약되는지 여부는 토지특성의 세부항목으로 규정하고 있지 않다.

2) 사안의 경우

강남구청장은 을토지에 대하여 개별공시지가를 m^{2}당 6,000,000원으로 결정·고시하였는데, 앞서 본 바와 같이 토지상에 타인 소유의 건축물이 존재하여 토지이용이 제한된다는 사정은 부동산공시법 및 관련 지침 등에서 정한 토지특성조사 항목에 포함되지 않고, 을 소유 토지는 모두 삼손관광호텔 및 그 관련시설의 부지의 일부로 사용되고 있으며, 각 개별토지의 다른 토지특성 등에 비추어도 위 각 토지는 용도상 불가분의 관계에 있다고 할 것이어서, 위 각 토지를 일단의 토지로 이용하는 것이 사회적·경제적·행정적 측면에서 합리적이고 당해 토지의 가치형성적 측면에서도 타당하다고 보인다. 따라서 강남구청장이 위 각 토지를 일단의 토지로 보아 2013.1.1.자 개별공시지가를 평가한 것은 합리적으로 보인다. 따라서 강남구청장의 개별공시지가 결정행위는 적법한 것으로 판단된다.

Ⅳ 사안의 해결

을이 주장하는 토지이용제한 상황을 을토지의 개별공시지가 결정에 반영하지 않고, 삼손관광호텔의 부지로 사용되는 '을' 소유의 각 토지를 용도상 불가분의 관계에 있는 일단의 토지로 보아 부동산공시법 및 관련 지침에 따라 이 사건 토지의 개별공시지가를 결정한 것에 있어서, 절차상 하자가 있다거나 개별공시지가가 현저히 불합리하게 산정되었다고 볼 수 없고 을 토지와 주변 토지의 개별공시지가의 편차가 크지 않다. 따라서, 설문상 취득세 부과처분 자체의 하자는 존재하지 않는 것으로 보이므로, 법원은 취득세부과처분에 대한 취소소송 또는 무효등확인소송에서 기각판결을 하여야 할 것이다.

판례사례 68 표준지공시지가 평가절차 및 위법성 판단(+하자승계)

甲 주식회사가 강제경매절차에서 표준지로 선정된 토지를 대지권의 목적으로 하는 집합건물 중 구분건물 일부를 취득하고, 관할 구청장이 재산세를 부과하였다.

(1) 표준지로 선정된 토지의 표준지공시지가에 대한 불복방법을 설명하시오. [15점]

(2) 그러한 절차를 밟지 않은 채 토지 등에 관한 재산세 등 부과처분의 취소를 구하는 소송에서 표준지공시지가결정의 위법성을 다투는 것이 허용되는지 여부를 논하시오. [15점]

(3) 표준지공시지가가 시가와 현저한 차이가 발생하는 것이 표준지공시지가의 위법사유가 될 수 있는지 논하시오. [10점]

(설문 1)의 해결

Ⅰ 쟁점의 정리

Ⅱ 표준지공시지가의 법적 성질
  1. 표준지공지지가의 의의 및 취지
  2. 법적 성질

Ⅲ 불복방법
  1. 처분성 부정시
  2. 처분성 긍정시
    (1) 이의신청
      1) 의의 및 취지
      2) 이의신청의 성격
      3) 절차 및 효과
    (2) 행정심판
    (3) 행정소송
      1) 의의 및 종류
      2) 행정심판 임의주의

Ⅳ 관련문제

(설문 2)의 해결

Ⅰ 쟁점의 정리

Ⅱ 하자승계 인정논의
  1. 의의 및 논의 배경
  2. 전제요건
  3. 하자승계의 해결논의
    (1) 학설
      1) 전통적 견해(하자승계론)
      2) 새로운 견해(구속력론)
      3) 중첩적용론
    (2) 판례
    (3) 검토

Ⅲ 사안의 경우
  1. 동일 목적인지 여부
  2. 예측가능성 및 수인한도성

(설문 3)의 해결

Ⅰ 개설

Ⅱ 공지지가와 시가의 관계
  1. 학설논의
    (1) 정책가격설
    (2) 시가설
  2. 판례
  3. 검토

(설문 1)의 해결

I 쟁점의 정리

표준지공지지가의 하자를 후행처분인 과세처분의 위법성 사유로 주장할 수 있는지가 문제된다. 표준지공시지가의 하자가 과세처분에 승계될 수 있는지를 검토한다.

II 표준지공시지가의 법적 성질

1. 표준지공지지가의 의의 및 취지

표준지공시지가라 함은 국토교통부장관이 조사, 평가하여 공시한 표준지의 단위면적당 가격을 말한다. 이는 적정가격을 공시하여 ① 부동산의 적정한 가격형성을 도모하고, ② 국토의 효율적 이용 및 국민경제발전, ③ 조세형평성을 향상시키기 위함이다(부동산공시법 제1조).

2. 법적 성질

표준지공시지가는 보상금 산정 등에 구속력을 가지므로 행정행위로 보는 견해와 정책집행활동의 기준이 되는 행정계획으로 보는 견해 등이 있으나, 판례는 "공시지가에 불복하기 위하여서는 처분청을 상대로 (부동산공시법상) 이의신청절차를 거쳐 그 공시지가 결정의 취소를 구하는 행정소송을 제기하여야 하다"고 판시하여(94누12920) 처분성을 긍정하고 있다.

III 불복방법

1. 처분성 부정시(국민의 권리구제에 유리)

① 부동산공시법 제7조의 이의신청에 의한 구제가 가능하다. ② 잘못된 표준지공시지가를 기초로 하는 후행처분에 의해, 법률상 이익이 침해된 경우에는 후행처분의 위법성 사유로서 표준지의 잘못을 주장할 수 있다.

2. 처분성 긍정시

(1) 이의신청

1) 의의 및 취지

공시지가에 이의 있는 자가 국토교통부장관에게 이의를 신청하고, 국토교통부장관이 이에 대해 심사하는 제도로서(부동산공시법 제7조), 공시지가의 객관성을 확보하여 공신력을 높여주는 제도적 취지가 인정된다.

2) 이의신청의 성격

이의신청을 특별법상 행정심판으로 보는 견해가 있었으며, 종전 판례는 이의신청을 거쳐서 행정소송을 제기해야 한다고 하였으나, 최근 개별공시지가와 관련된 판례는 이의신청을 제기한 이후에도 별도로 행정심판을 제기할 수 있다고 판시한 바 있다.

3) 절차 및 효과

공시일로부터 30일 이내에 서면으로 국토교통부장관에게 이의신청을 하고 국토교통부장관은 기간이 만료된 날부터 30일 이내에 심사하고 그 결과를 신청인에게 통지해야 한다. 이의가 타당한 경우에는 표준지공시지가를 조정하여 재공시해야 한다.

(2) 행정심판

최근 판례의 태도에 따르면 이의신청을 거친 경우나 거치지 않은 경우 모두 행정심판을 제기할 수 있을 것이다. 따라서 취소심판 및 무효확인심판청구가 가능하다.

(3) 행정소송

1) 의의 및 종류

표준지공시지가의 하자가 중대·명백한 경우에는 무효등확인소송을, 취소사유인 경우에는 취소소송을 제기할 수 있다.

2) 행정심판 임의주의

행정소송법 제18조에서 행정심판 임의주의를 원칙으로 규정하는 점에 비추어 볼 때, 행정심판을 거치지 않은 경우라도 행정소송을 제기할 수 있을 것이다.

Ⅳ 관련문제

표준지공시지가는 다양한 정책활동의 기초가 되므로 표준지공시지가의 하자가 후행 행정처분에 승계되는지가 문제될 수 있는데, 판례는 표준지공시지가와 개별공시지가 및 과세처분에서는 대체로 하자승계를 부정하고, 보상재결처분에 있어서 하자승계를 긍정한 바 있다.

░ (설문 2)의 해결

I 쟁점의 정리

표준지공시지가의 하자를 이유로 과세처분의 취소를 주장할 수 있는지가 문제된다. 이의 해결을 위하여 표준지공시지가의 하자를 과세처분의 하자사유로 승계주장할 수 있는지를 검토한다.

II 하자승계 인정논의

1. 의의 및 논의 배경

하자승계란 둘 이상의 행정행위가 일련하여 동일한 법률효과를 목적으로 하는 경우에 선행행위의 하자를 이유로 후행행위를 다툴 수 있는지의 문제를 말한다. 이는 법적 안정성의 요청(불가쟁력)과 국민의 권리구제의 조화문제이다.

2. 전제요건

① 선, 후행행위는 처분일 것, ② 선행행위의 취소사유의 위법성(무효사유인 경우에는 당연승계된다), ③ 후행행위의 적법성, ④ 선행행위에 불가쟁력이 발생할 것(제소기간 경과, 항소 포기, 판결에 의한 확정 등)을 요건으로 한다.

3. 하자승계의 해결논의

(1) 학설

1) 전통적 견해(하자승계론)

선, 후행행위가 일련의 절차를 구성하면서 동일한 법률효과, 즉 하나의 효과를 목적으로 하는 경우에는 하자승계를 인정한다.

2) 새로운 견해(구속력론)

선행행위의 불가쟁력이 대물적(목적), 대인적(수범자), 시간적(사실, 법률관계의 동일성) 한계와 예측가능성, 수인가능성 한도 내에서는 후행행위를 구속하므로 하자승계가 부정된다.

3) 중첩적용론

하자의 승계론과 구속력론은 별개의 이론이므로 중첩적으로 적용될 수 있는 것으로 보는 것이 타당하다.

(2) 판례

1) 판례는 형식적 기준을 적용하여 판단하는 듯하나 별개의 법률효과를 목적으로 하는 경우에도 예측가능성, 수인가능성이 없는 경우에 한하여 하자승계를 긍정하여 개별사안의 구체적 타당성을 고려하고 있다.

2) ① 사업인정의 하자가 무효가 아닌 경우에는 재결단계에서의 하자승계를 부정하며, 사업인 정의 하자가 당연무효인 경우에는 재결처분도 무효라고 판단한다(2011두3746).

② 개별공시지가와 과세처분의 경우, 개별공시지가가 개별통지되지 않은 경우에는 하자승 계를 인정한 바 있다. ③ 표준지공시지가와 재결에서는 별개의 효과를 목적으로 하는 경우 에도 선행행위의 위법성을 다투지 못하게 하는 것이 수인한도를 넘는 불이익을 강요하는 것이 되는 경우에 한하여 하자승계를 긍정한 바 있다(2007두13845). ④ 표준지로 선정된 토 지의 표준지공시지가에 대한 불복방법 및 그러한 절차를 밟지 않은 채 토지 등에 관한 재산 세 등 부과처분의 취소를 구하는 소송에서 표준지공시지가결정의 위법성을 다투는 것은 허 용되지 않는다고 판시한 바 있다(2018두50147).

(3) 검토

전통적 견해의 형식적 기준을 원칙으로 하되 개별사안의 예측·수인가능성을 판단하여 구체적 타당성을 기함이 타당하다.

Ⅲ 사안의 경우

1. 동일 목적인지 여부

표준지인 경우 조정없이 그대로 개별공시지가로 결정된다. 표준지공시지가 및 개별공시지가는 표 준지 및 개별지의 가격을 공시하여 각종 정책 자료로 활용되는 기준이 되는 역할을 담당하나, 조세 처분은 국민의 납세의무를 실현하여 국가 재정의 근간이 되는 것으로서 양자는 그 목적을 달리한다 고 볼 것이다.

2. 예측가능성 및 수인한도성

표준지공시지가 및 개별공시지가는 이의신청, 행정심판 및 행정소송을 통해 그 위법을 시정할 수 있으므로 이러한 불복절차를 거칠 수 있었음에도 이를 거치지 않은 경우에는 예측가능성 및 수인한 도성은 인정되지 않을 것이다.

(설문 3)의 해결

I 개설

시가란 불특정 다수의 시장에서 자유로이 거래가 이루어지는 경우에 통상 성립된다고 인정되는 가액으로서, 토지의 현실거래가격은 아니므로 비정상적인 경로에 의해 상승 또는 감소한 가격은 배제된다. 시가와 현저히 차이가 나는 공시지가결정이 위법한지의 문제와 관련하여 공시지가가 시가와 어떠한 관계가 있는지를 검토하여야 한다.

II 공시지가와 시가의 관계

1. 학설논의

(1) 정책가격설

공시제도의 목적은 부동산공시법 제1조에 나타나는 바와 같이, 공시지가의 공시를 통하여 적정한 지가형성을 도모하는 데 있으므로, 이는 현실에서 거래되는 가격이 아니라 투기억제 또는 지가안정이라는 정책적 목적을 위해 결정·공시되는 가격이라고 본다.

(2) 시가설

공시지가는 각종 세금이나 부담금의 산정기준이 되는 토지가격으로서 현실시장 가격을 반영한 가격이지 이와 유리된 가격일 수 없다고 본다.

2. 판례

"개별토지가격의 적정성 여부는 규정된 절차와 방법에 의거하여 이루어진 것인지 여부에 따라 결정될 것이지", 해당 토지의 시가와 직접적인 관련이 있는 것이 아니므로, 단지 개별지가가 시가를 초과한다는 사유만으로는 그 가격 결정이 위법하다고 단정할 것은 아니라고 판시하여 공시지가를 정책적으로 결정한 가격으로 보고 있다.

3. 검토

공시지가가 통상적인 시장에서 형성되는 정상적인 시가를 제대로 반영하는 것이 바람직하나, 공시지가가 시가대로 산정된다면 공시지가 제도를 둔 취지가 훼손될 수 있다. 따라서 공시지가와 시가가 현저히 차이가 난다는 사유만으로 그 위법을 인정할 수는 없으며, 이러한 경우 그 산정절차나 비교표준지의 사정 등에 위법이 있을 수 있으므로 이러한 위법을 이유로 주장할 수 있을 것이다.

[판시사항]

[1] 표준지로 선정된 토지의 표준지공시지가에 대한 불복방법 및 그러한 절차를 밟지 않은 채 토지 등에 관한 재산세 등 부과처분의 취소를 구하는 소송에서 표준지공시지가결정의 위법성을 다투는 것이 허용되는지 여부(원칙적 소극)

[2] 甲 주식회사가 강제경매절차에서 표준지로 선정된 토지를 대지권의 목적으로 하는 집합건물 중 구분건물 일부를 취득하자, 관할 구청장이 재산세를 부과한 사안에서, 위 부동산에 대한 시가표준액이 감정가액과 상당히 차이가 난다는 등의 이유로 시가표준액 산정이 위법하다고 본 원심판결에 법리오해 등의 잘못이 있다고 한 사례

[판결요지]

[1] 표준지로 선정된 토지의 표준지공시지가를 다투기 위해서는 처분청인 국토교통부장관에게 이의를 신청하거나 국토교통부장관을 상대로 공시지가결정의 취소를 구하는 행정심판이나 행정소송을 제기해야 한다. 그러한 절차를 밟지 않은 채 토지 등에 관한 재산세 등 부과처분의 취소를 구하는 소송에서 표준지공시지가결정의 위법성을 다투는 것은 원칙적으로 허용되지 않는다.

[2] 甲 주식회사가 강제경매절차에서 표준지로 선정된 토지를 대지권의 목적으로 하는 집합건물 중 구분건물 일부를 취득하자, 관할 구청장이 재산세를 부과한 사안에서, 위 토지는 표준지로서 시가표준액은 표준지공시지가결정에 따라 그대로 정해지고, 위 건축물에 대한 시가표준액은 거래가격 등을 고려하여 정한 기준가격에 건축물의 구조, 용도, 위치와 잔존가치 등 여러 사정을 반영하여 정한 기준에 따라 결정되므로, 법원이 위 건축물에 대한 시가표준액 결정이 위법하다고 판단하기 위해서는 위 각 산정 요소의 적정 여부를 따져보아야 하는데, 이를 따져보지 않은 채 단지 위 건축물에 대한 시가표준액이 그 감정가액과 상당히 차이가 난다거나 위 건축물의 시가표준액을 결정할 때 위치지수로 반영되는 위 토지의 공시지가가 과도하게 높게 결정되었다는 등의 사정만으로 섣불리 시가표준액 결정이 위법하다고 단정할 수 없으므로, 위 부동산에 대한 시가표준액이 감정가액과 상당히 차이가 난다는 등의 이유로 시가표준액 산정이 위법하다고 본 원심판결에 법리오해 등의 잘못이 있다고 한 사례

[이 유]

상고이유를 판단한다.

1. 이 사건 소송에서 표준지공시지가결정의 위법성을 다툴 수 있는지 여부(상고이유 제1점)

　가. 표준지로 선정된 토지의 표준지공시지가를 다투기 위해서는 처분청인 국토교통부장관에게 이의를 신청하거나 국토교통부장관을 상대로 공시지가결정의 취소를 구하는 행정심판이나 행정소송을 제기해야 한다. 그러한 절차를 밟지 않은 채 토지 등에 관한 재산세 등 부과처분의 취소를 구하는 소송에서 표준지공시지가결정의 위법성을 다투는 것은 원칙적으로 허용되지 않는다(대법원 1995.11.10. 93누16468, 대법원 1997.9.26. 96누7649 참조).

　나. 원심판결 이유와 기록에 따르면 다음 사실을 알 수 있다. 국토교통부장관은 2015. 2. 25. 성남시 (주소 생략) 토지(이하 '이 사건 토지'라 한다)에 대한 표준지공시지가를 결정·공시하였다. 여객자동차터미널사업 등을 하는 원고는 2015. 3. 18. 강제경매절차에서 이 사건

토지를 대지권의 목적으로 하는 집합건물인 '성남(분당)여객자동차터미널과 복합건물' 중 구분건물 6개 호실(이하 '이 사건 건축물'이라 하고, 이 사건 토지와 함께 '이 사건 부동산'이라 한다)을 취득하였다.

다. 이러한 사실을 위에서 본 법리에 비추어 살펴보면, 원고는 이의절차나 국토교통부장관을 상대로 한 행정소송 등을 통하여 이 사건 토지에 대한 표준지공시지가결정의 위법성을 다투었어야 한다. 그러한 절차를 밟지 않은 채 원고가 이 사건 부동산에 관한 재산세 등 부과처분의 취소를 구하는 이 사건 소송에서 그 위법성을 다투는 것은 허용되지 않는다.

라. 그런데도 원심은 원고가 이 사건 소송에서 표준지공시지가결정의 위법성을 다툴 수 있다고 판단하였다. 원심판결에는 재산세 등 부과처분 취소소송에서 표준지공시지가결정의 위법성을 다툴 수 있는지 여부에 관한 법리 등을 오해하여 판결에 영향을 미친 잘못이 있다. 이를 지적하는 상고이유 주장은 정당하다.

원심이 원용한 대법원 2008.8.21, 2007두13845은 표준지 인근 토지의 소유자가 토지 등의 수용 경과 등에 비추어 표준지공시지가의 확정 전에 이를 다투는 것이 불가능하였던 사정 등을 감안하여 사업시행자를 상대로 수용보상금의 증액을 구하는 소송에서 비교표준지공시지가결정의 위법을 독립된 사유로 주장할 수 있다고 본 것으로 이 사건과 사안이 다르므로 이 사건에 원용하기에 적절하지 않다.

2. 이 사건 부동산에 대한 시가표준액 산정이 위법한지 여부(상고이유 제3점)

가. 구 지방세법(2016.1.19. 법률 제13796호로 개정되기 전의 것, 이하 같다) 제4조는 제1항에서 토지에 대한 시가표준액은 원칙적으로 「부동산 가격공시 및 감정평가에 관한 법률」에 따라 공시된 가액으로 하도록 정하고, 제2항에서 주택 외의 건축물에 대한 시가표준액은 거래가격 등을 고려하여 정한 기준가격에 용도 등 과세대상별 특성을 고려하여 대통령령으로 정하는 기준에 따라 지방자치단체의 장이 결정한 가액으로 하도록 정하고 있다. 구 지방세법 시행령(2020.12.31. 대통령령 제31343호로 개정되기 전의 것) 제4조 제1항 제1호는 구 지방세법 제4조 제2항의 '대통령령으로 정하는 기준'을 '소득세법 제99조 제1항 제1호 (나)목에 따라 산정·고시하는 건물신축가격기준액에 건물의 구조별·용도별·위치별 지수, 건물의 경과연수별 잔존가치율, 건물의 규모·형태·특수한 부대설비 등의 유무 및 그 밖의 여건에 따른 가감산율을 적용하여 행정안전부장관이 정하는 기준'으로 정하고 있다.

나. 원심은 이 사건 부동산에 대한 시가표준액이 원심 감정인 등의 감정가액과 상당히 차이가 난다는 등의 이유로 시가표준액 산정이 현저하게 불합리하여 위법하고, 이를 기초로 피고가 원고에게 한 이 사건 부동산에 관한 2015년 귀속 재산세 등 부과처분 역시 위법하다고 판단하였다.

다. 그러나 원심의 이러한 판단은 다음과 같은 이유로 받아들일 수 없다.

　(1) 이 사건 토지는 표준지로서 그 시가표준액은 표준지공시지가결정에 따라 그대로 정해진다. 그런데 위에서 보았듯이 원고는 이 사건 소송에서 이 사건 토지에 대한 표준지공시지가결정의 위법성을 다툴 수 없으므로, 설령 이 사건 토지에 대한 감정가액이 시가표준액이 되는 표준지공시지가를 상당히 초과하더라도 이러한 이유만으로 시가표준액 산정이 위법하다고 볼 수 없다.

(2) 이 사건 건축물에 대한 시가표준액은 거래가격 등을 고려하여 정한 기준가격에 건축물의 구조, 용도, 위치와 잔존가치 등 여러 사정을 반영하여 정한 기준에 따라 결정된다. 따라서 법원이 이 사건 건축물에 대한 시가표준액 결정이 위법하다고 판단하기 위해서는 위 각 산정 요소의 적정 여부를 따져보아야 하고, 이를 따져보지 않은 채 단지 이 사건 건축물에 대한 시가표준액이 그 감정가액과 상당히 차이가 난다거나 이 사건 건축물의 시가표준액을 결정할 때 위치지수로 반영되는 이 사건 토지의 공시지가가 과도하게 높게 결정되었다는 등의 사정만으로 섣불리 시가표준액 결정이 위법하다고 단정할 수 없다.

라. 그런데도 원심은 이 사건 부동산에 대한 시가표준액 산정이 위법하다고 판단하였다. 원심판결에는 이 사건 부동산에 대한 시가표준액 산정에 관한 법리를 오해하거나 심리를 다하지 않는 등 판결에 영향을 미친 잘못이 있다. 이를 지적하는 상고이유 주장은 정당하다.

3. 결론

피고의 상고는 이유 있어 나머지 상고이유에 대한 판단을 생략한 채 원심판결을 파기하고 사건을 다시 심리·판단하도록 원심법원에 환송하기로 하여, 대법관의 일치된 의견으로 주문과 같이 판결한다.

📝 판례사례 69 용도상 불가분 판단

2010.9.2. 갑은 을로부터 대전시 유성구 합격동 100번지(지목 전, 면적 1,471m^2) 토지를 매입하여 ① 대전시 유성구 합격동 100번지 대 260m^2(간이휴게소 소재), ② 100-1번지 주차장 1,211m^2 으로 분할하였다(①토지는 ②토지에 둘러싸여 있는 형태이다). 당해 토지는 간이휴게소(연면적 100m^2), 화장실과 그에 부속한 주차장으로 사용하고 있었다. 2012.03.21. 경 당해 건물의 구조상 결함이 발견되어 철거하였다. 그 후 3년간 나대지 상태(인근 등산객의 주차장 부지로 이용 중)로 있다가 수용되었다. 갑은 매입 당시 1필지의 토지로서 간이휴게소 시설로 전체가 이용 중이었으며, 지목과 현황을 일치시키기 위하여 지목변경 및 분필을 이행한 것이기에 일단의 토지로서 보상금 산정시에 일괄평가하여야 한다고 주장한다. 일괄평가하여야 하는가? [10점]

Ⅰ 쟁점의 정리	2. 용도상 불가분의 관계
Ⅱ 감정평가의 원칙	3. 용도상 불가분 관계의 판단방법
1. 구분평가 원칙	Ⅲ 사안의 해결

Ⅰ 쟁점의 정리

갑 소유의 토지가 일단지로서 용도상 불가분의 관계가 인정되는지를 검토한다.

Ⅱ 감정평가의 원칙

1. 구분평가 원칙

감정평가에 관한 규칙 제7조에서는 "감정평가는 대상물건마다 개별로 평가하여야 하는데, 대상물건 상호 간에 용도상 불가분의 관계가 있는 경우에는 일괄하여 감정평가할 수 있다."고 규정하고 있다.

2. 용도상 불가분의 관계

'용도상 불가분의 관계'에 있다는 것은 일단의 토지로 이용되고 있는 상황이 사회적·경제적·행정적 측면에서 합리적이고 그 토지의 가치 형성적 측면에서도 타당하다고 인정되는 관계에 있는 경우를 뜻한다. 일시적인 이용상황 등을 고려해서는 안 된다.

3. 용도상 불가분 관계의 판단방법

토지는 필지의 단위로 등록되고 통상 거래된다. 당해 토지의 이용상황은 토지대장에 기재되는데 이용상황에 따라 토지용도를 구분해 놓은 것을 지목이라고 한다. 따라서 여러 필지가 용도상 불가분의 관계로서 일단의 토지로 이용 중이기 위해서는 최소한 동일 지목의 동일 용도로 이용 중이어야 할 것이다. 통상 건축물 대장상 관련지번으로 등재되어 있는지 여부와 지목 등을 종합고려하여 판단한다.

Ⅲ 사안의 해결

재결당시 각 토지는 지목이 '대' 및 '주차장'으로 상이하다. "① 토지"는 지목이 '대'로서 현재 주차장으로 이용 중인 것은 일시적인 이용으로 볼 것이다. 각 필지는 종래 1필지였던 토지였지만 현실이용을 기준하여 이에 부합하도록 필지를 분할하고 지목을 변경하였기에 이는 각 필지별 상이함을 전제로 한다 할 것이다. 이러한 점을 고려할 때, 당해 토지는 용도상 불가분의 관계에 있다고 보기 어려우므로 필지별로 구분평가하여야 할 것이다.

📝 판례사례 70 일괄평가

갑은 2009.1.13, 2014.6.18, 2014.6.18. 같은 건물 6층에 소재한 601호, 602호 및 603호를 연이어 취득하였다. 2016.11.22. 기준으로 교회의 부속시설로서 601호 부동산을 소예배실, 소회의실, 탁구장으로, 602호 부동산을 성경공부방으로, 603호 부동산을 휴게실로 각 이용하고 있으나, 각 부동산은 실질적인 구분건물로서 구조상 독립성과 이용상 독립성이 유지되고 있다.

이러한 상황에서 당해 건물이 소재한 아파트 단지가 재건축되었고 재건축사업이 진행되는 과정에서 현금청산을 하게 되었다. 이에 감정평가사 을은 각 부동산을 교회의 부속시설로 이용하고 있다는 이유로 각 부동산(대지사용권 포함하여)을 일괄평가하면서, 각 부동산의 총전유면적 542.4m^2(= 601호 부동산의 전유면적 319.68m^2+602호 부동산의 전유면적 141.39m^2+603호 부동산의 전유면적 81.33m^2)와 비교거래사례의 전유면적 66.18m^{2}를 비교하여 규모 면에서 601호 내지 603호 각 부동산이 비교거래사례보다 열세라고 평가하였고, 이를 개별요인에 반영하였다.

그런데 평가대상 각 부동산에 대하여 개별적으로 평가가 이루어질 경우에는 규모 면에서도 비교거래사례의 전유면적과 개별적인 비교가 이루어지게 되고 이는 평가대상 각 부동산의 각 개별요인에 반영될 것이다. 이 경우 각 개별요인 수치는 각 부동산을 일괄하여 평가할 경우의 개별요인 수치보다는 각 부동산의 평가에 유리하게 작용할 것으로 보이고 따라서 이때의 평가금액의 합계액은 각 부동산을 일괄적으로 평가한 금액보다 많을 가능성이 있다.

각 부동산은 실질적인 구분건물로서 구조상 독립성과 이용상 독립성이 유지되고 있을 뿐 아니라 갑이 앞서 본 바와 같이 순차적으로 각각의 소유권을 취득하였던 것처럼 개별적으로 거래대상이 된다고 보이고 나아가 개별적으로 평가할 경우의 가치는 앞서 본 바와 같이 일괄적으로 평가한 경우의 가치보다 높을 수 있다. 그러므로 을이 각 부동산을 교회의 부속시설로 이용하고 있다는 등의 사정만으로 각 부동산이 일체로 거래되거나 용도상 불가분의 관계에 있다고 단정하기 어렵다.

상기와 같은 경우 감정평가 기준(개별감정평가의 원칙과 예외)에 대해서 논하고, 일괄평가가 타당한지 판단하시오. [20점]

감정평가법 제3조(기준)

① 감정평가법인등이 토지를 감정평가하는 경우에는 그 토지와 이용가치가 비슷하다고 인정되는 「부동산 가격공시에 관한 법률」에 따른 표준지공시지가를 기준으로 하여야 한다. 다만, 적정한 실거래가가 있는 경우에는 이를 기준으로 할 수 있다. 〈개정 2020.4.7〉

② 제1항에도 불구하고 감정평가법인등이 「주식회사 등의 외부감사에 관한 법률」에 따른 재무제표 작성 등 기업의 재무제표 작성에 필요한 감정평가와 담보권의 설정·경매 등 대통령령으로 정하는 감정평가를 할 때에는 해당 토지의 임대료, 조성비용 등을 고려하여 감정평가를 할 수 있다. 〈개정 2017.10.31, 2018.3.20, 2020.4.7〉

③ 감정평가의 공정성과 합리성을 보장하기 위하여 감정평가법인등(소속감정평가사 포함)이 준수하여야 할 원칙과 기준은 국토교통부령으로 정한다.

> **감정평가에 관한 규칙**
>
> 제7조(개별물건기준 원칙 등)
>
> ① 감정평가는 대상물건마다 개별로 하여야 한다.
>
> ② 둘 이상의 대상물건이 일체로 거래되거나 대상물건 상호 간에 용도상 불가분의 관계가 있는 경우에는 일괄하여 감정평가할 수 있다.
>
> ③ 하나의 대상물건이라도 가치를 달리하는 부분은 이를 구분하여 감정평가할 수 있다.
>
> ④ 일체로 이용되고 있는 대상물선의 일부분에 대하여 감정평가하여야 할 특수한 목적이나 합리적인 이유가 있는 경우에는 그 부분에 대하여 감정평가할 수 있다.

<table>
<tr><td>

Ⅰ 개설

Ⅱ 개별감정평가의 원칙과 예외

  1. 개별감정평가의 원칙

  2. 개별감정평가 원칙의 예외

    (1) 일괄감정평가

</td><td>

    (2) 구분감정평가

    (3) 부분감정평가

Ⅲ 일괄평가의 타당성 판단

  1. 일괄평가의 전제조건(용도상 불가분 관계)

  2. 일괄평가의 타당성 판단

</td></tr>
</table>

Ⅰ 개설

감정평가에 관한 규칙 제7조에서는 대상물건은 개별로 감정평가하는 것을 원칙으로 규정하고 있다. 다만, 개별감정평가하는 것이 불합리하거나 특수한 목적 또는 합리적인 이유가 있는 경우에는 개별감정평가 이외에 일괄감정평가, 구분감정평가 및 부분감정평가를 할 수 있도록 명시하고 있다. 이렇게 함으로써 가치형성요인을 전제하여 감정평가의 공정성과 객관성을 확보할 수 있다.

Ⅱ 개별감정평가의 원칙과 예외

1. 개별감정평가의 원칙

감정평가는 대상물건을 각각 독립된 개별 물건으로 취급하고 이에 대한 경제적 가치를 평가하는 것을 원칙으로 한다. 토지와 건물을 각각의 부동산으로 보는 법과 제도로 인하여 실제 관행상으로는 일체로 거래됨에도 토지와 건물을 별개의 부동산으로 감정평가하는 것을 기본원칙으로 하고 있다.

2. 개별감정평가 원칙의 예외

(1) 일괄감정평가

2개 이상의 토지 등에 대한 감정평가는 개별평가를 원칙으로 하되, 예외적으로 2개 이상의 토지 등에 거래상 일체성 또는 용도상 불가분의 관계가 인정되는 경우에 일괄평가가 허용된다. 일괄평가의 예로는 둘 이상의 획지 또는 필지를 일단지로 평가할 필요가 있는 경우, 대지와 지상물이 일체로 거래되는 경우, 용도상 불가분의 관계에 있는 아파트, 다세대 연립주택, 아파트형 공장, 주거용 오피스텔 등, 임지와 입목을 일체로 하는 임야 등이 있다. 일괄평가하는 경우에도 합리적인 기준에 따라 토지가액 및 건물가액 등으로 구분하여 표시할 수 있다.

(2) 구분감정평가

구분감정평가는 1개의 물건이라도 가치를 달리하여 서로 다르게 가치가 형성되는 경우에는 이를 구분하여 감정평하는 것을 말한다. 가치를 서로 달리하는 부분을 구별하는 점에서 부분감정평가와 차이가 있고, 가치를 달리 하더라도 면적 등이 과소하여 그 영향이 미미한 경우에는 주된 가치를 기준으로 감정평가해야 한다. 한 필지의 토지라도 용도지역, 이용상황 등이 서로 달라 가치를 달리하는 경우에는 구분감정평가를 할 수 있다.

(3) 부분감정평가

부분감정평가는 본래 대상물건의 일부만을 감정평가하는 것을 말한다. 부분감정평가를 하지 않는 것이 원칙이지만, 특수한 목적 또는 합리적인 이유가 있어 부분감정평가의 필요성이 인정되는 경우 대상물건의 일부만을 감정평가할 수 있다. 토지의 보상평가 시 1개 필지의 일부만이 편입되어 그 편입부부만을 평가하는 경우나 토지, 건물 일체로 구성된 복합부동산 그 상태에서 토지만의 가액을 구하는 경우가 이에 해당한다.

Ⅲ 일괄평가의 타당성 판단

1. 일괄평가의 전제조건(용도상 불가분 관계)

'용도상 불가분의 관계'에 있다는 것은 일단의 토지로 이용되고 있는 상황이 사회적·경제적·행정적 측면에서 합리적이고 그 토지의 가치 형성적 측면에서도 타당하다고 인정되는 관계에 있는 경우를 뜻한다.

2. 일괄평가의 타당성 판단

상기 부동산들은 구조상 독립성과 이용상 독립성이 유지되고 있으며, 각각 독립하여 거래될 수 있는 구분건물이다. 현재 시점에서는 일괄하여 교회의 부속시설로 이용되고 있다는 사정이 각 구분건물을 독립하여 거래하지 못한다거나 다른 용도로의 전환이 불가한 것으로 보이지 않으므로, 각각의 구분건물이 을 교회의 부속시설로 이용하고 있다는 등의 사정만으로 위 부동산들이 일체로 거래되거나 용도상 불가분의 관계에 있다고 단정하기 어려울 것이다.

> 📌 대법원 2020.12.10, 2020다226490[소유권이전등기등][공2021상,208]
>
> **[판시사항]**
> [1] 둘 이상의 대상물건에 대한 감정평가는 개별평가가 원칙인지 여부(적극) 및 예외적으로 일괄평가가 허용되기 위한 요건
> [2] 갑 아파트 재건축정비사업조합의 매도청구권 행사에 따라 감정인이 갑 아파트 단지 내 상가에 있는 을 교회 소유 부동산들에 관한 매매대금을 산정하면서 위 부동산들을 일괄하여 감정평가

한 사안에서, 을 교회가 위 부동산들을 교회의 부속시설로 이용하고 있다는 등의 사정만으로 위 부동산들이 일체로 거래되거나 용도상 불가분의 관계에 있다고 단정하기 어려운데도, 이와 같이 단정하여 위 부동산들을 일괄평가한 감정인의 감정 결과에 잘못이 없다고 본 원심판단에 는 법리오해 등의 잘못이 있다고 한 사례

[판결요지]

[1] 감정평가 및 감정평가사에 관한 법률 제3조 제3항은 "감정평가의 공정성과 합리성을 보장하기 위하여 감정평가법인 등이 준수하여야 할 세부적인 원칙과 기준은 국토교통부령으로 정한다." 라고 규정하고 있다. 그 위임에 따른 감정평가에 관한 규칙 제7조 제1항은 "감정평가는 대상물 건마다 개별로 하여야 한다."라고, 제2항은 "둘 이상의 대상물건이 일체로 거래되거나 대상물 건 상호 간에 용도상 불가분의 관계가 있는 경우에는 일괄하여 감정평가할 수 있다."라고 규정 하고 있다. 따라서 둘 이상의 대상물건에 대한 감정평가는 개별평가를 원칙으로 하되, 예외적 으로 둘 이상의 대상물건에 거래상 일체성 또는 용도상 불가분의 관계가 인정되는 경우에 일괄 평가가 허용된다.

[2] 갑 아파트 재건축정비사업조합의 매도청구권 행사에 따라 감정인이 갑 아파트 단지 내 상가에 있는 을 교회 소유 부동산들에 관한 매매대금을 산정하면서 위 부동산들을 일괄하여 감정평가 한 사안에서, 위 상가는 집합건물의 소유 및 관리에 관한 법률이 시행되기 전에 소유권이전등 기가 마쳐진 것으로 현재까지 위 법률에 따른 집합건물등기가 되어 있지 않고 각 호수별로 건물 등기가 되어 있는데, 을 교회가 위 부동산들을 교회의 부속시설인 소예배실, 성경공부방, 휴게 실로 각 이용하고 있으나 위 부동산들은 실질적인 구분건물로서 구조상 독립성과 이용상 독립 성이 유지되고 있을 뿐 아니라 개별적으로 거래대상이 된다고 보이고, 나아가 개별적으로 평가 할 경우의 가치가 일괄적으로 평가한 경우의 가치보다 높을 수 있으므로, 을 교회가 위 부동산 들을 교회의 부속시설로 이용하고 있다는 등의 사정만으로 위 부동산들이 일체로 거래되거나 용도상 불가분의 관계에 있다고 단정하기 어려운데도, 이와 같이 단정하여 위 부동산들을 일괄 평가한 감정인의 감정 결과에 잘못이 없다고 본 원심판단에는 일괄평가 요건에 관한 법리오해 등의 잘못이 있다고 한 사례

[이 유]

각 부동산은 실질적인 구분건물로서 구조상 독립성과 이용상 독립성이 유지되고 있을 뿐 아니라 피고가 앞서 본 바와 같이 순차적으로 각각의 소유권을 취득하였던 것처럼 개별적으로 거래대상이 된다고 보이고 나아가 개별적으로 평가할 경우의 가치는 앞서 본 바와 같이 일괄적으로 평가한 경 우의 가치보다 높을 수 있다. 그러므로 피고가 별지 목록 제1 내지 3항 기재 각 부동산을 교회의 부속시설로 이용하고 있다는 등의 사정만으로 별지 목록 제1 내지 3항 기재 각 부동산이 일체로 거래되거나 용도상 불가분의 관계에 있다고 단정하기 어렵다.
그런데도 원심은 판시와 같은 이유만으로 위 각 부동산을 일괄평가한 제1심 감정인의 감정 결과에 잘못이 없다고 판단하였다. 이러한 원심의 판단에는 일괄평가 요건에 관한 법리를 오해하여 필요한 심리를 다하지 않음으로써 판결에 영향을 미친 잘못이 있다. 이를 지적하는 상고이유 주장은 이유 있다.

판례사례 71 보수기준(법령보충적 행정규칙)

감정평가법인 갑은 의뢰인으로부터 기준시점 2015.08.31.로 하는 감정평가를 하였다(이하 1차 감정평가). 이후 1차 감정평가의 의뢰인은 2015.12.21. 기준시점을 2014.05.21.로 하는 감정평가를 재의뢰 하였다(이하 2차 감정평가). 2차 감정평가는 1차 감정평가 기준시점(2015. 8. 31.)보다 기준시점을 소급하는 감정평가에 해당하는 사실을 알 수 있다.

이러한 사실관계를 보면 갑이 같은 의뢰인으로부터 같은 물건을 다시 의뢰받은 날로부터 6월 이상 기준시점을 소급하는 2차 감정평가는 1차 감정평가보다 기준시점을 소급하는 감정평가에 해당하게 되어 감정평가보수기준에 따라 할증율이 적용되어야 한다. 그런데 의뢰인은 1차 감정평가와 비교하여 2차 감정평가는 시점에 따른 시점수정치만 상이할 뿐, 비교표준지 선정 및 개별요인 비교치 등 모든 수치가 1차 감정평가와 동일하므로 감정평가 수수료에 대한 할증은 부당하고 오히려 할인을 받아야 한다고 주장한다.

(1) 감정평가법인등의 보수에 관한 기준이 대외적 구속력을 갖는지에 대해서 논하시오. 15점

(2) 보수기준의 내용이 물가상승률 등을 고려할 때 부당하게 낮은 것으로 판단되는 경우에 감정평가법인등은 어떠한 구제수단을 강구할 수 있는지 논하시오. 15점

감정평가법인등의 보수에 관한 기준
[시행 2025.3.17.] [국토교통부공고 제2025-334호, 2025.3.17, 일부개정]

제1조(목적)
이 기준은 「감정평가 및 감정평가사에 관한 법률」 제23조에 따라 감정평가법인등이 업무 수행에 관하여 감정평가 의뢰인으로부터 받는 수수료의 요율 및 실비의 범위와 적용방법을 정함을 목적으로 한다.

제5조(수수료의 할증)
① 일반적인 평가대상 물건의 감정평가에 비해 평가 난이도가 높고, 시간이 많이 소요되는 감정평가에 대해서는 감정평가수수료에 할증률을 적용한다.
② 제1항에 따라 다음의 각 호에 대해서는 제4조에 따른 감정평가수수료에 100분의 150의 할증률을 적용하여 산정한다.
  1. 감정평가 의뢰일로부터 6개월 이상 기준시점을 소급하는 감정평가(제6조 제2항 제1호에 해당하는 경우는 제외한다)

제6조(수수료의 할인)
① 평가대상 물건의 감정평가를 반복하는 등의 사유로 평가에 소요되는 시간 등이 줄어드는 감정평가에 대해서는 감정평가수수료에 할인율을 적용한다.

② 제1항에 따라 다음 각 호의 감정평가를 하는 경우에는 제4조에 따른 감정평가수수료에 해당 할인율의 금액을 감하여 산정한다. 다만, 하나의 물건이 둘 이상의 할인 적용 대상에 해당하는 경우에는 할인액이 큰 하나만 적용한다.

1. 같은 의뢰인(같은 소유자를 포함한다. 이하 이 항에서 같다)으로부터 같은 물건을 다시 의뢰받은 경우(여러 건으로 나누어 의뢰받은 경우를 포함한다) 아래의 할인율을 적용. 이 경우 재의뢰일은 당초 감정평가서 발급일로부터 기간을 계산하고, 기준시점은 당초 기준시점부터 기간을 계산하며, 재의뢰일과 기준시점으로 계산한 기간이 다른 경우에는 기간이 긴 것을 기준으로 하되, 당초 감정평가보디 기준시점을 소급하는 감정평가에는 적용하지 아니할 것

재의뢰일	기준시점	할인율
3개월 이내	동일	100분의 90
3개월 이내	3개월 이내	100분의 70
6개월 이내	6개월 이내	100분의 50
1년 이내	1년 이내	100분의 30
2년 이내	2년 이내	100분의 10

<table>
<tr><td>

(설문 1)의 해결

Ⅰ 쟁점의 정리

Ⅱ 법령보충적 행정규칙의 대외적 구속력 인정논의
  1. 법령보충적 행정규칙의 의의 및 인정 여부
  2. 법적 성질에 대한 견해의 대립
    (1) 학설
      1) 행정규칙설
      2) 법규명령의 효력을 갖는 행정규칙설
      3) 법규명령설
      4) 수권여부기준설
    (2) 판례
    (3) 검토

Ⅲ 감정평가법인등의 보수에 관한 기준의 대외적 구속력 인정여부(사안의 해결)

</td><td>

(설문 2)의 해결

Ⅰ 쟁점의 정리

Ⅱ 불복수단에 대한 검토
  1. 불복수단
    (1) 법원에 의한 통제
      1) 직접적 통제
      2) 간접적 통제(구체적 규범통제)
    (2) 헌법재판소에 의한 통제
  2. 보수기준의 처분성 여부
    (1) 행정소송법 제2조 처분개념
    (2) 관련판례의 태도(2003무23 결정)
    (3) 보수기준의 처분성 인정여부

Ⅲ 사안의 해결

</td></tr>
</table>

(설문 1)의 해결

Ⅰ 쟁점의 정리

감정평가법인등의 보수에 관한 기준은 상위법령의 위임을 받아 행정규칙의 형식으로 제정된바, 실질은 법령의 내용을 보충하나 형식은 행정규칙이기에 대외적 구속력이 인정될 수 있는지가 문제된다.

Ⅱ 법령보충적 행정규칙의 대외적 구속력 인정논의

1. 법령보충적 행정규칙의 의의 및 인정 여부

법령보충적 행정규칙이란 법률의 위임에 의해 법령을 보충하는 법규사항을 정하는 행정규칙을 말한다. 헌법 제75조 및 제95조와 관련하여 이러한 행정규칙의 인정 여부에 대하여 견해의 대립이 있으나, 다수견해 및 판례는 법령의 수권을 받아 제정되는 것을 논거로 하여 긍정한다.

2. 법적 성질에 대한 견해의 대립

(1) 학설

1) 행정규칙설

법규명령은 의회입법원칙의 예외이므로 법령보충적 행정규칙도 행정규칙에 불과하다고 한다.

2) 법규명령의 효력을 갖는 행정규칙설

법령보충적 행정규칙에 법규와 같은 효력(구속력)을 인정하더라도 행정규칙의 형식으로 제정되었으므로, 법적 성질은 행정규칙으로 보는 것이 타당하다고 한다.

3) 법규명령설

해당 규칙이 법규와 같은 효력을 가지므로 법규명령으로 보아야 한다고 한다.

4) 수권여부기준설

법령에 근거가 있는 경우와 없는 경우로 구분하여, 법령의 수권이 있는 경우에 한해서 법규성을 가질 수 있다고 본다.

(2) 판례

① 국세청장훈령인 재산세제사무처리규정은 상위법인 소득세법 시행령과 결합하여 법규성을 가진다고 판시한 바 있다. ② 토지가격비준표는 집행명령인 개별토지가격합동조사지침과 더불어 법령보충적 구실을 하는 법규적 성질을 가지고 있는 것으로 보아야 한다고 판시한 바 있다. ③ 감정평가에 관한 규칙에 따른 '감정평가실무기준'이나 한국감정평가사협회가 제정한 '토지보상평가지침'은 일반 국민을 기속하지 않는다고 판시한 바 있다(대판 2014.6.12, 2013두4620).

(3) 검토

상위법령의 위임이 있는 경우에는 그와 결합하여 법령을 보충하므로 법규성을 인정하는 것이 행정현실상 타당하다고 판단된다. 다만, 일반적인 법규명령절차를 거치지 않기 때문에 '국민의 예측가능성'을 고려하여 고도의 전문적 영역에 한정되어 최소한도로 인정해야 할 것이다.

Ⅲ 감정평가법인등의 보수에 관한 기준의 대외적 구속력 인정여부(사안의 해결)

감정평가법인등의 보수에 관한 기준은 감정평가법 제23조에 따라 감정평가법인등이 업무 수행에 관하여 감정평가 의뢰인으로부터 받는 수수료의 요율 및 실비의 범위와 적용방법을 정함을 목적으로 하므로, 이는 법령보충적 행정규칙으로서 대외적 구속력이 인정된다고 볼 것이다.

🧑‍🏫 (설문 2)의 해결

Ⅰ 쟁점의 정리

보수기준은 직접적인 행정청의 매개행위 없이 감정평가법인등의 수수료와 관련된 법률관계에 직접적인 영향을 미치므로, 이러한 보수기준이 행정소송법상 처분개념에 해당되는지를 검토하여 사안을 해결한다.

Ⅱ 불복수단에 대한 검토

1. 불복수단

(1) 법원에 의한 통제

1) 직접적 통제

법령보충적 행정규칙은 법규명령의 효력을 가지므로 그 자체로 국민의 권리와 의무를 제한하는 경우에는 항고소송으로 직접 그 위법성을 다툴 수 있을 것이다.

2) 간접적 통제(구체적 규범통제)

구체적인 집행행위를 매개로 하여 국민의 권리와 의무에 영향을 미치는 경우에는 구체적 규범통제의 대상이 될 것이다. 구체적 규범통제란 구체적인 소송사건에서 해당 처분의 위법성 사유로 법규명령의 위헌·위법을 주장하는 것을 말한다.

(2) 헌법재판소에 의한 통제

법령보충적 행정규칙이 항고소송의 대상이 되지 않으면서 국민의 권리와 이익에 직접적인 침해를 가하는 경우에는 권리구제형 헌법소원을 통한 구제가 가능할 것이다.

2. 보수기준의 처분성 여부

(1) 행정소송법 제2조 처분개념

"처분등"이라 함은 행정청이 행하는 구체적 사실에 관한 법집행으로서의 공권력의 행사 또는 그 거부와 그밖에 이에 준하는 행정작용(이하 "處分"이라 한다) 및 행정심판에 대한 재결을 말한다.

(2) 관련판례의 태도(2003무23 결정)

어떠한 고시가 일반적·추상적 성격을 가질 때에는 법규명령 또는 행정규칙에 해당할 것이지만, 다른 집행행위의 매개 없이 그 자체로서 직접 국민의 구체적인 권리의무나 법률관계를 규율하는 성격을 가질 때에는 행정처분에 해당한다고 할 것이라고 판시한 바 있다.

(3) 보수기준의 처분성 인정여부

보수기준은 별도의 행정처분을 요하지 않고, 감정평가법인등은 감정평가 업무를 수행하고 보수기준에 따른 수수료를 청구할 수 있으며, 보수기준은 대외적 구속력을 갖는 법규명령의 성질을 가지므로 보수기준 그 자체로 국민의 권리와 의무에 영향을 미친다고 볼 수 있을 것이다.

Ⅲ 사안의 해결

보수기준은 별도의 매개행위 없이 감정평가법인등의 수수료청구와 관련된 법률관계에 영향을 미치므로 이를 대상으로 직접 항고소송을 제기할 수 있을 것이다.

보수기준은 법령보충적 행정규칙으로서 개별처분이 아닌 공고형식으로 이루어지기에 공고일로부터 90일 또는 공고일로부터 1년의 제소기간이 적용될 것이다. 제소기간이 경과된 경우에는 보수기준을 따르지 않은 수수료를 청구하고, 보수기준 위반을 이유로 불이익처분이 발급되면 불이익처분에 대한 취소소송을 제기하고 그 위법성 사유로 보수기준의 위헌·위법을 주장할 수 있을 것이다.

[판시사항]

같은 의뢰인으로부터 같은 물건을 다시 의뢰받은 감정평가가 구 감정평가업자의 보수에 관한 기준 제3조 제4항 제1호 단서에 해당하는 경우, 그 수수료를 산정할 때 같은 조 제3항 제1호에 따른 할증률이 적용되는지 여부(적극)

[이유]

상고이유(상고이유서 제출기간이 지난 후에 제출된 원고의 상고이유보충서의 기재는 상고이유를 보충하는 범위 내에서)를 판단한다.

1. 원고의 상고이유 제1점에 대하여

  가. 원심은, 원고가 수행한 2차 감정평가가 같은 의뢰인이 같은 물건을 다시 의뢰하여 이루어진 경우에 해당하므로 구 감정평가업자의 보수에 관한 기준(2014.11.17. 국토교통부공고 제2014-1441호로 개정된 것, 이하 '구 감정평가보수기준'이라고 한다) 제3조 제3항 제1호의 괄호 규정(제4항 제1호에 해당하는 경우는 제외한다)이 적용되어 2차 감정평가수수료를

산정함에 있어 위 제3조 제3항 제1호의 괄호 외 규정(감정평가 의뢰일로부터 6월 이상 기준시점을 소급하는 감정평가)에 따른 할증률이 적용되지 않는다고 판단하였다.

나. 그러나 원심의 위와 같은 판단은 다음과 같은 이유로 수긍하기 어렵다.

  1) 구 감정평가보수기준 제3조 제3항은 같은 조 제1항, 제2항에 따른 감정평가수수료에 100분의 150의 할증률을 적용하여 산정하는 특수평가의 유형에 관하여, 그 제1호 본문에서 '감정평가 의뢰일로부터 6월 이상 기준시점을 소급하는 감정평가'라고 규정하면서도, 괄호 안에 '제4항 제1호에 해당하는 경우는 제외한다'고 규정하고 있다.

    한편 구 감정평가보수기준 제3조 제4항은 같은 조 제1항, 제2항에 따른 감정평가수수료에 해당 할인율의 금액을 감하여 산정하는 감정평가의 유형에 관하여, 그 제1호에서 "같은 의뢰인(같은 소유자를 포함한다. 이하 이 항에서 같다)으로부터 같은 물건을 다시 의뢰받은 경우(여러 건으로 나누어 의뢰받은 경우를 포함한다) 감정평가수수료의 할인율은 다음과 같다. 이 경우 재의뢰일은 당초 감정평가서 발급일로부터 기간을 계산하고, 기준시점은 당초 기준시점부터 기간을 계산하며, 재의뢰일과 기준시점으로 계산한 기간이 다른 경우 긴 기간을 기준으로 한다. 다만 당초 감정평가보다 기준시점을 소급하는 감정평가에는 적용하지 아니한다."라고 규정하고 있다.

재의뢰일	기준시점	할인율
3개월 이내	동일	100분의 90
3개월 이내	3개월 이내	100분의 70
6개월 이내	6개월 이내	100분의 50
1년 이내	1년 이내	100분의 30
2년 이내	2년 이내	100분의 10

    이러한 구 감정평가보수기준 제3조 제4항 제1호는 감정평가업자가 같은 의뢰인으로부터 같은 물건을 다시 의뢰받은 경우 해당 할인율이 적용되도록 하는 규정 중 하나라는 점에 비추어 보면, 같은 조 제3항 제1호 괄호 안의 '제4항 제1호에 해당하는 경우'란 감정평가업자가 같은 의뢰인으로부터 같은 물건을 다시 의뢰받은 날로부터 6월 이상 기준시점을 소급하는 감정평가에 대하여 제3조 제4항 제1호 소정의 해당 할인율이 적용되는 경우를 의미한다고 해석된다. 따라서 구 감정평가보수기준 제3조 제3항 제1호 괄호 안의 '제4항 제1호에 해당하는 경우는 제외한다'는 것은, 감정평가업자가 같은 의뢰인으로부터 같은 물건을 다시 의뢰받은 날로부터 6월 이상 기준시점을 소급하는 감정평가에 대하여 제3조 제4항 제1호 소정의 해당 할인율이 적용되는 경우 제3조 제3항 제1호 소정의 할증률이 적용되지 않음을 뜻한다. 그런데 구 감정평가보수기준 제3조 제4항 제1호 단서는 "다만 당초 감정평가보다 기준시점을 소급하는 감정평가에는 적용하지 아니한다."라고 규정하고 있으므로, 감정평가업자가 같은 의뢰인으로부터 같은 물건을 다시 의뢰받은 날로부터 6월 이상 기준시점을 소급하는 감정평가가 당초 감정평가보다 기준시점을 소급하는 경우에까지 해당한다면, 위와 같이 다시 의뢰받은 감정평가에 대해서는 제3조 제4항 제1호 소정의 해당 할인율이 처음부터 적용될 여지가 없는 것이기 때문에, 이때의

감정평가의 수수료를 산정함에 있어서는 제3조 제3항 제1호소정의 할증률이 원래대로 적용되어야 한다.

2) 기록에 의하면 2차 감정평가는 원고가 같은 의뢰인인 피고로부터 같은 물건을 다시 의뢰받은 날인 2015.12.21.로부터 6월 이상 기준시점(2014.5.21. 내지 2015.5.1.)을 소급하는 감정평가에 해당하는 사실, 2차 감정평가는 1차 감정평가의 기준시점(2015.8.31.)보다 기준시점을 소급하는 감정평가에 해당하는 사실을 알 수 있다.

이러한 사실관계를 앞서 본 법리에 비추어 보면 원고가 같은 의뢰인인 피고로부터 같은 물건을 다시 의뢰받은 날로부터 6월 이상 기준시점을 소급하는 2차 감정평가는 1차 감정평가보다 기준시점을 소급하는 감정평가에 해당하게 되어 구 감정평가보수기준 제3조 제4항 제1호 소정의 해당 할인율이 적용되지 않으므로(즉, 2차 감정평가가 제3조 제4항 제1호 자체에 해당하지 않으므로), 2차 감정평가수수료를 산정함에 있어서는 제3조 제3항 제1호 소정의 할증률이 적용되어야 한다.

3) 그런데도 원심은 판시와 같은 이유로 2차 감정평가수수료를 산정함에 있어 구 감정평가보수기준 제3조 제3항 제1호 소정의 할증률이 적용되지 않는다고 판단하였다. 이러한 원심판결에는 구 감정평가보수기준에 관한 법리를 오해하여 판결에 영향을 미친 잘못이 있다. 이를 지적하는 상고이유 주장은 이유 있다.

2. 피고의 상고이유에 대하여

가. 원심은 다음과 같은 이유로 원고에게 이행지체책임이 있음을 전제로 하는 피고의 예비적 주장이 이유 없다고 판단하였다.

1) 원고가 감정평가계약에 따라 이행기 내에 의무이행을 다하지 못한 것은 피고의 자료제공 지연 등의 사유에 기인하므로, 이를 원고의 귀책사유로 인한 것이라고 볼 수 없다.

2) 피고가 제출한 증거들만으로는 원고의 감정평가서 납품 지연으로 인하여 피고가 계약의 목적을 달성하지 못하게 되었다고 보기 어렵다. 원고가 감정평가서를 이행기보다 늦게 납품하였다고 하더라도, 원고의 감정평가서 납품 전에 피고가 자신의 채무인 보수지급의무를 이행하였다거나 적법하게 이행제공하였다는 점에 관한 주장과 증명이 없다면, 피고는 원고에게 감정평가서 납품 지연을 이유로 한 이행지체책임을 물을 수 없는데, 피고가 원고의 감정평가서 납품 전에 원고에게 적법하게 보수지급의무에 관한 이행 또는 이행제공을 하였음을 인정할 증거가 없다.

나. 원심판결 이유를 관련 법리와 기록에 비추어 살펴보면 원심의 위와 같은 판단에 상고이유 주장과 같이 논리와 경험의 법칙을 위반하여 자유심증주의의 한계를 벗어나거나 동시이행 항변권 등에 관한 법리를 오해하는 등의 잘못이 없다.

3. 결론

그러므로 원고의 나머지 상고이유에 대한 판단을 생략한 채 원심판결 중 61,624,604원(원고가 청구하고 있는 184,874,800원과 원심이 인용한 123,250,196원의 차액) 및 이에 대한 지연손해금에 관한 원고 패소 부분을 파기하고, 이 부분 사건을 다시 심리·판단하도록 원심법원에 환송하며, 피고의 상고는 이유 없어 이를 기각하기로 하여, 관여 대법관의 일치된 의견으로 주문과 같이 판결한다.

 **판례사례 72** 공인회계사 및 심마니의 감정행위

갑은 공인회계사로서 회계법인 A의 의뢰에 의하여 일정한 보수를 받고 토지에 대한 감정을 행하였다. 을은 심마니로서 수원지방법원의 의뢰에 따라 일정한 보수를 받고 산양삼에 대한 손실보상액을 감정하여 법원에 제출하였다. 이와 관련하여 감정평가 제도의 취지와 감정평가법인등의 업무에 대해 약술하고, 갑과 을의 행위가 감정평가사법에 반하여 벌칙 적용 대상이 되는지를 검토하시오.

10점

 **관련 규정**

감정평가법

제49조(벌칙)

다음 각 호의 어느 하나에 해당하는 자는 3년 이하의 징역 또는 3천만원 이하의 벌금에 처한다.

2. 감정평가법인등이 아닌 자로서 감정평가업을 한 자

형법

제20조(정당행위)

법령에 의한 행위 또는 업무로 인한 행위 기타 사회상규에 위배되지 아니하는 행위는 벌하지 아니한다.

민사소송법

제335조(감정인의 지정)

감정인은 수소법원·수명법관 또는 수탁판사가 지정한다.

공인회계사법

제2조(직무범위)

공인회계사는 타인의 위촉에 의하여 다음 각호의 직무를 행한다.

1. 회계에 관한 감사·감정·증명·계산·정리·입안 또는 법인설립등에 관한 회계

2. 세무대리

3. 제1호 및 제2호에 부대되는 업무

I 감정평가 제도의 취지 및 업무범위	II 갑과 을의 행위가 감정평가법 위반인지 여부
1. 감정평가의 의의 및 제도적 취지	1. 갑의 경우
2. 감정평가법인등의 업무범위	2. 을의 경우

🔳 감정평가 제도의 취지 및 업무범위

1. 감정평가의 의의 및 제도적 취지

감정평가란 토지 등의 경제적 가치를 판정하여 그 결과를 가액으로 표시하는 것을 말하고, 감정평가제도는 감정평가업무의 전문성, 공정성, 신뢰성을 확보해서 재산과 권리의 적정한 가격형성을 보장하여 국민의 권익을 보호하기 위한 것이다.

2. 감정평가법인등의 업무범위

감정평가법인등은 「부동산 가격공시에 관한 법률」에 따라 감정평가법인등이 수행하는 업무 및 「자산재평가법」에 따른 토지등의 감정평가, 법원에 계속 중인 소송 또는 경매를 위한 토지등의 감정평가, 금융기관·보험회사·신탁회사 등 타인의 의뢰에 따른 토지등의 감정평가, 감정평가와 관련된 상담 및 자문 등의 업무와 이와 부수되는 업무를 수행한다.

🔳 갑과 을의 행위가 감정평가법 위반인지 여부

1. 갑의 경우

'회계에 관한 감정'은 기업이 작성한 재무상태표, 손익계산서 등 회계서류에 대한 전문적 회계지식과 경험에 기초한 분석과 판단을 보고하는 업무를 의미한다고 보아야 하므로 공인회계사가 행한 토지감정은 이에 해당되지 않는다고 보여진다. 따라서 감정평가법 제49조 제2호에 의하여 처벌되는 행위에 해당하고, 특별한 사정이 없는 한 이를 형법 제20조가 정한 '법령에 의한 행위'로서 정당행위에 해당한다고 볼 수는 없다.

2. 을의 경우

소송의 증거방법 중 하나인 감정은 법관의 지식과 경험을 보충하기 위하여 특별한 학식과 경험을 가진 제3자에게 그 전문적 지식이나 이를 구체적 사실에 적용하여 얻은 판단을 법원에 보고하게 하는 것이며 감정인을 지정하거나 단체 등에 감정촉탁을 하는 권한은 법원에 있다.

따라서 법원 감정의 경우는 감정평가법인이 아닌 사람이더라도 그 감정사항에 포함된 토지 등의 감정평가를 할 수 있고, 이러한 행위는 법령에 근거한 법원의 적법한 결정이나 촉탁에 따른 것으로 형법 제20조의 정당행위에 해당하여 위법성이 조각된다고 보아야 한다. 따라서 을에게는 감정평가법에 의한 벌칙이 적용되지 않는다.

 **대법원 2021.10.14, 2017도10634**

[부동산가격공시및감정평가에관한법률위반]〈감정평가업자가 아닌 피고인들이 법원 행정재판부로부터 수용 대상 토지상에 재배되고 있는 산양삼의 손실보상액 평가를 의뢰받고 감정서를 작성하여 제출한 사건〉[공2021하,2208]

[판시사항]

구 부동산 가격공시 및 감정평가에 관한 법률에서 감정평가사 자격을 갖춘 사람만이 감정평가업을 독점적으로 영위할 수 있도록 한 취지 / 민사소송법 제335조에 따른 법원의 감정인 지정결정 또는 같은 법 제341조 제1항에 따른 법원의 감정촉탁을 받은 경우, 감정평가업자가 아닌 사람이더라도 그 감정사항에 포함된 토지 등의 감정평가를 할 수 있는지 여부(적극) 및 이러한 행위가 형법 제20조의 정당행위에 해당하여 위법성이 조각되는지 여부(적극)

[판결요지]

구 부동산 가격공시 및 감정평가에 관한 법률(2016.1.19. 법률 제13796호 부동산가격공시에 관한 법률로 전부 개정되기 전의 것, 이하 '구 부동산공시법'이라고 한다) 제2조 제7호 내지 제9호, 제43조 제2호는 감정평가란 토지 등의 경제적 가치를 판정하여 그 결과를 가액으로 표시하는 것을 말하고, 감정평가업자란 제27조에 따라 신고를 한 감정평가사와 제28조에 따라 인가를 받은 감정평가법인을 말한다고 정의하면서, 감정평가업자가 아닌 자가 타인의 의뢰에 의하여 일정한 보수를 받고 감정평가를 업으로 행하는 것을 처벌하도록 규정하고 있다. 이와 같이 감정평가사 자격을 갖춘 사람만이 감정평가업을 독점적으로 영위할 수 있도록 한 취지는 감정평가업무의 전문성, 공정성, 신뢰성을 확보해서 재산과 권리의 적정한 가격형성을 보장하여 국민의 권익을 보호하기 위한 것이다(구 부동산공시법 제1조 참조).

한편 소송의 증거방법 중 하나인 감정은 법관의 지식과 경험을 보충하기 위하여 특별한 학식과 경험을 가진 제3자에게 그 전문적 지식이나 이를 구체적 사실에 적용하여 얻은 판단을 법원에 보고하게 하는 것으로, 감정신청의 채택 여부를 결정하고 감정인을 지정하거나 단체 등에 감정촉탁을 하는 권한은 법원에 있고(민사소송법 제335조, 제341조 제1항 참조), 행정소송사건의 심리절차에서 공익사업을 위한 토지 등의 취득 및 보상에 관한 법률상 토지 등의 손실보상액에 관하여 감정을 명할 경우 그 감정인으로 반드시 감정평가사나 감정평가법인을 지정하여야 하는 것은 아니다.

법원은 소송에서 쟁점이 된 사항에 관한 전문성과 필요성에 대한 판단에 따라 감정인을 지정하거나 감정촉탁을 하는 것이고, 감정결과에 대하여 당사자에게 의견을 진술할 기회를 준 후 이를 종합하여 그 결과를 받아들일지 여부를 판단하므로, 감정인이나 감정촉탁을 받은 사람의 자격을 감정평가사로 제한하지 않더라도 이러한 절차를 통하여 감정의 전문성, 공정성 및 신뢰성을 확보하고 국민의 재산권을 보호할 수 있기 때문이다.

그렇다면 민사소송법 제335조에 따른 법원의 감정인 지정결정 또는 같은 법 제341조 제1항에 따른 법원의 감정촉탁을 받은 경우에는 감정평가업자가 아닌 사람이더라도 그 감정사항에 포함된 토지 등의 감정평가를 할 수 있고, 이러한 행위는 법령에 근거한 법원의 적법한 결정이나 촉탁에 따른 것으로 형법 제20조의 정당행위에 해당하여 위법성이 조각된다고 보아야 한다.

대법원 2015.11.27, 2014도191[부동산가격공시및감정평가에관한법률위반]〈공인회계사 토지 감정평가 사건〉[공2016상,97]

[판시사항]

공인회계사법 제2조에서 정한 '회계에 관한 감정'의 의미 및 타인의 의뢰를 받아 '부동산 가격공시 및 감정평가에 관한 법률'이 정한 토지에 대한 감정평가를 행하는 것이 공인회계사의 직무범위에 포함되는지 여부(소극) / 감정평가업자가 아닌 공인회계사가 타인의 의뢰에 의하여 일정한 보수를 받고 '부동산 가격공시 및 감정평가에 관한 법률'이 정한 토지에 대한 감정평가를 업으로 행하는 것이 같은 법 제43조 제2호에 의하여 처벌되는 행위인지 여부(적극) 및 위 행위가 형법 제20조가 정한 '법령에 의한 행위'로서 정당행위에 해당하는지 여부(원칙적 소극)

[판결요지]

공인회계사법에 의한 업무범위는 회계정보의 정확성과 적정성을 담보하기 위하여 공인회계사의 직무범위를 정하고 있는 공인회계사법 제2조의 취지와 내용 등에 비추어 볼 때, 위 규정이 정한 '회계에 관한 감정'이란 기업이 작성한 재무상태표, 손익계산서 등 회계서류에 대한 전문적 회계지식과 경험에 기초한 분석과 판단을 보고하는 업무를 의미하고, 여기에는 기업의 경제활동을 측정하여 기록한 회계서류가 회계처리기준에 따라 정확하고 적정하게 작성되었는지에 대한 판정뿐만 아니라 자산의 장부가액이 신뢰할 수 있는 자료에 근거한 것인지에 대한 의견제시 등도 포함된다. 그러나 타인의 의뢰를 받아 부동산 가격공시 및 감정평가에 관한 법률(이하 '부동산공시법'이라 한다)이 정한 토지에 대한 감정평가를 행하는 것은 회계서류에 대한 전문적 지식이나 경험과는 관계가 없어 '회계에 관한 감정' 또는 '그에 부대되는 업무'에 해당한다고 볼 수 없고, 그 밖에 공인회계사가 행하는 다른 직무의 범위에 포함된다고 볼 수도 없다.

따라서 감정평가업자가 아닌 공인회계사가 타인의 의뢰에 의하여 일정한 보수를 받고 부동산공시법이 정한 토지에 대한 감정평가를 업으로 행하는 것은 부동산공시법 제43조 제2호에 의하여 처벌되는 행위에 해당하고, 특별한 사정이 없는 한 형법 제20조가 정한 '법령에 의한 행위'로서 정당행위에 해당한다고 볼 수는 없다.

최근 판례 정리

PART 05 최근 판례 정리

1. 이전대상을 가격으로 보상한 경우 사업시행자에게 인도할 의무가 있는지 여부

 **대법원 2023.8.18, 2021다249810**

부당이득금[토지보상법에 따른 지장물 보상을 한 사업시행자가 현금청산대상자에 대하여 이전대상 건물 및 토지의 점유로 인한 부당이득반환을 구하는 사건

[판시사항]

[1] 타인 소유의 토지 위에 권원 없이 건물을 소유하는 자는 그 자체로 법률상 원인 없이 타인에게 토지 차임 상당의 손해를 주고 있는 것인지 여부(원칙적 적극)

[2] 간접점유에서 점유매개관계를 이루는 임대차계약 등이 종료된 이후에도 직접점유자가 목적물을 점유한 채 이를 반환하지 않고 있는 경우, 간접점유의 점유매개관계가 단절되는지 여부(소극)

[3] '도시 및 주거환경정비법'에 따른 정비사업의 시행자가 지장물에 관하여 '공익사업을 위한 토지 등의 취득 및 보상에 관한 법률' 제75조 제1항 단서 제1호 또는 제2호에 따라 지장물의 가격으로 보상한 경우, 지장물의 소유자는 같은 법 제43조에 따라 사업시행자에게 지장물을 인도할 의무가 있는지 여부(원칙적 적극)

[4] '도시 및 주거환경정비법' 제81조 제1항 단서 제2호에서 정한 '공익사업을 위한 토지 등의 취득 및 보상에 관한 법률'에 따른 손실보상이 완료되기 위해서는 협의나 수용재결 등에 따른 주거이전비 등의 지급이 이루어져야 하는지 여부(적극) 및 주거이전비 등의 지급이 이루어지지 않은 경우, 관리처분계획의 인가·고시가 있더라도 종전 토지 또는 건축물의 소유자·임차권자 등 권리자가 종전 토지나 건축물을 사용·수익할 수 있는지 여부(적극) / 주거이전비 등을 지급할 의무가 있는 사업시행자가 종전 토지나 건축물을 사용·수익하고 있는 현금청산대상자를 상대로 불법점유로 인한 손해배상을 청구할 수 있는지 여부(소극)

[5] 甲 주택재개발정비사업조합이 시행하는 정비사업을 위하여 지방토지수용위원회가 乙 등이 소유하는 토지를 수용하고 지장물로 분류된 그 지상 건물을 이전하는 내용의 수용재결을 함에 따라, 甲 조합이 乙 등을 피공탁자로 하여 수용재결에 따른 손실보상금을 공탁한 다음, 위 토지 및 건물에 관하여 수용을 원인으로 하는 소유권이전등기를 마쳤는데, 수용재결 전 乙 등으로부터 위 건물의 각 층을 임차한 丙 등 임차인들이 수용개시일 이후에도 임차부분을 더 점유·사용하다가 퇴거하자, 甲 조합이 수용을 통해 소유권을 취득한 후에도 乙 등이 위 토지와 건물을 불법점유하였다며 乙 등을 상대로 차임 상당의 손해배상을 구한 사안에서, 위 건물은 지장물 보상대상으로 분류되어 이전할 대상이 되었을 뿐 소유권이 여전히 乙 등에게 있고, 설령 甲 조합이 위 건물을 수용으로 원시취득하였다고 보더라도 乙 등은 수용개시일 이후에도 임차인들을 통해 위 건물을 간접점유하고 있었다고 볼 수 있으므로, 결국 乙 등은 甲 조합이 토지를 수용한 이후에도 건물의 소유를 위하여 대지인 토지를 권원 없이 점유하고 있었고, 손실보상 이후 위 토지 외에 지장물인 건물을 甲 조합에 인도할 의무도 있었으므로, 임차인들에게 임대보증금을

> 반환하면서 적시 인도를 위해 노력했다는 등의 특별한 사정이 없는 한, 乙 등은 甲 조합에 인도
> 하지 않은 토지의 차임 상당액 등의 손해를 배상할 의무가 있다고 볼 수 있는데도, 이와 달리
> 보아 甲 조합의 청구를 배척한 원심판단에 법리오해 등의 잘못이 있다고 한 사례

2. 사실상 사도판단

 **부당이득금[대법원 2024.2.15, 2023다295442]**

[판시사항]

[1] 토지 소유자가 소유 토지를 일반 공중 등의 통행로로 무상 제공하거나 그에 대한 통행을 용인하
는 등으로 자신의 의사에 부합하는 토지이용상태가 형성되어 그에 대한 독점적·배타적 사용·
수익권의 행사가 제한되는 경우, 사용·수익권 자체를 대세적·확정적으로 상실하는지 여부
(소극) 및 그 후 일정한 요건을 갖춘 때에는 사정변경의 원칙에 따라 소유자가 다시 독점적·배
타적 사용·수익권을 행사할 수 있는지 여부(적극) / 독점적·배타적 사용·수익권 행사가 제
한되는지를 판단할 때 고려하여야 할 사항 및 그에 대한 증명책임의 소재(=독점적·배타적 사
용·수익권 행사의 제한을 주장하는 사람)

[2] 甲이 사정받은 토지가 분할됨과 동시에 분할된 일부 토지의 지목이 '도로'로 변경되어 도로로
사용되다가 乙이 위 토지를 매수하였는데, 乙이 丙 지방자치단체를 상대로 丙 지방자치단체가
토지를 도로부지로 사용하였다는 이유로 부당이득반환을 구한 사안에서, 甲 및 그 상속인들이
토지에 대한 독점적·배타적인 사용·수익권을 행사하는 것을 제한할 수 있다고 보기 어려운
데도, 甲 및 그 상속인들이 토지에 대한 독점적·배타적 사용·수익권을 포기하였으므로 乙이
부당이득반환청구를 할 수 없다고 본 원심판단에 법리오해의 잘못이 있다고 한 사례

[판결요지]

[1] 어느 사유지가 종전부터 자연발생적으로 또는 도로예정지로 편입되어 사실상 일반 공중의 교통
에 공용되는 도로로 사용되고 있는 경우, 토지 소유자가 스스로 그 토지를 도로로 제공하거나
그러한 사용 상태를 용인함으로써 인근 주민이나 일반 공중이 이를 무상으로 통행하고 있는
상황에서, 도로의 점유자를 상대로 한 부당이득반환청구나 손해배상청구, 토지인도청구 등 그
토지에 대한 독점적·배타적인 사용·수익권의 행사를 제한할 수 있는 경우가 있다.

이와 같이 토지 소유자가 그 소유 토지를 일반 공중 등의 통행로로 무상 제공하거나 그에 대한
통행을 용인하는 등으로 자신의 의사에 부합하는 토지이용상태가 형성되어 그에 대한 독점적·
배타적 사용·수익권의 행사가 제한되는 것은 금반언이나 신뢰보호 등 신의성실의 원칙상 기존
이용상태가 유지되는 한 토지 소유자가 이를 수인해야 함에 따른 결과일 뿐이고 그로써 소유권
의 본질적 내용인 사용·수익권 자체를 대세적·확정적으로 상실하는 것은 아니다. 또한 토지
소유자의 독점적·배타적 사용·수익권 행사가 제한되는 경우에도 일정한 요건을 갖춘 때에는
신의성실의 원칙으로부터 파생되는 사정변경의 원칙에 따라 소유자가 다시 독점적·배타적 사
용·수익권을 행사할 수 있다. 이러한 신의성실의 원칙과 독점적·배타적 사용·수익권 제한
법리의 관련성에 비추어 보면, 독점적·배타적 사용·수익권 행사가 제한되는지를 판단할 때

는 토지 소유자의 의사를 비롯하여 다음에 보는 여러 사정을 종합적으로 고찰할 때 토지 소유자나 그 승계인이 권리를 행사하는 것이 금반언이나 신뢰보호 등 신의성실의 원칙상 허용될 수 있는지가 고려되어야 한다.

즉 독점적·배타적 사용·수익권을 행사하는 것을 제한할 수 있는지 여부는 소유자가 토지를 소유하게 된 경위와 보유기간, 소유자가 토지를 공공의 사용에 제공하거나 그 사용을 용인하게 된 경위와 그 규모, 토지 제공 당시 소유자의 의사, 토지 제공에 따른 소유자의 이익 또는 편익의 유무와 정도, 해당 토지의 위치나 형태, 인근의 다른 토지들과의 관계, 주위 환경, 소유자가 보인 행태의 모순 정도 및 이로 인한 일반 공중의 신뢰 내지 편익 침해 정도, 소유자가 행사하는 권리의 내용이나 행사 방식 및 권리 보호의 필요성 등 여러 사정을 종합적으로 고찰하고, 토지 소유자의 소유권 보장과 공공의 이익 사이의 비교형량을 하여 판단하여야 한다. 또한 독점적·배타적 사용·수익권 행사를 제한하는 법리는 토지 소유자의 권리행사를 제한하는 예외적인 법리이므로, 공공필요에 의한 재산권의 수용·사용 또는 제한에 관한 정당한 보상을 지급하여야 한다는 헌법 제23조 제3항 및 법치행정의 취지에 비추어 신중하고 엄격하게 적용되어야 하고, 독점적·배타적 사용·수익권 행사의 제한을 주장하는 사람이 그 제한 요건을 충족하였다는 점에 대한 증명책임을 진다.

[2] 甲이 사정받은 토지가 분할됨과 동시에 분할된 일부 토지의 지목이 '도로'로 변경되어 도로로 사용되다가 乙이 위 토지를 매수하였는데, 乙이 丙 지방자치단체를 상대로 丙 지방자치단체가 위 토지를 도로부지로 사용하였다는 이유로 부당이득반환을 구한 사안에서, 위 도로부지에 포함된 토지가 관할관청에 의하여 직권으로 모토지에서 분할되면서 도로로 개설되어 공중의 통행에 이용되었을 가능성을 배제할 수 없는 점, 甲 및 그 상속인들이 관할관청으로부터 보상을 받았다는 등 이들이 토지 분할로 인하여 얻은 이익이나 편익이 있었다고 볼 만한 자료는 제출되지 않은 점, 토지가 도로로 사용되는 것에 대하여 소유자가 적극적으로 이의하지 않았고 그 기간이 길다는 것만으로 소유자가 사전에 무상 점유·사용에 대한 동의를 하였다거나 사후에 이를 용인하였다고 볼 수는 없는 점, 乙이 소멸시효가 완성하지 않은 과거 5년 및 장래의 토지 임료 상당 부당이득반환청구를 하고 있을 뿐, 토지 인도청구 등 일반 공중의 도로 통행에 관한 신뢰나 편익에 직접적으로 영향을 줄 만한 청구는 하고 있지 않은 점 등을 종합하면, 甲 및 그 상속인들이 위 토지에 대한 독점적·배타적인 사용·수익권을 행사하는 것을 제한할 수 있다고 보기 어려운데도, 甲 및 그 상속인들이 위 토지에 대한 독점적·배타적 사용·수익권을 포기하였으므로 乙이 부당이득반환청구를 할 수 없다고 본 원심판단에 법리오해의 잘못이 있다고 한 사례

3. 일단지 판단

◢ 손실보상금[서울고법 2023.4.6, 2021누65059 : 확정]

[판시사항]

주택재개발 정비사업구역 내에 있는 제1토지, 인접한 제2토지, 제1토지로부터 분할된 제3토지 및 그 지상 건물 등 지장물의 각 1/2 지분권자들인 甲 주식회사와 乙 주식회사가 위 각 토지에 대한

개별평가를 전제로 산정한 수용재결 및 이의재결 보상금에 대하여 위 각 토지 전부를 일단지로 보고 일괄평가하여 보상액을 산정해야 한다며 정당한 손실보상금 등의 지급을 청구한 사안에서, 위 각 토지는 거래상 일체성 또는 용도상 불가분의 관계가 인정되는 경우로서 일단의 토지 전체를 1필지로 보아 일괄하여 감정평가한 금액을 보상액으로 산정하는 것이 타당하다고 한 사례

[판결요지]

주택재개발 정비사업구역 내에 있는 제1토지, 인접한 제2토지, 제1토지로부터 분할된 제3토지 및 그 지상 건물 등 지장물의 각 1/2 지분권자들인 甲 주식회사와 乙 주식회사가 위 각 토지에 대한 개별평가를 전제로 산정한 수용재결 및 이의재결 보상금에 대하여 위 각 토지 전부를 일단지로 보고 일괄평가하여 보상액을 산정해야 한다며 정당한 손실보상금 등의 지급을 청구한 사안이다.

구 감정평가 및 감정평가사에 관한 법률(2020.4.7. 법률 제17219호로 개정되기 전의 것) 제3조 제3항, 감정평가에 관한 규칙 제7조에 따르면, 둘 이상의 대상물건에 대한 감정평가는 개별평가를 원칙으로 하되, 예외적으로 둘 이상의 대상물건에 거래상 일체성 또는 용도상 불가분의 관계가 인정되는 경우에 일괄평가가 허용되고, 이때 '용도상 불가분의 관계'에 있다는 것은 일단의 토지로 이용되고 있는 상황이 사회적·경제적·행정적 측면에서 합리적이고 그 토지의 가치 형성적 측면에서도 타당하다고 인정되는 관계에 있는 경우를 뜻하는데, ① 분할 전부터 충전소 부지로서 일체로 사용되어 왔던 제1토지와 제3토지처럼 여러 필지의 토지가 일단을 이루어 하나의 충전소 부지로 사용되고 있는 경우에는, 특별한 사정이 없는 한 그 일단의 토지 전체를 1필지로 보고 토지 특성을 조사하여 전체에 대해 단일한 가격으로 평가하는 것이 타당한 점, ② 甲, 乙 회사가 제1토지에서 충전소를 운영하면서 인접한 제2토지를 매수하고 제3토지를 분할하는 한편, 제1토지 지상에 있던 건물을 철거하고 제3토지에 세차장을 신축하여 수용재결 시점까지 충전소와 세차장을 계속 일괄적으로 운영하였고, 제2토지는 세차장 진입로로 사용되어 온 것을 고려하면, 1필의 토지를 충전소 부지로 사용하는 경우 그 인접 토지를 세차장 등으로 이용하는 것은 공익사업을 위한 토지 등의 취득 및 보상에 관한 법률 제70조 제2항의 '일반적인 이용방법에 의한 객관적 상황'에 포함되고, 토지소유자의 주관적 가치나 특별한 용도에 해당한다고 볼 수 없는 점, ③ 제2토지는 충전소와 세차장의 진입로로 계속 사용해 왔고, 토지의 구조나 형상, 이용상황과 연혁 등을 고려하면, 제2토지의 이용상황이 단지 일시적이라고 볼 수 없으며, 종전 콘크리트 포장 도로를 형질변경 허가를 받지 않고 아스콘으로 포장하였다는 사정은 복수의 토지가 용도상 불가분 관계에 있는지를 따질 때 영향을 미칠 수 없는 점, ④ 제1토지는 주유소용지, 제2토지는 답, 제3토지는 잡종지로 서로 지목이 다르나, 여러 개의 토지들이 서로 지목이 다르다고 하여 곧바로 용도상 불가분의 관계를 부정할 수 있는 것은 아니고, 객관적 이용상황 등을 실제로 살펴보아 일체성이 인정된다면 지목 여부와 관계없이 용도상 불가분의 관계를 인정할 수 있는 점 등을 종합하면, 위 각 토지는 거래상 일체성 또는 용도상 불가분의 관계가 인정되는 경우로서 일단의 토지 전체를 1필지로 보아 일괄하여 감정평가한 금액을 보상액으로 산정하는 것이 타당하다고 한 사례이다.

4. 시설콩나물 재배업 농업손실보상

손실보상금[대법원 2023.8.18, 2022두34913]

[판시사항]

[1] 구 공익사업을 위한 토지 등의 취득 및 보상에 관한 법률 제77조 제2항, 같은 법 시행규칙 제48조 제2항 본문에서 정한 '영농손실보상'의 법적 성격 / 같은 법 시행규칙 제48조에서 규정한 영농손실보상은 공익사업시행지구 안에서 수용의 대상인 농지를 이용하여 경작을 하는 자가 그 농지의 수용으로 인하여 장래에 영농을 계속하지 못하게 되어 특별한 희생이 생기는 경우 이를 보상하기 위한 것인지 여부(적극)

[2] 구 공익사업을 위한 토지 등의 취득 및 보상에 관한 법률 시행규칙 제48조 제2항 단서 제2호의 '직접 해당 농지의 지력을 이용하지 아니하고 재배 중인 작물을 이전하여 해당 영농을 계속하는 것이 가능하다고 인정하는 작목 및 재배방식'을 규정한 '농작물실제소득인정기준'(국토교통부고시) 제6조 제3항 [별지 2]에 열거되어 있지 아니한 시설콩나물 재배업에 관하여도 같은 시행규칙 제48조 제2항 단서 제2호를 적용할 수 있는지 여부(적극)

[판결요지]

[1] 공공필요에 의한 재산권의 수용·사용 또는 제한 및 그에 대한 보상은 법률로써 하되, 정당한 보상을 지급하여야 한다(헌법 제23조 제3항). 구 공익사업을 위한 토지 등의 취득 및 보상에 관한 법률(2020.6.9. 법률 제17453호로 개정되기 전의 것, 이하 '구 토지보상법'이라고 한다) 제77조 소정의 영업의 손실 등에 대한 보상은 위와 같은 헌법상의 정당한 보상 원칙에 따라 공익사업의 시행 등 적법한 공권력의 행사에 의한 재산상의 특별한 희생에 대하여 사유재산권의 보장과 전체적인 공평부담의 견지에서 행하여지는 조절적인 재산적 보상이다. 특히 구 토지보상법 제77조 제2항, 구 공익사업을 위한 토지 등의 취득 및 보상에 관한 법률 시행규칙(2020.12.11. 국토교통부령 제788호로 개정되기 전의 것, 이하 '구 토지보상법 시행규칙'이라고 한다) 제48조 제2항 본문에서 정한 영농손실보상(이하 '영농보상'이라고 한다)은 편입토지 및 지장물에 관한 손실보상과는 별개로 이루어지는 것으로서, 농작물과 농지의 특수성으로 인하여 같은 시행규칙 제46조에서 정한 폐업보상과 구별해서 농지가 공익사업시행지구에 편입되어 공익사업의 시행으로 더 이상 영농을 계속할 수 없게 됨에 따라 발생하는 손실에 대하여 원칙적으로 같은 시행규칙 제46조에서 정한 폐업보상과 마찬가지로 장래의 2년간 일실소득을 보상함으로써, 농민이 대체 농지를 구입하여 영농을 재개하거나 다른 업종으로 전환하는 것을 보장하기 위한 것이다. 즉, 영농보상은 원칙적으로 농민이 기존 농업을 폐지한 후 새로운 직업활동을 개시하기까지의 준비기간 동안에 농민의 생계를 지원하는 간접보상이자 생활보상으로서의 성격을 가진다.

영농보상은 그 보상금을 통계소득을 적용하여 산정하든, 아니면 해당 농민의 최근 실제소득을 적용하여 산정하든 간에, 모두 장래의 불확정적인 일실소득을 예측하여 보상하는 것으로, 기존에 형성된 재산의 객관적 가치에 대한 '완전한 보상'과는 그 법적 성질을 달리한다.

결국 구 토지보상법 시행규칙 제48조 소정의 영농보상 역시 공익사업시행지구 안에서 수용의 대상인 농지를 이용하여 경작을 하는 자가 그 농지의 수용으로 인하여 장래에 영농을 계속하지 못하게 되어 특별한 희생이 생기는 경우 이를 보상하기 위한 것이기 때문에, 위와 같은 재산상의 특별한 희생이 생겼다고 할 수 없는 경우에는 손실보상 또한 있을 수 없고, 이는 구 토지보상법 시행규칙 제48조 소정의 영농보상이라고 하여 달리 볼 것은 아니다.

[2] 관련 법리와 구 공익사업을 위한 토지 등의 취득 및 보상에 관한 법률 시행규칙(2020.12.11. 국토교통부령 제788호로 개정되기 전의 것, 이하 '구 토지보상법 시행규칙'이라고 한다) 제48조 제2항 단서 제2호의 신설 경과 등에 비추어 보면, 국토교통부장관이 농림축산식품부장관과의 협의를 거쳐 관보에 고시하는 '농작물실제소득인정기준' 제6조 제3항 [별지 2]에 열거된 작목 및 재배방식에 시설콩나물 재배업이 포함되어 있지 않더라도 시설콩나물 재배업에 관하여도 구 토지보상법 시행규칙 제48조 제2항 단서 제2호를 적용할 수 있다고 봄이 타당하다. 그 이유는 다음과 같다.

(가) 관련 법령의 내용, 형식 및 취지 등에 비추어 보면, 공공필요에 의한 수용 등으로 인한 손실의 보상은 정당한 보상이어야 하고, 영농손실에 대한 정당한 보상은 수용되는 '농지의 특성과 영농상황' 등 고유의 사정이 반영되어야 한다.

(나) 농지의 지력을 이용한 재배가 아닌 용기에 식재하여 재배되는 콩나물과 같이 용기를 기후 등 자연적 환경이나 교통 등 사회적 환경 등이 유사한 인근의 대체지로 옮겨 생육에 별다른 지장을 초래함이 없이 계속 재배를 할 수 있는 경우에는, 유사한 조건의 인근대체지를 마련할 수 없는 등으로 장래에 영농을 계속하지 못하게 되는 것과 같은 특단의 사정이 없는 이상 휴업보상에 준하는 보상이 필요한 범위를 넘는 특별한 희생이 생겼다고 할 수 없다.

(다) 시설콩나물 재배시설에서 재배하는 콩나물과 '농작물실제소득인정기준' 제6조 제3항 [별지 2]에서 규정하고 있는 작물인 버섯, 화훼, 육묘는 모두 직접 해당 농지의 지력을 이용하지 않고 재배한다는 점에서 상호 간에 본질적인 차이가 없으며, 특히 '용기(트레이)에 재배하는 어린묘'와 그 재배방식이 유사하다.

(라) 시설콩나물 재배방식의 본질은 재배시설이 설치된 토지가 농지인지 여부, 즉 농지의 특성에 있는 것이 아니라 '고정식온실' 등에서 용기에 재배하고, 특별한 사정이 없는 한 그 재배시설 이전이 어렵지 않다는 점에 있다. 본질적으로 같은 재배방식에 대하여 '고정식온실' 등이 농지에 설치되어 있다는 사정만으로 2년간의 일실소득을 인정하는 것은 정당한 보상 원칙에 부합하지 않는다.

(마) 구 토지보상법 시행규칙 제48조 제2항 단서 제2호가 적용되어 실제소득의 4개월분에 해당하는 농업손실보상을 하는 작물에 관하여 규정한 '농작물실제소득인정기준' 제6조 제3항 [별지 2]는 '직접 해당 농지의 지력을 이용하지 아니하고 재배 중인 작물을 이전하여 해당 영농을 계속하는 것이 가능하다고 인정하는 경우'를 예시한 것으로, 거기에 열거된 작목이 아니더라도 객관적이고 합리적으로 '직접 해당 농지의 지력을 이용하지 아니하고 재배 중인 작물을 이전하여 해당 영농을 계속하는 것이 가능'하다고 인정된다면 구 토지보상법 시행규칙 제48조 제2항 단서 제2호에 따라 4개월분의 영농손실보상을 인정할 수 있다고 보는 것이 영농손실보상제도의 취지에 부합한다.

5. 무상세입자에 대한 주거이전비 지급

무상세입자도 주거이전비 대상에 포함된다는 취지에 따라 2016.1.6. 토지보상법은 무상세입자도 주거이전비 대상자에 해당됨을 명문으로 규정하였다.

대법원 2023.7.27, 2022두44392

주거이전비등[주택재개발 정비구역 내의 주거용 주택에 거주하였던 자들이 사업시행자에 대하여 주거이전비 등의 지급을 구한 사건]

[판시사항]

[1] 구 공익사업을 위한 토지 등의 취득 및 보상에 관한 법률 시행규칙 제54조 제2항의 '세입자'에 주거용 건축물을 무상으로 사용하는 거주자도 포함되는지 여부(적극)

[2] 구 공익사업을 위한 토지 등의 취득 및 보상에 관한 법률 시행규칙 제54조 제2항에 따른 주거이전비 지급요건인 '정비사업의 시행으로 인하여 이주하게 되는 경우'에 해당하는지 판단하는 기준 및 이에 대한 증명책임의 소재(=주거이전비의 지급을 구하는 세입자) / 세입자가 사업시행계획 인가고시일까지 해당 주거용 건축물에 계속 거주하고 있는 경우, 정비사업의 시행으로 인하여 이주하게 되는 경우에 해당하는지 여부(원칙적 적극)

[판결요지]

[1] 구 공익사업을 위한 토지 등의 취득 및 보상에 관한 법률 시행규칙(2016.1.6. 국토교통부령 제272호로 개정되기 전의 것, 이하 '구 토지보상법 시행규칙'이라고 한다) 제54조 제2항의 '세입자'에는 주거용 건축물을 무상으로 사용하는 거주자도 포함된다고 봄이 타당하다. 구체적인 이유는 다음과 같다.

① 구 공익사업을 위한 토지 등의 취득 및 보상에 관한 법률(2022.2.3. 법률 제18828호로 개정되기 전의 것, 이하 '구 토지보상법'이라고 한다) 제78조 제5항은 주거용 건물의 '거주자'에 대하여는 주거 이전에 필요한 비용과 가재도구 등 동산의 운반에 필요한 비용을 산정하여 보상하여야 한다고 규정하여 사용대가의 지급 여부를 구분하지 않고 주거용 건물의 거주자 일반에 대하여 주거이전비 등을 필요적으로 보상하도록 정하고 있다. 구 토지보상법 제78조 제9항은 주거이전비의 보상에 대하여는 국토교통부령이 정하는 기준에 의한다고 규정하고 있으나, 이러한 규정을 살펴보더라도 무상으로 사용하는 거주자를 주거이전비 보상대상에서 일률적으로 배제하는 내용이 규율될 것이라고 예상할 수 없다.

따라서 구 토지보상법 시행규칙 제54조 제2항의 '세입자'에 무상으로 사용하는 거주자가 포함되지 않는다고 볼 경우, 이는 모법 조항의 위임 목적 및 취지와 달리 모법 조항에서 주거이전비 보상대상자로 규정된 자에 대하여 보상 자체를 받을 수 없도록 제한하는 것이어서 모법 조항의 위임 범위를 벗어난 것이 된다.

② 주거이전비는 당해 공익사업 시행지구 안에 거주하는 세입자들의 조기이주를 장려하여 사업추진을 원활하게 하려는 정책적인 목적과 주거이전으로 인하여 특별한 어려움을 겪게 될 세입자들을 대상으로 하는 사회보장적인 차원에서 지급하는 금원인데, 조기이주 장려 및 사회보장적 지원의 필요성이 사용대가의 지급 여부에 따라 달라진다고 보기 어렵다. 이와 같은 제도의 취지에 비추어 보더라도 보상대상자의 범위에서 무상으로 사용하는 거주자를

배제하는 것은 타당하지 않다.

③ 주거이전비와 이사비는 모두 구 토지보상법 제78조 제5항에 따라 보상되는 것으로 제도의 취지도 동일하다. 이사비의 경우 무상으로 사용하는 거주자도 보상대상에 포함됨에 이론이 없고, 양자를 달리 취급할 합리적인 이유를 발견하기 어려우므로, 주거이전비의 경우에도 보상대상에 무상으로 사용하는 거주자가 포함된다고 보는 것이 형평에 부합한다.

④ 구 토지보상법 시행규칙 제54조 제2항의 '세입자'에 무상으로 사용하는 거주자도 포함된다고 보는 해석은 상위법령의 위임 범위와 제도의 취지, 구체적 타당성을 고려한 결과이다. 위 조항이 '세입자'라는 문언을 사용한 것은 같은 조 제1항의 '소유자'의 경우와 구분하기 위한 것으로 볼 수 있으므로, 위와 같은 해석이 문언의 가능한 의미를 벗어났다고 볼 것은 아니다.

⑤ 공익사업을 위한 토지 등의 취득 및 보상에 관한 법률 시행규칙이 2020.12.11. 국토교통부령 제788호로 개정되면서 제54조 제2항의 주거용 건축물의 세입자에 '무상으로 사용하는 거주자'도 포함됨이 명시되었다. 앞서 살펴 본 사정에 더하여 개정 조항이 '세입자'라는 문언을 그대로 유지하면서 괄호 안에서 무상으로 사용하는 거주자가 '세입자'에 포함된다고 추가한 점 등에 비추어 볼 때, 위와 같은 개정 조항은 기존 법령의 규정 내용으로부터 도출되는 사항을 주의적·확인적으로 규정한 것이라고 봄이 타당하다.

[2] 구 공익사업을 위한 토지 등의 취득 및 보상에 관한 법률 시행규칙(2016.1.6. 국토교통부령 제272호로 개정되기 전의 것) 제54조 제2항에 의해 주거이전비 보상의 대상이 되기 위해서는 해당 세입자가 공익사업인 정비사업의 시행으로 인하여 이주하게 되는 경우여야 하는데, 여기서 '정비사업의 시행으로 인하여 이주하게 되는 경우'에 해당하는지는 세입자의 점유권원의 성격, 세입자와 건축물 소유자와의 관계, 계약기간의 종기 및 갱신 여부, 실제 거주기간, 세입자의 이주시점 등을 종합적으로 고려하여 판단하여야 한다. 이러한 주거이전비 지급요건을 충족하는지는 주거이전비의 지급을 구하는 세입자 측에 주장·증명책임이 있다고 할 것이나, 세입자에 대한 주거이전비의 보상 방법 및 금액 등의 보상내용은 원칙적으로 사업시행계획 인가고시일에 확정되므로, 세입자가 사업시행계획 인가고시일까지 해당 주거용 건축물에 계속 거주하고 있었다면 특별한 사정이 없는 한 정비사업의 시행으로 인하여 이주하게 되는 경우에 해당한다고 보는 것이 타당하다.

6. 환매권 기타

 **손해배상(기)[대법원 2023.8.18, 2021다294889]**

[판시사항]

[1] 법적 규율이 없는 사안에 대하여 그와 유사한 사안에 관한 법규범을 유추적용할 수 있는 경우

[2] 택지개발사업의 시행을 위하여 수용한 토지의 환매권 발생 요건에 관하여 정한 구 택지개발촉진법 제13조 제1항이 택지개발사업의 시행을 위하여 협의취득한 토지의 환매권 발생 요건에 관하여도 유추적용되는지 여부(적극)

7. 이주대책 생활기본시설 비용부담의무

대법원 2023.7.13, 2023다214252

채무부존재확인[택지개발사업 이주자택지 공급대상자로 선정된 주민들이 사업시행자를 상대로 납입 분양대금 중 생활기본시설 설치비용 상당액이 포함되어 있다고 주장하면서 부당이득반환을 청구한 사건]

[판시사항]

[1] 공익사업의 시행자가 이주대책을 수립·실시하여야 할 자를 선정하여 그들에게 공급할 택지 또는 주택의 내용이나 수량을 정할 재량을 가지는지 여부(적극) 및 이주대책대상자들에게 이주자택지 공급한도로 정한 $265m^2$를 초과하여 공급한 부분이 사업시행자가 정한 이주대책의 내용이 아니라 일반수분양자에게 공급한 것과 마찬가지로 볼 수 있는 경우, 초과 부분에 해당하는 분양면적에 대하여 생활기본시설 설치비용을 부담시킬 수 있는지 여부(적극)

[2] 택지개발사업의 시행자인 한국토지주택공사의 '이주 및 생활대책 수립지침'에서 점포겸용·단독주택용지의 경우 이주자택지의 공급규모를 1필지당 $265m^2$ 이하로 정하면서, 당해 사업지구의 여건과 인근지역 부동산시장동향 등을 종합적으로 고려하여 불가피한 경우에는 위 기준을 다르게 정할 수 있다고 규정하고 있고, 한국토지주택공사는 사업지구 내 이주자택지를 1필지당 $265m^2$ 상한으로 공급하되, $265m^2$를 초과하여 공급하는 경우 초과 면적에 대하여도 감정가격을 적용하지 않고 조성원가에서 생활기본시설 설치비용을 제외한 금액으로 공급하기로 하는 내용의 이주자택지 공급공고와 보상안내를 한 후 이주자택지 공급대상자로 선정된 甲 등과 분양계약을 체결하였는데, 분양면적 중 이주자택지 공급한도인 $265m^2$ 초과 부분도 이주대책으로서 특별공급된 것인지 문제 된 사안에서, 제반 사정에 비추어 한국토지주택공사는 이주자택지 공급한도를 $265m^2$로 정하였을 뿐 이를 초과하는 부분까지 이주대책으로서 특별공급한 것으로 단정하기 어렵다고 한 사례

[3] 공익사업을 위한 토지 등의 취득 및 보상에 관한 법률 제78조 제4항에서 정한 '생활기본시설'의 의미 및 일반 광장이나 생활기본시설에 해당하지 않는 고속국도에 부속된 교통광장과 같은 광역교통시설광장이 생활기본시설에 해당하는지 여부(소극) / 대도시권의 대규모 개발사업을 하는 과정에서 광역교통시설의 건설 및 개량에 소요되어 대도시권 내 택지 및 주택의 가치를 상승시키는 데에 드는 비용이 생활기본시설 설치비용에 해당하는지 여부(소극)

[판결요지]

[1] 사업시행자가 공익사업을 위한 토지 등의 취득 및 보상에 관한 법률 시행령 제40조 제2항 단서에 따라 택지개발촉진법 또는 주택법 등 관계 법령에 의하여 이주대책대상자들에게 택지 또는 주택을 공급하는 것은 공익사업을 위한 토지 등의 취득 및 보상에 관한 법률 제78조 제1항의 위임에 근거하여 선택할 수 있는 이주대책의 한 방법이고, 사업시행자는 이주대책을 수립·실시하여야 할 자를 선정하여 그들에게 공급할 택지 또는 주택의 내용이나 수량을 정함에 재량을 갖는다.

이주대책대상자들에게 이주자택지 공급한도로 정한 $265m^2$를 초과하여 공급한 부분이 사업시행자가 정한 이주대책의 내용이 아니라 일반수분양자에게 공급한 것과 마찬가지로 볼 수 있는 경우 초과 부분에 해당하는 분양면적에 대해서는 일반수분양자와 동등하게 생활기본시설 설치비용을 부담시킬 수 있다.

[2] 택지개발사업의 시행자인 한국토지주택공사의 '이주 및 생활대책 수립지침'(이하 '수립지침'이라고 한다)에서 점포겸용·단독주택용지의 경우 이주자택지의 공급규모를 1필지당 $265m^2$ 이하로 정하면서, 당해 사업지구의 여건과 인근지역 부동산시장동향 등을 종합적으로 고려하여 불가피한 경우에는 위 기준을 다르게 정할 수 있다고 규정하고 있고, 한국토지주택공사는 사업지구 내 이주자택지를 1필지당 $265m^2$ 상한으로 공급하되, $265m^2$를 초과하여 공급하는 경우 초과 면적에 대하여도 감정가격을 적용하지 않고 조성원가에서 생활기본시설 설치비용을 제외한 금액으로 공급하기로 하는 내용의 이주자택지 공급공고와 보상안내를 한 후 이주자택지 공급대상자로 신정된 甲 등과 분양계약을 체결하였는데, 분양면적 중 이주자택지 공급한도인 $265m^2$ 초과 부분도 이주대책으로서 특별공급된 것인지 문제 된 사안에서, 한국토지주택공사는 이주대책기준 설정에 관한 재량에 따라 수립지침 등 내부 규정에 의하여 사업지구 내 이주자택지 공급규모의 기준을 1필지당 $265m^2$로 정하였고, 공급공고와 보상안내에 따라 이를 명확하게 고지한 점, 한국토지주택공사가 이주자택지 공급한도를 초과하는 부분의 공급가격을 그 이하 부분과 동일하게 산정하기로 정하였다거나 분양계약서에 분양면적 전체가 이주자택지로 표시되어 있다고 하여 그로써 당연히 공급규모의 기준을 변경하는 의미로 볼 수 없는 점, 특히 이주자택지 공급규모에 관한 기준을 달리 정하였다고 보기 위해서는 수립지침에 따라 획지분할 여건, 토지이용계획 및 토지이용의 효율성 등 당해 사업지구의 여건과 인근지역 부동산시장동향 등을 고려한 불가피한 사정이 있어야 하는 점 등 제반 사정에 비추어 보면, 한국토지주택공사는 이주자택지 공급한도를 $265m^2$로 정하였을 뿐 이를 초과하는 부분까지 이주대책으로서 특별공급한 것으로 단정하기 어려운데도, 이와 달리 본 원심판단에 법리오해 등의 잘못이 있다고 한 사례.

[3] 공익사업을 위한 토지 등의 취득 및 보상에 관한 법률(이하 '토지보상법'이라고 한다) 제78조에 의하면, 사업시행자가 공익사업의 시행으로 인하여 주거용 건축물을 제공함에 따라 생활의 근거를 상실하게 되는 이주대책대상자를 위하여 수립·실시하여야 하는 이주대책에는 이주정착지에 대한 도로 등 통상적인 수준의 생활기본시설이 포함되어야 하고, 이에 필요한 비용은 사업시행자가 부담하여야 한다. 위 규정 취지는 이주대책대상자에게 생활의 근거를 마련해 주고자 하는 데 있으므로, '생활기본시설'은 구 주택법(2012.1.26. 법률 제11243호로 개정되기 전의 것, 이하 '구 주택법'이라고 한다) 제23조 등 관계 법령에 따라 주택건설사업이나 대지조성사업을 시행하는 사업주체가 설치하도록 되어 있는 도로와 상하수도시설 등 간선시설을 의미한다고 보아야 한다. 그러나 광장은 토지보상법에서 정한 생활기본시설 항목이나 구 주택법에서 정한 간선시설 항목에 포함되어 있지 않으므로, 생활기본시설 항목이나 간선시설 항목에 해당하는 시설에 포함되거나 부속되어 그와 일체로 평가할 수 있는 경우와 같은 특별한 사정이 없는 한 생활기본시설에 해당하지 않는다. 따라서 일반 광장이나 생활기본시설에 해당하지 않는 고속국도에 부속된 교통광장과 같은 광역교통시설광장은 생활기본시설에 해당한다고 보기 어렵다. 또한 대도시권의 대규모 개발사업을 하는 과정에서 광역교통시설의 건설 및 개량에 소요되어 대도시권 내 택지 및 주택의 가치를 상승시키는 데에 드는 비용은 대도시권 내의 택지나 주택을 공급받는 이주대책대상자도 그에 따른 혜택을 누리게 된다는 점에서 생활기본시설 설치비용에 해당하지 않는다.

8. 표준지공시지가와 과세처분 하자승계

 재산세부과처분취소[대법원 2022.5.13, 2018두50147]

[판시사항]

[1] 표준지로 선정된 토지의 표준지공시지가에 대한 불복방법 및 그러한 절차를 밟지 않은 채 토지 등에 관한 재산세 등 부과처분의 취소를 구하는 소송에서 표준지공시지가결정의 위법성을 다투는 것이 허용되는지 여부(원칙적 소극)

[2] 甲 주식회사가 강제경매절차에서 표준지로 선정된 토지를 대지권의 목적으로 하는 집합건물 중 구분건물 일부를 취득하자, 관할 구청장이 재산세를 부과한 사안에서, 위 부동산에 대한 시가표준액이 감정가액과 상당히 차이가 난다는 등의 이유로 시가표준액 산정이 위법하다고 본 원심판결에 법리오해 등의 잘못이 있다고 한 사례

[판결요지]

[1] 표준지로 선정된 토지의 표준지공시지가를 다투기 위해서는 처분청인 국토교통부장관에게 이의를 신청하거나 국토교통부장관을 상대로 공시지가결정의 취소를 구하는 행정심판이나 행정소송을 제기해야 한다. 그러한 절차를 밟지 않은 채 토지 등에 관한 재산세 등 부과처분의 취소를 구하는 소송에서 표준지공시지가결정의 위법성을 다투는 것은 원칙적으로 허용되지 않는다.

[2] 甲 주식회사가 강제경매절차에서 표준지로 선정된 토지를 대지권의 목적으로 하는 집합건물 중 구분건물 일부를 취득하자, 관할 구청장이 재산세를 부과한 사안에서, 위 토지는 표준지로서 시가표준액은 표준지공시지가결정에 따라 그대로 정해지고, 위 건축물에 대한 시가표준액은 거래가격 등을 고려하여 정한 기준가격에 건축물의 구조, 용도, 위치와 잔존가치 등 여러 사정을 반영하여 정한 기준에 따라 결정되므로, 법원이 위 건축물에 대한 시가표준액 결정이 위법하다고 판단하기 위해서는 위 각 산정 요소의 적정 여부를 따져보아야 하는데, 이를 따져보지 않은 채 단지 위 건축물에 대한 시가표준액이 그 감정가액과 상당히 차이가 난다거나 위 건축물의 시가표준액을 결정할 때 위치지수로 반영되는 위 토지의 공시지가가 과도하게 높게 결정되었다는 등의 사정만으로 섣불리 시가표준액 결정이 위법하다고 단정할 수 없으므로, 위 부동산에 대한 시가표준액이 감정가액과 상당히 차이가 난다는 등의 이유로 시가표준액 산정이 위법하다고 본 원심판결에 법리오해 등의 잘못이 있다고 한 사례

9. 보수기준 적용 사례, 보수기준 법적 성질

용역비[대법원 2023.11.2, 2019다236248]

[판시사항]

동일인이 별개의 공익사업과 관련된 여러 개의 어업권에 관하여 감정평가를 일괄하여 의뢰한 경우, 전체 감정평가수수료를 산정하는 방법

[이 유]

상고이유를 판단한다.

1. 원심판결 이유와 기록에 따르면, 다음의 사실을 알 수 있다.

  가. 피고는 부산항 신항 증심 준설공사 사업(1단계, 1-2단계, 2단계 및 개발 2단계) 및 송도 준설토 투기장 호안축조공사 사업(이하 위 5개의 사업을 통틀어 '이 사건 각 사업'이라고 한다)의 시행자인 부산지방해양수산청 부산항건설사무소장으로부터 이 사건 각 사업으로 인한 손실보상업무를 위탁받았다.

  나. 원고는 2014.10.6. 피고로부터 이 사건 각 사업에 따른 어업권 손실보상액의 산정을 위한 감정평가를 의뢰받았고, 2016.8.22. 피고에게 이 사건 각 사업별로 작성한 총 5개의 감정평가서를 제출히였다. 이후 어업권 손실보상액에 관하여 이의신청이 제기됨에 따라, 피고는 2016.11.경부터 2017.6.경까지 원고에게 이 사건 각 사업에 따른 어업권 손실보상액 재산정을 위한 감정평가를 추가로 의뢰하였고, 원고는 2016.12.20.경부터 2017.7.경까지 이 사건 각 사업별로 어업권 손실보상액 재산정에 관한 감정평가를 완료한 다음 피고에게 그 결과를 제출하였다(이하 위 각 감정평가를 통틀어 '이 사건 감정평가'라고 한다).

2. 원심 판단

  원심은 판시와 같은 이유로, 다음과 같이 판단하였다.

  가. 감정평가업자가 여러 개의 공익사업의 시행에 따른 여러 개의 어업권의 손실보상에 관한 감정평가를 일괄적으로 의뢰받은 경우라도, 각 공익사업은 별개의 사업에 해당하므로 구「감정평가업자의 보수에 관한 기준」(2016.9.1. 국토교통부 공고 제2016-1220호로 전부 개정되기 전의 것, 이하 '이 사건 보수기준'이라고 한다) 제11조 제3항과 제11조 제1항 단서 제1호가 모두 적용되어 각 어업권에 대한 각 공익사업별 감정평가액을 기준으로 산정한 개별 감정평가수수료를 모두 합산하는 방식으로 전체 감정평가수수료를 산정하여야 한다.

  나. 따라서 피고는 원고에게 각 어업권에 대한 이 사건 각 사업별 감정평가수수료를 합산한 금액 등 합계 2,449,838,600원 및 그 지연손해금을 지급할 의무가 있다.

3. 대법원 판단

  가. 이 사건 보수기준 제11조는 여러 개 물건에 대한 감정평가수수료를 규정하는데, 제1항 본문은 "동일인이 여러 개의 물건에 대한 감정평가를 일괄하여 의뢰한 때에는 여러 개의 물건 모두의 감정평가액 총액을 기준으로 감정평가수수료를 산정한다."라고 규정하고, 같은 항 단서 제1호는 '다만「공익사업을 위한 토지 등의 취득 및 보상에 관한 법률」에 따른 보상을 위한 감정평가: 별개의 공익사업(같은 공익사업이지만 사업인정고시일이 다른 경우를 포함한다)인 경우에는 그러하지 아니하다.'라고 규정하였다. 한편 이 사건 보수기준 제11조 제3항은 "광업권, 어업권(신고어업 및 허가어업을 포함한다) 또는 영업권(영업의 폐지 또는 휴업 등에 대한 손실평가를 포함한다)은 각각의 권리를 1건으로 본다."라고 규정하였다. 이 사건 보수기준 제11조 제1항 본문, 단서 제1호, 제3항의 문언과 취지, 형식과 체계 및 개정 경과 등을 종합하여 보면, 설령 동일인이 별개의 공익사업과 관련된 여러 개의 어업권에 관하여 감정평가를 일괄하여 의뢰하였더라도 특별한 사정이 없는 한 이 사건 보수기준 제11조 제3항에 따라 어업권별 각 공익사업에 대한 감정평가액 합계를 기준으로 1개의 어업권에 대한 개별 감정평가수수료를 산정한 다음 이를 합산하는 방식으로 전체 감정평가수수료를 산정하여야 하는 것이지, 이 경우에도 이 사건 보수기준 제11조 제1항 단서 제1호를 함께

적용하여 각 어업권에 대한 각 공익사업별 감정평가액을 기준으로 개별 감정평가수수료를 산정하여 이를 모두 합산하는 방식으로 전체 감정평가수수료를 산정하여야 하는 것은 아닌 것으로 해석된다. 다만 감정평가수수료를 산정할 때 감정평가업자가 수행한 감정평가업무의 난이도, 업무량 등에 비해 현저히 불합리하게 과소한 감정평가수수료가 산정될 우려가 있다는 특별한 사정이 있으면 이 사건 보수기준 제11조 제3항이 적용되는 경우라도 이 사건 보수기준 제11조 제1항 단서 제1호를 유추적용하여 감정평가수수료를 합리적으로 산정할 수는 있을 것이다.

나. 이 사건 감정평가수수료를 이 사건 보수기준 제11조 제1항 본문이 아닌 이 사건 보수기준 제11조 제3항에 따라 어업권별로 산정하였다면, 이 사건 보수기준 제11조 제1항 단서 제1호가 적용될 수 없어 각 어업권에 대한 감정평가액을 이 사건 각 사업별로 나누어 감정평가수수료를 산정할 수 없고, 원심이 인정한 사실만으로는 이 사건 보수기준 제11조 제1항 단서 제1호를 유추적용할 수 있는 특별한 사정이 있다고 보이지도 않는다.

다. 그런데도 원심은 이 사건 감정평가수수료를 산정할 때 이 사건 보수기준 제11조 제3항뿐만 아니라 이 사건 보수기준 제11조 제1항 단서 제1호도 함께 적용된다고 보아 각 어업권에 대한 이 사건 각 사업별 감정평가액을 기준으로 개별 감정평가수수료를 산정하고 이를 모두 합산한 전체 감정평가수수료를 피고가 지급하여야 한다고 판단하였다. 이러한 원심판단에는 이 사건 보수기준 제11조 제1항 본문, 제1항 단서 제1호, 제3항의 해석 등에 관한 법리를 오해함으로써 판결에 영향을 미친 잘못이 있다.

4. 결론

그러므로 원심판결 중 피고 패소 부분을 파기하고, 이 부분 사건을 다시 심리·판단하도록 원심법원에 환송하기로 하여, 관여 대법관의 일치된 의견으로 주문과 같이 판결한다.

대법관 민유숙(재판장) 이동원 천대엽(주심)

10. 손해배상

 **손해배상(기)[대법원 2020.4.29, 2019다242113]**

[판시사항]

[1] 불법행위 또는 채무불이행에 따른 채무자의 손해배상액을 산정하면서 책임제한 사유에 관한 사실인정이나 비율을 정하는 것이 사실심의 전권사항인지 여부(원칙적 적극)

[2] 감정평가업자가 토지를 개별적으로 감정평가할 때 요구되는 주의의무의 내용

[3] 보금자리 주택사업의 시행자인 甲 지방공사가 수용대상 토지에 대한 감정평가를 수행한 한국감정원 등을 상대로 부당 감정 등을 이유로 손해배상을 구한 사안에서, 이용가치가 현저히 다른 비교표준지를 선정하는 등 한국감정원 등의 감정평가에는 부당 감정의 위법성과 평가대상 물건의 이용상황 및 공법상의 제한을 제대로 확인하지 아니한 과실이 있고, 이러한 한국감정원 등의 주의의무 위반과 甲 지방공사의 손해 사이에 상당인과관계가 있다고 보아 한국감정원 등의 손해배상책임을 인정한 원심판단을 수긍한 사례

[주 문]

상고를 모두 기각한다. 상고비용 중 원고의 상고로 인한 부분은 원고가, 피고들의 상고로 인한 부분은 피고들이 각 부담한다.

[이 유]

상고이유를 판단한다.

1. 원고의 싱고이유에 관하여

불법행위 또는 채무불이행에 따른 채무자의 손해배상액을 산정할 때에 손해부담의 공평을 기하기 위하여 채무자의 책임을 제한할 수 있고(대법원 2015.3.20, 2012나107662 등 침조), 책임제한의 사유에 관한 사실인정이나 그 비율을 정하는 것은 그것이 형평의 원칙에 비추어 현저히 불합리한 것이 아닌 한 사실심의 전권사항이다(대법원 2017.6.8, 2016다249557 등 참조). 원심판결 이유를 위 법리와 기록에 비추어 살펴보면, 원심의 책임제한 사유에 관한 사실인정이나 그 비율 판단이 형평의 원칙에 비추어 현저히 불합리하다고 할 수 없으므로, 원고의 상고이유 주장은 받아들이지 않는다.

2. 피고들의 상고이유에 관하여

가. 피고들에게 주의의무 위반이 없다는 주장에 관하여

타인의 의뢰에 의하여 일정한 보수를 받고 토지 등의 경제적 가치를 판정하여 그 결과를 가액으로 표시하는 감정평가를 업으로 행하는 감정평가업자가 토지를 개별적으로 감정평가하는 경우에는 실지조사에 의하여 대상 물건을 확인하고, 당해 토지와 용도, 지목, 주변환경 등이 동일 또는 유사한 인근지역에 소재하는 하나 또는 둘 이상의 표준지의 공시지가를 기준으로 공시 기준일로부터 가격시점까지의 지가변동률, 도매물가상승률 및 지가변동에 영향을 미치는 관계 법령에 의한 토지의 사용·처분 등의 제한 또는 그 해제, 토지의 형질변경이나 지목의 변경 등의 기타 사항을 종합적으로 참작하고 평가대상 토지와 표준지의 지역요인 및 개별요인에 대한 분석 등 필요한 조정을 하는 방법으로 신의와 성실로써 공정하게 감정평가를 하여야 할 주의의무가 있다(대법원 1999.5.25, 98다56416 등 참조).

원심은, ① 이 사건 토지에는 원칙적으로 건축물의 건축이 불가능함에도 피고들은 지상에 건축물(식당)이 적법하게 건축되어 건축물의 건축이 가능한 토지를 비교표준지로 선정함으로써 이용가치가 현저히 다른 비교표준지를 선정한 잘못이 있는 점, ② 이 사건 토지는 현장조사에 의하여 실제 용도가 건축물이 없는 주차장임을 큰 어려움 없이 알 수 있어 건축물의 건축 가능성 등 공법상의 제한을 의심할 수 있는 상태였고, 실제로 이의평가법인들은 이러한 점을 의심하여 추가적인 확인절차에 나아간 점, ③ 피고들이 원고가 작성한 토지조서의 기재 내용에 그대로 기속된다고 할 수 없고, 감정평가에 영향을 미칠 공법상의 제한 등에 관한 사항은 감정평가에 관한 전문가인 피고들이 파악하여야 하는 점 등을 들어, 피고들의 감정평가에는 부당 감정의 위법성과 평가대상 물건의 이용상황 및 공법상의 제한을 제대로 확인하지 아니한 과실이 있다고 판단하였다.

원심판결 이유를 앞서 본 법리와 기록에 비추어 살펴보면, 원심의 이러한 판단에 상고이유 주장과 같이 감정평가업자의 주의의무에 관한 법리를 오해하는 등의 잘못이 없다.

나. 피고들의 주의의무 위반과 원고의 손해 사이에 상당인과관계가 없다는 주장에 관하여

원심은, ① 피고들이 감정평가의 전문가로서 한 감정평가 결과는 토지소유자와의 협의 내지 수용재결의 중요기준이 되어 별다른 사정이 없으면 그 금액대로 협의나 수용재결이 이루어지게 되고, 이는 감정평가업자인 피고들이 쉽게 예견할 수 있는 것인 점, ② 원고는 피고들의 감정평가 결과에 따라 토지소유자와 협의를 하였고, 수용재결에 대하여도 이의신청을 하지 아니하였던 점 등을 들어, 피고들의 부당 감정과 원고의 손해 사이에 상당인과관계가 있다고 판단하였다.

원심판결 이유를 기록에 비추어 살펴보면, 원심의 이러한 판단에 상고이유 주장과 같이 상당인과관계에 관한 법리를 오해하는 등의 잘못이 없다.

다. 손해액 산정이 위법하다는 주장에 관하여

원심은, 이 사건 토지의 적정가격은 건축물의 건축이 수반되지 않는 토지형질변경을 거쳤다는 점을 고려하여 평가한 이의평가금액이라고 보아야 하고, 그 결과 원고의 손해액은 316,977,500원(=원고가 지출한 수용재결금액 552,492,500원 - 이의평가금액 235,515,000원)이 된다고 판단하였다.

원심판결 이유를 기록에 비추어 살펴보면, 원심의 이러한 판단에 상고이유 주장과 같이 손해액 산정을 잘못하여 판단을 그르친 잘못이 없다.

3. 결론

그러므로 상고를 모두 기각하고, 상고비용 중 원고의 상고로 인한 부분은 원고가, 피고들의 상고로 인한 부분은 피고들이 각 부담하기로 하여, 관여 대법관의 일치된 의견으로 주문과 같이 판결한다.

11. 부가가치세가 손실보상 대상인지 여부

손실보상금등[대법원 2015.11.12, 2015두2963]

[2] 피수용자가 부가가치세법상의 납세의무자인 사업자로서 손실보상금으로 수용된 건축물 등을 다시 신축하는 것이 자기의 사업을 위하여 사용될 재화 또는 용역을 공급받는 경우에 해당하는 경우, 사업시행자에게 건축비 등에 포함된 부가가치세 상당을 손실보상으로 구할 수 있는지 여부(원칙적 소극)

[2] 피수용자가 부가가치세법상의 납세의무자인 사업자로서 손실보상금으로 수용된 건축물 등을 다시 신축하는 것이 자기의 사업을 위하여 사용될 재화 또는 용역을 공급받는 경우에 해당하면 건축비 등에 포함된 부가가치세는 부가가치세법 제38조 제1항 제1호에서 정한 매입세액에 해당하여 피수용자가 자기의 매출세액에서 공제받거나 환급받을 수 있으므로 위 부가가치세는 실질적으로는 피수용자가 부담하지 않게 된다. 따라서 이러한 경우에는 다른 특별한 사정이 없는 한 피수용자가 사업시행자에게 위 부가가치세 상당을 손실보상으로 구할 수는 없다.

박문각 감정평가사

도승하 감정평가 및 보상법규
2차 | 판례사례노트 72선

제1판 인쇄 2025. 10. 15. | **제1판 발행** 2025. 10. 20. | **편저자** 도승하
발행인 박 용 | **발행처** (주)박문각출판 | **등록** 2015년 4월 29일 제2019-0000137호
주소 06654 서울시 서초구 효령로 283 서경 B/D 4층 | **팩스** (02)584-2927
전화 교재 문의 (02)6466-7202

저자와의
협의하에
인지생략

이 책의 무단 전재 또는 복제 행위를 금합니다.

정가 35,000원
ISBN 979-11-7519-028-3

MEMO

MEMO